高等院校专业精品 会计学

· 在线课程教材 ·

管理会计综合实战模拟教程

郭晓梅 马建军 主编

于琪 王巍 刘一凝 岳震乾 副主编

清华大学出版社

北 京

内容简介

本书深度整合管理会计理论体系与企业集团管理控制实践，面向高校打造系统性的管理会计实训课程体系，帮助学生突破传统的财务视野，更好地满足管理会计、集团财务管控专业人才培养需求。本书包括两部分内容：上篇为管理会计理论简介；下篇为管理会计仿真实训。

本书适用于高等院校作为管理会计实训教材使用，可用作浪潮 GS 管理软件（教学版）的配套实训教程。

图书在版编目（CIP）数据

管理会计综合实战模拟教程/郭晓梅，马建军主编. —北京：清华大学出版社，2020
高等院校会计学专业精品在线课程教材
ISBN 978-7-302-54102-8

Ⅰ. ①管… Ⅱ. ①郭… ②马… Ⅲ. ①管理会计－高等学校－教材 Ⅳ. ①F234.3

中国版本图书馆 CIP 数据核字（2019）第 242089 号

责任编辑： 陈凌云
封面设计： 毛丽娟
责任校对： 赵琳爽
责任印制： 丛怀宇

出版发行： 清华大学出版社
网　　址： http://www.tup.com.cn，http://www.wqbook.com
地　　址： 北京清华大学学研大厦 A 座　　**邮　　编：** 100084
社 总 机： 010-62770175　　**邮　　购：** 010-62786544
投稿与读者服务： 010-62776969，c-service@tup.tsinghua.edu.cn
质量反馈： 010-62772015，zhiliang@tup.tsinghua.edu.cn
课件下载： http://www.tup.com.cn，010-83470410
印 装 者： 北京密云胶印厂
经　　销： 全国新华书店
开　　本： 185mm×260mm　　**印　　张：** 24.75　　**字　　数：** 597 千字
版　　次： 2020 年 3 月第 1 版　　**印　　次：** 2020 年 3 月第 1 次印刷
定　　价： 79.80 元

产品编号：081721-01

编 委 会

前言
FOREWORD

大数据、人工智能、移动互联网、云计算、区块链、物联网等新一代信息技术蓬勃发展，给经济发展、社会进步、人民生活带来了重大而深远的影响，也给会计发展带来了前所未有的挑战。把握好数字化、网络化、智能化发展机遇，充分吸收新技术赋予的新能量，从守护价值转向创造价值，从追求规模扩张转向高质量发展，由核算型会计向管理型会计转变，这是会计人员转型的必由之路。

管理型会计人员不但要熟悉公司的工作性质，而且要具备战略思维、敏锐的洞察力，以及单位在面临机遇和挑战时的准确判断力，能够在单位中根据需求推陈出新，不断适应时代发展要求。目前我国的会计从业人员众多，但高端会计人才相对缺乏。各公司会计的工作重点往往局限于财务会计方面，在全面推进管理会计体系建设、建立现代企业或财政管理制度过程中，管理会计人才建设显得尤为关键。管理会计在企业的应用，除了高端人才需求外，也必须依靠高效的信息系统，才能准确、快捷地提供多角度、多口径、多层次及不同时期的会计信息，实现预算管理、资金管理、成本管理等信息资源共享，从而满足单位内部管理和运行决策不同方面的需求。利用信息系统，一方面可以根据管理会计目标向各业务环节的人员或各层级的数据处理人员传递信息，如数据的收集、整理和分析；另一方面也可以将管理会计处理过的数据通过信息系统反馈至各级，以保证数据信息的及时传递。

本书深度整合管理会计体系与企业集团管控实践，面向高校打造系统性的实训课程体系，帮助学生突破传统的财务视野，更好地满足管理会计、集团管理专业人才培养需求。本书包括两部分内容：上篇为管理会计理论简介，主要结合众多大型企业集团管理会计与集团管控的实践经验，对相关理论知识与方法进行阐述；下篇为管理会计仿真实训，以浪潮GS管理软件(教学版)为工具，虚拟仿真企业集团财务管控、成本管理、全面预算管理、资金管理等操作，通过对每堂课程实验主题的设计来讲解相关知识要点、软件操作流程和操作方法。学员可以扮演财务管理员、成本管理员、预算管理员、资金管理员岗位角色，登录浪潮GS管理软件，通过任务驱动，真实体验不同岗位角色的管理会计相关操作流程。

本书由厦门大学管理学院与山东浪潮铸远教育科技有限公司共同完成。其中，上篇管理会计理论简介共六章，第一章至第五章由厦门大学管理会计研究中心主任、厦门大学管理学院会计学系郭晓梅教授编写，第六章由厦门大学鞠子杨硕士编写；下篇管理会计仿真实训共六章，由山东浪潮铸远教育科技有限公司编写。

本书力求内容完善、准确，但编者水平有限，如有不妥之处，敬请读者批评指正。

编　者

2019年6月

前言

目录
CONTENTS

上篇　管理会计理论简介

下篇 管理会计仿真实训

上篇

管理会计理论简介

企业集团管理控制

第一节 企业集团简介

一、企业集团概述

（一）企业集团的定义

企业集团是现代企业的高级形式，一般是以一个实力雄厚（产品、技术、资本、管理、市场网络等）的大型企业为核心，通过以产权或辅以产品、技术、经济契约等为连接纽带，连接多个企业、事业单位，从而形成具有多层结构并以母子公司为主要形式的多个法人经济联合体。企业集团是以一定方式集合在经济技术、生产经营上有联系的企业而形成的经济联合体。[①] 企业集团的整体权益主要通过明确的产权关系和集团内部的契约关系来维系。

（二）企业集团的特征

企业集团具有以下特征。

1. 非法人主体

企业集团由若干个独立核心企业组成，其中的集团公司和子公司是独立的法人企业，而企业集团作为一个企业联合体，本身并非一个法人，不承担民事责任，不履行民事义务。尽管企业集团不是一个独立的法人主体，但却是一个会计主体，需要编制以集团为主体的合并会计报表。

2. 以资本为主要纽带、其他多种纽带并存联结而成

企业集团是以资本关系为基础，以集团公司为核心组建起来的经济联合体。资本关系是集团公司得以控制其成员单位生产经营和财务行为的基石，是企业集团各成员单位间进行长久、协同、有效联结的重要保证。

---

① 李秉成. 集团公司财务控制——理论·实务·案例[M]. 大连：大连出版社，2011.

3. 组织结构多层次性

企业集团组织具有多层次性特征。以持股层级而言,企业集团组织结构少则两三层,多则五六层,通常可以划分为核心层(集团公司)、紧密层(分支机构、全资子公司及控股子公司)、半紧密层(核心层和紧密层企业参股或联营的成员单位)及松散层(通过协议、契约等手段与集团公司建立相对稳定协作关系的企业组织)四个层次。

4. 产业规模化、业务多元化

规模经济是企业集团产生的主要动因。企业集团通过产业的规模化获得规模经济效应,降低生产成本。同时,为了抵御市场风险、提高竞争能力、获得更多的市场机会,企业集团一般采用多元化经营,往往同时具有生产、流通、研发、多元化经营和国际化经营等多种功能,同时涉猎多个领域。

二、企业集团的组织结构

组织的功能在于实现企业战略,创造价值。企业集团的管理会计控制与其组织结构密切相关,因为组织结构的设计体现了各种决策权力的分配,体现了集权和分权的平衡。

根据组织结构模式理论,企业集团的基本组织结构分为三种:直线职能型(U 型)结构、控股集团(H 型)结构和事业部制(M 型)结构。

(一) 直线职能型(U 型)结构

U 型结构又称"直线职能型结构",最早由泰勒提出,企业在这种模式下按照职能划分出若干个部门,实现职能的专业化。在这一结构下,企业集团内部不设中间管理层,集团公司直接联系和管理下属成员单位。

U 型结构分为三个层次:决策层、职能层和执行层。执行层可以是分公司或子公司,其在经营和财务上均没有独立权与自主权。U 型结构的权力集中在决策层手中,是一种集权程度相对较高的组织结构模式。U 型结构的基本框架见图 1-1。

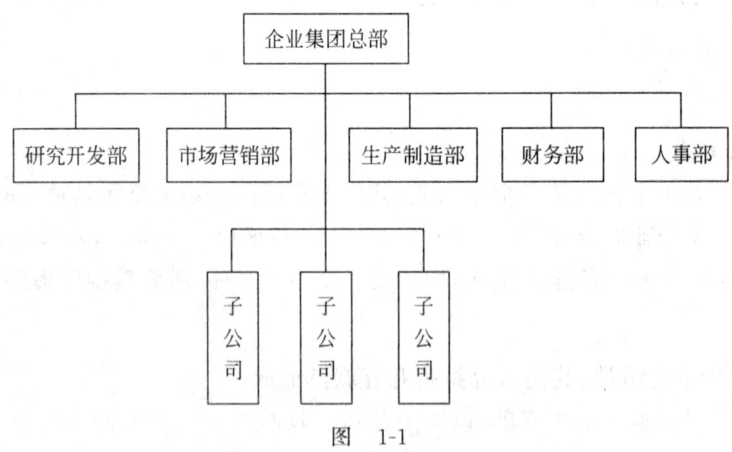

图 1-1

这种组织结构的优点如下。

(1) 集权程度高,最高决策者的命令上传下达,有利于统一调配企业资源;

(2) 专业化分工,提高工作效率,形成规模效应;

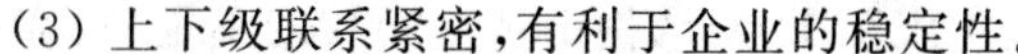

(3) 上下级联系紧密，有利于企业的稳定性。

这种组织结构的缺点如下。

(1) 集权程度高，子公司没有相应的经营决策权，降低经营积极性；

(2) 等级分明，拖慢决策速度，对市场反应迟滞；

(3) 职能部门各自为政，忽视企业整体发展，提高协调成本。

(二) 控股集团(H型)结构

H型结构又称"控股集团结构"，较早地出现在横向合并形成的企业中。在这种模式下，母公司掌握子公司的控股权，子公司为独立法人，企业集团采用控股的方式保持与子公司的联系。根据母公司是否依据其对子公司的控股权支配子公司的生产经营活动，可分为纯粹控股公司和混合控股公司。前者不干涉子公司的经营活动，后者会依据其控股权支配子公司的生产经营活动。

在这种结构下，各个子公司所从事的产业重合度较小，相对独立，各自形成利润中心和投资中心。以控股权为纽带的结构过于松散和扁平，是一种分权的组织架构。

需要指出的是，H型结构中包含了U型结构，企业集团掌握控股权的子公司内部通常采用的都是U型结构。H型结构的基本框架见图1-2。

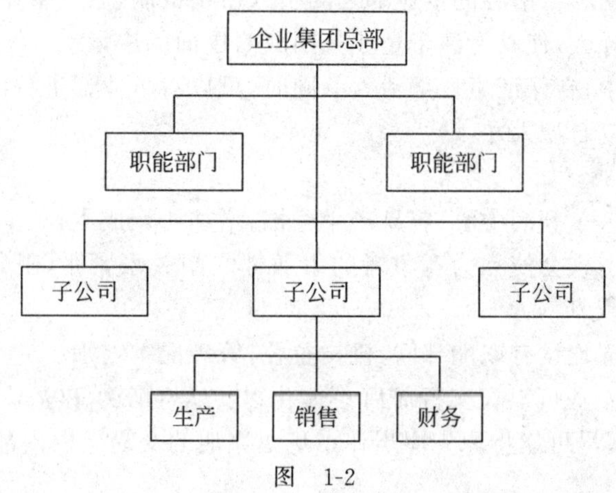

图 1-2

这种组织结构的优点如下。

(1) 子公司享有较大的独立性和自主性，有利于提高自主经营的积极性；

(2) 控股集团将风险分散到多个企业当中，有利于提高自身的抗风险能力。

这种组织结构的缺点如下。

(1) 以控股权为纽带的维系作用有限，母公司难以向子公司渗透、推行母公司的战略、方针；

(2) 子公司是独立法人，需设立股东大会、董事会和相应的职能部门，管理成本增加；

(3) 过于分权，母公司难以了解子公司经营全貌，加大了资源分配的难度。

(三) 事业部制(M型)结构

M型结构又称"事业部制结构"。事业部是由企业集团按照产品、区域、客户等来设立的，作为企业集团的中间管理层，虽然它本身不是法人，但是通过企业集团的授权，可被看作企业集团内部享有一定经营自主权的利润中心。M型结构是一种集权和分权相结合的组织结构，其“集中决策、分散经营”的特质，既克服了 U 型结构下过度集权的不足，也克服了 H 型结构下过度分权的缺点。M 型结构的基本框架见图 1-3。

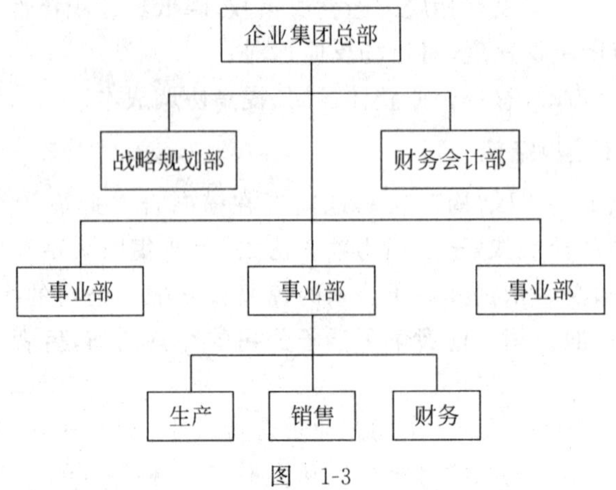

图　1-3

这种组织结构的优点如下。

（1）在作为独立的利益中心的事业部之间引入市场机制，激发事业部经营活力；

（2）解放高层领导人，使其专注于企业集团战略层面的决策；

（3）管理层级适中，在保证事业部活力的同时，可以对事业部进行协调和控制；

（4）有利于培养复合型人才。

这种组织结构的缺点如下。

（1）事业部各为一个利润中心，容易产生摩擦，增加协调成本；

（2）市场机制的引入会使互为竞争者的事业部之间关系紧张，阻碍企业集团内部人员的流动和先进技术的交流；

（3）各事业部内部均设有职能部门，机构重叠，管理成本增加。

在 M 型结构下，企业可以在实行前后一体化以扩大生产线和企业规模的同时，保证对下属单位的有力掌控，尽可能将原先应当在市场上完成的交易予以内部化处理，从而获得竞争优势。

第二节　企业集团的管理控制模式

与上述三种组织结构相对应，企业集团形成了三种管理控制模式：一是集权管理控制模式（对应于 U 型结构）；二是分权管理控制模式（对应于 H 型结构）；三是统分结合管理控制模式（对应于 M 型结构）。[①]

一、集权管理控制模式

集权管理控制模式是由集团母公司统一经营、统一核算的管理控制模式。集团母公司

① 朱新红.论企业集团财务控制的三种类型[J].安徽大学学报（哲学社会科学版），1999(3)：86-89；李方叶，张晓燕.企业集团母子公司管控的三种模式[J].经营与管理，2015(3)：55-58.

掌握企业绝大部分的权力，集中控制和管理集团以及下属子公司的经营和财务。子公司的经营自主性很小，对于母公司的决议必须严格执行。

1. 集权管理控制模式的优点

（1）集权程度高，企业集团最高决策层的命令能够得到及时和充分的执行；

（2）企业集团财务的统一核算管理，有利于降低母子公司之间的信息不对称程度，有利于企业合理配置人、财、物等资源；

（3）企业集团的统一采购和销售，有利于降低采购和销售成本，提升企业竞争力。

2. 集权管理控制模式的缺点

（1）集权程度高，子公司经营自主权很低，降低了经营活力；

（2）决策速度慢，对市场变化反应迟滞；

（3）日常事项耗费最高决策层精力，分散了其对企业集团战略层面事项的关注度。

中小型企业集团较适宜采用集权管理控制模式，因为这种企业的规模较小，产品类型单一，市场较为稳定，采用这种模式有利于发挥企业集团在整体采购、销售等方面的优势，提升竞争力。

当前，矿业、石油、电力、汽车行业较多采用集权管理控制模式。

二、分权管理控制模式

分权管理控制模式是在集团母公司的统一领导下，实行分级经营和核算的管理控制模式。其主要表现形式是决策权部门化，通过授予各子公司生产和管理上的决策权，调动子公司的经营自主性，提高企业集团的管理效率，是一种发散的管理控制模式。

1. 分权管理控制模式的优点

（1）子公司享有很大的经营自主权，有利于激发经营活力；

（2）决策速度相对较快，对市场反应灵敏。

2. 分权管理控制模式的缺点

（1）过于分权，子公司易于脱离母公司掌控；

（2）子公司各自为政，易产生摩擦，增加协调成本；

（3）子公司内部均设有职能部门，造成机构重叠，增加管理成本。

分权管理控制模式适用于规模较大、产品类型丰富、市场变化快、子公司分布地区较为分散的企业集团。

三、统分结合管理控制模式

统分结合管理控制模式是一种由集团母公司统一核算，子公司分级经营的管理控制模式。其主要特征是集权与分权有机结合。母公司在紧握重要的生产经营管理权力的基础上，将具体业务的生产、销售等权力下放给子公司，在给予子公司相对独立性的同时，又使子公司一直处于母公司的可控范围之内。

1. 统分结合管理控制模式的优点

（1）有利于母公司合理配置资源，提高决策速度；

（2）母公司易于将子公司置于自已掌控范围内，从而贯彻企业集团的战略方针；

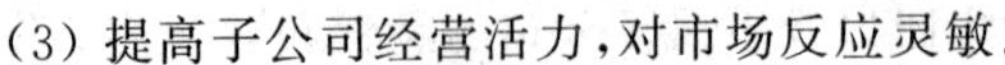

(3) 提高子公司经营活力,对市场反应灵敏。

2. 统分结合管理控制模式的缺点

集权和分权的设计较难把握,一旦不符合企业实际情况,会造成管理上的混乱,引发母子公司之间的矛盾冲突,阻碍企业集团的整体发展。

目前,钢铁、化工、纺织等行业的大型企业多采用统分结合管理控制模式。

第三节 企业集团集中管理控制的主要方式

在企业集团集权与分权管理控制的选择上,集权日渐成为趋势,原因在于:通过集中财权安排,对子公司进行更有效的控制,可以有效解决集团内部存在的委托代理问题,确保集团内部各层次、各子公司或分支机构的目标与集团总体保持协调一致,高效整合资源,实现规模经济,从而实现集团公司整体利润的最大化及可持续经营与发展。

由于集团发展阶段的不同,战略与组织结构的差异,其集中管控的方式也有所不同,具体包括财务核算系统统一、资金管理系统统一、管理会计系统统一、资本运营系统统一等方式。

一、财务核算系统统一

会计信息是企业最重要的经济信息。通过对各种会计数据进行收集、记录、存储、处理与输出,并完成对会计信息的分析,可以向使用者提供经营决策和控制所需要的信息,从而连续、系统、全面、综合地反映和监督企业经营状况。

企业集团管理控制的基础和起点,是财务核算的统一。企业集团可以通过财务核算的统一,构造集中的会计核算平台、统一的集团会计核算制度和内部控制制度;通过合并会计报表和财务报告等财务信息,为利益相关者提供各种基础财务信息。此外,具备条件的集团可以通过自动的业务财务交互接口实时对业务信息进行财务描述,生成财务信息,从而实现财务业务的一体化。

近年来,随着信息技术的发展,企业财务职能不断发展,逐渐产生了财务共享服务。管控服务型财务共享是大型企业集团通过建立统一的财务共享中心,将企业分散在各个区域运营单元中易于标准化和规范化的财务业务进行流程再造与标准化,集中处理,降低成本、提升业务处理效率;同时,借助共享中心的数据及流程支撑,纵向上加强对下属运营单元的管控力度,横向上对业务进行延伸,实现财务业务一体化,全面支撑企业集团的管理决策,更好地为经营管理服务。

二、资金管理系统统一

资金管理活动作为企业生产发展的一个重要环节,是企业管理的核心内容,贯穿于整个企业经济管理活动的始终。对于企业集团这种具有多层次组织结构和多种经济功能的企业组织而言,资金管理尤其重要。

由于内部结构的复杂性,企业集团存在着众多子公司或分公司。各成员独立的资金管理权及各成员间的资金盈余短缺情况不同,容易导致大量资金的分散、闲置,抑或短缺,甚至可能出现资金账外循环、私设小金库的状况,资金使用效率低下、资金成本高昂,严重制约了集团的发展。为了帮助企业集团集聚闲散资金，提高内部运行效率，完善内部控制，并实现企业集团的规模效应和协同效应，许多企业集团采取了资金集中管理。

资金集中管理也称司库制度，是国际上普遍采用的一种大型企业集团公司的资金管理模式，其含义是将整个集团的资金完全集中到总部，由总部统一调度、统一管理和统一运用。

我国政策也鼓励企业集团采用资金集中管理模式。财政部 1997 年 10 月发布的《关于加强国有企业财务监督若干问题的规定》中要求，“有条件的企业，要逐步建立资金结算中心，统一筹集、分配、使用、管理和监督资金活动”。国资委 2006 年 4 月发布的《中央企业总会计师工作职责管理暂行办法》中明确规定，中央企业总会计师应“制定资金管控方案，组织实施大额资金筹集、使用、催收和监控工作，推行资金集中管理”。财政部会计司解读《企业内部控制应用指引第 6 号——资金活动》时明确指出：“集团公司的资金内部控制，同样首推集中管控模式。也就是说，无论是企业相对其内部部门和分支机构，还是企业集团相对其子公司，都应该加强资金的集中统一管控……有条件的企业集团，应当探索财务公司、资金结算中心等资金集中管控模式。”

三、管理会计系统统一

随着企业集团的发展和竞争环境的改变，越来越多的企业认识到：效率比规模重要，现金比利润重要，信息比集权重要。统一财务核算体系所提供的财务信息无法满足集团管理控制成员企业的需要，而资金的集中管理又需要有综合性的计划控制手段来促使其实施。于是，统一管理会计系统的需求产生了。

全面预算管理作为一种为数不多的能把组织所有关键问题融合于一个体系之中的管理控制方法，被企业集团普遍采纳。集团内部将预算目标与责任中心相互结合，建立责任会计，推行成本管理、平衡积分卡、绩效考核、风险管理、项目管理等工具，对成员企业的管理进行管控。集团统一的管理会计系统开始成型。

全面预算作为一种全方位、全过程、全员参与编制与实施的预算管理模式，凭借其计划、协调、控制、激励、评价等综合管理功能，整合和优化配置企业资源，提升企业运行效率，成为促进实现企业发展战略的重要抓手①，得到了我国政府部门的大力推崇。1999 年，原国家经贸委在《关于国有大中型企业建立现代企业制度和加强企业管理的规范意见》中明确提出，要“推行全面预算管理”。2001 年 4 月，财政部要求企业实行全面预算管理制度，同时发布《企业国有资本与财务管理暂行办法》，对此进行规范。2008 年 5 月，以财政部为首的五部委共同下发《企业内部控制基本规范》，将预算作为内部控制的重要方法。2011 年 11 月，国资委对央企实施、开展预算管理提出明确、系统要求，并下发了《关于进一步深化中央企业全面预算管理工作的通知》。

四、资本运营系统统一

企业集团进一步发展之后，不少开始涉足资本运营领域。资本运营是指利用市场法则，

① 财政部会计司. 强化全面预算管理　促进实现发展战略——财政部会计司解读《企业内部控制应用指引第 15 号——全面预算》[EB/OL]. http://kjs.mof.gov.cn/zhengwuxinxi/zhengcejiedu/201007/t20100708_326818.html#.

通过资本本身的技巧性运作，或按照资本的自有规律运作，实现价值增值、效益增长的一种经营方式。常见的资本运营方式有：

（1）发行股票、发行债券（包括可转换公司债券）、配股、增发新股、转让股权、派送红股、转增股本、股权回购（减少注册资本）等；

（2）企业的合并、托管、收购、兼并、分立以及风险投资等；

（3）资产重组，对企业的资产进行剥离、置换、出售、转让；

（4）为改善资本结构或债务结构，进行企业合并、托管、收购、兼并、分立等。

企业的发展既可以依靠自身的有机成长，也可以依靠外部并购实现快速扩张。内部成长主要通过自身产品经营不断积累资本，通过发行股票、债券等方式筹集资本，逐步扩大经营规模，扩展经营领域，但发展速度相对较慢。而根据产业发展需要，通过并购方式积极引入外来资本，快速扩大规模，进入新领域，形成竞争优势，发展速度快，凸显整合能力。后一种发展方式如果运作得当，可以使企业集团获得发展所需资金，并促使企业集团快速发展，形成良性循环。此外，大型企业集团为保持企业资产整体运营效益，优化企业资本结构，也会通过出售、拍卖、股权转让等手段进行资产重组，以避免资源浪费或低效耗费。

这些资本运营通常需要由集团整体操作。大型企业集团凭借其技术实力、资本实力和管理实力，容易成为资本集中的载体。若能合理设置内部资本运行机制，根据市场变化随时调整和重新配置内部资源，企业集团就可以成为驾驭资本、运筹资本的主体，最终使资本实现最大限度的扩张。

五、多种管理控制模式的融合

在集团发展过程中，上述几种管理控制模式是相互影响、相互促进的。

财务核算系统的统一有助于确保会计信息的真实有效，更好地服务于企业经营管理。预算包含编制、执行、控制与分析、考核与评估四个环节，各个环节均需要准确、全面和及时地获得会计信息的反馈与支持。具体而言，需要根据会计信息分解预算指标，进行事前控制；通过会计信息并结合相关对比分析，及时了解预算执行情况，使预算责任人和上级领导及时了解相关结果，进行事中控制；执行期满，会计人员可以对统一的数据进行加工整理，深入进行数据分析，提供分析评价与考核报告，实现事后控制。

资金的集中管理也离不开统一会计信息的支持。集团各个成员单位的账户信息、资金盈余短缺信息、筹资投资与应用信息，都依托于财务核算系统而存在。统一的核算体系，提高了信息的准确性和及时性，为推行资金集中管理创造了条件。

全面预算是“全方位”的，这一点体现在企业的一切经济活动中。企业的经营、投资、财务等各项活动，以及企业的人、财、物各个方面，供、产、销各个环节，都必须纳入预算管理。借助全面预算，可以集中管理企业资金的流入、流出情况，对资金进行统筹规划、合理配置，提高资金使用效率，强化对资金运行的监督控制。

企业集团以全面预算为基础，以资金管理信息系统为载体，有助于建立资金集中管理系统，从而提高其管理控制效果。

随着财务共享服务的产生，企业集团的财务流程和业务流程再造，财务架构重设，重复性的财务核算工作都将转入财务共享中心统一处理。在财务共享中心之外，企业集团还会设立业务支持中心和战略决策中心。前者对各成员公司的业务提供支持与监督，后者负责对集团整体战略层面的工作，如全面预算管理、资金管理、资本运营等提供支持。

多种管理控制模式的融合见图 1-4。

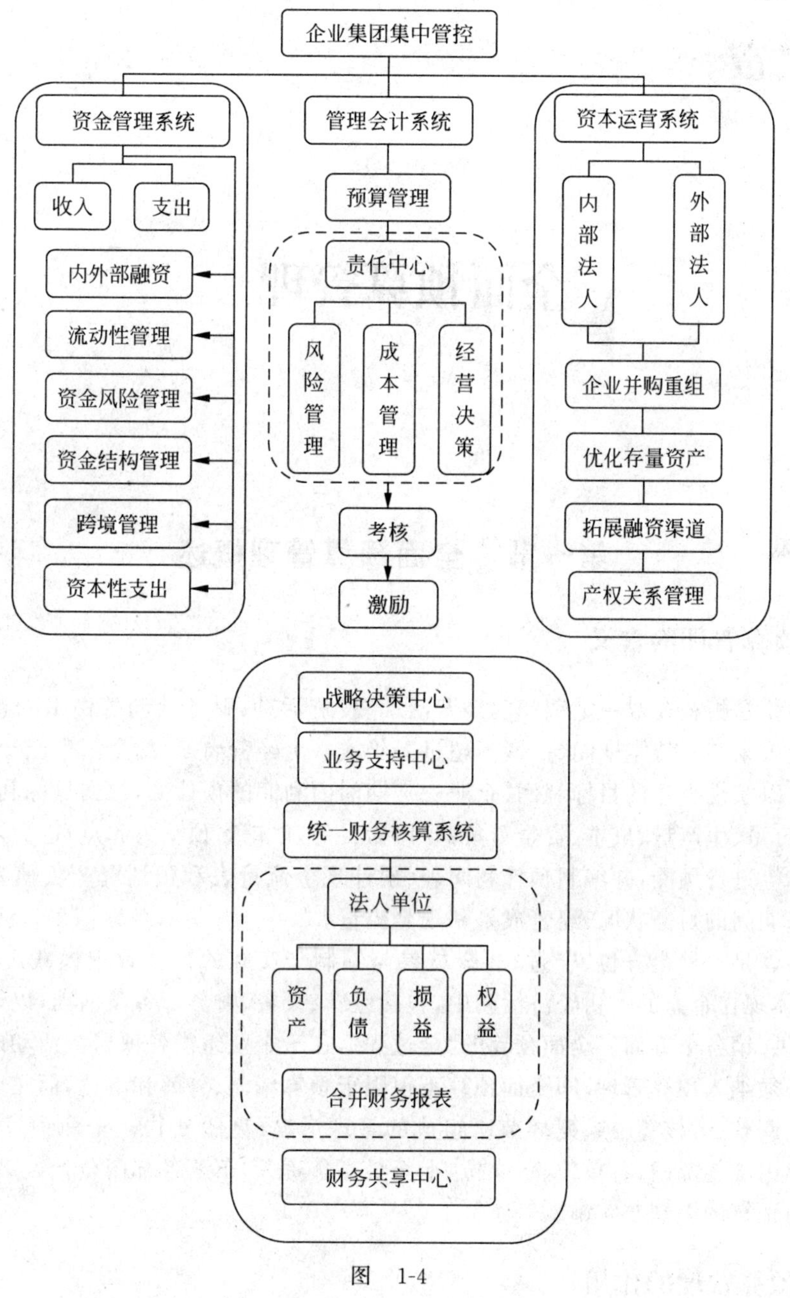

图　1-4

第二章 全面预算管理

第一节　全面预算管理概述

一、全面预算管理的含义

全面预算是指企业对一定期间的经营活动、投资活动、财务活动等做出的预测安排，反映的是企业未来某一特定期间（一般不超过一年或一个经营周期）的全部生产经营活动的财务计划。它以实现企业的目标利润（企业一定期间内利润的预计额，根据目标利润制定作业指标，如销售量、生产量、成本、资金筹集额等）为目的，以销售预测为起点，进而对生产、成本及现金收支等进行预测，并编制预计利润表、预计现金流量表和预计资产负债表，以此反映企业在未来期间的财务状况、经营成果和现金流量。

全面预算是一种全方位、全过程、全员参与编制与实施的预算管理模式。全面预算的“全方位”，体现在企业的一切经济活动中，包括经营、投资、财务等各项活动，以及企业的人、财、物，产、供、销各个方面。全面预算的“全过程”，在于企业组织各项经济活动的事前、事中和事后都必须纳入预算管理，即全面预算不仅限于预算编制、分解和下达，而是由预算编制、执行、分析、调整、考核等一系列环节所组成的管理活动（见图 2-1）。全面预算的“全员”参与是指企业内部各部门、各单位、各岗位，上至最高负责人，下至各部门负责人、各岗位员工，都必须参与预算的编制与实施。

二、全面预算管理的作用

（一）制定目标，控制业绩

预算最明显的作用是将企业的目标具体化，编制和使用预算可以帮助经理人员筹划未来，制定目标，预测可能存在的问题，并为企业的发展指明方向。一旦预算编制完成，经理人员就可以将预算作为一个基点，通过实际业绩与基点的比较，纠正不利影响，对企业业绩实施控制。

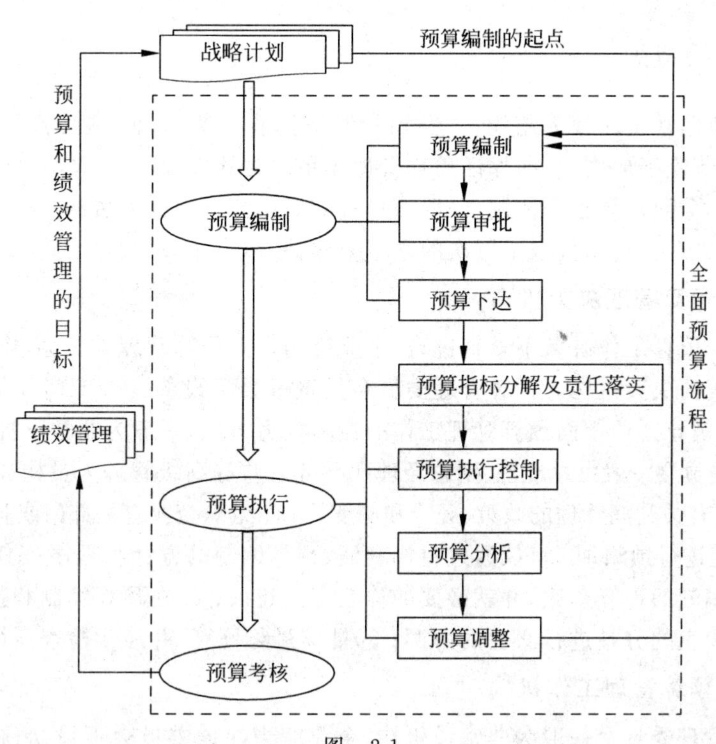

图　2-1

资料来源：财政部会计司.强化全面预算管理　促进实现发展战略——财政部会计司解读《企业内部控制应用指引第 15 号——全面预算》[EB/OL]. http://kjs.mof.gov.cn/zhengwuxinxi/zhengcejiedu/201007/t20100708_326818.html#.

（二）沟通协调，分配资源

对于任何有效运作的企业来说，编制和使用预算都是高层管理人员与预算执行人员之间交流意见的好方法。高层管理人员会将其对企业预算期内经营业绩的期望反映在预算中，而如果在预算的编制过程中，双方能够很好地沟通和交流，那么基层部门及人员便可以把他们的想法传达到高层管理人员那里。

同时，由于任何企业的资源都是有限的，预算为资源分配提供了一种方法，从而使企业资源利用率最大化，更好地实现企业的盈利目标。

（三）评价业绩，激励员工

将实际业绩与预算业绩进行比较，能够帮助管理人员对个人、部门乃至整个公司的业绩进行评价，因此预算可以作为评价既定任务或目标是否完成的一种标准。同时，预算以具体的数据提出了在某一预算期内对某一部门业绩的期望，并且企业一般会对完成或超过预算利润的部门发放奖金，这就激励部门经理及员工为完成预算而努力。

预算因兼具控制、激励、评价等功能，已成为一种综合贯彻企业战略方针的经营机制，在企业内部控制系统中居于核心地位。借助全面预算，企业可以集中管理企业资金的流入、流出情况，整合和优化企业资源配置，提升企业运行效率，促进实现企业发展战略。预算既是企业决策的具体化，又是控制生产经营活动的依据，是利用企业现有资源增加企业价值的一种重要方法。

三、全面预算的组织

企业集团应建立全面预算组织与运行体制，以防止预算管理松散、随意，预算编制、执行、考核等各环节流于形式，从而保证预算管理作用的有效发挥。

企业设置的全面预算管理体制，一般需具备全面预算管理决策机构、全面预算管理工作机构、全面预算管理执行单位三个层次的基本架构。[①]

（一）全面预算管理决策机构

为了使整个预算工作有条不紊地进行，企业应当设立预算管理委员会，作为专门履行全面预算管理职责的决策机构。预算管理委员会是董事会下设的一个专门委员会，对董事会负责，是组织和领导公司全面预算管理工作的最高权力组织，一般为非常设机构。

预算管理委员会一般由总经理、副总经理和财务总监等高级管理人员构成。其主要任务是：①审议通过有关利润管理的政策、规定和制度等；②组织企业有关部门或聘请有关专家对目标利润的确定进行预测；③审议通过目标利润、预算编制的方针和程序；④审查整体预算方案及各部门编制的预算草案，并就必要的修改提出建议；⑤在预算编制和执行过程中，对部门之间可能发生的分歧进行必要的协调；⑥批准最终预算，并经常检查预算执行情况。

（二）全面预算管理工作机构

由于预算管理委员会一般为非常设机构，企业应当在该委员会下设立预算管理工作机构，由其履行预算管理委员会的日常管理职责。预算管理工作机构一般设在财会部门，其主任一般由总会计师（或财务总监、分管财会工作的副总经理）兼任，工作人员除了财务部门人员外，还应有计划、人力资源、生产、销售、研发等业务部门的人员。

预算管理工作机构的主要职责是：①拟订企业各项全面预算管理制度，并负责检查落实预算管理制度的执行；②拟订年度预算总目标分解方案及有关预算编制程序、方法的草案，报预算管理委员会审定；③组织和指导各级预算单位开展预算编制工作；④预审各预算单位的预算初稿，进行综合平衡，并提出修改意见和建议；⑤汇总编制企业全面预算草案，提交预算管理委员会审查；⑥跟踪、监控企业预算执行情况；⑦定期汇总、分析各预算单位的预算执行情况，并向预算管理委员会提交预算执行分析报告，为预算管理委员会采取进一步行动拟订建议方案；⑧接受各预算单位的预算调整申请，根据企业预算管理制度进行审查，集中制订年度预算调整方案，报预算管理委员会审议；⑨协调解决企业预算编制和执行中的有关问题；⑩提出预算考核和奖惩方案，报预算管理委员会审议；⑪组织开展对企业二级预算执行单位（企业内部各职能部门、所属分（子）企业等，下同）预算执行情况的考核，提出考核结果和奖惩建议，报预算管理委员会审议；⑫预算管理委员会授权的其他工作。

（三）全面预算管理执行单位

全面预算管理执行单位是指根据其在企业预算总目标实现过程中的作用和职责划分的，承担一定经济责任，并享有相应权利的企业内部单位，包括企业内部各职能部门、所属分（子）企业等。企业内部预算责任单位的划分应当遵循分级分层、权责利相结合、责任可控、

---

① 财政部会计司.强化全面预算管理　促进实现发展战略——财政部会计司解读《企业内部控制应用指引第15号——全面预算》[EB/OL]. http://kjs.mof.gov.cn/zhengwuxinxi/zhengcejiedu/201007/t20100708_326818.html#.

目标一致的原则，并与企业的组织机构设置相适应。根据权责范围，企业内部预算责任单位可以分为投资中心、利润中心、成本中心、费用中心和收入中心。预算执行单位在预算管理部门（指预算管理委员会及其工作机构，下同）的指导下，组织开展本部门或本企业全面预算的编制工作，严格执行批准下达的预算。

各预算执行单位的主要职责是：①提供编制预算的各项基础资料；②负责本单位全面预算的编制和上报工作；③将本单位预算指标层层分解，落实到各部门、各环节和各岗位；④严格执行经批准的预算，监督检查本单位预算执行情况；⑤及时分析、报告本单位的预算执行情况，解决预算执行中的问题；⑥根据内外部环境变化及企业预算管理制度，提出预算调整申请；⑦组织实施本单位内部的预算考核和奖惩工作；⑧配合预算管理部门做好企业总预算的综合平衡、执行监控、考核奖惩等工作；⑨执行预算管理部门下达的其他预算管理任务。

各预算执行单位负责人应当对本单位预算的执行结果负责。

企业全面预算管理组织体系的基本架构见图 2-2。

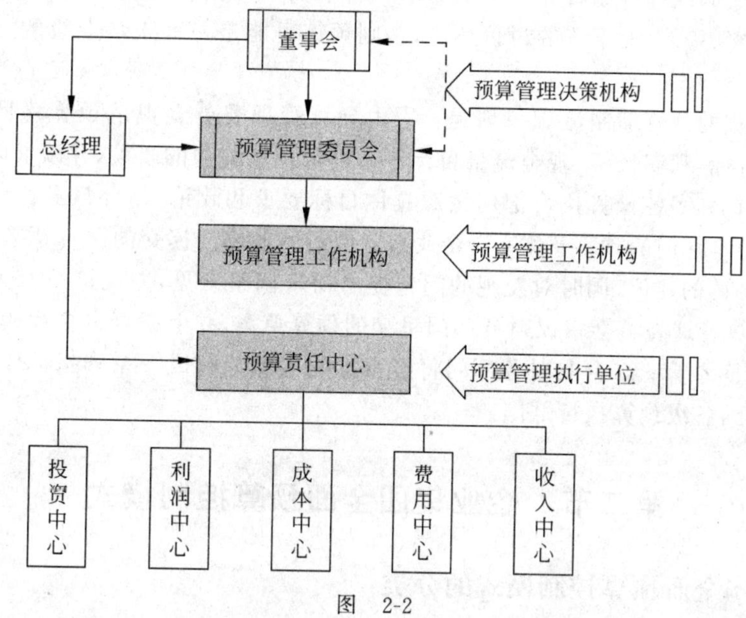

图　2-2

资料来源：财政部会计司.强化全面预算管理　促进实现发展战略——财政部会计司解读《企业内部控制应用指引第 15 号——全面预算》[EB/OL]. http://kjs.mof.gov.cn/zhengwuxinxi/zhengcejiedu/201007/t20100708_326818.html#.

四、预算的编制流程

基于企业集权或分权的不同管理控制模式，预算的编制流程可分为自上而下式、自下而上式和上下结合式三种。

（一）自上而下式

自上而下式与集权制的管理思想和风格比较统一，适用于集权制的企业。

自上而下式的预算编制流程是：总部将下属各个子公司或分部（包括各级职能部门）视为预算管理的被动接受对象，上层管理者制定预算目标，下层被动执行。

自上而下式的优点是能够防止本位主义的泛滥，保证预算目标最大化地实现；但其缺点也是显而易见的，即没有基层人员参与，预算可能偏离实际情况，从而影响预算的顺利贯彻执行。自上而下式一般适用于新建立的企业、小企业，或是面临经济困难时期的企业。

（二）自下而上式

自下而上式多适用于分权制的企业，强调预算来自下属预算主体的预测，总部主要负责设定目标并监督目标执行结果。

自下而上式的优点在于能够发挥下属单位的积极性，强化其参与意识，并具有管理认同感；而其缺点在于可能导致严重的本位主义，使预算留有较大的余地，从而影响到预算目标的最优化。自下而上式一般适用于规章制度健全、下属单位管理者自主性强、预算编制能力强的大企业。

（三）上下结合式

上下结合式的预算编制将经历自上而下和自下而上的循环往复。而事实上，任何可行的预算方案都离不开上上下下的讨价还价，否则预算可能是一种来自上级的“武断”或下级的“欺瞒”。

上下结合式的预算编制流程一般是：①由预算管理委员会拟定预算总目标或分目标（如成本费用目标、利润目标、现金流量目标等），确定预算编制的政策，并以书面形式下达到各预算执行部门；②各预算执行部门按照具体目标要求和政策，结合自身特点以及预测的执行条件，提出本部门的预算草案；③企业财务部门对各部门提交的预算草案进行审查、汇总，提出综合平衡的建议，同时对发现的问题提出初步调整意见，并反馈给有关预算部门予以修正；④预算管理委员会审议财务部门呈交的预算草案，并上报董事会和股东大会，最后通过企业的全面预算；⑤企业财务部门将经批准的预算分解成一系列指标体系，由预算管理委员会下达给各级预算执行部门。

第二节　企业集团全面预算控制模式

一、企业集团全面预算控制模式的分类

全面预算管理是企业的管理控制机制，企业集团的管理导向与控制机制不同，其在预算控制导向、管理重点与方式等方面自然也存在差异。因此，依据企业集团管理控制模式的不同，企业集团全面预算控制模式可以相应地分为集权型预算控制模式、分权型预算控制模式和折中型预算控制模式。

二、企业集团全面预算控制模式的特点

不同的预算控制模式有着不同的特点，下面分别进行阐述。

（一）集权型预算控制模式

采用战略规划型组织结构的企业集团，集团内部各单位之间的业务具有较强的关联性，母公司的统一协调收益大于其成本，企业集团在母公司战略、产权、业务全方位管理下达到收益最大化。与之相适应的集权型预算控制模式具有以下特征：①母子公司的预算目标以

母公司确定的产业发展战略为导向，且预算目标明确，由母公司全权制定；②母公司全面负责预算的编制，并下达至各子公司，各子公司只是预算的执行者；③母公司是子公司预算的最终决策人，对子公司预算实施控制，子公司只有预算执行权；④母公司将整个企业集团全部资源纳入预算体系，进行整体资源规划；⑤集团所有筹资、投资活动以支持母公司战略为标准，各子公司没有筹资权、投资权，只是作为利润中心或成本中心进行管理；⑥母公司对各单位的作业程序和财务运作规则做出详细规定；⑦母公司对子公司预算责任的执行进行考核与监督，在考核时主要以资产总额的收益情况为基准。

在集权型预算控制模式下，如果企业集团各公司经营多样化，则母子公司之间存在较大的信息不对称，母公司将失去其主导优势地位，那么母公司所制定的预算的合理性与可行性将大打折扣。子公司没有自主权对其经营活动做出决策，其积极主动性将受到很大影响。母公司过分关注预算，反而可能使得集团为预算而预算，预算将流于形式。

（二）分权型预算控制模式

采用财务控制型组织结构的企业集团，母公司对子公司主要以股权为控制手段，各成员企业之间的业务关联性和协同性不大，母公司主要从事资本运作，各子公司作为独立的投资主体和投资中心进行经营。母公司将子公司作为资本运作对象，主要关注子公司的业绩是否达到期望，并根据业绩以股东的权利来做出“买入→持有→卖出”的决策。

与之相对应的是分权型预算控制模式，该模式以业绩上的财务控制为基础，具有以下特征：①母公司重点对子公司进行目标控制和目标管理，目标资本报酬率是子公司预算目标的起点；②子公司在符合母公司经营战略的基础上，以母公司下达的预算目标编制自身的预算，母公司对其预算形成没有统一的指导意见，但是其预算需经过母公司审批下达；③母公司在不损害子公司财务运作独立性的前提下，对其预算执行进行监控，以保证预算目标的实现；④母公司负责资本竞价管理，对子公司是追加投资、继续持有还是卖出，是以其财务上是否达到规定的资本竞价条件（比如资本收益率）为基准。

分权型预算控制模式在经营上分权，在财务上集权，并集中关注结果考核。该预算控制模式体现了人本管理思想，充分调动了子公司的积极性，同时由于子公司的预算来自子公司基层的意见，因此预算具有较高的可执行性与可操作性。但是，也可能因此导致母子公司在目标确定上的意见不一致并出现不良预算行为。另外，该类企业集团过分关注结果指标而不考虑过程指标，对子公司确定过高或过低的短期目标，这都将对企业集团的整体盈利和可持续发展产生不利影响；过分关注结果指标，还有可能使子公司在信息不对称的情况下进行利润操纵。

（三）折中型预算控制模式

当企业集团采取战略控制型组织结构时，母公司统一制定战略规划与财务政策，并统一规划与控制各成员企业的投融资、利润分配等财务活动，任何单位的财务活动必须在总部统一的财务战略、政策与制度范畴之内；母公司在资源可协调的基础上，按照子公司的业务规划向其分配财务资源，并对子公司的业绩进行严格评估；母公司处于集团财务管理的核心地位。

战略控制型企业集团融合了集权型和分权型两种预算控制模式的优势，既关注过程指标，也关注结果指标。与之相适应的折中型预算控制模式具有以下特点：①母公司依据集团内外部环境和集团战略制定集团战略目标，并以此为依据制定集团长期规划与年度规划，最后将其分解下达至各子公司；②各子公司在母公司下达的各项指标的基础上，结合本公司具体情况编制本公司的预算，并提交母公司审批；③母公司设立预算管理委员会及下属预算管理机构，审核、平衡各子公司的预算，并进行预算汇总、平衡，编制集团总体预算；④审批、下达各子公司预算，使其成为各子公司生产经营活动的基准；⑤母公司监控各子公司的预算执行情况，在必要时进行预算调整、纠正偏差，以保证预算目标的实现；⑥母公司对子公司的重点业务预算进行重点审查，对审批下达的业务预算进行全方位监控；⑦对子公司的预算执行情况进行考评，并依据激励政策制定相应的奖惩措施。

折中型预算控制模式融合了上述两种预算控制模式的优势，将集团有限资源用于重点业务，融合了资源规划与结果控制。因此，该种预算控制模式是重点的、动态的、人性化的预算管理控制模式，有利于确保集团整体利益最优化，保证集团战略目标的实现。

第三节　全面预算的编制

一、全面预算的内容

全面预算是各有关预算的集合，包括经营预算和财务预算两大组成部分。经营预算是为了规划和控制未来时期的生产、销售等经常性业务以及与此相关的各项成本和收入而编制的预算。从内容上看，经营预算主要包括销售预算、生产预算、成本预算、各种费用预算和预计损益表。而财务预算是企业在预算期内为规划资金的筹集和分配而编制的。反映有关预计现金收支和财务状况的预算，主要包括现金预算和预计资产负债表。图 2-3 反映了构成全面预算的各个预算之间的主要联系。

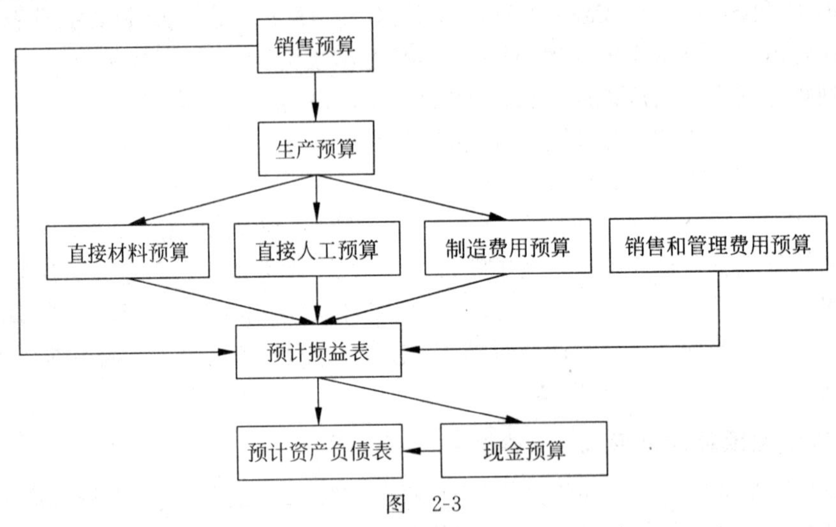

图　2-3

二、全面预算的编制方法

（一）销售预算

对大部分企业来说，销售预算是编制全面预算的起点，全面预算中的其他项目（包括产量要求、采购及经营费用）几乎都取决于销售预算。因此，销售预算应当尽量准确。而销售预算是根据销售经理们做出的销售预测结果来编制的，其准确性又依赖于准确的销售预测结果。换句话说，销售预测结果的准确与否将对全面预算的准确性产生极大的影响。

一般来说，销售预测报告的编制是以自下而上的方式进行的，各个地区的销售经理提交一份本地区的销售预测报告给分管销售的副总经理，由其合计，从而得出总销售预测报告。

进行销售预测时，需要考虑很多因素，例如，过去的销售情况、定价政策、未交货订单、市场研究、总体经济形势、行业经济形势、广告促销计划、竞争等，因此需要企业全员参与。例如，销售人员与顾客的联系最为紧密，应充分发挥他们在销售预测时的作用。同时，在预测社会文化、经济等对企业产品销售、开发潜在市场的影响时，应向市场营销人员进行咨询。当然，考虑到总体经济形势、行业经济形势和企业发展战略等对销售预测的影响时，预算管理委员会应当对提交的销售预测报告进行讨论。如果预算管理委员会认为销售预测的结果低于企业发展战略所需的销售水平时，则可以建议采取行动（如加强广告投入等），以提高预期的销售量。

销售预算根据预计销售量乘以单位售价进行编制。其计算公式为

$$预计销售额=预计销售量\times预计销售单价$$

如果企业制造的产品不止一种，那么每种产品都要重复进行上述计算，再将得出的各种产品销售额相加，算出总销售额。

由于销售部门控制着给客户的信用条件，通常销售预算还包括一份预计收现计划表，以便用于现金预算的编制。每一季度的预计现金收入包括两个部分：①该季度的预计现金销售；②以前各季度赊销的现金回款。

（二）生产预算

生产预算是在销售预算基础上分品种编制的，用来安排企业在预算期间的产品生产。在编制生产预算的时候，管理层必须考虑到生产所需的存货数量。许多企业愿意保留一定数量的原材料和产成品库存来防止超出预计的实际需求。因此，企业计算应当生产的产量时，除了市场需求量以外，还必须包括预期的期末存货水平量。当然，期初的产成品存货（上期期末存货）会满足一部分的产量要求。预计生产量的计算公式为

$$预计生产量=预计销售量+预计期末存货数量-预计期初存货数量$$

这一过程从第一季度开始，延续到第四季度。每一季度的期末存货都将成为下一季度的期初存货。如果企业生产多种产品，则生产预算要按产品类型来编制。

编制生产预算的一个好处是可以协调企业各方面的活动。如果生产设备管理部门审查预算时发现现有生产能力无法满足预计生产量，预算管理委员会可以采取补救措施——修订销售预算或者考虑增加生产能力。如果生产能力出现闲置，则可以考虑闲置生产能力的分配问题。

（三）直接材料预算

明确企业预计产量要求以后，可以对生产中耗费的资源进行预算。对直接材料、直接人工和制造费用各项预算的编制都要依据生产预算中的产量预测来进行。

直接材料预算确定了完成企业全部生产所需的材料数量。企业需要充足的材料，用于当期生产，并为原材料的预期期末存货水平做好准备。一些原材料已经以期初原材料存货的形式存在，其余的则来自向供应商的采购。直接材料预计采购量的计算公式为

直接材料预计采购量＝预计生产量×单位产品原材料标准用量＋预期期末直接材料存货－预计期初直接材料存货
＝预计生产需用量＋预计期末直接材料存货－预计期初直接材料存货

预计期初期末直接材料存货的数量取决于企业的存货政策。它是根据企业所用的存货控制模型进行确定的，可以避免存货不足而影响生产或存货过量带来的资金积压。如果制造产品需要多种材料，要按照材料种类分别编制计划表，然后将其汇总得出直接材料总成本。

在编制该预算的同时，一般还要编制材料的预计现金支出计划表。该表根据采购部门预期从供应商处取得的信用条件来编制，可以为后面编制现金预算提供依据。直接材料预计采购金额的计算公式为

直接材料预计采购金额＝直接材料预计采购量×预计材料单价

（四）直接人工预算

直接人工预算列示根据预算生产量进行生产所需的直接人工小时及相应成本，通常由生产部门完成。企业可以根据直接人工预算，对人工需求量进行计划。如果不对人工需求量进行计划，那么可能导致人工短缺、不必要的加班或者意外的临时裁员。这些不良后果将会影响员工士气，同时导致人员流动率上升。这也说明了编制直接人工预算的重要性。预计直接人工总成本的计算公式为

预计直接人工总成本＝预计生产量×单位产品直接人工标准工时×单位工时工资率

虽然不同人员之间的工资率有差异，但是在计算直接人工成本时往往采用单一的平均工资率。有些情况下，企业签订的契约或采取的雇佣政策会阻碍临时解雇和再次雇佣工人，这些约束条件必须在计算预计直接人工总成本时加以考虑。在本书下篇的实训中，均假定企业能够按实际需要对人工数量进行调整。

（五）制造费用预算

制造费用预算提供一张包含除了直接材料和直接人工以外的所有生产成本的计划表。与直接材料、直接人工不同，制造费用项目不存在明显的投入产出关系，无法在其发生时直接归集到相应获益的产品上，只能在一定的期间对制造费用加以汇总，并按照一定的方法分配到相应的产品成本中。在具体进行预算编制的过程中，可根据成本性态将制造费用分为变动性制造费用和固定性制造费用两大项。

变动性制造费用主要包括间接材料、间接人工、维修费等。计算的关键在于区分可变的具体项目，并选择作业基础（产量、直接人工小时、机器小时等），从而得出变动性制造费用分配率。

固定性制造费用通常包括厂房和机器的折旧费、租金以及财产税等短期内保持不变金额的项目，这些项目支撑着企业总体的生产经营能力。预计制造费用的计算公式为

预计制造费用＝预计变动性制造费用＋预计固定性制造费用
＝预计变动性制造费用分配率×预计作业基础＋预计固定性制造费用

（六）产品成本预算

产品成本预算是根据直接材料预算、直接人工预算和制造费用预算编制而成的。它为

编制预计损益表和预计资产负债表提供依据。产品成本预算通常还包括期末产成品存货预算，也就是将产品单位成本乘以预计期末产成品存货数量。为了方便编制预计损益表，还应该计算产品销售成本。

（七）销售和管理费用预算

销售和管理费用预算是产品销售过程中发生的费用和企业行政管理开支的预算。该项目包括各种活动，其组成数量可能相当庞大，主要取决于企业的规模和内部复杂程度。

销售和管理费用预算的编制方法与制造费用预算编制方法相同，也包括固定性和变动性两部分。固定性的销售和管理费用通常有租金、保险费、管理人员薪金等，虽然不会随着销售量的变动而变动，但是年内新增或报废设备等事件还是会给其带来波动。变动性的销售和管理费用主要有销售佣金、运杂费等支出，这部分费用对销售量的依赖性很大。与此同时，在编制销售和管理费用预算时，非现金开支项目（折旧和无形资产摊销等）要单独列出，从现金预算中扣除。

（八）现金预算

现金预算是用来反映预期由于经营和资本支出等原因而引起的一切现金收支及其结果的预算，一般包括以下四个方面的内容。

1. 现金收入

现金预算中的收入部分应当包括相应期间的所有来源的现金，比如，现销、应收账款收回、应收票据的到期或贴现收入、出售长期资产、发行新的股票、债券等产生现金的业务。当然，最重要的还是销售产生的现金。由于现销的比例不高，确定应收账款的收账方式就成为企业的一个主要任务。

2. 现金支出

现金预算中的支出部分包含预算期内的所有预计现金支出，包括预算期内材料采购现金支出、直接人工和制造费用的现金支出、销售和管理费用的现金支出、缴纳税金、支付红利以及购置固定资产等。所有不导致现金支出的费用都应该排除在外，比如折旧费。

3. 现金余缺

这是将各期现金收入和现金支出进行比较，计算现金收支差额。若现金收入大于现金支出，现金收支差额为正，即有结余；反之，现金收支差额为负，即现金短缺。

4. 资金的筹集与运用

资金的筹集与运用是根据预算期现金收支的差额和企业有关资金管理的各项政策，确定筹集与运用资金的数额。这一部分预算使得企业可以同贷款人密切合作，确保随时可以获得现金。企业常常在多家银行有信用额度，以满足短期现金需求。如果现金富余，除了可以用于偿还借款本金和利息以外，还可以用于短期投资。

现金预算是全面预算的重要组成部分。如果缺乏日常运作所需的现金，即使企业有收益也会在运营中遇到严重阻碍。例如，公司拖欠应付账款，往往会损失现金折扣，甚至会遭到罚款。一旦供应商拒绝赊账，则后果将不堪设想。因此，对企业的现金需求做出预算是必不可少的。

（九）预计损益表

预计损益表是经营预算的重要组成部分，用于综合反映企业整个预算期内经营活动的财务成果和必须履行的纳税义务。

（十）预计资产负债表

预计资产负债表是用于总括反映预算期末企业资产占用总额、分布结构以及负债与所有者权益等资金来源状况的预算报表，是针对企业在预算期末预计的财务状况而编制的预算。该表是以预算期期初的资产负债表为依据，根据预算期内其他预算的有关数据调整而成的。

预计资产负债表提供了大量的预计资产和负债的信息，这些信息的用途十分广泛。例如，管理层可能希望确定期末营运资本（流动资产与流动负债的差额）对计划中的运营来说是否充足；利用预计资产负债表中的数据，来计算预计资产报酬率、预计净资产收益率等。

资金集中管理

第一节　企业集团资金集中管理概述

一、资金集中管理的重要性

企业管理以财务管理为中心，财务管理以资金管理为核心。资金犹如企业集团的血液，资金管理的好坏直接影响着企业集团效益的高低。只有建立一套科学合理的资金集中管理模式，完善企业财务管理运行机制，才能最终实现资金的良性循环，实现企业集团价值最大化和可持续发展。资金集中管理是国际上普遍采用的一种大型企业集团资金管理方式，其含义是将整个集团的资金集中到总部，由总部统一调度、统一管理、统一运用。通过资金集中管理，可以优化资金配置，保证资金头寸，降低集团现金持有水平，减少不必要的资金闲置，提高资金使用效率，降低资金成本，进而降低财务风险。而且，通过资金集中管理，在保证集团内部资金有效流动的前提下，提高剩余资金的投资收益，可进一步加强集团对成员公司的生产经营控制，从而进一步提高集团管理水平。

二、资金集中管理的内容

为实现降低信息不对称、保证资金安全性、提高资金使用效率的目标，企业集团通常需要实施以下资金集中管理模块：账户集中管理、资金预算集中管理、现金集中管理、融资集中管理、结算集中管理等。其中，资金预算集中管理是企业集团全面预算管理体系的一部分，是资金集中管理体系的基础模块。没有完善的资金预算模块的支持，现金集中管理、融资集中管理、结算集中管理等模块均无法有效运行。通过现金集中管理，可以将资金归集到集团公司，由集团公司统一配置，是实现集团内部各成员单位互补资金余缺、优化资金资源配置效率的关键。因此，现金集中管理是资金集中管理体系的核心模块。账户集中管理是现金集中管理在账户设置形式上的表现。融资集中管理是现金集中管理向外部资金来源的延伸。结算集中管理是现金集中管理向业务过程的延伸。

（一）账户集中管理

账户集中管理包含两方面内容：一方面是指集团公司对下属成员单位的账户进行统一管理和控制，即下属成员单位所有账户的开设、变更、撤销必须经过集团公司审批；另一方面是指集团公司借助网上银行、银企直联等技术手段对集团公司及下属成员单位的账户信息的集中监控，即对集团公司及下属成员单位的账户余额和交易明细等信息进行远程监控，从而随时掌握整个集团各账户的资金头寸及交易明细状况。

从单独的资金管理模块来看，账户集中管理的显著特点是只监控不归集。集团公司对下属成员单位的账户余额、存款积数、存款利息等只进行数据集中，而不进行实际的资金归集，下属成员单位在资金使用上拥有较大的自主权。在企业集团推行资金集中管理体系初期，由于管理制度、配套措施尚未完善，对于资金集中难度较大的非全资子公司，可以单独采用账户集中管理模式，先对其资金信息进行监控，等时机成熟后再推行其他资金集中管理模块。账户集中管理的实施可以提供及时、准确的账户资金信息，降低集团公司与下属成员单位的信息不对称，为集团资金的监控和进一步集中管理提供有力的信息支持。

（二）资金预算集中管理

资金预算集中管理属于集团全面预算管理的一部分，企业集团所有资金的内部流动及对外收支均应纳入资金预算集中管理。资金预算集中管理是集团公司及下属成员单位结合集团战略及自身战略规划和经营计划，对未来一定周期资金流动项目进行预测和安排，并据以对该周期内的资金融资、支付及运作等进行组织和控制的活动。其主要内容包括集团各成员公司资金预算的编制、审批、汇总、执行，预算的事中控制、事后分析及配套考核奖惩措施等。资金预算集中管理是集团公司审核业务及下拨资金的依据，同时也是对外融资管理的依据；而贯穿资金集中管理体系的各个管理模块，则是集团控制各项资金收支的有效工具。

（三）现金集中管理

现金集中管理是指企业集团在账户集中管理的基础上，将下属成员单位的现金统一归集到集团公司进行集中管理。与账户集中管理相比，实施现金集中管理时，下属成员单位的资金发生了实际转移，统一归集到集团公司指定的账户。在实施现金集中管理时，企业集团通常可以采用委托贷款的方式进行资金的统一归集与下拨，实现集团公司对现金的统一协调和控制。在账户集中管理的基础上实施现金集中管理，集团公司便可以实时了解下属成员单位银行账户的动态信息，加强对所属企业资金收支活动的实时监控；统一调剂集团内部资金余缺，避免不必要的资金闲置，充分消除企业集团存款、贷款、财务费用同时居高不下的“三高”现象，降低财务成本，提高资金使用效率。

（四）融资集中管理

融资集中管理是指取消下属成员单位的对外融资权及担保权，由集团公司以整个集团的名义统借统还。集团公司与银行签订战略合作协议，建立统一授信，然后根据整个集团的资金需求情况在各家银行的授信额度范围内进行统借统还，融资所得资金由集团公司根据各下属成员单位预算及申请按市场价格进行调配。通过融资集中管理，一方面可以防止下属成员单位不合理融资带来的融资风险，从源头上控制财务风险；另一方面以集团整体的名义与金融机构进行谈判，可以争取更多的授信额度及相对较低的贷款成本。

（五）结算集中管理

结算集中管理包括集团内部业务往来结算的统一管理和集团对外资金结算的集中管理两个方面。内部结算是指集团内部成员单位之间由于业务往来导致的资金结算，通常不发生实际资金转移，通过在集团公司结算中心设立的虚拟账户进行核算即可。对外结算集中管理是指集团公司对成员单位的收付款业务进行统一办理。

集中收款管理是指下属成员单位的收款业务由集团公司统一规范和管理。下属成员单位在对外收款时往往会遇到较多困难，因为付款人支付款项时，在支付方式和习惯上往往存在较大差别，导致企业现金回笼时间不统一，收款相关信息不完整。同时在收款过程中，由于牵涉到付款人、付款银行、收款银行等多个外部实体，企业通常无法直接控制付款的清算渠道，无法有效改善收款管理。而通过收款集中管理，企业可以凭借企业集团的整体优势，通过对收款银行的合理选择，来建立一种高效、便捷的收款渠道。

集中付款管理是指由集团公司集中下属成员单位的付款项目，统一向收款方支付款项。集团公司通常通过统一管理下属成员单位的支付权限实现集中付款管理，下属成员单位没有银行账户的付款权限，付款时需要向集团公司发送付款申请，集团公司依据资金预算情况，在审批通过后代为付款，或者下拨资金到该下属成员单位银行账户，由其自行支付。通过集中付款，集团公司可以更好地控制集团资金流动，降低资金风险。

综上所述，企业集团通过内部结算的统一管理，可以减少各成员单位之间的结算手续，提高工作效率；通过对外部付款的集中管理，将资金管理由传统的账户存量资金管理延伸到了应收账款和应付账款等营运资金的管理，可以促进资金的加速流入，同时加强资金流出的有效控制；通过资金管理向业务过程的延伸，可以使集团公司对企业集团未来资金的流向、流量的预测更加有据可依，为进一步压缩资金存量、提高资金使用效率提供了可能。

第二节　资金集中管理的模式

资金集中管理模式是指企业资金配置权在母子公司或总分公司之间的分配模式。企业集团往往根据自身体制特征和经营环境，选择适合其战略与结构、管理与控制要求相符的资金集中管理模式，通过采取一系列保障措施和管理办法来实现与保障资金在企业集团内正常流转。目前，常见的资金集中管理模式有统收统支模式、拨付备用金模式、结算中心模式、内部银行模式、财务公司模式、现金池模式，每种模式都各有其特点。

一、统收统支模式

在统收统支模式下，企业的一切资金收支都集中在集团资金管理部门，各成员单位均不在外部商业银行单独设立账号。资金的使用权、决策权、融资权均掌握在高层经营者手中。这种资金集中管理模式便于经营者掌握企业资金收支平衡、提高资金使用效率、减少资金沉淀、控制现金流向，但不利于调动下属公司的积极性，会降低其应变能力，降低集团公司整体经营活动效率和财务的灵活性。而且,资金的“收、付、转”必须通过集团结算中心进行,容易出现支付困难;所有经营活动都通过一个集中账户来进行,资金主账户增大了许多连带风险。统收统支是一种比较初级的资金集中管理模式,适用于企业集团初创阶段。

二、拨付备用金模式

在拨付备用金模式下,集团总部定期统拨给各成员单位一定数额的资金供其使用。各成员单位若需现金支出,需到企业财务部报销,以补足备用金。与统收统支模式相比,该模式较为宽松,能有效减少成员企业对资金集中管理的抵触。拨付备用金模式的优点在于集团所属各分支机构有了一定的现金经营权。但是,在这种模式下,集团所属各成员单位仍然没有独立财务部门,其支出报销要通过集团财务部门审核,现金收入必须集中到集团财务部门,超范围和超标准的开支必须经过经营者批准。拨付备用金模式适合于同城或相距不远的非独立核算的分支机构在资金管理模式从分散型向集中型过渡时采用。

三、结算中心模式

结算中心是企业集团将商业银行的基本职能和管理方式引入企业内部管理而建立起来的一种内部资金管理模式,通过对集团所属成员单位提供账户管理、办理资金收付、往来结算等服务,来实现企业集团归集资金、监督管控、信息反馈、提高整体对外议价能力的目的。其性质类似内部银行,但并不是独立核算、自负盈亏的经济实体。

结算中心的总体结算原则是采取收支两条线,对集团下属成员单位资金进行统一计划、统一结算、统一考核的集中式管理。各成员单位分设主要用于集团各成员单位现金收入中转的收入账户,一旦资金到户就要过户到集团公司的结算中心;发生支出款项时,先由各成员单位向内部结算中心提交付款通知单,按权限审批后,由内部结算中心从收入户拨付款项至其在结算中心的账户,办理付账手续。结算中心模式并不意味着将各成员单位的全部资金都集中到集团总部,且这种模式也不是一成不变——它将随着企业组织结构的变迁而发展。

结算中心的主要职能有:①设立内部结算账户,集中办理集团内部往来结算;②制定结算制度,统一结算方式、结算时间,统一为各成员单位办理日常结算业务;③统一筹措资金,统一计划、调度、考核;④监督结算业务,及时发现资金使用问题并予以纠正;⑤建立信息反馈系统。

结算中心的优势在于:①各成员单位拥有独立的财务部门和二级账户,独立核算,拥有一定的现金决策权,有利于提高各成员单位的积极性;②集团总部对各成员单位现金统一结算和统一管理,减少现金沉淀,有利于提高资金周转效率;③能够对企业资金进行实时监控;④整合融资资源,各成员单位不直接对外借款,由集团结算中心统一对外办理。

结算中心的不足在于:①集团资金集中结算后,结算中心成了外部市场与各成员单位之间的桥梁,成员单位不再与外部资金市场发生联系,影响了成员单位对外结算速度和信息反馈速度;②结算中心的借款合同并不受法律保护,需要依靠借款成员自觉归还借款本息。若成员单位借款逾期,结算中心无法采用诉讼手段,当结算中心呆账、坏账较多时,可能会拖垮整个集团，结算中心在进行内部资金调剂时往往面临很大风险。

结算中心模式可以强化企业集团资本经营意识，调剂资金，还可以起到内部监控的作用。通过企业集团内部资金融通，可以提高资金使用率，压缩贷款规模，降低财务费用。但因结算中心只是企业集团的内部管理机构，不具有独立对外融资、中介、投资等功能，缺乏市场竞争压力，对成员单位的约束力比较差。

四、内部银行模式

内部银行是将社会银行的基本职能与管理方式引入企业内部管理机制而建立起来的一种内部资金管理机构。其主要职责是进行企业或集团内部日常的往来结算和资金信贷、调拨、运筹。就其性质而言，内部银行只是集团总部的一个职能部门，不具有独立的法人资格，并且职能独立于各成员企业的财务部。各成员单位的资金收支都必须经过内部银行。在内部银行模式下，各成员单位与集团是一种存贷管理关系。内部银行具备了结算中心、货币发行中心、贷款中心和监管中心的职能。

内部银行的具体职能主要有：①设立内部结算账户，办理集团内部往来结算业务；②发行内部货币，内部银行根据集团有关规定发行自己的支票和货币，在各成员单位之间使用；③发放内部贷款，内部银行根据集团总部为各成员单位核定的资金和费用定额，结合各成员单位的实际需要，对其发放贷款，在管理上可选择全额有偿占用方式(即无论是定额内还是超定额的内部贷款都实行有偿占用，按贷款额计算利息)或差额有偿占用方式(即对定额以外的部分贷款计算利息或多收利息)；④统一筹措资金，各成员单位无权对外融资，必须由内部银行统一对外筹措资金；⑤制定结算制度；⑥建立信息反馈系统，内部银行定期或不定期地以报表的形式将资金流通状况反馈给集团总部和各成员单位，帮助集团总部和各成员单位的领导层及时掌握资金使用状况；⑦监督资金管理。

内部银行建立之初，可以极大地提高资金整体使用效果，并促进企业内部资金使用观念的转变。但随着企业集团规模的扩大，内部银行也显现出诸多的不足之处，具体表现在：①内部银行本身并不是独立的法人，与国家非银行金融机构相比，筹资手段极为匮乏，在对外融资方面受到很大限制；②内部银行仅仅是企业集团的一个管理部门，缺乏强化资金管理的经济手段以及追求资金成本最小化的内在动力，在一定范围内降低了资金的利用效果；③内部银行运行目前没有经济法规可以依循，只能参照银行操作规程，结合实际情况来制定内部规章制度。

五、财务公司模式

财务公司是为了加强企业集团资金集中管理、提高企业集团资金使用效率，为企业集团成员单位提供财务管理服务的非银行金融机构。财务公司作为独立的法人企业，自主经营、自担风险、自负盈亏，并依法接受中国银行保险监督管理委员会的监督管理，与其他企业是等价交换的市场竞争关系。财务公司属于非银行金融机构，可经营部分银行业务，经营范围除了抵押放款外，还包括联合贷款、外汇、不动产抵押、包销债券和投资咨询等。在财务公司模式下，集团成员单位具有完全独立的财权，自主行使资金决策权。可以说，这种模式是一种相对分权的资金管理模式。

财务公司的业务范围以资金集中管理为核心，但其功能远超于此。财务公司还有融资、投资、中介功能，分别表现在：①在融资功能方面，允许财务公司发行金融债券、同业拆借、境外借款；②在投资功能方面，财务公司办理集团成员单位产品的消费信贷、融资租赁、卖方信贷、有价证券投资、金融机构投资和集团成员单位股权投资等，使财务公司成为集团的投资中心；③在中介功能方面，办理成员单位委托投资和委托贷款，承销成员单位债券、咨询、代理、担保、信用签证等。

财务公司独立的法人地位给其带来了许多优势，具体表现为：①通过在企业集团内部办理转账结算等业务加速资金周转，通过融资租赁和买方信贷来减少资金需求，解决集团内部产品购销问题；②财务公司具有货币市场同业拆借优势，可为集团获取广泛的短期融资渠道，极大地降低资金成本；③财务公司行使投资中心职能，将集团的闲置资金投向高回报项目，或者用于集团自身发展，使资金运用效率最大化。

但是，财务公司模式也有不利的一面：①财务公司的准入制度严格，标准极高，大量处于发展阶段的企业集团难以企及；②财务公司一般由外部金融机构参股，具有独立的法人地位，完全市场化的管理使得财务公司需承受更大的风险，如政策风险、客户风险、信托风险、财务报告风险等。

六、现金池模式

资金池模式是企业集团资金管理的高级形式，是借助商业银行先进管理服务和网络通信技术，对成员单位的资金进行实时监控的一种新颖的资金管理模式。

以企业集团总部的名义在银行设立集团现金池账户，各成员单位在银行分别开户。总部财务结算中心每日统一上收各成员单位账户资金收入，集中到集团总部的现金池。集团总部以现金池中的资金及其统一向银行申请获得的授信额度为保证，约定各成员单位的日间透支额度，在约定的透支额度内，若日间成员单位账户余额不足，可以账户透支的方式自主对外付款，日终集团总部与银行统一清算，以现金池资金或授信项下融资补足各成员单位透支金额。

现金池模式的主要特点是：①集团和各成员单位的资金账户设在同一银行，集团通过和银行签订协议，利用电子银行系统对各成员单位的账户进行实时监控；②将融资转移到企业集团内部，提升集团整体的授信额度；③集团可通过电子银行系统实时监控各成员单位的账户数据；④对银行网络系统和企业信息化管理有较高的要求，对于提供资金管理服务的商业银行依赖性加大，与之关系紧密。

现金池模式的出现，提升了企业在全球化日益加深背景下资金管理的层次和效益。现金池的突出作用表现在：①集中管理所属成员单位分散的资金，削减成员单位各种不必要的银行账户，增强集团对成员单位的控制与监管力度；②发挥资金集中管理的优势，将集中的资金以优惠利率提供给成员单位使用，调剂余缺，减少成员单位外部资金的占用，降低集团的财务费用，减少资金管理的环节；③对跨国企业集团来讲，可以实现全球资金 24 小时不间断调度管理，平衡集团内部对不同币种的资金需求，同时对剩余的外币头寸进行风险管理，最大限度地发挥资金效用，提升集团的资金管理能力。

各种资金集中管理模式的对比见表 3-1。

表 3-1

项目＼模式	统收统支模式	拨付备用金模式	结算中心模式	内部银行模式	财务公司模式	现金池模式
特点	现金收支审批权高度集中，各成员单位不单独设立账号	成员单位不单独设立账号，集团定期拨付备用金	各成员单位财务独立，具有现金经营权和决策权	各成员单位财务独立，具有现金经营权和决策权；实行有偿存贷制度	具有独立法人资格的非银行金融机构，为集团内部企业提供金融服务	借助银行现金管理服务和网络通信技术，实现集团现金的零余额、高效率使用
对成员单位控制	高度集权	集权	集权与分权结合	集权与分权结合	分权	集权
职能	存放现金	存放现金、拨款中心	结算中心、现金调度中心、监管中心	结算中心、货币发行中心、贷款中心、监管中心	投资中心、筹资中心、结算中心、信贷中心	结算中心、信贷中心
与银行的关系	紧密	紧密	半紧密	半紧密	松散	紧密
网络技术支持	手动操作，通过银行网络或集团内部网络	手动操作，通过银行网络或集团内部网络	通过银行网络或集团内部网络	通过银行网络或集团内部网络	财务公司与银行或其他金融企业联网	通过银行网络和互联网
实施效果	完全控制但僵硬	基本控制，僵硬	资金使用均衡有效	银行化管理，资金使用效率高	完全市场化管理	银行化管理，资金使用均衡有效
适用对象	集团组建初期	集团组建初期	成长速度比较快的大型企业集团	成长期的大型企业集团	大型、特大型企业集团	大型企业集团，尤其是跨国公司

资料来源：孟阿珍.民营企业集团资金集中管理问题与对策——以X集团为例[D].厦门大学，2013.

第三节 资金集中管理模式的选择

影响企业集团选择资金集中管理模式的因素主要有集团的组织设计、营销战略、资金管理的目标与手段、集权与分权的权衡、成员单位性质（分、子公司，参、控股公司）、地域分布情况，以及与银行的合作方式。

从组织结构看，企业集团资金集中管理模式可以根据集权程度分成三种类型：分权管理、相对集权管理和高度集权管理。

在U型结构中，集团公司往往严格控制成员单位的财务决策权，统一管理成员单位的资金使用，成员单位对于集团的决策只有执行权而没有决策参与权。U型结构的企业集团宜采用高度集权的资金管理模式。

在H型结构中，集团公司对下属成员单位的影响一般要通过成员单位的董事会等组织机构完成，监督和控制比较间接，下属成员单位往往具有较强的独立性，对资金享有独立的使用权，集团公司对其约束力较小。对于H型结构的企业集团来说，在实施资金集中管理初期比较适合采用分权的资金管理模式。

而对于 M 型结构的企业集团，则可以根据具体情况采用集权和分权相结合的资金管理模式，合理配置企业集团资金。

从表 3-1 的对比可知，不同的资金管理模式各有利弊，没有一种适用于全部企业的全能模式。各个集团在具体运用的过程中需要结合自身的发展状况、行业特点、组织结构、企业文化等各方面特征，选择最合适的管理模式，必要时还需要对其进行修改，以适应本企业的特点。

第四章 统一财务核算

实现决策支持、财务集中控制、会计核算与报告、业务处理的高度集成，这是企业集团在财务管控方面所追求的理想境界。但是，在企业集团的多层结构之下，各成员单位的财务核算系统各异，数据处理方式千差万别，往往会导致数据滞后。因而，要推行集团集中管控，必须先实现会计信息的标准化。统一财务核算成为一种必然举措。

第一节　统一财务核算的意义

企业集团成员单位多，产权、管理链条长，产权级次多，会计主体众多，会计核算不统一，必然导致信息反映不及时；各成员单位独立建账，账套太多，而集团本部财务人员有限，难以有效监管，导致垂直管控力度弱；集团本部只能通过收集财务快报、报表等方式实现监管，无法实时掌握下属成员单位的动态信息，更无法参与下属成员单位的事中监控和过程管理；下属成员单位的预算执行情况无法得到及时反馈，预算执行的推动只能靠下属成员单位的会计人员，而后者对于集团本部规章制度的理解和推动存在差异，会影响到预算作用的发挥。此外，财务与业务间无法实现横向、有效的信息集成，数据源出多门，信息质量难以提高。

由于各成员单位的系统集成度不高，大量财务人员的精力都投到了烦琐的记账、复核事务中，导致财务管理力量薄弱；对业务缺少深度分析，难以提供更多的经营决策支持。

通过统一财务核算，在会计主体上打破地域界限，实现跨单位会计数据的高度集中和信息的及时全面共享，可以大幅提升会计工作效率和财务管理效益，为实现集团资金集中管理及打造以全面预算管理体系为基础的集团管理控制体系奠定基础。具体表现在以下方面。

（1）通过在全集团范围内统一会计科目体系和会计核算标准，执行统一的财务会计管理规范，可以保证会计信息的真实、完整和及时，为集团公司决策提供准确的基础信息。

（2）统一集团财务核算的相关基础信息的内容和收集方法，同时建立统一的预算科目，并与会计科目建立清晰、明确的对应关系，可以建立各相关业务部门与财务部门之间的沟通渠道。

（3）通过会计统一核算的实施，可以带动集团内所有会计业务和各项经济业务走向统一、规范，严格执行预算监督，从而减少业务风险，提高风险管控能力。

(4) 通过健全会计科目体系、会计核算规范等信息标准与处理规范，可以统一会计数据口径，并对会计信息进行加工、汇总、转化和分析，从而提升会计信息的可靠性和相关性。

(5) 借助信息化工具，实现财务信息在集团本部和下属成员单位的统一，减少信息的中间传递环节，可以解决母子公司之间的信息不对称问题，实现基础财务数据在集团公司内部的及时共享，大幅度提升经营决策的效率和效果。

(6) 借助信息化，提高会计核算的效率和质量，可以解决企业财务人员不足、业务能力参差不齐的问题，将核算会计人员从具体、繁杂的会计核算事务中解放出来，使其工作重点由核算转移到控制和管理，促进财务管理水平的提升。

第二节　统一财务核算体系设计

一、流程优化统一

会计信息源于集团各个成员单位的业务。因此，集团需要对业务流程进行梳理，使之标准化、流程化；而财务部门则在此基础上按照统一的核算流程进行确认计量分类，形成会计基础信息，然后再根据利益相关者的不同要求对这些基础信息进行加工整理，而后披露财务信息。

流程优化统一可以从数据输入、数据加工和信息生成三个方面进行(见图 4-1)。在数据输入方面，核算凭证数据来源于预算管理系统、业务管理系统(或业务部分的前台数据，如资产管理、采购管理等)、报账系统等；在数据加工方面，以会计核算的技术手段展开，围绕会计核心业务完成；信息生成主要是指各类报表的生成，可以借助报表管理模块，从核算管理系统获取相关数据，生成各种报表。通过流程优化，可以实现集团总部对成员单位会计信息的垂直管理，为集团规范会计核算、简化管理层次、强化过程控制及事前控制奠定坚实的基础。

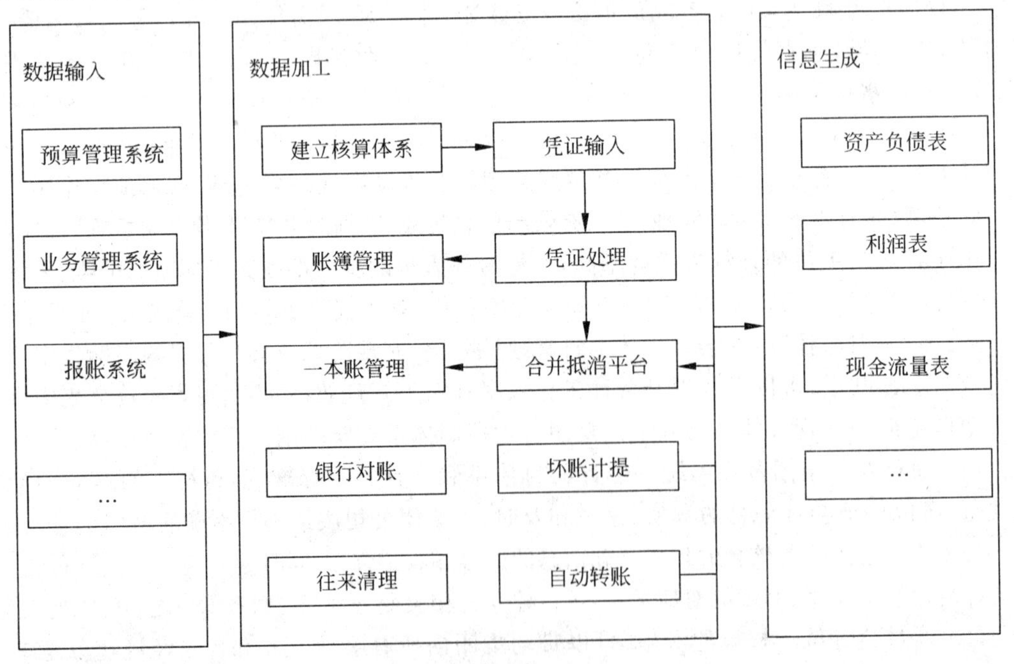

图　4-1

二、制度完善统一

没有规矩,不成方圆。加强制度建设,对于集团集中管控非常重要。集团需要对各类经济业务涉及的会计核算和财务报告编制的各个相关环节进行分析,形成统一的会计核算和报告编制规范。这样做,才能让集团上下均在统一的制度和规则下运转,为统一集团会计核算奠定基础。

(一) 制度建设要点

(1) 在梳理制度和规范的过程中,要以财政部制定的《企业会计准则》为指南,根据经济业务事项,结合集团产业链特点和内部管控的需求来分析。其中,有关会计判断、会计估计等判断性事项,以及基本会计政策选择等工作,要集中到集团本部管理层加以讨论,并在制度体系中加以明确。

(2) 核算办法的制定应突出行业及管理特点。不同业务板块的核算办法应分别突出其不同的行业特性和管理要求。例如,建筑工程及房地产板块运作环节多,投入资金大,建设周期长,在规范中应细化"开发成本"的核算范围和内容,统一收入确认原则和成本结转方法,合理配比以准确计算当期工程毛利,为经营管理决策提供支持。

(3) 会计核算办法应集成国家有关最新规定,体现时效性。制定集团核算办法时,应集成近年内相关会计准则方面的最新变化,同时与集团业务的产业特点、实际经营活动和核算工作相结合,做到实用性与先进性并重。核算办法制定完毕后,仍需实时关注相关制度变化的信息,并及时更新核算办法。

(二) 会计制度体系的设计

集团可以建立统一的财务制度管理体系,其中,会计制度体系可参考图 4-2 进行设计。

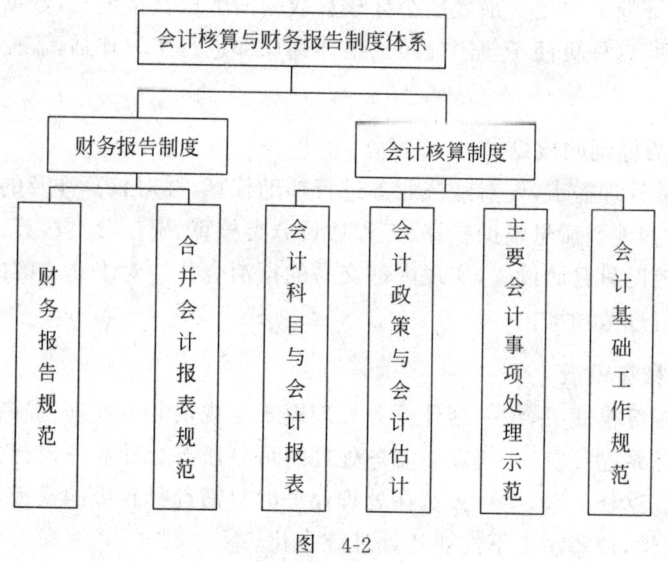

图　4-2

(三) 统一会计核算体系

集团核算业务体系是整个集团财务核算体系的底层业务基础,包括统一的标准法规和制度、组织机构(核算单位)、会计科目体系、会计年度/期间、账套和报表,以及支撑会计核算的会计信息系统。

从集团化管理的角度出发,应建立统一的科目体系、凭证编号、业务规范,形成公司统一的会计核算办法和凭证模板。从精细化管理的角度出发,应规范会计科目体系,且要求各下级单位不得更改统一的科目体系。

1. 建立集团统一组织机构

集团公司整体组织框架属于财务管控的基础。框架应包括会计报表单位、核算主体、责任中心、控股产权单位等。会计核算主体拥有完整的会计账套,是对外报送法定财务报表的最小单位,所有凭证和账簿都要基于会计核算主体。同时,组织机构层级也要适应公司数据合并关系和报表汇总关系,满足预算管理责任中心等的要求。因此,集团要统一建立组织机构,下级单位只能在此基础上进行细化。

2. 建立集团统一科目体系

统一的会计科目是集团统一会计核算的基础,要由集团公司统一制定并下发会计科目体系;各区域公司的会计主体以此为基础,在权限范围内进行细化处理,形成各区域公司的会计科目体系;区域公司的会计主体增加、调整明细科目时,需上报给集团,由集团统一设置;区域公司系统管理人员应按年度进行权限范围内科目体系的清理维护工作。

科目的统一可生成集团账务、明细账、集团科目汇总表及其他会计报表,也可以生成每个逻辑单位自己的账、表。这有利于报表取数,从集团层面共享取数公式,保证重要财务数据的一致性,减少财务报表收集、汇总、审核、抵消分录编制等中间环节,使合并报表的编制工作变得轻松自如。

集团公司本部可以查询集团账务、明细账、集团科目汇总表,也可以查询下属各成员单位的账、表甚至凭证业务单据。最底层会计核算数据向上层直接汇总,数据信息不经过任何中间层的加工处理,这样更便于集团公司从整体到局部进行实时评估,监控企业的真实经营状况。

3. 统一规范关键辅助核算

为了满足日常管理需求,要对经济业务进行辅助核算,并对核算涉及的关键辅助核算内容进行统一规范,如现金流量辅助核算、工程项目分类核算、资产分类核算、借款业务辅助核算等。通过内部辅助科目的设置,实现内部交易的抵消合并。对于非关键的辅助核算内容,由各核算主体进行规范和维护。

4. 统一会计核算模板

在集团集中核算模式下,统一会计业务处理模式是规范业务处理、提高工作效率的主要手段。由于科目体系已经统一,所以在业务处理时可将所有会计业务进行分类规范,完善会计业务处理模板。这样一来,会计人员在处理业务时只需选择相应的模板,从而保证业务处理的正确性、合规性,使集团上下的业务处理统一化。

5. 统一关键数据编码

统一关键数据编码,有利于实现不同应用之间的数据交换。关键基础信息的统一编码是建立完整核算体系的主要内容之一。为此,集团公司需制定统一的编码标准,如会计科目编码、工程项目编码、现金流量分类编码、往来单位编码、报表编码等。

6. 统一会计报表

统一会计报表，一方面可以及时满足对外报告需求，减少为统一数据口径而进行的报表项目调整环节，便于集团报表的合并抵消处理；另一方面便于对集团内不同会计主体间的经营管理成果进行比较分析和考核评估。需要统一的会计报表见表4-1。

表　4-1

序　号	财务报表(主表)名称	序　号	财务报表(附表)名称
1	资产负债表	1	预算执行情况分析表
2	损益表	2	主营业务收支变动表
3	现金流量表	3	成本费用分析表
		4	税费明细表
		5	资产减值准备明细表
		6	货币资金明细表
		7	往来款明细表
		8	固定资产明细表
		9	借款明细表
		10	所有者权益增减变动表

第五章 成本核算

第一节　成本核算系统概述

成本是指企业为了获得当前或未来的利益而做出的以财务资源为表现的付出，这种付出形成了企业的产品或服务。对于营利性企业，付出成本所要换取的利益通常表现为收入，从收入中扣除成本才构成利润表中的利润。企业要确保持续经营，其收入必须持续地高出成本。所以，企业必须不遗余力地降低成本，以提高企业经营的经济效益。同时，成本还必须低于竞争对手，以获取竞争优势，保持企业的战略地位。从顾客的角度出发，价格下降可以减少顾客的付出，从而提升顾客价值；而企业要能在价格下降的情况下仍保持盈利能力，其成本就必须下降。所以，管理者必须关心成本和成本变化趋势。而要取得成本信息，就必须建立成本核算系统。

一、成本的基本概念

（一）制造企业的成本及其分类

产品生产过程是从材料投入开始，经过各个阶段的加工程序，将材料加工成产品。生产过程中的各种耗费被称为制造成本。而在销售和管理过程中所发生的各种耗费，则被称为非制造成本。

1. 制造成本

制造成本是指为生产产品或提供劳务而发生的成本。根据制造成本的具体经济用途，又可细分为直接材料、直接人工和制造费用三大项目。

（1）直接材料。直接材料是在生产过程中直接消耗，构成最终产品实体，并可方便地直接追踪到产品上的材料成本。直接材料必须是构成产品的实体，可能表现为天然的材料，如石头、木材等，也可能是经过加工后的产品，如印刷书籍所用的纸张、制造汽车所用的钢材等。

（2）直接人工。直接人工是指在生产过程中直接改变原材料的性质或形态所耗用的人工成本支出，包括工资、福利、奖金等。直接人工也可以直接归属到产品成本上。

（3）制造费用。制造费用是指生产过程中发生的，除了直接材料、直接人工以外的其他成本支出，包括间接材料、间接人工和其他制造费用。

间接材料是指在生产过程中耗用但不构成产品的实体，或者不易以经济可行的方法直接归属于产品的材料，如为了维修生产多种产品的机器设备而领用的机物料等。间接人工是指为生产过程服务，但不直接作用于产品加工的人工成本，如车间保管员、车间主任等的工资、福利、奖金等。其他制造费用是指不属于上述两类的其他各类间接费用，如固定资产折旧、维修费、保险费用、水电费等。

2. 非制造成本

非制造成本是指除制造成本以外的成本。这些成本虽然不直接作用于产品的生产过程，但却是维持企业经营所必需的耗费，如销售费用、管理费用、财务费用等。

（1）销售费用。销售费用是指企业在营销过程中所发生的费用，如广告费用、运费、销售佣金、销售人员的工资、销售机构的费用等。

（2）管理费用。管理费用是指企业经营管理过程中发生的各种非制造成本，如办公费、公司管理人员工资、办公楼折旧等。

（3）财务费用。财务费用是指企业在筹集资金过程中所发生的各种耗费，如利息、手续费等。

在编制对外报告时，通常只把制造成本包括在产品成本中，而非制造成本则被当作期间费用处理。产品成本是在计算期末产成品、在产品和销售成本时考虑的成本。这部分成本归属到产品上后，将随着产品实体的流转而转移，直到销售行为结束后才从收入中扣除。而期间费用则不归属于产品之中，一旦发生就直接作为费用从收入中扣除，其依据是：产品存货作为资产，代表着未来经济利益的流入和企业现有经济资源的消耗。制造成本是为生产产品而发生的，有望带来未来的经济利益，以弥补成本的耗费，所以被计入产品成本；而非制造成本不一定能带来未来的经济利益，也不是在存储产品时发生，所以当作期间费用处理。

上述各成本概念及分类见图 5-1。

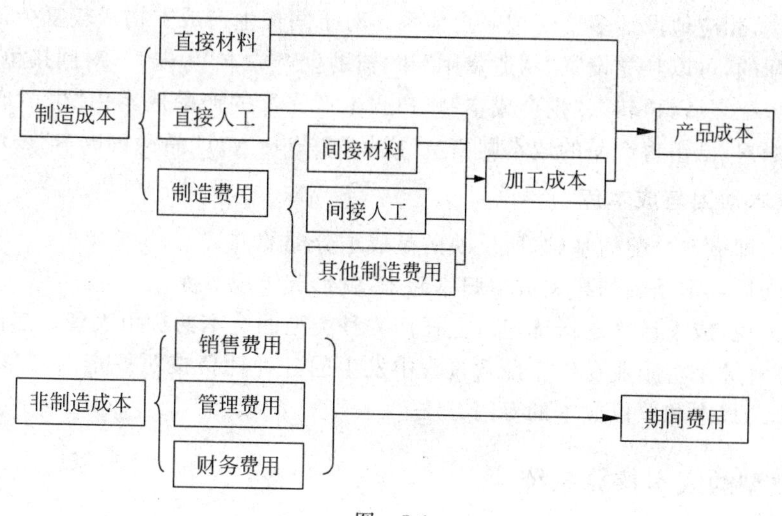

图 5-1

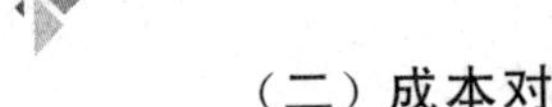

（二）成本对象

成本对象是指进行成本计量和分配的客体，可以是产品、顾客、项目、部门和作业等。例如，手机生产厂想知道所开发的一款新手机的成本，那么成本对象就是该新手机开发项目。如果想知道的是维修部门的成本，那么成本对象就是维修部门。

（三）成本的归集与分配

成本核算系统通过成本的归集与分配这两个步骤来确定成本对象的成本。

成本的归集与分配是指运用账户系统计算产品成本的过程。所谓成本归集，是指通过会计账户系统对生产过程中发生的直接材料成本、直接人工成本和制造费用进行归集和汇总。所谓成本分配，则是指将归集起来的成本向不同的收益部门或成本对象进行分配和再分配的过程。

按照成本项目与成本对象之间的因果关系，以经济可行的方法将其归属于成本对象的可能性，称为可归属性。将成本归属于特定对象的过程即成本分配过程，具体有两种方法：直接追踪和间接分配。当某成本项目可指明专属于特定的成本对象时，可以采取直接追踪方法；当某成本项目属于多个成本对象所耗费，无法采用经济可行的方法直接追踪时，就必须考虑采取适当的手段进行间接分配。

成本按照其计入成本对象的方式，可分为直接成本和间接成本。那些明确属于特定成本对象，可以方便而准确地直接追踪到的成本，称为直接成本；那些无法方便而准确地直接追踪到特定成本对象，必须经过分配才能确认的成本，称为间接成本。例如，计算组装好的自行车成本时，所耗费的车轮的成本可以直接归属到成本对象上，属于直接成本；而组装车间的场租无法直接归属于自行车上，属于间接成本。有时，有些成本由于并不重大，所以尽管可明确指出由哪种成本对象所消耗，但考虑到成本效益原则，并不直接追踪，而采取间接分配的方法进行确认，这种成本也是间接成本。例如，组装自行车所领用的螺丝、螺帽等零配件，就属于间接成本。

会计人员通常会设置“生产成本”账户，用以归集产品生产过程中发生的材料成本、人工成本和制造费用。“生产成本”账户一般需要根据产品的类型、生产工艺的特点及所选用的成本核算方法，相应地设计多个明细账户体系。对于间接生产成本构成较复杂，需要进行多次归集与分配的，可以独立设置“制造费用”和“辅助生产成本”等账户，对间接生产成本进行多次归集与分配之后，再转入“生产成本”账户。生产完工的产品成本由“生产成本”账户转入“产成品”账户，已销售产品的成本则由“产成品”账户转入“产品销售成本”账户。

（四）成本动因与成本库

成本动因即成本分配的基础，所反映的是成本分配的方式。

将具有同质成本动因的相关成本归集起来，就形成了成本库。

从广义上说，成本计算泛指确定以上任何一种类型的成本的货币表现。然而，在成本会计当中，成本计算是将企业在生产经营过程中发生的各种耗费按照一定的对象进行归集与分配，以计算总成本和单位成本的专门方法。

二、几种类型的成本核算系统

成本计算是一种专门用于确定产品、服务或其他成本对象的成本的技术。该技术主要是将成本收集和分类，并按一定的程序和方法将其分配到成本对象中。对于一般制造性企业来说，成本计算专指产品成本信息的归集与分配。了解产品成本的计算方法，对于管理者而言至关重要。因为产品成本将影响到对外财务报告的净收益、存货，也将影响管理者的日常经营决策。产品成本计算系统通过归集与分配产品成本来为管理者提供成本信息。产品成本的归集与分配的程序，应根据产品制造过程的不同特点进行设计。由于产品制造过程的工艺特点和产品的组织形式不同，产品成本的归集与分配程序也有所不同。按客户订单或产品批别组织生产，或大批量重复生产同类产品，是制造业中两种最常见和最基本的生产组织方式。其他类型的生产组织方式通常是这两种基本组织方式的结合或调整。为了与之相适应，成本计算有分批成本计算法和分步成本计算法两种基本方法。

分批成本计算法（以下简称分批法）也称为订单成本计算法，主要适用于按订单或批别进行多步骤复杂生产，如专用工具和专用设备的制造或维修、服装和家具的生产、船舶和大型机械设备的制造等的企业。在按批量或订单组织生产时，由于每批产品生产所使用的材料、人工和加工工艺不同，各批产品生产成本通常是可以区分开的。分批成本计算法正是根据这种特点，按照产品的批别或订单来归集和计算各批产品的制造成本。

分步成本计算法（以下简称分步法）适用于大量重复生产同类产品的企业，如纺织、造纸、冶金、化工、机电及食品等。在这些企业里，从原材料投入到产成品制成，通常要依次经过若干个连续的生产步骤。这些生产步骤的工艺流程可以是间断的，可以在不同时间、不同地点进行，如纺织业在生产上可以分为纺、织、印、染等不同步骤。某些步骤的产品还可能作为中间产品，在外部市场上销售，如纺织厂的纱和坯布。一个加工步骤的产成品就是下一步骤的半成品，类似于原材料。所以，在产品成本的计算上不仅要求按产品品种计算成本，往往还要求按生产步骤计算成本，这就是分步成本计算法。[①]

成本归集时，因采用分批法或分步法而有所不同。分批法以批次为成本对象，将所有制造成本根据批次进行归集；分步法则是按产品的生产步骤进行归集。分批法通常为多产品生产企业所使用，只要其成本可为特定的产品、批次、合同或项目确认，就可以采用。分步法则通常为生产同质产品的企业所使用，生产类型往往是连续的大规模生产。

进行成本计量时，不论是分批法还是分步法，都可以采用实际值或标准值，由此便有了实际成本法和标准成本法两种核算方式。实际成本法对所有产品成本，包括直接材料、直接人工和制造费用，都按照实际发生的成本进行计量，根据实际成本分配率和实际成本动因数量来计算实际成本。标准成本法则根据标准的价格和标准的用量计算上述成本。采用实际成本法计算出的单位产品成本，会随着期间或批次的不同而发生变动，这对于企业的定价、经营决策及业绩评价等会产生不利影响，甚至可能造成严重问题。因此，这种核算方法比较少采用。标准成本则是预先制定的、企业应达到的目标成本，能够克服实际成本法的不足。关于标准成本法，将在本章第四节中详细介绍。

企业需按一定标准，将间接成本分配到成本对象上，以核算企业的利润和确定资产价值，为决策提供信息，以及合理评价部门或人员业绩。分配时要选择好分配标准，即成本动因。

关于分配标准的决策，影响着间接成本库的数量，也影响着其各自的分配基础。通常可

① 对各种成本核算方法的详细解释和应用举例请参考成本会计的教材与专著，本书不详细介绍。

能需要考虑成本分配标准之间是否存在因果关系，根据受益比例在受益对象(成本对象)之间分配，以及成本对象的承受能力(如盈利性高的部门分配较多的成本等)。最常见的是基于因果关系选择分配标准。传统的成本核算方法在分配成本时，通常选择的是以数量(产量)为基础的成本动因，例如，直接人工工时、机器工时等，其成本库数量也相对较少。这对于传统的劳动密集型生产企业可能是合适的。但对于高自动化企业而言，许多间接费用与产量不存在直接的因果关系，如果采用以数量为基础的单一的成本分配标准，往往会扭曲成本，造成严重后果。作业成本法则采用多重成本动因(数量或非数量基础的)，将间接成本分解为多个作业成本库，并根据作业消耗资源的情况加以分配，以提供更为准确的成本核算信息。关于作业成本法，将在本章第五节中详细介绍。

第二节　分　批　法

一、分批法的含义

分批法是将产品生产的批次作为成本计算的对象，并以此归集和分配生产费用、计算产品成本的方法。分批法的成本计算对象是产品的批次，主要适用于单件小批类的生产，如重型机器设备制造业、造船业等。除此之外，分批法也适用于企业中新产品的试制生产、工程建设以及设备修理等作业。

二、分批法的基本步骤

(一) 选择确定为成本计算对象的批次

使用分批法，首先要确定作为成本计算对象的批次，可以使用的工具包括订单、成本批次记录等。

(二) 确定该批次直接成本

直接成本包括直接材料成本和直接人工成本等不需要分配即可直接追溯到成本对象的成本，可以通过材料领用记录、人工时间表等确定。

(三) 确定成本分配标准(成本动因)，以便分配间接成本

除了直接材料和直接人工外，需要通过分配基础追溯的成本就是间接成本，比如制造费用等。不同的间接成本对应不同的成本动因，企业可以使用多个成本动因、分配基础来分配不同的间接成本。例如，可以通过机器小时分配折旧费用和机器修理费用，通过人工小时分配监督成本等。

(四) 确定与成本分配标准对应的间接成本

确定了成本动因也就是成本分配标准之后，可以根据不同的成本分配标准，来建立对应的成本库，确定与各成本分配标准相关联的成本。

(五) 计算单位成本分配标准的分配率

对于每一个成本库而言，单位成本分配标准分配率等于成本库内的总成本除以总成本分配基础数量，具体计算公式为

单位成本分配标准分配率＝成本库内总间接成本÷总成本分配基础数量

（六）计算分配到批次的间接成本

分配到批次的间接成本等于与批次相关的各个分配标准的分配率乘以各分配基础的实际数量，具体计算公式为

分配到批次的间接成本＝∑单位成本分配标准分配率×该分配基础实际数量

（七）加总批次的直接成本和间接成本，得到批次总成本

将批次的直接材料成本、直接人工成本和分配到批次的间接成本相加，就得到了批次的总成本。

三、使用预计制造费用分配率

企业在实际生产过程中，当一个批次的产品生产完成进行成本核算，而需要与该批次产品分配间接费用的其他批次产品并未完成生产时，就需要使用预计制造费用分配率来分配间接成本，具体计算公式为

预计制造费用分配率＝预计成本库内总间接成本÷预计总成本分配基础数量

使用预计制造费用分配率核算批次的间接成本，当预计制造费用分配率小于实际的单位成本分配标准分配率时，分配到该批次的间接成本就会小于该批次的实际间接成本，即少分配间接成本；当预计制造费用分配率大于实际的单位成本分配标准分配率时，分配到该批次的间接成本就会大于该批次的实际间接成本，即多分配间接成本。具体计算公式为

少(多)分配间接成本＝实际发生的间接成本－分配的间接成本

造成预计制造费用分配率与实际制造费用分配率之间差异的原因，可能是间接成本库的实际制造费用与预计制造费用之间存在差异，也可能是预计分配基础数量与实际分配基础数量之间存在差异。为了解决少(多)分配间接成本的问题，可以使用调整分配率法、按比例调整法、直接计入产品销售成本法这三种方法进行调整。

（一）调整分配率法

调整分配率法是指使用实际间接成本率代替预计间接成本率，来重新编制总分类账和明细账。使用这种方法，首先需要在年末时计算出实际间接成本率；其次用其重新计算一年中分配给各个批次的间接成本；最后进行各账户的年末结转，使各个账户反映实际发生的间接成本。

（二）按比例调整法

按比例调整法是指按照比例在期末在产品、产成品和成品销售成本中直接分摊少分配或多分配的制造费用。使用这种方法，能将总分类账中的制造费用调整为与实际制造费用相同，但明细账中的金额与总账金额会出现不匹配的情况。

（三）直接计入产品销售成本法

直接计入产品销售成本法是指直接将少分配或者多分配的制造费用计入当年的产品销售成本当中，调整营业利润。

如果调整的目的是基于实际制造费用率而不是预计制造费用率来陈述资产负债表和利润表，而且相对营业利润而言少分配或多分配的总金额较大、存货水平较高，则管理者可能更

倾向于使用按比例调整法，因为这种方法是将实际制造费用分配到总分类账的最准确的方法。

如果调整的目的是基于实际制造费用率而不是预计制造费用率来陈述资产负债表和利润表，而且相对营业利润而言少分配或多分配的总金额较小、存货水平较低，则管理者可能更倾向于使用直接计人产品销售成本法，因为这种方法是更接近于按比例调整法。

如果调整的目的是基于盈利能力分析的需要，为了更好地管理各个批次的成本，提供准确的单个批次成本记录，而且相对营业利润而言少分配或多分配的金额较大，则管理者可能更倾向于使用调整分配率法。在这种方法下，除了要对总账进行调整外，还要对单个批次记录进行调整。

第三节　分　步　法

一、分步法的含义

分步法是将产品生产的步骤作为成本计算的对象，并以此归集与分配生产费用、计算产品成本的方法。分步法适用于大批量的多步骤生产，如汽车制造、纺织等制造业企业。使用分步法计算成本的产品，因其生产过程可以分解为若干个生产步骤，所以可以按照生产步骤对产品成本进行计算，与此同时也可以按照产品品种计算成本。也就是说，分步法可以为不同产品以及不同生产步骤的成本考核和分析提供信息。

二、分步法的基本步骤

（一）分析成本资料的流转过程

分步法以产品的生产步骤为成本计算的对象，这要求先对产品加工的步骤进行分解与识别，分析原材料等成本资料的流转过程，然后再进行成本的归集与分配。

（二）计算约当产量

约当产量是指在产品数量按照完工程度折算为相当于完工产品的数量。借助约当产量，可以分配本期完工产品和在产品的成本。具体计算公式为

$$在产品的约当产量=在产品数量\times在产品完工程度$$

（三）确定所要核算的总成本

所要核算的总成本包括期初在产品的成本和本期发生的生产成本。本期发生的生产成本又包括直接材料、直接人工和制造费用等成本。

（四）计算单位成本

单位成本的计算公式为

$$单位成本=\frac{月初在产品成本+本月发生成本}{产成品数量+月末在产品约当产量}$$

（五）分摊总加工成本

分摊总加工成本的计算公式为

$$产成品成本=产成品数量\times单位成本$$

$$月末在产品成本=月末在产品约当产量\times单位成本$$

三、存货发出计价方法

企业确定发出的存货成本时，可以选择的计价方法有移动加权平均法、月末一次加权平均法、先进先出法和个别计价法等。企业可根据各个类型存货的流转方式、存货的性质，以及企业对存货的管理要求等情况，选择合适的存货发出计价方法，合理确定发出的存货成本。

（一）移动加权平均法

移动加权平均是指在下次进货前，以每次进货的成本加上原有的库存存货成本，再除以原有库存存货数量和每次进货数量之和，以此确定存货单位成本。具体计算公式为

$$存货单位成本=\frac{原有库存存货的实际成本+本次进货的实际成本}{原有库存存货数量+本次进货数量}$$

$$本次发出存货成本=发出前存货单位成本\times本次发出存货数量$$

$$月末库存存货成本=月末存货单位成本\times月末存货数量$$

使用移动加权平均法能够帮助管理层及时了解存货成本的结存情况，存货成本计算时也较为客观。但是，移动加权平均法在每次收到存货时都要计算一次存货单位成本，对存货收发比较频繁的企业而言工作量非常大。

（二）月末一次加权平均法

月末一次加权平均是指以每月全部进货成本加上月初存货成本，除以全部进货数量与月初存货数量之和，以此确定存货单位成本。具体计算公式为

$$存货单位成本=\frac{月初存货成本+本月各批进货成本之和}{月初存货数量+本月各批进货数量之和}$$

$$本月发出存货成本=存货单位成本\times本月发出存货数量$$

$$月末库存存货成本=存货单位成本\times月末库存存货数量$$

月末一次加权平均法只在月末计算一次存货的加权平均单价，可以简化成本的计算工作，但是只在月末进行一次加权平均不利于存货成本的日常管理。

（三）先进先出法

先进先出法的前提假设是先购入的存货先发出(耗用或出售)。在这种计价方式下，先购入的存货成本先转出，后购入的存货成本后转出，以此来确定发出存货及期末存货的成本。

先进先出法能够做到随时结转发出存货的成本，但是如果存货的收发业务比较多并且存货单价不稳定时，采用先进先出法时的工作量较大。在物价持续下降的时期，期末存货的成本接近于市场价值，而发出存货的成本则会偏高，这会低估企业的当期利润和库存存货的价值；在物价持续上升的时期，期末存货的成本接近于市场价值，而发出存货的成本则会偏低，又会高估企业的当期利润和库存存货的价值。

（四）个别计价法

个别计价法的前提假设是存货成本流转与实物流转相一致，按照存货入库时所确定的单位成本计算各批发出存货和期末存货的成本。在这种方法下，存货成本计算精确且符合实际情况，但是工作量较大。这种方法适用于对一般不能被替代使用的存货、专门购买的或制造的存货，如珠宝等进行计价。

第四节 标准成本法

一、标准成本制度

成本中心的管理者必须努力控制成本,优化产出。这主要是通过标准成本制度来实现的。标准成本制度是以标准成本为基础,将实际发生的成本与标准成本相对比,提示出成本差异,并以此为线索,帮助管理者进一步查明形成差异的原因和责任,然后据之采取相应的措施,实现对成本的有效控制。这种制度将对成本的事前规划、事中控制和事后分析有机地结合起来,从而成为加强成本管理、全面提高经济效益的重要工具。同时,这也是集标准成本的制定、差异分析和差异处理于一体的成本控制系统。

标准成本制度与预算管理的共同之处在于二者都是面向未来,对在一系列给定的条件下可能发生的情况进行预估,均是企业控制的工具。二者通过将实际结果和标准或预算对比,并采取适当的方法纠正偏差来实现控制。不同之处在于,标准反映的是单位成本,而预算反映的是计划总成本。另外,标准成本管理一般只适用于生产作业是反复进行且产量可以计量的情况,而预算管理则适用于所有职能部门的成本计算,不管其产出能否计量。

二、标准成本的制定

标准成本是由直接材料成本、直接人工成本和制造费用这些标准成本要素组成的。其基本形式是以数量标准乘以价格标准得到各个要素的标准成本。例如,按标准用量、标准价格计算的直接材料标准成本,按标准人工工时和标准工资率计量的直接人工标准成本等。表 5-1 列出了某公司 A 产品的标准成本卡。

表 5-1

成本项目	价格(元)	数量	金额(元)
直接材料	4	0.5 千克	2
直接人工	2	2 小时	4
变动性制造费用	0.3	2 小时	0.6
固定性制造费用*	3.7	2 小时	7.4
合计			14

注:按 5 100 件的预算产量计算。

标准成本的制定一般由会计部门会同采购部门、劳动工资部门、行政管理部门、技术部门和具体生产经营部门等责任单位,在对企业生产经营的具体条件进行认真分析研究的基础上共同讨论确定。其实质是对企业使用资源效率的估计。在标准成本估计过程中,存在着三种类型的标准。

(1) 理想的标准。即企业生产技术处于最佳状态下的标准。这种标准排除了机器故障、材料浪费、空闲时间和工人不熟练等情况,只有在技术最熟练、工作效率最高等情况下才能实现。由于标准过于严格,经常会使员工因感到难以达到而丧失信心,不宜作为日常成本

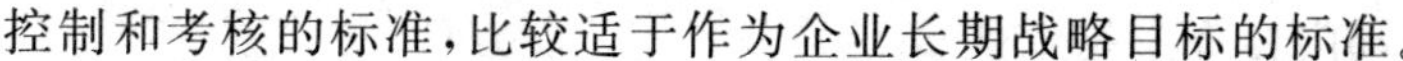

控制和考核的标准，比较适于作为企业长期战略目标的标准。

(2) 现实可达到的标准。即在目前产品有效生产、机器适当运行和材料正常使用的情况下经过努力应达到的标准。该标准考虑了可能出现的材料浪费、机器停顿和生产效率不充分的因素，所揭示的是企业应当达到而尚未达到的水平，是日常成本控制和考核中最适用的标准。

(3) 现行标准。即当前生产工作条件下的标准。这种标准不寻求对企业业绩的改进，认为当前的效率是企业业绩的适当标准，不适宜进行日常成本控制和考核。

三、标准成本差异分析

标准成本制度的核心在于差异分析。成本差异是指产品实际成本和标准成本之间的差额。实际成本超过标准成本所形成的差异，称为不利差异，以 U 表示；实际成本低于标准成本所形成的差异，称为有利差异，以 F 表示。为了了解差异产生的原因，一般将差异分解为价格差异和数量差异。标准成本差异分析的通用模型见表 5-2。

表　5-2

(1) 实际数量×实际价格 $AQ \cdot AP$	(2) 实际数量×标准价格 $AQ \cdot SP$	(3) 标准数量×标准价格 $SQ \cdot SP$
价格差异＝(1)－(2)＝$AQ(AP-SP)$ 数量差异＝(2)－(3)＝$(AQ-SQ)SP$ 总差异＝(1)－(3)＝价格差异＋数量差异		

具体来说，直接材料成本差异可分解为直接材料价格差异和用量差异，直接人工成本差异可分解为工资率差异(价格差异)和效率差异(数量差异)，变动性制造费用差异可分解为变动性制造费用耗费差异(价格差异)和效率差异(数量差异)。

不过，由于固定性制造费用总额不随产量的变动而变动，所以其差异分析与上面的公式有所不同：固定性制造费用差异应分解为固定性制造费用耗费差异(预算差异)和固定性制造费用数量差异(生产能力差异)。前者为实际制造费用与预算制造费用的差额，后者则是实际生产能力与预算生产能力之间的差额与标准单位固定制造费用分配率相乘的积。

当计算出差异后，管理者应当确定业绩的可接受范围。如果差异比较大，超过了可接受范围，则必须进行差异分析，分别找出差异形成的原因和责任。一般地，材料价格差异的控制通常是采购人员的责任，应同时结合材料质量、数量折扣和供应商距离工厂的远近等因素进行考虑。材料用量差异一般由生产部门负责，生产经理应当尽量将废料、浪费和返工控制在最低水平。应当注意的是，这两种差异并不是绝对独立的。例如，采购部门以低价购买了质量较差的产品，导致了耗用量增长，由此形成的价格上的有利差异并不是真正意义上的有利差异，而数量上的不利差异也不应当由生产部门负责。

直接人工的工资率在很大程度上是由外部因素决定的。一旦出现差异，一般是因将平均工资率作为工资率标准，或是由熟练且工资较高的工人来完成低技能工作而造成的。另外，预料之外的加班也是造成工资率差异的原因。通常，这种差异由能够决定如何使用人工的经理来负责。直接人工的效率差异一般由生产经理负责，但如果发现工时增加的原因在

于设备故障频繁,则可能由维修部门经理承担责任。

变动性制造费用的耗费差异与直接材料和直接人工的价格差异相似,但却不完全相同。因为变动性制造费用包含了众多的投入,其耗费差异是通过变动性制造费用分配率的差异体现出来的。而变动性制造费用分配率的变化,可能是由于费用构成项目的价格波动,如电费、水费单价的上调,也可能是受利用效率的影响,如电耗的增加。所以,变动性制造费用的耗费差异,实际上是价格和效率二者共同作用的结果。在归责时应当考虑可控性。如果属于价格原因造成的不利差异,一般是不可控的;如果是效率问题造成的差异,一般应归属到各个生产部门。变动性制造费用效率差异与直接人工效率或用量差异是直接相关的,一般由负责直接人工成本的经理负责。

固定性制造费用的构成项目,如折旧、工资等,一般在短期内无法改变,部门经理无法控制其发生。因此,固定性制造费用的耗费差异一般很小,即使发生了也不应由生产部门经理负责。至于其数量差异,可能源于预测误差,也可能源于生产能力利用不足。如果是后者,则责任可能在于生产部门经理;如果是由于设备故障频繁发生、材料质量太低而导致返工,使实际产量较低,由此产生不利差异,则要由维修部门或采购部门的经理负责。另外需要注意的是,揭示差异的目的在于采取措施,矫正行为,而不是对经理人员进行惩罚,否则标准成本制度的有效性就难以得到保障。

下面通过一个综合例子来说明标准成本制度下如何进行差异分析。

某公司生产和销售一种产品,产销平衡,其标准成本见表 5-1,2018 年的预算产量为 5 100 单位,而实际产量为 4 850 单位,生产中使用的材料为 2 300 千克,其实际成本为 9 800 元,人工小时耗费了 8 000 小时,实际工资为 16 800 元,变动性制造费用为 2 600 元,固定性制造费用为 42 300 元。

2018 年企业的实际成本、标准成本及其差异见表 5-3。

表 5-3

成本项目	实际成本(元)	标准成本(元)	差异(元)
直接材料	9 800	2×4 850=9 700	100*U*
直接人工	16 800	4×4 850=19 400	2 600*F*
变动性制造费用	2 600	0.6×4 850=2 910	310*F*
固定性制造费用	42 300	7.4×4 850=35 890	6 410*U*
合计	71 500	14×4 850=67 900	3 600*U*

进一步分解计算、分析各种差异如下。

(1) 分解计算直接材料差异。

材料价格差异:2 300×(9 800÷2 300－4)＝600*U*

材料数量差异:(2 300－4 850×0.5)×4＝500*F*

合计:100*U*

(2) 分解计算直接人工差异。

人工工资率差异:8 000×(16 800÷8 000－2)＝800*U*

人工效率差异:(8 000－4 850×2)×2＝3 400*F*

合计:2 600*F*

（3）分解计算变动性制造费用差异。

变动性制造费用耗费差异：8 000×(2 600÷8 000－0.3)＝200U

变动性制造费用效率差异：(8 000－4 850×2)×0.3＝510F

合计：310F

（4）分解计算固定性制造费用差异。

固定性制造费用预算差异：42 300－5 100×7.4＝4 560U

固定性制造费用数量差异：(4 850－5 100)×7.4＝1 850U

合计：6 410U

当然，对于上述各项差异，还需要进一步分析其形成原因，特别是对重大差异，如本例中的人工效率差异、固定性制造费用预算差异、固定性制造费用数量差异，还要进一步追查发生的原因。

第五节　作业成本法

一、作业成本法的基本概念

（一）作业成本法的概念

作业成本法是指通过对所有作业活动的动态追踪反映，计量作业和成本对象的成本、评价作业业绩和资源利用情况的方法。

（二）作业成本动因

作业成本动因是衡量一个成本对象（如产品）需要的作业量，可以用于计量各成本对象耗用作业的情况，并以此为基础对成本进行分配。作业成本动因可以表现为产品种类、机器准备次数、产品检验次数等。

（三）资源成本动因

资源成本动因是引起作业成本增加的驱动因素，可以用来衡量一项作业的资源消耗量，通过资源成本动因可以将资源成本分配给各个相关作业。

作业成本法根据资源耗用的因果关系进行成本分配，根据作业消耗资源的情况，将资源分配给作业，再根据成本对象消耗作业的情况，将作业成本分配给成本对象（如产品）。作业成本法的基本模型见图5-2。作业成本法的产品成本观念是围绕业务流程的资源消耗展开的，其所确定的产品成本可以只涉及生产部门，也可以只涉及某一经营流程，还可以涉及整条价值链。而且，利用作业成本法分配间接费用时，不是依靠主观判断的单一标准，而是根据因果关系确定多个标准，比完全成本计算法有较大的优越性。

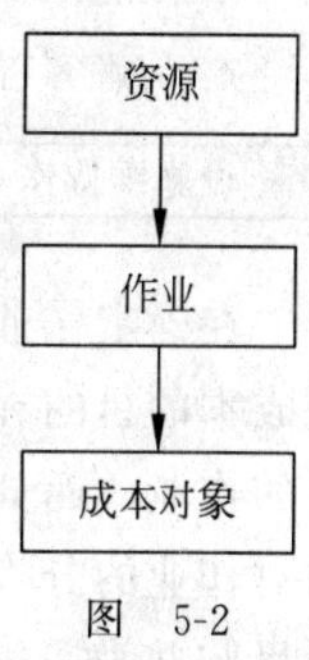

图　5-2

二、作业成本法的步骤

（一）认定作业

作业是指在一个组织内为了某一目的而进行的耗费资源的工作，也是作业成本计算系统中的最小成本归集单元。作业是作业成本计算和作业管理的核心。设计作业成本计算系统,首先要确定作业。为此,企业应进行流程价值分析,即对生产经营活动中一切消耗资源的活动进行分析,并分解为增值作业和不增值作业。具体做法为:首先,绘制一张流程图,反映从材料入库到产品完工检验的全部流程,记下该过程的全部步骤和所耗费的时间;其次,分析流程图上的各类作业,并分析其是否为增值作业,判断标准可以根据消除此作业是否影响顾客对产品的满意度而定,这样就可以清楚地找出生产产品所需要的各类作业。为了便于计算和管理,可以将一系列相互联系、能够实现某种特定功能的作业集合起来,构成作业中心。这一系列作业所耗费的资源归集到作业中心,就形成了作业成本库。

设计作业成本计算系统,一般还需要对作业进行归类。根据服务的层次和范围,可以将作业分为四类:单位作业、批别作业、产品(顾客)作业和设施维持作业。单位作业是指使单位产品或服务受益的作业,如直接材料、直接人工、直接电力等,它们对资源的消耗量往往与产品的产量或销量成比例。批别作业是指能够使一批产品受益的作业,其对资源的消耗与批量有关,而与批内所包含的产品产量无关,如设备调整成本是在产品于不同批次之间转换时发生的,而与各批次所包含的数量无关。产品(顾客)作业是指使产品生产或服务的提供成为可能的作业,如产品品种规格的更新、技术支持的作业等。这类作业的成本与产品的单位数量或批量无关,但会随产品的品种增加而增加。如果把顾客当作成本对象,则这类作业会成为顾客作业,如市场调查作业等。设施维持作业是指为支持产品的生产经营而发生、支持一般管理流程的作业,包括管理人员的配备、工厂的管理等。该作业成本的发生与工厂的所有产品有关。一般只有在工厂规模发生变化时才可能发生成本变化,所以在短期决策中经常被当作非相关成本。表 5-4 列出了常见的四类作业和作业成本动因。

表 5-4

作业类型	作业中心例子	常见成本动因
单位作业	与机器有关的作业,如切割、维护等,与人工有关的作业,如福利活动	机器工时、人工工时、单位产出
批别作业	采购订单、生产订单处理、设备调整、材料处理等	处理的订单、收到的材料量、调整时间、调整次数等
产品(顾客)作业	质量检验、产品检验、产品设计、市场调查、售后服务	检验次数、检验时间、设计种类、调查次数、服务次数、时间等
设施维持作业	人事管理和培训、工厂占用的空间等	人员数、培训时间、机器工时等

在确定作业时,要考虑两个原则。一是要考虑确认作业成本数据的目的。如果确认作业成本的目的在于改善经营活动,如减少成本,则对成本的分类要细些,要关注浪费和低增值的作业。而如果确认作业成本的目的在于进行战略性决策,如产品的定价和盈利性分析,则对作业的分类可以粗一些。二是要考虑重要性原则。对于成本不大的作业,可以和其他项目归并为一类。

(二)分配资源成本到作业

资源动因是引起资源耗用的成本动因,它反映了资源耗用与作业中心作业量之间的因果关系。资源动因选择与计量为将各项资源费用归集到作业中心提供了依据。在成本归集时,首先应识别当期发生的每一项资源消耗,分析资源耗用与作业中心作业量之间的因果关系，选择并计量资源成本动因。根据资源耗用与作业中心作业量之间的因果关系，将所有的资源成本直接追溯或按资源动因分配至各类作业，计算各类作业的总成本。表 5-5 列举了常见的资源成本动因。

表　5-5

作　　业	资源成本动因
清洁作业	清洁面积
材料搬运作业	搬运次数、搬运距离
能源消耗作业	水表、电表、装机功率以及运行时间

（三）分配作业成本到成本对象

作业成本动因是引起作业耗用的成本动因，反映了作业耗用与最终产出（也就是成本对象）的因果关系，是将作业成本分配到流程、产品、分销渠道、客户等成本对象的依据。

作业成本动因有三类：交易性成本动因、延续性成本动因和精确性成本动因。

交易性成本动因主要计量作业发生的频率，如设备调整次数、订单数。当所有的产出物对作业的要求基本一致时，可以选择交易性成本动因。例如，安排一次生产、处理一次订货，所需要的时间和精力与生产了多少产品或订了多少货无关。在交易性成本动因下，作业成本动因分配率的计算公式为

作业成本动因分配率＝作业总成本÷总作业次数

如果不同数量的产品所需消耗的资源存在显著不同，则应采用更为准确的计量标准，即延续性成本动因。它反映了完成某一作业所需要的时间。例如，工艺流程简单的产品每次所进行的设备调整时间较短，而工艺流程复杂的产品所需的设备调整时间较长。如果都以设备调整次数为成本动因，则可能导致作业成本计算的不实，此时以设备调整时间为成本动因更为合适。在延续性成本动因下，作业成本动因分配率的计算公式为

作业成本动因分配率＝作业总成本÷总作业时间

如果每单位时间里进行设备调整所消耗的人力、技术、资源等存在显著差异时，则可能需要采用精确性成本动因，即直接计算每次执行每项作业所消耗的资源的成本。例如，新产品刚开始生产时所进行的设备调整，可能要求单位时间里投入特殊的人力和质量测定工具，资源消耗量较大，而成熟产品在单位时间所需要的资源消耗量则可能比较小。所以，以每次调整的资源成本为成本动因才是比较合适的。

在上述三类作业动因中，交易性成本动因的精确度最低，执行成本最低；精确性成本动因的精确度最高，执行成本最高；而延续性成本动因的精确度和执行成本都比较适中。

三、作业成本法与传统成本计算方法的比较

（一）作业成本法的优越性

和传统成本计算方法相比，作业成本法的优越性主要表现在以下两个方面。

1. 作业成本法是一种先进的成本方法

传统成本计算方法以产品为核心，除了直接材料成本和直接人工成本以外，将其他的制造成本全部归入制造费用，并按单一的与产量关联的标准进行分配。这种分配建立在“所有

这些费用的发生与分配标准之间存在线性比例关系”的假设基础上。但实际上,许多组织资源的消耗并不直接为最终产出服务,而是服务于一系列的辅助作业。所以,要准确计算产品成本,不能就成本而论成本。运用作业成本法时,首先确定产生作业的成本动因;其次根据成本动因计算作业对资源的消耗,确定作业成本;最后按产品对作业的消耗,将作业成本分配到产品上。这种方法以作业为中心,通过设置多样化的成本库并按多样化的成本动因来分配制造费用,使成本计算中间接成本的分配过程建立在产出与投入之间的因果关系之上,计算过程明细化,计算的可归属性大大提高,即提高了产品成本分配的技术经济依据,从而提高了产品成本计算的准确性。

2. 作业成本法实现了成本计算与成本管理的结合

在现代竞争性的经营环境下,企业的经营管理突破了部门与部门之间的界限,由不同部门的员工共同协作来完成某项工作,同时将资源转化为产出。作业成本法以作业为中心,突破制造部门的界限,按同质作业建立成本库,按成本动因归集成本的思路,和现代企业价值链分析的思想不谋而合。作业成本法不是就成本而论成本,而是把重点放在成本发生的前因和后果上,以作业为核心,以资源流动为线索,以成本动因为媒介,通过对成本形成过程进行动态的追踪反映,来实现对作业成本的有效控制。在企业管理中,根据作业成本法所提供的有关企业经营流程的数据,以及产品成本形成过程的分析,可以深入了解不同的产品、作业、业务流程等的盈利能力,对作业链上的所有作业进行分析修正,尽量消除不增值作业,提高增值作业的效益,进而全面提高企业的经营效益。因此,作业成本法既是一种成本计算方法,也是一种管理手段。

（二）作业成本法的不足

作业成本法也存在着种种不足,主要在于作业成本法的实施需要消耗大量资源,而且其维护的成本更是比传统成本计算方法要高。大量的数据录入、处理、检查工作,需要消耗大量的成本。另外,作业成本法所取得的成本数据,与传统成本计算方法的成本数据大相径庭。这种反差太大,可能在执行和业绩评价过程中遭到抵制,从而无法达到预期的效果。此外,尽管多数的制造费用可以按照成本动因分配到产品对象上,但仍有一些费用(主要是设施维持作业的成本)需要按一定的人为基础进行分配。而且,作业成本法的产品成本概念与对外财务报告的成本概念存在着一定的差异,可能造成对外报告数据和管理报告数据的不一致,从而导致一定的误解。

所以,企业应当慎重选择成本计算方法。只有当实施作业成本法的收益大于其成本时,才应当选择这种方法。通常情况下,如果出现表 5-6 中所列的几种情况,则可能说明传统成本计算方法出现了问题,那么就需要考虑变革。

表 5-6

序号	表　　现	序号	表　　现
1	竞价的结果难以解释	6	企业拥有一块自己独有的利润空间
2	竞争对手的价格低得令人难以置信	7	顾客对涨价不以为奇
3	生产工艺复杂的产品,表现出过高的利润	8	会计部门耗费大量时间计算特殊项目的成本
4	经营经理希望放弃看起来盈利的产品	9	有些部门使用自己设立的会计系统
5	无法解释利润的来源	10	产品成本因对外财务报告规定的变化而改变

财务分析

第一节　财务报表分析的目的与方法

一、财务报表分析的目的

财务报告是考察企业经营现实的重要“窗口”。企业的经营策略、生产技术、存货和信贷控制系统等最终将集中体现在企业的财务状况、经营成果和现金流量上，并由会计系统进行汇总，反映在企业的财务报告中。企业理财则根据这些财务报告提供的数据，进行分析、解释、评价、预测，得出有助于改进和加强企业理财活动的相关信息，为进一步改进企业的财务工作提供指南。而且，在企业的生产经营与投资活动中，连带地分析往来客户、投资方或被投资方的会计报表，以进一步深化对它们的认识，是非常必要的。

企业财务报表由许多数据构成，这些数据从不同侧面反映了企业的资产、负债、所有者权益、收入、成本、费用、利润、现金流量等状况；但它并没有直接回答企业财务状况好坏、盈利水平高低、风险水平怎样等报表使用者最关心的问题，所以还需要对其作进一步的分析。

所谓财务报表分析，是指通过收集企业会计报表数据，并结合企业管理当局、投资顾问、行业公会、商业刊物、政府机构等提供的补充信息，在财务报表及其相关资料的基础上，依据财务报表所列示的数字，通过运用一定的方法和手段，从各期变动、趋势以及相互关系中加以整理比较，对财务报表提供的数据进行系统深入的分析研究，揭示有关指标之间的关系、变动情况及其形成原因，从而向使用者提供更为相关和全面的财务信息。

财务报表分析是一个判断过程，其基本目标在于对企业的财务状况、经营成果和现金流量情况、偿债能力、获利能力、管理效率、投资价值、发展前景等做出说明、评价和预测，同时解释企业在趋势、数量及其关系等方面的主要变化，从而为经济决策提供合理依据。财务报表分析包括对企业及行业的有关财务状况、经营成果等方面的数量和质量的衡量。

通过对财务报表的分析，可以达到以下目的。

(1) 在财务报表数据的基础上，联系市场运行状况、行业水平、国家总体经济形势、现行政策以及其他相关资料，对企业进行评估，进而发现企业的优势与不足；

(2) 根据经济活动的关联性，把各种财务报表综合到一起，以更为全面地把握企业的财务状况与经营成果(如通过对利润与资产总额的对比，判断企业的获利能力，而不仅是从收入与费用的对比来考察)等；

(3) 通过对各期财务报表的连续分析，可以揭示出企业各期财务状况与经营成果的变化情况，或发现一些规律，这些都有助于对企业未来业绩做出判断。

二、财务报表分析的方法

(一) 财务报表分析的基本步骤

1. 确定分析的"立场"，即确定从哪个角度进行分析

财务报表分析的一般目的在于确定企业的偿债能力，评价企业的经营业绩和创利能力，预测企业未来的现金流量等，从而为经济决策提供进一步的依据。但在进行财务报表分析时，还必须结合考虑不同报表使用者的不同需求，他们有的是为了进行产权投资决策，有的是为了对该企业制定信贷政策，有的是为了评估企业的财务实力等。不同类型的报表使用者对企业所提供的报表数据往往各有偏好，对财务比率的期望值也不尽相同。因而，应有所侧重地分析相关内容。

(1) 投资者(所有权人)。一般而言，投资者关心的是企业的资金结构、盈利能力、发展潜力、利润分配政策等，并对分析投资于不同企业的收益及风险水平感兴趣，为其进一步的投资决策提供财务依据。

(2) 债权人。债权人对企业的财务结构(资本结构)和偿债能力十分关注。短期债权人主要关心财务报表中企业历年的流动资产是否足以抵偿流动负债，而长期债权人除了分析企业的财务结构外，往往还要预测企业未来的收益前景，从而为其信贷决策提供依据。

(3) 政府部门。如税务部门需要根据企业提供的财务报表核定其应纳税款，行业主管部门需要了解整个行业的财务状况和经营成果，工商部门、财政部门需要考核企业对财经纪律和法规的执行情况等。

(4) 企业经营往来客户。企业经营往来客户可通过分析财务报表来确定合适的购销政策，如批量、付款条件等。

(5) 企业管理当局。企业管理当局通过分析财务报表，可及时总结经营情况，完善管理，修订未来发展战略。

(6) 企业职工。工会为了保证企业员工的工资福利待遇，也需要对企业财务报表进行分析。企业内部职工可据以判断企业发展的稳定性和经济效益水平，联系自身的工资待遇条件，确定其未来就业选择。

(7) 对企业潜在利益相关者也具有上述类似作用。例如，潜在的投资者在决定投资之前会十分关注企业的财务报表。

2. 制订分析方案

在进一步分析前，需要明确是进行全面分析，还是只对企业的某个方面进行专项分析，从而制订分析方案。

3. 收集资料

分析时需要的资料主要包括：①企业财务报表；②背景资料，如国家的有关政策、法令，整个国民经济所处的经济周期，通货膨胀率，利率水平，企业所处行业的生产经营特点，市场竞争状况，行业水平（如负债程度、平均盈利水平等），同行业其他企业已公布的财务报表等资料；③企业管理当局公告，企业经营策略说明（包括不同时期的企业战略与会计政策变化情况）；④企业内部的会计核算明细资料、定额资料、预算资料、企业购销市场情况的资料等。

由于财务报表分析对企业财务信息使用者至关重要，各国的政府管理机构、证券交易所、投资机构、咨询代理机构等都十分重视企业财务报表的分析工作。在证券市场中，许多咨询机构的财务分析师专门收集上市公司的资料。

4. 核实、整理信息资料

对收集到的资料加以整理，并将所选择的各项资料整理、计算，形成各种指标，使之能反映出财务资料中隐含的相关性。

5. 分析现状，解释原因

揭示各项财务资料所隐含的相关性及重要关系，并试图予以分析、解释，以便在此基础上对企业做出总体判断。

6. 得出分析结论

撰写分析报告，对企业财务业绩做出评价、预测。

（二）财务报表分析的基本方法

财务报表分析的方法有很多，如比较分析、比率分析、共同比分析、趋势分析、因素分析等。

1. 比较分析

比较分析是分析的基础性方法，包括数额比较、比率比较、百分比比较。绝对的数字或计算出的财务比率、百分比，只有与其他数字或比率、百分比相比较才有意义。选择恰当的标准，更有助于明确企业所处的竞争地位及其优势、劣势，找出差距，发现问题，及时改进。分析参照的标准主要有企业历史各期资料、企业本期计划预算数、同行业资料（如本行业的平均水平、竞争对手的先进水平等）。

2. 比率分析

比率分析是财务报表分析中最常用的方法，也是财务报表分析的核心。会计报表提供了大量的项目数据，可据以算出一系列的比率，包括相关比率、结构比率和趋势比率。相关比率是把两个性质不同但又相互联系的数据相除；结构比率是指某项指标内部各组成部分所占的比重，据以分析该项指标的结构及其变化；趋势比率是从动态角度，将不同时期的同项指标进行对比，计算出比率，以更好地说明其变动趋势。

3. 共同比分析

根据需要先选定会计报表中的一个项目金额为基本数据（作为100%），然后将会计报表的其他各项目数据与之进行对比，计算出百分比值（即结构相对数＝局部指标÷总体指标×

100%），编制共同比报表（百分比报表），便于纵向分析。还有一种形式是先选定基年，设基年报表各项目值均为100，然后再将其他年份的会计报表与之相比，这属于横向分析。

4. 趋势分析

趋势分析主要通过对企业连续几期的财务指标进行比较，总结其变动趋势，包括变动的方向、数额和幅度等。在计算变动幅度时，经常会用到下面两个公式。

$$定基发展速度=某期指标\div固定基期数\times100\%$$

$$环比发展速度=某期指标\div上期指标数\times100\%$$

5. 因素分析

一个指标往往可以进一步分解成多个因子，各因子又分别代表了各种影响因素。常用的连环替代法就是依次利用各因素的实际数与标准数的连续替代来计算各因素偏离标准所造成的影响。

例如，某一财务指标 A 可以分解为 B、C、D 三个指标，$A=B\times C\times D$，标准值记为0，实际值记为1，则有 $A_0=B_0\times C_0\times D_0$，$A_1=B_1\times C_1\times D_1$。

实际值－标准值$=A_1-A_0$，该差额可分解为：

① B 因素偏差的影响$=(B_1-B_0)\times C_0\times D_0$；

② C 因素偏差的影响$=B_1\times(C_1-C_0)\times D_0$；

③ D 因素偏差的影响$=B_1\times C_1\times(D_1-D_0)$。

第二节 财务比率分析

财务报表中存在大量数据，利用这些数据可以计算与公司相关的财务比率。本节将结合资产负债表（见表6-1）、利润及利润分配表（见表6-2）和现金流量表（见表6-3），对财务分析做进一步的阐述。如无特别说明，"该公司的××比率"等均是指该公司2018年的指标值。

表 6-1

资 产 负 债 表

编制单位：××公司　　××××年12月31日　　单位：万元

项　目	2018年	2017年	2016年	2015年
流动资产：				
货币资金	257 468.85	137 791.50	855 279.35	1 319 571.85
结算备付金	—	—	—	—
拆出资金	—	—	—	—
以公允价值计量且其变动计入当期损益的金融资产	—	—	—	—
衍生金融资产	—	—	—	—
应收票据及应收账款	308 409.45	268 384.80	229 461.00	217 330.75
预付款项	39 046.30	21 328.75	125.75	214.75
应收保费	—	—	—	—
应收分保账款	—	—	—	—
应收分保合同准备金	—	—	—	—

续表

项　　目	2018 年	2017 年	2016 年	2015 年
其他应收款	151 215.95	159 826.95	234 831.65	35 950.95
买入返售金融资产	—	—	—	—
存货	316 825.35	300 066.35	387 028.25	286 137.75
持有待售资产	—	—	—	—
一年内到期的非流动资产	—	—	—	—
其他流动资产	595.00	2 441.20	1 985.15	2 455.00
流动资产合计	1 073 560.90	889 839.55	1 708 711.15	1 861 661.05
非流动资产：				
发放贷款及垫款	—	—	—	—
可供出售金融资产	—	—	—	—
持有至到期投资	—	—	—	—
长期应收款	—	—	—	—
长期股权投资	486 934.20	206 622.40	101 622.40	—
投资性房地产	—	—	—	—
固定资产	1 433 604.00	930 232.75	997 747.20	1 061 739.65
在建工程	801 640.45	1 061 315.75	614 531.95	—
生产性生物资产	—	—	—	—
油气资产	—	—	—	—
无形资产	—	—	—	—
开发支出	—	—	—	—
商誉	—	—	—	—
长期待摊费用	—	—	—	—
递延所得税资产	—	—	—	—
其他非流动资产	—	—	—	—
非流动资产合计	2 722 178.65	2 198 170.90	1 713 901.55	1 061 739.65
资产总计	3 795 739.50	3 088 010.45	3 422 612.65	2 923 400.70
流动负债：				
短期借款	116 500.00	252 000.00	360 000.00	345 000.00
向中央银行借款	—	—	—	—
吸收存款及同业存放	—	—	—	—
拆入资金	—	—	—	—
以公允价值计量且其变动计入当期损益的金融负债	—	—	—	—
衍生金融负债	—	—	—	—
应付票据及应付账款	239 924.15	214 178.45	363 669.35	182 558.05
其中：应收账款	180 228.25	195 053.65	84 652.60	113 420.75
应收票据	128 181.20	73 331.15	144 808.40	103 910.00
预收款项	147 221.70	57 806.45	67 939.55	86 496.15
卖出回购金融资产款	—	—	—	—
应付手续费及佣金	—	—	—	—
应付职工薪酬	974.90	1 365.85	1 339.75	1 500.45
应交税费	7 833.70	−956.90	26 398.15	2 452.00

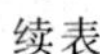

续表

项　　目	2018 年	2017 年	2016 年	2015 年
其他应付款	154 999.15	24 064.15	324 013.10	23 143.15
其中：应付利息	—	—	—	—
应付股利	148 655.30	—	310 342.75	—
应付分保账款	—	—	—	—
保险合同准备金	—	—	—	—
代理买卖证券款	—	—	—	—
代理承销证券款	—	—	—	—
持有待售负债	—	—	—	—
一年内到期的非流动负债	—	—	34 500.00	70 858.60
其他流动负债	8 463.45	18 245.35	13 944.80	7 474.35
流动负债合计	675 917.05	566 703.35	1 191 804.70	719 482.75
非流动负债：				
长期借款	148 505.00	80 000.00	56 650.00	91 000.00
应付债券	—	—	—	—
其中：优先股	—	—	—	—
永续债	—	—	—	—
长期应付款	8 420.50	58 420.50	133 418.00	137 239.95
长期应付职工薪酬	—	—	—	—
预计负债	—	—	—	—
递延收益	—	—	—	—
递延所得税负债	—	—	—	—
其他非流动负债	28 200.00	—	—	—
非流动负债合计	185 125.50	138 420.50	190 068.00	228 239.95
负债合计	861 042.55	705 123.85	1 381 872.70	947 722.70
所有者权益(或股东权益)：				
股本	743 276.55	682 754.05	620 685.50	620 685.50
其他权益工具	—	—	—	—
其中：优先股	—	—	—	—
永续债	—	—	—	—
资本公积	1 556 756.95	1 293 123.65	1 355 192.20	1 354 992.50
减：库存股	—	—	—	—
其他综合收益	—	—	—	—
专项储备	—	—	—	—
盈余公积	238 258.05	144 180.60	56 280.75	—
一般风险准备	—	—	—	—
未分配利润	396 405.40	262 828.30	8 581.50	—
归属于母公司所有者权益合计	—	—	—	—
少数股东权益	—	—	—	—
所有者权益合计	2 934 696.95	2 382 886.60	2 040 739.95	1 975 678.00
负债和所有者权益总计	3 795 739.50	3 088 010.45	3 422 612.65	2 923 400.70

表　6-2

利润及利润分配表

编制单位：××公司　　　　单位：万元

项　　目	2018 年	2017 年	2016 年	2015 年
一、营业总收入	2 928 342.20	2 545 552.70	2 429 478.50	1 862 002.40
其中：营业收入	2 928 342.20	2 545 552.70	2 429 478.50	1 862 002.40
利息收入	—	—	—	—
已赚保费	—	—	—	—
手续费及佣金收入	—	—	—	—
二、营业总成本	—	—	—	—
其中：营业成本	2 414 317.95	2 105 559.15	1 996 816.45	1 477 280.80
利息支出	—	—	—	—
手续费及佣金支出	—	—	—	—
退保金	—	—	—	—
赔付支出净额	—	—	—	—
提取保险合同准备金净额	—	—	—	—
保单红利支出	—	—	—	—
分保费用	—	—	—	—
税金及附加	17 334.55	14 972.65	5 946.30	4 540.85
销售费用	23 315.10	839.90	760.10	2 645.55
管理费用	22 951.65	10 126.40	8 834.35	29 590.45
研发费用	—	—	—	—
财务费用	18 789.10	10 234.85	14 486.85	41 166.80
其中：利息费用	—	—	—	—
利息收入	—	—	—	—
资产减值损失	−788.15	214.45	—	—
加：其他收益	—	—	—	—
投资收益(损失以“−”号填列)	8 657.25	23 443.10	24 512.85	—
其中：对联营企业和合营企业的投资收益	—	—	—	—
公允价值变动收益(损失以“−”号填列)	—	—	—	—
资产处置收益(损失以“−”号填列)	—	—	—	—
汇兑收益(损失以“−”号填列)	—	—	—	—
三、营业利润(亏损以“−”号填列)	441 079.25	427 048.40	427 147.30	306 777.95
加：营业外收入	59.15	20.80	9 944.55	—
减：营业外支出	87.80	—	—	—
四、利润总额(亏损总额以“−”号填列)	441 050.65	427 069.20	437 091.85	306 777.95
减：所得税费用	64 740.80	61 290.70	61 886.85	47 190.00
五、净利润(净亏损以“−”号填列)	376 309.85	365 778.50	375 205.00	259 587.95
(一)按经营持续性分类：	—	—	—	—
1. 持续经营净利润(净亏损以“−”号填列)	376 309.85	365 778.50	375 205.00	259 587.95
2. 终止经营净利润(净亏损以“−”号填列)	—	—	—	—
(二)按所有权归属分类：	—	—	—	—
1. 少数股东损益	—	—	—	—
2. 归属于母公司所有者的净利润	376 309.85	365 778.50	375 205.00	259 587.95

续表

项　目	2018 年	2017 年	2016 年	2015 年
六、其他综合收益的税后净额	—	—	—	—
归属于母公司所有者的其他综合收益的税后净额	—	—	—	—
（一）不能重分类进损益的其他综合收益	—	—	—	—
1. 重新计量设定受益计划变动额	—	—	—	—
2. 权益法下不能转损益的其他综合收益	—	—	—	—
（二）将重分类进损益的其他综合收益	—	—	—	—
1. 权益法下可转损益的其他综合收益	—	—	—	—
2. 可供出售金融资产公允价值变动损益	—	—	—	—
3. 持有至到期投资重分类为可供出售金融资产损益	—	—	—	—
4. 现金流量套期损益的有效部分	—	—	—	—
5. 外币财务报表折算差额	—	—	—	—
6. 其他	—	—	—	—
归属于少数股东的其他综合收益的税后净额	—	—	—	—
七、综合收益总额	376 309.85	365 778.50	375 205.00	259 587.95
归属于母公司所有者的综合收益总额	376 309.85	365 778.50	375 205.00	259 587.95
归属于少数股东的综合收益总额	—	—	—	—

表 6-3

现　金　流　量　表

编制单位：××公司　　　　单位：万元

项　目	2018 年	2017 年	2016 年
一、经营活动产生的现金流量			
销售商品、提供劳务收到的现金	2 691 102.20	1 742 202.20	1 633 819.35
客户存款和同业存放款项净增加额	—	—	—
向中央银行借款净增加额	—	—	—
向其他金融机构拆入资金净增加额	—	—	—
收到原保险合同保费取得的现金	—	—	—
收到再保险业务现金净额	—	—	—
保户储金及投资款净增加额	—	—	—
处置以公允价值计量且其变动计入当期损益的金融资产净增加额	—	—	—
收取利息、手续费及佣金的现金	—	—	—
拆入资金净增加额	—	—	—
回购业务资金净增加额	—	—	—
收到的税费返还	77 909.25	65 000.00	57 150.00
收到其他与经营活动有关的现金	5 573.60	14 334.20	—
经营活动现金流入小计	2 774 585.05	1 821 536.40	1 690 969.35
购买商品、接受劳务支付的现金	1 857 606.40	1 176 943.65	1 375 016.80
客户贷款及垫款净增加额	—	—	—
存放中央银行和同业款项净增加额	—	—	—
支付原保险合同赔付款项的现金	—	—	—

续表

项 目	2018 年	2017 年	2016 年
支付利息、手续费及佣金的现金	—	—	—
支付保单红利的现金	—	—	—
支付给职工以及为职工支付的现金	88 503.25	68 151.80	60 680.65
支付的各项税费	330 286.30	314 777.90	191 878.35
支付其他与经营活动有关的现金	45 008.60	13 075.15	4 661.20
经营活动现金流出小计	2 321 404.55	1 572 948.50	1 632 237.00
经营活动产生的现金流量净额	453 180.50	248 587.90	58 732.35
二、投资活动产生的现金流量			
收回投资收到的现金	50 000.00	175 000.00	150 000.00
取得投资收益收到的现金	8 657.25	23 443.10	24 512.90
处置固定资产、无形资产和其他长期资产收回的现金净额	10.60	150.45	—
处置子公司及其他营业单位收到的现金净额	—	—	—
收到其他与投资活动有关的现金	6 800.00	—	6 455.30
投资活动现金流入小计	65 467.85	198 593.55	180 968.10
购建固定资产、无形资产和其他长期资产支付的现金	230 855.35	587 934.75	385 714.05
投资支付的现金	330 311.80	339 600.00	251 622.40
质押贷款净增加额	—	—	—
取得子公司及其他营业单位支付的现金净额	—	—	—
支付其他与投资活动有关的现金	55 000.00	—	—
投资活动现金流出小计	616 167.15	927 534.75	637 336.45
投资活动产生的现金流量净额	−550 699.30	−728 941.20	−456 368.35
三、筹资活动产生的现金流量			
吸收投资收到的现金	280 311.80	—	—
其中：子公司吸收少数股东投资收到的现金	—	—	—
取得借款收到的现金	365 005.00	—	15 000.00
发行债券收到的现金	—	—	—
收到其他与筹资活动有关的现金	28 200.00	—	27 545.15
筹资活动现金流入小计	673 516.80	—	42 545.15
偿还债务支付的现金	432 000.00	119 150.00	70 858.60
分配股利、利润或偿付利息支付的现金	—	87 500.00	—
其中：子公司支付给少数股东的股利、利润	—	—	—
支付其他与筹资活动有关的现金	24 320.65	30 484.55	38 365.30
筹资活动现金流出小计	456 320.65	237 134.55	109 223.85
筹资活动产生的现金流量净额	217 196.15	−237 134.55	−66 678.70
四、汇率变动对现金及现金等价物的影响	—	—	22.20
五、现金及现金等价物净增加额	119 677.35	−717 487.85	−464 292.50
加：期初现金及现金等价物余额	137 791.50	855 279.35	1 319 571.85
六、期末现金及现金等价物余额	257 468.85	137 791.50	855 279.35

一、企业偿债能力分析

(一) 短期偿债能力

短期偿债能力又称支付能力,其衡量指标有以下几个。

1. 流动比率

流动比率的计算公式为

$$流动比率=\frac{流动资产}{流动负债}$$

根据表 6-1～表 6-3 给出的报表资料,该公司的流动比率＝1 073 560.90÷675 917.05＝1.59。

一个正常经营的企业所需维持的流动比率高低取决于其现金流动的情况。如果企业不断有现金流入,即便其流动比率不高,也可能具有较好的偿债能力。需要注意的是,存货和应收账款的变现能力。该指标的国际公认参考标准为 2。该公司的流动比率介于 1.5～2,高于我国财政部认定的较好标准 1.5。流动比率的参考标准会因行业、企业生产周期等方面的不同而有所变化。

2. 速动比率

速动比率也称酸性试验比率,其计算公式为

$$\begin{aligned}速动比率&=\frac{速动资产}{流动负债}\\&=\frac{流动资产-存货-预付账款-一年内到期的非流动资产-其他流动资产}{流动负债}\end{aligned}$$

速动资产是指货币资金、短期投资、应收票据、应收账款(净额)等变现速度较快的那部分流动资产,不包括存货、待摊费用、预付货款,这主要是因为:①通常情况下,存货的变现速度较慢,还需经过销售和收款环节;②存货的账面价值可能存在与市值差距较大的问题;③待摊费用、预付货款等属于已经支出、尚待获取未来收益的资产,一般也难以用于偿付债务。

根据表 6-1～表 6-3 给出的报表资料,该公司的速动比率＝(1 073 560.90－316 825.35－39 046.30－595.00)÷675 917.05＝1.06。

该指标的国际公认参考标准为 1。但同样要考虑企业的历史水平、行业和资产构成等因素的影响。

3. 超速动比率

超速动比率又称保守速动比率,其计算公式为

$$超速动比率=\frac{现金+短期证券投资+应收账款净额}{流动负债}$$

根据表 6-1～表 6-3 给出的报表资料,该公司的超速动比率＝(257 468.85＋180 228.25)÷675 917.05＝0.65。

4. 现金比率

现金比率的计算公式为

$$现金比率=\frac{现金}{流动负债}$$

这里，现金是指广义理解的现金，它包括货币资金和能够随即变现的短期证券。

根据表 6-1～表 6-3 给出的报表资料，该公司的现金比率＝257 468.85÷675 917.05＝0.38。

通过以上指标的计算，可以认为该公司具有较强的现金支付能力，短期偿债风险小。

（二）长期偿债能力

反映长期偿债能力的指标有以下几个。

1. 资产负债率

资产负债率的计算公式为

$$资产负债率=\frac{负债总额}{资产总额}\times 100\%$$

从理财角度看，该比率又可称为举债经营比率，即从资产对负债的担保能力角度考察债权人的风险。

根据表 6-1～表 6-3 给出的报表资料，该公司的资产负债率＝861 042.55÷3 795 739.50×100%＝22.68%。说明该公司具有很强的偿还企业债务的能力，其债权人所面临的风险小。

2. 净资产负债率

净资产负债率又称负债权益比率，其计算公式为

$$净资产负债率=\frac{负债总额}{净资产额（所有者权益额）}\times 100\%$$

根据表 6-1～表 6-3 给出的报表资料，该公司的净资产负债率＝861 042.55÷2 934 696.95×100%＝29.34%。

3. 利息保障倍数

利息保障倍数又称获利倍数、已获利息倍数，其计算公式为

$$利息保障倍数=\frac{息税前收益}{利息支出}=\frac{净利润+所得税+利息费用}{利息支出}$$

其中：利息支出可从会计报表的附注说明中得到，或近似取用“财务费用”值计算。

假定表 6-4 为该公司 2016—2018 年会计报表附注中披露的各年度利息支出额，可据此计算该公司 2018 年的利息保障倍数＝(376 309.85＋64 740.80＋24 320.65)÷24 320.65＝19.13。类似地，我们还可以计算出该公司 2017 年和 2016 年的利息保障倍数分别为 15.01 和 12.39。该指标反映了企业偿付利息的能力，是从企业盈利能力角度考察其偿付负债利息的能力。

表 6-4

项 目	2016 年	2017 年	2018 年
利息支出(万元)	38 365.30	30 484.55	24 320.65

4. 偿债倍数

偿债倍数的计算公式为

$$偿债倍数=\frac{息税前收益}{利息费用+计算期需偿还本金额\div(1-所得税税率)}$$

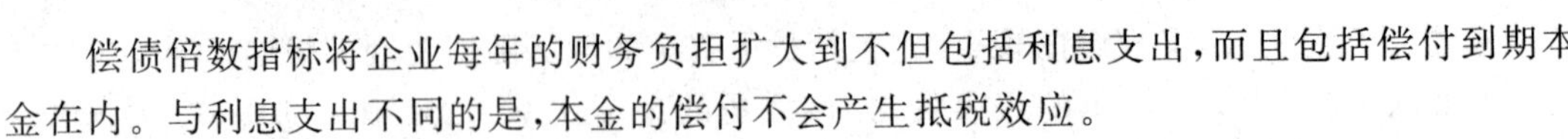

偿债倍数指标将企业每年的财务负担扩大到不但包括利息支出，而且包括偿付到期本金在内。与利息支出不同的是，本金的偿付不会产生抵税效应。

二、企业盈利能力分析

盈利能力是决定企业价值的最重要因素。在计算盈利比率时，分子为收益类指标，如息税前收益、税前利润、税后利润等；分母可以为收入类指标（如销售收入、营业收入等）、资产类指标（如流动资产、固定资产、总资产等）或所有者权益类指标（如普通股权益、净资产等）。评价企业的获利能力，主要是将这些盈利指标与同行业企业、同等规模企业、银行存款利息率、资本市场的平均回报率等相比较，没有一个固定的“标准”。

（一）收益—收入类指标

1. 销售利润率

销售利润率的计算公式为

$$销售利润率=\frac{税后净利润+利息支出}{销售净收入}\times 100\%$$

当企业营业外收支净额较大时，还应扣除分子中的营业外收支净额的影响。

根据表6-1～表6-3给出的报表资料，该公司的销售利润率＝(376 309.85＋24 320.65)÷2 928 342.20×100％＝13.68％。

2. 销售净利率

销售净利率的计算公式为

$$销售净利率=\frac{净利润}{销售净收入}\times 100\%$$

根据表6-1～表6-3给出的报表资料，该公司的销售净利率＝376 309.85÷2 928 342.20×100％＝12.85％。

（二）收益—资产类指标

收益—资产类指标主要是总资产净利率，其计算公式为

$$总资产净利率=\frac{税后净利润+利息支出}{资产平均占用额}\times 100\%$$

其中：资产平均占用额＝(期初资产总额＋期末资产总额)÷2。

在进行总资产净利率的比较分析时，要注意资产的使用年限、折旧情况，并结合考虑新资产的预期效用。

根据表6-1～表6-3给出的报表资料，该公司的总资产净利率＝(376 309.85＋24 320.65)÷[(3 795 739.50＋3 088 010.45)÷2]×100％＝11.64％。

总资产净利率是一个综合性很强的指标，可用来衡量企业全部资产的获利能力。税后利润加上利息支出是为了考察企业资产的获利水平，而不考虑企业资金来源的影响。

（三）收益—所有者权益类指标

1. 净资产收益率

净资产收益率也称为权益利润率、净资产利润率或股东净资产收益率，其计算公式为

$$净资产收益率=\frac{净利润}{所有者权益平均余额}\times 100\%$$

该指标是上市公司对外公布的最重要的财务指标之一，它反映了企业权益资本的盈利能力，可用于衡量股东初始投入企业的资本和经营中产生的留存盈利的共同利用效率。净资产收益率越高，权益资本的盈利能力就越强，说明股东的收益水平就越高。

根据表 6-1～表 6-3 给出的报表资料，该公司的净资产收益率＝376 309.85÷[(2 934 696.95＋2 382 886.60)÷2]×100%＝14.15%。

假如同期资本市场的平均回报率为 10%，则说明该公司的盈利水平较高，投资价值也较大。

2. 普通股股东净资产收益率

普通股股东净资产收益率的计算公式为

$$普通股股东净资产收益率=\frac{税后净利润-优先股股利}{普通股平均股东权益}\times 100\%$$

将该指标与销售利润率、总资产净利率及净资产收益率比较，可以看出企业举债是否有利于普通股股东。若普通股股东净资产收益率较高，则表明公司利用外来资金可以增加普通股股东报酬。假设该公司未发行优先股股票，则其普通股股东净资产收益率＝(376 309.85－0)÷[(2 934 696.95＋2 382 886.60)÷2]×100%＝14.15%。

三、企业营运能力分析

通过对企业营运能力的分析，可以知道企业的经营与管理效率状况。该类指标的评价往往更需结合考虑企业生产、服务的具体经营特点。行业不同，判断优劣的"标准"也会存在很大差异。比如，商品零售业与轮船制造业企业在资产管理、销售款项流转等方面各有特别的要求，其指标值也自然会存在较大的不同。

（一）流动资产利用效率分析

1. 应收账款周转率

应收账款周转率反映的是应收账款周转次数，其计算公式为

$$应收账款周转率=\frac{赊销收入净额}{应收账款平均余额}$$

当无法取得赊销收入净额数据时，可按销售净收入计算，但已非真正意义上的应收账款周转率。已知该公司 2018 年和 2017 年应收账款坏账准备为 28 327.65 元和 27 069.55 元，根据表 6-1～表 6-3 给出的报表资料，该公司的应收账款周转率＝2 928 342.20÷[(180 228.25＋28 327.65＋195 053.65＋27 069.55)÷2]＝13.60。

2. 应收账款周转天数

应收账款周转天数的计算公式为

$$\begin{aligned}应收账款周转天数&=\frac{计算期天数}{应收账款周转率}\\&=\frac{应收账款平均余额}{赊销收入净额}\times 计算期天数\end{aligned}$$

根据表6-1～表6-3给出的报表资料，该公司的应收账款周转天数＝365÷13.60＝27(天)。

3. 存货周转率

存货周转率反映的是存货周转次数，其计算公式为

$$存货周转率=\frac{销货成本}{存货平均余额}$$

其中：存货平均余额＝(期初存货余额＋期末存货余额)÷2。

本例中，销货成本额可按主营业务成本计，公司2018年和2017年的存货跌价准备分别为752.75元和1 540.90元。根据表6-1～表6-3给出的报表资料，该公司的存货周转率＝2 414 317.95÷[(316 825.35＋752.75＋300 066.35＋1 540.90)÷2]＝7.80。

4. 存货周转天数

存货周转天数的计算公式为

$$存货周转天数=\frac{计算期天数}{存货周转率}=\frac{存货平均余额}{销货成本}\times 计算期天数$$

根据表6-1～表6-3给出的报表资料，该公司的存货周转天数＝365÷7.80＝47(天)。

5. 营运资金周转率

营运资金周转率的计算公式为

$$营运资金周转率=\frac{销售收入净额}{营运资金平均余额}$$

其中：营运资金＝流动资产－流动负债。

根据表6-1～表6-3给出的报表资料，该公司的营运资金周转率＝2 928 342.20÷{[(1 073 560.90－675 917.05)＋(889 839.55－566 703.35)]÷2}＝8.13。

(二)固定资产利用效率分析

1. 固定资产周转率

固定资产周转率的计算公式为

$$固定资产周转率=\frac{销售收入净额}{固定资产平均余额}$$

运用该指标时，需要考虑固定资产计提折旧与重置的影响，固定资产净值可能因固定资产更新而突然升高。因此，需结合固定资产新旧程度分析。

根据表6-1～表6-3给出的报表资料，该公司的固定资产周转率＝2 928 342.20÷[(1 433 604.00＋930 232.75)÷2]＝2.48。

2. 固定资产损耗率

固定资产损耗率的计算公式为

$$固定资产损耗率=\frac{累计折旧额}{固定资产原值}\times 100\%$$

该公司固定资产累计折旧金额为613 176.95元，根据表6-1～表6-3给出的报表资料，该公司的固定资产损耗率＝613 176.95÷(613 176.95＋1 433 604.00)×100%＝29.96%。

（三）总资产利用效率分析

反映总资产利用效率的指标有总资产周转率（次数）和总资产周转天数。其中，总资产周转率（次数）的计算公式为

$$总资产周转率（次数）=\frac{销售收入净额}{总资产平均余额}$$

由于不同行业的经营对资产需求特点各异，所以该指标行业间比较的意义不大。

根据表 6-1～表 6-3 给出的报表资料，该公司的总资产周转率（次数）＝2 928 342.20÷[(3 795 739.50＋3 088 010.45)÷2]＝0.85(次)。

总资产周转天数的计算公式为

$$总资产周转天数=\frac{计算期天数}{总资产周转率}=\frac{总资产平均余额}{销售收入净额}\times 计算期天数=\frac{总资产平均余额}{平均日销售收入}$$

根据表 6-1～表 6-3 给出的报表资料，该公司的总资产周转天数＝365÷0.85＝429(天)。

（四）人力资源效率分析

反映人力资源效率的指标主要是人均销售收入，其计算公式为

$$人均销售收入=\frac{销售收入净额}{企业职工平均人数}$$

已知该公司 2018 年职工平均人数为 49 340 人，可计算得出该公司的人均销售收入＝2 928 342.20÷49 340＝59.35(万元)。

四、企业投资价值分析

在分析上市公司的财务报表时，企业投资价值是财务信息使用者（特别是投资者）最为关心的。投资价值比率是将财务报表数据与上市公司发行股份情况、股票市价等相比较而得到的比率。

（一）普通股每股盈利

普通股每股盈利又称每股收益，其计算公式为

$$普通股每股盈利=\frac{税后净利润-优先股股利}{发行在外的普通股加权平均股数}$$

(1) 如果是简单资本结构公司，公司没有发行认股权、认股权证和可转换证券等对每股收益具有潜在稀释影响的证券项目，则该指标称为基本的每股盈利，其计算公式为

$$基本的每股盈利=\frac{税后净利润-优先股股利}{发行在外的普通股平均股数}$$

按照我国上市公司年度报告准则的要求，公司应当在年度报告（正文和摘要）中披露全面摊薄的每股盈利信息。该指标的计算公式为

$$全面摊薄的每股盈利=\frac{报告期净利润}{期末普通股股份数}①$$

该指标实际上反映的是年度末每股普通股所分摊到的收益额。

已知该公司是一家上市公司，未发行优先股股票，2016—2018 年发行在外的期末普通

---

① 按国际惯例，应采用发行在外的普通股加权平均股数。

股股份数见表 6-5。

表 6-5

项　　目	2018 年	2017 年	2016 年
股份总数(股)	7 432 765 500.00	6 827 540 500.00	6 206 855 000.00

根据表 6-5 可计算得该公司 2018 年全面摊薄的每股收益＝376 309.85 万元÷7 432 765 500.00 股＝0.51 元/股。

(2) 如果是资本结构复杂的公司,公司发行了认股权、认股权证和可转换证券等对每股收益具有潜在稀释影响的证券项目,就需要对每股盈利作双重表述,即同时计算基本的每股盈余和稀释的每股盈利两个指标。稀释的每股盈利是在充分考虑了认股权、认股权证和可转换证券等对每股盈利所具有的潜在稀释影响后计算而得的。

(二) 市盈率

市盈率的计算公式为

$$市盈率=\frac{普通股每股市价}{普通股每股盈利}$$

该指标是衡量股票投资价值和投资风险的重要指标。它可以用来判断股票是否具有吸引力,它反映了投资者对企业的期望程度。一般而言,市盈率高,说明投资者对企业的前景看好,对企业未来的盈利能力或股价有较高的预期。

假设该公司的普通股每股市价为 7.50 元,则该公司的市盈率＝7.50÷0.51＝14.81。

在进行市盈率的分析比较时,还要注意以下几点:①不同行业的市盈率可能差异较大;②当普通股每股盈利很小或为负值,从而导致畸高的或为负数的市盈率时,该指标就不再具有分析价值;③不正常的市价变动也会引起市盈率的大幅波动。

(三) 普通股每股账面价值

普通股每股账面价值又称每股净资产、每股权益,其计算公式为

$$普通股每股账面价值=\frac{股东权益总额-优先股权益}{期末发行在外的普通股股数}$$

该指标从理论上表明了股票的最低价值。一般认为,普通股每股账面价值越高,公司(股票)的投资价值就越大。

根据表 6-1～表 6-3 给出的报表资料,该公司的普通股每股账面价值＝2 934 696.95 万元÷7 432 765 500.00 股＝3.95 元/股。

(四) 每股股利

每股股利的计算公式为

$$每股股利=\frac{普通股现金股利}{发行在外的普通股股数}$$

该指标是衡量公司股票投资价值的一项重要指标。如果一家公司的每股股利逐年持续、稳定增长,则其股票就具有较高的投资价值。

假设该公司 2018 年度的每股现金股利为 0.20 元。

（五）股利分派率

股利分派率又称股利支付率，其计算公式为

$$股利分派率=\frac{普通股每股现金股利}{普通股每股盈余}\times 100\%$$

该指标反映了企业的股利政策。该指标可用于评价公司的股利分配政策及支付现金股利的能力。不同的投资者需求可能不同，短期投资者通常希望有较高的股利支付率，而长期投资者往往更倾向于公司股票的未来投资价值，他们希望公司的股利支付率较低，以便将更多的收益用于企业经营再生产，创造出更多的未来经济利益。

该公司的股利分派率＝0.20÷0.51×100％＝39.50％。

（六）经济价值增加值（EVA）

经济价值增加值（EVA）的计算公式为

$$EVA=EBIT\times(1-所得税税率)-K_w \cdot C$$

其中：K_w 为加权平均资本成本；C 为所用资本数额；$K_w \cdot C$ 表示年度资本费用。

五、企业社会贡献分析

企业经营不能单纯追求经济利益最大化目标，还必须兼顾社会效益。社会贡献分析是从价值角度分析企业对社会和国家所作的贡献，侧重于评价企业经营的社会效益。

企业的社会贡献额是指在一定期间内，企业通过生产经营活动，为社会新创造的价值，包括支付给职工的工资、奖金、津贴、各种保险金等、企业的利息支出、缴纳的税款及附加、净利，以及企业捐赠等社会公益性支出。

反映企业社会贡献的指标有两个：一是社会贡献率；二是社会积累率。

（一）社会贡献率

社会贡献率的计算公式为

$$社会贡献率=\frac{社会贡献总额}{总资产平均余额}$$

（二）社会积累率

社会积累率的计算公式为

$$社会积累率=\frac{企业上缴财政收入额(各种税款及附加)}{社会贡献总额}$$

六、风险分析

一个企业具有较高的盈利水平，并不能据此断论其市场价值也一定高，这是因为盈利水平是与承担风险程度相联系。企业风险水平的分析主要通过杠杆分析来实现。

（一）经营杠杆

外部市场条件与宏观经济环境、内部管理水平都影响着企业的经营风险。比如，从事高科技开发的企业的经营风险往往高于传统产品制造业企业；内部管理水平较高的企业经营风险较低；发展处于成熟期的企业经营风险最低。

经营风险的大小，通常用经营杠杆指标加以衡量。其计算公式为

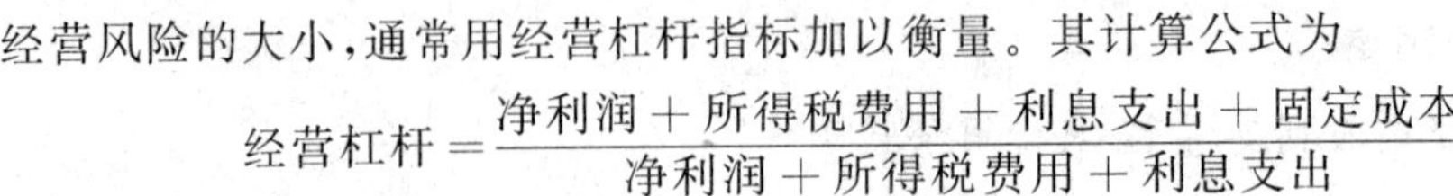

$$经营杠杆=\frac{净利润+所得税费用+利息支出+固定成本}{净利润+所得税费用+利息支出}$$

（二）财务杠杆

财务杠杆反映负债筹资对股东收益变化的影响程度。当一个企业提高为生产经营筹资的负债对所有者权益的比例时，就是在增加财务杠杆的作用。衡量财务杠杆最常用的指标是资产负债率、净资产负债率。财务杠杆的计算公式为

$$财务杠杆=\frac{净利润+所得税费用+利息支出}{净利润+所得税费用}$$

假设该公司2018年的利息支出额为24 320.65万元，据此可以计算该公司的财务杠杆＝(376 309.85＋64 740.80＋24 320.65)÷(376 309.85＋64 740.80)＝1.06。

（三）综合杠杆

综合杠杆可用于衡量企业的总风险水平，其计算公式为

$$综合杠杆=经营杠杆\times财务杠杆$$

七、现金流量表分析

现金流量在企业理财中具有特别重要的意义。利润不等于现金流量，现金是企业的“血脉”，如果企业现金形势严峻，就有可能发生偿债危机。事实上，企业处于盈利状态并不意味着其有充足的偿付能力。现金流量表突出了每项业务对企业现金流量产生的影响，其关注的焦点在于企业的偿付能力与企业的“现金盈利能力”。

企业经营活动现金净流量是指企业从经营中收取的现金在支付经营中的各种现金需要之后的余额。它是企业现金积累的主要源泉。企业的经营现金净流量越多，现金积累能力越强，应付突发事件和市场变化的现金支付能力也越强，这就意味着企业的风险越低。分析企业的现金流动情况，有以下一些指标可供参考。

（一）经营活动现金净流量与流动负债比率

经营活动现金净流量与流动负债比率的计算公式为

$$经营活动现金净流量与流动负债比率=\frac{经营活动产生的现金净流量}{流动负债}$$

该指标主要反映企业的短期偿债能力。经营活动现金净流量的多少，在一定程度上反映了企业自身产生现金的能力、经营活动现金收支平衡情况以及资金使用的效益。

根据表6-1～表6-3给出的报表资料，该公司的经营活动现金净流量与流动负债比率＝453 180.50÷675 917.05＝0.67。

（二）现金净流量与全部债务之比

现金净流量与全部债务之比的计算公式为

$$现金净流量与全部债务之比=\frac{经营活动产生的现金净流量}{负债总额}$$

根据表6-1～表6-3给出的报表资料，该公司的现金净流量与全部债务之比＝453 180.50÷861 042.55＝0.53。

（三）现金净流量与同期支出之比

现金净流量与同期支出之比的计算公式为

$$现金净流量与同期支出之比=\frac{经营活动产生的现金净流量}{同期资本性支出额+同期债务偿还额+同期现金股利额}$$

该指标反映企业一定时期（一年或几年）由经营活动产生的现金流量是否能够满足同期资本性支出额、偿还债务和支付现金股利的需要。

（四）现金流量与销售收入（或营业收入）比率

现金流量与销售收入（或营业收入）比率的计算公式为

$$现金流量与销售收入（或营业收入）比率=\frac{经营活动现金流入额}{销售净收入}$$

根据表 6-1～表 6-3 给出的报表资料，该公司的现金流量与销售收入（或营业收入）比率＝2 774 585.05÷2 928 342.20＝0.95。

（五）现金净流量与净利润之比

现金净流量与净利润之比的计算公式为

$$现金净流量与净利润之比=\frac{经营活动产生的现金净流量}{净利润}$$

企业在一定时期内实现的净利润应该与其经营活动的现金净流量大致相当，该指标值在 1 左右较好。

根据表 6-1～表 6-3 给出的报表资料，该公司的现金净流量与净利润之比＝453 180.50÷376 309.85＝1.20。

（六）现金流入量与总资产比率

现金流入量与总资产比率的计算公式为

$$现金流入量与总资产比率=\frac{现金流入总额}{总资产平均余额}$$

其中：现金流入总额＝经营活动产生的现金流入量＋投资活动产生的现金流入量＋筹资活动产生的现金流入量。

根据表 6-1～表 6-3 给出的报表资料，该公司的现金流入量与总资产比率＝(2 774 585.05＋65 467.85＋673 516.80)÷[(3 795 739.50＋3 088 010.45)÷2]＝1.02。

上述比率值越高，企业取得现金（或经营获得现金）的能力和财务弹性越强，债务偿还也越有保障。

（七）净资产经营现金净流量率

净资产经营现金净流量率的计算公式为

$$净资产经营现金净流量率=\frac{经营现金净流量}{净资产平均余额}$$

根据表 6-1～表 6-3 给出的报表资料，该公司的净资产经营现金净流量率＝453 180.50÷[(2 934 696.95＋2 382 886.60)÷2]＝0.17。

（八）普通股每股经营现金净流量（每股现金净流量）

普通股每股经营现金净流量（每股现金流量）的计算公式为

$$\text{普通股每股经营现金净流量(每股现金流量)}=\frac{\text{经营活动产生的现金净流量}}{\text{发行在外的普通股股数}}$$

该指标主要用来反映企业支付股利和进行资本性支出的能力。

根据表6-1～表6-3给出的报表资料，该公司的普通股每股经营现金净流量(每股现金流量)＝453 180.50万元÷7 432 765 500.00股＝0.61元/股。

(九)现金净流量与现金股利之比

现金净流量与现金股利之比的计算公式为

$$\begin{aligned}\text{现金净流量与现金股利之比}&=\frac{\text{经营活动产生的现金净流量}}{\text{现金股利总额}}\\&=\frac{\text{每股现金净流量}}{\text{每股现金股利}}\end{aligned}$$

该指标主要用来反映企业现金股利的支付能力。

根据表6-1～表6-3给出的报表资料，该公司的现金净流量与现金股利之比＝0.61÷0.20＝3.05。

八、共同比分析和趋势分析

仍以该公司2015—2018年的报表数据为例，对共同比分析和趋势分析进行介绍。

(一)共同比分析

以资产负债表的流动负债部分为例，设流动负债合计数为100，可编制该公司2015—2018年的纵向同型百分比报表(见表6-6)。

表 6-6

报表项目	2018年	2017年	2016年	2015年
流动负债：				
短期借款	17.24	44.47	30.21	47.95
应付票据及应付账款	35.50	37.79	30.51	25.37
预收款项	21.78	10.20	5.70	12.02
应付职工薪酬	0.14	0.24	0.11	0.21
应交税费	1.16	－0.17	2.21	0.34
其他应付款	22.93	4.25	27.19	3.22
一年内到期的非流动负债	—	—	2.89	9.85
其他流动负债	1.25	3.22	1.17	1.04
流动负债合计	100.00	100.00	100.00	100.00

表6-6使我们能更直观地发现，近年来该公司“短期借款”在流动负债中的比重有了大幅下降，但预收账款的比例上升较多。据此可以推测，该企业产品的销售情况较好，企业履约能力强。

以利润表为例，假设2015年度的报表项目金额为100，可编制该公司2015—2018年的横向同型百分比报表(见表6-7)。从横向同型百分比报表中，我们很容易看到该公司2018年度的“营业总收入”比2015年度增长了57.27%，且最近4年一直都呈上升趋势，与此相对应,“营业利润”也有较大增长。

（二）趋势分析

依据该公司 2015—2018 年的资产负债表、利润及利润分配表和现金流量表及相关资料,计算得到的部分财务指标结果见表 6-8。

表　6-7

报表项目	2018 年	2017 年	2016 年	2015 年
一、营业总收入	157.27	136.71	130.48	100.00
其中：营业收入	157.27	136.71	130.48	
二、营业总成本	—	—	—	100.00
其中：营业成本	163.43	142.53	135.17	100.00
税金及附加	381.75	329.73	130.95	100.00
销售费用	881.30	31.75	28.73	100.00
管理费用	77.56	34.22	29.86	100.00
财务费用	45.64	24.86	35.19	100.00
资产减值损失	—	—	—	100.00
投资收益	—	—	—	100.00
三、营业利润	143.78	139.20	139.24	100.00
加：营业外收入	—	—	—	100.00
减：营业外支出	—	—	—	
四、利润总额	143.77	139.21	142.48	
减：所得税费用	137.19	129.88	131.14	
五、净利润	144.96	140.91	144.54	100.00

表　6-8

财务指标	2018 年	2017 年	2016 年	2015 年
一、反映企业偿债能力的指标				
短期偿债能力(支付能力)：				
流动比率	1.59	1.57	1.43	2.59
速动比率	1.06	1.00	1.11	2.19
超速动比率	0.65	0.59	0.79	1.99
现金比率	0.38	0.24	0.72	1.83
长期偿债能力：				
资产负债率(%)	22.68	22.83	40.37	32.42
净资产负债率(%)	29.34	29.59	67.71	47.97
利息保障倍数	19.13	15.01	12.39	
二、反映企业盈利能力的指标				
收益—收入类指标：				
销售利润率(%)	13.68	15.57	17.02	
销售净利率(%)	12.85	14.37	15.44	13.94
收益—资产类指标：				
总资产净利率(%)	11.64	12.17	13.03	
收益—所有者权益类指标：				

续表

财务指标	2018 年	2017 年	2016 年	2015 年
净资产收益率(%)	14.15	16.54	18.68	
普通股股东净资产收益率(%)	14.15	16.54	18.68	
三、反映企业营运能力的指标				
流动资产利用效率分析：				
应收账款周转率(次数)	13.60	16.00	24.53	
应收账款周转天数(天)	27	22	15	
存货周转率(次数)	7.80	6.12	5.93	
存货周转天数(天)	47	60	62	
营运资金周转率(次数)	8.13	6.06	2.36	
固定资产利用效率分析：				
固定资产周转率(次数)	2.48	2.64	1.82	
固定资产损耗率(%)	29.96	34.40	29.10	23.83
总资产利用效率分析：				
总资产周转率(次数)	0.85	0.78	0.77	
总资产周转天数	429	467	477	
人力资源效率分析：				
人均销售收入(万元)	59.35	52.71	50.27	
四、反映企业投资价值的比率				
全面摊薄的每股盈利(元/股)	0.51	0.54	0.60	
市盈率(每股市价=7.50 元)	14.81	14.00	12.41	
普通股每股账面价值(元/股)	3.95	3.49	3.29	
每股股利(元)	0.20	0.00	0.50	
股利分派率(%)	39.50	0.00	82.71	
价格股利率(每股市价=7.50 元)(%)	2.67	0.00	6.67	
五、风险分析				
财务杠杆	1.06	1.07	1.09	
六、现金流量表分析				
经营活动现金净流量与流动负债比率	0.67	0.44	0.05	
现金净流量与全部债务之比	0.53	0.35	0.04	
现金流量与销售收入比率	0.95	0.72	0.70	
现金净流量与净利润之比	1.20	0.68	0.16	
现金流入量与总资产比率	1.02	0.62	0.60	
净资产经营现金净流量率	0.17	0.11	0.03	
普通股每股经营现金净流量(元/股)	0.61	0.36	0.09	
现金净流量与现金股利之比	3.05		0.19	

现选取其中较有代表性的指标加以分析，以观察该公司 2016—2018 年的指标值变动趋势。

(1) 流动比率由 2016 年的 1.43 提高至 2018 年的 1.59，说明该公司的短期偿债能力得到进一步加强。

(2) 资产负债率由 2016 年的 40.37%下降到 2018 年的 22.68%，说明该公司的长期偿债能力也在进一步加强。

(3) 销售利润率由 2016 年的 17.02%逐年下降到 2018 年的 13.68%，说明该公司产品的盈利水平有所降低。

(4) 总资产净利率由 2016 年的 13.03%下降到 2018 年的 11.64%，说明该公司的资产利用效率有所降低。

(5) 应收账款周转率由 2016 年的 24.53 次下降到 2018 年的 13.60 次，说明该公司的应收账款管理能力有所下降。

(6) 存货周转天数由 2016 年的 62 天下降到 2018 年的 47 天，说明该公司的存货周转速度有了很大提高。

(7) 人均销售收入由 2016 年的人均 50.27 万元大幅上升到 2018 年的 59.35 万元。

(8) 全面摊薄的每股盈利最近 3 年介于 0.50～0.60 元/股，2018 年比 2017 年略有下降。

(9) 市盈率介于 12～15。

(10) 经营活动现金净流量与流动负债比率由 2016 年的 0.05 跳跃式地上升到 2017 年的 0.44，2018 年又上升到 0.67，说明最近 3 年该公司的现金净流量有了极大改善。

(11) 普通股每股经营现金净流量由 2016 年的 0.09 元/股、2017 年的 0.36 元/股大幅度提高到了 2018 年的 0.61 元/股。

通过上述分析，我们可以发现比较明显的趋势是：存货周转天数、全面摊薄的每股盈利在减少，人均销售收入、经营活动现金净流量与流动负债比率和普通股每股经营现金净流量在增加。对于一些重要指标的变化，需要进一步计算指标值的变动幅度，找出原因，以利于不断提高企业的经营管理水平。

第三节　杜邦分析

杜邦分析是一种综合分析法，实质上是选定净资产收益率这一综合性较强的财务比率，将其逐层分解，再结合因素分析法，查明各指标的影响程度。具体分解方法为

$$\begin{aligned}\text{净资产收益率} &= \text{总资产净利率} \times \text{权益乘数}\\ &= \text{销售净利率} \times \frac{\text{总资产周转率}}{1-\text{资产负债率}} = \cdots\cdots\end{aligned}$$

其中：

$$\text{权益乘数} = \frac{\text{资产}}{\text{所有者权益}}$$

在进行指标分解时，需要注意各指标计算口径的一致。当指标计算口径不同时，应先进行调整，使各指标具有相同的计算基础，然后再进行综合分析。杜邦分析的体系见图 6-1。

仍以该公司 2018 年的财务指标为例，已知净资产收益率(以净利润为基础)＝14.15%，销售净利率＝12.85%，总资产周转率＝0.85。总资产净利率(以净利润加上利息支出为基础)＝11.64%，需调整为：总资产净利率(以净利润为基础)＝10.93%；资产负债率(2018 年 12 月 31 日)＝22.68%，需调整为：资产负债率(2018 年平均值)＝负债年平均余额÷资产年平均余额×100%＝22.75%。消除计算误差后，各指标间存在如下关系：

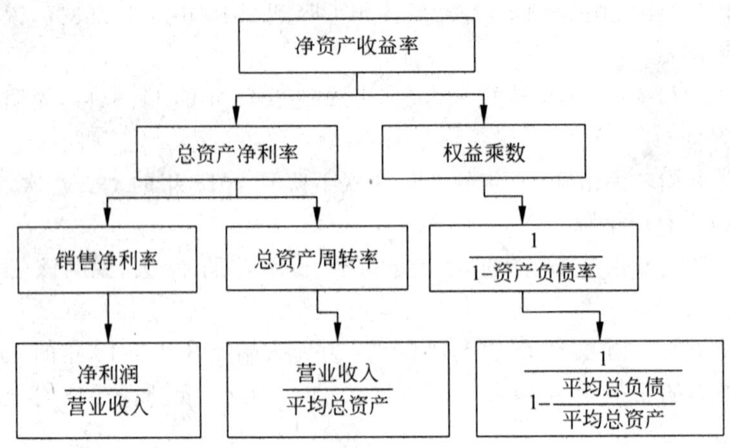

图 6-1

$$总资产净利率=销售净利率\times总资产周转率=12.85\%\times0.85=10.93\%$$

$$净资产收益率=\frac{总资产净利率}{1-资产负债率}=\frac{10.93\%}{1-22.75\%}=14.15\%$$

下篇

管理会计仿真实训

第七章

实训导读

第一节　课 程 介 绍

本实训课程以浪潮 GS 企业管理软件教学版(以下简称浪潮 GS)为平台,深度整合管理会计体系与企业集团管理会计实践,面向高校打造系统性的实训课程体系,帮助学生突破传统的财务视野。

本实训课程给学员提供一套模拟企业建设管理会计体系所需的相关基础数据和业务单据等信息,学员以个人为单位或分成小组,按照既定的操作流程完成管理会计实训相关的体系规划、基础数据设置、单据流转、管理会计相关分析等实验操作。

本实训课程主要包括集团财务管控、成本管理、全面预算管理、资金管理等方面的操作。实训过程中,教师针对每堂课程实验主题,讲解相关知识要点、软件操作流程和操作方法;学员则可以扮演财务管理员、成本管理员、预算管理员、资金管理员岗位角色,登录浪潮 GS,通过任务驱动,真实体验不同岗位角色的管理会计相关操作流程。

通过本实训课程的学习,可以达到如下训练目标:

(1) 提升学员对企业管理会计实务的认知;

(2) 提升学员财务管理能力和管理思维;

(3) 提升学员对企业通过信息系统建设管理会计体系的规划能力;

(4) 提升学员对信息系统实践的能力;

(5) 提升学员对企业信息系统中传统财务核算工作与管理会计工作的区别认知。

本实训课程结束后,学员可在传统财务核算工作中快速成长,并胜任企业财务管理相关工作。

第二节　教 学 组 织

一、师生准备

在本实训课程中,教师需要讲解课程相关的知识要点及实验操作方法,并对学员给予实时指导。因此,该课程需要教师了解管理会计相关的专业理论知识,并能够结合企业实务进行讲解,同时又需要教师对信息系统中管理会计的整体操作流程有一定了解。要做到这些,需要教师在课程开设前加强自身的知识储备及信息技术应用能力,或通过适当的师资培训来提高水平,进而保证课堂教学质量。

学员也需要具备一定的管理会计相关专业知识,同时还需对实验过程中涉及的岗位职责、实验规则、业务流程等具备一定的了解,这样才能够在实验中不陷入数据中,不变成单纯的"打字员",而是能从业务角度理解并掌握管理会计在信息系统中的应用。

二、硬件与软件准备

本实训课程主要以软件为载体,配合本书中的上机任务,完成全面预算、资金管理、成本管理等内容的上机实验。本实训课程需要一个可供学员集中上机操作的实验室,至少包括一台服务器和学员上机使用的计算机。服务器需要完成学员实验环境的部署,包括数据库的安装、浪潮 GS 的安装、用户权限的配置,以及一些预置参数和流程等内容的设置。学员使用的计算机,需要完成浪潮 GS 的客户端环境部署。

(一)浪潮 GS 客户端安装环境介绍

1. 浪潮 GS 软件运行环境介绍

为了保证浪潮 GS 客户端能够顺利安装并稳定运行,每个操作用户使用的计算机都需达到浪潮 GS 客户端安装所要求的最低甚至更高的配置。该配置主要包括硬件和软件两方面的环境配置(见表 7-1)。

表 7-1

类　别	要求配置
硬件运行环境	内存 8G,硬盘 250G,网卡 100M
软件运行环境	操作系统:Windows 7;Windows 8;Windows 10 浏览器:支持 IE 11.0 及以上版本

2. IE 浏览器配置

浪潮 GS 客户端运行前,一般建议对 IE 浏览器进行相关配置,以保证为浪潮 GS 提供一个相对稳定的操作环境,主要包括受信任站点的添加、一些控件的设置等内容。以 IE 11.0 为例,具体操作如下。

第一步:打开 IE 浏览器(Internet Explorer),执行"工具—Internet 选项—安全—受信任的站点—站点",在打开的受信任站点设置窗口中输入浪潮 GS 客户端安装的 IP 地址,单击"添加"按钮并关闭。第一步操作如图 7-1 所示。

第二步:执行"Internet 选项—安全—Internet—自定义级别",如图 7-2 所示。

第三步:在打开的自定义级别设置对话框中找到"ActiveX 控件和插件"设置选项,将该选项下的所有内容均选中"启用"单选按钮,单击"确定"按钮,如图 7-3 所示。

第四步:分别执行"Internet 选项—安全—本地 Intranet—自定义级别"和"工具—Internet 选项—安全—受信任的站点—自定义级别"。对"ActiveX 控件和插件"的设置选项进行启用的设置,同第三步的操作。

Internet 选项
常规
安全
隐私
内容
连接
程序
高级
选择一个区域以查看或更改安全设置。
Internet
本地 Intranet
受信任的站点
受限制的站点
受信任的站点
站点(S)
该区域包含你确信不会损害你的计算机或文件的网站。
受信任的站点
可以添加和删除该区域的网站。该区域中的所有网站都使用区域的安全设置。
将该网站添加到区域(D):
https://192.168.1.156/cwbase
添加(A)
网站(W):
el.inspur.com
http://10.110.6.119
http://10.16.11.5
http://10.16.11.76
http://192.168.1.102
删除(R)

图　7-1

Internet 选项
常规
安全
隐私
内容
连接
程序
高级
选择一个区域以查看或更改安全设置。
Internet
本地 Intranet
受信任的站点
受限制的站点
Internet
站点(S)
该区域适用于 Internet 网站，但不适用于在受信任和受限制区域中列出的网站。
该区域的安全级别(L)
自定义
自定义设置
- 要更改设置，请单击"自定义级别"
- 要使用推荐的设置，请单击"默认级别"
启用保护模式(要求重新启动 Internet Explorer)(P)
自定义级别(C)...
默认级别(D)
将所有区域重置为默认级别(R)
确定
取消
应用(A)

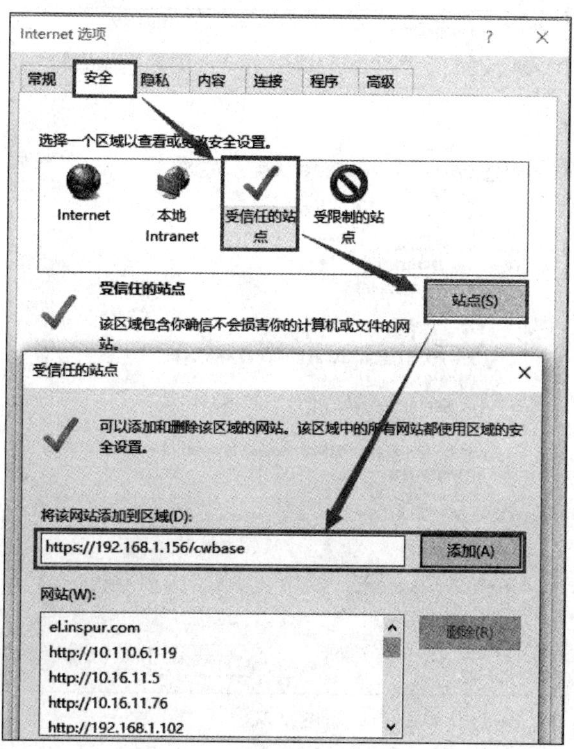

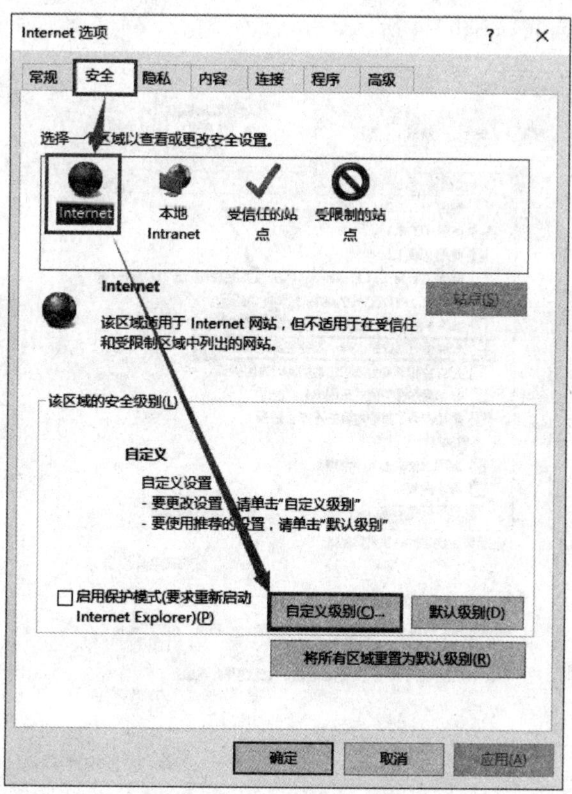

图　7-2

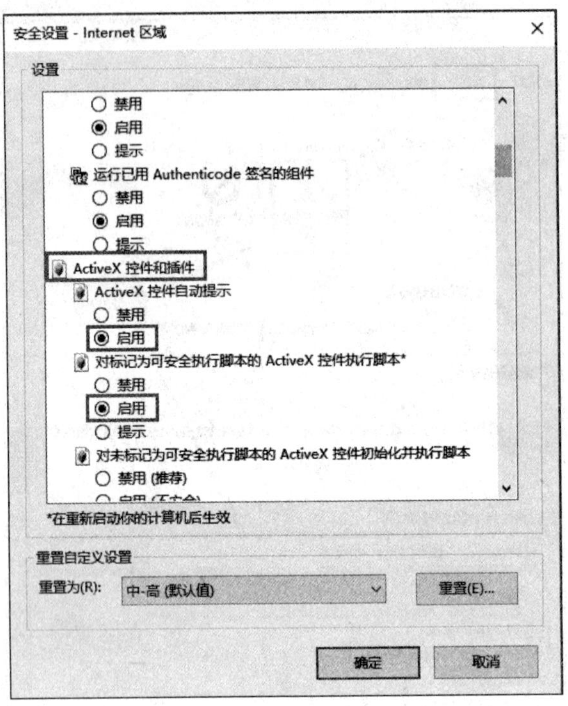

图 7-3

第五步：执行“Internet 选项—高级”，找到“安全”设置选项，勾选“允许运行或安装软件，即使签名无效”复选框，如图 7-4 所示。

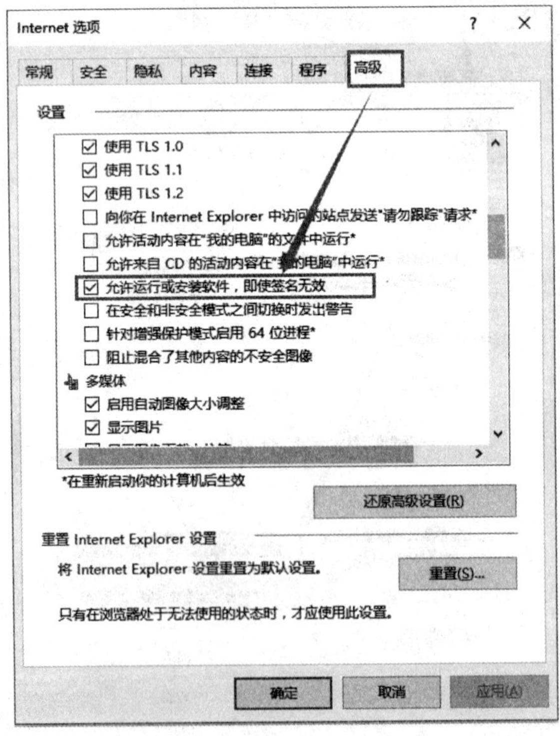

图 7-4

第六步：同样执行"Internet 选项—高级"，找到"浏览"设置选项，将"启用第三方浏览器扩展*"复选框取消勾选，如图 7-5 所示。

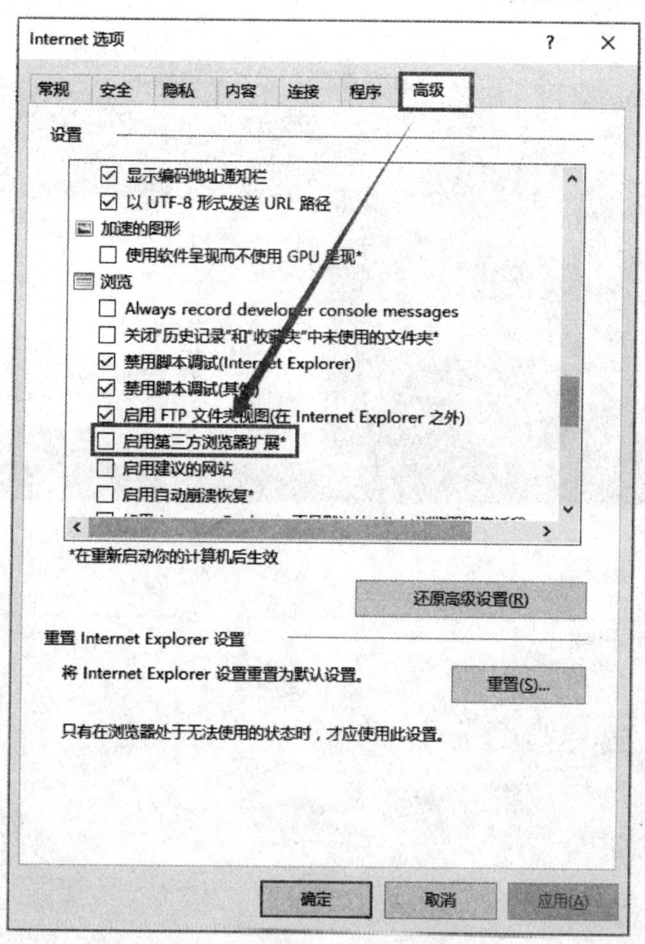

图　7-5

第七步：按照以上操作，IE 浏览器配置完毕，退出浏览器即可。

（二）浪潮 GS 客户端安装

浪潮 GS 客户端安装可采用在线安装和复制客户端两种方式，具体操作方法如下。

方法一：在线安装。

第一步：打开 IE 浏览器，在网址处输入客户端安装的网址（固定格式为 http：//服务器 IP 地址/cwbase），在浏览界面单击"PC 客户端下载"按钮，如图 7-6 所示。

第二步：单击"PC 客户端下载"按钮后，执行客户端的安装程序，需要输入服务器 IP 地址，单击"下一步"按钮，如图 7-7 所示。

第三步：在安装过程中对客户端环境进行检测的时候，对于需要修复的内容，单击"一键修复"按钮，修复完成后单击"下一步"按钮，如图 7-8 所示。

第四步：在客户端安装时可以修改安装路径，单击"立即安装"按钮，如图 7-9 所示，直至浪潮 GS 客户端安装完毕。

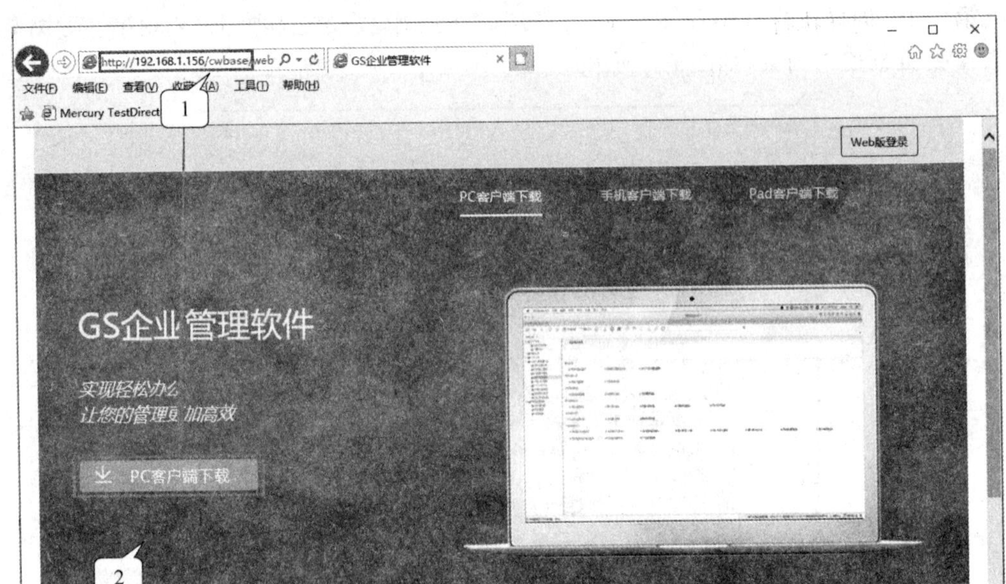

图 7-6

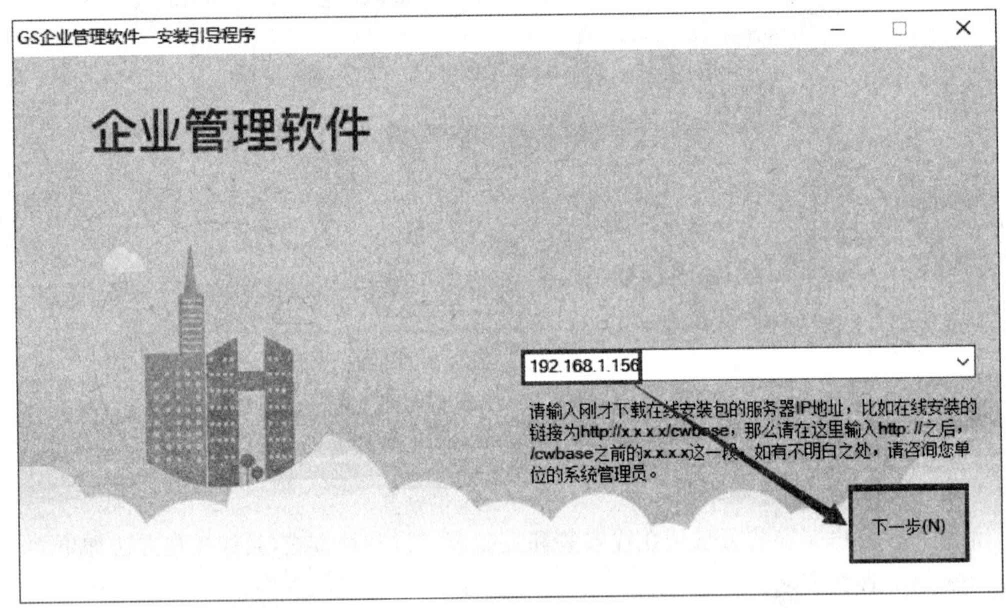

图 7-7

方法二：复制客户端。

可从其他已正确安装浪潮 GS 客户端的设备上复制安装文件夹，然后直接使用。对于已经安装浪潮 GS 客户端的设备，可通过以下方式查找安装文件夹。

第一步：找到浪潮 GS 登录的快捷图标，右击，选择“打开文件位置”选项，如图 7-10 所示。

第二步：选择“打开文件位置”时，会自动打开浪潮 GS 客户端的根目录，对应该目录将

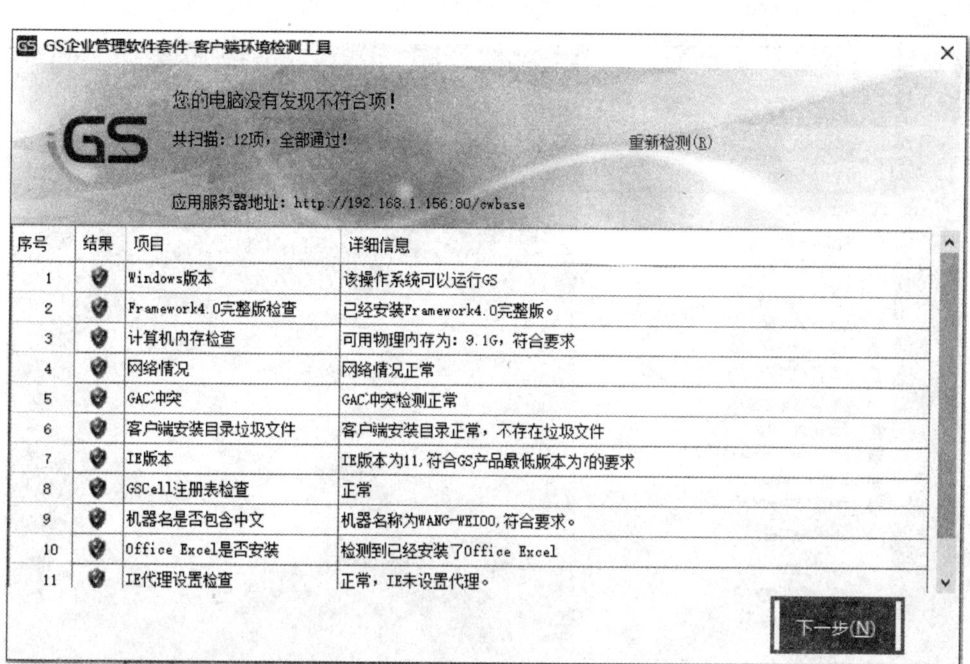

图　7-8

图　7-9

Inspur 文件夹复制出来，如图 7-11 所示。

第三步：将 Inspur 文件夹复制到新的设备上以后，找到 GSFramework. exe 文件，即图 7-11 中的 GSFramework.exe，打开后配置服务器 IP 则可直接登录客户端。

第四步：可将 GSFramework. exe 登录文件设置成桌面快捷方式，便于登录。在复制的 Inspur 文件夹中，找到 GSFramework. exe 文件，右击，选择“发送到”选项，再选择“桌面快捷方式”选项，则可在桌面形成一个快捷图标 GS，如图 7-12 所示。

计算机
Inspur Erp
打开(O)
SkyDrive Pro(S)
360云盘
兼容性疑难解答(Y)
打开文件位置(I)
通过QQ发送到
强力卸载此软件
以管理员身份运行(A)
使用 360解除占用
使用 360强力删除
使用 360进行木马云查杀
使用 360管理右键菜单
使用 360杀毒 扫描
添加到压缩文件(A)...
添加到 "GSFramework.rar"(T)
压缩并 E-mail...
压缩到 "GSFramework.rar" 并 E-mail
上传到百度网盘
锁定到任务栏(K)
附到「开始」菜单(U)
还原以前的版本(V)
发送到(N)
剪切(T)
复制(C)

图 7-10

« Roaming ▸ Inspur ▸ INSPUR_ERP_PROD ▸
搜索 INSPUR_ERP_PROD
组织 ▾ 打开 共享 ▾ 新建文件夹
收藏夹
桌面
库
视频
图片
文档
音乐
vivi
.android
.VirtualBox
Intel
temp
VirtualBox VMs
保存的游戏
联系人
链接
收藏夹
手机音乐
搜索
名称 修改日期 类型 大小
GSCellPro.ocx 2017/2/15 8:34 ActiveX 控件 1,424 KB
GSClientSet.dll 2017/2/13 16:11 应用程序扩展 402 KB
GSFramework.exe 2017/2/13 16:10 应用程序 2,933 KB
GSFramework.exe.config 2017/2/13 16:10 CONFIG 文件 1 KB
GSPChecker.exe 2017/2/13 16:10 应用程序 297 KB
GSPFastDownloader.exe 2017/2/13 16:10 应用程序 128 KB
GSPFlashWindow.exe 2017/2/13 16:10 应用程序 58 KB
GSPFormPreviewer.exe 2017/2/13 16:10 应用程序 659 KB
gspformpreviewer.exe.config 2017/2/13 16:10 CONFIG 文件 2 KB
GSPFramework.exe 2017/2/13 16:10 应用程序 21 KB
GSPMain.exe 2017/2/13 16:10 应用程序 1,221 KB
GSPRepair.exe 2017/2/13 16:10 应用程序 653 KB
GSPStartup.exe 2017/2/13 16:10 应用程序 163 KB
GSPUpdaterActiveX.dll 2017/2/13 16:10 应用程序扩展 11 KB
GSTYXZLBCTl.ocx 2017/2/21 16:28 ActiveX 控件 1,897 KB
hbbb.fmt 2017/2/13 17:19 FMT 文件 36 KB
hbbb.ini 2017/2/13 17:19 配置设置 1 KB
ICanSeeYou.dll 2017/2/13 16:10 应用程序扩展 23 KB
ICSharpCode.SharpZipLib.dll 2017/2/13 16:10 应用程序扩展 140 KB
ICSharpCode.SharpZipLib.v0.86.dll 2017/2/13 16:10 应用程序扩展 196 KB
GSFramework.exe 修改日期: 2017/2/13 16:10 创建日期: 2017/2/13 16:10
应用程序 大小: 2.86 MB

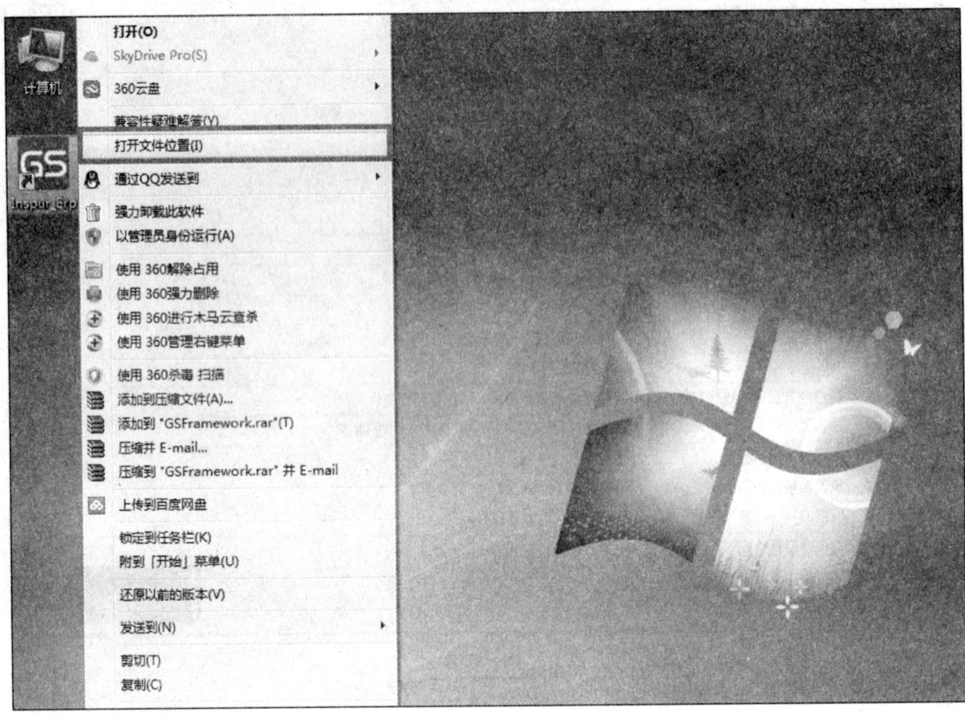

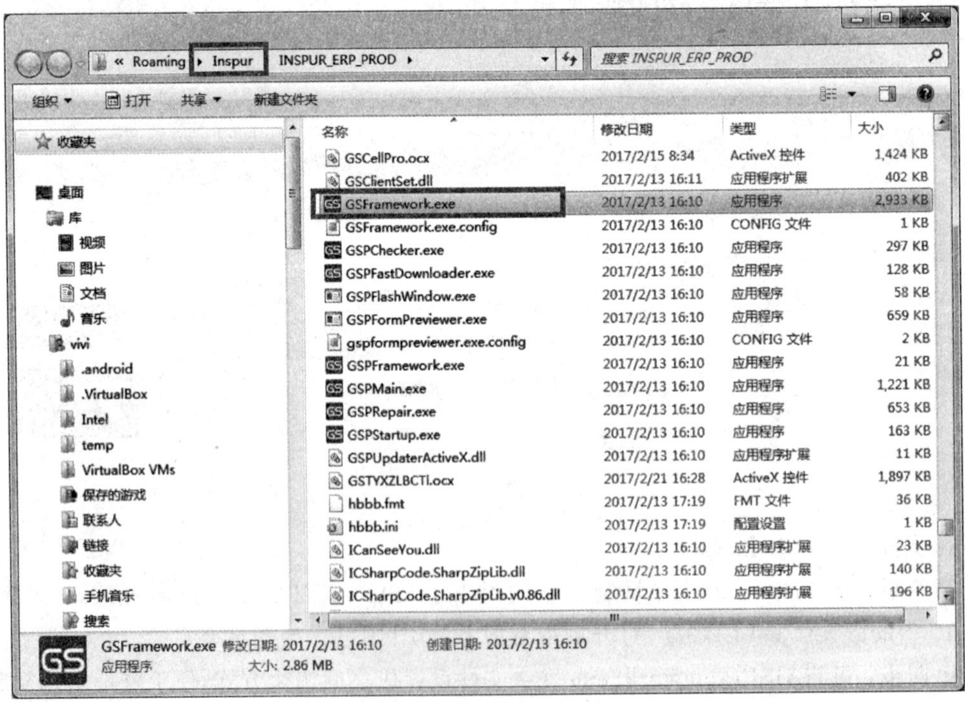

图 7-11

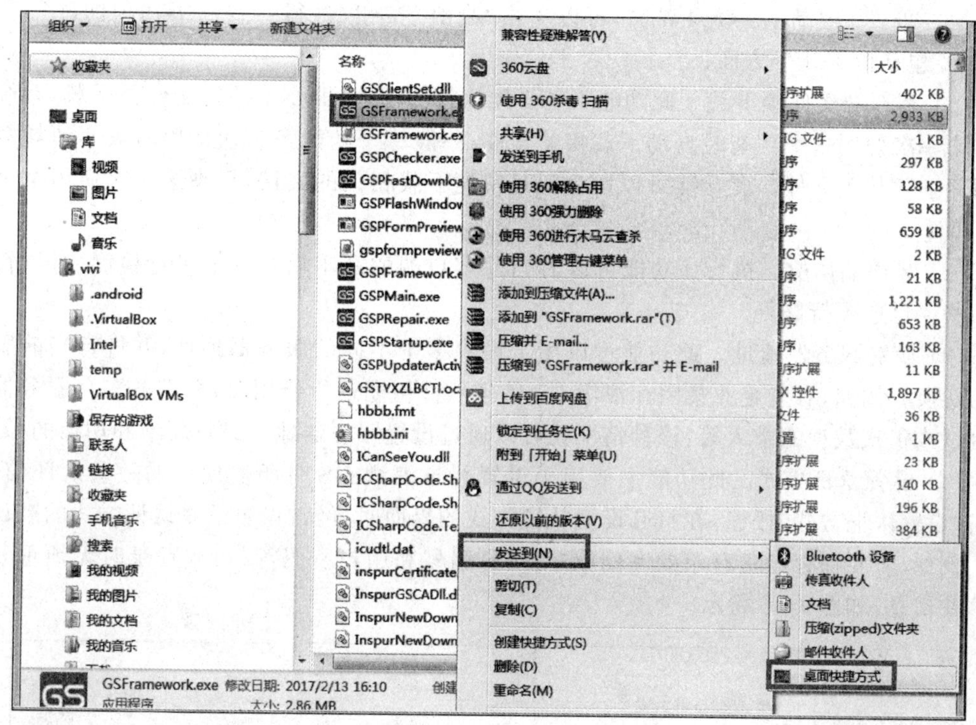

图　7-12

（三）浪潮 GS 客户端的登录

浪潮 GS 客户端安装完毕后，即可进行登录，操作步骤如下。

第一步：浪潮 GS 客户端在线安装完成后，在计算机桌面会保存一个标注 GS 的快捷图标 GS，双击打开，显示如图 7-13 所示。随后，选择需要登录的应用实例和登录日期，输入用户名和密码，单击“确定”按钮即可登录。

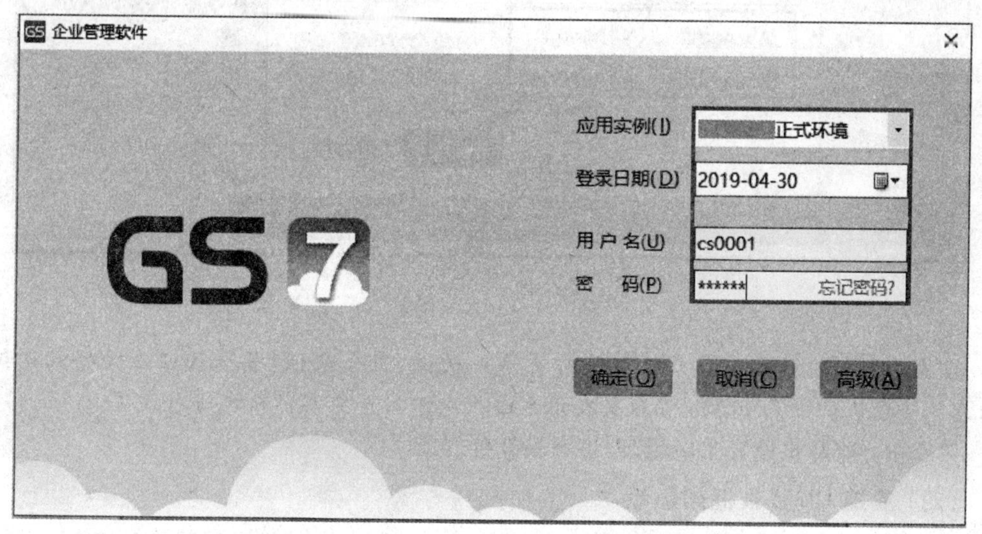

图　7-13

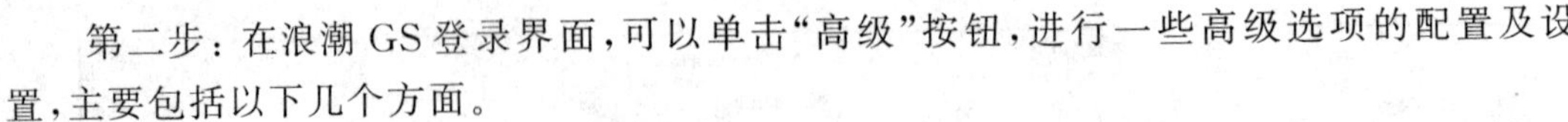

第二步：在浪潮 GS 登录界面，可以单击“高级”按钮，进行一些高级选项的配置及设置，主要包括以下几个方面。

（1）客户端文件预下载。此功能不是必须执行的功能，即便不进行文件预下载，系统也会在第一次使用这个功能时自动下载相关文件，一般一个功能第一次使用时需要消耗数秒的时间下载相关文件。此功能可以在空闲时预先下载相关的文件，提高第一次使用某个功能的效率。

（2）客户端体检。执行该功能可以对当前客户端的基本运行环境进行检测，对不符合的一些项目还支持修复。

（3）设置服务器地址。此功能可以用于设置多个不同的服务器地址，并进行当前服务器的切换。例如，有些企业集团在浪潮 GS 管理软件初期运行使用时，会准备多台服务器用于测试或正式数据的录入等，该种情况就可以通过设置服务器地址进行新增和切换的操作。

（4）设置认证方式。此功能主要用于设置登录浪潮 GS 时所需使用的一些认证信息，单击“设置认证方式”按钮，在打开设置认证方式的界面时，经常设置的是认证方式的默认信息。例如，需要保存经常登录的实例编号、用户编号和用户密码等，再次登录时无须重复输入这些信息，如图 7-14 所示。

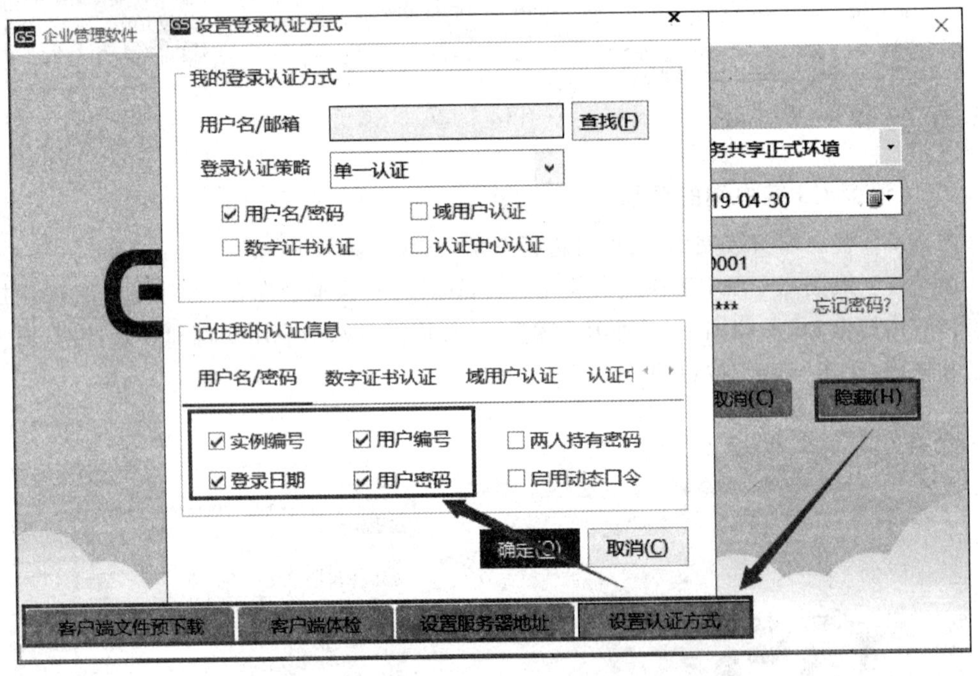

图 7-14

注意：在浪潮 GS 中，登录认证策略有单一认证、组合认证、多选认证三种登录认证方式，具体登录认证方式由系统管理员在用户维护中根据企业实际情况进行设置。

第三步：前两步设置完毕后，即可登录软件。

（四）浪潮 GS 登录框架熟悉

登录软件后，主要分为上、下、左、中、右五大区域，每个区域代表不同的含义。

上方区域代表工具栏信息，经常使用的功能如下。

1. 个人信息设置

单击个人信息图标，设置“个人信息”。在打开“个人信息设置”的界面，在“全局权限”和“我的权限”选项下，能够查看对应的功能权限、数据权限等权限信息；切换到“安全设置”选项下，可以进行修改密码的操作；切换到“常规设置”选项下，可以对“登录”“主框架”等内容进行设置。例如，登录后自动显示新功能提醒、3 分钟内不操作计算机将自动锁屏等。“个人信息设置”界面如图 7-15 所示。

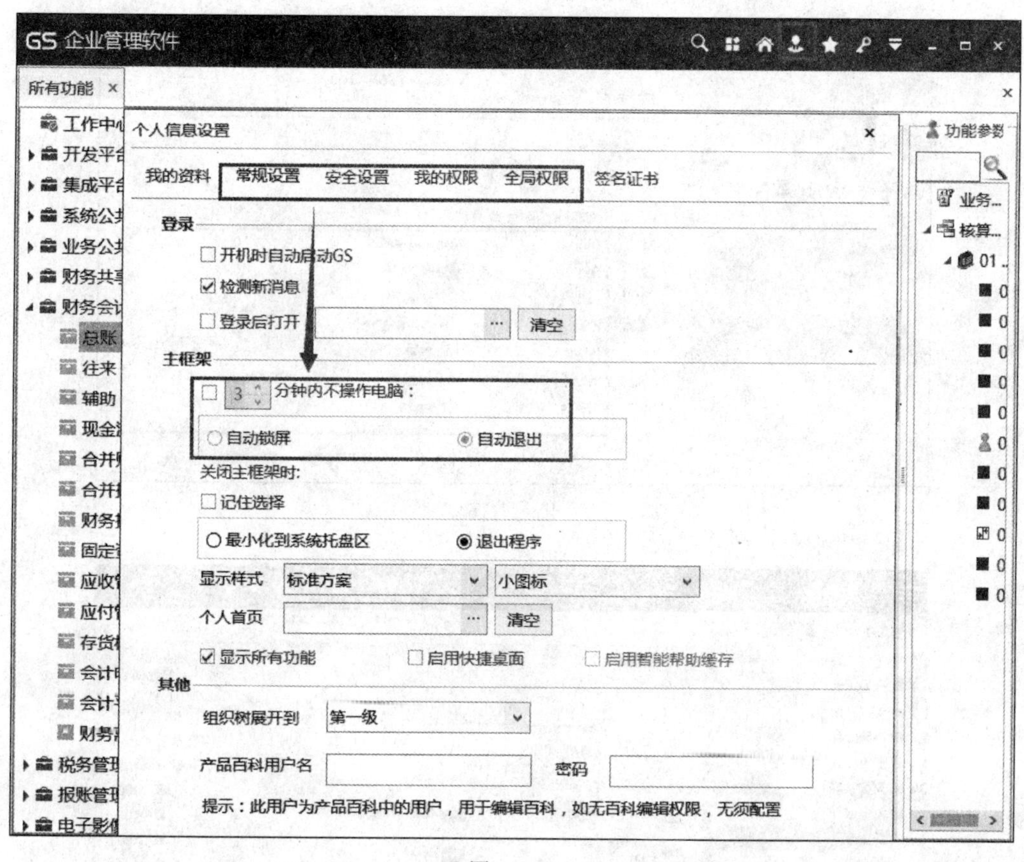

图　7-15

2. 产品百科

对于不熟悉或想要了解的功能，可以通过查看产品百科了解。单击产品百科图标，即可查看相关内容的简要说明。

3. 关于浪潮 GS

单击关于图标，可以查看浪潮 GS 的版本号，以及各个模块的版本号，如图 7-16 所示。

左、中、右和下方区域分别代表功能模块列表区域、功能菜单列表区域、全局权限（如核算组织显示）列表区域、登录状态信息区域，如图 7-17 所示。

GS 企业管理软件
所有功能
工作中心
开发平台
集成平台
系统公共
业务公共
最近访问功能
产品百科
云服务桌面
用户反馈
关于
版本信息
系统名称： GS企业管理软件
系统版本： 7.0
授权组织：
客户序列号： maa99300be24b4203f187944ab2586ff4-003
授权期限： 截止日期：20190722 剩余天数：52
GS 7
企业管理软件
模块版本
文件版本
关键应用
模块编号
模块名称
版本
关键应用: GSP平台
1 DEF 业务定制平台 7.0.4
2 DEV 专业开发平台 7.0.4
3 ESB 数据交换平台 7.0.4
4 IDM 统一身份管理 7.0.2
5 IMAF 移动框架 6.5
6 IMWF 移动审批 6.5
7 WBPA 流程统计分析 7.0
补丁信息(P)
系统信息(I)
退出(X)

图 7-16

GS 企业管理软件
所有功能
工作中心
开发平台
集成平台
系统公共
业务公共
财务共享
财务会计
总账
往来
辅助
现金流量
合并账簿
合并报表
财务报表
固定资产
应收管理
应付管理
存货核算
会计电子档案
会计平台
财务离线应用
税务管理
报账管理
电子影像
功能模块
列表区域
最近访问功能
功能菜单
列表区域
打印
引入
转出
凭证汇总表
凭证号整理
账表
科目余额表
科目日均余额表
总账
三栏式明细账
多栏式明细账
序时账
原始凭证汇总
原始凭证台账
账务状态查询表
科目（辅助）余额查询
登录状态
信息区域
全局权限
列表区域
01 铸远...
有限公司 业务日期：2019-04-05 用户:系统管理员 登录日期2019-04-05 服务器:192.168.1.156 实例:测试3 我的消息

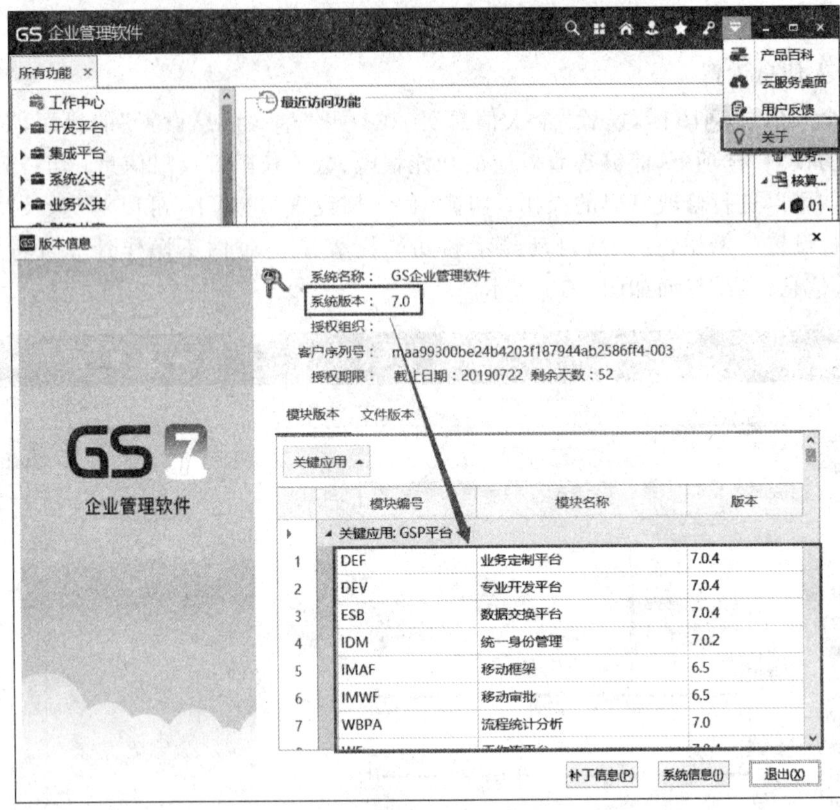

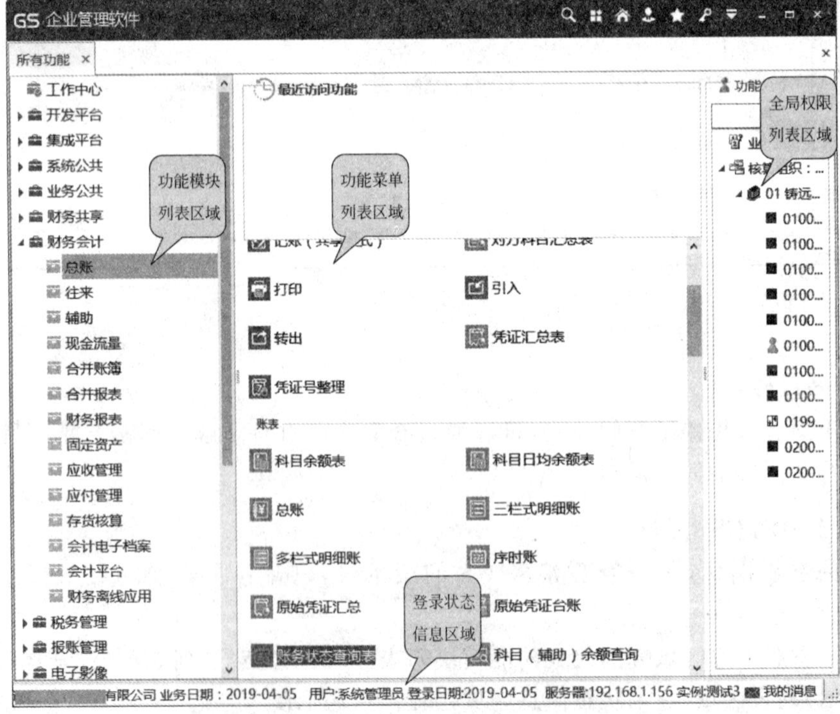

图 7-17

三、教学计划

本实训课程可作为必修课程，也可作为选修课程，建议安排在大三上学期或研一上学期。

本实训课程可参考表7-2来设计教学计划，建议安排为一学期60个课时、3学分。教师可以根据学校专业培养方案和学员具体情形，来调整教学计划和课时安排。

表　7-2

类　　别	授课形式	建议课时
管理会计实训课程导入课	教师讲解	1
集团财务管控实训	学员实验	8
全面预算实训		16
成本管理实训		16
资金管理实训		16
实训考核	课堂实践作业＋笔试	3
合计		60

第三节　实训模拟企业背景介绍

一、实训模拟企业概况

铸远集团作为全球智慧计算的领先者，为云计算、大数据、人工智能提供领先的智慧计算。随着云计算、大数据以及人工智能等新一代信息技术的发展和普及，人类社会从信息化向智能化升级，社会计算的形态发生了深刻变革，中国及全球服务器、计算机市场需求快速增长。

2017年年初，铸远集团提出以智慧计算为核心的长期整体发展战略，紧紧抓住第三代信息技术应用普及带来的新的全球数字化、智能化发展机遇，实现从本土企业向全球化企业的升级。根据第三方机构数据显示，2017年铸远系列计算机、服务器出货量位居中国第一。铸远集团员工总数近3万人，2017年实现销售收入近700亿元人民币。

基于智慧计算战略，铸远集团不断提升供应链整合能力，具备了大规模高速部署交付能力，包括建有业界领先的智能高端计算机、服务器工厂，通过数字化、智能化的手段，实现高效的定制化生产，解决了信息化高端装备的大规模定制生产难题，实现了公司与客户之间协同创新、量身定制、商业共赢的全面融合。

铸远股份有限公司（以下简称铸远股份）作为铸远集团下属最大子公司，成立于1998年。铸远股份是国内领先的计算机、服务器生产厂商。铸远股份下辖铸远电子信息产业有限公司（以下简称铸远电子）和铸远数控电子有限公司（以下简称铸远数控）两家子公司。铸远电子主要从事台式机、笔记本等产品的开发、生产与销售，推出EAK1、EAK2、EAK3、TAK1、TAK2、TAK3等一系列经典中国品牌计算机，产品出口20多个国家与地区。2017年销售收入近196亿元人民币。铸远数控主要从事服务器、数据储存设备、网络设备等产品开发、生产与销售。伴随硬件市场的发展，公司竞争日益加剧，迫使企业必须强化管理，提高效益，以加强企业竞争力。

二、实训模拟企业管理现状及需求

铸远系列台式机、笔记本、服务器等产品作为国内自主品牌，与国外品牌相比，存在技术能力相对较弱、研发投入高、生产成本高等问题。提升自主品牌的计算机的盈利能力，是铸远集团面临的巨大挑战。面对这些挑战，铸远集团需要面向内部细化管理，向管理要效益。

铸远集团计划从以下方面进行改革。

首先，集团应建立专业化的组织体系，生产厂、销售公司等各司其职，突出各专业领域的服务价值，实现精细化管理。

其次，集团应选择相应的信息化手段解决各个不同领域的专业化问题，通过信息化手段将整体的战略思想、管理经营模式固定下来，以此作为解决业务管理难点和痛点的有效把手。

当前，铸远集团的信息化管理痛点和需求具体表现在以下几个方面。

（一）难以管控子公司

铸远集团总部的管理模式无法有效地应用到各子公司。各子公司往往根据自身的管理经验与风格进行企业经营，执行集团决策时往往“先斩后奏”，且不愿执行总部下达的政策。各子公司管理层也不希望将子公司真实、明细的经营数据上报总部。而集团又缺乏有效的管控手段。铸远集团系统通过全面预算管理、集中财务核算、集中资金管理等集团化管理手段，辅助企业集团掌握各子公司的信息、把握各子公司的战略走向，加强子公司的协同，实现集团从上到下的全面透明管理。

（二）信息孤立影响决策

企业在实施信息化前，各部门相互独立，信息不畅通，资源无法共享，财务信息传递只能通过报表层层汇总的模式进行收集，经常出现数字不符、报表不详的情况，难以满足统计数据及时性、准确性和相关性的要求。企业领导层很难及时准确地把握来自市场方面的信息，无法快速对市场做出正确的决策和预测，市场反馈信息系统严重滞后于企业管理的需要。

（三）内外部协同效率需要提升

集团企业内存在上下游关系，需要通过提升集团内部的效率来满足市场和业务需要。集团供应链内外部的协同及效率提升对企业尤为重要。利用先进的信息技术，已经成为集团内外部协同效率提升的必由之路。

（四）生产成本核算困难

成本管理永远是企业管理的主题。特别是在面对多变的市场环境时，如何及时满足用户的多品种需求，进行科学合理的成本预测、成本分析及成本控制，及时、准确地为企业管理者提供经营决策信息，显得至关重要。而传统的成本核算方法及核算工具只是粗放地进行成本核算及成本管理，很难满足管理的需要。因此，只有利用先进的计算机技术，开发应用适合企业自身特点的成本核算管理软件，细化成本项目，才是加强成本核算和成本控制的有效途径。

（五）追溯体系质量保障

促使各企业建立产品质量及追溯体系，通过信息化手段实现产品追溯管理成为大势所趋，产品追溯体系成为质量管理的重要抓手。

（六）应收账款居高不下

目前，手动管理很难适应企业销售规模增大、销售业务复杂的形势，普遍存在着应收账款管理不细、账龄分析和催款通知不及时、不到位的问题。如何利用有效的工具，加速销售资金的回笼，降低经营风险，减少坏账损失，也成为企业面临的难题。

（七）客户信用管控困难

对于机械制造企业来说，客户多而分散，客户的层次各不相同。如何根据客户的层次、交易量、信用程度、业务员等对客户进行有效控制，对应收款做到事前控制，降低企业资金风险，也成为企业面临的重要问题。

三、实训模拟企业管理要求

铸远集团在 2018 年《企业发展规划》中提出了全新的战略目标，集团需要全面实施精细化管理。为了促进战略落地，提升管理，铸远集团选择与浪潮集团合作，导入全新信息化管理工具，实现集团一体化管控，帮助企业解决多业务体系下集团管控层面临资源整合和业务管控的巨大挑战。

铸远集团规划部署三大管控中心（集团财务管控、全面预算管控、成本管控）、一体化业务（业财一体化）平台，建立满足集团业务发展所需要的管理体系，以固化业务流程，创新管理模式，整合资源，实现标准化、规范化管理。

铸远集团对本次信息化项目实施提出的要求具体如下。

（一）支持多公司、多组织业务处理

本次信息化项目实施不是一个面向单体企业应用的系统，而是一个面向铸远集团整体管理信息化诉求的系统。系统应以铸远股份为主体，兼顾其他各产业单位，为集团各层面的经营管理提供信息化支撑平台。

该信息化平台应能够处理多公司、多组织业务，实现业务控制和企业之间业务协同的集中式管理体系。

（二）统一的数据标准化管理

标准化的基础数据可保证财务信息在各业务环节的传递过程中被恰当理解，同时也会大大加快业务过程的执行速度，为集团企业决策支持分析提供标准化可量化的数据、指标。

实施信息化的企业，由于管理更加细化，覆盖面更广，导致信息量倍增，实际上对基础数据的要求更高了。“三分技术、七分管理、十二分数据”，企业信息化实质是企业对信息资源在深度和广度上的开发利用。系统应提供会计核算到预算管理、成本管理等所有标准数据管理，标准数据由集团统一设置。标准数据通常分为两种：集团级标准化数据由集团根据管控要求来制定，各子公司必须遵照执行且没有权力修改；企业级标准化数据是各子公司在集团基础数据的基础上定制个性化的内容，只能在本公司范围内使用，如明细科目、部门、人员等。

（三）全集团“一套账”

系统应实现由传统的“多个会计主体、多个账套”到“一套账”管理的重大转变，能够实时、准确地满足企业内多会计主体的核算需求，而且要实现整个集团数据的整合和管理的集中。

通过“一套账”的集中管理模式，实现集团各级层面上数据的自动汇总，数据不经过任何中间层的处理，保证了数据的准确性和及时性。

（四）多级组织柔性设计

铸远集团组织架构模型可按照当前或规划的组织结构及管理层次在系统中搭建。这种组织结构模型体现了集团本身具备的层级特征。处于金字塔顶级的公司，往下俯瞰时信息一览无余，即铸远集团对下属子公司信息完全是透明的。处于平级的子公司，其信息是互相屏蔽的。

（五）集权与分权的管理体系

系统应支持分级管控，集团层面可定义控制的单位范围、业务范围、数据范围等。通过对制度、数据、指标的控制定义，满足企业集团管控的集权与分权管理模式的设计。系统应为铸远集团提供“收放有序，控而不乱”的权变支持体系，有效支持铸远集团对不同下属机构分别采取不同的管理模式。

系统应支持组织的合并、拆分以及层级变化等需要，支持集团持续不断地进行组织结构优化与资源整合。

（六）内部交易自动处理实现集团报表快速、准确合并

依靠手动处理集团各下级公司之间的内部交易事项，手动编制、合并报表，往往会耗费大量的人力和物力。对此，系统应提供通过核算系统自动识别处理内部交易的功能，实现报表合并过程的智能化（从交易识别—确认—抵消分录自动形成—合并底稿过程的自动形成），从原有的报表合并方式升级为并账方式，实现集团管理层实时了解、掌握企业真实的收入、存货、投资等情况，有效支持企业的经营决策。

（七）搭建集团信息汇总合并平台，实现垂直监控

系统应提供基于组织结构树的自上而下的数据汇总和对比分析功能，依托报表平台实现各类信息的跨单位、跨账套、跨会计期间的穿透查询和远程监控，提高集团公司信息综合分析能力和管理能力。

（八）搭建集中预算管理平台，加强预算控制

系统应支持集团财务预算、资金预算、业务预算管理需要。全面预算系统中可对预算项目、审批流程等进行自定义。当业务人员进行相关业务处理时，系统自动依据预算进行控制，并自动归集到相应预算项目的实际执行数上。根据预算执行情况，可提供全面的分析查询功能，可对资金申请情况、审批结果及预算实际执行情况进行对比分析。

全面预算系统是铸远集团发展战略落地的重要途径，铸远集团可在全面预算系统中设定集团中长期发展战略，并分解到年度预算。通过全面预算系统和集团财务、网上报销、采购管理等系统的集成应用，集团可以推动预算落地，严格控制预算执行，同时又可以自动采集集团各级人、财、物，产、供、销等各领域的预算执行情况，实时分析预算进度，自动警示预算风险，切实推动集团的战略落地。

（九）突破传统会计核算方式，实现精细化成本管理

系统上线前，成本核算以手动计算为主，采用传统的品种法，通过车间填写报表手动上报实际数据，财务部门手动归集材料和费用。受数据采集和计算工具制约，这样一来，计算工作量大，数据不精确，结果不易保存，查询极其不便，更无法通过数据来分析生产管理过程中存在的缺陷。

为解决上述问题，系统应实现事先自动归集、自动计算的批成本管理，要细化产品成本，自动从财务、业务系统中归集相关数据，快速、准确地进行成本计算。在该系统下，业务、成本、财务之间的业务记录和会计凭证自动生成，并销售成本单价自动更新，成本明细数据查询快捷、方便，为提高企业管理水平提供直接依据。

（十）支持领导科学决策

系统应以预置的主题分析体系为基础，结合铸远集团的个性化决策分析需求，为铸远集团快速搭建商业智能和决策分析体系。

通过决策支持系统建设，利用先进的信息技术成功地收集、分析、理解信息、整合数据资源，对数据进行清洗、加载、转换，挖掘、展示有价值的数据，并逐步形成更为科学的 KPI 与分析模型，以帮助实现企业经营风险预警、业务运行监控、重点问题分析、运营状况报告，通过业绩发展预测功能辅助领导决策，找到最有利的解决方案。

第四节　浪潮 GS 介绍

一、“互联、共享、智能”云化升级，加速企业数字化转型

当前，企业在业务增长和改进上普遍遇到了瓶颈，面临着多重压力与挑战：宏观经济下滑、成本上升、创新不足、跨界竞争、用户需求个性化等。挑战与机遇并存，这些压力也成为企业转型的驱动力，数字化转型已经成为所有组织应对挑战的主要战略。IDC 统计结果表明，全球 1 000 强企业中的 67%、中国 1 000 强企业中的 50%都把数字化转型作为企业的战略核心。

数字化转型的核心是利用大数据、云计算、移动、物联网、人工智能等最新 IT 技术推动企业转型、创新与增长，而当前这一轮的数字化转型更加注重运营流程、客户体验和商业模式的重塑。

借助云平台创新业务模式、商业模式，支持企业的数字化与跨界发展，已成为企业转型升级的焦点，“上云”已成为企业数字化转型的新动能。在云计算时代里，企业需要利用互联网思维改造企业的流程、管理模式、企业文化，实现决策和管理思维及企业运营模式的互联网化，从而提升企业运营效率和绩效。企业信息化将从以 ERP 为核心的企业级应用，升级到以产业链协作为核心的企业互联网新阶段。

采用移动互联网、物联网等手段建立企业内部及内外部之间的人、财、物、客户、系统等连接与集成，为云时代新兴商业模式提供了无限可能。企业内部的管理层、控制层、执行层的纵向集成，实现企业一体化运作；产业链的横向集成，可以广泛连接各种伙伴，优化业务模式，提高协作水平。传统的生产、设计、采购、服务、营销模式在互联网的影响下，正在发生

创新、优化、更替。

在云时代，技术能力改变了消费者的期望，以企业为中心的经济逐步演变为当前以个人为中心的经济。个性化小批量定制、快速交付是这一时期的主要特征，只有“小而美、柔可变”的组织才能成就“唯快不破”的战略。而互联网推动了组织扁平化、企业平台化的趋势。组织扁平化需要管理会计作为精细化工具进行管理支撑。企业对责任组织进行细化，形成支撑互联网化的组织绩效，激发运营活力，管理会计是企业集中管控与激发活力的平衡工具。企业平台化将企业总部转型为管控服务型的强大总部，成为创新创业的平台。以财务共享、人力共享、法律共享、制造资源共享为代表的大共享服务模式则成为强化平台化的工具。

智能意味着更敏锐的认知能力、更优化的资源配置、更强大的面向个性化市场的能力。智能可分为智能决策和智能制造两个层面：一是在分析、洞察层面的智能化，它赋予企业更明亮的双眼、更聪明的大脑，可以利用对企业组织数据、外部大数据的认知，使企业更好地洞察运营状态、环境和风险；二是在企业生产、运行层面的智能化，体现在提升生产运营的自主反应能力、动态组织能力和自我优化能力，实质是大数据驱动的智能制造。

二、基于浪潮 GS 的企业信息化总体框架

浪潮 GS 面向大中型集团企业，以“集中、协同、精细、智能”为产品理念进行设计，采用 SOA 架构和先进开放的 GSP 应用中间件开发，形成了集团管控 13 大领域、15 大行业、60 余个细分行业的解决方案。在管理方面，浪潮 GS 有效帮助企业实现财务集中管理、资金集中管理、资产集中管理、供应链集中管理，从而达到集团信息的集中监控及企业集团成员之间资源共享、合作共赢、共同发展。在业务方面，浪潮 GS 支持供应链协同、生产管理协同，打破企业资源（人、财、物、信息、流程等）之间的各种壁垒和边界，帮助企业实现内外供应链的全面管理，从而提高整个产业链对客户的反应速度，提升客户满意度。

浪潮 GS 凝聚了浪潮 20 多年的管理软件研发和信息化建设经验，借鉴了世界领先集团企业的管理思想和管理模式，汇集了 30 余万家不同规模、不同行业的企业信息化应用场景，包含财务会计、财务控制、资金管理、全面预算、供应链管理、生产制造管理、战略成本管理等关键应用，真正形成了面向多组织的完整应用，全面支撑“财务管控与业务管控并重”的集团管控新趋势，辅助集团企业迎接多元化、全球化发展的挑战。

浪潮从 IaaS、SaaS、PaaS 三层级的云架构体系上，提供从底层服务器硬件架构，到云应用、云平台、海量存储、大数据等技术服务，到能够灵活支撑企业业务创新的开发、集成管理为一体的 GSP＋平台，以及适应多组织、多层次、多要素管控需求的全线企业云应用平台。面向军工、建筑、制造、储备、采掘、船舶、交通、政府等 30 多个行业领域提供整合解决方案。

浪潮 GS7 为集团企业提供面向多层次、全价值链的解决方案。通过功能模块的有机集成，为企业决策层、管理层、业务运营层提供先进的管理工具及平台。GS7 融合云计算、大数据、物联网、移动互联网，支撑企业改革创新和转型升级，为企业在“互联网＋”时代的发展提供有力支撑。浪潮 GS7 功能见图 7-18。

浪潮 GS 涵盖了集团战略层、集团管控层、企业运营层三个层面的企业管理的主要需求。战略层以企业战略制定为主，包括战略目标、决策支持、绩效评价、风险与内控、全面预算等，帮助企业管控风险以及企业达成战略目标，实现企业的持续超越。集团管控层以管理与控制为主，包括财务管理、资金管理、资产管理、人力资源管理等。企业运营层实现从原材

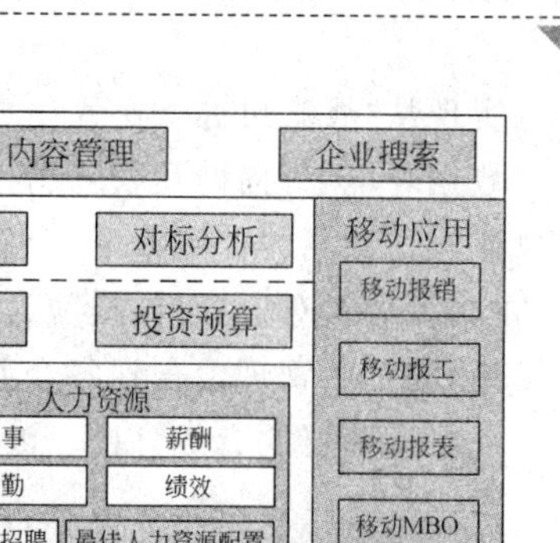
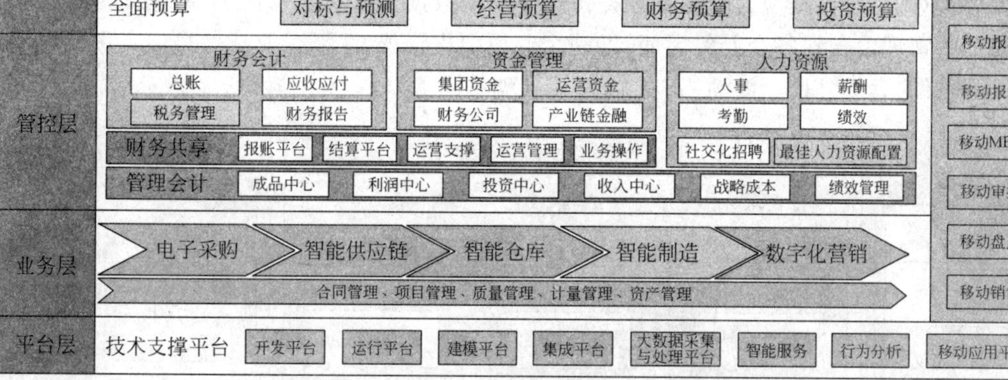

图　7-18

料采购、生产加工到最终销售的整个价值链的管理，包括电子采购、采购管理、仓储管理、生产制造、销售与分销管理、电子销售等，帮助企业快速响应客户需求，提升企业经营效益。通过对这些功能模块的有机集成，以企业信息门户的方式为战略层、管控层及业务层的人员提供了先进的管理工具与平台。

浪潮 GS 教学版 V 7.0 依托浪潮集团的真实企业客户案例进行应用研发，以管理会计四大核心模块（规划、评价、控制、决策）为中心，通过数百种真实管理场景的模拟，让用户全方位体验集团企业财务管理的重点工作。

浪潮 GS 教学版是浪潮铸远公司深化践行云战略、积极推动企业云落地的重大成果。在管理思想内涵、应用模式以及应用特性等方面都进行了突破性的创新。

浪潮 GS 教学版采用 SOA 架构和先进开放的 GSP 应用中间件开发，可以实现财务集中管理、资金集中管理、资产集中管理等，从而达到集团信息的集中监控及企业集团成员之间资源共享、合作共赢、共同发展。在业务方面，浪潮 GS 支持供应链协同、生产管理协同，打破企业资源（人、财、物、信息、流程等）之间的各种壁垒和边界，帮助企业实现内外供应链的全面管理，从而提高整个产业链对客户的反应速度，使高校教学过程更加贴近先进的企业管理实务。

浪潮 GS 教学版凝聚了浪潮 20 多年服务企业信息化建设的经验，将管理成果转化为高校教学应用，与学校协同育人，培养适应大数据、云计算、人工智能环境的财务信息化人才。浪潮 GS 包含财务会计、资金管理、全面预算、税务管理、战略成本管理等关键应用，真正形成了面向多组织的完整应用，全面支撑“财务管控与业务管控并重”的集团管控新趋势，辅助集团企业迎接多元化、全球化发展的挑战。

三、浪潮 GS 模块简介

（一）全面预算

浪潮 GS 全面预算管理以集团战略目标为指导，搭建覆盖全业务的多维预算管理体系，实现从“战略目标→业务预算→过程管控→结果反馈→决策分析”的一体化管控流程。在大数据环境下，借助互联应用，将企业大数据进行抽取分析，形成企业要素定额、对标数据等企业经营预测的关键数据，全面提高预算编制的科学性和准确性。同时，对预算分析来源重新构建，加入对标分析内容，为管理决策提供更丰富的数据支撑。通过浪潮 GS 全面预算的应用，使集团管理覆盖到各个业务层面，推动企业精细化管理，保证企业战略目标真正落地，实现对运营层的有效管控。浪潮 GS 全面预算管理见图 7-19。

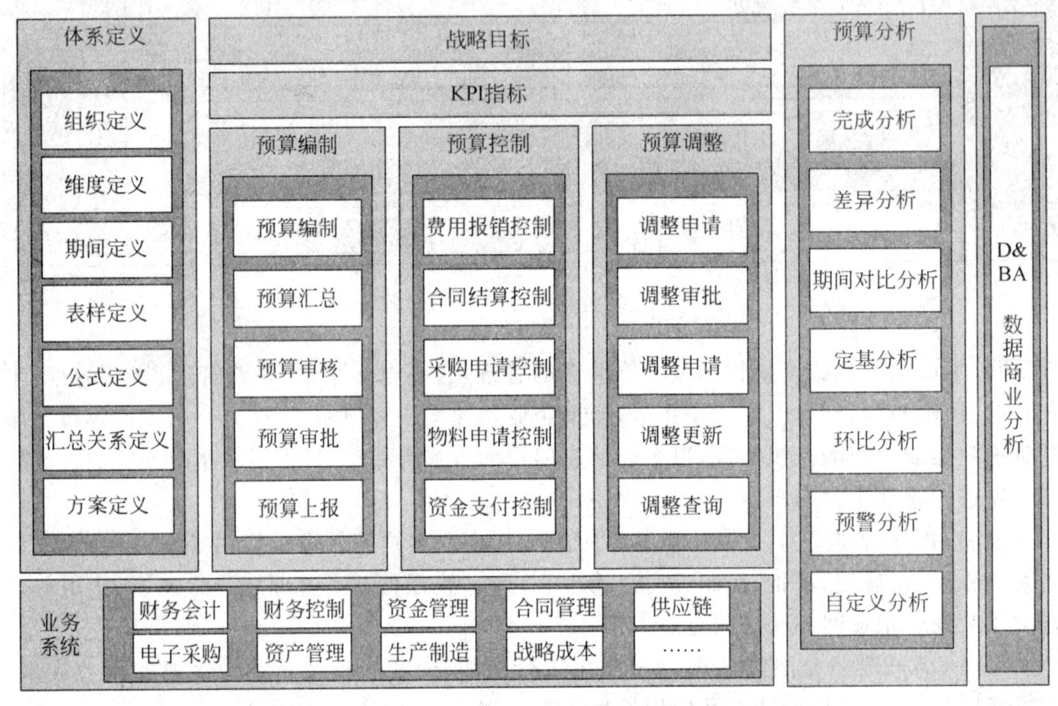

图 7-19

1. 体系定义

预算体系是基于企业现有预算管理体系，结合前期预算咨询规划阶段提出的一套预算管理体系，对其进行维度抽取、模型搭建、数据关系建立、预算报表样式建立、计算关系及汇总关系建立等信息化工作。

2. 战略目标

战略目标是用来实现集团层面预算总指标的层层分解及下达功能的。集团通过设置一个总的预算指标，按照一定方式和比例分解到各个下级公司。而这个总指标可能是年度指标，也可能是中长期战略目标。因此，还需要将这个目标细化到各年度，形成年度目标，最后逐级下达到各基层组织。

3. 预算编制

在完成所有前期的配置后，可以开始进行预算编制，包括预算数的录入及各种计算，形成业务上需要的各类预算数据。同时该部分支持对单张预算表的各种辅助功能，同时支持批量操作。

4. 执行分析

在完成预算审批后，即进入执行控制环节。执行数除了可以通过控制预警中设置的从业务系统实时取数外，还可以支持手动录入和归集，以及对执行数的批量计算操作。对于已审批的预算数，可以通过相应的审批流程，进行预算调整。

5. 预算考核

预算考核是将指定考核期间内的预算数、本期实际、预算年度累计、实际年度累计等数据录入和调整，再根据在考核类别定义的考核计分规则对该期间的考核数据进行评分。通过评分可以直观地看到预算完成情况，从而对以后的工作规划及目标进行调整。

（二）资金管理

资金管理是企业财务管理的重要组成部分，也是企业管理的核心之一。作为大中型集团企业，随着企业规模的不断扩大，集团内资金处于分散状态，集团获取的现金流信息反馈滞后，既不利于企业资金的风险管控，也不利于进一步提高企业的整体资金利用效率。所以，如何使资金的循环周转顺畅、迅速、安全，如何提高资金的使用效率、降低整个集团的财务费用，是公司领导以及财务工作者极为关注的问题。而实施资金管理后，可实现结合集团的资金收支预算，与集团内其他业务协同，实现集团资源优化配置，提高资金使用效率，降低财务风险，节约交易成本，产生规模效益。

浪潮 GS 资金管理包括资金分析、资金计划、外汇管理、信贷管理、安全管理、资金结算、国际结算、票据管理、账户管理、内部网银、企业现金和银企(财企)直连等一整套资金管理业务板块，是集团企业实现资金集中管理、降低运营成本的利器。浪潮 GS 资金管理如图 7-20 所示。以下介绍其中的重点业务板块。

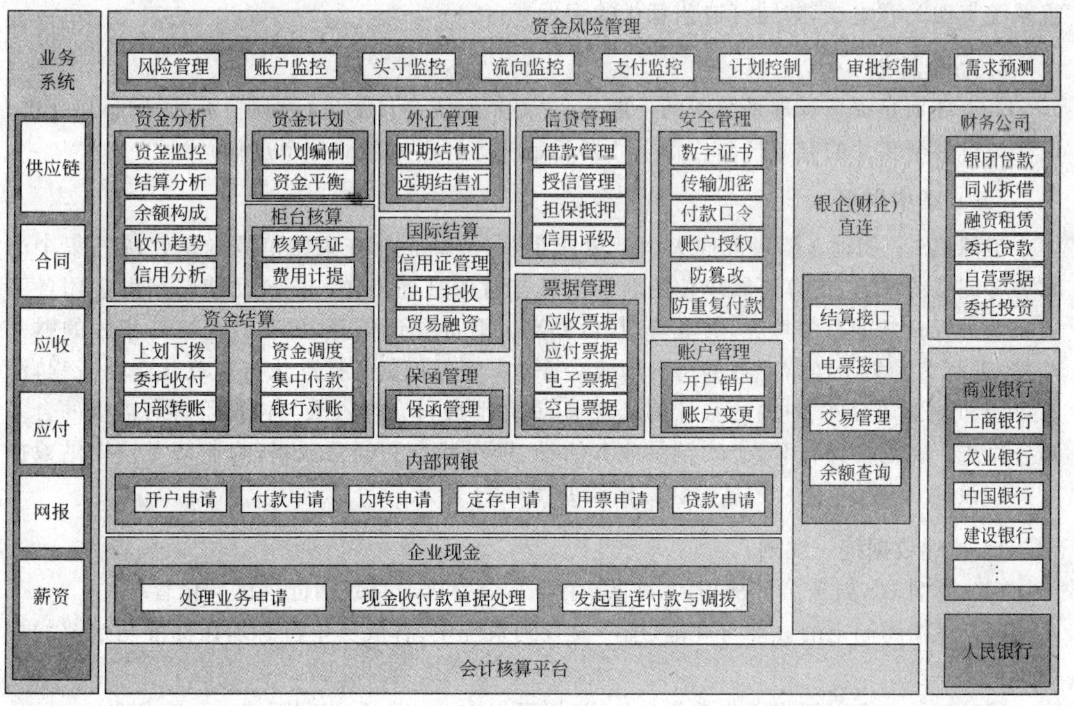

图 7-20

1. 账户管理

账户是企业资金运作的核心，企业资金的变动和流量分析、与外部银行的交互、对账等，无不是依靠账户来完成的。在企业的管理中，账户一般分为外部账户和内部账户。其中，外部账户是与往来单位进行结算使用的，而内部账户是企业为了进行内部资金调剂，更方便地掌握企业实际资金头寸所开设的企业内部虚拟账户。

2. 内部网银

内部网银模块分离了成员单位业务和资金中心（或财务公司）业务，成员单位直接通过内部网银平台提供的窗口来办理各项业务。

3. 资金结算

资金结算包括内部结算和外部结算，上划下拨，资金调度，企业结算、存款与协议管理及贷款、票据等其他业务入账，实现了“成员企业—资金中心—外部银行”的不落地结算体系。

4. 柜台管理

资金中心后端资金核算系统，主要进行资金账户的账务处理、结账管理、活期计息、结算费用分摊、银行对账等，并辅之以基本的结算凭证查询功能。

5. 票据管理

票据管理系统能够实现对集团公司下属单位的票据业务的全面管理，为集团公司提供业务管理与监控分析平台，为单位提供相应权限范围内的业务处理和数据查询分析；系统需要按照票据的具体业务流程和管理办法，实现对系统内票据交易业务（收票、背书、贴现、托收、开票、到期兑付等）的电算化处理，实现面向各个管理层面及应用层面的业务管理及统计分析，达到科学、准确的管理目的。同时与结算模块、审批流程、预算管理以及相关业务信息系统实现关联集成，共同打造信息化的管理平台。

6. 资金计划

资金计划是资金管理系统中的一部分，主要是对资金计划进行编制、审批、控制和分析，以实现对资金头寸的有效控制。资金计划要素贯穿计划编制的整个过程。

（三）集中财务

浪潮 GS 集团财务管理面向大中型集团企业，协助企业在集团范围内搭建统一集中的财务管理系统平台，支撑所属单位的会计核算与财务管理工作。该产品能够帮助集团各下属企业进行日常的财务核算、财务管理，对外提供财务会计信息，更有效地支持集团的财务监控，进而支持集团经营业务的协同增效；通过实施可控制的标准化与规范化会计流程，满足集团和子公司对外、对内的会计信息需求，及时形成符合投资人与内部管理者需求的合并财务报告；规范会计核算，忠实记录业务活动、资产状态和经营成果，为业绩考核提供数据支持。浪潮 GS 财务会计产品包含的模块如图 7-21 所示。

1. 基础数据统一规划

（1）浪潮 GS 财务会计从集团、账集、企业三个层次上对数据进行标准化管理。

（2）将集团制定的标准与规范，统一设置到系统中，各成员单位必须在标准与规范的控制下应用系统。

（3）各单位在引用集团公有信息的同时，可以在一定权限范围下建立私有信息。

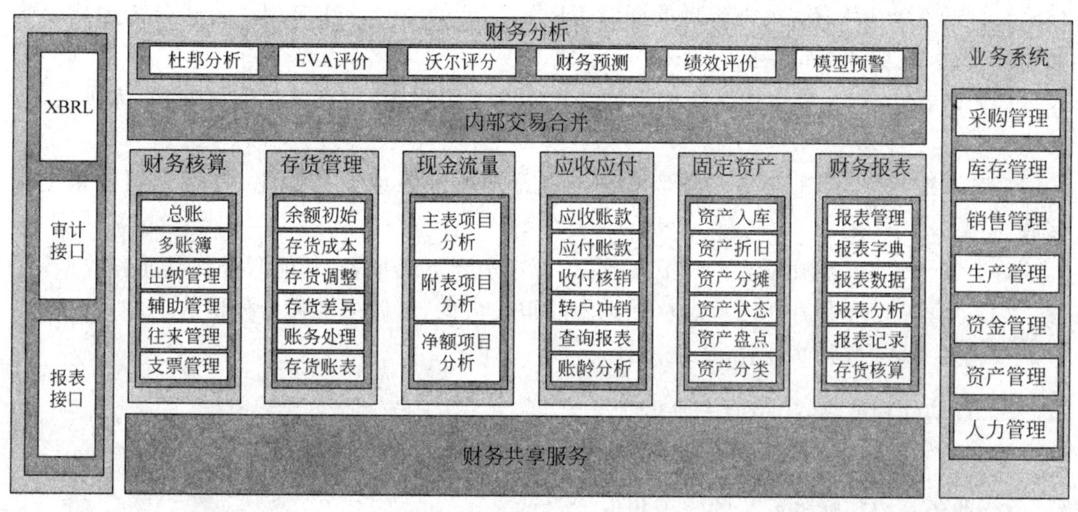

图　7-21

2. 基于职责和角色的授权管理

(1) 结合对业务系统的业务实体的操作以及数据结构进行建模，构造业务系统的授权机制，可灵活实现业务系统的功能操作权限控制以及数据访问控制(行权限、字段权限)，能提供完整的授权控制模型，具有良好的独立性和开放性，可以方便地和各种业务系统挂接，提供授权控制服务。

(2) 基于职责的授权基本原理，一种职责可以赋予多个单位(会计实体)的功能权限和数据权限。一个操作人员可以赋予多个职责。功能权限可以细化到每一级功能菜单，没有权限访问的菜单会自动隐藏。数据权限可以细化到科目、部门、项目、往来单位、产品、报表等每个编号和每个参数选项单元的查询、增删、打印、转入/转出、定义、计算等权限控制。

(3) 时间权限可以限制操作人员的访问时段，可精确到每小时。

(4) 不同的职责可以根据定义形成个性化应用界面。

3. 搭建财务集中核算的监管平台

(1) 通过搭建浪潮报表系统，运用报表平台采集财务数据，集团能够了解整体财务状况和经营成果。进一步对报表数据进行分析处理，为决策支持服务，是财务管理者的“千里眼，顺风耳”。

(2) 系统提供了基于组织结构树的、向下的数据汇总和对比分析功能，从而使集团能够依托报表平台，利用集团广域网络，对集团公司各级各类会计信息进行跨单位、跨账套、跨会计期间的穿透查询和远程监控，提高集团公司会计信息综合分析能力和财会管理能力，提升集团公司财务信息化应用的整体水平和应用效益，实现集团公司管理控制力的系统建设目标。

(3) 上级公司可以实时查询其所辖成员单位的业务信息，并在任意层次上形成该次所辖成员单位的信息罗列及合并；而且可以实现任意单位数据的穿透查询，支持“集团总部—分(子)公司—报表—账页—凭证—原始单据”的任意追踪查询。

4. 建立高效、快速、准确的报告体系

集团层面一次定义主要报表格式及取数公式，所有单位均可直接使用，无须转入/转出。

格式又区分公有和私有，集中管理的同时不限制各个单位的特殊应用。公式分为通用公式和单元公式，既保证数据一致，又不失灵活性。

(1) 格式共享，一劳永逸。集团层面一次定义主要报表，所有单位均可使用，无须转入/转出。

(2) 数据共享，实时监控。总部可随时查看基层报表或业务数据，数据无须频繁上报接收。

(3) 集中管理，无限穿透。对报表数据，可穿透到下级报表，并能联查到其业务数据。

(4) 集中管理，强力分析。对整个集团的报表数据，可做多种强力分析。

(5) 财务监控，数据溯源，远程审计。

5. 自动化程度高，出错概率降低

自动化程度高，出错概率降低，报表可以自动计算、汇总、调整。

6. 业务系统与财务系统的完美集成

(1) 浪潮为众多行业实施全面的信息化建设，凝练了成熟的软件产品、完整的系统核心架构及包含集团财务、网上报销、集团资金、全面预算管理、资产管理、内控与风险管理、供应链管理、销售与分销管理、电子采购、电子销售、生产制造管理、战略成本管理、商务智能、人力资源管理、OA 等全面的解决方案。

(2) 系统设计一直秉承自主研发的思想，各模块高度集成，真正实现了无缝链接，达到了物流、信息流及资金流的"三流"统一。

7. 多级组织柔性设计

(1) 信息化的组织载体，要按照当前或者规划的组织结构及管理层次在系统中搭建。这种组织架构模型体现了集团本身具备的层级特征。身处金字塔顶级的组织层次在往下俯瞰时，信息是一览无余的，即下属分(子)公司信息对于集团而言是完全透明的。

(2) 处于平级的分(子)公司，信息是互相屏蔽的。浪潮 GS 支持组织合并、拆分及层级变化等需要，而且支持集团持续不断地进行组织结构优化与资源整合。

(3) 通过组织结构中普通公司、合并公司、抵消公司的类别设计，集团不但能够得到实时的汇总数据，而且能够得到实时的合并数据，而集团总部能够随时随地掌控整个集团的财务状况和经营成果情况。

8. 账集：支持多种行业会计制度、多种会计准则并存

对于集团型企业，其下属单位往往分布于不同的行业，会计核算方法和制度也不尽相同。浪潮 GS 财务会计针对这种情况，提出账集的概念。账集可以对不同核算制度下的核算要素进行管理，允许集团企业同时按照多种核算体系进行核算。

9. 数据单元任意汇总，满足不同口径的数据统计

(1) 浪潮 GS 报表系统可以通过数据单元定义，对各成员单位的报表系统数据进行加、减、乘、除的四则运算，从而实现集团对于报表系统内的数据按照业务板块、地域板块等不同汇总口径进行自由汇总与合并，满足集团按照不同维度统计数据的需求。

(2) 同一张报表格式，按照数据的不同类型，可以反映不同的内容，例如，不同单位、不同金额单位、不同汇总口径等，将这些不同的数据定义为不同的数据单元。同一张报表可以反映不同的数据单元的数据，不同的数据单元可以有不同的单元公式。

10. 工作流应用适应集团管理流程化

(1) 浪潮 GS 提供的工作流平台，自由定义需要审批的业务类别，审批流程上的人员或岗位、审批额度。业务处理时，业务单据在系统中按照已经定义好的流程进行流转。

(2) 浪潮 GS 提供的工作流平台，能够帮助集团实现流程化管理，并将关键业务、内部控制活动通过系统灵活定制，使得财务控制活动在系统内相对固化，从而将财务管理工作职能逐步转向决策支持上，提高财务管理的水平。

(四) 成本核算与管理

浪潮 GS 战略成本以战略的眼光从成本的源头识别成本驱动因素，对价值链进行成本管理，运用成本数据和信息，为战略管理的每一个关键步骤提供战略性成本信息，帮助企业建立价值创造型财务管理体系，打造长期成本竞争优势，提高成本竞争能力。

浪潮 GS 战略成本包括成本数据、成本中心会计、产品成本核算、作业成本、实时成本、标准成本、成本计划、获利分析 8 个功能模块，如图 7-22 所示。

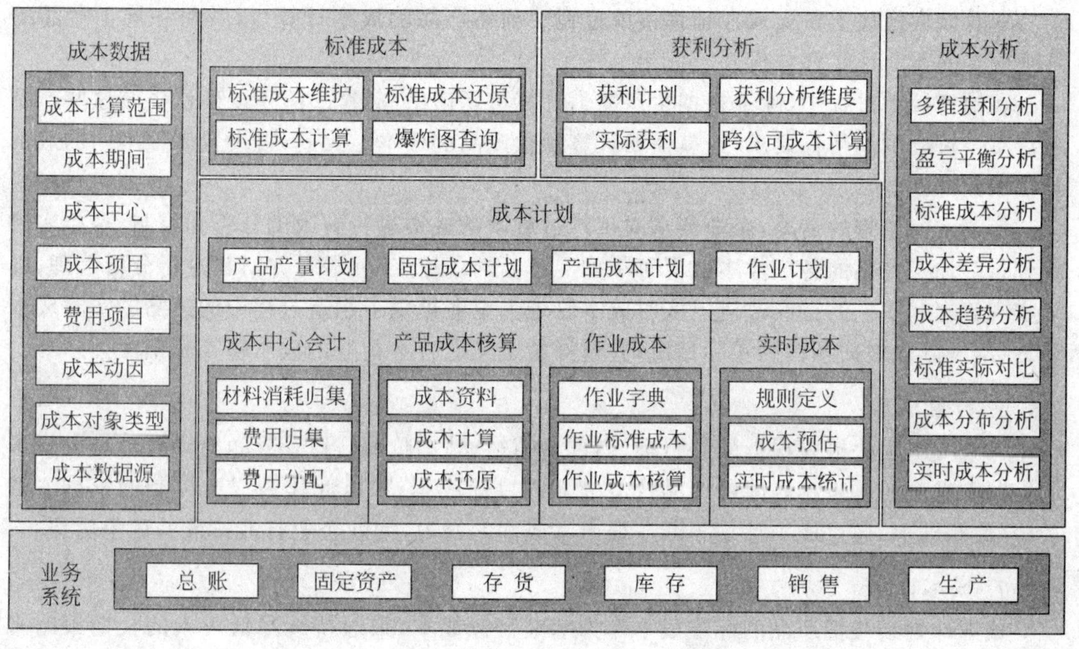

图 7-22

1. 成本数据

成本数据模块主要完成成本中心会计、产品成本核算等业务的初始化设置工作，从成本计算范围、成本中心、成本对象类型、成本项目、费用项目、成本动因等基础数据设置入手，完善产品成本核算结构，从而为下一步成本管理奠定基础。

2. 成本中心会计

成本中心会计模块主要用来对发生在某组织机构内的费用进行识别和归集。企业可以把单个组织机构设置成成本中心作为费用控制的责任单位，对成本中心未来的费用进行计划，通过费用计划数与费用实际数进行比较，来对成本中心的费用控制状况进行考核。

3. 产品成本核算

产品成本核算模块支持多种核算方式，如品种法、分批法和分步法等，用于计算某个成本期间单位产品的制造成本和其他成本，制造成本核算通常以成本 BOM 和工艺路线等主数据为基础进行卷积计算。

4. 作业成本

作业成本模块以作业为中心，通过对所有与产品相关联作业活动的追踪分析，尽可能消除“不增值作业”，改进“增值作业”，增加“顾客价值”，提高决策、计划、控制的科学性和有效性，最终达到提高企业的市场竞争能力和盈利能力的目的。

作业成本法是按照各业务对资源的占有情况，将产生的资源费用分配到各作业中，在业务处理中产生的费用，按照各费用对象对作业的利用情况，能确保成本被尽可能精确地记录以及被分摊到费用对象上。

5. 实时成本

实时成本模块主要实现在销售接单过程中预估产品的成本计算，以及每一加工产品的各项成本的实时计算和分析。

在销售接单过程中，除了根据生产能力计算可承诺供应量之外，还要确认供应这些产品数量是否符合利润指标要求，这就需要计算预估产品的成本。为此，可设置多种不同的成本预估取数规则。

由于实际管理的需要，企业要求对生产过程中的成本进行有效的分析和控制，希望实时得到每一加工产品的各项成本或者每一加工产品的各道工序成本，并对其进行分析管理，以求实现管理和工艺的持续改进。实时成本管理为企业提供了制造过程中的产品的实时成本核算，用户可以根据各自的实际情况，有选择地定义适合本企业的成本核算精细度。

6. 标准成本

标准成本模块事先根据战略目标、内部价值链、外部价值链以及竞争对手价值链分析来制定同未来竞争战略相匹配各产品价值链上的目标成本，并以此作为成本控制的依据。然后，在此基础上，通过成本计划不断挖掘产品成本的潜力，帮助企业打造持续的竞争优势。

7. 成本计划

成本计划模块把产品的标准成本作为基准目标成本，采取持续降低成本的长期策略来逐渐达到标准成本的目标要求，有步骤地制定产品生产成本、销售成本、设计成本及服务成本，并同市场竞争策略相匹配，建立持续的竞争优势。同时，成本计划同全面预算相集成，提供产品产量计划、固定成本计划、产品成本计划，来帮助企业进行成本计划的编制。

8. 获利分析

获利分析模块可以将企业战略目标转化为获利计划，通过对收入、成本的多维分析（比如产品、客户、渠道、促销方式等维度及它们的任意组合）来对经营净利润的总体贡献进行分析，洞察企业战略实现的可行性，帮助企业成功经营。

（五）BA 分析

从企业业务的角度看，浪潮利用大数据的深度信息分析技术，挖掘海量数据背后蕴含的价值，确立大数据应用的业务目标、应用场景、可能获得的业务价值以及为此设计的业务运营模式、商业模式等。借助大数据技术，企业可以更好地贴近消费者，融入互联网，更好地发现价值。在生产方面，提升网络化协同能力、产业配套能力，实现由大规模制造向大规模定制转移，更好地创造价值；在营销服务方面，构建以用户为核心的互动营销手段和服务理念，透析信息背后所传递出的消费者偏好，更好地提升服务；在经营管理方面，提高社会化网络环境下的风险控制能力与产业应变能力，推动企业实现精细化运营。

浪潮 BA 大数据分析平台，面向中国集团企业，以"助力数字化转型，成就智慧企业"为目标，通过数据治理、展示工具、分析应用三个层次提供服务。充分挖掘、发挥数据资源的价值，以数据重构企业智慧。BA 的应用价值体现在以下三方面。

1. 实现数据共享

通过数据的实时采集，对外能够加快响应速度，对内能够快速调配各类资源，提升工作效率，为领导、部门管理人员、主要业务人员快速提供数据支撑，辅助其做出决策。通过大数据建设，能推动政府企业各单位的信息互联互通，实现所有部门的数据"共享"，消除信息的"盲区""孤岛"现象。

2. 让领导看到数

目前，企业"一把手"抱怨最多的是"看不到数"。而数据从未如此之丰富、复杂、非结构化或难以理解，高水平的决策从未如此重要，又如此困难。因此，众多企业"一把手"提出"企业大数据项目"建设要求。通过企业大数据建设，将经济增长动态、财务盈利状况、生产经营动态、改革成效等信息实时展示在大屏端，让领导随时随地掌握企业经营动态，辅助中高层进行智慧决策，以数字化形式展现企业实力。

3. 解决业务人员手动制作大量报表问题

当前，很多企业的表格相关工作停留在"表哥""表姐"制作的层面，即仍采用人工方式去制作各种统计汇总分析报表，业务人员筋疲力尽，效率非常低下。通过浪潮大数据分析平台，提供一个企业级报表制作、汇总、合并和分析工具，企业能够完成各种周期（年、季、月、日、实时）、各种格式（固定、行变动、列变动、行列均变动）和各种业务（财务、资金、销售、采购、人力资源等）的报表制作，并能对报表进行趋势、构成、追溯等方面的分析，彻底解放业务人员手动制作的难题，提高企业运营效率，浪潮大数据分析平台如图 7-23 所示。

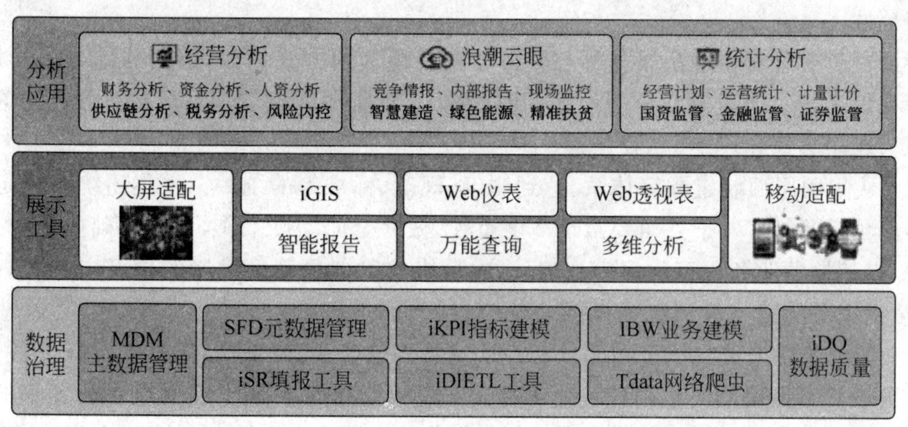

图　7-23

第八章

全面预算管理仿真实训

第一节　铸远集团全面预算管理现状与期望

铸远集团作为国内的大型信息产业集团，员工总数近3万人，2017年销售收入近700亿元人民币。其中，铸远电子是铸远集团的核心支柱产业，主营计算机及电子设备生产和销售、计算机应用信息技术咨询服务等，2017年销售收入近196亿元人民币。铸远集团在不断深化管理会计工具应用的战略下，基于企业战略规划，搭建了全新的全面预算管理体系。

铸远集团成立30余年，所处行业发生了巨大变化，以往的行业领先优势越来越小，业绩逐渐呈现下滑趋势。主要原因为：①外部环境竞争激烈，集团内部管控力度偏低；②老产品年初规划不完善，产品销量持续下滑，由于现有产品在中央处理器、内存、硬盘等主要性能指标上已经落后于竞争对手，产品的差异化优势仅剩下质量稳定可靠；③新产品上市需要一定的时间，新型计算机配件的研发周期较长。

为解决财务管理方面的难题，提升集团管控能力，铸远集团从2018年开始实施全面预算管理，并成立预算管理委员会，具体处理预算管理事宜，确保集团预算管理的权威性、科学性和规范性。

全面预算管理将企业决策目标与资源配置以预算的方式加以量化，并结合实际情况保证目标得以实现。通过建立全面预算管理系统，实现集团战略管理目标的有效贯彻落实，主要表现为四个方面。

(1) 从集团层面制定预算体系，达到制度、规范、标准等的统一。由集团统一制定规范，层层分解预算目标；各子公司要给予高度重视，做好全面动员工作，加强基础业务数据的收集整理，以编制的业务预算数据为基础，形成最终的财务预算。编制的预算应有理有据，严厉杜绝“由财务部门一编到底”的现象。

(2) 加强集团内部各子公司间的相互协调和沟通交流，降低内耗，落实责任。各子公司要将业务预算参照编制要求由相关业务部门上报数据并编制，并以此作为执行预算的标准，将相应的责任落实到责任人。对于最终确定的业务预算，应由该部门责任人审核并签字确

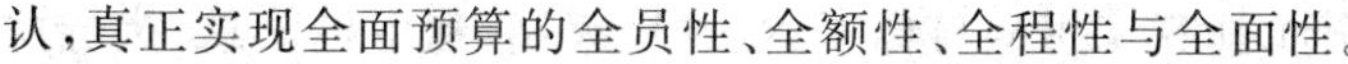
认，真正实现全面预算的全员性、全额性、全程性与全面性。

（3）提高预算编制底稿的质量。①对于所有预算编制底稿数据，都应注明其编制时的依据或假设条件；②预算编制底稿要条理清晰，便于查阅；③预算系统与财务、业务系统紧密集成，预算表应与基础表数据钩稽相符，核对一致，保证数据具有可追溯性。

（4）对集团的各项资源进行优化配置，提高集团的综合竞争力。预算管理委员会对预算的编制和执行情况进行科学的、全面的、动态的监控、分析，可以随时掌握企业业务情况，防范经营风险。各子公司要保证编制数据的真实性与可比性，以免上下反复多次，影响预算的质量，同时严格保证预算表的上报时间。

第二节　铸远集团全面预算体系设计

2018 年，为保证铸远集团集中管控目标的有效贯彻落实，集团决定建立全业务、全流程、业务财务相融合的集团全面预算管理体系。为此，铸远集团成立了预算管理委员会，负责处理预算管理事宜，确保公司预算管理实施的权威性、科学性和规范性。预算管理委员会由总经理任主任，总会计师任副主任，另有财务管理部、审计部、规划部、人力资源部等部门的负责人参与。主要职能有根据年度经营总目标确定预算目标；制定及修改预算管理政策和程序；审核部门及企业预算草案；根据需要调整及修订年度预算；审批与预算相关的控制政策和考核标准；审核超预算支出及处理建议；召集预算执行分析会议及提出修正预算的意见等。

铸远集团全面预算管理体系包括组织体系、内容体系、流程体系、方法体系等。

（1）组织体系。在铸远集团的组织架构中，铸远集团、铸远股份为管控层，铸远股份本部、铸远电子、铸远数控为执行层，如图 8-1 所示。

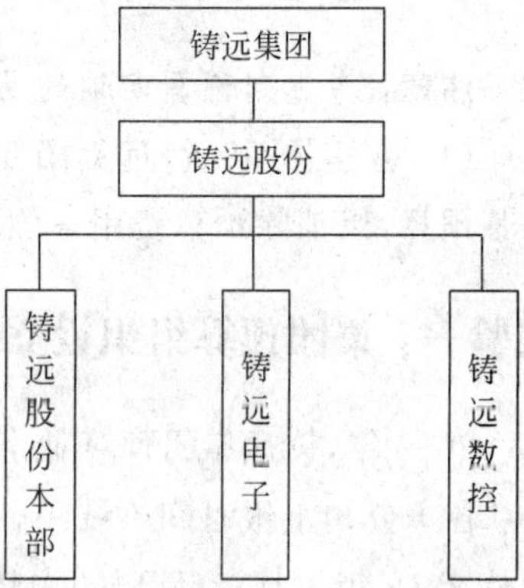

铸远集团
铸远股份
铸远股份本部
铸远电子
铸远数控

图　8-1

（2）内容体系。内容体系是全面预算管理体系的核心，包括业务驱动财务的预算表设计，预算表由预算指标组成，分为业务指标与财务指标。铸远集团建立完整统一的预算体系，并以“年度＋月度”为一个预算周期，预算体系包括财务预算与业务预算，如表 8-1 所示。

表　8-1

预算体系	报表类别	包含预算表	管控要求
财务预算	财务预算	资产负债预算表、利润预算表	财务预算表表样由集团统一定义，不允许更改
业务预算	销售预算、生产预算、采购预算、费用预算、其他预算	营业收入预算表、产品销售收入预算表、生产成本预算表、材料采购预算表、人工成本预算表、制造费用预算表、销售费用预算表、管理费用预算表、财务费用预算表	以上业务预算表表样由集团统一管理，不允许更改；在集团统一管控的预算表范围外，允许各单位定义个性化预算表

(3) 流程体系。铸远集团的全面预算流程从目标下达、预算编制,到审批汇总、执行控制,再到分析调整,是一个基于目标管理的闭环控制系统,可以有效控制管理过程和工作质量。铸远集团编制流程采用一上一下制,上级下达年度经营目标、预算体系及编制要求,预算目标自下而上进行汇总。预算控制包括对管理费用与财务凭证的控制,通过规定收入与支出标准,对各部门的相关生产经营活动进行有效控制。

铸远集团的预算目标分解如图 8-2 所示。

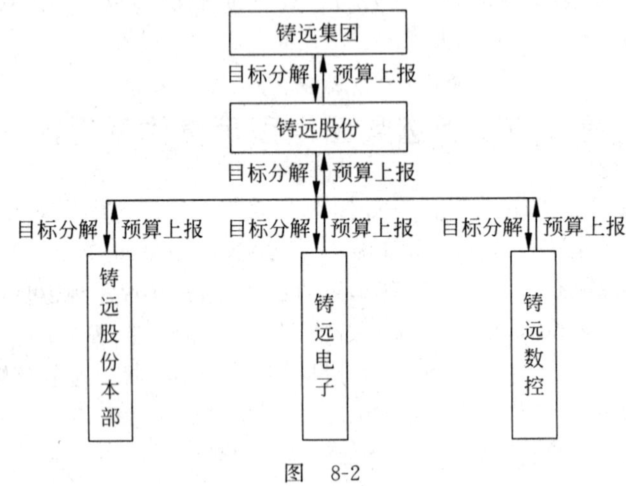

图 8-2

注意:考虑到预算实训的易操作性,本实训目标只分解到各子公司,不细化到部门。

(4) 方法体系。铸远集团要求采用增量预算编制方法,并且每隔三年实施一次全面的零基预算,以消除预算费用虚假增长。

实验一:集团预算组织设立

2017 年,铸远集团预算业务由各子公司处理,年终将预算相关数据上报集团,而后发现:各子公司上报时间不统一,上报的预算内容与集团要求也不匹配。预算管理委员会决定从 2018 年 1 月 1 日开始,由铸远集团预算管理员关纪负责建立一个完整的预算组织,统一管理。铸远集团预算组织设立如表 8-2 所示。

表 8-2

组织级数	组织编号	组 织 名 称	归属单位	组织性质
1	00	铸远集团	00	汇总
2	00001	铸远股份有限公司	00001	汇总
3	00001001	铸远股份有限公司本部	00001001	普通
3	00001002	铸远电子信息产业有限公司	00001002	普通
3	00001003	铸远数控电子有限公司	00001003	普通
3	00001004	铸远股份抵消公司	00001004	普通

【实验步骤】

按表 8-3 所示的用户信息，登录浪潮 GS，切换预算组织到铸远集团。

表　8-3

登录日期	登 录 用 户	登录密码	操 作 内 容
2018.1.1	YS8888(铸远集团预算管理员关纪)	aaaaaa	集团预算组织设立

第一步：2018 年 1 月 1 日，铸远集团预算管理员关纪(用户名：YS8888)登录系统，执行“全面预算—体系定义—基础数据—公有预算组织定义”，打开“公有预算组织定义”功能，单击“增加同级”按钮，设置“组织编号”为 00，设置“组织名称”为“铸远集团”，设置“组织性质”为“汇总”，设置“归属单位”为“铸远集团”，单击“保存”按钮，如图 8-3 所示。

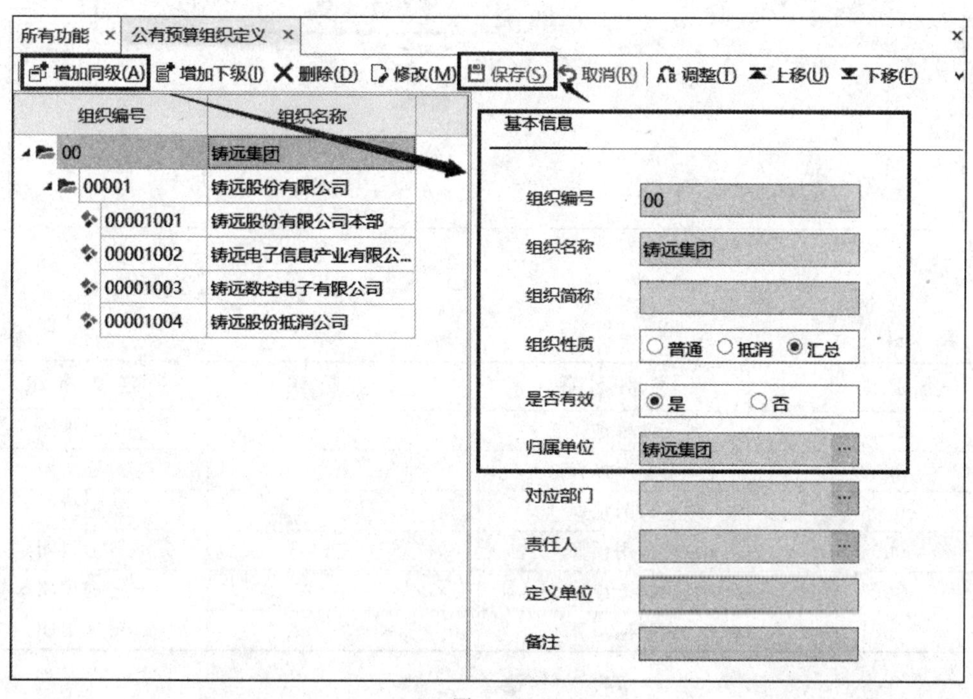

图　8-3

第二步：定义二级公司“铸远股份有限公司”，单击第一步定义的一级公司“铸远集团”，单击“增加下级”按钮，设置“组织编号”为 00001，设置“组织名称”为“铸远股份有限公司”，设置“组织性质”为“汇总”，设置“归属单位”为“铸远股份有限公司”，单击“保存”按钮，如图 8-4 所示。其他预算组织也按以上步骤操作定义。

通过以上操作，铸远集团预算组织设立完毕。

实验二：集团预算报表体系设立

2018 年 1 月 1 日，铸远集团根据全面预算管理要求，通过预算管理委员会决议建立了一套完整统一的预算内容体系，报表类别涵盖了销售预算、生产预算、采购预算、费用预算、财务预算和其他预算。铸远集团预算报表体系设立如表 8-4 所示。

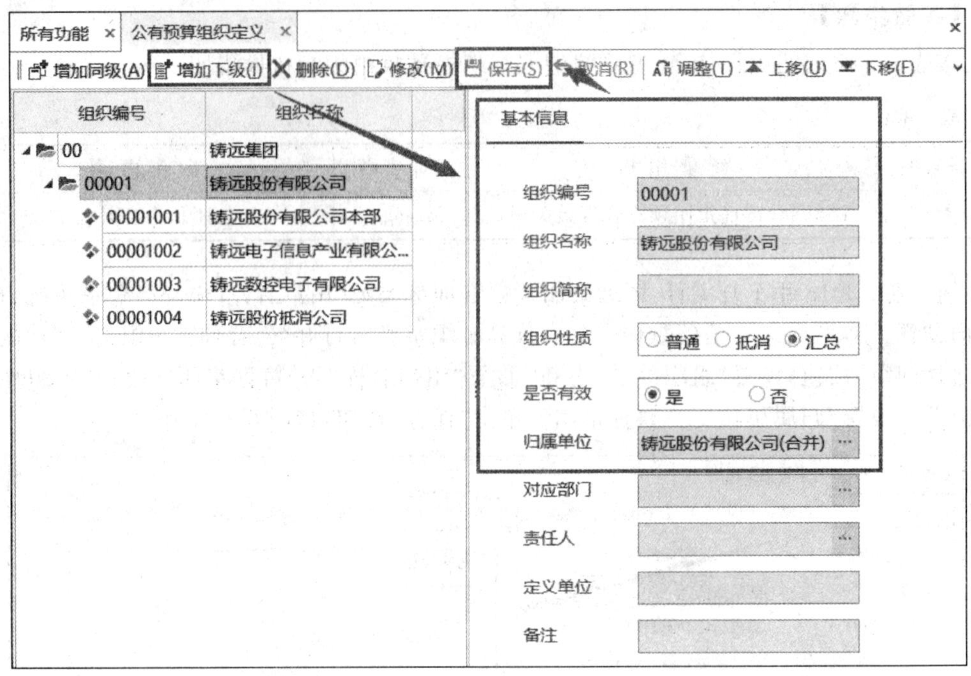

图 8-4

表 8-4

类别编号	类别名称	是否公用	定义组织
0001	销售预算	是	铸远集团
0002	生产预算	是	铸远集团
0003	采购预算	是	铸远集团
0004	费用预算	是	铸远集团
0005	财务预算	是	铸远集团
1001	其他预算	是	铸远集团

【实验步骤】

按表 8-5 所示的用户信息，登录浪潮 GS，切换预算组织到铸远集团。

表 8-5

登录日期	登录用户	登录密码	操作内容
2018.1.1	YS8888(铸远集团预算管理员关纪)	aaaaaa	集团预算报表体系设立

2018 年 1 月 1 日，铸远集团预算管理员关纪(用户名：YS8888)登录系统，执行“全面预算—体系定义—编制准备—报表类别定义”，打开“报表类别定义”功能，进行预算报表类别定义，单击“增加同级”按钮，设置“类别编号”为 0001，设置“类别名称”为“销售预算”，单击“保存”按钮。预算报表定义过程如图 8-5 所示。其他报表类别也按以上步骤操作即可。

通过以上操作，铸远集团预算报表体系设立完毕。

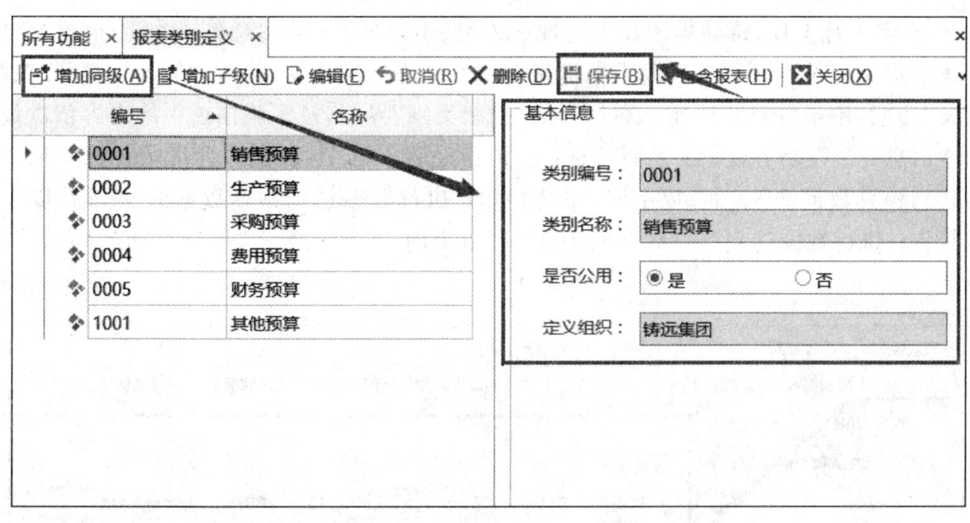

图　8-5

实验三：预算控制方案设立

铸远集团预算控制要求如下。

(1) 当实际执行数据达到预算数据 80%时，需提示“接近预算限额”；

(2) 当实际执行数据达到预算数据 90%时，需警告提示“即将超过预算”；

(3) 当实际执行数据超过预算数据时，操作被拒绝，并提示“已经超过预算”。

铸远集团预算控制方案设立如表 8-6 所示。

表　8-6

类别编号	类别名	比较符	期间无预算控制	累计无预算控制	未审批控制
01	集团统　控制	⩾	不控制	不控制	不控制
调整未审批控制	期间提示系数	累计提示系数	提示信息	期间警告系数	累计警告系数
不控制	0.8	0.8	接近预算限额，请注意！	0.9	0.9
警告信息	期间拒绝系数	累计拒绝系数	拒绝信息	预警系数	
即将超过预算，请注意！	1	1	已经超过预算，请重新分摊！	0.9	

【实验步骤】

按表 8-7 所示的用户信息，登录浪潮 GS，切换预算组织到铸远集团。

表　8-7

登录日期	登录用户	登录密码	操作内容
2018.1.1	YS8888(铸远集团预算管理员关纪)	aaaaaa	预算控制方案设立

2018 年 1 月 1 日，铸远集团预算管理员关纪（用户名：YS8888）登录系统，执行“全面预算—体系定义—控制预警—控制类别定义”，右侧功能组织更换到“铸远集团”，打开“控制类别定义”功能，单击“增加”按钮。在打开的“控制类别”界面，按实验描述中的内容依次设置：①基本信息；②控制方式；③控制信息；④预警设置。其中，根据铸远集团管控要求，执行数据达到预算数据的 80%及以上时，系统提示；执行数据达到预算数据的 90%及以上时，系统警告；执行数据达到预算数据的 100%及以上时，系统拒绝。“控制类别”界面如图 8-6 所示。

图 8-6

在打开的“控制类别定义”功能，单击“包含预算报表”按钮，设置“期间控制”为“年＋月”，单击“保存”按钮，如图 8-7 所示。

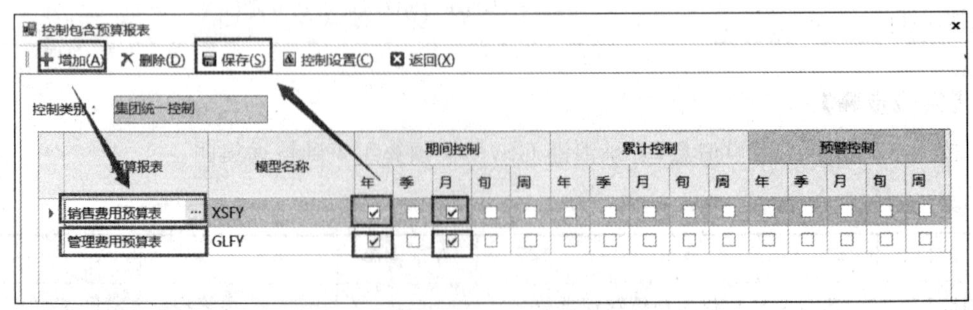

图 8-7

通过以上操作，铸远集团预算控制方案设立完毕，可实现对集团预算的控制与预警。

第三节　教学任务一：搭建以销售为起点的集团预算管理体系

根据铸远集团全面预算管控要求，各单位需按集团统一标准完成“以销售为起点”系列预算表编制，包括营业收入预算表、产品销售收入预算表、生产成本预算表、EAK1 生产成本预算表、EAK1 材料采购预算表、EAK1 人工成本预算表、EAK1 制造费用预算表。此类预算报表表样由集团统一管理，不允许更改。

铸远集团要求以销售预算为起点搭建预算管理体系。以铸远电子为例，铸远电子主要经营台式计算机与笔记本电脑，包括 EAK1 台式计算机、EAK2 台式计算机、EAK3 台式计算机、TAK1 笔记本电脑、TAK2 笔记本电脑、TAK3 笔记本电脑，其他台式计算机记为 EAKN 台式计算机、其他笔记本电脑记为 TAKN 笔记本电脑。根据集团战略要求，2018 年铸远电子营业收入增长目标是 30%。为保证集团全年战略目标实现，首先需完成营业收入的规划营业收入预算表，再根据销售预算及销量考虑期初、期末存货变动编制产品材料采购预算表，并在保证生产顺利进行的前提下编制产品人工成本预算表、制造费用预算表。然后，根据以上预算来规划产品生产成本预算表，最终根据每种产品的生产成本，来规划生产成本预算总表。铸远电子以销售为起点的预算数编制如图 8-8 所示。

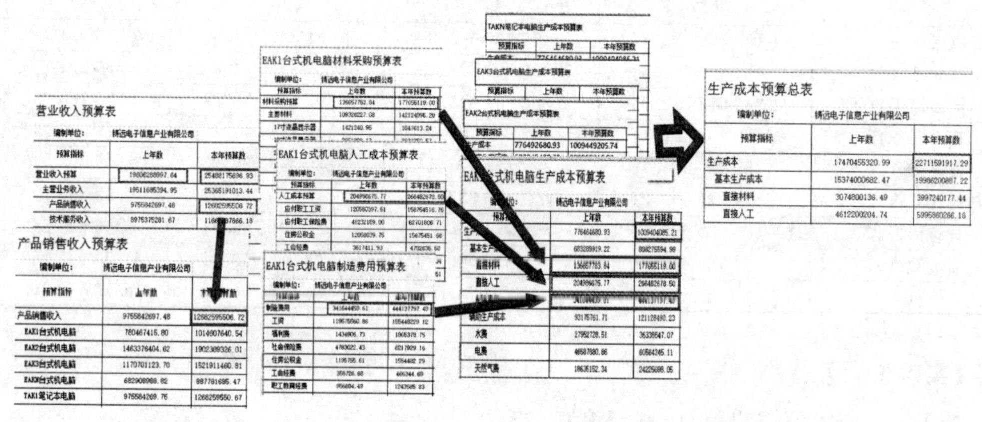

图　8-8

本教学任务的重点是让学生掌握以销售为起点预算体系搭建的推演过程。本节涉及的七张业务预算表编制预算数据可参照 Excel 电子表格，电子表格由教师上课时提供。

实验一：营业收入预算表编制与审批

按照集团 2018 年战略要求，铸远电子营业收入要增长 30%，并参照 2017 年营业收入其他各项收入实际金额，预测 2018 年的营业收入预算表。

营业收入预算表由铸远电子预算管理员管思思编制数据并审核后，提交预算部部长沈溪审批。铸远电子营业收入预算表如表 8-8 所示。

表 8-8

单位：元

预算指标	上年数	本年预算数	1月	2月	3月
营业收入	19 606 288 997.64	25 488 175 696.93	1 290 918 590.56	1 935 892 007.59	644 973 417.03
主营业务收入	19 511 685 394.95	25 365 191 013.44	1 284 689 693.83	1 926 551 006.94	641 861 313.11
产品销售收入	17 560 516 855.46	22 828 671 912.10	1 156 220 724.45	1 733 895 906.24	577 675 181.80
技术服务技术	1 170 701 123.70	1 521 911 460.81	77 081 381.63	115 593 060.42	38 511 678.79
咨询服务收入	780 467 415.80	1 014 607 640.54	51 387 587.75	77 062 040.28	25 674 452.52
其他业务收入	94 603 602.69	122 984 683.49	6 228 896.73	9 341 000.65	3 112 103.92
材料销售收入	47 301 801.35	61 492 341.75	3 114 448.37	4 670 500.33	1 556 051.96
加工费收入	28 381 080.81	36 895 405.05	1 868 669.02	2 802 300.20	933 631.18
其他收入	18 920 720.54	24 596 936.69	1 245 779.35	1 868 200.13	622 420.78

预算指标	4月	5月	6月	7月	8月
营业收入	1 045 686 309.25	1 568 529 463.88	2 614 215 773.13	3 740 489 406.79	2 244 293 644.07
主营业务收入	1 040 640 699.03	1 560 961 048.55	2 601 601 747.58	3 722 440 923.78	2 233 464 554.27
产品销售收入	936 576 629.13	1 404 864 943.69	2 341 441 572.82	3 350 196 831.41	2 010 118 098.84
技术服务技术	62 438 441.94	93 657 662.91	156 096 104.85	223 346 455.43	134 007 873.26
咨询服务收入	41 625 627.96	62 438 441.94	104 064 069.90	148 897 636.95	89 338 582.17
其他业务收入	5 045 610.22	7 568 415.33	12 614 025.55	18 048 483.00	10 829 089.80
材料销售收入	2 522 805.11	3 784 207.66	6 307 012.77	9 024 241.50	5 414 544.90
加工费收入	1 513 683.07	2 270 524.60	3 784 207.66	5 414 544.90	3 248 726.94
其他收入	1 009 122.04	1 513 683.07	2 522 805.11	3 609 696.60	2 165 817.96

预算指标	9月	10月	11月	12月
营业收入	1 496 195 762.71	4 453 490 660.97	1 781 396 264.39	2 672 094 396.58
主营业务收入	1 488 976 369.51	4 432 001 828.42	177 280 0731.37	2 659 201 097.05
产品销售收入	1 340 078 732.56	3 988 801 645.58	1 595 520 658.23	2 393 280 987.35
技术服务技术	89 338 582.17	265 920 109.71	106 368 043.88	159 552 065.82
咨询服务收入	59 559 054.78	177 280 073.14	70 912 029.25	106 368 043.88
其他业务收入	7 219 393.20	21 488 832.54	8 595 533.02	12 893 299.53
材料销售收入	3 609 696.60	10 744 416.27	4 297 766.51	6 446 649.76
加工费收入	2 165 817.96	6 446 649.76	2 578 659.91	38 567 989.86
其他收入	1 443 878.64	4 297 766.51	1 719 106.60	2 578 659.90

【实验步骤】

按表 8-9 所示的用户信息，登录浪潮 GS。

表 8-9

登录日期	登录用户	登录密码	操作内容
2018.1.1	YS0001(铸远电子预算管理员管思思)	aaaaaa	营业收入预算表编制
2018.1.1	YS0002(铸远电子预算部部长沈溪)	aaaaaa	营业收入预算表审批

第一步：2018 年 1 月 1 日，铸远电子预算管理员管思思(用户名：YS0001)登录系统，执行“全面预算—预算编制—编制预算”，打开“编制预算”功能，选择“组织—报表”展示模式，“组织名称”选择“铸远电子信息产业有限公司”，报表选择“XS01 营业收入预算表”，单击“确定”按钮打开预算表，如图 8-9 所示。

在打开的营业收入预算表中，按照提供的 Excel 预算表数据文档进行数据编制。编制

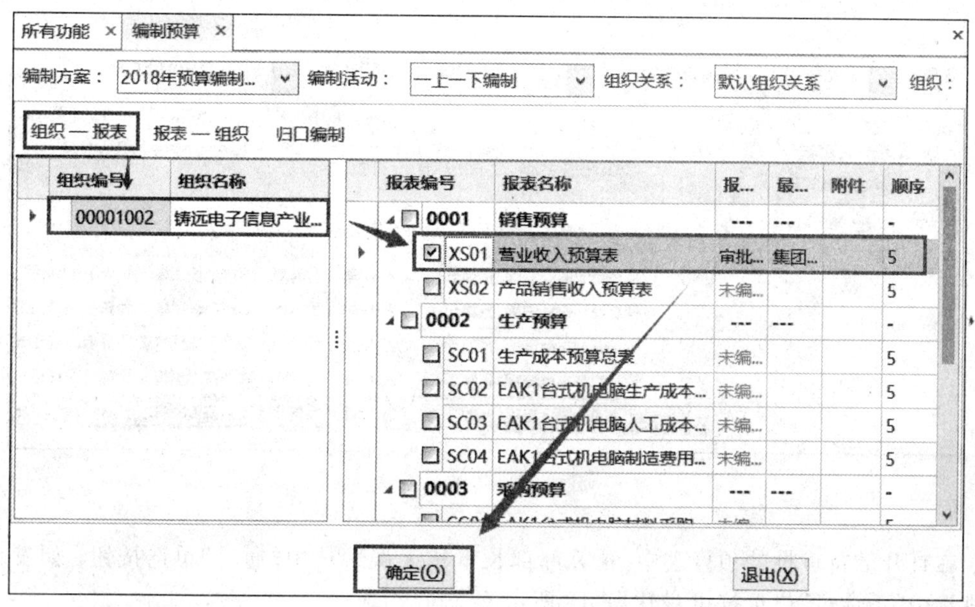

图　8-9

完成后，单击“保存”按钮，提示“保存成功”后单击“审核”按钮，提示“审核成功”后单击“提交审批”按钮，而后提示“提交审批成功”，如图 8-10 所示。

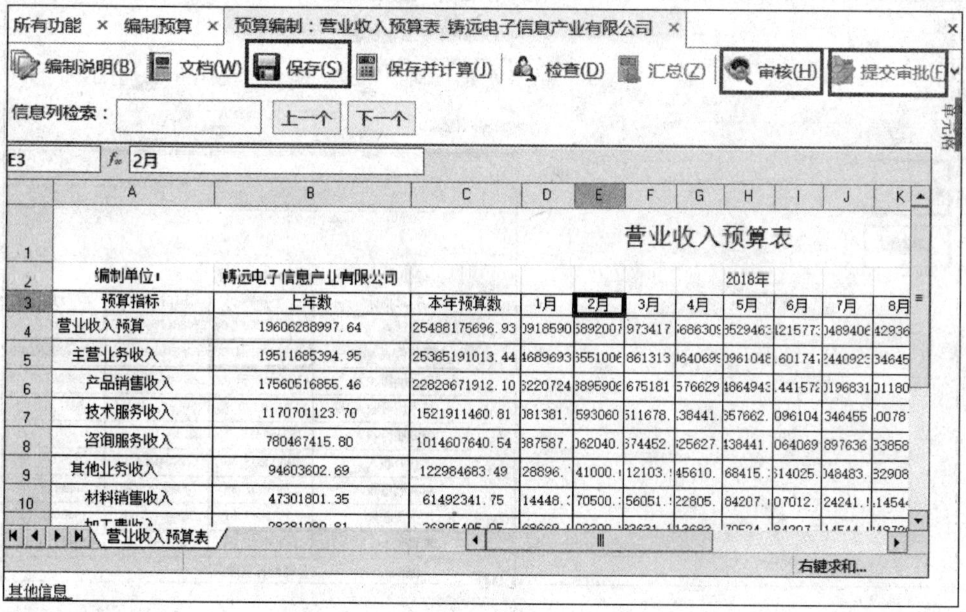

图　8-10

第二步：铸远电子预算部部长沈溪(用户名：YS0002)登录系统，执行“系统公共—任务中心—待办任务”，打开“待办任务”功能，选择要审批的预算表，单击“审批单据”按钮，如图 8-11 所示。

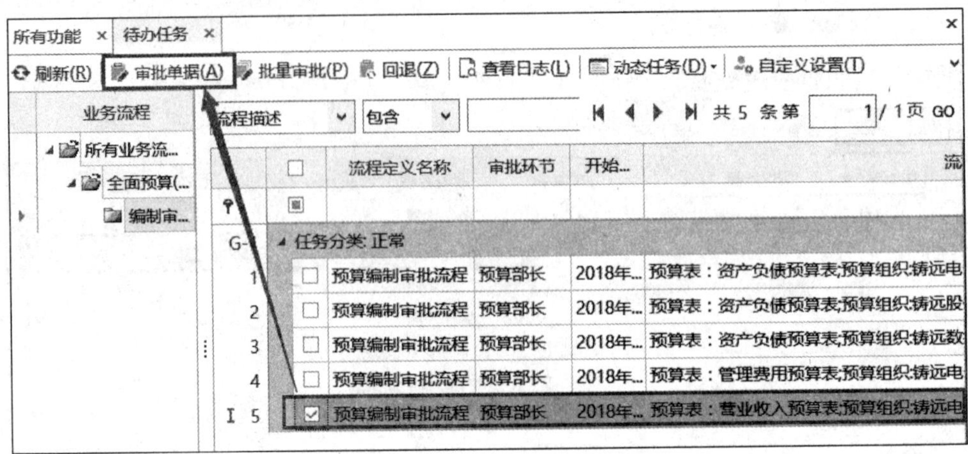

图 8-11

在打开的待审批的预算表中，预算部部长审核无误后选中“通过”单选按钮；如发现问题则选中“不通过”单选按钮，如图 8-12 所示。

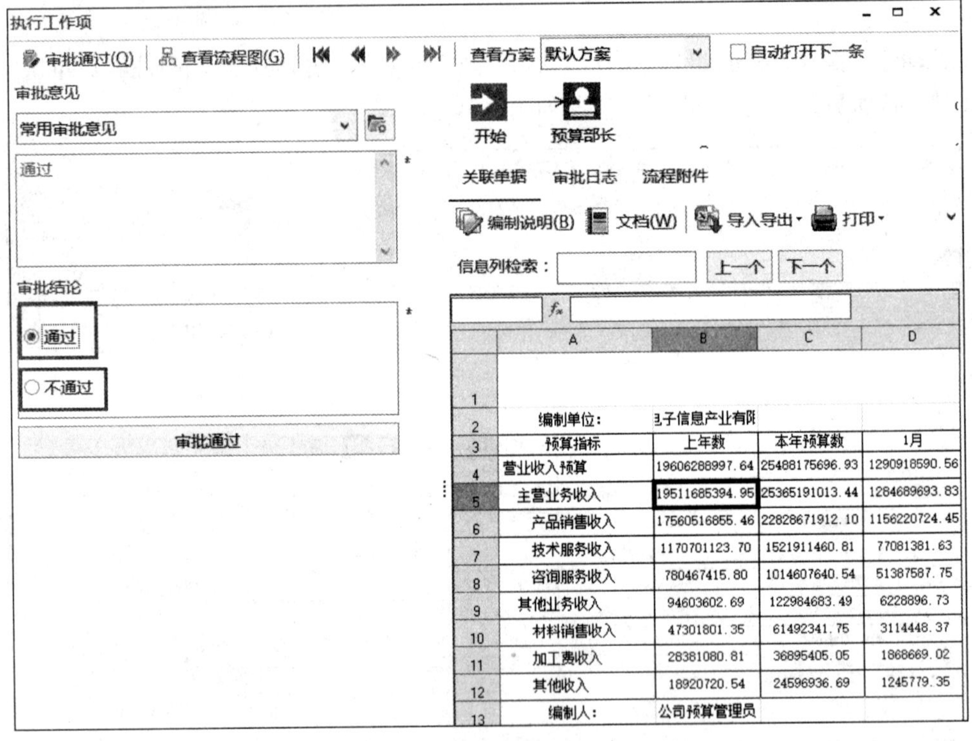

图 8-12

通过以上操作，铸远电子营业收入预算表编制并审批完毕。

注意：如发现预算表编制数据有误，需要对预算表数据进行修改或删除，请参照本章第十节中预算表编制数据有误时的解决方法，进行修改。

实验二：产品销售收入预算表编制与审批

根据已编制完成的营业收入预算表中的“产品销售收入”金额，规划铸远电子每种产品销售收入预算表、销量及产量，形成产品销售收入预算表。

产品销售收入预算表由铸远电子预算管理员管思思编制数据并审核后，提交预算部部长沈溪审批。铸远电子产品销售收入预算表如表 8-10 所示。

表　8-10

单位：元

预算指标	上年数	本年预算数	1月	2月	3月
产品销售收入	9 755 842 697.48	12 682 595 506.72	642 344 846.91	963 275 503.47	320 930 656.55
EAK1 台式计算机	780 467 415.80	1 014 607 640.54	51 387 587.75	77 062 040.28	25 674 452.52
EAK2 台式计算机	1 463 376 404.62	1 902 389 326.01	96 351 727.04	144 491 325.52	48 139 598.48
EAK3 台式计算机	1 170 701 123.70	1 521 911 460.81	77 081 381.63	115 593 060.42	38 511 678.79
EAKN 台式计算机	682 908 988.82	887 781 685.47	44 964 139.28	67 429 285.24	22 465 145.96
TAK 1 笔记本电脑	975 584 269.75	1 268 259 550.67	64 234 484.69	96 327 550.35	32 093 065.66
TAK 2 笔记本电脑	1 756 051 685.55	2 282 867 191.21	115 622 072.44	173 389 590.62	57 767 518.18
TAK 3 笔记本电脑	1 658 493 258.57	2 156 041 236.14	109 198 623.97	163 756 835.59	54 558 211.61
TAKN 笔记本电脑	1 268 259 550.67	1 648 737 415.87	83 504 830.10	125 225 815.45	41 720 985.35

预算指标	4月	5月	6月	7月	8月
产品销售收入	520 320 349.52	780 480 524.27	1 300 800 873.79	1 861 220 461.89	1 116 732 277.14
EAK1 台式计算机	41 625 627.96	62 438 441.94	104 064 069.90	148 897 636.95	89 338 582.17
EAK2 台式计算机	78 048 052.43	117 072 078.64	195 120 131.07	279 183 069.28	167 509 841.57
EAK3 台式计算机	6 243 8441.94	93 657 662.91	156 096 104.85	223 346 455.43	134 007 873.26
EAKN 台式计算机	36 422 424.47	54 633 636.70	91 056 061.17	130 285 432.33	78 171 259.40
TAK 1 笔记本电脑	52 032 034.95	78 048 052.43	130 080 087.38	186 122 046.19	111 673 227.71
TAK 2 笔记本电脑	93 657 662.91	140 486 494.37	234 144 157.28	335 019 683.14	201 011 809.89
TAK 3 笔记本电脑	88 454 459.42	132 681 689.13	221 136 148.54	316 407 478.52	189 844 487.11
TAKN 笔记本电脑	67 641 645.44	101 462 468.16	169 104 113.59	241 958 660.05	145 175 196.03

预算指标	9月	10月	11月	12月
产品销售收入	744 488 184.76	2 216 000 914.21	886 400 365.68	1 329 600 548.53
EAK1 台式计算机	59 559 054.78	177 280 073.14	70 912 029.25	106 368 043.88
EAK2 台式计算机	111 673 227.71	332 400 137.13	132 960 054.85	199 440 082.28
EAK3 台式计算机	89 338 582.17	265 920 109.71	106 368 043.88	159 552 065.82
EAKN 台式计算机	52 114 172.93	155 120 063.99	62 048 025.60	93 072 038.40
TAK1 笔记本电脑	74 448 818.48	221 600 091.42	88 640 036.57	132 960 054.85
TAK2 笔记本电脑	134 007 873.26	398 880 164.56	159 552 065.82	239 328 098.74
TAK3 笔记本电脑	126 562 991.41	376 720 155.42	150 688 062.17	226 032 093.25
TAKN 笔记本电脑	96 783 464.02	288 080 118.85	115 232 047.54	172 848 071.31

【实验步骤】

产品销售收入预算表编制与审批方法和实验一相同，具体操作可参考实验一操作。

实验三：EAK1 台式计算机材料采购预算表编制与审批

铸远电子由推算的 EAK1 产量，结合直接材料单耗、材料单价及期初期末存货量，规划

EAK1 台式计算机材料采购预算表。

EAK1 台式计算机材料采购预算表由铸远电子预算管理员管思思编制数据并审核后，提交预算部部长沈溪审批。铸远电子 EAK1 台式计算机材料采购预算表如表 8-11 所示。

表 8-11

单位：元

预算指标	上年数	本年预算数	1月	2月	3月
材料采购预算	136 657 783.84	177 655 119.00	10 659 307.14	14 212 409.52	12 435 858.33
主要材料	109 326 227.08	142 124 095.20	8 527 445.71	11 369 927.62	9 948 686.66
17 寸液晶显示器	1 421 240.95	1 847 613.24	110 856.79	147 809.06	129 332.93
19 寸液晶显示器	2 951 808.13	3 837 350.57	230 241.03	306 988.05	268 614.54
21 寸液晶显示器	3 170 460.59	4 121 598.76	247 295.93	329 727.90	288 511.91
12.2 寸液晶屏	3 279 786.81	4 263 722.86	255 823.37	341 097.83	298 460.60
14.1 寸液晶屏	4 482 375.31	5 827 087.90	349 625.27	466 167.03	407 896.15
15.5 寸液晶屏	3 607 765.49	4 690 095.14	281 405.71	375 207.61	328 306.66
台式机内存 8G	2 295 850.77	2 984 606.00	179 076.36	238 768.48	208 922.42
台式机内存 4G	2 514 503.22	3 268 854.19	196 131.25	261 508.34	228 819.79
笔记本内存 8G	4 701 027.76	6 111 336.09	366 680.17	488 906.89	427 793.53
笔记本内存 4G	4 045 070.40	5 258 591.52	315 515.49	420 687.32	368 101.41
台式机主板	5 138 332.67	6 679 832.47	400 789.95	534 386.60	467 588.27
笔记本主板	5 356 985.13	6 964 080.66	417 844.84	557 126.45	487 485.65
台式机硬盘 1T	2 077 198.31	2 700 357.81	162 021.47	216 028.62	189 025.05
台式机硬盘 2T	1 749 219.63	2 273 985.52	136 439.13	181 918.84	159 178.99
台式机硬盘 4T	3 935 744.17	5 116 467.43	306 988.05	409 317.39	358 152.72
笔记本硬盘 1T	3 061 134.36	3 979 474.67	238 768.48	318 357.97	278 563.23
笔记本硬盘 2T	3 389 113.04	4 405 846.95	264 350.82	352 467.76	308 409.29
笔记本硬盘 4T	4 373 049.08	5 684 963.81	341 097.83	454 797.10	397 947.47
台式机电源	819 946.70	1 065 930.71	63 955.84	85 274.46	74 615.15
笔记本电源	688 755.23	895 381.80	53 722.91	71 630.54	62 676.73
台式机 CPU 13	7 510 711.80	9 763 925.34	585 835.52	781 114.03	683 474.77
台式机 CPU 15	6 340 921.17	8 243 197.52	494 591.85	659 455.80	577 023.83
台式机 CPU 17	7 543 509.67	9 806 562.57	588 393.75	784 525.01	686 459.38
笔记本 CPU 13	6 778 226.08	8 811 693.90	528 701.63	704 935.51	616 818.57
笔记本 CPU 15	9 292 729.30	12 080 548.09	724 832.89	966 443.85	845 638.37
笔记本 CPU 17	8 308 793.26	10 801 431.24	648 085.87	864 114.50	756 100.19
鼠标	327 978.68	426 372.29	25 582.34	34 109.78	29 846.06
台式机键盘	163 989.34	213 186.14	12 791.17	17 054.89	14 923.03
包装材料	27 331 556.77	35 531 023.80	2 131 861.43	2 842 481.90	2 487 171.67

预算指标	4月	5月	6月	7月	8月
材料采购预算	7 106 204.76	21 318 614.28	23 095 165.47	26 648 267.85	15 988 960.71
主要材料	5 684 963.81	17 054 891.42	18 476 132.38	21 318 614.28	12 791 168.57
17 寸液晶显示器	73 904.53	221 713.59	240 189.72	277 141.99	166 285.19
19 寸液晶显示器	153 494.02	460 482.07	498 855.57	575 602.59	345 361.55
21 寸液晶显示器	164 863.95	494 591.85	535 807.84	618 239.81	370 943.89
12.2 寸液晶屏	170 548.91	511 646.74	554 283.97	639 558.43	383 735.06
14.1 寸液晶屏	233 083.52	699 250.55	757 521.43	874 063.19	524 437.91
15.5 寸液晶屏	187 603.81	562 811.42	609 712.37	703 514.27	422 108.56
台式机内存 8G	119 384.24	358 152.72	387 998.78	447 690.90	268 614.54

续表

预算指标	4月	5月	6月	7月	8月
台式机内存 4G	130 754.17	392 262.50	424 951.04	490 328.13	294 196.88
笔记本内存 8G	244 453.44	733 360.33	794 473.69	916 700.41	550 020.25
笔记本内存 4G	210 343.66	631 030.98	683 616.90	788 788.73	473 273.24
台式机主板	267 193.30	801 579.90	868 378.22	1 001 974.87	601 184.92
笔记本主板	278 563.23	835 689.68	905 330.49	1 044 612.10	626 767.26
台式机硬盘 1T	108 014.31	324 042.94	351 046.52	405 053.67	243 032.20
台式机硬盘 2T	90 959.42	272 878.26	295 618.12	341 097.83	204 658.70
台式机硬盘 4T	204 658.70	613 976.09	665 140.77	767 470.11	460 482.07
笔记本硬盘 1T	159 178.99	477 536.96	517 331.71	596 921.20	358 152.72
笔记本硬盘 2T	176 233.88	528 701.63	572 760.10	660 877.04	396 526.23
笔记本硬盘 4T	227 398.55	682 195.66	739 045.30	852 744.57	511 646.74
台式机电源	42 637.23	127 911.69	138 570.99	159 889.61	95 933.76
笔记本电源	35 815.27	107 445.82	116 399.63	134 307.27	80 584.36
台式机 CPU 13	390 557.01	1 171 671.04	1 269 310.29	1 464 588.80	878 753.28
台式机 CPU 15	329 727.90	989 183.70	1 071 615.68	1 236 479.63	741 887.78
台式机 CPU 17	392 262.50	1 176 787.51	1 274 853.13	1 470 984.39	882 590.63
笔记本 CPU 13	352 467.76	1 057 403.27	1 145 520.21	1 321 754.09	793 052.45
笔记本 CPU 15	483 221.92	1 449 665.77	1 570 471.25	1 812 082.21	1 087 249.33
笔记本 CPU 17	432 057.25	1 296 171.75	1 404 186.06	1 620 214.69	972 128.81
鼠标	17 054.89	51 164.67	55 428.40	63 955.84	38 373.51
台式机键盘	8 527.45	25 582.34	27 714.20	31 977.92	19 186.75
包装材料	1 421 240.95	4 263 722.86	4 619 033.09	5 329 653.57	3 197 792.14

预算指标	9月	10月	11月	12月
材料采购预算	9 771 031.54	24 871 716.66	3 553 102.38	7 994 480.35
主要材料	7 816 825.24	19 897 373.33	2 842 481.90	6 395 584.28
17 寸液晶显示器	101 618.73	258 665.85	36 952.26	83 142.60
19 寸液晶显示器	211 054.28	537 229.08	76 747.01	172 680.78
21 寸液晶显示器	226 687.93	577 023.83	82 431.98	185 471.94
12.2 寸液晶屏	234 504.76	596 921.20	85 274.46	191 867.53
14.1 寸液晶屏	320 489.83	815 792.31	116 541.76	262 218.96
15.5 寸液晶屏	257 955.23	656 613.32	93 801.90	211 054.28
台式机内存 8G	164 153.33	417 844.84	59 692.12	134 307.27
台式机内存 4G	179 786.98	457 639.59	65 377.08	147 098.44
笔记本内存 8G	336 123.49	855 587.05	122 226.72	275 010.12
笔记本内存 4G	289 222.53	736 202.81	105 171.83	236 636.62
台式机主板	367 390.79	935 176.55	133 596.65	300 592.46
笔记本主板	383 024.44	974 971.29	139 281.61	313 383.63
台式机硬盘 1T	148 519.68	378 050.09	54 007.16	121 516.10
台式机硬盘 2T	125 069.20	318 357.97	45 479.71	102 329.35
台式机硬盘 4T	281 405.71	716 305.44	102 329.35	230 241.03
笔记本硬盘 1T	218 871.11	557 126.45	79 589.49	179 076.36
笔记本硬盘 2T	242 321.58	616 818.57	88 116.94	198 263.11
笔记本硬盘 4T	312 673.01	795 894.93	113 699.28	255 823.37
台式机电源	58 626.19	149 230.30	21 318.61	47 966.88
笔记本电源	49 246.00	125 353.45	17 907.64	40 292.18
台式机 CPU 13	537 015.89	1 366 949.55	195 278.51	439 376.64
台式机 CPU 15	453 375.86	1 154 047.65	164 863.95	370 943.89
台式机 CPU 17	539 360.94	1 372 918.76	196 131.25	441 295.32

续表

预算指标	9月	10月	11月	12月
笔记本 CPU 13	484 643.16	1 233 637.15	176 233.88	396 526.23
笔记本 CPU 15	664 430.15	1 691 276.73	241 610.96	543 624.66
笔记本 CPU 17	594 078.72	1 512 200.37	216 028.62	486 064.41
鼠标	23 450.48	59 692.12	8 527.45	19 186.75
台式机键盘	11 725.24	29 846.06	4 263.72	9 593.38
包装材料	1 954 206.31	4 974 343.33	710 620.48	1 598 896.07

【实验步骤】

EAK1 台式计算机材料采购预算表编制与审批方法和实验一相同，具体操作可参考实验一操作。

实验四：EAK1 台式计算机人工成本预算表编制与审批

铸远电子在保证生产顺利进行的情况下规划 EAK1 台式计算机人工成本预算表。

EAK1 台式计算机人工成本预算表由铸远电子预算管理员管思思编制数据并审核后，提交预算部部长沈溪审批。铸远电子 EAK1 台式计算机人工成本预算表如表 8-12 所示。

表 8-12

单位：元

预算指标	上年数	本年预算数	1月	2月	3月
人工成本预算	204 986 675.77	266 482 678.50	15 988 960.71	21 318 614.28	18 653 787.49
职工工资	120 580 397.51	156 754 516.76	9 405 271.01	12 540 361.34	10 972 816.17
职工保险费	48 232 159.00	62 701 806.71	3 762 108.40	5 016 144.54	4 389 126.47
住房公积金	12 058 039.75	15 675 451.68	940 527.10	1 254 036.13	1 097 281.62
工会经费	3 617 411.93	4 702 635.50	282 158.13	376 210.84	329 184.49
职工教育经费	9 646 431.80	12 540 361.34	752 421.68	1 003 228.91	877 825.29
职工福利费	10 852 235.78	14 107 906.51	846 474.39	1 128 632.52	987 553.46

预算指标	4月	5月	6月	7月	8月
人工成本预算	10 659 307.14	31 977 921.42	34 642 748.20	39 972 401.77	23 983 441.06
职工工资	6 270 180.67	18 810 542.01	20 378 087.18	23 513 177.51	14 107 906.51
职工保险费	2 508 072.27	7 524 216.80	8 151 234.87	9 405 271.01	5 643 162.60
住房公积金	627 018.07	1 881 054.20	2 037 808.72	2 351 317.75	1 410 790.65
工会经费	188 105.42	564 316.26	611 342.62	705 395.33	423 237.20
职工教育经费	501 614.45	1 504 843.36	1 630 246.97	1 881 054.20	1 128 632.52
职工福利费	564 316.26	1 692 948.78	1 834 027.85	2 116 185.98	1 269 711.59

预算指标	9月	10月	11月	12月
人工成本预算	14 656 547.32	37 307 574.99	5 329 653.57	11 991 720.53
职工工资	8 621 498.42	21 945 632.35	3 135 090.34	7 053 953.25
职工保险费	3 448 599.37	8 778 252.94	1 254 036.13	2 821 581.30
住房公积金	862 149.84	2 194 563.23	313 509.03	705 395.33
工会经费	258 644.95	658 368.97	94 052.71	211 618.60
职工教育经费	689 719.87	1 755 650.59	250 807.23	564 316.26
职工福利费	775 934.86	1 975 106.91	282 158.13	634 855.79

【实验步骤】

EAK1 台式计算机人工成本预算表编制与审批方法和实验一相同，具体操作可参考实验一操作。

实验五：EAK1 台式计算机制造费用预算表编制与审批

铸远电子由推算的 EAK1 产量及制造费用规划 EAK1 台式计算机制造费用预算表。

EAK1 台式计算机制造费用预算表由铸远电子预算管理员管思思编制数据并审核后，提交预算部部长沈溪审批。铸远电子 EAK1 台式计算机制造费用预算表如表 8-13 所示。

表　8-13

单位：元

预算指标	上年数	本年预算数	1月	2月	3月
制造费用	341 644 459.61	444 137 797.49	26 648 267.85	35 531 023.80	31 089 645.82
工资	119 575 560.86	155 448 229.12	9 326 893.75	12 435 858.33	10 881 376.04
福利费	1 434 906.73	1 865 378.75	111 922.72	149 230.30	130 576.51
社会保险费	4 783 022.43	6 217 929.16	373 075.75	497 434.33	435 255.04
住房公积金	1 195 755.61	1 554 482.29	93 268.94	124 358.58	108 813.76
工会经费	358 726.68	466 344.69	27 980.68	37 307.57	32 644.13
职工教育经费	956 604.49	1 243 585.83	74 615.15	99 486.87	87 051.01
劳务费	17 106 138.09	22 237 979.52	1 334 278.77	1 779 038.36	1 556 658.57
餐厅费用	64 912 447.33	84 386 181.52	5 063 170.89	6 750 894.52	5 907 032.71
水电气费	68 328 891.92	88 827 559.50	5 329 653.57	7 106 204.76	6 217 929.16
取样费	5 466 311.35	7 106 204.76	426 372.29	568 496.38	497 434.33
材料费	4 099 733.52	5 329 653.57	319 779.21	426 372.29	373 075.75
劳动保护费					
维修保养费	37 580 890.56	48 855 157.72	2 931 309.46	3 908 412.62	3 419 861.04
检验检测费	11 404 092.06	14 825 319.68	889 519.18	1 186 025.57	1 037 772.38
折旧费	4 441 377.97	5 773 791.37	346 427.48	461 903.31	404 165.40

预算指标	4月	5月	6月	7月	8月
制造费用	17 765 511.90	53 296 535.70	57 737 913.67	66 620 669.62	30 072 401.77
工资	6 217 929.16	18 653 787.49	20 208 269.79	23 317 234.37	13 990 340.62
福利费	74 615.15	223 845.45	242 499.24	279 806.81	167 884.09
社会保险费	248 717.17	746 151.50	808 330.79	932 689.37	559 613.62
住房公积金	62 179.29	186 537.87	202 082.70	233 172.34	139 903.41
工会经费	18 653.79	55 961.36	60 624.81	69 951.70	41 971.02
职工教育经费	49 743.43	149 230.30	161 666.16	186 537.87	111 922.72
劳务费	889 519.18	2 668 557.54	2 890 937.34	3 335 696.93	2 001 418.16
餐厅费用	3 375 447.26	10 126 341.78	10 970 203.60	12 657 927.23	7 594 756.34
水电气费	3 553 102.38	10 659 307.14	11 547 582.73	13 324 133.92	7 994 480.35
取样费	284 248.19	852 744.57	923 806.62	1 065 930.71	639 558.43
材料费	213 186.14	639 558.43	692 854.96	799 448.04	479 668.82
劳动保护费					
维修保养费	1 954 206.31	5 862 618.93	6 351 170.50	7 328 273.66	4 396 964.20
检验检测费	593 012.79	1 779 038.36	1 927 291.56	2 223 797.95	1 334 278.77
折旧费	230 951.65	692 854.96	750 592.88	866 068.71	519 641.22

续表

预算指标	9月	10月	11月	12月
制造费用	24 427 578.86	62 179 291.65	8 882 755.95	19 986 200.89
工资	8 549 652.60	21 762 752.08	3 108 964.58	6 995 170.31
福利费	102 595.83	261 153.02	37 307.57	83 942.04
社会保险费	341 986.10	870 510.08	124 358.58	279 806.81
住房公积金	85 496.53	217 627.52	31 089.65	69 951.70
工会经费	25 648.96	65 288.26	9 326.89	20 985.51
职工教育经费	68 397.22	174 102.02	24 871.72	55 961.36
劳务费	1 223 088.87	3 113 317.13	444 759.59	1 000 709.08
餐厅费用	4 641 239.98	11 814 065.41	1 687 723.63	3 797 378.17
水电气费	4 885 515.77	12 435 858.33	1 776 551.19	3 997 240.18
取样费	390 841.26	994 868.67	142 124.10	319 779.21
材料费	293 130.95	746 151.50	106 593.07	239 834.41
劳动保护费				
维修保养费	2 687 033.67	6 839 722.08	977 103.15	2 198 482.10
检验检测费	815 392.58	2 075 544.76	296 506.39	667 139.39
折旧费	317 558.53	808 330.79	115 475.83	259 820.61

【实验步骤】

EAK1 台式计算机制造费用预算表编制与审批方法和实验一相同,具体操作可参考实验一操作。

实验六:EAK1 台式计算机生产成本预算表编制与审批

铸远电子根据 EAK1 台式计算机材料采购预算表、EAK1 台式计算机人工成本预算表、EAK1 台式计算机制造费用预算表推算 EAK1 台式计算机生产成本预算表。

EAK1 台式计算机生产成本预算表由铸远电子预算管理员管思思编制数据并审核后,提交预算部部长沈溪审批。铸远电子 EAK1 台式计算机生产成本预算表如表 8-14 所示。

表 8-14

单位:元

预算指标	上年数	本年预算数	1月	2月	3月
生产成本	776 464 680.93	1 009 404 085.21	60 564 245.11	80 752 326.82	70 658 285.96
基本生产成本	683 288 919.22	888 275 594.99	53 296 535.70	71 062 047.60	62 179 291.65
直接材料	136 657 783.84	177 655 119.00	10 659 307.14	14 212 409.52	12 435 858.33
直接人工	204 986 675.77	266 482 678.50	15 988 960.71	21 318 614.28	18 653 787.49
制造费用	341 644 459.61	444 137 797.49	26 648 267.85	35 531 023.80	31 089 645.82
辅助生产成本	93 175 761.71	121 128 490.23	7 267 709.41	9 690 279.22	8 478 994.32
水费	27 952 728.51	36 338 547.07	2 180 312.82	2 907 083.77	2 543 698.29
电费	46 587 880.86	60 564 245.11	3 633 854.71	4 845 139.61	4 239 497.16
天然气费	18 635 152.34	24 225 698.05	1 453 541.88	1 938 055.84	1 695 798.86

预算指标	4月	5月	6月	7月	8月
生产成本	40 376 163.41	121 128 490.23	131 222 531.08	151 410 612.78	90 846 367.67
基本生产成本	35 531 023.80	106 593 071.40	115 475 827.35	133 241 339.25	79 944 803.55

续表

预算指标	4月	5月	6月	7月	8月
直接材料	7 106 204.76	21 318 614.28	23 095 165.47	26 648 267.85	15 988 960.71
直接人工	10 659 307.14	31 977 921.42	34 642 748.20	39 972 401.77	23 983 441.06
制造费用	17 765 511.90	53 296 535.70	57 737 913.67	66 620 669.62	39 972 401.77
辅助生产成本	4 845 139.61	14 535 418.83	15 746 703.73	18 169 273.53	10 901 564.12
水费	1 453 541.88	4 360 625.65	4 724 011.12	5 450 782.06	3 270 469.24
电费	2 422 569.80	7 267 709.41	7 873 351.86	9 084 636.77	5 450 782.06
天然气费	969 027.92	2 907 083.77	3 149 340.75	3 633 854.71	2 180 312.82

预算指标	9月	10月	11月	12月
生产成本	55 517 224.69	141 316 571.93	20 188 081.70	45 423 183.83
基本生产成本	48 855 157.72	124 358 583.30	17 765 511.90	39 972 401.77
直接材料	9 771 031.54	24 871 716.66	3 553 102.38	7 994 480.35
直接人工	14 656 547.32	37 307 574.99	5 329 653.57	11 991 720.53
制造费用	24 427 578.86	62 179 291.65	8 882 755.95	19 986 200.89
辅助生产成本	6 662 066.96	16 957 988.63	2 422 569.80	5 450 782.06
水费	1 998 620.09	5 087 396.59	726 770.94	1 635 234.62
电费	3 331 033.48	8 478 994.32	1 211 284.90	2 725 391.03
天然气费	1 332 413.39	3 391 597.73	484 513.96	1 090 156.41

【实验步骤】

EAK1台式计算机生产成本预算表编制与审批方法和实验一相同，具体操作可参考实验一操作。

实验七：生产成本预算总表编制与审批

2018年铸远电子根据各产品生产成本预算完成生产成本预算总表。

生产成本预算总表由铸远电子预算管理员管思思编制数据并审核后，提交预算部部长沈溪审批。铸远电子生产成本预算总表如表8-15所示。

表　8-15

单位：元

预算指标	上年数	本年预算数	1月	2月	3月
生产成本	17 470 455 320.99	22 711 591 917.29	1 362 695 515.04	1 816 927 353.38	1 589 811 434.21
基本生产成本	15 374 000 682.47	19 986 200 887.22	1 199 172 053.23	1 598 896 070.98	1 399 034 062.11
直接材料	3 074 800 136.49	3 997 240 177.44	239 834 410.65	319 779 214.20	279 806 812.42
直接人工	4 612 200 204.74	5 995 860 266.16	359 751 615.97	479 668 821.29	419 710 218.63
制造费用	7 687 000 341.24	9 993 100 443.61	599 586 026.62	799 448 035.49	699 517 031.05
辅助生产成本	2 096 454 638.52	2 725 391 030.07	163 523 461.80	218 031 282.41	190 777 372.11
水费	628 936 391.56	817 617 309.02	49 057 038.54	65 409 384.72	57 233 211.63
电费	1 048 227 319.26	1 362 695 515.04	81 761 730.90	109 015 641.20	95 388 686.05
天然气费	419 290 927.70	545 078 206.01	32 704 692.36	43 606 256.48	38 155 474.42

预算指标	4月	5月	6月	7月	8月
生产成本	908 463 676.69	2 725 391 030.07	2 952 506 949.25	3 406 738 787.59	2 044 043 272.56
基本生产成本	799 448 035.49	2 398 344 106.47	2 598 206 115.34	2 997 930 133.08	1 798 758 079.85
直接材料	159 889 607.10	479 668 821.29	519 641 223.07	599 586 026.62	359 751 615.97
直接人工	239 834 410.65	719 503 231.94	779 461 834.60	899 379 039.92	539 627 423.95

续表

预算指标	4 月	5 月	6 月	7 月	8 月
制造费用	399 724 017.74	1 199 172 053.23	1 299 103 057.67	1 498 965 066.54	899 379 039.92
辅助生产成本	109 015 641.20	327 046 923.61	354 300 833.91	408 808 654.51	245 285 192.71
水费	32 704 692.36	98 114 077.08	106 290 250.17	122 642 596.35	73 585 557.81
电费	54 507 820.60	163 523 461.80	177 150 416.95	204 404 327.26	122 642 596.35
天然气费	21 803 128.24	65 409 384.72	70 860 166.78	81 761 730.90	49 057 038.54

预算指标	9 月	10 月	11 月	12 月
生产成本	1 022 021 636.28	3 179 622 868.42	454 231 838.35	1 249 137 555.45
基本生产成本	899 379 039.92	2 798 068 124.21	399 724 017.74	1 099 241 048.80
直接材料	179 875 807.98	559 613 624.84	79 944 803.55	219 848 209.76
直接人工	269 813 711.98	839 420 437.26	119 917 205.32	329 772 314.64
制造费用	449 689 519.96	1 399 034 062.11	199 862 008.87	549 620 524.40
辅助生产成本	122 642 596.35	381 554 744.21	54 507 820.60	149 896 506.65
水费	36 792 778.91	114 466 423.26	16 352 346.18	44 968 952.00
电费	61 321 298.18	190 777 372.11	27 253 910.30	74 948 253.33
天然气费	24 528 519.27	76 310 948.84	10 901 564.12	29 979 301.33

【实验步骤】

生产成本预算总表编制与审批方法和实验一相同，具体操作可参考实验一操作。

第四节 教学任务二：基于利润预算表的智能化取数体系规划与设计

铸远集团强化业务部门在预算管理中的主体地位，由于执行预算的主体是业务部门，预算编制、执行、控制、分析的主体都要落实到业务单位，财务报表是预算的最终形式。因此，集团要求规划建设基于利润预算表的智能化取数财务预算体系，真正实现业务预算而非表面的财务预算，避免预算与业务脱节，无法对经营活动进行指导与控制。

铸远集团要求各子公司采用增量预算编制方法，但要求每隔三年实施一次全面的零基预算，以消除预算费用虚假增长。

实验一：利润预算表编制

铸远电子在 2018 年 1 月 1 日开始编制 2018 年利润预算表。由于利润预算表数据与业务预算表数据关联，可用公式进行定义，包括 Sum 函数（表内求和）公式、取值（表间取数）公式、取值（表内取数）公式，具体如表 8-16 所示。

表 8-16

序号	预算表项目	数 据 来 源	公式类别	公 式 内 容
1	营业总收入	营业收入预算表中，主营业务收入＋其他业务收入数据值	Sum 函数（表内求和）	0060001 一、营业总收入＝Sum()
2	主营业务收入	营业收入预算表中，主营业务收入数据值	取值（表间取数）	00600010001 其中：主营业务收入＝取值()

续表

序号	预算表项目	数据来源	公式类别	公式内容
3	其他业务收入	营业收入预算表中，其他业务收入数据值	取值(表间取数)	00600010002 其他业务收入＝取值()
4	主营业务成本	生产成本预算表中，生产成本数据值	取值(表间取数)	00600020001000l 其中：主营业务成本＝取值()
5	销售费用	销售费用预算表中，销售费用预算数据值	取值(表间取数)	00600020003 销售费用＝取值()
6	管理费用	管理费用预算表中，管理费用预算数据值	取值(表间取数)	00600020004 管理费用＝取值()
7	财务费用	财务费用预算表中，财务费用预算数据值	取值(表间取数)	00600020005 财务费用＝取值()
8	利润总额	利润预算表中，营业利润＋营业外收入－营业外支出数据值	取值(表内取数)	0060005 五、利润总额(亏损总额以"－"号填列) ＝取值(0060004 四、营业利润(亏损以"－"号填列))＋取值(00600040001 加：营业外收入)－取值(00600040002 减：营业外支出)
9	净利润	利润预算表中，利润总额－所得税费用数据值	取值(表内取数)	0060006 六、净利润(净亏损以"－"号填列) ＝取值(0060005 五、利润总额(亏损总额以"－"号填列))－取值(00600050001 减：所得税费用)

铸远电子利润预算表数据编制完成，参见表 8-17。

表　8-17

预算单位：铸远电子信息产业有限公司　　　　2018 年　　　　单位：元

费用项目	上年数	本年预算数
一、营业总收入	19 606 288 997.64	25 488 175 696.93
其中：主营业务收入	19 511 685 394.95	25 365 191 013.44
其他业务收入	94 603 602.69	122 984 683.49
二、营业总成本	19 366 896 825.16	25 176 965 872.71
其中：营业成本	17 532 248 620.69	22 791 923 206.90
其中：主营业务成本	17 470 455 320.99	22 711 591 917.29
其他业务成本	61 793 299.70	80 331 289.61
营业税金及附加	25 877 183.46	33 640 338.50
销售费用	610 847 591.66	794 101 869.16
管理费用	824 748 708.11	1 072 173 320.54
财务费用	167 083 879.01	217 209 042.71
资产减值损失	206 090 842.23	267 918 094.90
三、其他经营收益	149 703 094.62	194 614 023.01
加：公允价值变动收益(损失以"－"号填列)		

续表

费 用 项 目	上年数	本年预算数
投资收益(损失以“－”号填列)	149 703 094.62	194 614 023.01
四、营业利润(亏损以“－”号填列)	389 095 267.10	505 823 847.23
加：营业外收入	406 654.52	528 650.88
减：营业外支出	299 274.15	389 056.40
五、利润总额(亏损总额以“－”号填列)	389 202 647.47	505 963 441.71
减：所得税费用	62 729 049.07	81 547 763.79
六、净利润(净亏损以“－”号填列)	326 473 598.40	424 415 677.92

【实验步骤】

按表 8-18 所示的用户信息，登录浪潮 GS。

表 8-18

登录日期	登 录 用 户	登录密码	操 作 内 容
2018.1.1	YS0001(铸远电子预算管理员管思思)	aaaaaa	利润预算表编制

第一步：2018 年 1 月 1 日，铸远电子预算管理员管思思(用户名：YS0001)登录系统，执行“全面预算—预算编制—编制预算”，打开“编制预算”功能，选择“组织—报表”展示模式，组织选择“铸远电子信息产业有限公司”，报表选择“CW02 利润预算表”，单击“确定”按钮打开“利润预算表”，如图 8-13 所示。

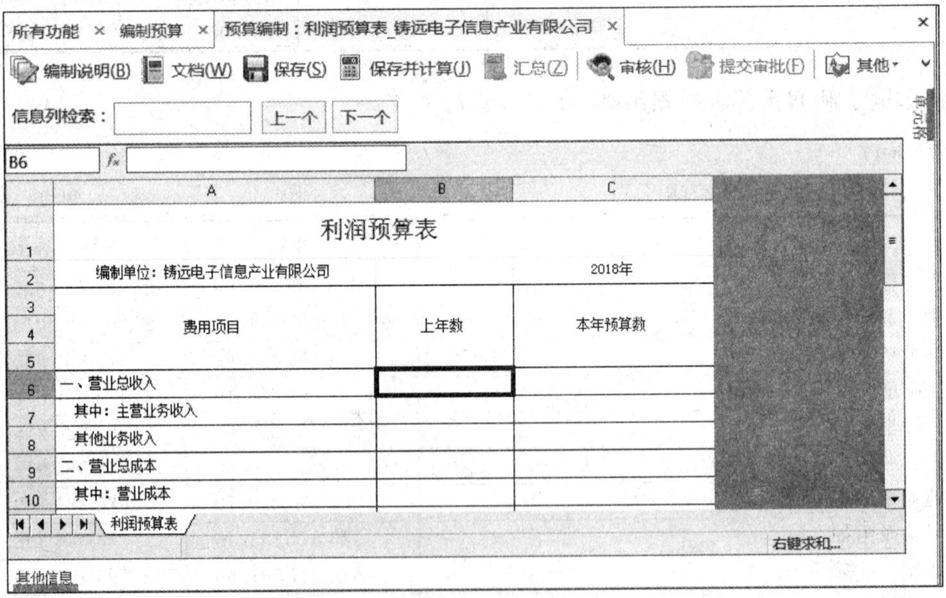

图 8-13

第二步：定义利润预算表“营业总收入”公式。在第一步打开的“利润预算表”中，选中 B6：C6 单元格，选择菜单栏的“其他”功能选项下的“公式定义”选项，弹出公式定义窗口，定义“营业总收入”公式，如图 8-14 所示。

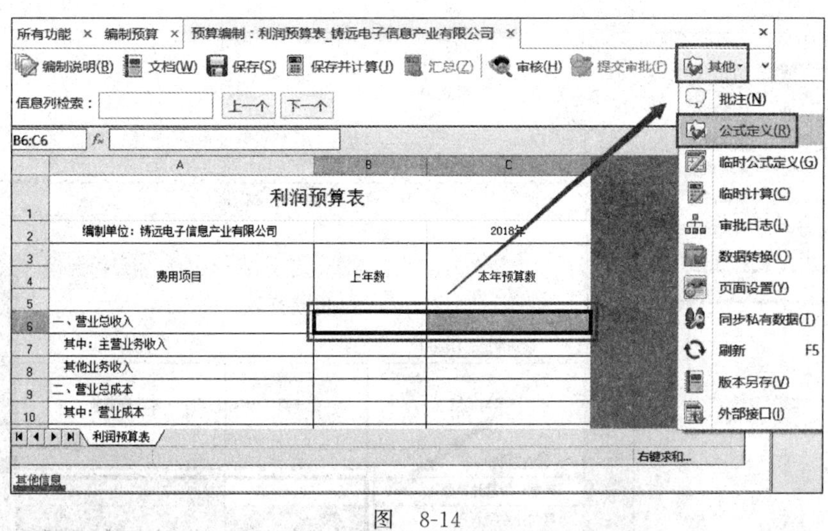

图　8-14

在弹出的"公式定义"窗口，首先定义基本信息项，在"公式名称"中输入"营业总收入"。由于营业总收入取值需要依托主营业务收入与其他业务收入取值，所以要在"公式定义"窗口中对营业总收入公式定义计算顺序（计算顺序为6），该顺序大于主营业务收入与其他业务收入计算顺序（计算顺序为5）。对预算表执行数，无须设置公式，在"计算类型"中不勾选"执行数计算"复选框。

在"公式定义"栏单击"增加"按钮，公式行中的"函数"单元格选择"Sum函数"，单击公式行中的"预算表"单元格，弹出"选择报表区域"窗口。在"选择报表区域"窗口中，左侧选择"利润预算表"，右侧选中"B7：C8"单元格，"公式定义"窗口设置完毕后，单击"确定"按钮，在"公式定义"窗口单击"保存"按钮，如图8-15和图8-16所示。

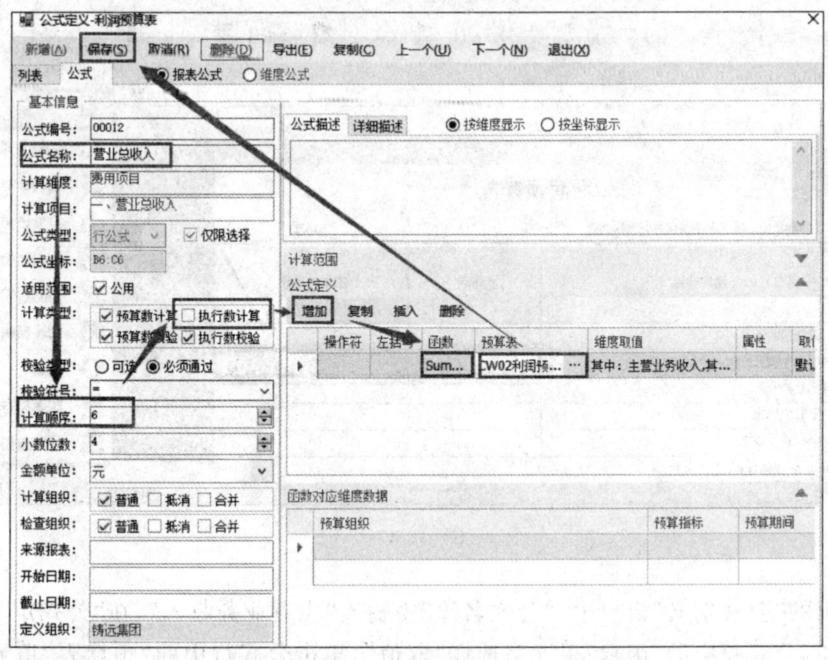

图　8-15

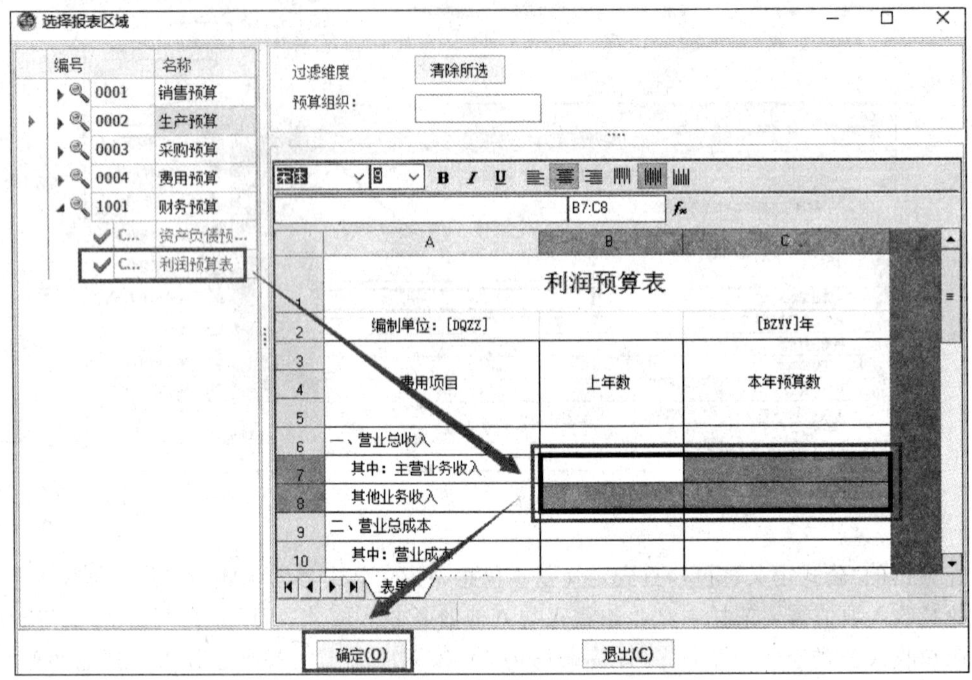

图 8-16

第三步:定义利润预算表"主营业务收入"公式。在第一步打开的"利润预算表"中,选中 B7:C7 单元格,选择菜单栏的"其他"功能选项下的"公式定义"选项,弹出"公式定义"窗口,定义"主营业务收入"公式,如图 8-17 所示。

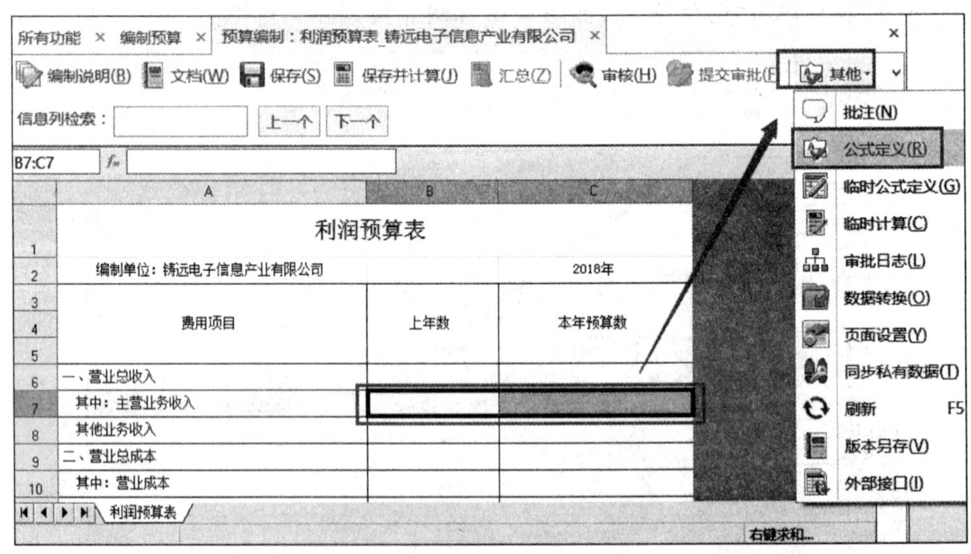

图 8-17

在弹出的"公式定义"窗口中,"公式名称"中输入"主营业务收入",在"公式定义"栏单击"增加"按钮,公式行中的"函数"单元格选择"取值",单击公式行中的"预算表"单元格,弹出

“选择报表区域”窗口。在“选择报表区域”窗口中，左侧选择“营业收入预算表”，右侧选中B5：C5单元格，“公式定义”窗口设置完毕后，单击“确定”按钮，在“公式定义”窗口单击“保存”按钮，如图 8-18 和图 8-19 所示。

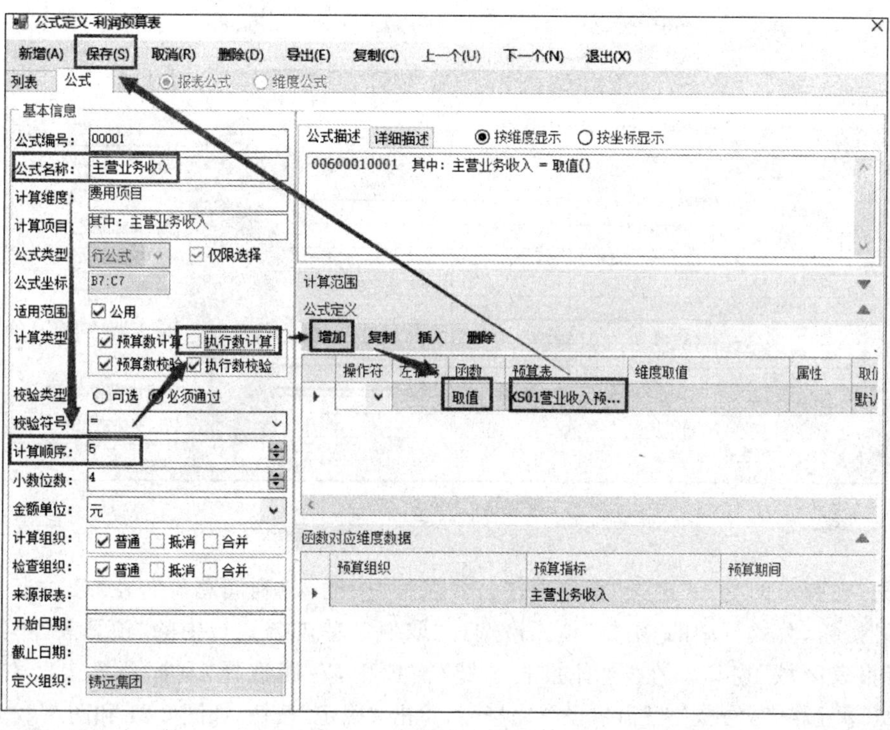

图　8-18

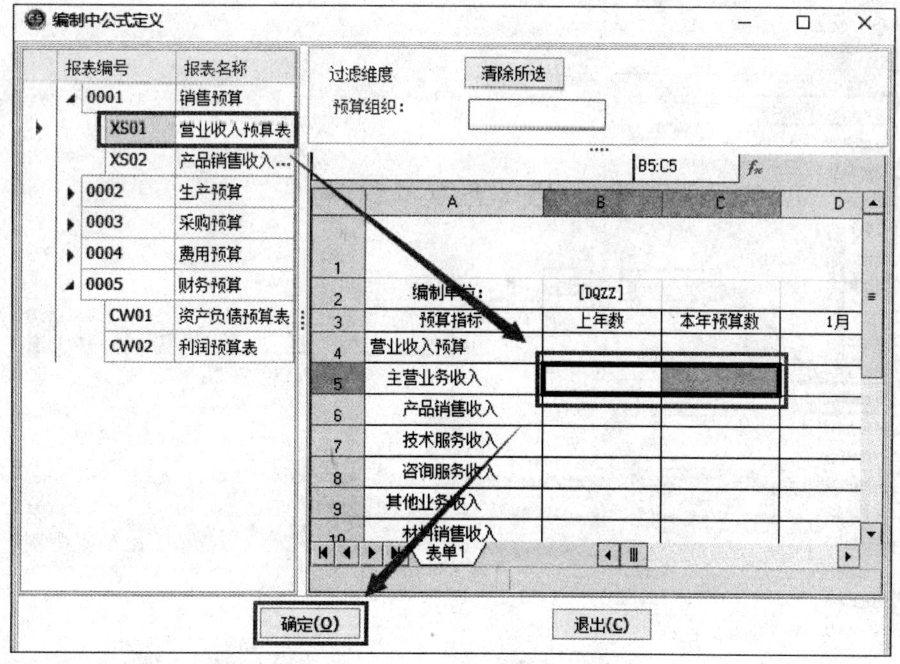

图　8-19

第四步：定义利润预算表“利润总额”公式。在第一步打开的“利润预算表”中，选中B24：C24单元格，选择菜单栏的“其他”功能选项下的“公式定义”选项，弹出“公式定义”窗口，定义“利润总额”公式，如图8-20所示。

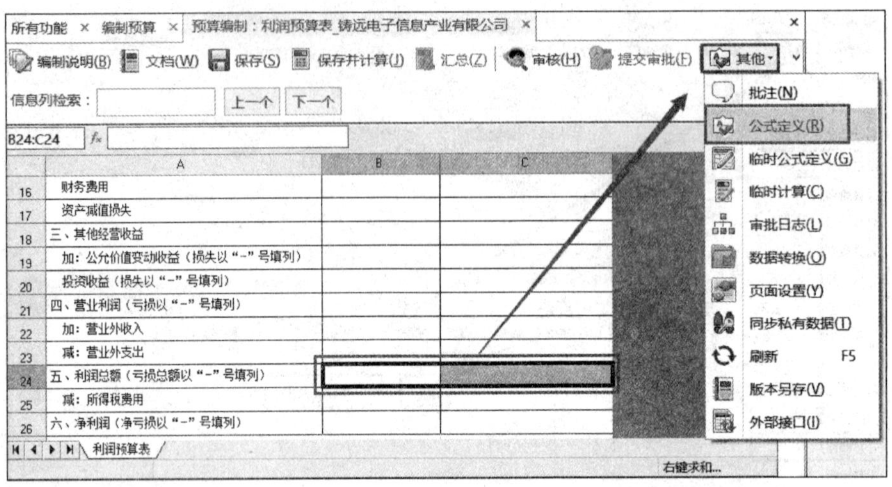

图 8-20

首先，在弹出的“公式定义”窗口中，“公式名称”中输入“利润总额”，在“公式定义”栏单击“增加”按钮，公式行中的“函数”单元格选择“取值”，单击公式行中的“预算表”单元格，弹出“选择报表区域”窗口。在“选择报表区域”窗口中，左侧选择“利润预算表”，右侧选中B21：C21单元格，“公式定义”窗口设置完毕后，单击“确定”按钮，如图8-21和图8-22所示。

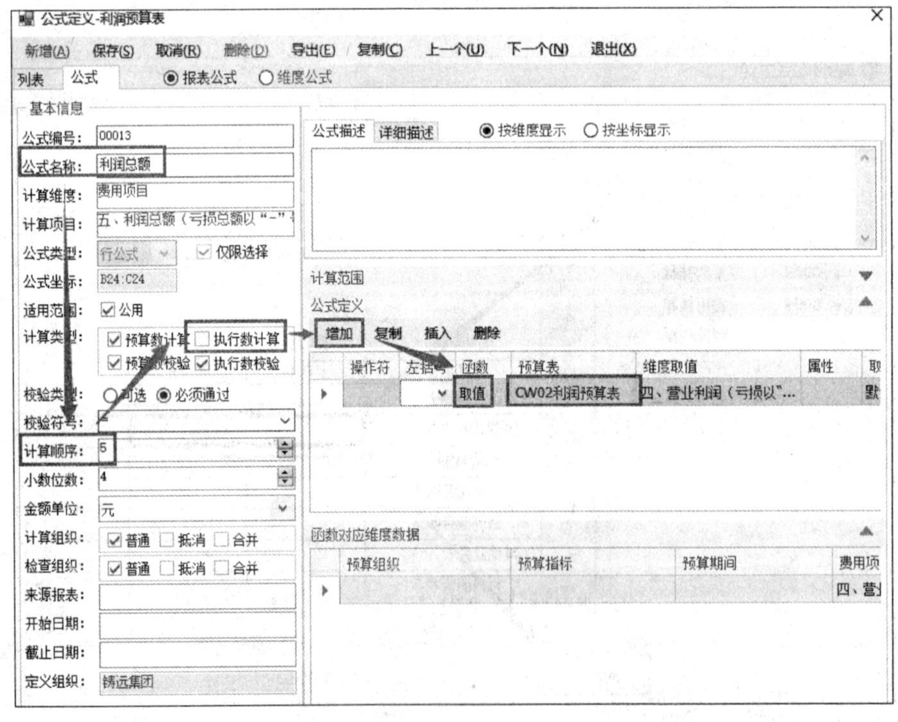

图 8-21

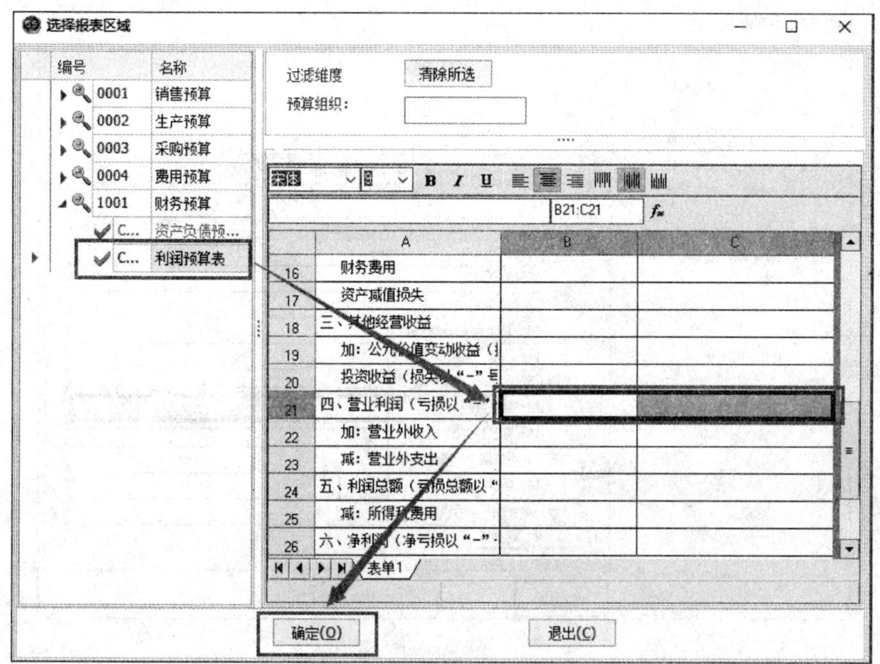

图 8-22

其次,在“公式定义”窗口的“公式定义”栏继续单击“增加”按钮,公式行中的“操作符”单元格选择加号“+”,公式行中的“函数”单元格选择“取值”,单击公式行中的“预算表”单元格,弹出“选择报表区域”窗口。在“选择报表区域”窗口中,左侧选择“利润预算表”,右侧选中 B22:C22 单元格,“公式定义”窗口设置完毕后,单击 “确定”按钮,如图 8-23 和图 8-24 所示。

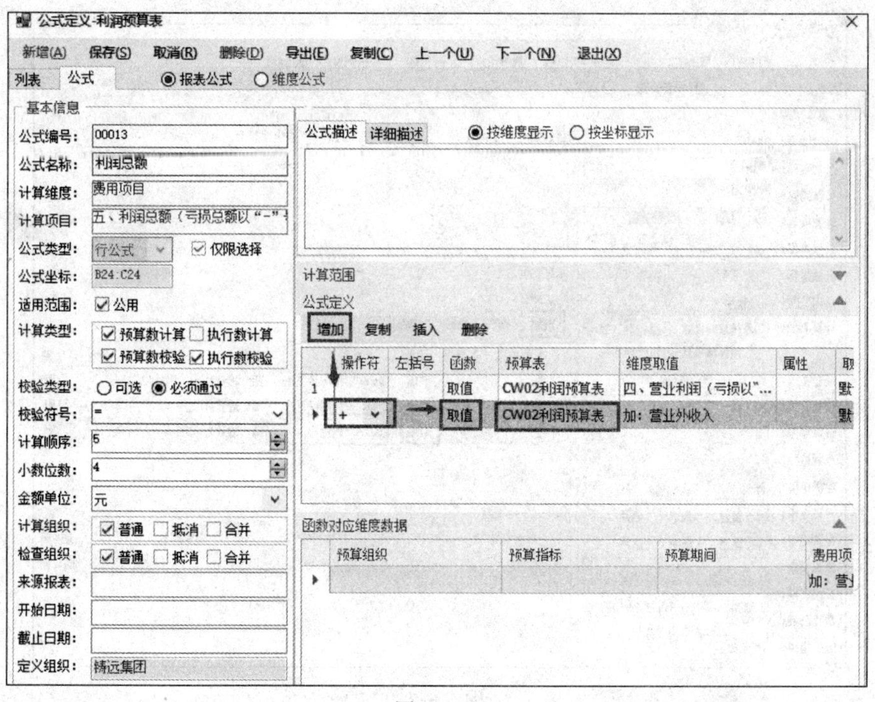

图 8-23

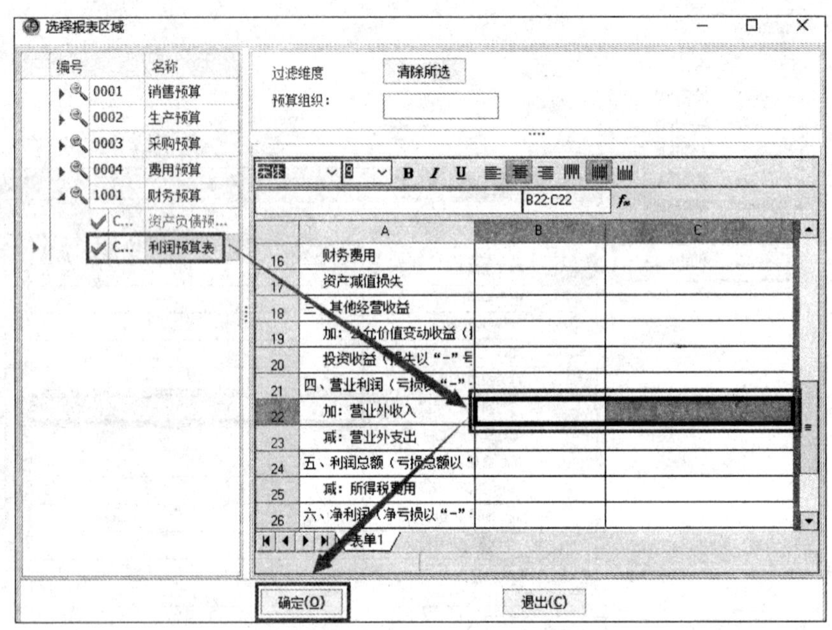

图 8-24

最后,在“公式定义”窗口的“公式定义”栏继续单击“增加”按钮,公式行中的“操作符”单元格选择减号“-”,公式行中的“函数”单元格选择“取值”,单击公式行中的“预算表”单元格,弹出“选择报表区域”窗口。在“选择报表区域”窗口中,左侧选择“利润预算表”,右侧选中 B23:C23 单元格,“公式定义”窗口设置完毕后,单击 “确定”按钮,再单击“保存”按钮,如图 8-25 和图 8-26 所示。

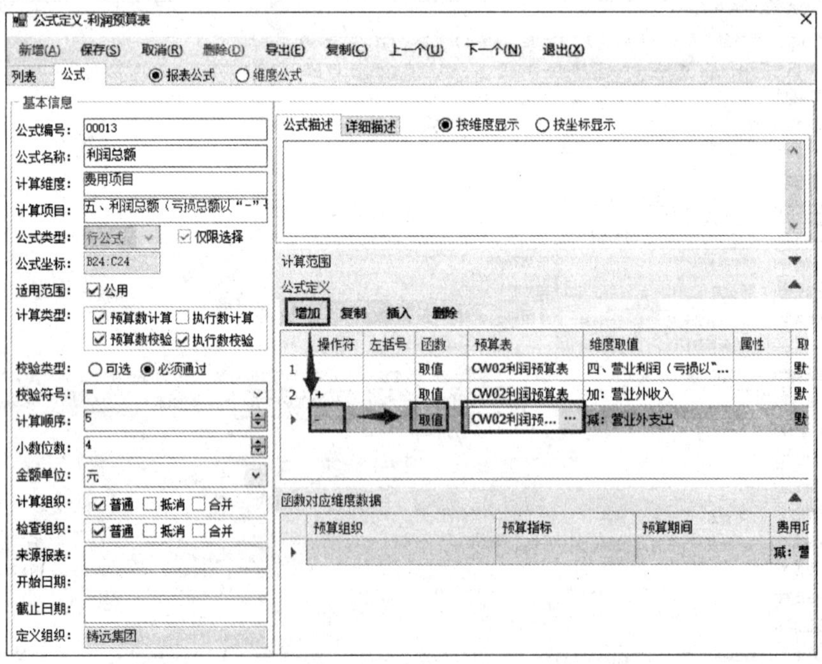

图 8-25

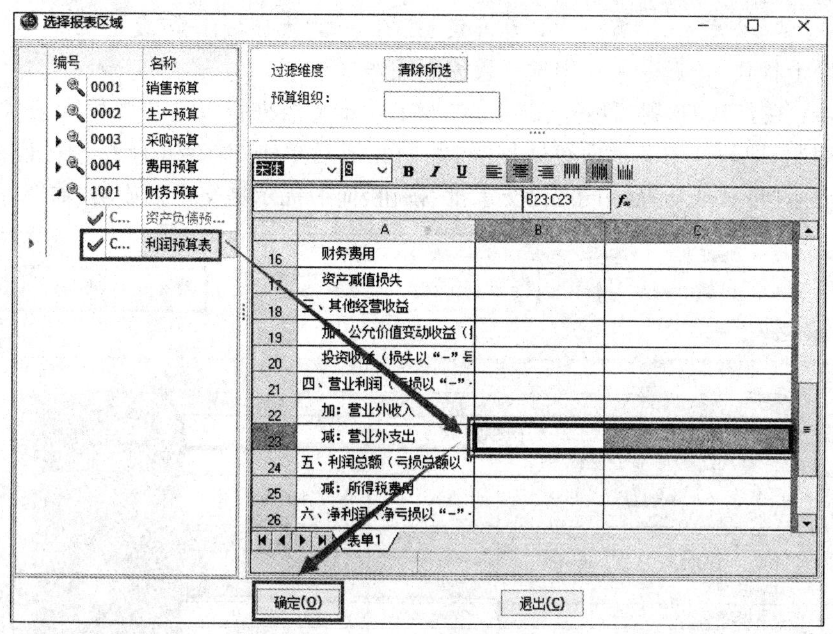

图　8-26

注意 1：利润表中“其他业务收入”“主营业务成本”“销售费用”“管理费用”“财务费用”取值均为跨表取值，可参照“主营业务收入”公式定义方法进行定义。

注意 2：利润表中“净利润”取值公式，可参照“利润总额”公式定义方法进行定义，即净利润＝利润总额－所得税费用。需要注意的是，由于净利润取值需要依托利润总额取值，因此要在“公式定义”窗口中对净利润公式定义计算顺序(计算顺序为 6)，该顺序大于利润总额计算顺序(计算顺序为 5)，如图 8-27 所示。

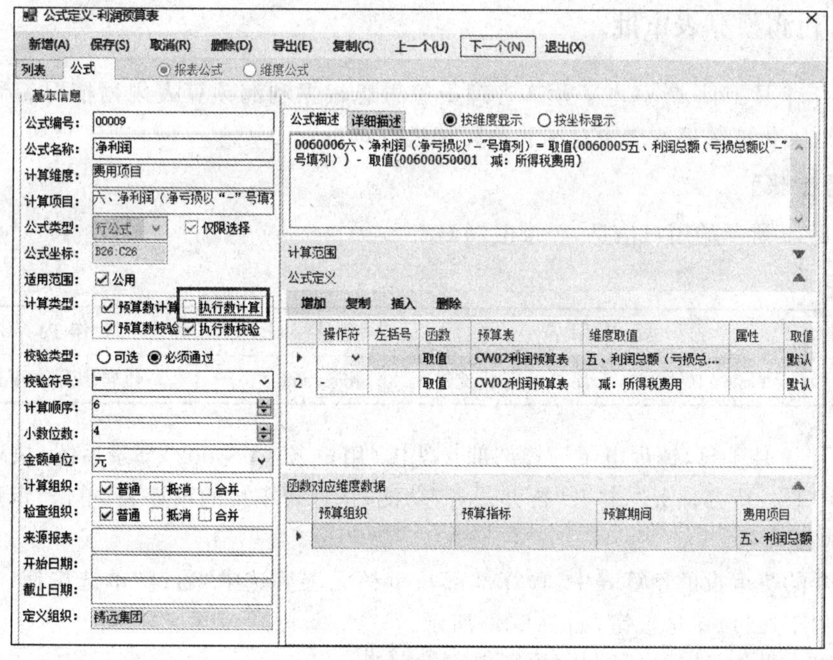

图　8-27

注意 3：在“公式定义”窗口中，“计算类型”不勾选“执行数计算”复选框。

通过以上操作，铸远电子利润预算表编制完毕。

第五步：在打开的“利润预算表”中，参照 Excel 文档进行以上步骤中除公式定义项以外的数据编制，即软件中显示白色数据项，编制完成后单击“保存并计算”按钮，再单击“审核”按钮，提示“审核成功”后单击“提交审批”按钮，而后提示提交审批成功，如图 8-28 所示。

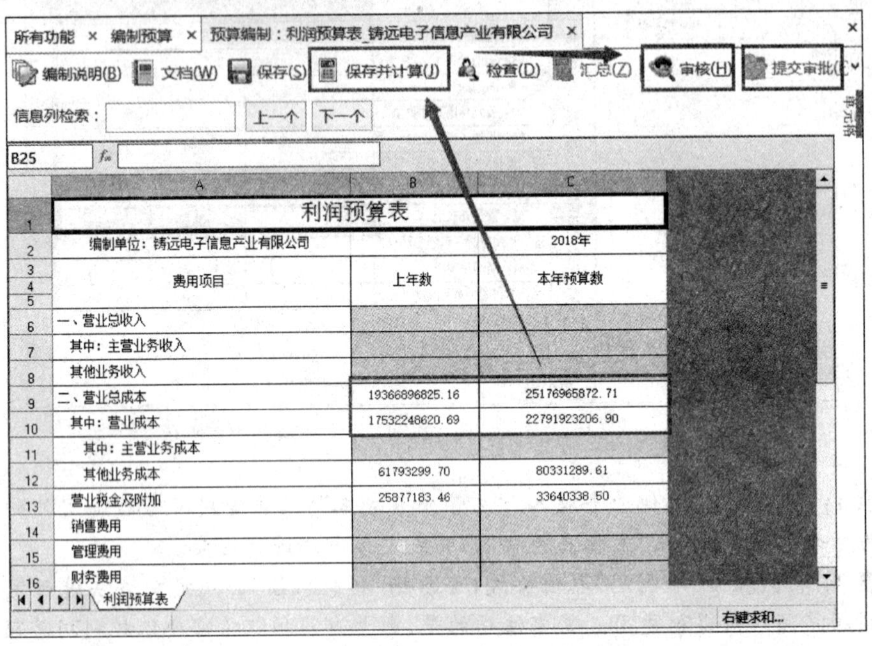

图 8-28

实验二：利润预算表审批

2018 年 1 月 1 日，铸远电子预算管理员管思思根据利润预算表规划情况编制完成后，提交铸远电子预算部部长沈溪对利润预算表进行审批。

【实验步骤】

按表 8-19 所示的用户信息，登录浪潮 GS。

表 8-19

登录日期	登录用户	登录密码	操作内容
2018.1.1	YS0002(铸远电子预算部部长沈溪)	aaaaaa	利润预算表审批

2018 年 1 月 1 日，铸远电子预算部部长沈溪(用户名：YS0002)登录系统，执行“系统公共—任务中心—待办任务”，打开“待办任务”功能，选择要审批的预算表，单击“审批单据”按钮，如图 8-29 所示。

在打开的待审批的预算表中，预算部部长审核无误后选中“通过”单选按钮；如发现问题，则选中“不通过”单选按钮，如图 8-30 所示。

通过以上操作，铸远电子利润预算表审批完毕。

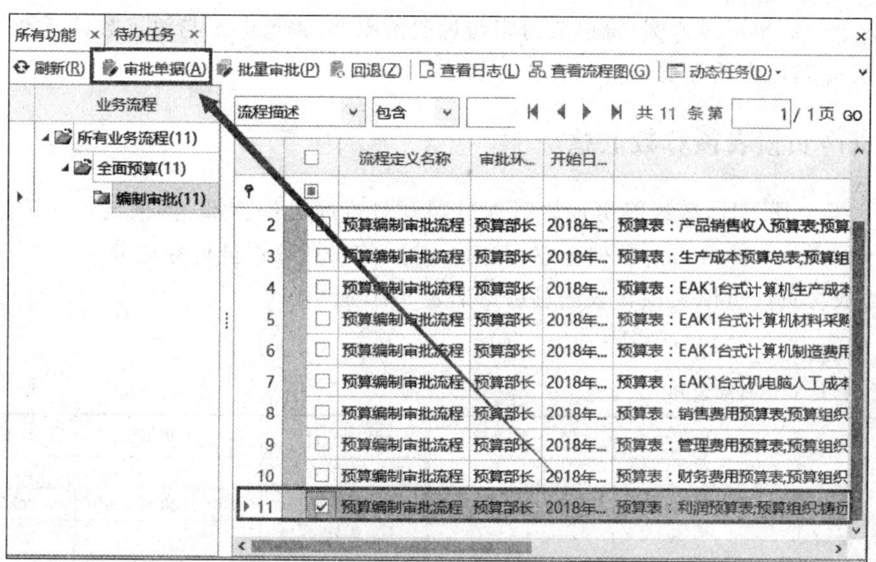

图　8-29

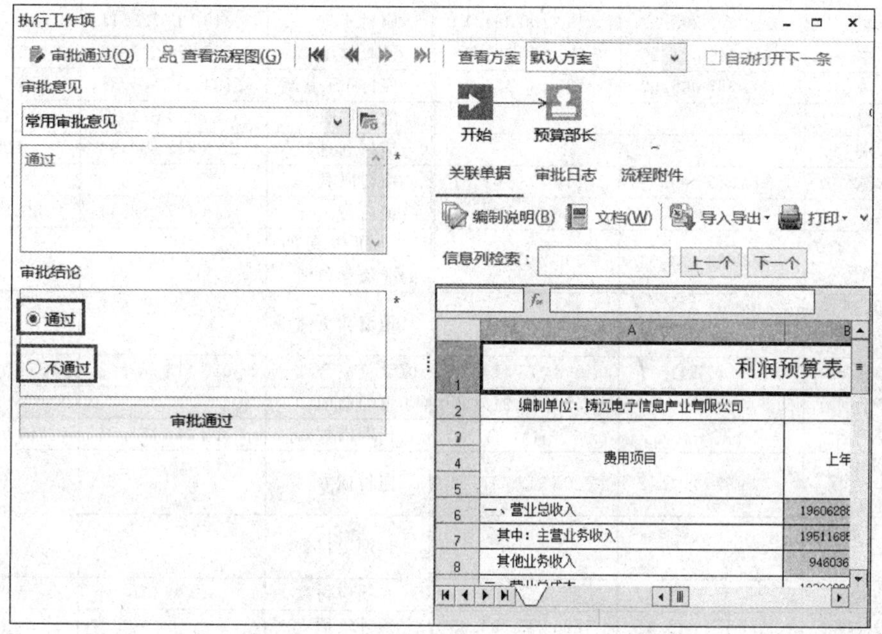

图　8-30

第五节　教学任务三：基于资产负债预算表的数据自动汇总与分析

铸远集团全面预算的编制采用“一上一下”的编制流程。

铸远集团要求铸远股份二级集团将下属各子公司的预算数进行汇总，形成集团汇总数据，便于从集团战略层面做出管理决策，并对各子公司的预算编制工作提出指导意见。

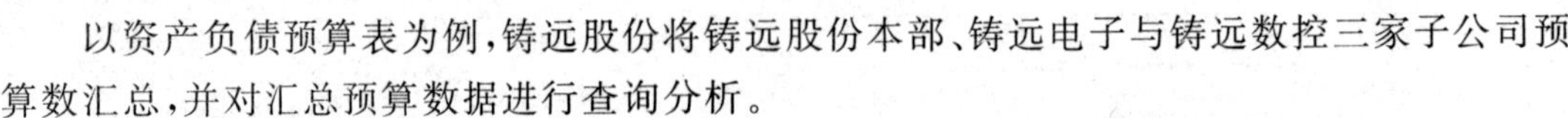

以资产负债预算表为例，铸远股份将铸远股份本部、铸远电子与铸远数控三家子公司预算数汇总，并对汇总预算数据进行查询分析。

实验：资产负债表预算数汇总

2018 年 1 月 1 日，铸远股份预算管理员顾辉对铸远股份本部、铸远电子和铸远数控的资产负债预算表预算数进行数据汇总，并对汇总后的预算数据进行穿透分析。

铸远股份资产负债表预算数汇总数据如表 8-20 所示。

表 8-20

编制单位：铸远股份有限公司　　2018 年　　单位：元

项　目	上年数	本年预算数	项　目	上年数	本年预算数
流动资产：			流动负债：		
货币资金	3 568 038 019.34	4 638 449 425.14	短期借款	5 304 406 577.09	6 895 728 550.22
交易性金融资产			交易性金融负债		
买入返售金融资产			应付票据	70 903 683.98	92 174 789.17
应收票据	360 077 203.22	468 100 364.19	应付账款	8 048 133 728.11	10 462 573 846.55
应收账款	5 831 749 524.25	7 581 274 381.52	预收款项	1 157 724 527.18	1 505 041 885.34
预付款项	94 987 065.97	123 483 185.75	应付职工薪酬	134 322 530.34	174 619 289.44
应收利息			应交税费	85 474 852.13	111 117 307.76
应收股利			应付利息	6 312 200.64	8 205 860.83
其他应收款	115 225 438.32	149 793 069.81	应付股利		
短期贷款			其他应付款	248 137 583.44	322 578 858.48
存货	7 384 035 673.51	9 599 246 375.57	一年内到期的非流动负债		
一年内到期的非流动资产			其他流动负债		
其他流动资产	6 152 827 241.77	7 998 675 414.30	流动负债合计	15 055 415 682.92	19 572 040 387.80
流动资产合计	23 506 940 166.37	30 559 022 216.29	非流动负债：		
非流动资产：			长期借款	592 246 153.84	769 920 000.00
可供出售金融资产	46 575 224.42	60 547 791.76	应付债券		
持有至到期投资			长期应付款		
长期应收款			专项应付款	1 492 070.91	1 939 692.18
长期股权投资	477 111 842.81	620 245 395.65	预计负债		
投资性房地产	156 595 193.08	203 573 751.01	递延收益	45 151 494.48	58 696 942.83
固定资产	596 598 444.31	775 577 977.60	递延所得税负债		
在建工程	12 833 840.73	16 683 992.96	其他非流动负债		
工程物资			非流动负债合计	638 889 719.23	830 556 635.00
固定资产清理			负债合计	15 694 305 402.15	20 402 597 022.79
生产性生物资产			所有者权益（或股东权益）：		
油气资产			实收资本（或股本）	1 908 886 599.03	2 481 552 578.74
无形资产	1 210 742 163.43	1 573 964 812.46	其他权益工具		

续表

项　　目	上年数	本年预算数	项　　目	上年数	本年预算数
开发支出	356 919 020.03	463 994 726.03	资本公积	6 262 632 115.49	8 141 421 750.14
商誉	952 058.47	1 237 676.03	其他综合收益	182 532.77	237 292.60
长期待摊费用	34 614 186.94	44 998 443.01	专项储备		
递延所得税资产	70 426 541.71	91 554 504.23	盈余公积	293 842 729.03	381 995 547.75
其他非流动资产	5 316 898.12	6 911 967.56	一般风险准备		
			未分配利润	2 310 957 180.63	3 004 244 334.83
			归属于母公司所有者权益合计	10 776 501 156.96	14 009 451 504.05
			少数股东权益	4 819 021.33	6 264 727.73
非流动资产合计	2 968 685 414.07	3 859 291 038.29	所有者权益合计	10 781 320 178.28	14 015 716 231.77
资产合计	26 475 625 580.43	34 418 313 254.57	负债和所有者权益总计	26 475 625 580.43	34 418 313 254.57

【实验步骤】

按表 8-21 所示的用户信息，登录浪潮 GS。

表　8-21

登录日期	登 录 用 户	登录密码	操 作 内 容
2018.1.1	YS0003(铸远股份预算管理员顾辉)	aaaaaa	资产负债预算表汇总

第一步：2018 年 1 月 1 日，铸远股份预算管理员顾辉(用户名：YS0003)登录系统，对已完成编制及审批的三张资产负债预算表进行汇总工作，执行“全面预算—预算编制—报表汇总”，打开“报表汇总”功能，选中右上角“汇总所有”单选按钮，“汇总对象名称”选择“铸远股份有限公司”及其下属的所有公司，报表选择“CW01 资产负债预算表”，单击“汇总”按钮，汇总完成后提示“汇总成功”，如图 8-31 所示。

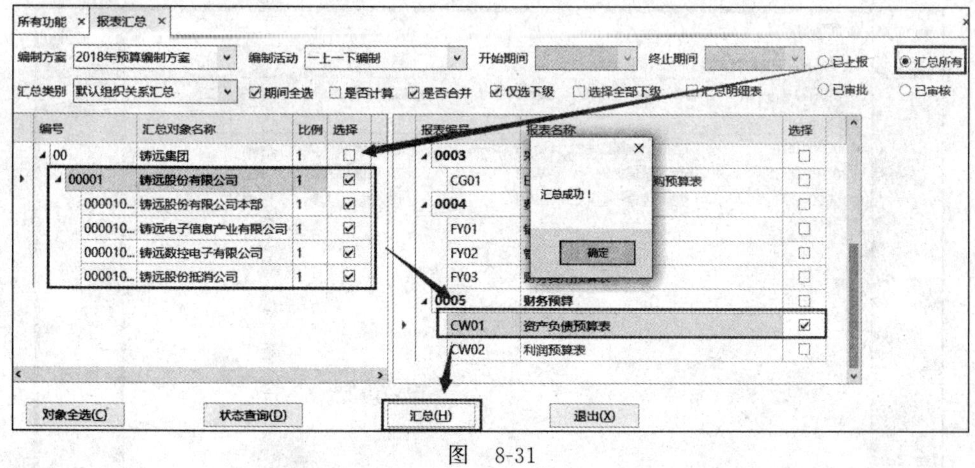

图　8-31

第二步：对于汇总成功的铸远股份有限公司资产负债预算表，铸远股份预算管理员顾辉(用户名：YS0003)于 2018 年 1 月 1 日登录系统，执行“全面预算—预算编制—编制预算”

进行预算汇总数据查看，选中要进行分析的预算数据，右击选择“数据构成”，进行汇总数据的构成分析，如图 8-32 所示。

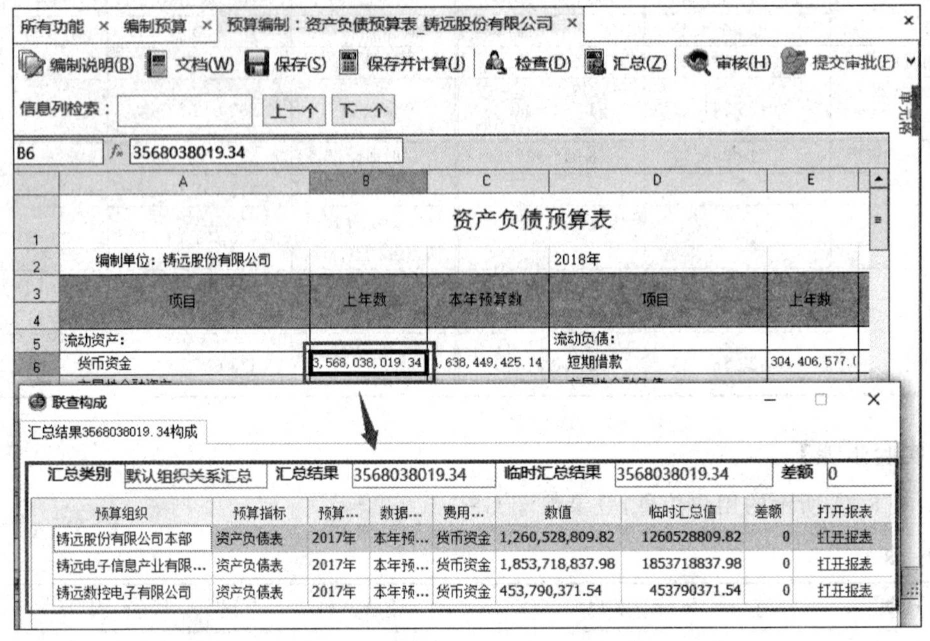

图 8-32

注意 1：如汇总操作时提示如图 8-33 所示，且查看汇总数据为空，原因为：第一步汇总报表时，未选中右上角的“汇总所有”单选按钮。此时，需由铸远股份预算管理员顾辉(用户名：YS0003)登录系统，在预算表编制中找到铸远股份资产负债预算表，进行“清空”删除数据操作，具体可参照第十节中预算表编制数据有误时的解决方法，数据清空后重新汇总数据，完成实验操作。

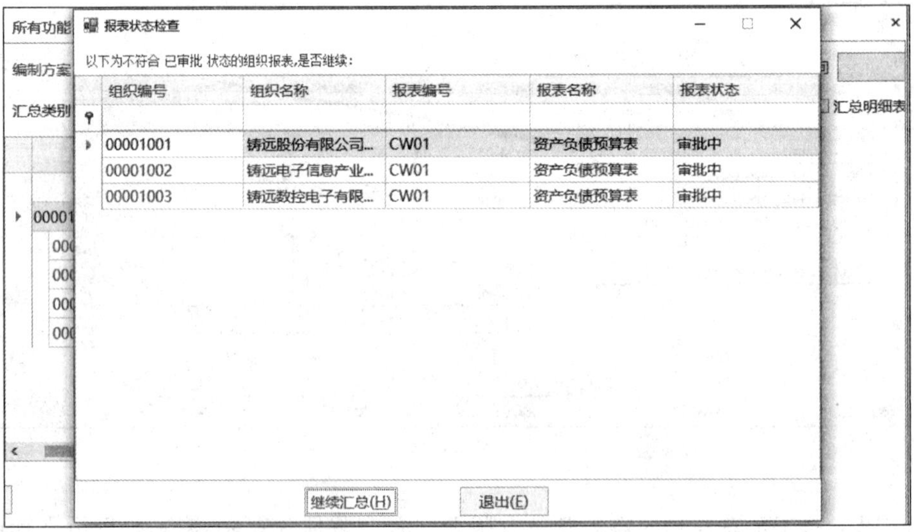

报表状态检查

以下为不符合 已审批 状态的组织报表，是否继续：

组织编号	组织名称	报表编号	报表名称	报表状态
00001001	铸远股份有限公司...	CW01	资产负债预算表	审批中
00001002	铸远电子信息产业...	CW01	资产负债预算表	审批中
00001003	铸远数控电子有限...	CW01	资产负债预算表	审批中

继续汇总(H)　退出(E)

图 8-33

注意2：如对汇总后的数据做修改删除操作，需由铸远股份预算管理员顾辉（用户名：YS0003）登录系统，在预算表编制中找到铸远股份资产负债预算表，进行修改删除数据操作，具体可参照第十节中预算表编制数据有误时的解决方法。

第六节　教学任务四：预算执行数编制与完成分析

铸远电子要求根据2018年1月生产经营成果的实际发生情况，于月末在利润预算表中录入执行数，为后续执行分析做准备。

铸远集团建立了完整的全面预算分析制度，根据集团预算管理委员会要求，根据报表分析法进行完成情况分析，定期组织召开全面预算执行分析会议，管控全面预算的执行情况，研究、落实全面预算执行的政策措施，解决全面预算执行中存在的问题及政策措施，纠正全面预算的执行偏差。

本教学任务的重点是让学生掌握预算表手动录入方法。本节涉及的业务预算表编制执行数请参照Excel表格。

实验一：利润预算表执行数编制

铸远电子根据2018年1月生产经营成果的实际发生情况，月末在利润预算表中录入执行数，为后续执行分析做准备。铸远电子利润预算表执行数如表8-22所示。

表　8-22

单位：元

费用项目	上年数	本年预算数
一、营业总收入	25 488 175 696.93	2 896 383 601.92
其中：主营业务收入	25 365 191 013.44	2 882 408 069.71
其他业务收入	122 984 683.50	13 975 532.21
二、营业总成本	25 176 965 872.71	2 861 018 849.17
其中：营业成本	22 791 923 206.90	2 589 991 273.51
其中：主营业务成本	22 711 591 917.29	2 580 862 717.87
其他业务成本	80 331 289.61	9 128 555.64
营业税金及附加	33 640 338.50	3 822 765.74
销售费用	794 101 869.16	90 238 848.77
管理费用	1 072 173 320.54	121 837 877.33
财务费用	217 209 042.71	24 682 845.76
资产减值损失	267 918 094.90	30 445 238.06
三、其他经营收益	194 614 023.01	22 115 229.89
加：公允价值变动收益（损失以"—"号填列）		
投资收益（损失以"—"号填列）	194 614 023.01	22 115 229.89
三、营业利润（亏损以"—"号填列）	505 823 847.23	57 479 982.64
加：营业外收入	528 650.88	60 073.96

续表

费 用 项 目	上年数	本年预算数
减：营业外支出	389 056.40	44 210.95
四、利润总额(亏损总额以“—”号填列)	505 963 441.71	57 495 845.65
减：所得税费用	81 547 763.79	9 266 791.34
五、净利润(净亏损以“—”号填列)	424 415 677.92	48 229 054.31

【实验步骤】

按表 8-23 所示的用户信息，登录浪潮 GS。

表 8-23

登录日期	登 录 用 户	登录密码	操 作 内 容
2018.1.31	YS0001(铸远电子预算管理员管思思)	aaaaaa	利润预算表执行数编制

2018 年 1 月 31 日，铸远电子预算管理员管思思(用户名：YS0001)登录系统，执行“全面预算—执行分析—预算执行—执行数录入”，打开“执行数录入”功能，选择“组织—报表”展示模式，“组织名称”选择“铸远电子信息产业有限公司”，“报表名称”选择“CW02 利润预算表”，单击“确定”按钮打开预算表，参照 Excel 文档进行执行数数据编制，如图 8-34 所示。

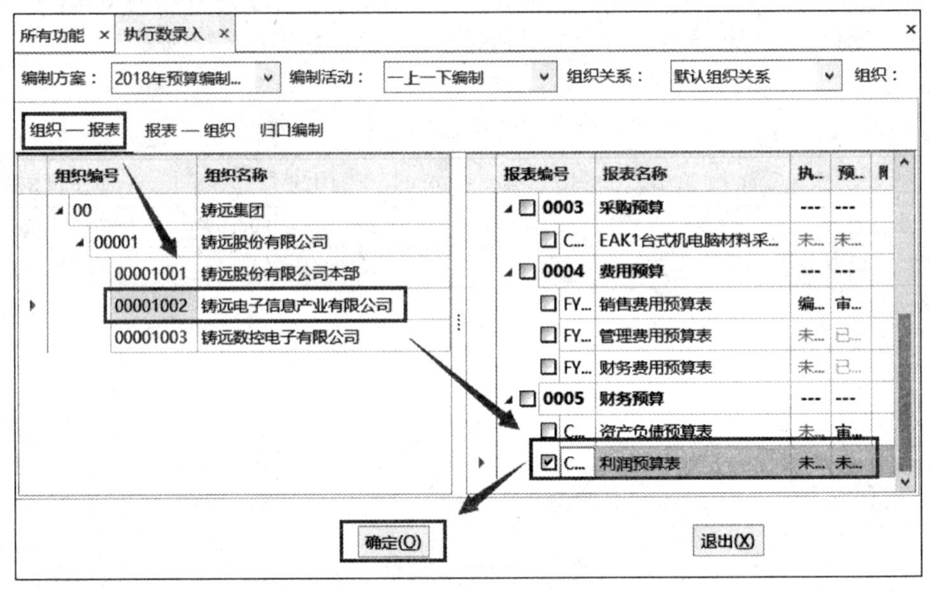

图 8-34

在打开的“利润预算表”中，按照提供的 Excel 文档进行执行数数据编制。编制完成后，单击“保存”按钮，如图 8-35 所示。

通过以上操作，铸远电子利润预算表执行数编制完毕。

实验二：利润预算表完成分析

月末，由铸远电子预算部部长沈溪组织分析利润预算表的执行情况，纠正财务预算的执

图　8-35

行偏差。

【实验步骤】

按表 8-24 所示的用户信息，登录浪潮 GS。

表　8-24

登录日期	登 录 用 户	登录密码	操 作 内 容
2018.1.31	YS0002(铸远电子预算部部长沈溪)	aaaaaa	利润预算表完成分析

2018 年 1 月 31 日，铸远电子预算部部长沈溪(用户名：YS0002)登录系统，执行“全面预算—执行分析—预算分析—完成分析”，打开“完成分析”功能，选择“报表—组织”展示模式，在“报表名称”中选择“CW02 利润预算表”，在“组织名称”中选择“铸远电子信息产业有限公司”，单击“确定”按钮打开预算表，并打开“完成分析”功能，如图 8-36 所示。

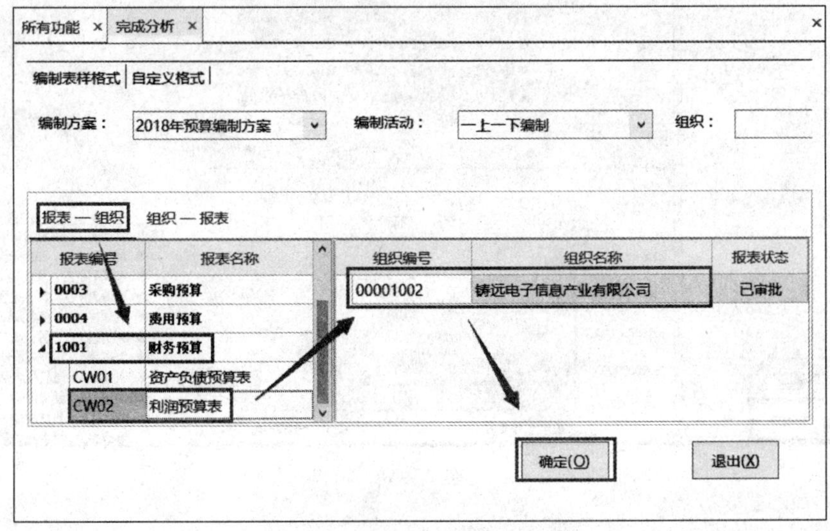

图　8-36

在打开的“完成分析”功能页面可查看预算数、完成数(已执行)、差额、完成率等信息,也可单击“图形分析”按钮,如图 8-37 所示。

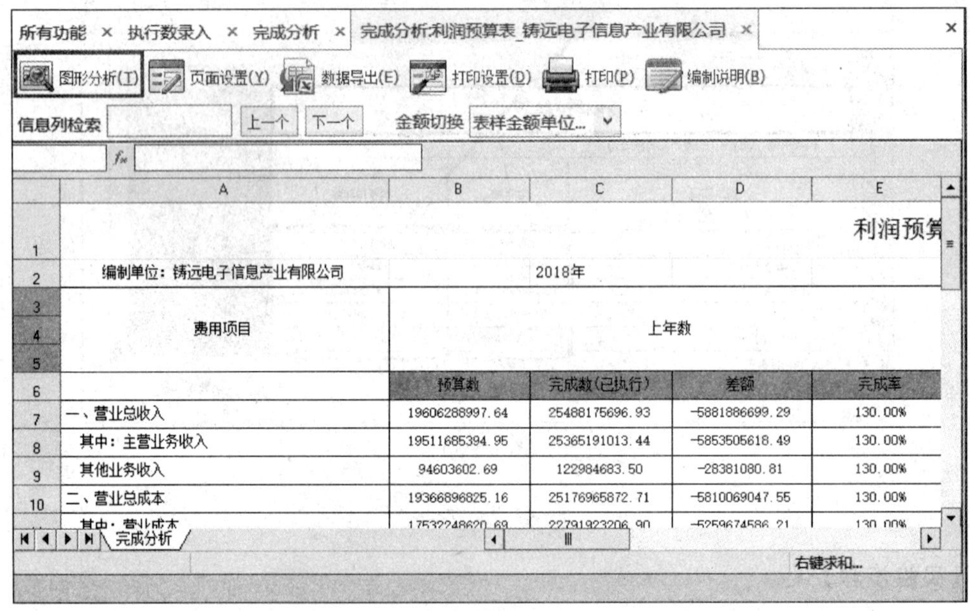

图 8-37

在打开的“图形分析”功能页面,选择“数据源”,横坐标拖曳“预算数”“执行数”“预算期间”,纵坐标拖曳“预算指标”“费用项目”,如图 8-38 所示。

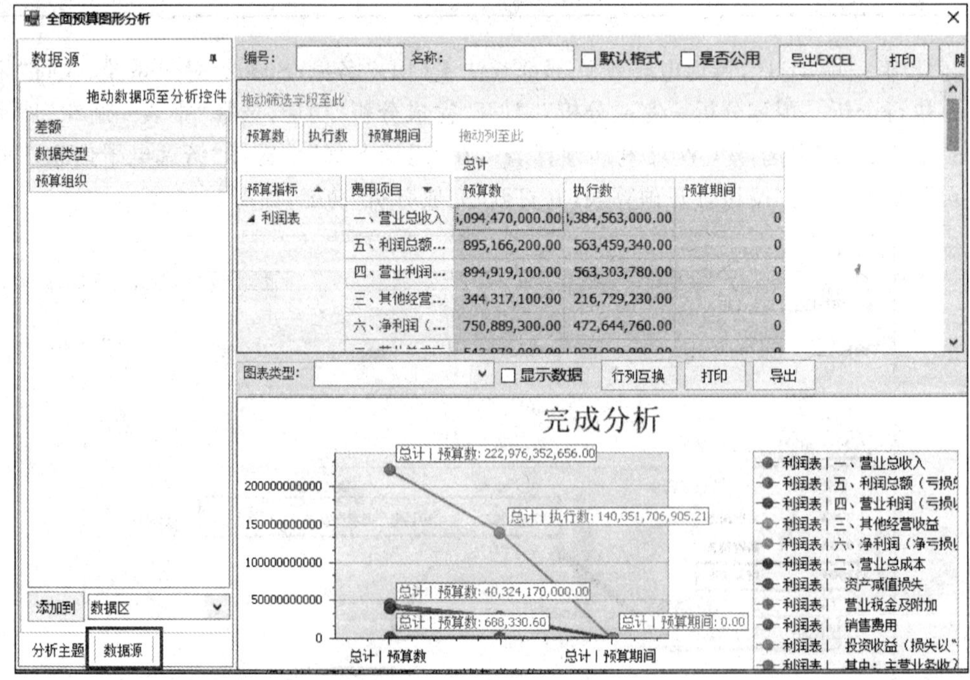

图 8-38

注意：由于拖曳项顺序不同，完成分析的曲线也会有所差异。

通过以上操作，便完成了对铸远电子利润预算表的分析。

第七节　教学任务五：公司个性化预算表设计——固定资产采购预算表

根据铸远集团全面预算管控要求，各单位需按集团统一标准完成预算表编制，包括利润预算表、资产负债预算表、以销售为起点的系列预算表等，此类报表表样由集团统一管理，不允许更改。在集团统一管控的预算表范围外，允许各单位存在灵活的个性化预算表，达到"刚性与柔性管控相结合"的目标。

2018年1月1日，铸远电子根据自身业务需求，对固定资产采购费用进行预测，包括对该预算表的预算组织、预算期间、预算指标和数据类型等维度规划。固定资产采购预算表的具体表样如表8-25。

表　8-25

编制单位：铸远电子信息产业有限公司　　　　2018年　　　　单位：元

预算指标	上年数	本年预算数	1月	2月	3月	4月	5月	6月	7月	8月	9月	10月	11月	12月
固定资产合计														
房屋建筑物														
机器设备														
运输设备														
办公设备														
其他设备														

实验　：固定资产采购预算表维度定义

铸远电子在2018年1月1日开始规划2018年固定资产采购预算表，首先要规划预算表作用的范围，包括预算组织、预算指标、预算期间及数据类型等维度信息。其中，预算组织是铸远电子；预算指标选择对应收支项目(需要根据项目列表在公司收支项目定义)；预算期间本年和去年(预算期间为－1年、0年、0月、＋1月、＋2月、＋3月、＋4月、＋5月、＋6月、＋7月、＋8月、＋9月、＋10月、＋11月，其中－1年表示上年预算数、0年表示本年预算数)；数据类型为本年预算数。铸远电子固定资产采购预算表维度如表8-26～表8-28所示。

表　8-26

<table>
<tr><td colspan="14">预算组织</td></tr>
<tr><td colspan="14">铸远电子信息产业有限公司</td></tr>
<tr><td colspan="14">预算期间</td></tr>
<tr><td>－1年</td><td>0年</td><td>0月</td><td>＋1月</td><td>＋2月</td><td>＋3月</td><td>＋4月</td><td>＋5月</td><td>＋6月</td><td>＋7月</td><td>＋8月</td><td>＋9月</td><td>＋10月</td><td>＋11月</td></tr>
</table>

表 8-27

公司收支项目		
项目编号	项目名称	收入支出
0014	固定资产合计	其他
下级增加		
项目编号	项目名称	收入支出
00140001	房屋建筑物	其他
00140002	机器设备	其他
00140003	运输设备	其他
00140004	办公设备	其他
00140005	其他设备	其他

表 8-28

数据类型			
编号	名称	编号	名称
0001	当前数	0003	上年数
0002	预计数	0004	本年预算数

【实验步骤】

按表 8-29 所示的用户信息，登录浪潮 GS。

表 8-29

登录日期	登录用户	登录密码	操作内容
2018.1.1	YS0001(铸远电子预算管理员管思思)	aaaaaa	固定资产采购预算表维度定义

第一步：2018 年 1 月 1 日，铸远电子预算管理员管思思(用户名：YS0001)登录系统，执行“业务公共—财务基础数据—财务信息—公司收支项目定义”，打开“公司收支项目定义”功能。首先选择“核算组织”为“铸远电子信息产业有限公司”，然后单击“同级增加”按钮，设置“项目编号”为 0014，设置“项目名称”为“固定资产合计”，设置“收入支出”为“其他”，单击“保存”按钮，如图 8-39 所示。

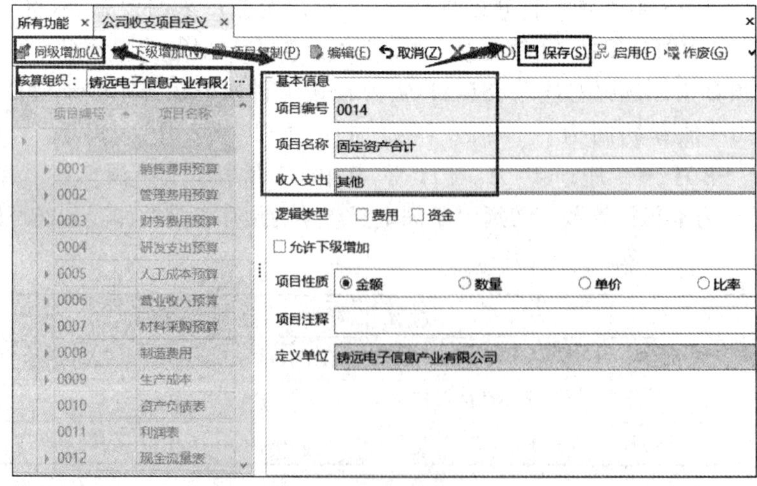

图 8-39

第二步：定义下级收支项目，单击第一步定义的公司收支项目“固定资产合计”，单击“下级增加”按钮，设置“项目编号”为00140001，设置“项目名称”为“房屋建筑物”，设置“收入支出”为“其他”，单击“保存”按钮，选中“房屋建筑物”单击“同级增加”按钮增加实验描述中的其他收支项目，如图8-40所示。

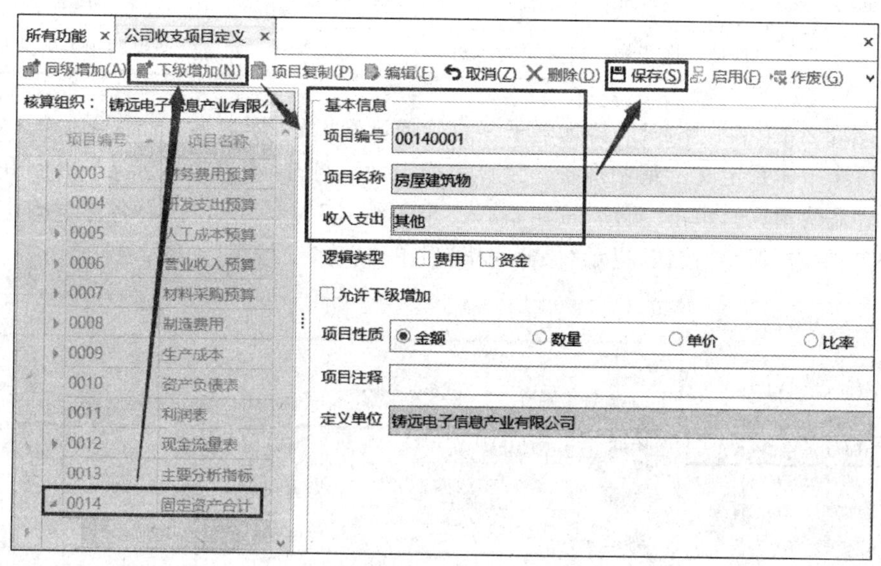

图　8-40

通过以上操作，铸远电子固定资产采购预算表维度定义设立完毕。

实验二：固定资产采购预算表表样定义

按照铸远电子对固定资产采购预算表表样要求，首先定义表样（见表8-30）、设置格式（见表8-31），然后进行预算报表发布。

表　8-30

报表编号	报表名称
CG02	固定资产采购预算表

表　8-31

编制单位：铸远电子信息产业有限公司　　　　2018年　　　　单位：元

预算指标	上年数	本年预算数	1月	2月	3月	4月	5月	6月	7月	8月	9月	10月	11月	12月
固定资产合计														
房屋建筑物														
机器设备														
运输设备														
办公设备														
其他设备														

【实验步骤】

按表 8-32 所示的用户信息,登录浪潮 GS。

表 8-32

登录日期	登录用户	登录密码	操作内容
2018.1.1	YS0001(铸远电子预算管理员管思思)	aaaaaa	固定资产采购预算表表样定义

第一步:2018 年 1 月 1 日,铸远电子预算管理员管思思(用户名:YS0001)登录系统,执行“全面预算—体系定义—编制准备—预算表样定义”,打开“预算表样定义”功能,在左侧列表中选择“采购预算”,单击“新增”按钮,输入“报表编号”为 CG02,“报表名称”“固定资产采购预算表”,单击“保存”按钮,提示“保存完毕”后单击“确定”按钮,如图 8-41 所示。

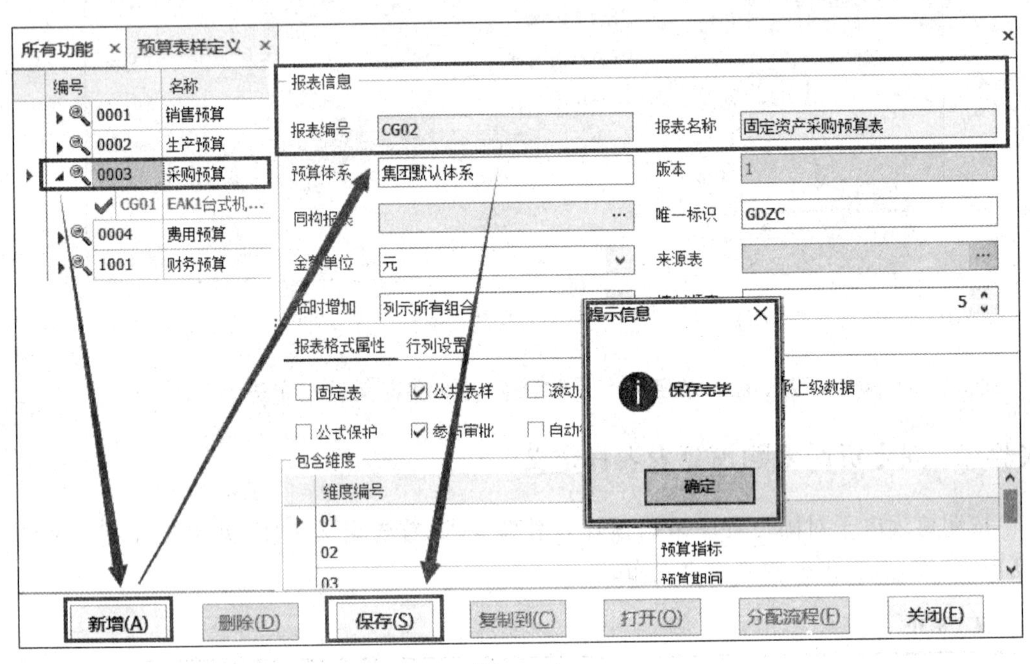

图 8-41

第二步:定义固定资产采购预算表表样,选中第一步新增的“固定资产采购预算表”,单击“打开”按钮,如图 8-42 所示。

在打开的“定义向导”界面中,单击“增加”按钮,选择“数据类型”维度,单击“确定”按钮;然后,在左侧列表中选择“固定资产采购预算表”,单击“打开”按钮。弹出“定义向导界面”后,在界面左侧“包含维度”中单击“增加”按钮,并在“帮助窗体”中选择“数据类型”维度,单击“确定”按钮,如图 8-43 所示。

在“定义向导”的“维度位置”界面选中“预算指标”,在“信息列”中单击“填充”按钮;选中“数据类型”,在“数据列”中单击“填充”按钮,单击“下一步”按钮,如图 8-44 所示。

在“定义向导”的“维度成员”界面中,首先,在左侧选中“预算指标”,再从右侧先勾选“包含直接下级”复选框,再勾选“固定资产合计”维度指标及其下级维度指标,如图 8-45 所示。

所有功能
预算表样定义
编号
名称
0001 销售预算
0002 生产预算
0003 采购预算
CG01 EAK1台式机…
CG02 固定资产采购…
0004 费用预算
1001 财务预算
报表信息
报表编号 CG02
报表名称 固定资产采购预算表
预算体系 集团默认体系
版本 1
同构报表
唯一标识 GDZC
金额单位 元
来源表
临时增加 列示所有组合
编制顺序 5
报表格式属性
行列设置
固定表
公共表样
滚动月度表
下级增加继承上级数据
公式保护
参与审批
自动行高有效
项目预算表
包含维度
维度编号
维度名称
02 预算指标
01 预算组织
03 预算期间
新增(A)
删除(D)
保存(S)
复制到(C)
打开(O)
分配流程(F)
关闭(E)

图　8-42

定义向导
维度位置
包含维度
维度编号
维度名称
1 预算组织
2 预算指标
3 预算期间
4 数据类型
帮助窗体
选择
编号
名称
JH12 债权债务编号
JH13 计划数据类型
JH19 结算方式
JH20 对方单位
JH22 部门
JH23 项目
JH26 计划扩展数据
JH28 日维度
JH29 周维度
JH31 收付类型
SJLX 数据类型
YSXM 项目维度
确定(O)
取消(C)
增加(A)
删除(D)
下一步(N)

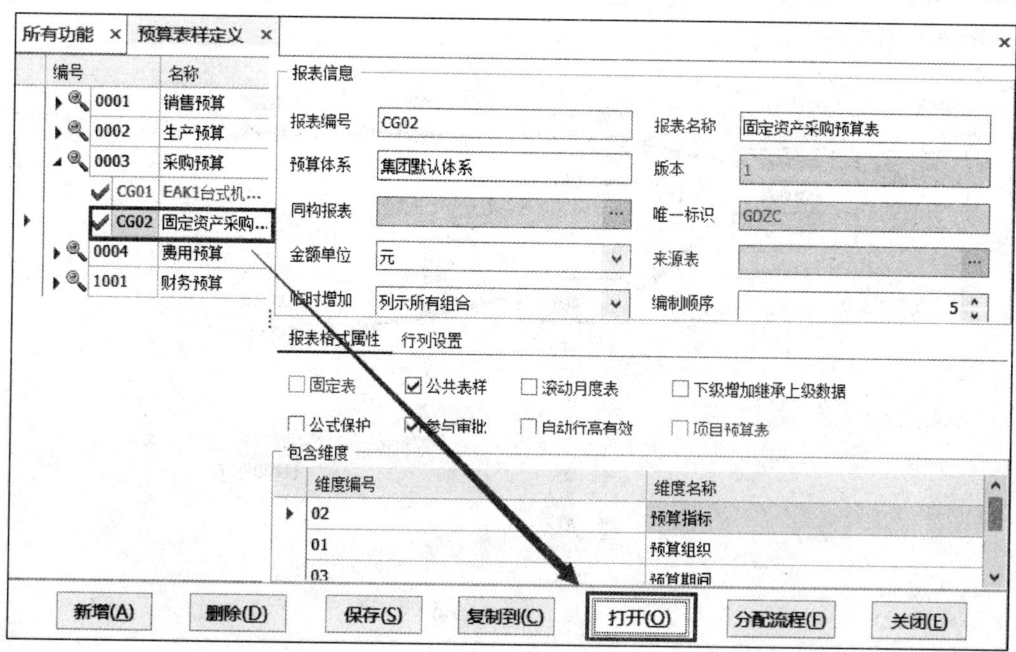

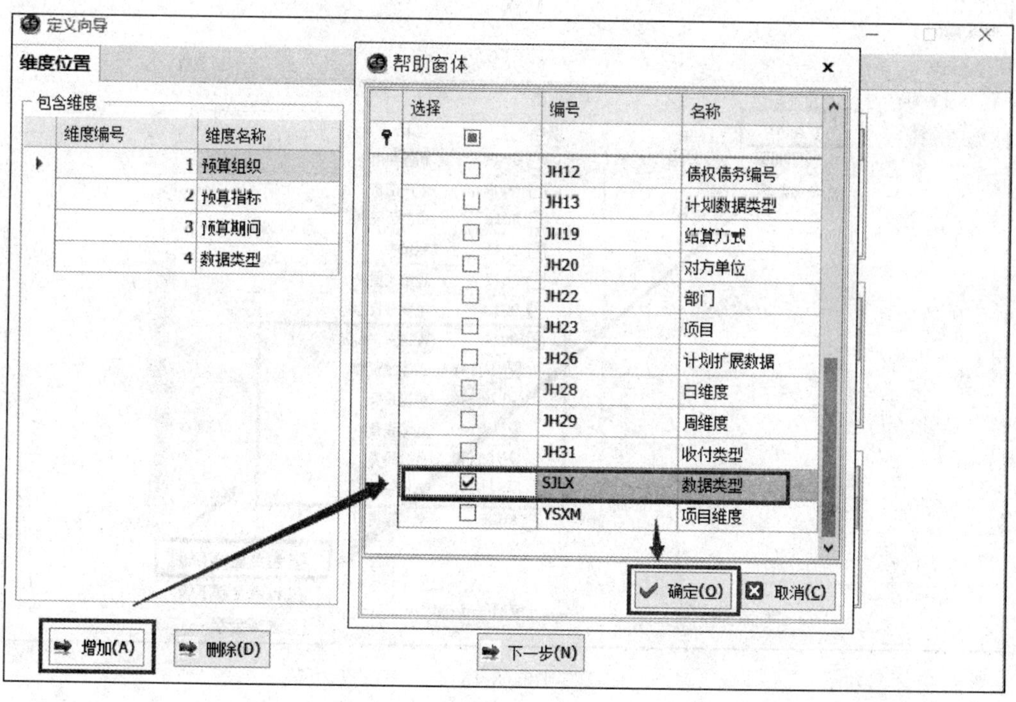

图　8-43

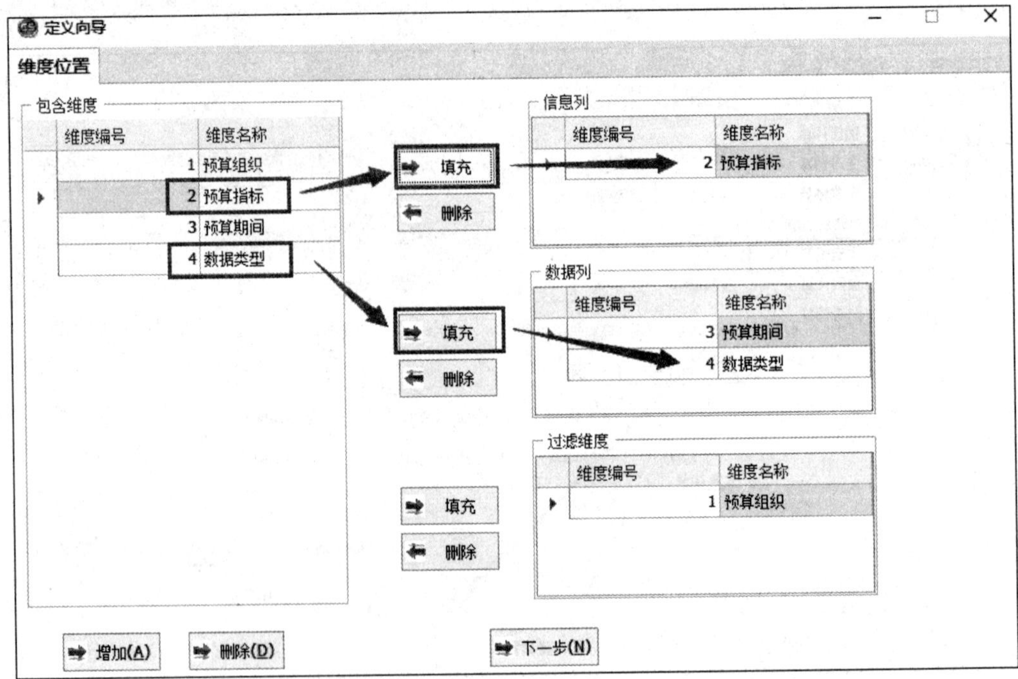

图 8-44

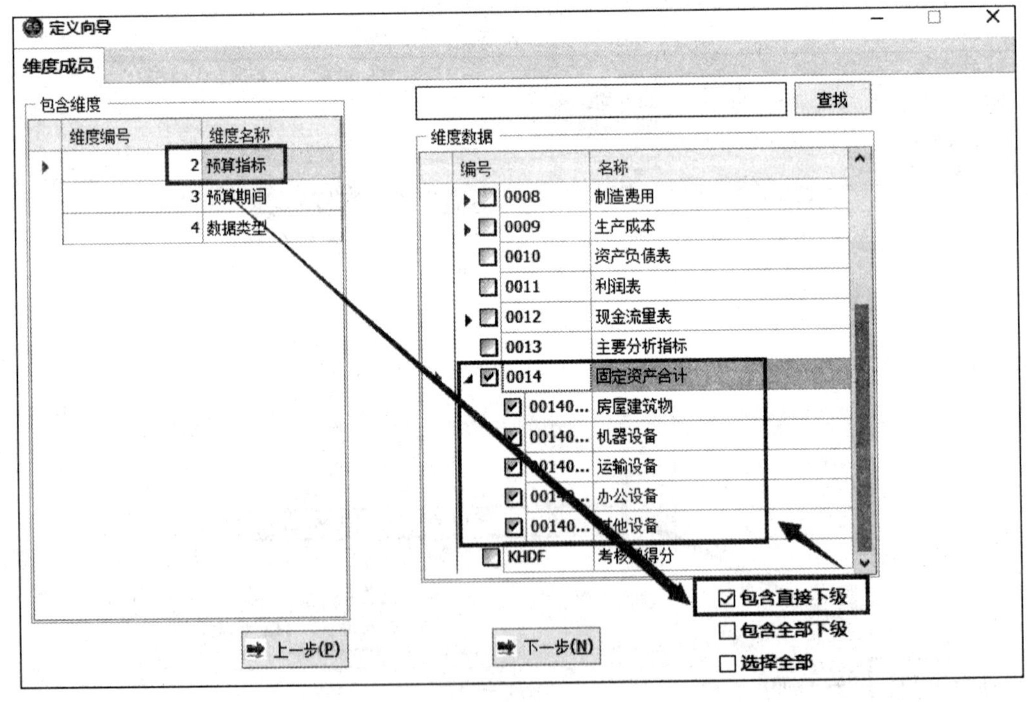

图 8-45

其次，在左侧选中“预算期间”，再从右侧选择“Y-1(－1 年)、Y0(0 年)”，如图 8-46 所示。

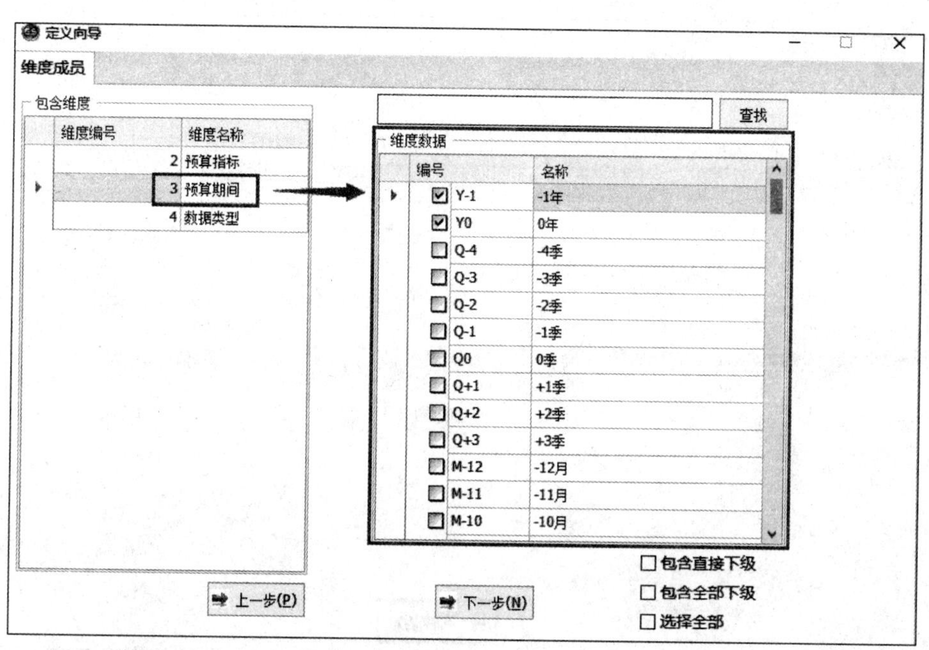

图　8-46

最后，在左侧选中“数据类型”，再从右侧选择“本年预算数”，如图 8-47 所示。

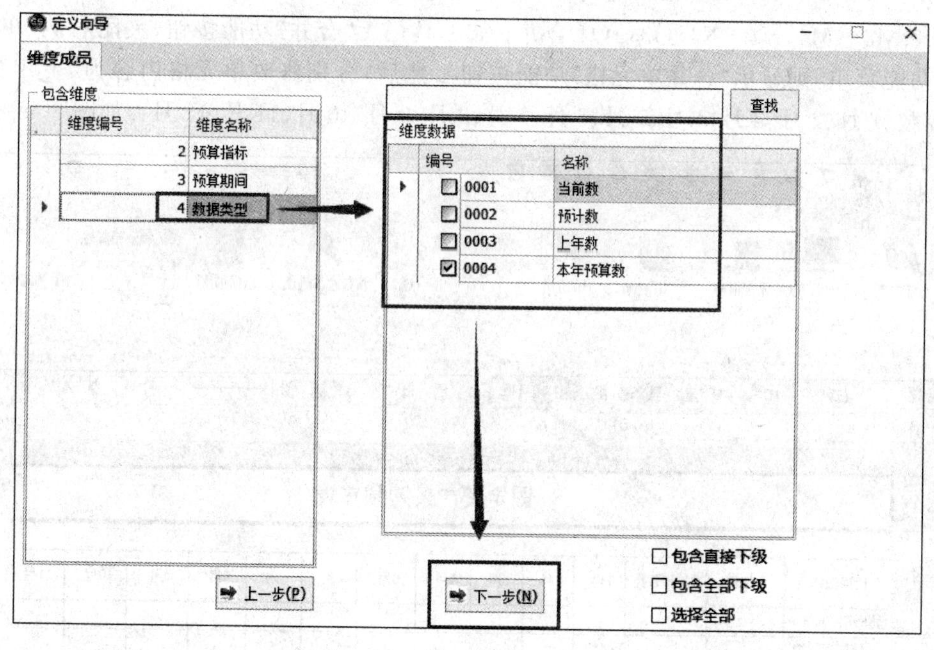

图　8-47

定义完成后，单击“下一步”按钮，在“定义向导”的“行列设置”界面中单击“完成”按钮，如图 8-48 所示。

第三步：完善固定资产采购预算表表样。在打开的“预算表样定义”功能界面，分别将

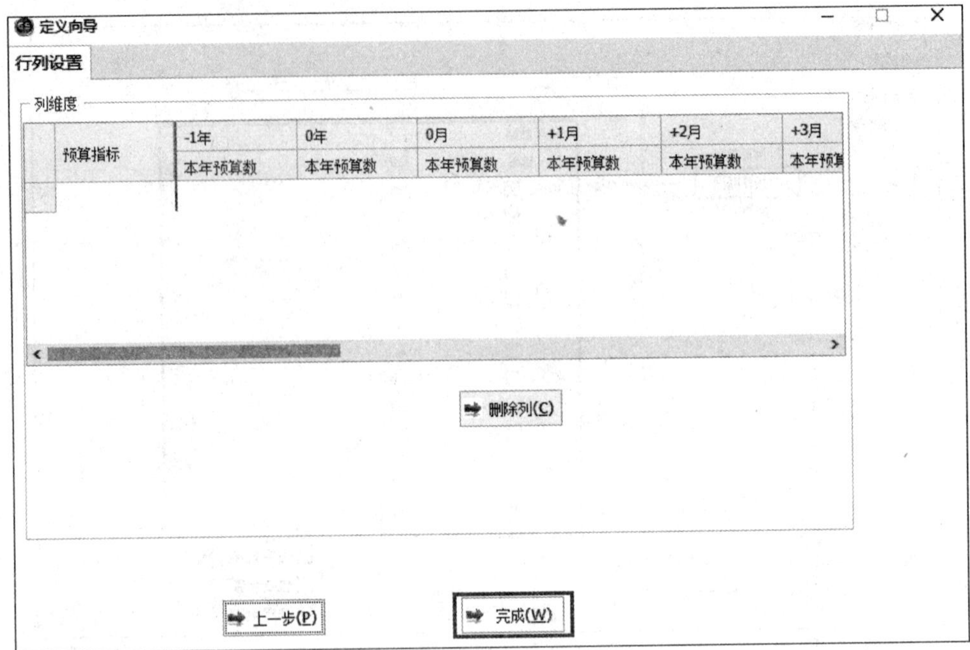

图 8-48

B3—B4、C3—C4、D3—D4、E3—E4、F3—F4、G3—G4、H3—H4、I3—I4、J3—J4、K3—K4、L3—L4、M3—M4、N3—N4、O3—O4 合并；如工具栏无“合并”功能按钮，关闭右侧“单元格属性”功能菜单，则显示“合并单元格”功能按钮。然后，分别修改单元格内容为“上年数、本年预算数、1 月、2 月、3 月、4 月、5 月、6 月、7 月、8 月、9 月、10 月、11 月、12 月”，如图 8-49 所示。

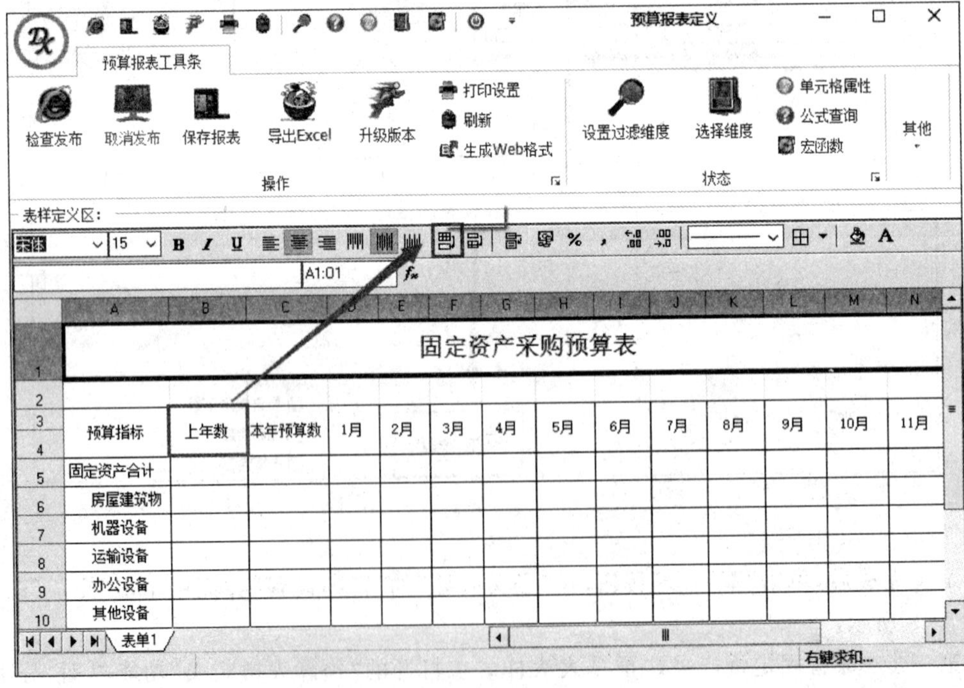

图 8-49

在预算表中定义预算组织宏函数，首先在 A2 输入“编制单位：”，再选中 B2 单元格，单击“宏函数”，选择“预算组织”并单击“确定”按钮，如图 8-50 所示。

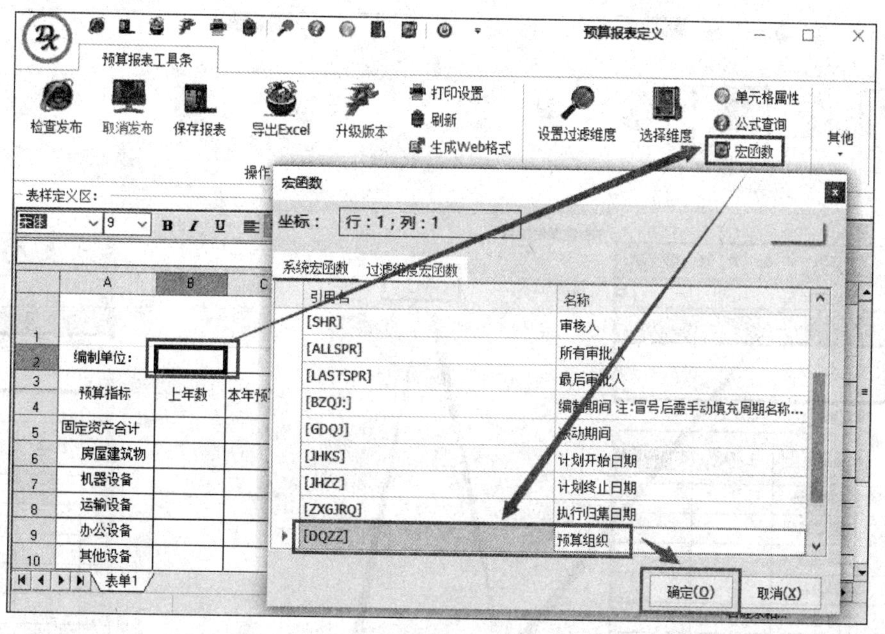

图 8-50

在预算表中定义预算年度及编制人宏函数，首先选中 H2 单元格，单击“宏函数”，选择“预算年度”并确认，再在[BZYY]后输入“年”，在 A11 中输入“编制人：”，选中 B11 单元格，单击“宏函数”，选择“编制人：”并确认，如图 8-51 所示。

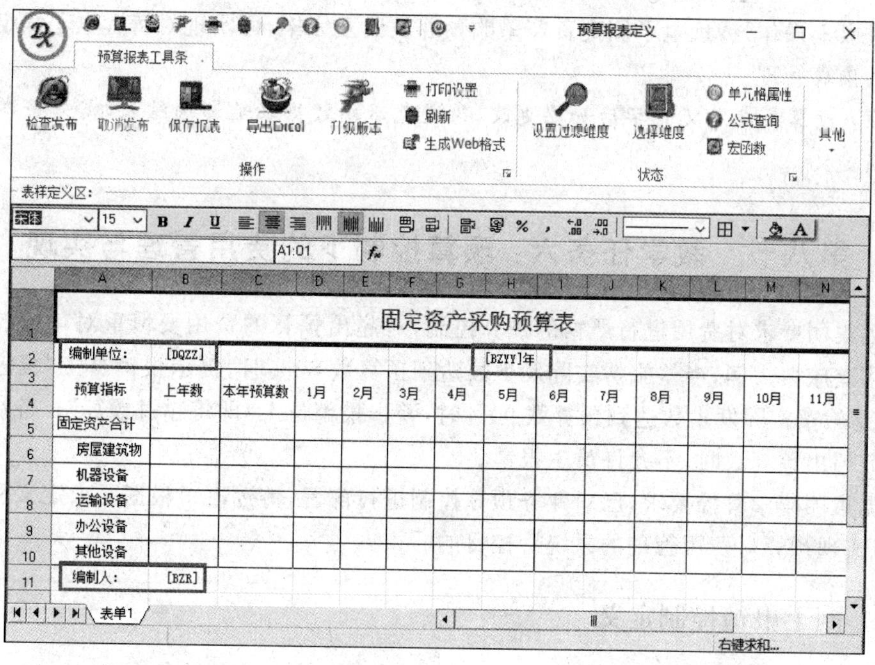

图 8-51

最后，单击“保存报表”按钮；提示成功后，单击“检查发布”按钮，在弹出的“完整性检查”界面中单击“检查”按钮，在检查结果提示“通过”后，单击“发布”按钮，如图 8-52 所示。

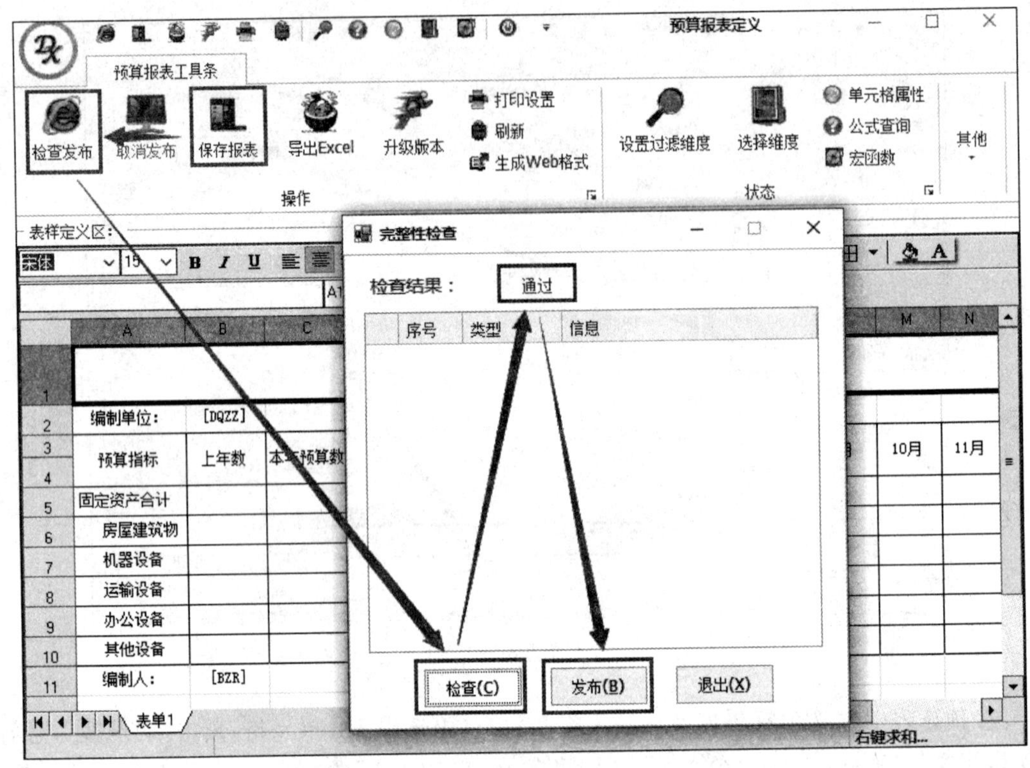

图 8-52

通过以上操作，铸远电子固定资产采购预算表设立完毕，可实现对铸远电子固定资产采购业务的预算管理。

注意：预算表在定义完毕后如要更改，为避免后端数据混乱影响结果，需先将本表删除后再重新定义。

第八节 教学任务六：预算控制下的费用管理与实现

铸远集团要求对费用进行严格的预算控制，对超出预算的费用要慎重对待或控制。以管理费用差旅费为例，当差旅费实际发生数达到预算数 80%时，提示报销员工“接近预算限额”；当差旅费实际发生数达到预算数 90%时，警告报销员工“即将超过预算”；当差旅费实际发生数超出预算数时，不允许员工报销。

根据集团集中管控要求，已对业务预算控制进行部署，铸远电子根据要求定义网上报销控制，以实现预算对费用管理的系统管控目的。

实验一：网上报销控制定义

网上报销预算控制主要是用于连接全面预算中管理费用预算表和网上报销中差旅费报

销的两个系统接口，包括预算组织与核算组织对应、预算指标与分摊项目对应、预算期间与制单日期对应、数据类型与本年预算数对应、占用数据与分摊金额对应。

【实验步骤】

按表 8-33 所示的用户信息，登录浪潮 GS，切换预算组织到铸远集团。

表 8-33

登录日期	登 录 用 户	登录密码	操 作 内 容
2018.1.1	YS8888(铸远集团预算管理员关纪)	aaaaaa	网上报销控制定义

第一步：2018 年 1 月 1 日，铸远集团预算管理员关纪(用户名：YS8888)登录系统，执行“全面预算—体系定义—控制预警—业务对应定义”，打开“业务对应定义”功能，在“业务单元”中选择“差旅费报销单稽核前”，如图 8-53 所示。

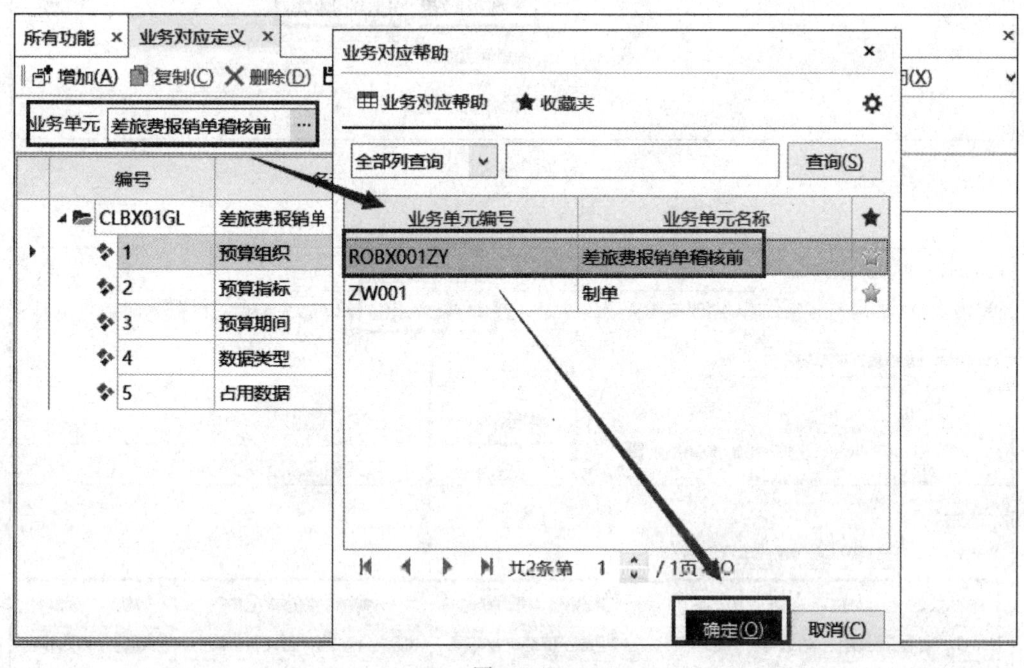

图 8-53

第二步：单击“增加”按钮，类别“编号”输入 CLBX01GL，类别“名称”输入“差旅费报销单稽核前”，在左侧列表中单击编号 CLBX01GL 前面的展开符号，再选中“预算组织”，在右侧“对应类型”中选择“映射”，“来源字段”选择“分摊单位编号”，“来源附加字段”选择“分摊部门编号”，选择菜单栏的“映射定义”，如图 8-54 所示。

在弹出的“映射定义”界面，单击“新增”按钮，在新增行的“目标对象”选择预算组织“00001002 铸远电子信息产业有限公司”，在“分摊单位编号开始编号”和“分摊单位编号终止编号”中选择核算组织“00001002 铸远电子信息产业有限公司”，在“分摊部门编号开始编号”和“分摊部门编号终止编号”中均选择核算部门“004 采购部”，然后单击“保存”和“退出”按钮，如图 8-55 所示。

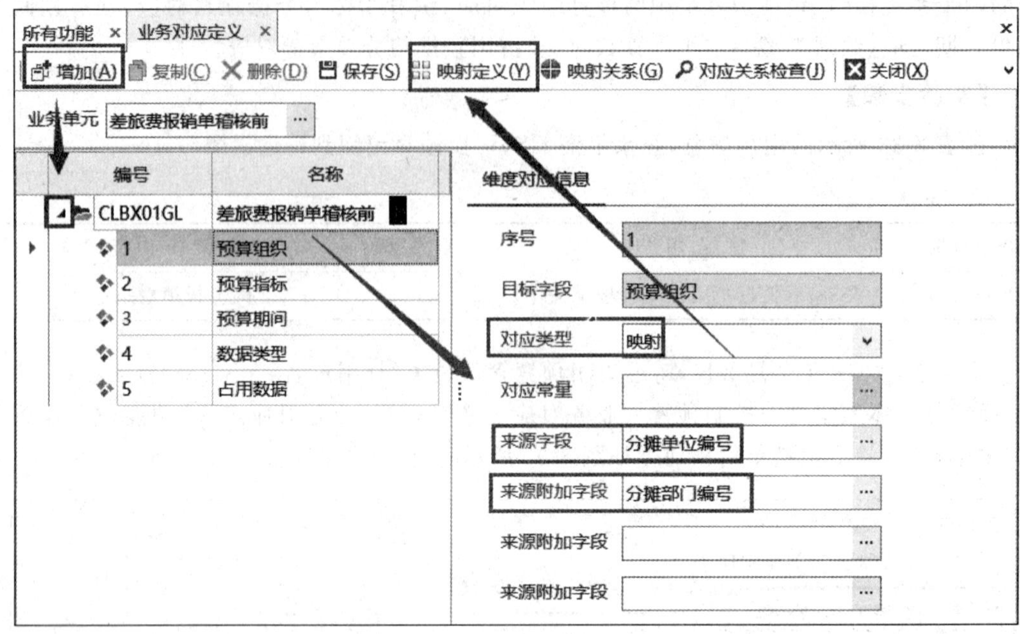

图 8-54

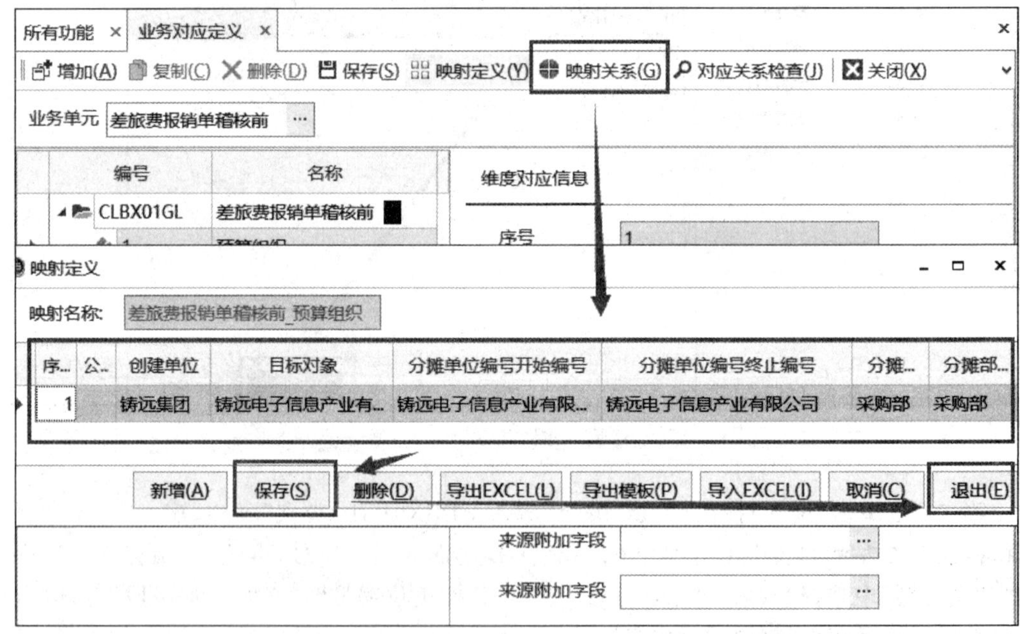

图 8-55

第三步：在左侧列表中单击“预算指标”，右侧“对应类型”选择“映射”，“来源字段”选择“分摊项目”，单击工具栏“映射关系”，会弹出“映射关系”界面，如图 8-56 和图 8-57 所示。

在弹出的“映射关系”界面，单击“新增”按钮，在新增行的“目标对象”选择预算指标

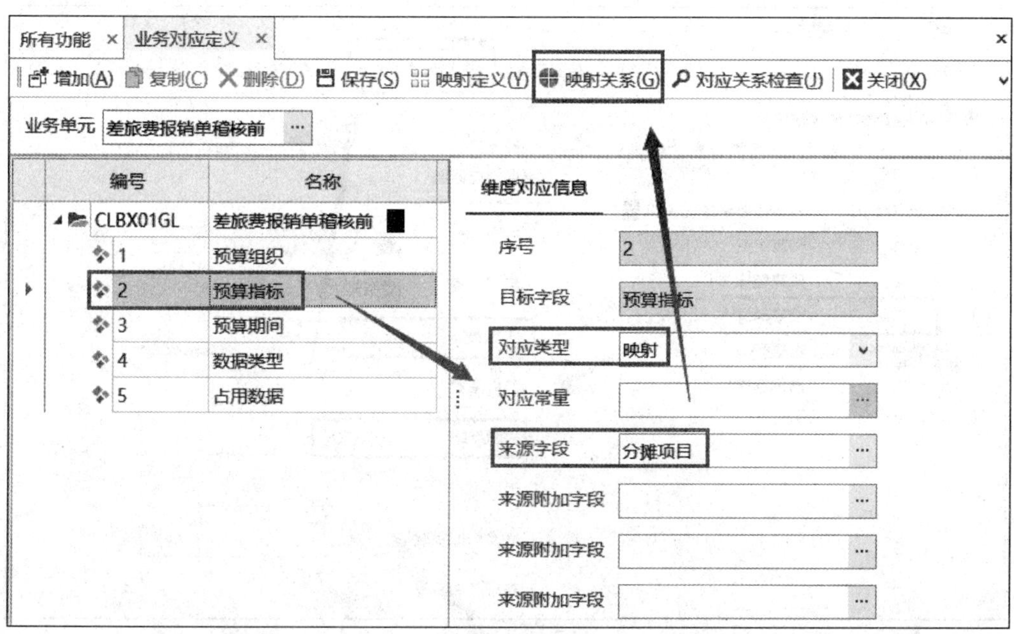

图　8-56

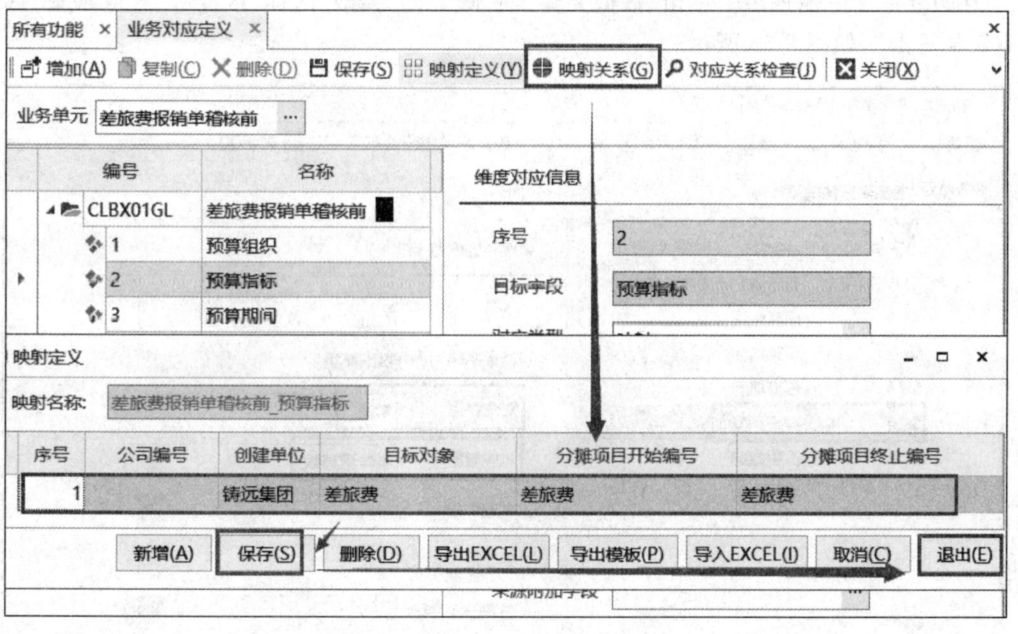

图　8-57

“6602014 差旅费”，在“分摊项目开始编号”和“分摊项目终止编号”中选择分摊项目“6602014 管理费用-差旅费”，如图 8-57 所示。

第四步：在左侧列表中单击“预算期间”，右侧“对应类型”选择“映射”，“来源字段”选择“制单日期”，如图 8-58 所示。

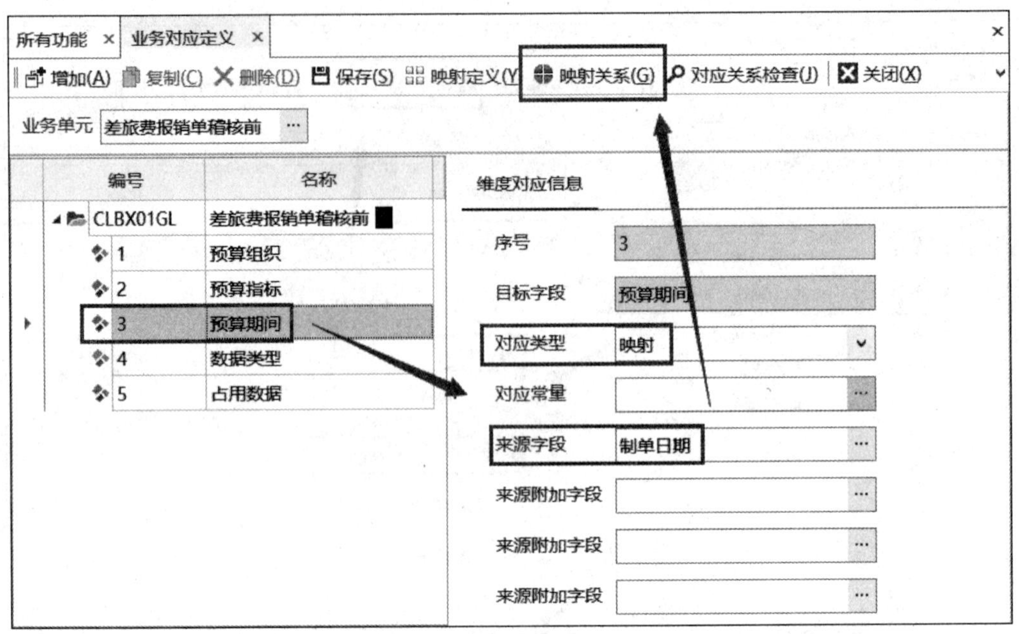

图 8-58

第五步：在左侧列表中单击“数据类型”，右侧“对应类型”选择“常量”，“对应常量”选择“本年预算数”，如图 8-59 所示。

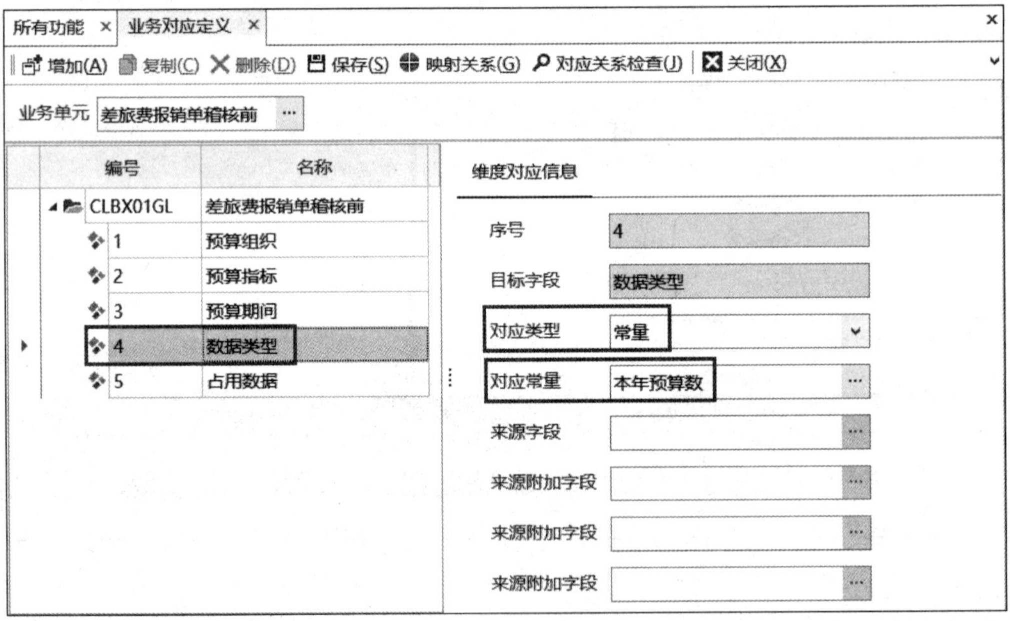

图 8-59

第六步：在左侧列表中单击“占用数据”，右侧“对应类型”选择“直接对应”，“来源字段”选择“分摊金额”，定义完成后，单击工具栏中的“保存”按钮，如图 8-60 所示。

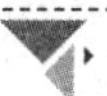

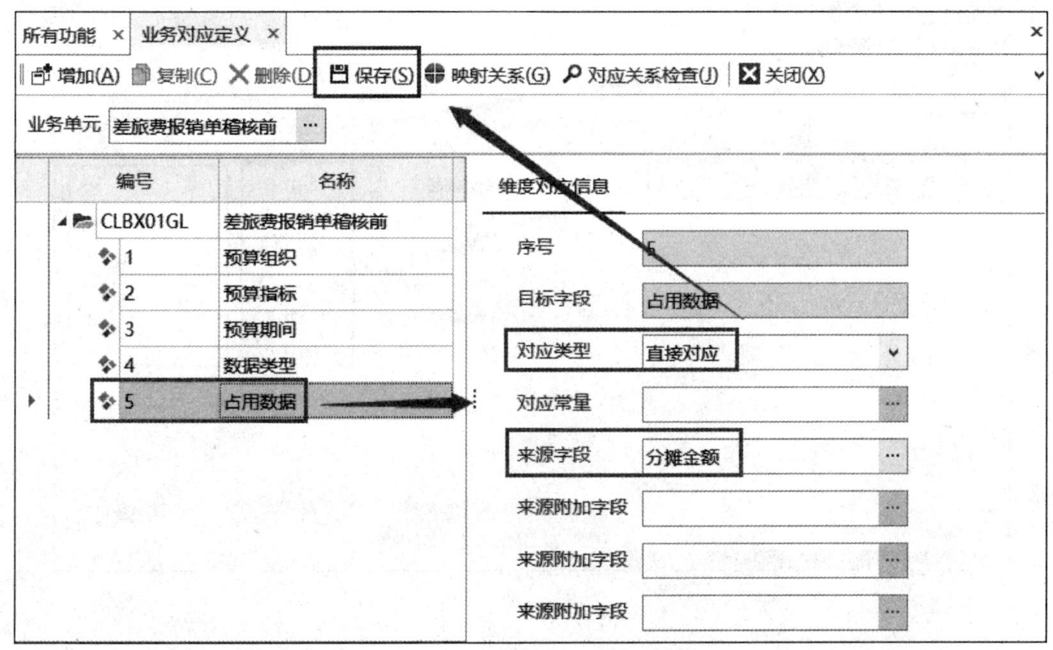

图　8-60

通过以上操作,铸远集团管理费用业务网上报销控制定义完毕,各子公司可直接使用。

实验二:网上报销控制启用

预算业务对应定义设置完成之后,即可对网上报销业务控制功能进行启用,以达到自动归集的目的。按照预算管理委员会要求,对铸远电子网上报销控制功能的启用日期设置为2018年1月1日。

【实验步骤】

按表8-34所示的用户信息,登录浪潮GS,切换预算组织到铸远集团。

表　8-34

登录日期	登录用户	登录密码	操作内容
2018.1.1	YS8888(铸远集团预算管理员关纪)	aaaaaa	网上报销控制启用

2018年1月1日,铸远集团预算管理员关纪(用户名:YS8888)登录系统,执行"全面预算—体系定义—控制预警—业务控制启用",打开"业务控制启用"功能,"模块"选择"网上报销",左侧"业务单元名称"选择"差旅费报销单稽核前",右侧选择所有单位,"启用日期"是2018-01-01,如图8-61所示。

通过以上操作,铸远集团管理费用业务网上报销控制功能启用程序定义完毕。

注意:业务控制启用日期要提前于业务发生日期,才可有效控制预算。

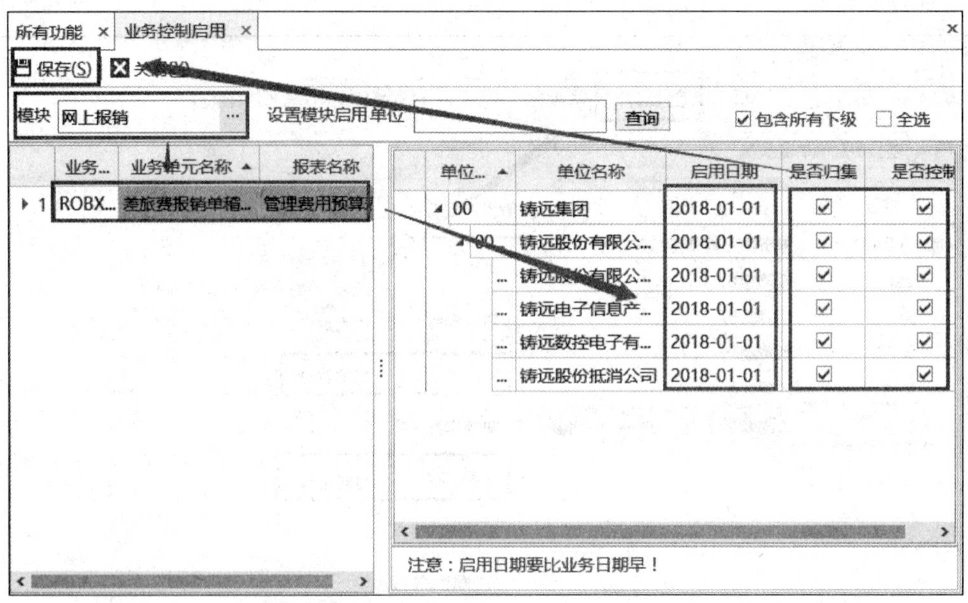

图 8-61

实验三：网上报销预算管控

2018 年 1 月 8 日，铸远电子外派采购部经理肖晓、采购部副经理鲍远赴海外出差半月，考察公司主营产品。出差结束后，于 2018 年 1 月 30 日填报差旅费报销单（见表 8-35 和表 8-36）并提交审批。

表 8-35

报 账 摘 要									
采购部肖晓赴纽约考察产品出差差旅费报销									
附 件 张 数									
3									
报销费用明细									
序号	出发时间	出发城市	车船_航班	到达时间	到达城市	交通工具	报账金额（元）	详细说明	附件张数
1	2018-01-08 22：30	上海市	AS327	2018-01-09 13：30	纽约	飞机	3 800		1
2	2018-01-28 11：00	纽约	CA829	2018-01-29 16：10	上海市	飞机	36 200	其中机票费用 3 850 元，住宿费用 32 350 元	2
合计							40 000		
费用分摊明细									
费 用 项 目									
管理费用-差旅费									

表　8-36

<table>
<tr><td colspan="10">报 账 摘 要</td></tr>
<tr><td colspan="10">采购部鲍远赴巴黎考察产品出差差旅费报销</td></tr>
<tr><td colspan="10">附 件 张 数</td></tr>
<tr><td colspan="10">3</td></tr>
<tr><td colspan="10">报销费用明细</td></tr>
<tr><td>序号</td><td>出发时间</td><td>出发城市</td><td>车船_航班</td><td>到达时间</td><td>到达城市</td><td>交通工具</td><td>报账金额（元）</td><td>详细说明</td><td>附件张数</td></tr>
<tr><td>1</td><td>2018-01-08 23：30</td><td>上海市</td><td>U28869</td><td>2018-01-09 11：30</td><td>巴黎</td><td>飞机</td><td>4 850</td><td></td><td>1</td></tr>
<tr><td>2</td><td>2018-01-30 6：00</td><td>巴黎</td><td>SU2695</td><td>2018-01-30 23：10</td><td>上海市</td><td>飞机</td><td>45 150</td><td>其中机票费用 5 500 元，住宿费用 39 650 元</td><td>2</td></tr>
<tr><td>合计</td><td></td><td></td><td></td><td></td><td></td><td></td><td>50 000</td><td></td><td></td></tr>
<tr><td colspan="10">费用分摊明细</td></tr>
<tr><td colspan="10">费 用 项 目</td></tr>
<tr><td colspan="10">管理费用-差旅费</td></tr>
</table>

【实验步骤】

按表 8-37 所示的用户信息，登录浪潮 GS。

表　8-37

登录日期	登 录 用 户	登录密码	操 作 内 容
2018.1.30	WB0001（铸远电子采购部经理肖晓）	aaaaaa	差旅费报销单填制
2018.1.30	WB0002（铸远电子采购部副经理鲍远）	aaaaaa	差旅费报销单填制

第一步：2018 年 1 月 30 日，铸远电子采购部经理肖晓（用户名：WB0001）登录系统，按照实验描述中的报销内容填制差旅费报销单，执行“报账管理—网上报销—我的报销—我的单据”，打开“我的单据”功能，选择“新建单据”下拉菜单“报销”类别的“差旅费报销单”，如图 8-62 所示。

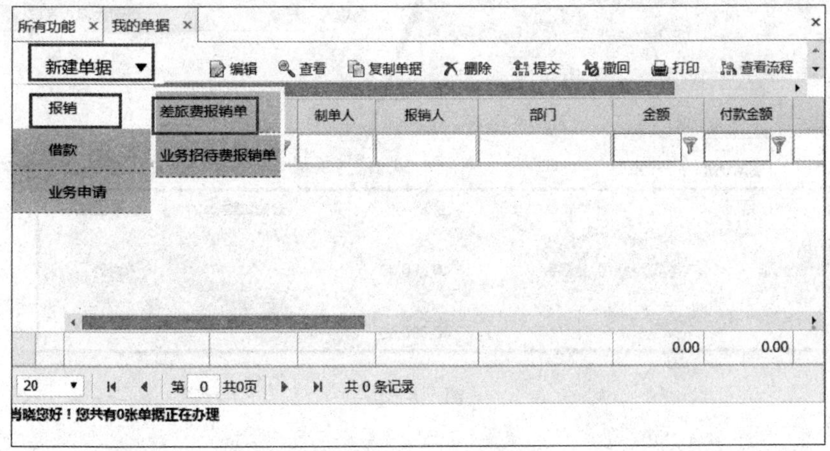

图　8-62

打开“差旅费报销单”界面，按照实验描述填制报销单内容，设置摘要“采购部肖晓赴纽约考察产品出差差旅费报销”，设置“费用项目”为“管理费用-差旅费”，设置“报账金额”为40 000.00以及报销费用明细内容，检查费用分摊是否填写全面，单击“保存”按钮，保存成功后单击“提交”按钮，系统提示提交成功。其中，“报账金额”项为手动录入必填项，否则会影响后面操作。操作过程如图8-63和图8-64所示。

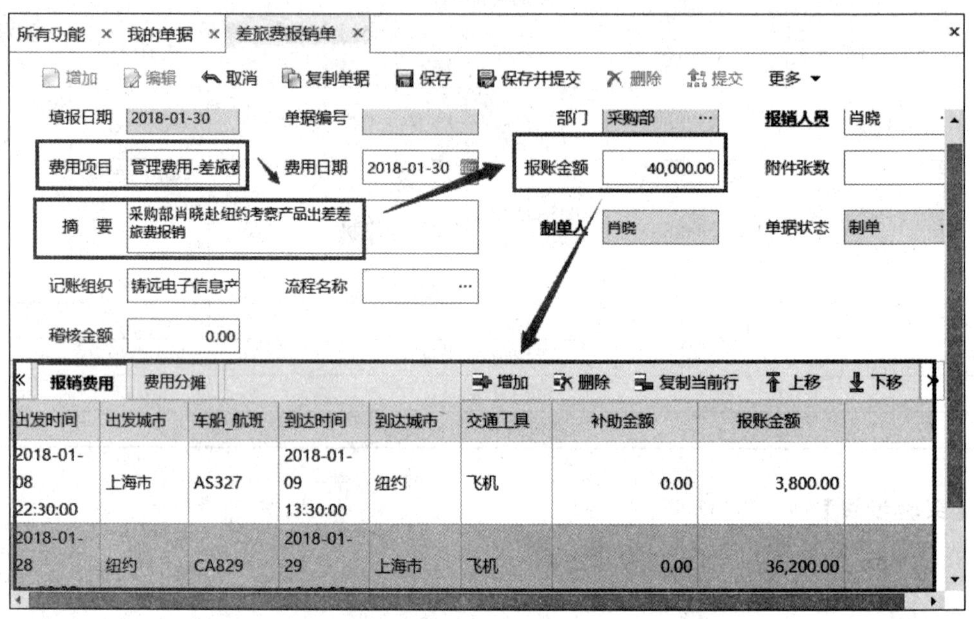

图 8-63

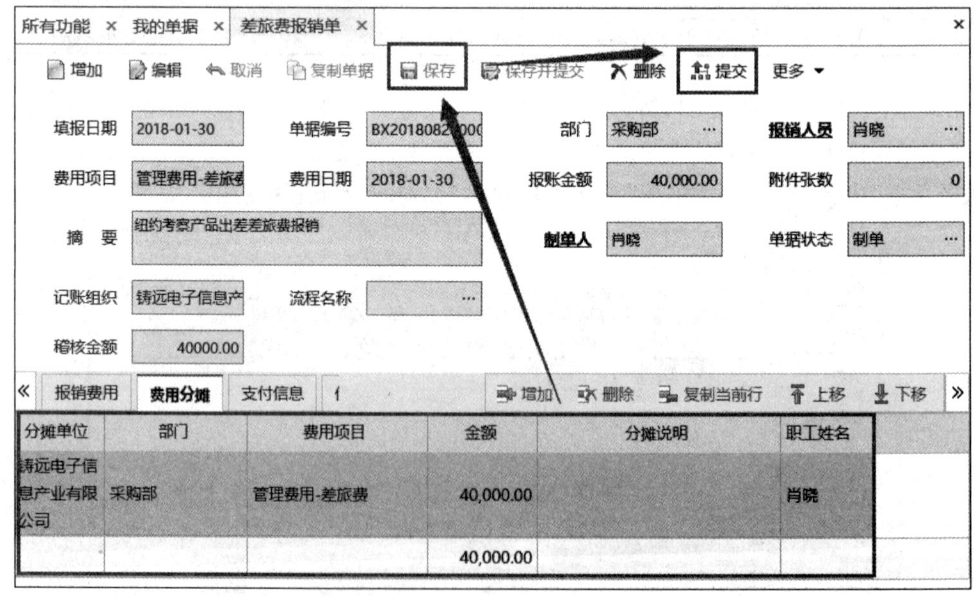

图 8-64

提交审批完成后，单击“预算查询”按钮以查看预算情况，如图 8-65 所示。

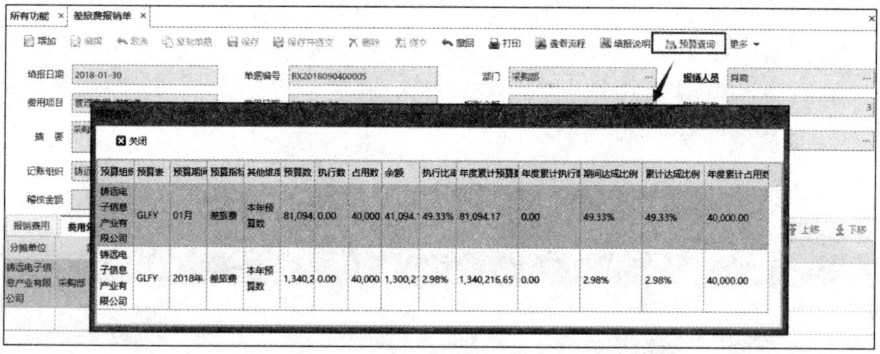

图　8-65

第二步：2018 年 1 月 30 日，铸远电子采购部经理鲍远(用户名：WB0002)登录系统，按照实验描述中的报销内容填制差旅费报销单，执行“报账管理—网上报销—我的报销—我的单据”，打开“我的单据”功能，选择“新建单据”下拉菜单“报销”类别的“差旅费报销单”，如图 8-66 所示。

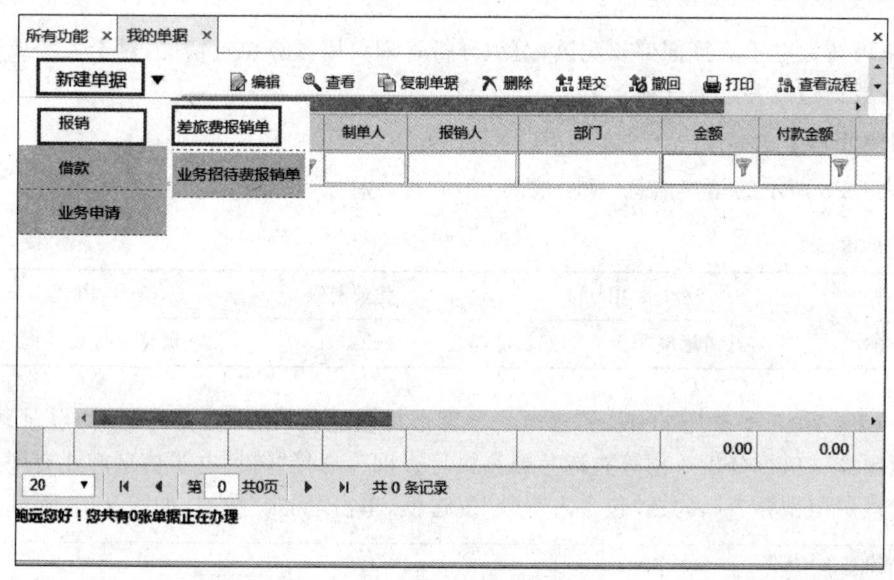

图　8-66

打开“差旅费报销单”界面，按照实验描述填制报销单内容，设置摘要“采购部鲍远赴巴黎考察产品出差差旅费报销”，设置“费用项目”为“管理费用-差旅费”，设置“报账金额”为 50 000.00 以及报销费用明细内容，检查费用分摊是否填写全面，单击“保存”按钮，保存成功后单击“提交”按钮。由于提交的差旅费超出部门月度预算，提示拒绝窗口，此时单击“取消”按钮，关闭报销界面。在这种情况下，需要由报销人填写特殊费用申请表，通过线下流程进行领导审批。操作过程如图 8-67 所示。

通过以上操作，铸远电子管理费用差旅费报销在预算中得到有效控制。在预算中费用报销稽核前称为“占用数”，稽核后称为“执行数”。

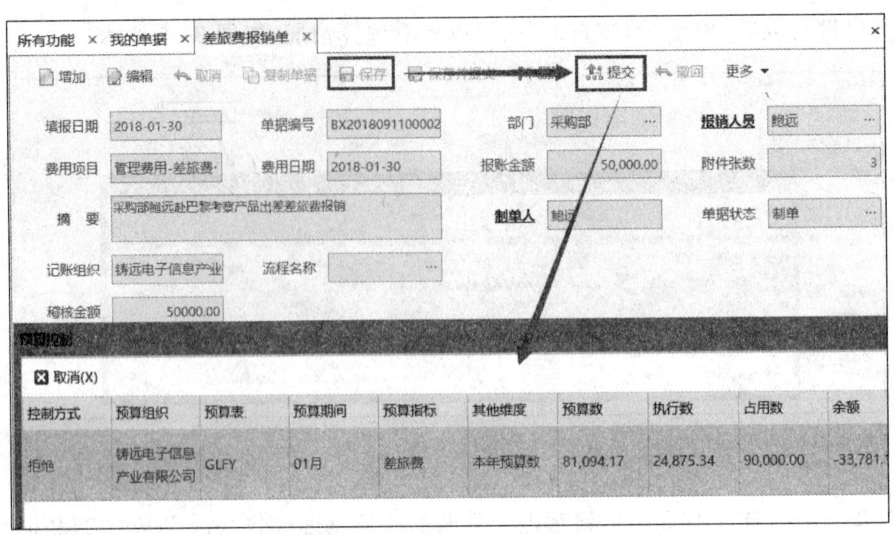

图 8-67

实验四：预算执行数查询

月末由铸远电子预算部部长沈溪，组织分析管理费用预算执行情况，对于大额或异常的费用进行数据追溯并逐笔分析。

【实验步骤】

按表 8-38 所示的用户信息，登录浪潮 GS。

表 8-38

登录日期	登录用户	登录密码	操作内容
2018.1.31	YS0002(铸远电子预算部部长沈溪)	aaaaaa	预算执行数查询

第一步：2018 年 1 月 31 日，铸远电子预算部部长沈溪(用户名：YS0002)登录系统，执行“全面预算—执行分析—预算查询—预算执行查询”，选择“铸远电子信息产业有限公司”，选择“管理费用预算表”，勾选“包含占用数”复选框，单击“确定”按钮，如图 8-68 所示。

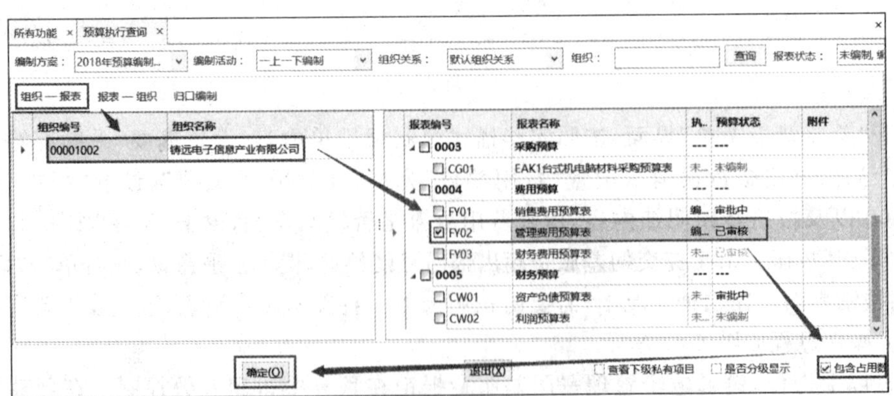

图 8-68

第二步：打开“预算执行查询”功能，分析预算执行情况，对于大额或异常的费用“1 月差旅费 40 000 元”，右击，选择“数据构成”，查看执行数据对应的原始业务单据，进行数据追溯并逐笔分析，如图 8-69 和图 8-70 所示。

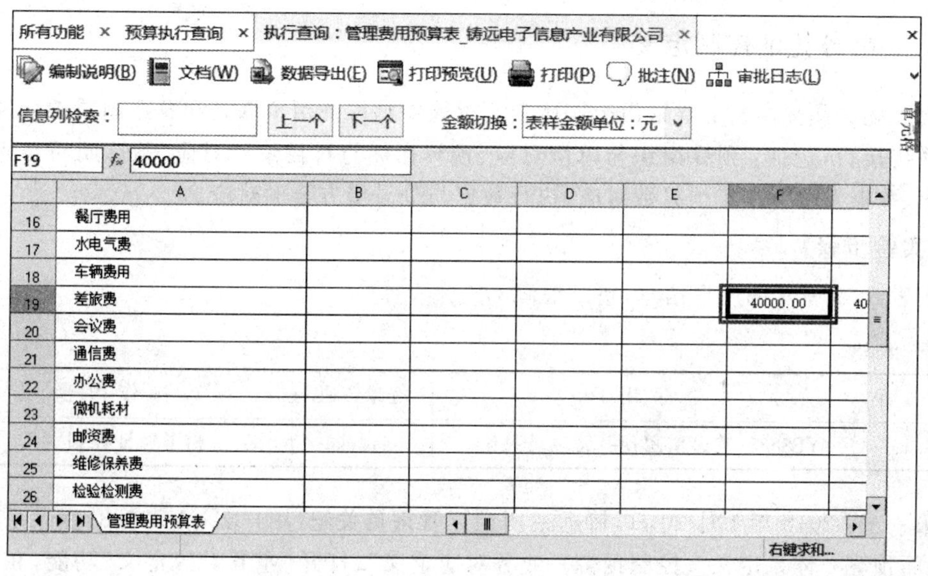

图　8-69

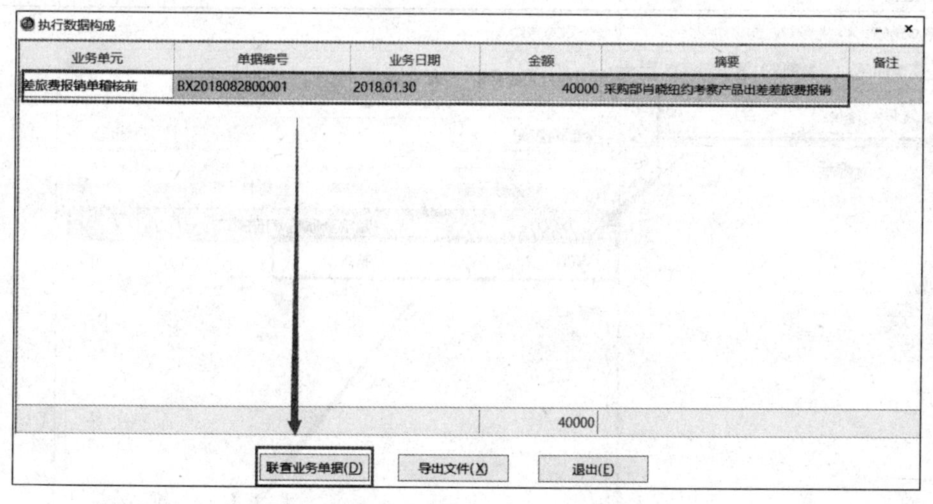

图　8-70

通过以上操作，铸远电子费用预算表中大额费用检查分析完毕。

第九节　教学任务七：预算控制下的凭证管理与实现

铸远集团要求对费用进行严格的预算控制，对超出预算的费用要慎重对待或控制。以管理费用差旅费为例，当差旅费实际发生数达到预算数 80％时，提示报销员工“接近预算限额”；当差旅费实际发生数达到预算数 90％时，警告报销员工“即将超过预算”；当差旅费实

际发生数超出预算数时，不允许员工报销。

根据集团集中管控要求，要对业务预算控制进行部署。铸远电子根据要求定义网上报销控制，以实现预算对费用管理系统管控的目的。

实验一：财务凭证控制定义

财务凭证预算控制主要是用于连接全面预算中销售费用预算表和总账制单中会议费的两个系统接口，包括：预算组织与单位对应、预算指标与科目编号对应、预算期间与凭证日期对应、数据类型与本年预算数对应、执行数据与分录借方金额对应。

【实验步骤】

按表 8-39 所示的用户信息，登录浪潮 GS。

表 8-39

登录日期	登 录 用 户	登录密码	操 作 内 容
2018.1.1	YS8888(铸远集团预算管理员关纪)	aaaaaa	财务凭证控制定义

第一步：2018 年 1 月 30 日，铸远集团预算管理员关纪(用户名：YS8888)登录系统，执行"全面预算—体系定义—控制预警—业务对应定义"，打开"业务对应定义"功能，在"业务单元"中选择"制单"，如图 8-71 所示。

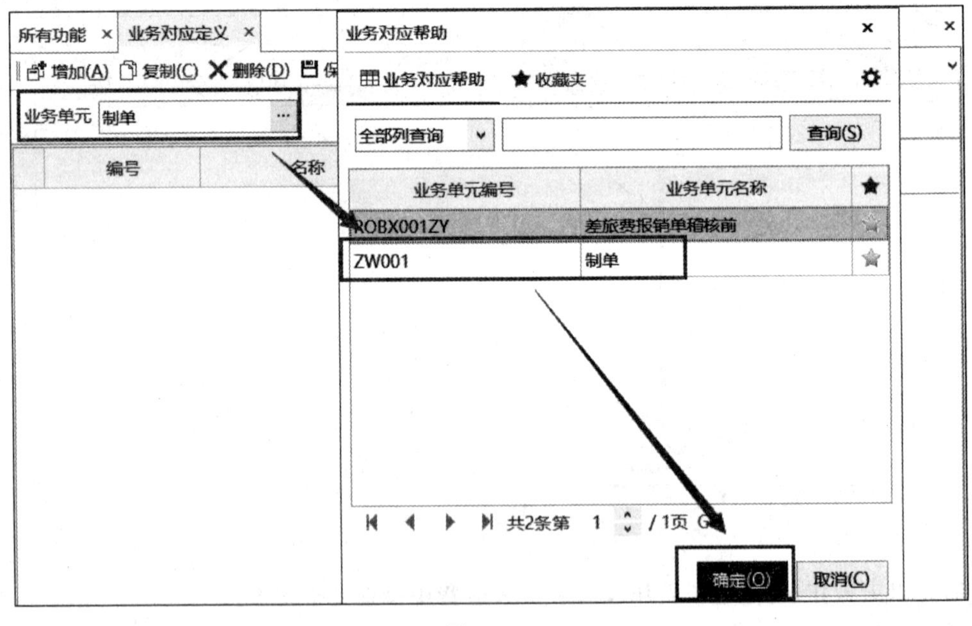

图 8-71

第二步：单击"增加"按钮，类别"编号"输入 HYBX01XS，类别"名称"输入"会议费制单"，在左侧列表中单击编号 HYBX01XS 前面的展开符号，选中"预算组织"，右侧"对应类型"选择"映射"，"来源字段"选择"单位"，选择菜单栏的"映射定义"，如图 8-72 所示。

在弹出的"映射定义"界面中单击"新增"按钮，在新增行的"目标对象"选择预算组织

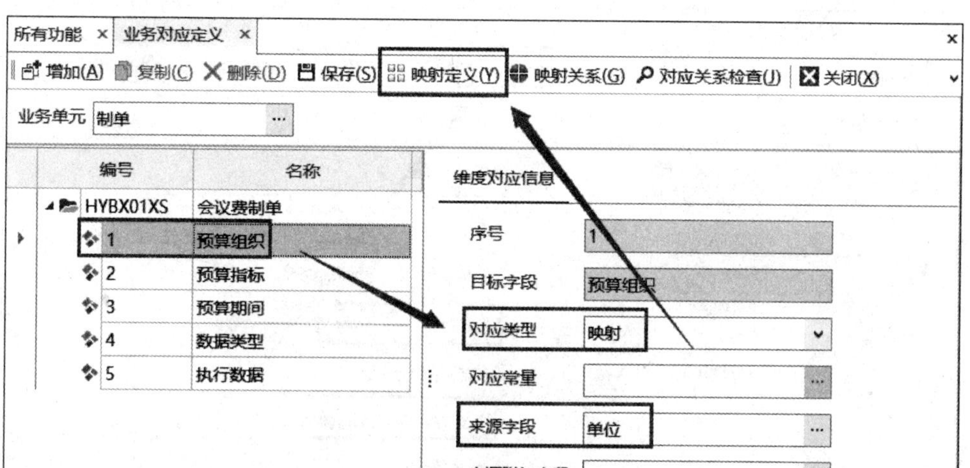

图 8-72

"00001002 铸远电子信息产业有限公司",在"单位开始编号"和"单位终止编号"中选择核算组织"00001002 铸远电子信息产业有限公司",在"部门编号开始编号"和"部门编号终止编号"中选择核算部门"00001002 铸远电子信息产业有限公司",单击"保存"和"退出"按钮,如图 8-73 所示。

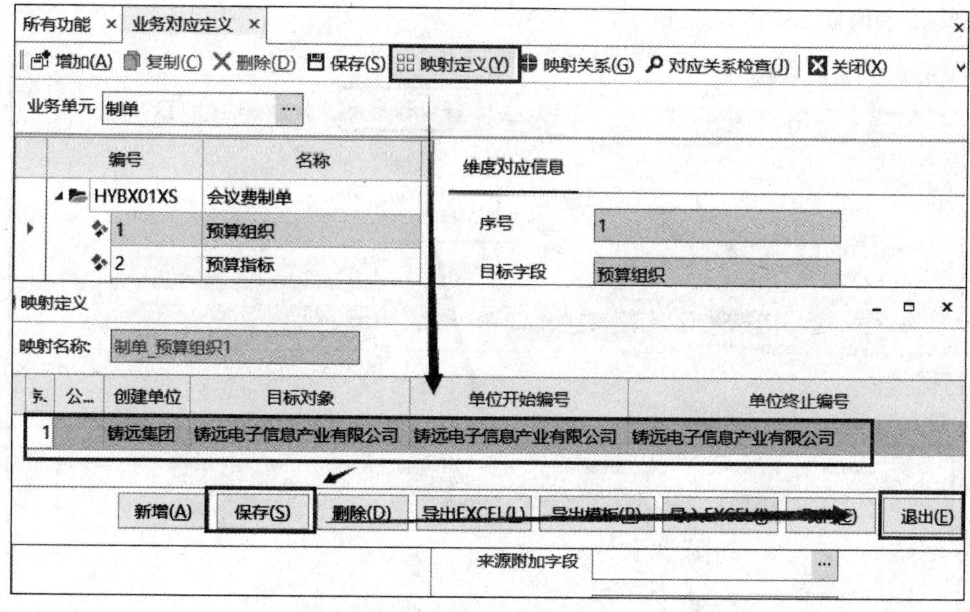

图 8-73

第三步:选中左侧列表中单击"预算指标",右侧"对应类型"选择"映射","来源字段"选择"科目编号",单击工具栏"映射定义",会弹出"映射定义"界面,如图 8-74 所示。

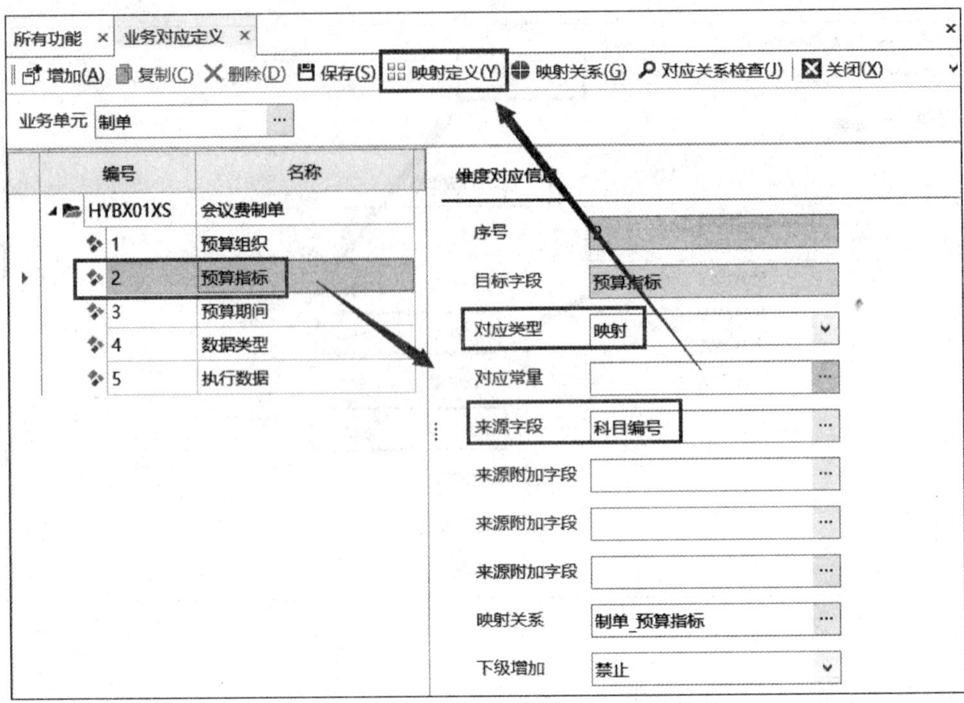

图 8-74

在弹出的“映射定义”界面，单击“新增”按钮，在新增行的“目标对象”选择预算指标“660101 会议费”，在“科目编号开始编号”和“科目编号终止编号”中选择分摊项目“660101 销售费用-会议费”，如图 8-75 所示。

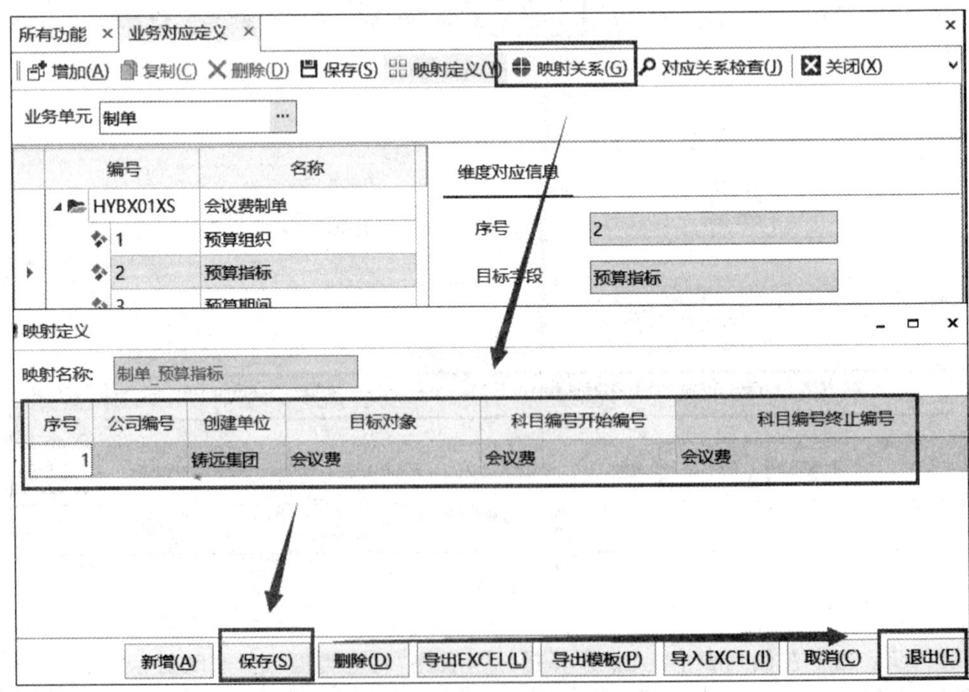

图 8-75

第四步：在左侧列表中单击“预算期间”，右侧“对应类型”选择“映射”，“来源字段”选择“凭证日期”，“映射关系”选择“年月对应”，如图 8-76 所示。

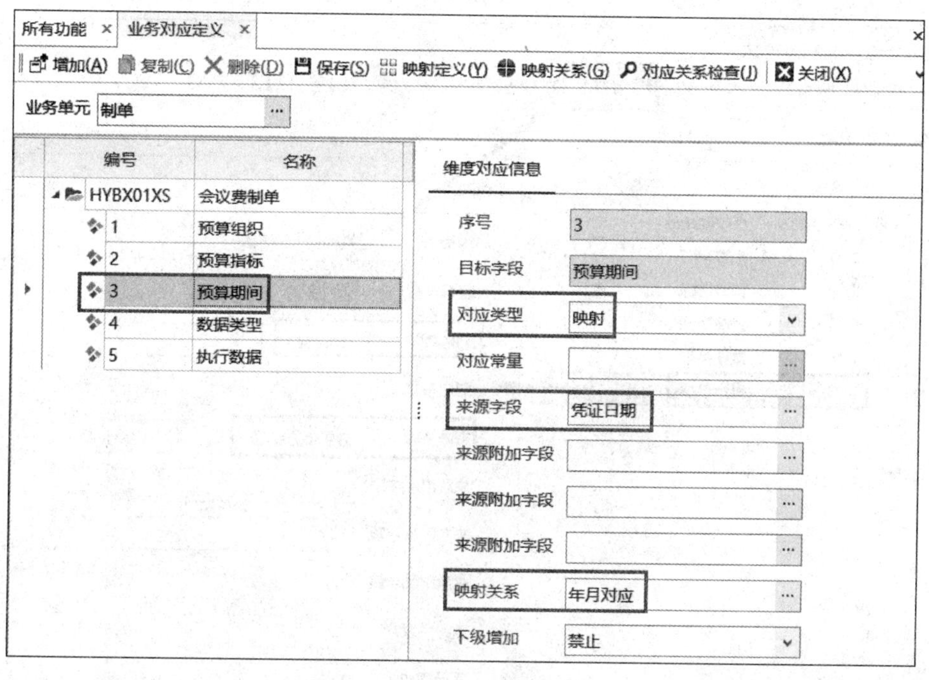

图　8-76

第五步：在左侧列表中单击“数据类型”，右侧“对应类型”选择“常量”，“对应常量”选择“本年预算数”，如图 8-77 所示。

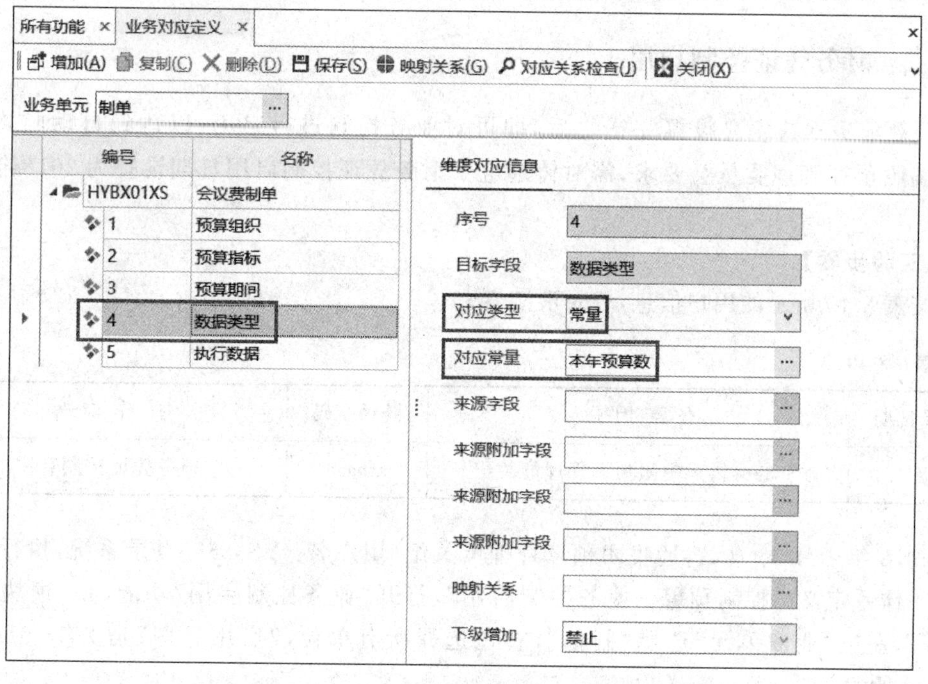

图　8-77

第六步：在左侧列表中单击"执行数据"，右侧"对应类型"选择"直接对应"，"来源字段"选择"分录借方金额"，定义完成后，单击工具栏中"保存"按钮，如图 8-78 所示。

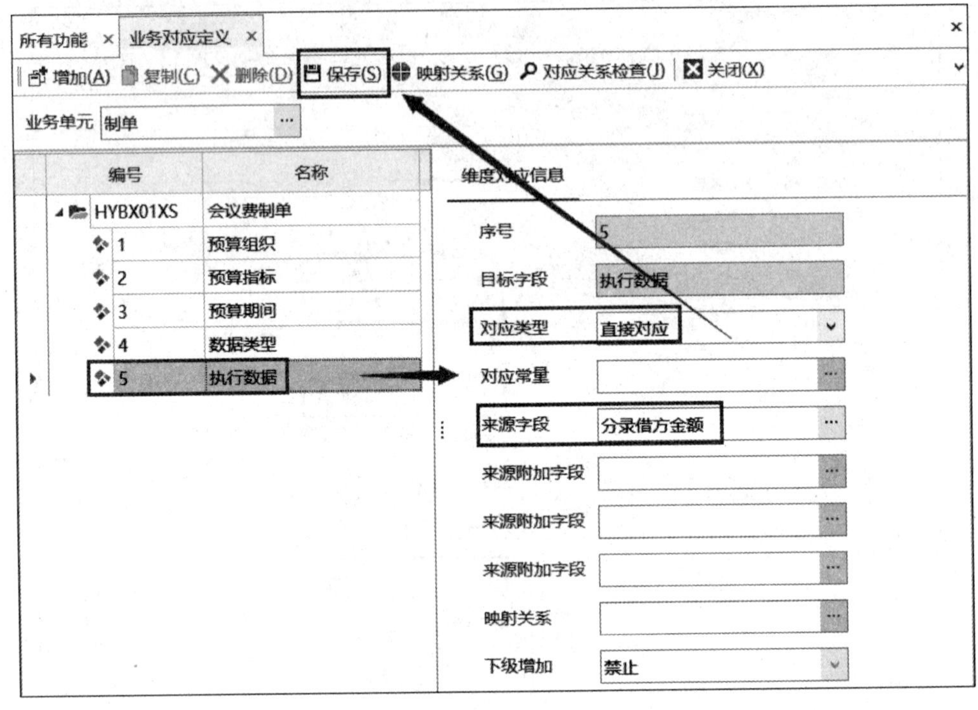

图 8-78

通过以上操作，铸远集团财务凭证控制定义完毕，各子公司可直接使用。

实验二：财务凭证控制启用

预算业务对应定义设置完毕之后，即可对业务控制进行启用，以达到自动归集的目的。按照预算管理委员会要求，需对铸远电子财务凭证控制启用日期设置为 2018 年 1 月 1 日。

【实验步骤】

按表 8-40 所示的用户信息，登录浪潮 GS。

表 8-40

登录日期	登 录 用 户	登录密码	操 作 内 容
2018.1.1	YS8888(铸远集团预算管理员关纪)	aaaaaa	财务凭证控制启用

2018 年 1 月 30 日，铸远集团预算管理员关纪(用户名：YS8888)登录系统，执行"全面预算—体系定义—控制预警—业务控制启用"，打开"业务控制启用"功能，在"模块"选择"总账"，左边"业务单元"选择"制单"，右边选择所有单位，"启用日期"是 2018-01-01，如图 8-79 所示。

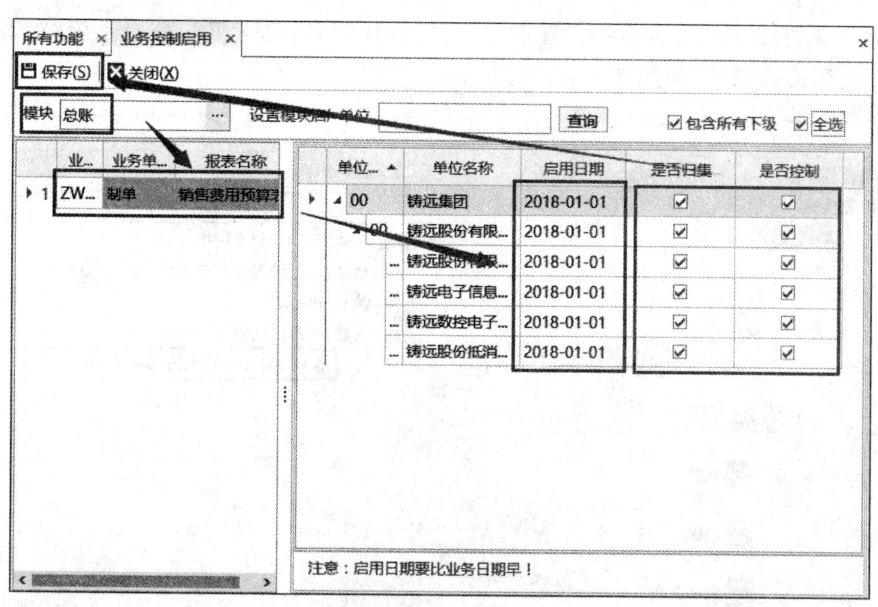

图　8-79

通过以上操作，铸远集团财务凭证控制启用定义完毕。

注意：业务控制启用日期要提前于业务发生日期，才可有效控制预算。

实验三：财务凭证预算管控

2018 年 1 月 5—15 日，铸远电子市场部于北京、上海、成都、武汉四地共组织四场区域伙伴产品推广会议。会议结束后，于 2018 年 1 月 16 日由市场部负责人报销本次会议费用，如表 8-41 所示。

表　8-41

凭证日期	摘　要	方向	科目名称	金额(元)	
				借方	贷方
1.20	区域伙伴产品推广会议	借	销售费用-会议费	100 000.00	
		贷	银行存款-建设银行		100 000.00

由于本次会议费涉及的审批流程及汇报内容复杂，公司要求此类费用报销必须由相关负责人走线下报销审批。领导审批通过后，于 2018 年 1 月 20 日由铸远电子财务总账制单员从系统中制单，生成凭证。

【实验步骤】

按表 8-42 所示的用户信息，登录浪潮 GS。

表　8-42

登录日期	登录用户	登录密码	操作内容
2018.1.20	ZD0001(铸远电子总账制单员张丹)	aaaaaa	财务凭证预算管控

2018 年 1 月 20 日，铸远电子总账制单员张丹(用户名：ZD0001)登录系统，双击鼠标切换核算组织到铸远电子，如图 8-80 所示。

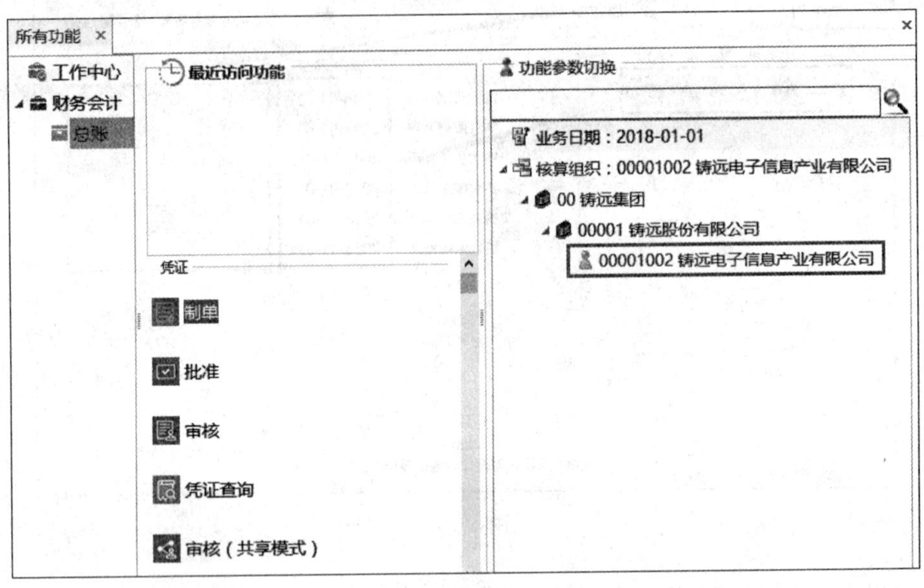

图 8-80

执行"财务会计—总账—凭证—制单"，打开"制单"功能，凭证"单位"为"铸远电子信息产业有限公司"，"凭证日期"为"2018 年 1 月 20 日"，"附件"张数为 1 张，"摘要"为"区域伙伴产品推广会议"，借方科目编号为 660101，借方科目名称为"销售费用-会议费"，借方金额为 100 000.00；贷方科目编号为 100204，贷方科目名称为"银行存款-建设银行"，贷方金额为 100 000.00，现金流量选择"0107 支付的其他与经营活动有关的现金"，单击"保存"按钮，凭证制单完毕，如图 8-81 所示。

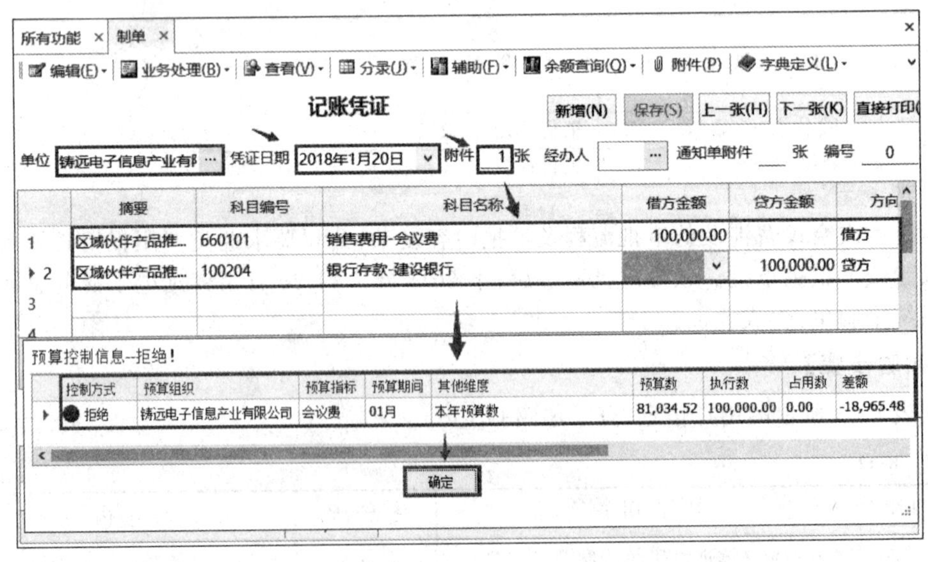

图 8-81

由于会议费超出销售费用预算表的“会议费”预算(81 034.52 元),单击“保存”按钮时会弹出预算控制信息,拒绝保存。在弹出的拒绝窗口中单击“确定”按钮不保存凭证,由费用负责人重新申请超额特殊费用审批,公司进行预算调整及费用处理。

通过以上操作,铸远电子超预算财务凭证控制完成。

第十节 实验中常见操作问题及解决方法

预算表编制数据与任务描述数据不符,主要是因手动录入错误所致,需要对预算表数据进行修改。对于不同状态下的预算表,其修改方法不同,具体修改方法如下。

一、预算表未审批

在预算部部长未审批的情况下,此问题分两个用户考虑,分别为铸远电子预算管理员管思思(YS0001)及铸远股份预算管理员(YS0003)登录系统,均执行“全面预算—预算编制—编制预算”,找到要更改数据的有误预算表(以“营业收入预算表”为例)。

打开预算表后,在预算表编制页面单击“取消提交”“取消审核”按钮,如图 8-82 所示。

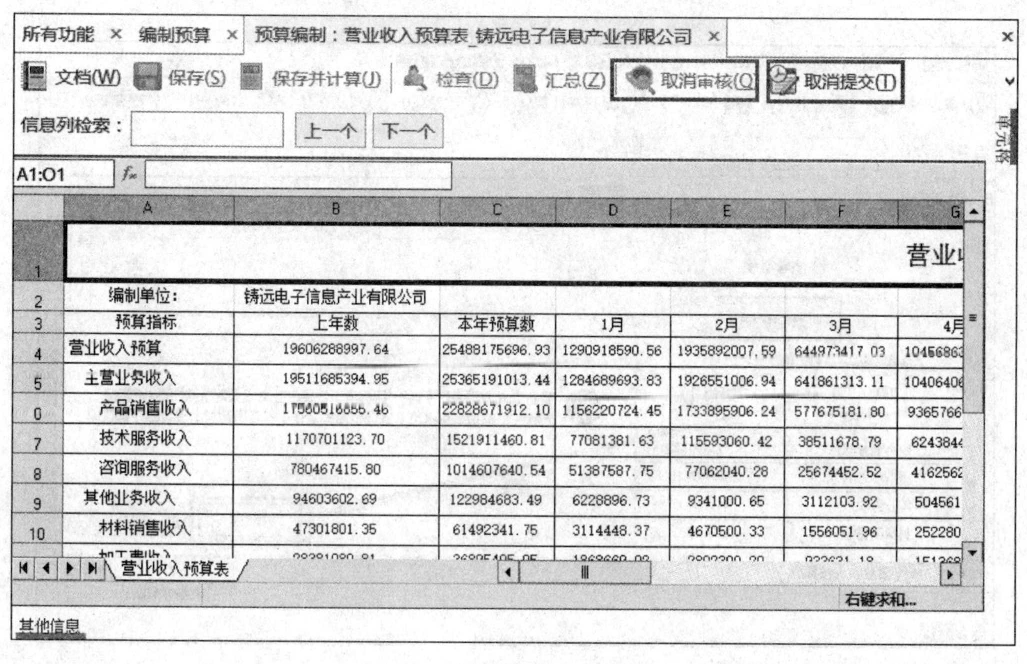

图 8-82

取消审核后,对预算表数据进行修改或删除。如需对预算表全部数据进行修改或删除,选择要删除数据的单元格,单击工具栏中的“清空”按钮,选中“清空数据”单选按钮,完成预算表数据删除并编制正确数据;如只修改某个单元格数据,可直接在对应单元格修改或用 Delete 键删除数据。具体操作过程如图 8-83 和图 8-84 所示。

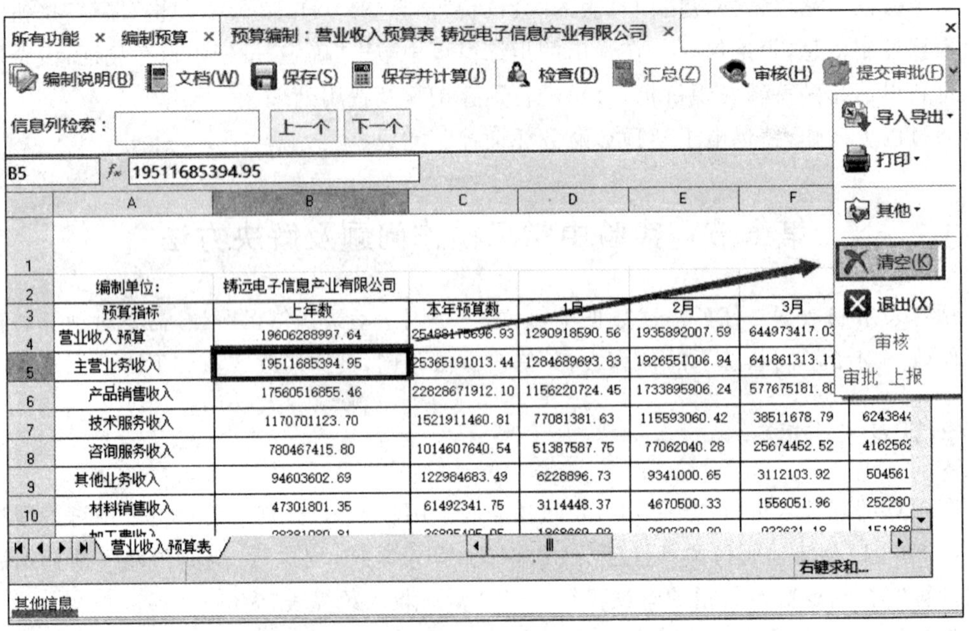

图 8-83

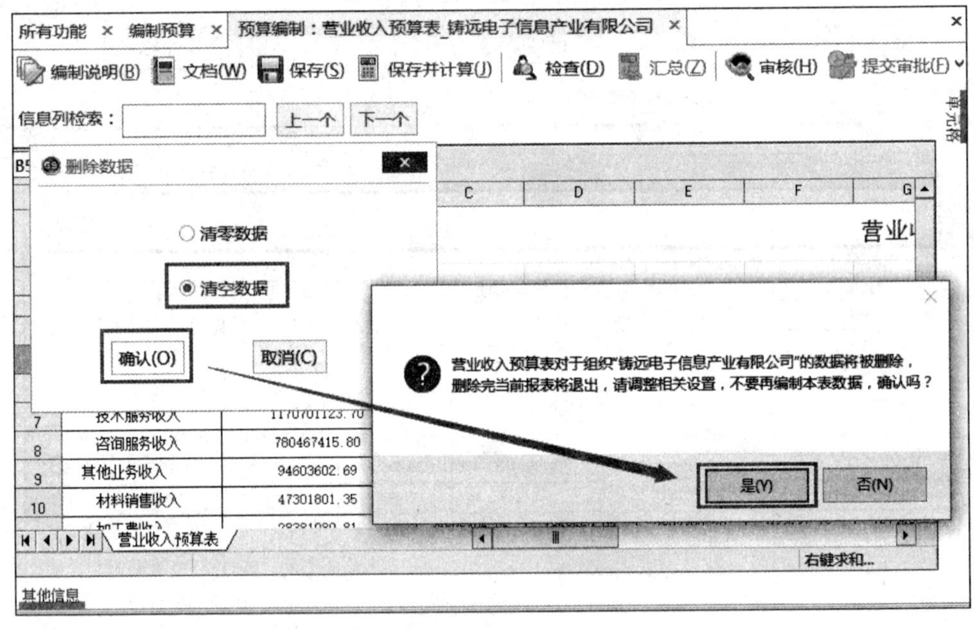

图 8-84

二、预算表已审批

若预算表已被铸远电子预算部部长沈溪审批通过，从业务角度判断为"预算表已生效"；如有预算变更，需提交审批。通过后，再由铸远电子预算管理员管思思(YS0001)登录系统，执行"全面预算—预算编制—预算取消审批"，找到要更改数据的有误预算表(以"营业收入预算表"为例)。

打开"预算取消审批"功能,选择"组织—报表"展示模式,组织选择"铸远电子信息产业有限公司",报表选择"XS01 营业收入预算表",选择"批量取消审批"功能,填写退回原因并单击"确定"按钮,如图 8-85 所示。

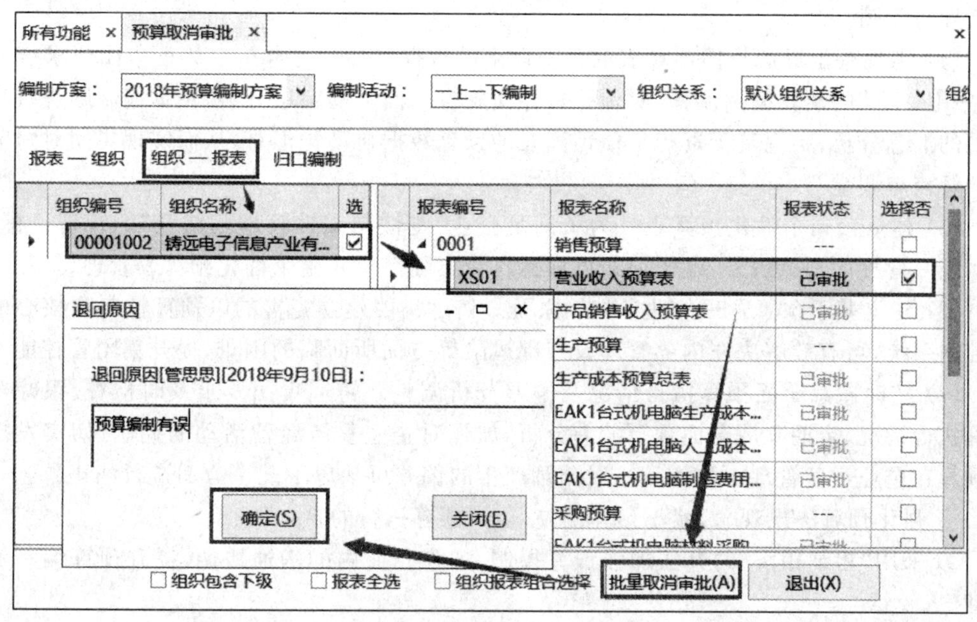

图 8-85

第十一节 铸远集团全面预算建设成效分析

本章所有教学任务都是从企业实际管理需求出发,以战略目标为导向,通过对未来一定期间内的经营活动和相应的财务结果进行全面预测与筹划,科学、合理地配置企业各项财务和非财务资源,并对执行过程进行监督和分析,进而推动实现企业战略目标。

本章所有教学任务都是通过模拟案例场景,结合信息系统实验教学方式,使读者了解集团实施全面预算管控的要点及意义,并了解借助信息化工具可实现的集团全面预算内容及管控效果。

通过上述七大教学任务,可助力铸远集团高层领导的预期管理目标,具体建设成效如下。

(1)搭建统一的全面预算管理体系。铸远集团建立统一规范的集团全面预算管理体系,使预算协调与编制进度得到了有效控制,预算数据的真实性得以提升,预算组织体系、内容体系、流程体系、方法体系等得以统一,达到集团统一管控的目的。

(2)以销售为起点的预算管理模式。以销售为起点的预算管理模式,一方面对产品的数量、规格、包装等要按照市场的需求安排生产;另一方面统筹安排,长远规划,使生产能适应市场需要的发展变化。此外,集团通过对预算管理模式的统一要求,达到要规范管理的目的。

(3) 建设基于利润预算表的智能化取数体系。铸远集团强化业务部门在预算管理中的主体地位，由于执行预算的主体是业务部门，预算编制、执行、控制、分析的主体都要落实到业务单位。财务报表是预算的最终形式，集团要求基于利润预算表建立财务预算智能化取数体系，真正实现业务预算而非表面的财务预算，避免预算与业务脱节，无法对经营活动进行指导与控制。

(4) 实现基于资产负债预算表的自下而上的数据自动汇总分析。铸远集团要求统一采用“一上一下”的预算编制流程，对预算目标实施自上而下的层层分解，预算编制则进行自下而上的汇总分析，实现基于资产负债预算表的预算数据自动化汇总，从而实现集团对财务预算的管控与调配。

(5) 建立公司个性化预算表。为了满足企业“刚性与柔性管理相结合”的管理目标，除集团统一管控的预算表外，各子公司可根据自身实际需求实施个性化预算表管理。

(6) 建立基于预算管理的业务控制系统。铸远集团建立完善的以预算控制为核心的业务控制系统，可有效解决在内部管理及外部风险等方面所面临的困难，提升集团管控能力。

(7) 实时跟踪全面预算执行情况及偏差分析调整。铸远集团要求及时检查、跟踪全面预算执行情况，定期开展全面预算偏差分析，加强对企业整体经营活动的控制，切实发挥全面预算在企业经营管理中的作用。对预算产生的偏差可从以下几个方面进行纠正。

① 强化预算法规观念，减小预算偏差，提高预算执行的自觉性。

② 采用“粗细相济”的办法加强预算控制，加强企业内的沟通协调，提升预算编制的科学性。

③ 严格制定经费限额标准，实现经费消耗与供应、管理标准统一，加大预算项目可控性。

④ 制定预算考评标准，强化预算管理责任，建立定期报告制度，增强预算执行的自我约束力，维护预算工作的严肃性。

第九章

资金集中管理仿真实训

第一节　铸远集团资金管理现状与期望

2018 年以前，铸远集团资金管理比较松散，其主要的资金管理模式是子公司在其驻地自由选择商业银行开户，集团并不干预子公司的账户如何开立，只提供指导性意见。子公司对外的支出与收入，根据开户银行的不同进行自主管理。集团通过 ERP 系统收集各子公司资金信息，仅仅进行余额监控与查询，做到"你的钱，我看着花"，根据监控情况提供指导性意见。

一、铸远集团资金管理现状

铸远集团当前的资金管理模式可对集团各子公司进行资金监控，可适当避免违反财务制度的支出；不改变开户单位的资金所有权，不影响开户单位的生产经营活动；不改变开户单位的资金管理权，账户风险分离。但是，这种管理模式只解决了开户单位资金信息透明的问题，对其他资金管理问题缺乏有效的手段，主要体现在以下几点。

（一）资金分散，账户监控难

由于集团对各子公司如何开立账户不进行干预，由子公司自由开户，造成开户银行多，银行账户多，资金分散，集团不能及时准确地了解各子公司真实的账户信息和各账户资金头寸，资金流向不清楚，难以对各子公司资金使用情况进行有效监控，资金风险较大。

（二）内部资金调剂不力，闲置与短缺并存

随着企业规模不断扩大，集团产品及分类也在快速增加。由于缺乏良好的监管，系统之间、公司之间缺乏必要的信息交流，使得企业资金管理混乱。部分经营良好的单位，资金闲置较多，在银行沉淀严重。为了实现这部分资金的价值，部分公司进行了证券期货等投资，但是由于操作人员专业能力和经验不足，反而造成了资金的损失。而另外一些因快速扩展而新成立的公司或新兴的板块，对资金需求量较大，容易出现资金短缺的现象。但因不能跨

越地域分布、通信、交通、管理幅度等多方面的局限，集团内部的资金管理不能够合理分配，资金闲置与短缺情况并存。

（三）集团财务费用长期居高不下

第一，集团内一些新成立的公司或新兴的板块，在出现资金困难的时候，只能对外贷款，导致集团贷款额居高不下，贷款利息费用有增无减；第二，由于铸远集团尚未建立集中统一的资金管理体系，各子公司对本单位的资金进行分散管理，很难形成一定的资金规模，在对银行议价时难以发挥优势，在存款或贷款时都很难争取到较优惠的利率政策，相比而言对应的财务费用也是较高的；第三，集团内各子公司间业务往来频繁，均通过银行进行结算，一方面每年要向银行缴纳数额不菲的手续费；另一方面由于资金的在途时间也导致了大量的资金占用。

（四）难以建立有效的资金计划体系

铸远集团的资金分散管理模式，造成各子公司资金预算制度形同虚设，资金管理有章无序，各子公司无资金计划控制支付、计划考核无力。而且，各子公司对一些重大资金支付具有控制权，集团层面未实时监控，导致一些子公司存在各行其是和不按制度规定乱开支的现象。

（五）票据库存量大

铸远集团各子公司采用汇票结算的业务较多，尤其是应收票据，库存量较大。很多子公司收到其他企业背书的票据时，将其进行台账登记并存放保管后便不再过问，并没有将企业票据池中的票据种类、票据到期时间、票据承兑风险进行细分。而且，在大量持有票据的情况下，各公司仍然使用现金支付货款，或者在支付票据时，将近期即将到期的票据背书给下家，使得企业现金流入减少。在这种对票据进行分散管理的模式下，企业无法及时、清晰地掌握票据状态和相关的资金流向，无法对票据进行管理控制和统筹规划，进而加大了财务风险。

二、铸远集团资金管理期望

铸远集团高层领导充分意识到：资金管理作为集团财务管理的核心以及各方面利益关系和矛盾的焦点，整个集团的资金管理只有实行总部一元核心的领导，并在一体化的财务战略、财务政策与资金管理制度的基本规范下，才能实现最大的协同效应，才能有效解决彼此之间的利益关系和矛盾冲突。因此，铸远集团以集团资金管控为出发点，决定在 2018 年搭建集团范围内集中统一的资金管理信息系统平台，加强资金业务的集中管理，提高对资金风险的管控。对此，铸远集团高层明确提出以下几点管控要求。

（一）搭建集团统一的账户管理平台

清理各子公司原有开立的多余资金账户，按集团要求选定工商银行、农业银行、中国银行、建设银行四大银行作为各子公司合作银行进行各种结算业务处理，实现对银行账户的集中监控，防止资金体外循环。各子公司对于新开立的账户，必须向集团提出开户申请，审批通过并进行备案后，方可在银行进行开户。各子公司严格执行“收支两条线”资金管理模式，分别在商业银行开立一个收入账户和一个支出账户，收入账户只收不支，支出账户只支不收，集团资金中心结合资金收支计划，定期进行自动或手动的资金上划及下拨业务处理。

（二）集中资金管理，统筹内部资金调剂

集团资金中心对各子公司账户资金进行实时监控，并对银行收入账户沉淀的资金进行定期归集，形成集团资金池。对资金相对充盈的子公司可提供内部存款业务，参考银行同期利率结算活期或定期存款利息；对资金短缺的子公司可以进行资金内部调剂，通过资金中心归集的资金池，对内部子公司提供内部贷款服务，代替对外贷款业务，参考银行同期利率结算内部贷款利息。集团通过提高资金集中程度，来提高资金周转率和利用效率，降低系统内各子公司资金沉淀，杜绝存贷双高现象的存在。

（三）降低集团财务费用支出

一方面，通过加强集团内部资金调剂，降低子公司的对外贷款金额，进而降低子公司对外贷款发生的高利息支出；另一方面，通过集团对各子公司的资金集中，充分发挥集团资金的规模优势，使银行间形成服务竞争，对特定银行形成议价优势，进而取得优惠的结算手续费、优惠的贷款利率、优惠的国际结算汇率等，最终达到降低相关费用的目的。

（四）加强资金计划管控，按资金计划进行收支管理

围绕铸远集团年度综合经营计划以及内部经营目标责任，各子公司的一切财务收支应纳入预算管理范围，采取分级编制、集中汇总、逐级审批的办法，按要求编制资金收支计划，并按统一格式上报集团，由集团负责监督、平衡和控制。对资金计划要求：月计划不得突破季计划，季计划不得突破年计划，年计划不得突破总计划。各子公司若因资金计划不足，每月只允许在限定的范围内追加有限度的支出预算，追加预算应为突发性支出或应急性支出。对于日常开支，如因计划考虑不周，一概不予追加。通过加强资金计划管理，做到“按计划用款，按进度拨款”，加强资金跟踪检查，及时对公司总体现金流入、流出情况进行动态监控，为集团领导对资金整体状况和未来现金流预测提供决策支持。

（五）搭建集中统一的票据管理平台

铸远集团要求对各子公司已持有或未来收到的票据进行集中管理，结合各子公司已签订的供货合同等信息，科学合理地持有一定量的票据，积极与上游供货商沟通，尽可能使用商业承兑汇票进行货款结算，提高集团内票据的周转效率。另外，通过集中的票据管理平台，可对各子公司的票据背书、贴现等操作进行监控，对空白票据进行统一监管，加强票据统一管控力度，防范票据管理风险。

第二节　铸远集团资金管控体系设计

一、管理模式设计

铸远集团资金管理采用收支两条线划拨模式，集团和子公司均在外部银行开设账户，集团开设银行总账户，下属成员单位开设银行子账户，并建立相应的隶属关系，各成员单位授权将银行账户纳入资金中心集中管理。

在本模式下，单位账户区分出收入类账户和支出类账户。收入户开放给客户用于日常打款，并进行资金归集。子公司日常报送资金用款计划，集团通过资金计划准备资金池资金，预备下拨。子公司用款时，向资金中心申请资金下拨，自行对外付款。在保持集团资金

归集时，可保证子公司在资金计划的允许范围内，有充足的资金进行下拨，并可保有一定量的资金支付自由。

同时，各子公司在资金中心开设内部账户，记录各类款项在资金中心的余额情况。子公司银行子账户的资金，定时转入集团总账户，并记入各子公司内部账户。企业对外支付款项时，进行资金下拨业务申请，资金中心办理完成后，资金首先由集团总账户将资金转入企业外部账户，然后由子公司自行负责将资金从企业外部银行账户完成对外支付。

子公司需在资金中心开设的主要内部账户如表 9-1 所示。

表 9-1

账户名称	账户说明
内部活期存款户	用于核算子公司在资金中心的活期存款总额，可通过资金上划等方式增加该账户金额
内部定期存款户	用于核算子公司在资金中心的定期存款总额，可通过申请内部定期存款的方式增加该账户金额
贷款户	用于核算子公司在资金中心的内部贷款总额，可通过申请内部贷款，并完成放款记账后，增加该账户金额
应收票据户	用于核算子公司在资金中心的应收票据总额，可在对票据登记入库并记账时，增加该账户金额
应付票据户	用于核算子公司在资金中心的应付票据总额，可在开票处理并记账时，增加该账户金额

二、组织机构设计

为了达到铸远集团对资金的管控期望，高层领导做出决策：在铸远股份二级集团设立资金中心，办理内部各子公司之间资金结算、内部贷款、票据业务等。

该资金中心以“管理核算型”作为主要管理模式：子公司提交业务申请，由相关审批岗进行审批，由资金中心进行业务办理、集中结算，子公司在资金系统中查询本单位收支业务、本单位内外部账户收支明细及余额。

铸远股份资金中心的对应核算单位是铸远股份有限公司(本部)，不单独设立核算组织。需纳入铸远股份资金中心进行资金业务处理的单位如表 9-2 所示。

表 9-2

资金中心	包含子公司名称
铸远股份资金中心	铸远股份有限公司(本部)
	铸远电子信息产业有限公司
	铸远数控电子有限公司

铸远股份资金中心负责服务范围内各子公司的资金业务处理，业务范围包括账户管理、资金结算、资金计划、内部贷款、票据管理等。

三、岗位职责设计

铸远集团要求设置的与资金相关的主要岗位及职责如表 9-3 所示。

表　9-3

岗位名称	职责概述
资金中心结算制单岗	处理资金中心的各类结算业务制单、数据查询等，包括账户设置、资金调拨申请、账户余额查询等
资金中心结算审核岗	对各类资金结算业务进行审核，包括账户开户审核、上划到账审核、存款办理等
资金中心财务核算岗	对资金结算凭证进行记账、活期存款利息计算等
资金中心内贷管理岗	对子公司提出的内部贷款业务进行经办及贷款查询等，包括贷款经办、放还款经办、合同维护等
资金中心票据管理岗	对子公司的应收票据进行验票入库、记账处理等，对子公司的应付票据开票等进行审核
子公司出纳岗	提出各类资金业务申请及对本单位数据进行查询分析，包括账户开户申请、存款申请、付款申请等
子公司审批岗	对本单位各类资金业务进行审批，包括账户开立审批、存款申请审批、明细资金计划编制审批等
子公司审核岗	对本单位各类资金业务进行复核
子公司资金计划编制岗	编制本单位的资金计划并提交审核、查询计划执行情况等

四、业务流程设计

按铸远集团资金管控要求，主要的资金业务需按以下流程完成。

（一）账户管理流程

1. 账户开户流程

子公司提出账户开户申请，经相关领导审批通过后，由资金中心对开户申请进行复核并启用账户。

账户开户流程如图 9-1 所示。

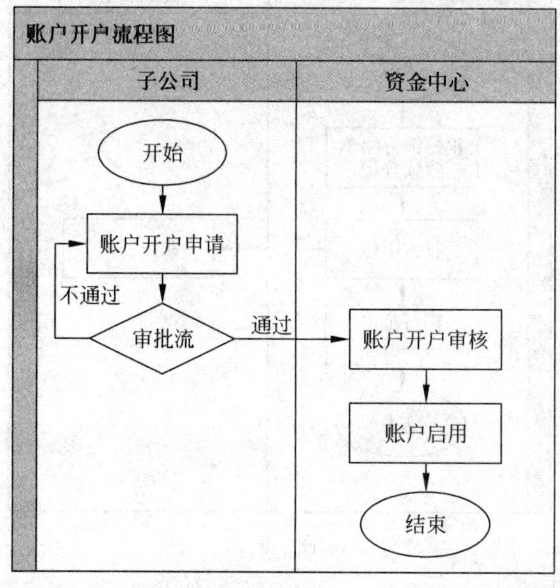

图　9-1

2. 账户变动流程

子公司提出账户变动申请(账户销户/账户修改),经相关领导审批通过后,由资金中心进行账户销户或修改操作。

账户变动流程如图 9-2 所示。

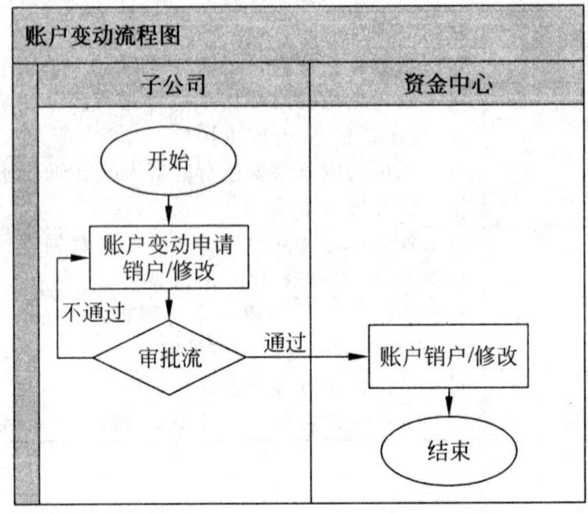

图 9-2

(二) 企业收款流程

子公司收款到账后,依据银行回单进行收款登记,收款信息复核后,即完成收款流程,收款账户金额增加。

资金中心可监控企业收款流程及账户变动情况如图 9-3 所示。

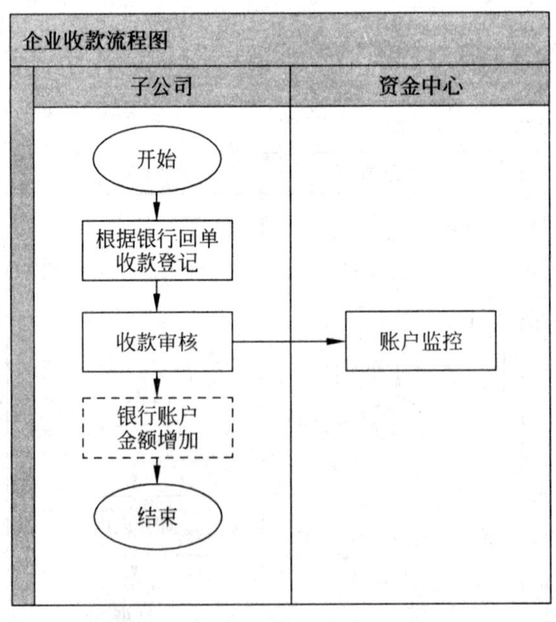

图 9-3

（三）资金上划流程

子公司按照集团规定，账户中留有足够的备用金后，需要按日将其余资金上划至集团资金中心的银行总账户。资金上划时，由资金中心直接上划，上划到账审核后，生成结算凭证，则上划业务完成。

结算凭证记账后，集团总账户和子公司在资金中心开设的虚拟内部活期账户金额都会增加，而子公司的上划账户金额则会减少。

资金上划流程如图 9-4 所示。

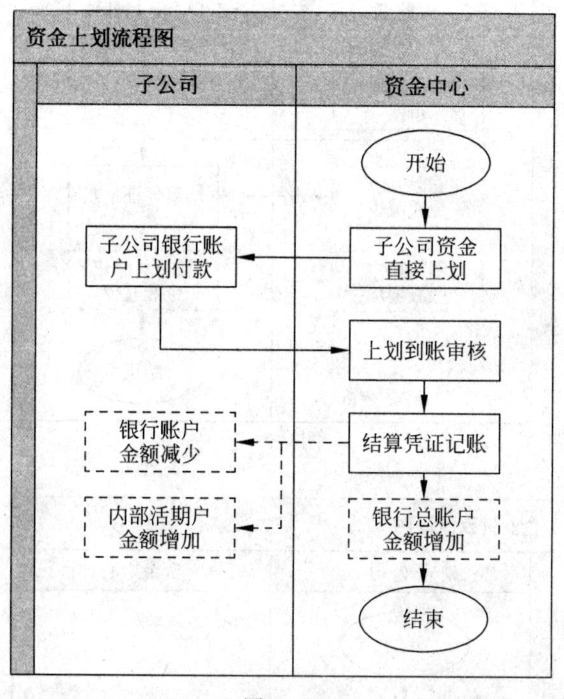

图 9-4

（四）资金下拨流程

子公司用款时，向资金中心提出下拨申请，经相关领导审批通过后，由资金中心进行下拨处理。处理完成后，将自动生成子公司下拨到账收款单，收款单经审核后，生成结算凭证，下拨业务即告完成。

结算凭证记账后，集团总账户和子公司在资金中心开设的虚拟内部活期账户金额都会减少，而子公司的下拨收款账户金额则会增加。

资金下拨流程如图 9-5 所示。

（五）企业付款流程

子公司提出付款申请，在“是否超计划控制”检查通过后，需经相关领导审批并复核，完成付款流程，付款账户金额减少。

企业付款流程如图 9-6 所示。

资金下拨流程图
子公司
资金中心
开始
资金下拨申请
不通过
审批流
通过
资金下拨处理
下拨到账审核
内部活期户金额减少
结算凭证记账
银行账户金额增加
银行总账户金额减少
结束

图 9-5

企业付款流程图
子公司
资金中心
开始
付款申请
不通过
超计划检查
不通过
审批流
付款复核
账户监控
银行账户金额减少
结束

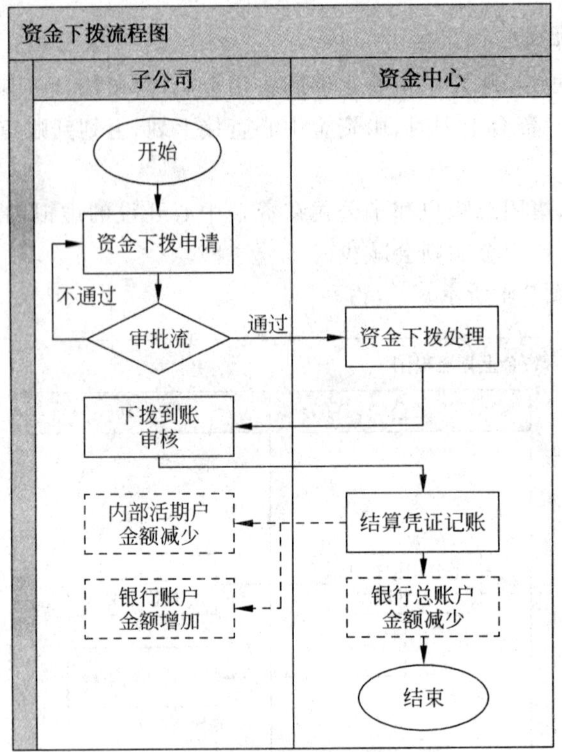

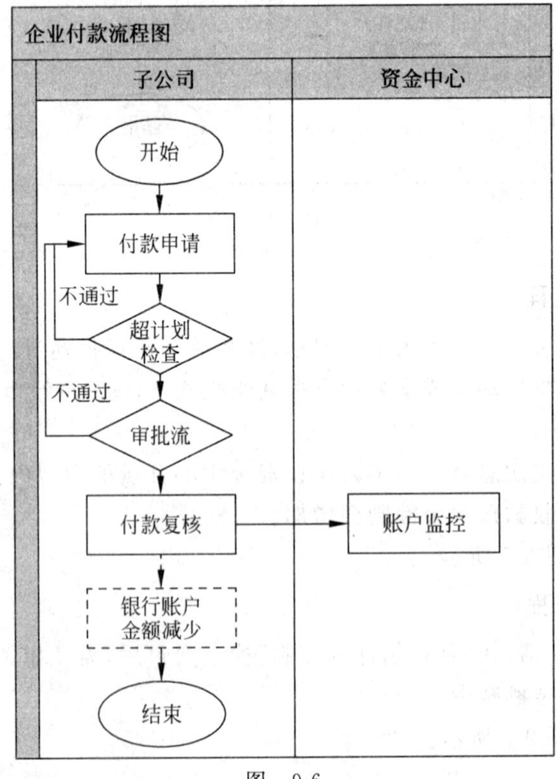

图 9-6

（六）定期存款流程

子公司提出内部定期存款申请，相关领导审批通过后，由资金中心进行定期存款办理，办理完成后，生成结算凭证，定期存款业务完成。

结算凭证记账后，子公司在资金中心开设的虚拟内部活期账户金额减少，而内部定期账户金额则增加。

定期存款到期时，办理相关手续后会生成结算凭证。

结算凭证记账后，子公司在资金中心开设的虚拟内部定期账户金额减少，而内部活期账户金额则增加。

定期存款流程如图 9-7 所示。

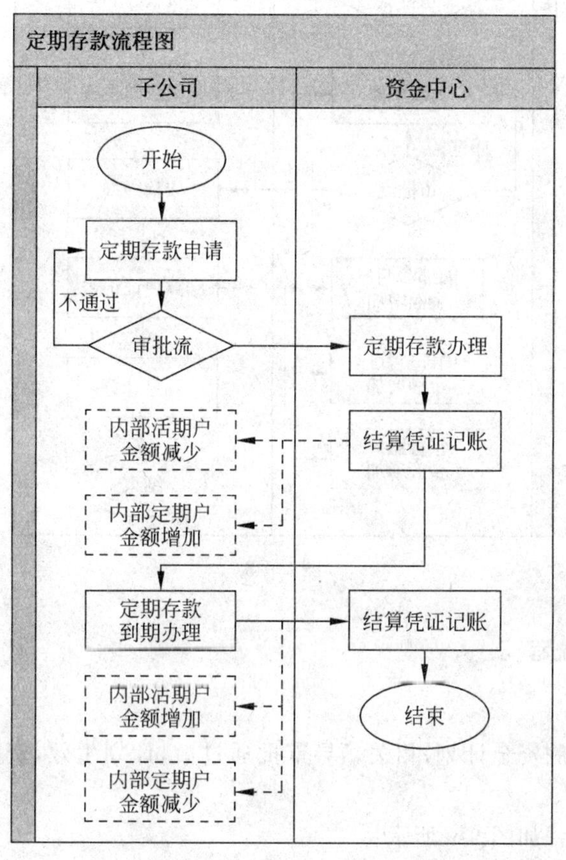

图　9-7

（七）内部贷款流程

子公司提出贷款申请，相关领导审批通过后，由资金中心进行贷款经办，生成贷款合同并复核。

子公司依据贷款合同提出放款申请，相关领导审批通过后，由资金中心进行放款经办，生成结算凭证，内部贷款业务完成。内部贷款利息可按照约定的计算方法在计息日进行计算。

结算凭证记账后，子公司的贷款收款账户以及在资金中心开设的虚拟内部贷款户和内部活期账户金额都会增加，而集团的付款账户金额则会减少。

内部贷款流程如图 9-8 所示。

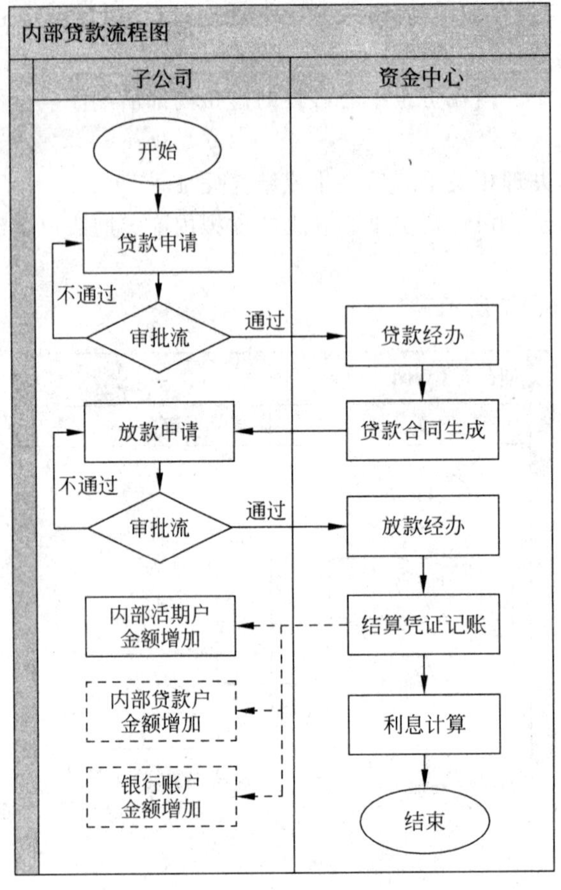

图 9-8

(八)资金计划流程

1. 计划编制

子公司需按月编制资金计划,相关领导审批通过后,计划生效,资金中心可监控子公司计划执行情况。

资金计划编制流程如图 9-9 所示。

2. 计划调整

子公司按集团规定需要对资金计划进行调整时,需经相关领导审批,审批通过后进行计划调整更新,此时计划调整生效,资金中心可监控子公司计划调整后的执行情况。

资金计划调整流程如图 9-10 所示。

(九)票据管理流程

1. 统管票据收票

对于将票据电子信息及实物票据均进行统管的模式,子公司收到票据时进行统管票据登记,并将实物票据上交资金中心,由资金中心进行验票入库,复核票据登记信息并收票记

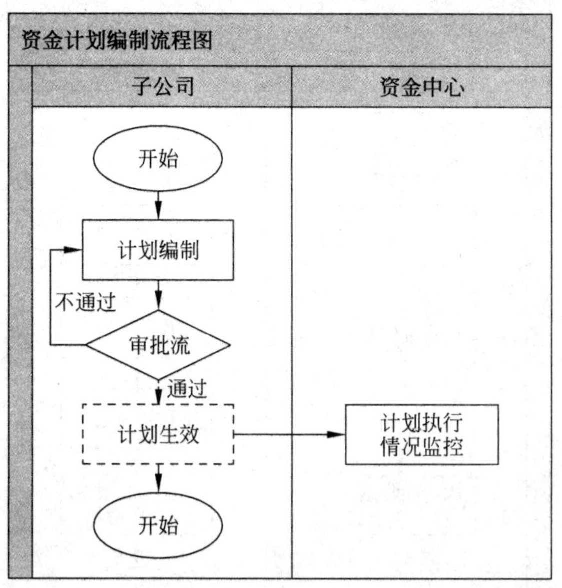

图 9-9

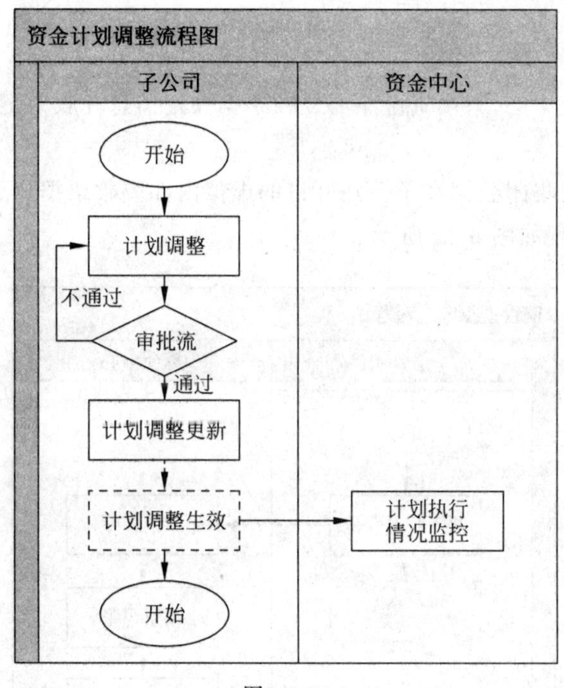

图 9-10

账，生成结算凭证，完成票据入库管理。

结算凭证记账后，集团公司和子公司开设的虚拟内部应收票据户金额都会增加。

统管票据收票流程如图 9-11 所示。

2. 监管票据收票

对于只监管票据电子信息而不统管实物票据的模式，子公司收到票据时进行票据在途

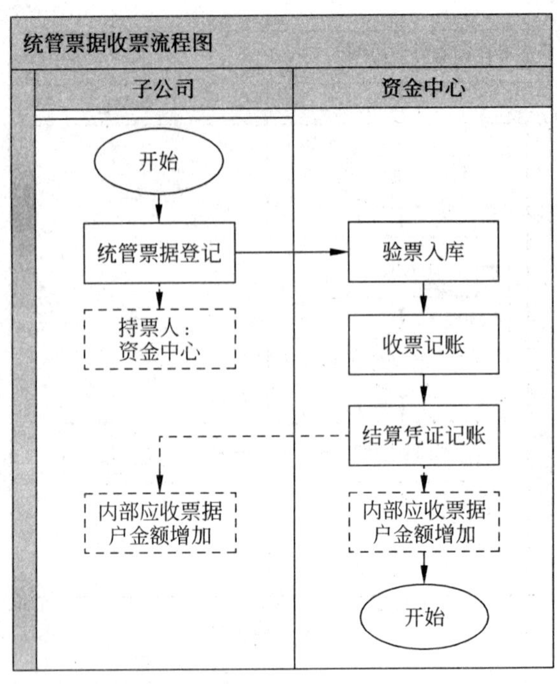

图 9-11

登记，票据不上交资金中心，只由资金中心复核票据登记信息并收票记账，生成结算凭证，完成票据入库管理。

结算凭证记账后，集团公司和子公司开设的虚拟内部应收票据户金额都会增加。

监管票据收票流程如图 9-12 所示。

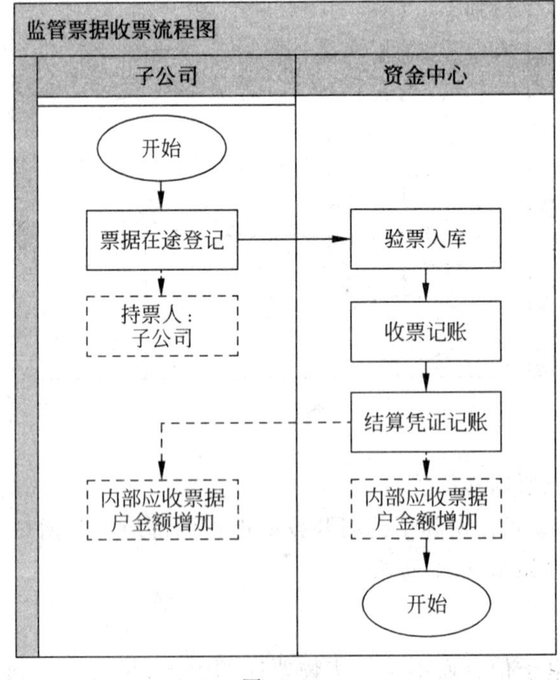

图 9-12

3. 集中用票

对于票据完全统管的子公司，有需要使用票据进行结算时，提出集中用票申请，相关领导审批通过后，由资金中心进行用票处理，生成结算凭证，完成用票申请业务。

结算凭证记账后，集团公司和子公司开设的虚拟内部应收票据户金额都会减少。

应收票据集中用票流程如图 9-13 所示。

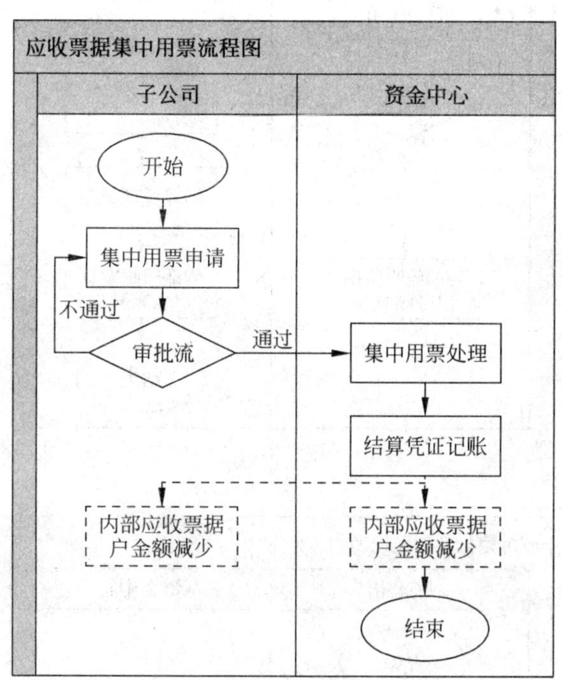

图　9-13

4. 应收票据背书

对于只监管票据电子信息的子公司，有需要使用票据进行背书时，提出背书申请，相关领导审批通过后，由资金中心进行背书处理，生成结算凭证，完成背书业务。

结算凭证记账后，集团公司和子公司开设的虚拟内部应收票据户金额都会减少。

应收票据背书流程如图 9-14 所示。

5. 应付票据开票

子公司提出应付票据正常开票申请，相关领导审批通过后，由资金中心进行开票处理，复核开票申请信息并开票记账，生成结算凭证，完成开票业务。

若子公司采用质押票据开票的方式，需提出票据质押申请，相关领导审批通过后，由资金中心进行票据质押处理，完成后，再依据此质押信息完成开票申请的业务处理。

结算凭证记账后，集团公司和子公司开设的虚拟内部应付票据户金额都会增加。

应付票据开票流程如图 9-15 所示。

应收票据背书流程图
子公司
资金中心
开始
背书申请
不通过
审批流
通过
背书处理
结算凭证记账
内部应收票据户金额减少
内部应收票据户金额减少
结束

图 9-14

应付票据开票流程图
子公司
资金中心
开始
质押开票申请
票据质押申请
不通过
审批流
通过
票据质押处理
开票申请
正常开票申请
不通过
审批流
通过
开票处理
开票记账
内部应付票据户金额增加
内部应付票据户金额增加
结束

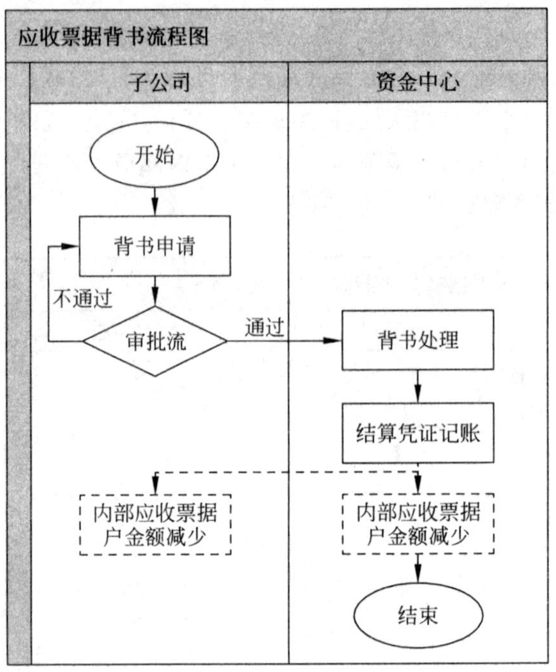

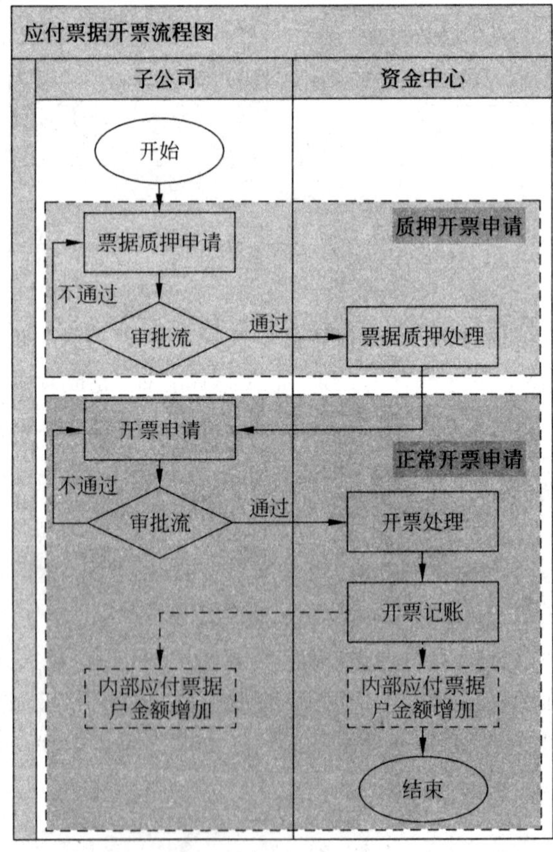

图 9-15

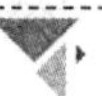

第三节　教学任务一：搭建集中统一的账户管理平台

铸远集团在2018年做出集团资金集中管控战略部署决议，要求搭建统一、集成、开放、安全的资金管理信息平台，并下发《铸远集团2018年集团资金集中战略部署》文件，由资金中心牵头，指导并监督各子公司完成集团资金管理信息化系统部署的工作。在文件中，铸远集团为了统一管理各子公司的账户信息，要求各子公司的战略合作银行需从四大银行中进行选择，在合作银行中原则上要求各子公司开设一个收入账户和一个支出账户。对于已开立的四大银行之外的其他银行账户，原则上要求逐渐减少业务结算量。

新开设账户时，需经相关领导审批通过并由资金中心进行备案后，各子公司才可到银行办理开户业务。

实验一：清理银行账户

铸远电子2017年因业务需要在交通银行开设了一个基本存款账户，用于资金的收付。截至目前，铸远电子的主营业务结算都集中在工商银行和建设银行；交通银行账户的交易量较小，因此未能从该行争取到较优惠的存款或贷款政策。因此，在集团要求集中管控账户信息这个契机上，铸远电子决定对该交通银行账户进行销户，经相关领导审批通过，在系统中做销户记录登记，以备查询。账户销户申请信息如表9-4所示。

表　9-4

资金机构	单位	账户名称	变更类型	变更原因
铸远股份资金中心	铸远电子信息产业有限公司	铸远电子-交通银行和平路支行	账户销户	销户处理

【实验步骤】

按表9-5所示的用户信息，登录浪潮GS。

表　9-5

登录日期	登录用户	登录密码	操作内容
2018.1.1	ZJ0006(铸远电子出纳岗陈楚)	aaaaaa	账户销户申请
2018.1.1	ZJ0007(铸远电子审批岗程绅)	aaaaaa	账户销户审批
2018.1.1	ZJ0001(资金中心结算制单岗周志)	aaaaaa	账户销户

第一步：2018年1月1日，铸远电子出纳岗陈楚(用户名：ZJ0006)登录系统，执行"资金管理—内部网银—账户管理—账户变动申请"，打开"账户变动申请"功能，单击"增加"按钮，按实验描述中内容设置账户销户申请信息，单击"保存"按钮并"提交审批"，如图9-16所示。

第二步：2018年1月1日，铸远电子审批岗程绅(用户名：ZJ0007)登录系统，执行"系统公共—任务中心—待办任务"，打开"待办任务"功能，左侧选择"资金管理_账户管

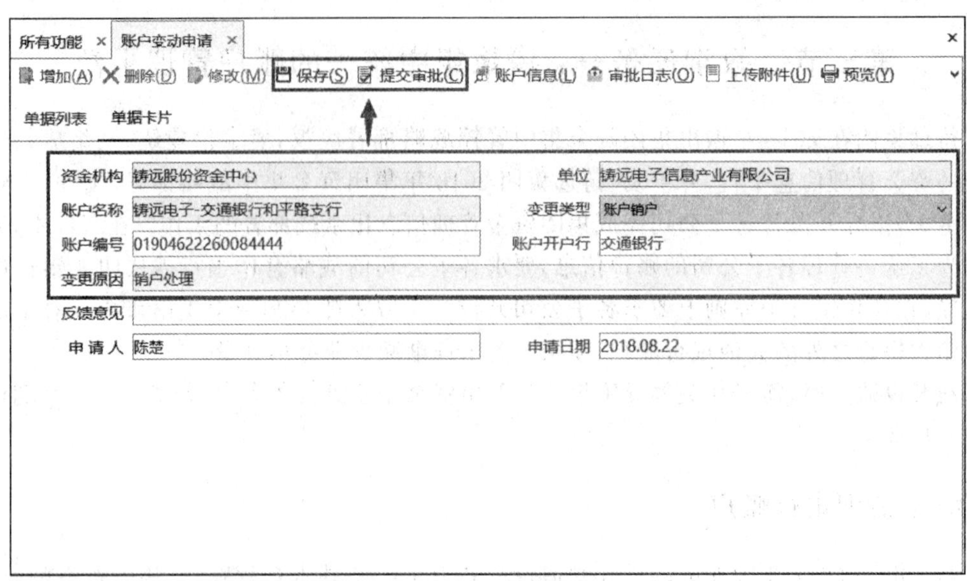

图 9-16

理-账户变动申请”，右侧勾选铸远电子账户销户申请的记录，单击“审批单据”按钮，如图 9-17 所示。

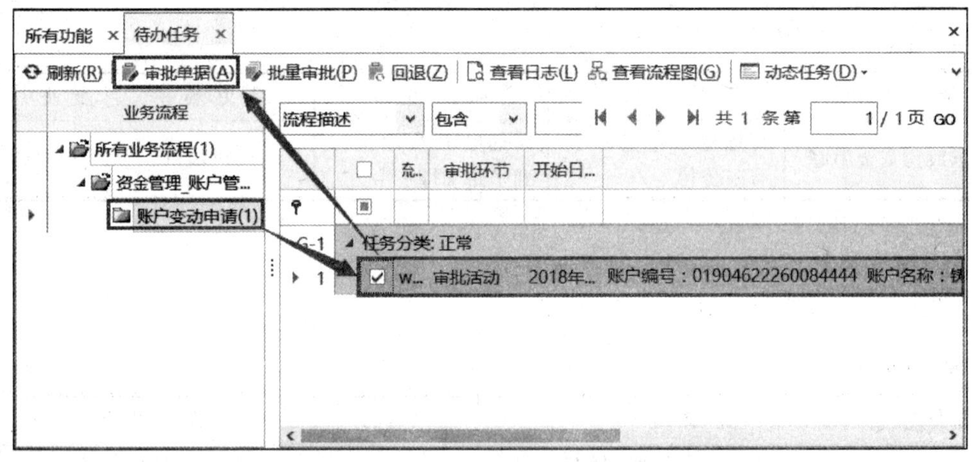

图 9-17

按图 9-17 操作后，在打开的“审批单据”界面，核对账户销户申请信息准确无误后，单击“审批通过”按钮即可。

第三步：2018 年 1 月 1 日，资金中心结算制单岗周志(用户名：ZJ0001)登录系统，执行“资金管理—账户管理—账户变动—账户销户”，打开“账户销户”功能，依次设置：①单位：铸远电子信息产业有限公司；②账户类别：外部账户；③账户名称：铸远电子-交通银行和平路支行。设置完毕后，单击“确定”按钮，如图 9-18 所示。

在打开的“账户销户”界面中，核对待销户的账户信息准确无误后，单击“销户”按钮(见图 9-19)，销户成功即可。

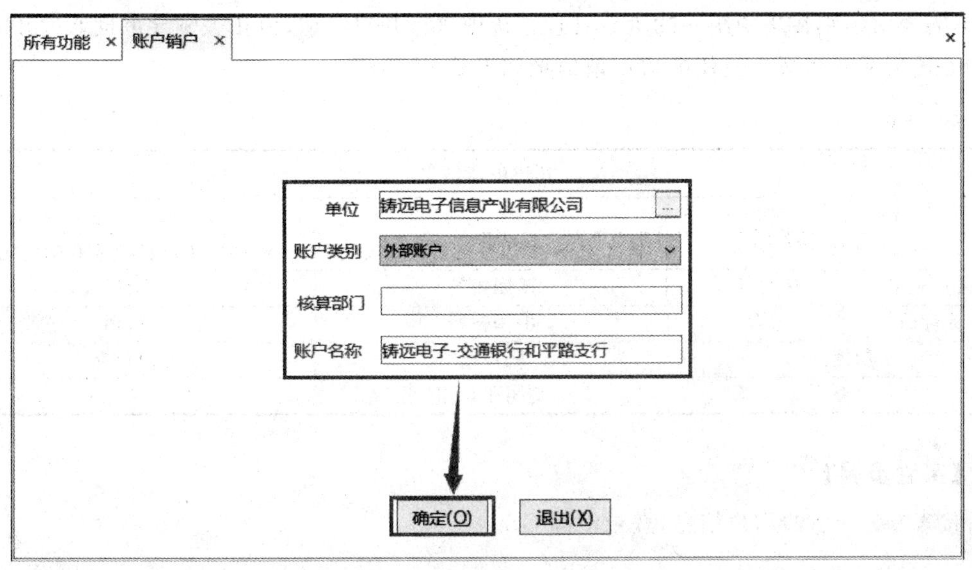

图　9-18

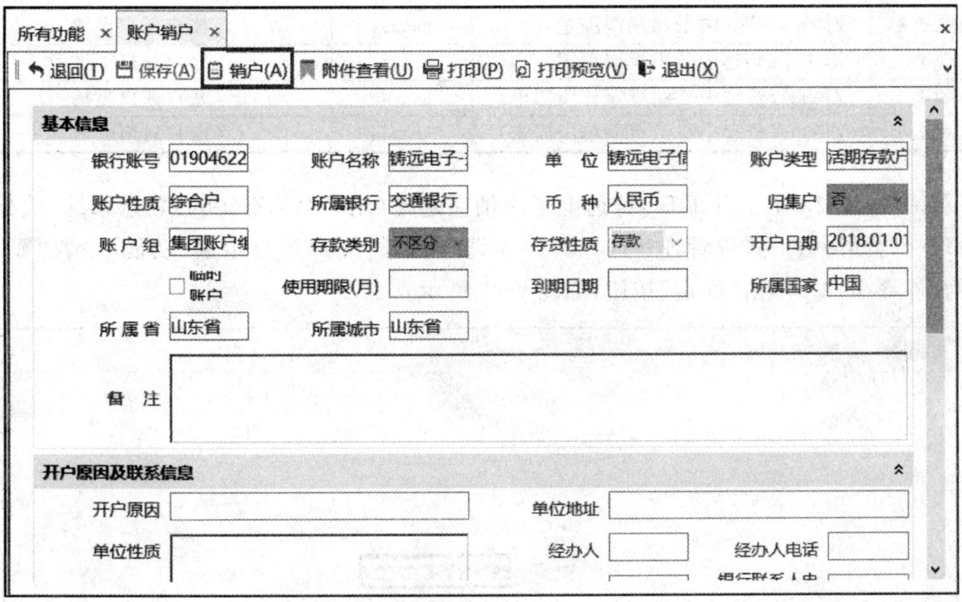

图　9-19

通过以上操作，即可按集团资金管控要求将铸远电子的闲置账户进行清空，以使集团达到对账户进行统一监管的目标。在销户过程中，资金中心可对子公司的账户销户情况进行监督控制。

实验二：银行账户开户申请

铸远电子为了满足未来业务拓展的需要，决定根据集团下发的《铸远集团 2018 年集团资金集中战略部署》文件要求，在本地选择一家中国银行作为未来业务结算战略合作银行。

为此,需要由出纳在集中统一的资金管理系统中进行开户申请,由相关领导审批通过并由资金中心进行复核备案。具体账户申请信息如表 9-6 所示。

表 9-6

开户申请信息			
银行账号		账户名称	单位
0904622260085555		铸远电子-中国银行解放路支行	铸远电子信息产业有限公司
账户类型	账户性质	所属银行	币种
活期存款户	综合户	中国银行	人民币
归集户		账户组	开户日期
否		集团账户组	2018.01.05

【实验步骤】

按表 9-7 所示的用户信息,登录浪潮 GS。

表 9-7

登录日期	登录用户	登录密码	操作内容
2018.1.1	ZJ0006(铸远电子出纳岗陈楚)	aaaaaa	账户开户申请
2018.1.1	ZJ0007(铸远电子审批岗程绅)	aaaaaa	账户开户审批
2018.1.1	ZJ0002(资金中心结算审核岗郑申)	aaaaaa	账户开户复核
2018.1.1	ZJ0001(资金中心结算制单岗周志)	aaaaaa	账户启用

第一步:2018 年 1 月 1 日,铸远电子出纳岗陈楚(用户名:ZJ0006)登录系统,执行"资金管理—内部网银—账户管理—账户开户申请",打开"账户开户申请"功能,设置"账户类别"为"外部账户",单击"确定"按钮,如图 9-20 所示。

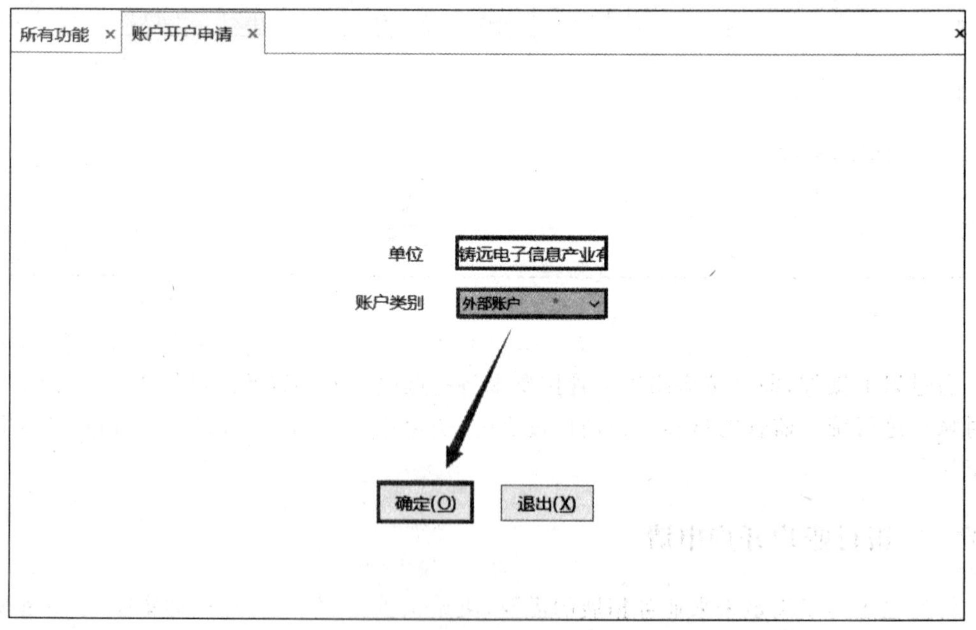

图 9-20

在“账户开户申请”界面，按实验描述中内容依次设置：①银行账号；②账户名称；③单位；④账户类型；⑤账户性质；⑥所属银行；⑦币种；⑧归集户；⑨账户组；⑩开户日期。设置完毕后，单击“保存”按钮并“提交审批”，如图 9-21 所示。

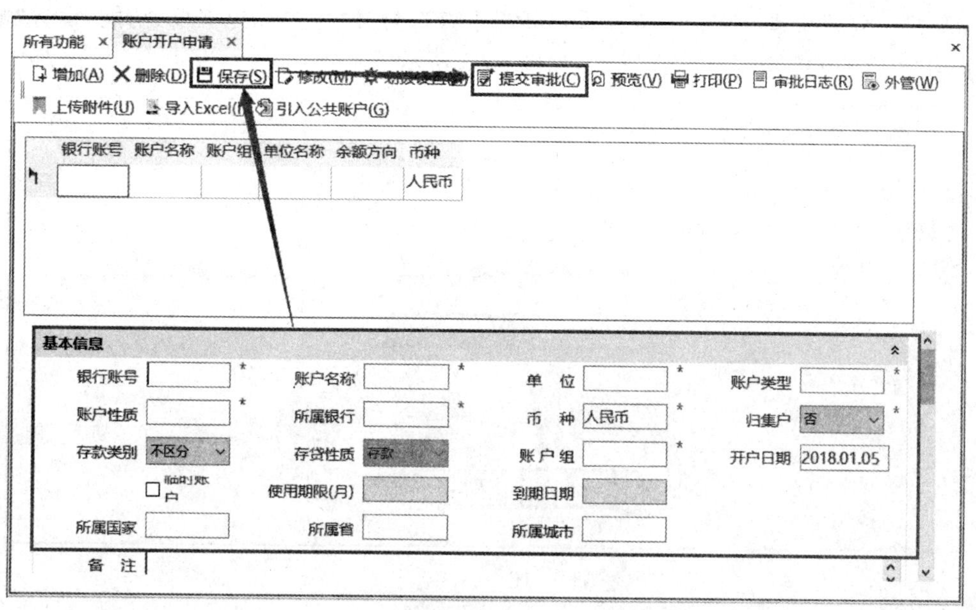

图　9-21

第二步：2018 年 1 月 1 日，铸远电子审批岗程绅（用户名：ZJ0007）登录系统，执行“系统公共—任务中心—待办任务”，打开“待办任务”功能，左侧选择“资金管理_账户管理—账户开户申请”，右侧勾选铸远电子开户申请的记录，单击“审批单据”按钮，如图 9-22 所示。

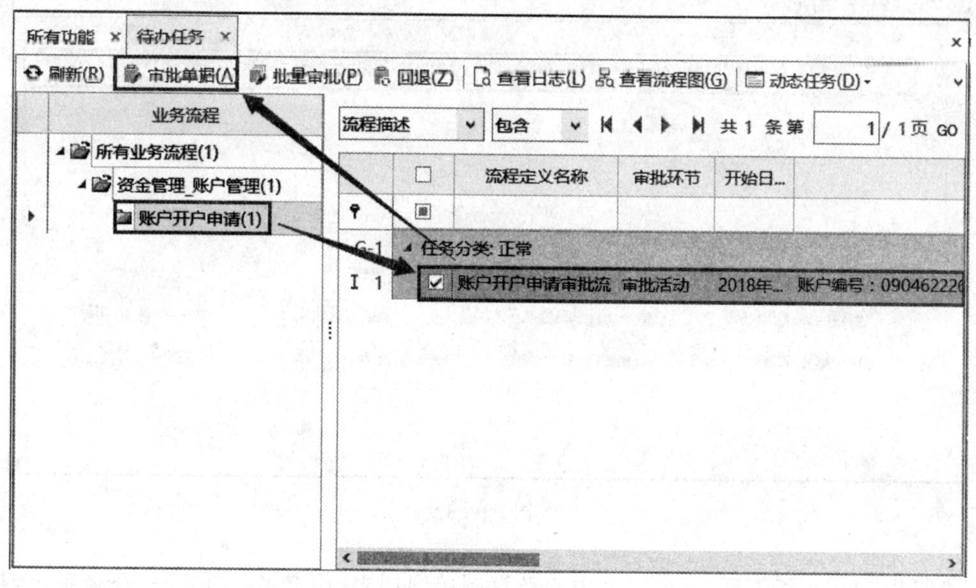

图　9-22

按图 9-22 操作后，在打开的“审批单据”界面，核对账户开户申请信息准确无误后，单击“审批通过”按钮即可。

第三步：2018 年 1 月 1 日，资金中心结算审核岗郑申(用户名：ZJ0002)登录系统，执行“资金管理—账户管理—账户开立—账户开户审核”，打开“账户开户审核”功能，设置“账户类别”为“外部账户”，单击“确定”按钮，如图 9-23 所示。

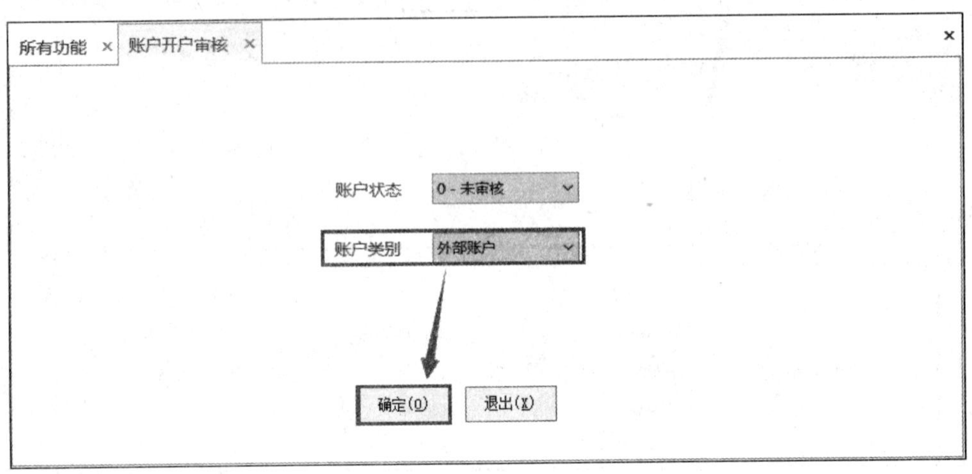

图 9-23

在“账户开户审核”界面，选择铸远电子已经审批通过的账户开户申请记录，单击“审核”按钮，如图 9-24 所示。

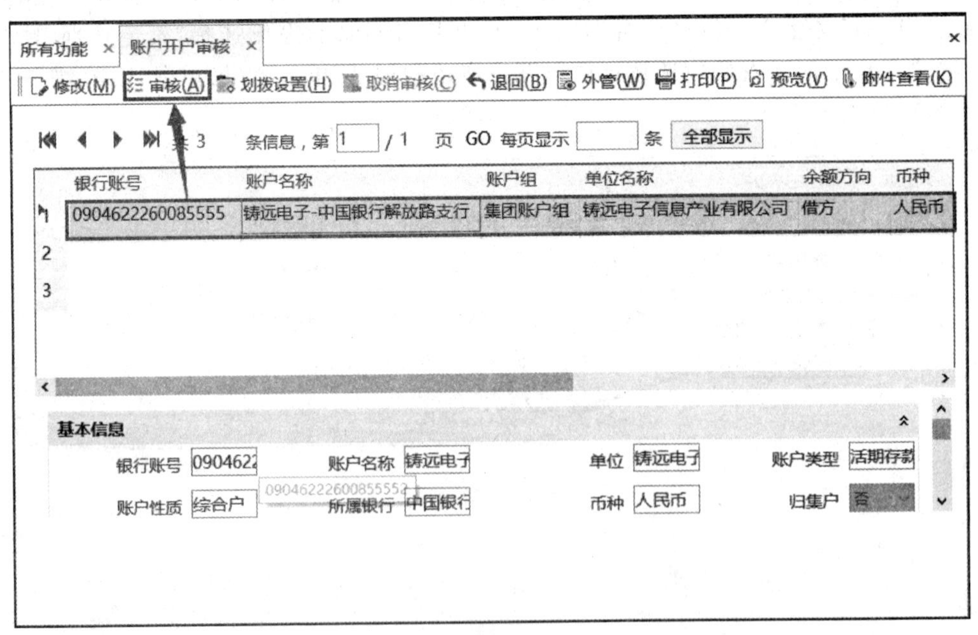

图 9-24

第四步：2018 年 1 月 1 日，资金中心结算制单岗周志(用户名：ZJ0001)登录系统，执行“资金管理—账户管理—账户开立—账户启用”，打开“账户启用”功能，设置“账户类别”为

“外部账户”，单击“确定”按钮，如图 9-25 所示。

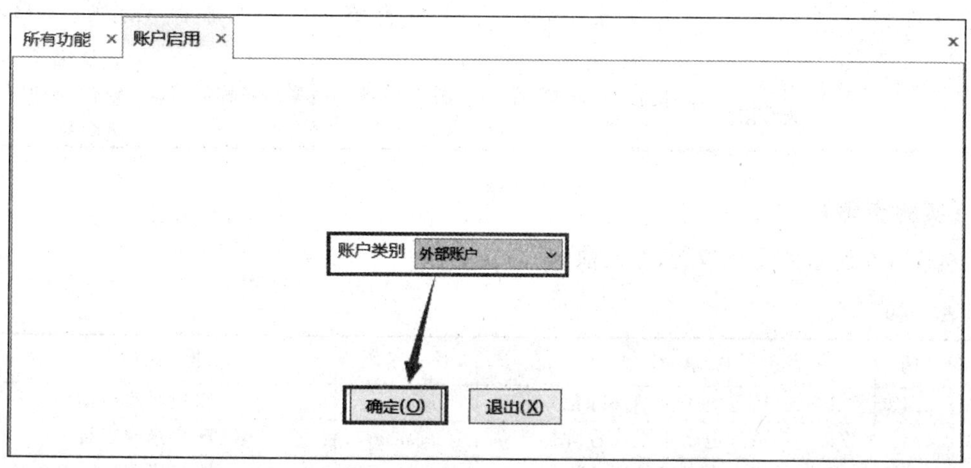

图　9-25

在“账户启用”界面，勾选铸远电子复核通过的账户开户记录，单击“启用”按钮，如图 9-26 所示。

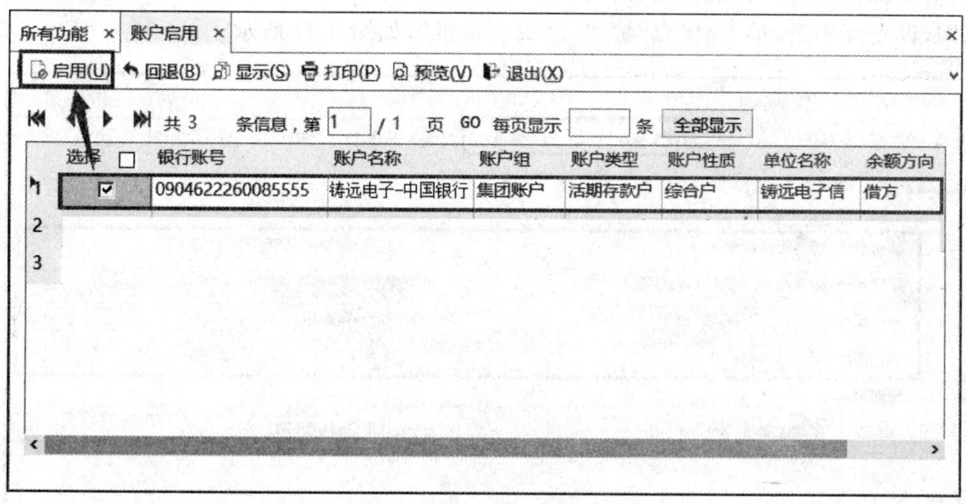

图　9-26

通过以上操作，铸远电子开户成功，即可使用该账户进行相关的结算业务处理。在开户过程中，资金中心可对子公司的账户开户情况进行监督控制。

实验三：账户信息修改申请

按照集团资金管控规定，各子公司的账户信息在统一的资金管理平台上登记完毕后，若账户信息发生变动时，不允许随意修改；而必须经相关领导审批，并由资金中心进行复核备案方可。铸远电子已启用的“中国银行解放路支行”账户名称需要修改，在资金管理平台上需要提出账户修改申请，具体申请信息如表 9-8 所示。

表 9-8

资金机构	单位	原账户名称	变更类型	变更原因	修改后账户名称
铸远股份资金中心	铸远电子信息产业有限公司	铸远电子-中国银行解放路支行	账户修改	账户名称需修改	铸远电子-中国银行(解放东路支行)

【实验步骤】

按表 9-9 所示的用户信息,登录浪潮 GS。

表 9-9

登录日期	登录用户	登录密码	操作内容
2018.1.1	ZJ0006(铸远电子出纳岗陈楚)	aaaaaa	账户修改申请
2018.1.1	ZJ0007(铸远电子审批岗程绅)	aaaaaa	账户修改审批
2018.1.1	ZJ0001(资金中心结算制单岗周志)	aaaaaa	账户修改

第一步:2018 年 1 月 1 日,铸远电子出纳岗陈楚(用户名:ZJ0006)登录系统,执行"资金管理—内部网银—账户管理—账户变动申请",打开"账户变动申请"功能,单击"增加"按钮,按实验描述中的内容依次设置:①资金机构;②单位;③账户名称;④变更类型;⑤变更原因,设置完毕后,单击"保存"按钮并"提交审批",如图 9-27 所示。

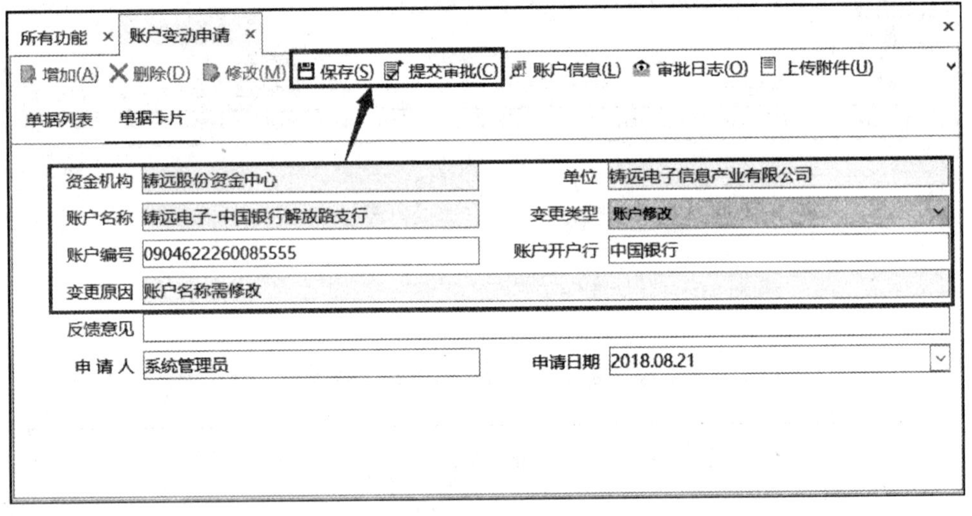

图 9-27

第二步:2018 年 1 月 1 日,铸远电子审批岗程绅(用户名:ZJ0007)登录系统,执行"系统公共—任务中心—待办任务",打开"待办任务"功能,左侧选择"资金管理_账户管理—账户变动申请",右侧勾选铸远电子账户修改申请的记录,单击"审批单据"按钮,如图 9-28 所示。

按图 9-28 操作后,在打开的"审批单据"界面,核对账户修改申请信息准确无误后,单击"审批通过"按钮即可。

第三步:资金中心结算制单岗周志(用户名:ZJ0001)登录系统,执行"资金管理—账户

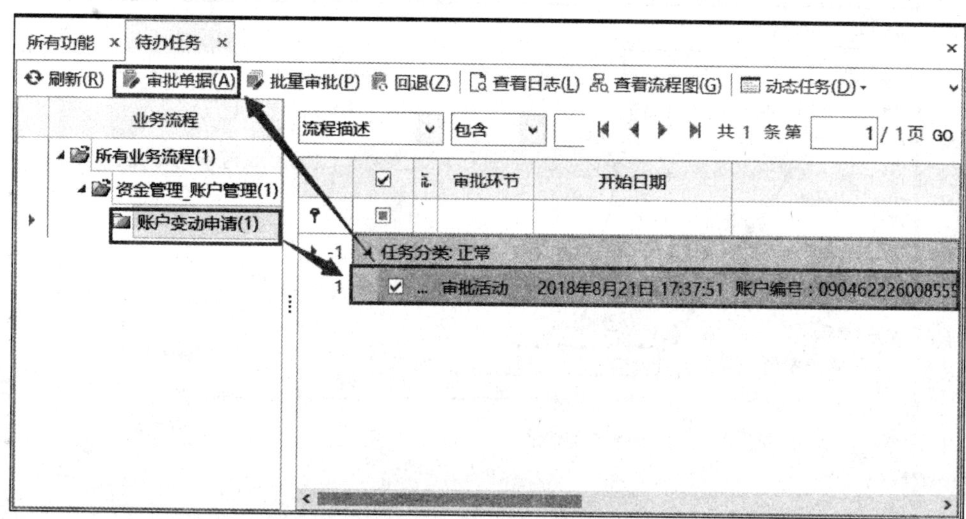

图　9-28

管理—账户变动—账户修改”，打开“账户修改”功能，依次设置：①账户类别：外部账户；②单位：铸远电子信息产业有限公司；③账户编号：铸远电子-中国银行解放路支行。设置完毕后单击“确定”按钮，如图 9-29 所示。

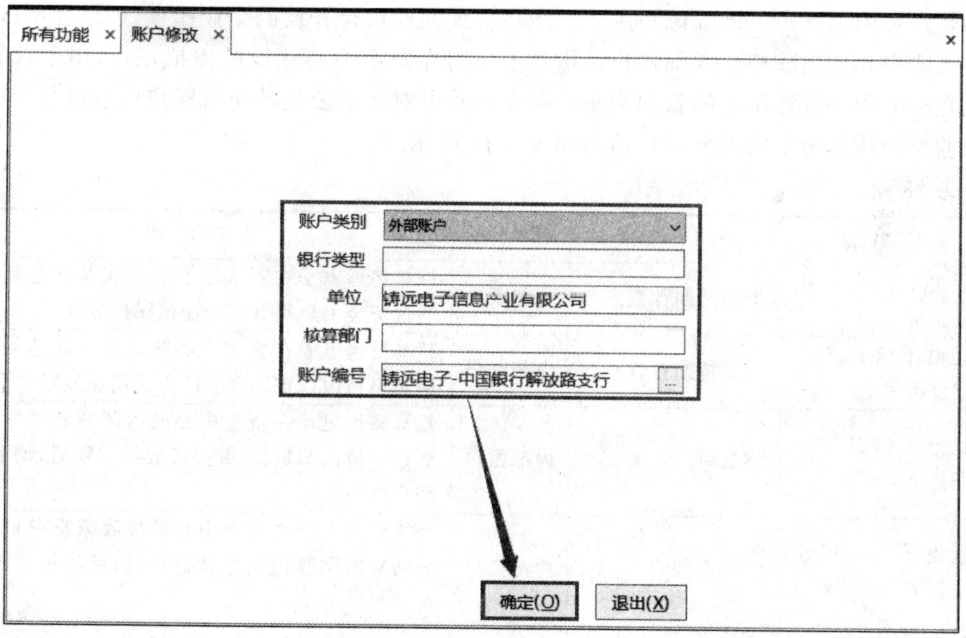

图　9-29

在打开的“账户修改”界面，单击“修改”按钮，设置“账户名称”为修改后的“铸远电子-中国银行(解放东路支行)”，单击“保存”按钮，如图 9-30 所示。

通过以上操作，铸远电子账户修改完成。在账户修改过程中，资金中心可对子公司的账户修改情况进行监督控制。

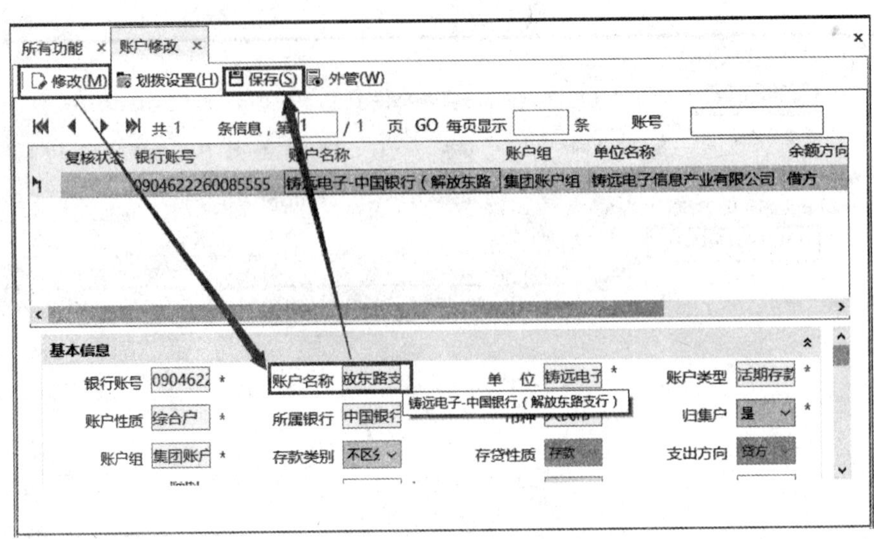

图 9-30

实验四：账户信息管理

按照集团资金管控规定，各子公司的账户信息均需在统一的资金管理平台上登记，包括外部账户和内部账户。外部账户主要是指在各大商业银行开设的企业账户，可结合用途，区分收入账户和支出账户。内部账户是指各子公司在资金中心开设的虚拟账户，用于核算子公司在资金中心各种用途的款项金额。资金中心可对各子公司的所有账户信息进行统一查询及监控。铸远电子的部分账户信息如表 9-10 所示。

表 9-10

单位名称	账户名称	账户类别	账户说明
铸远电子信息产业有限公司	内部活期存款户	内部账户	核算铸远电子在资金中心的活期存款总额，可通过资金上划等方式增加该账户金额
铸远电子信息产业有限公司	内部定期存款户	内部账户	核算铸远电子在资金中心的定期存款总额，可通过申请内部定期存款的方式增加该账户金额
铸远电子信息产业有限公司	贷款户	内部账户	核算铸远电子在资金中心的内部贷款总额，可通过申请内部贷款，并完成放款记账后，增加该账户金额
铸远电子信息产业有限公司	应收票据户	内部账户	核算铸远电子在资金中心的应收票据总额，子公司对票据登记入库并记账时，可增加该账户金额
铸远电子信息产业有限公司	工商银行山大路支行	外部账户	用于铸远电子对外收款登记的账户，只收不支
铸远电子信息产业有限公司	建设银行花园路支行	外部账户	用于铸远电子对外付款登记的账户，只支不收

【实验步骤】

按表 9-11 所示的用户信息，登录浪潮 GS。

表 9-11

登录日期	登录用户	登录密码	操作内容
2018.1.1	ZJ0002(资金中心结算审核岗郑申)	aaaaaa	账户信息管理

2018年1月1日，资金中心结算审核岗郑申(用户名：ZJ0002)登录系统，执行“资金管理—账户管理—信息查询—账户信息查询”，打开“账户信息查询”功能，设置“单位”为“铸远电子信息产业有限公司”，单击“确定”按钮，如图9-31所示。

图 9-31

按图9-31操作后，可将铸远电子的相关账户信息列示出来，如图9-32所示。

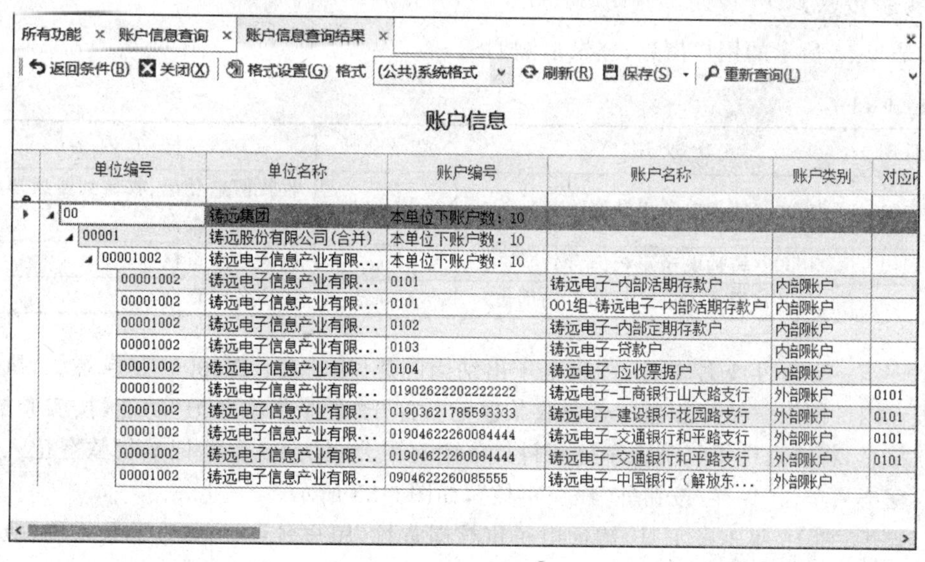

账户信息

单位编号	单位名称	账户编号	账户名称	账户类别	对应
00	铸远集团	本单位下账户数：10			
00001	铸远股份有限公司(合并)	本单位下账户数：10			
00001002	铸远电子信息产业有限...	本单位下账户数：10			
00001002	铸远电子信息产业有限...	0101	铸远电子–内部活期存款户	内部账户	
00001002	铸远电子信息产业有限...	0101	001组–铸远电子–内部活期存款户	内部账户	
00001002	铸远电子信息产业有限...	0102	铸远电子–内部定期存款户	内部账户	
00001002	铸远电子信息产业有限...	0103	铸远电子–贷款户	内部账户	
00001002	铸远电子信息产业有限...	0104	铸远电子–应收票据户	内部账户	
00001002	铸远电子信息产业有限...	01902622202222222	铸远电子–工商银行山大路支行	外部账户	0101
00001002	铸远电子信息产业有限...	01903621785593333	铸远电子–建设银行花园路支行	外部账户	0101
00001002	铸远电子信息产业有限...	01904622260084444	铸远电子–交通银行和平路支行	外部账户	0101
00001002	铸远电子信息产业有限...	01904622260084444	铸远电子–交通银行和平路支行	外部账户	0101
00001002	铸远电子信息产业有限...	0904622260085555	铸远电子–中国银行（解放东...	外部账户	

图 9-32

第四节　教学任务二：收支两条线模式下的资金归集

依据《铸远集团2018年集团资金集中战略部署》文件规定，各子公司资金管理均采用收支两条线模式，子公司需要在银行分别开立收入账户和支出账户，收入账户只收不支，支出账户只支不收，子公司自行收付款。集团（总公司）在银行开立相应的总账户（归集户），子公司流入的款项需计入收入账户，收入账户金额按一定的规则定时上划至集团开立的总账户；集团根据子公司的支出计划，按需从总账户划拨资金至其支出账户，用于子公司的对外支出。同时，子公司在集团资金中心开设内部账户，用来记录每个子公司的余额情况，并可进行内部结算。

实验一：收支两条线——子公司收款业务

山东鲁商科技集团有限公司因新员工入职，向铸远电子购入50台笔记本电脑，货款已打入收入账户。铸远电子出纳需要按照集团资金管控要求，依据银行回单在资金管理系统统一登记收款信息，并进行审核入账。收款信息如表9-12所示。

表　9-12

收款方				
银行到账日期	结算方式	业务类型	收 款 单 位	银 行 账 号
2018.01.01	转账	企业收款	铸远电子信息产业有限公司	铸远电子-工商银行山大路支行
付款方：单位名称			基 本 信 息	
			金　　额	摘　　要
山东鲁商科技集团有限公司			200 000.00 元	售山东鲁商科技笔记本50台

铸远电子收款信息登记完毕后，会增加工商银行山大路支行外部账户的余额。

【实验步骤】

按表9-13所示的用户信息，登录浪潮GS。

表　9-13

登录日期	登 录 用 户	登录密码	操 作 内 容
2018.1.1	ZJ0006（铸远电子出纳岗陈楚）	aaaaaa	收款信息登记、收款到账通知查看、账户余额查询
2018.1.1	ZJ0008（铸远电子审核岗常竹）	aaaaaa	收款信息审核
2018.1.1	ZJ0001（资金中心结算制单岗周志）	aaaaaa	账户余额查询

第一步：2018年1月1日，铸远电子出纳岗陈楚（用户名：ZJ0006）登录系统，执行"资金管理—内部网银—结算业务—企业收款登记"，打开"企业收款登记"功能，按实验描述中的收款信息，将铸远电子收到山东鲁商科技集团有限公司的50台笔记本货款登记入账，信息录入完毕后单击"保存"按钮并"提交审核"，如图9-33所示。

第二步：2018年1月1日，铸远电子审核岗常竹（用户名：ZJ0008）登录系统，执行"资金管理—内部网银—结算业务—企业收款审核"，打开"企业收款审核"功能，勾选已经登记

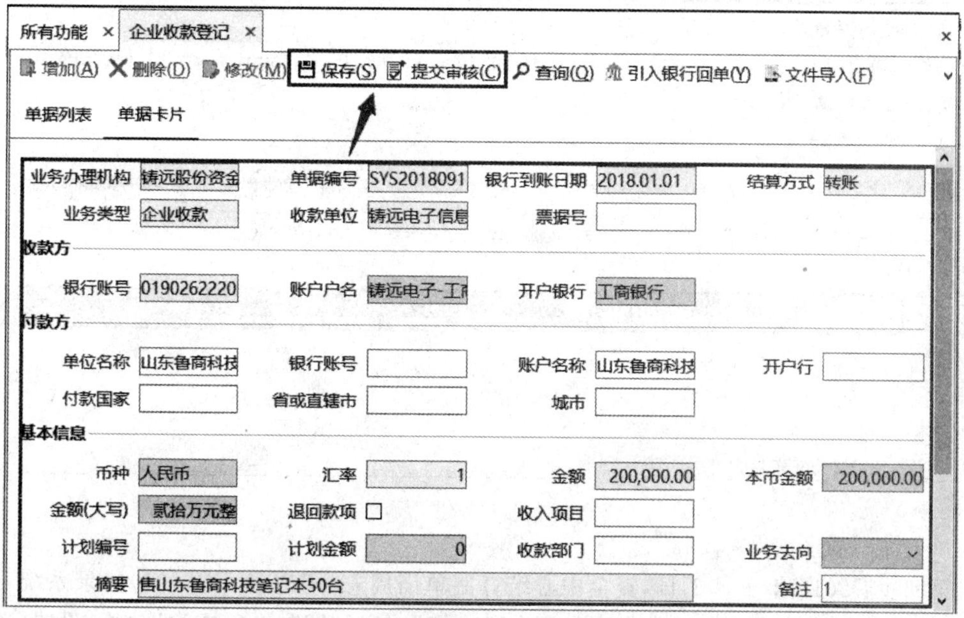

图　9-33

的山东鲁商科技集团有限公司收款记录，单击“审核”按钮，在打开的“记账日期选择”界面，单击“确定”按钮，若提示“单据 ****** 的记账日期与银行到账日期不相同，是否继续审核？”，单击“是”按钮，如图 9-34 所示。

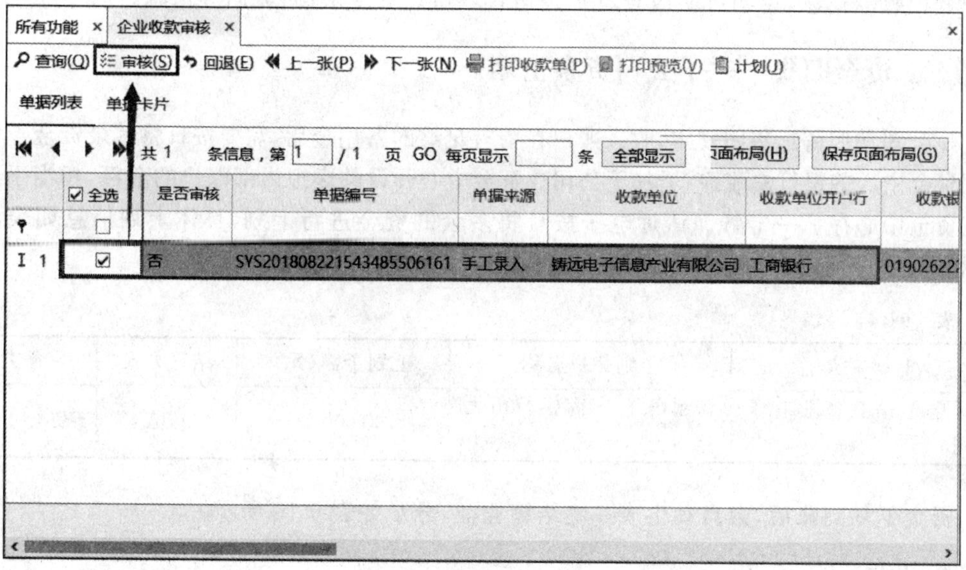

图　9-34

第三步：2018 年 1 月 1 日，铸远电子出纳岗陈楚（用户名：ZJ0006）登录系统，执行“资金管理—内部网银—对账单—到账通知”，打开“到账通知”功能，查看收款到账通知单，如图 9-35 所示。

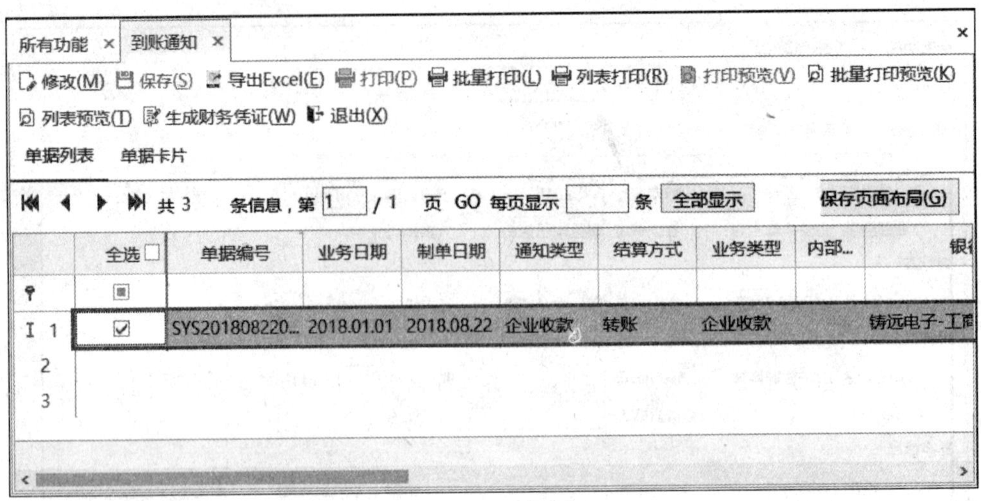

图 9-35

第四步：2018 年 1 月 1 日，资金中心结算制单岗周志（用户名：ZJ0001）登录系统，执行"资金管理—资金结算—统计查询—账户余额查询"，打开"账户余额查询"功能，设置"单位"为"铸远电子信息产业有限公司"，单击"确定"按钮，可以查询到铸远电子工商银行山大路支行"本日收入"一列显示一笔 20 万元的金额。账户金额的变动，代表铸远电子收到的款项已到账。集团收支两条线模式，铸远电子所有收款结算业务均通过收款账户进行入账处理。

通过以上操作，铸远电子可依据收支两条线管理模式，在统一的资金管理平台使用收款账户登记收款信息，集团可实时查看子公司收款账户资金余额、流向等信息。

实验二：资金归集——子公司资金上划

子公司按照铸远集团规定，收入账户在留有足够的备用金后，需要按日将其余资金上划至集团资金中心的银行总账户，增加子公司在资金中心开设的虚拟内部账户的金额，相当于子公司在资金中心存了一笔钱。铸远电子按日将多余的资金进行上划，具体上划信息如表 9-14 所示。

表 9-14

上划单位	上划账户名称	上划金额（元）	结算方式	业务类型
铸远电子信息产业有限公司	铸远电子-工商银行山大路支行	180 000.00	转账	资金上划

资金上划到账后，会自动生成一笔结算凭证，分录如表 9-15 所示。

表 9-15

凭证日期	摘　要	账户名称	借方金额（元）	贷方金额（元）
2018.1.1	资金手动上划自动生成上划到账单	股份本部-工商银行高新区支行	180 000.00	
		铸远电子-内部活期存款户		180 000.00

结算凭证记账后，会减少铸远电子上划账户工商银行山大路支行的余额，增加在资金中心开设的虚拟内部活期存款户的余额，同时增加股份本部-工商银行高新区支行外部账户的余额。

【实验步骤】

按表 9-16 所示的用户信息，登录浪潮 GS。

表　9-16

登录日期	登 录 用 户	登录密码	操 作 内 容
2018.1.1	ZJ0001(资金中心结算制单岗周志)	aaaaaa	资金手动上划申请、账户余额查询
2018.1.1	ZJ0002(资金中心结算审核岗郑申)	aaaaaa	上划到账审核
2018.1.1	ZJ0003(资金中心财务核算岗朱鹤)	aaaaaa	资金上划结算凭证记账
2018.1.1	ZJ0001(资金中心结算制单岗周志)	aaaaaa	账户余额查询

第一步：2018 年 1 月 1 日，资金中心结算制单岗周志(用户名：ZJ0001)登录系统，执行"资金管理—内部网银—上划下拨—资金手动上划申请"，打开"资金手动上划申请"功能，设置"上划单位"为"铸远电子信息产业有限公司"，"上划账户"为"铸远电子-工商银行山大路支行"，单击"确定"按钮，如图 9-36 所示。

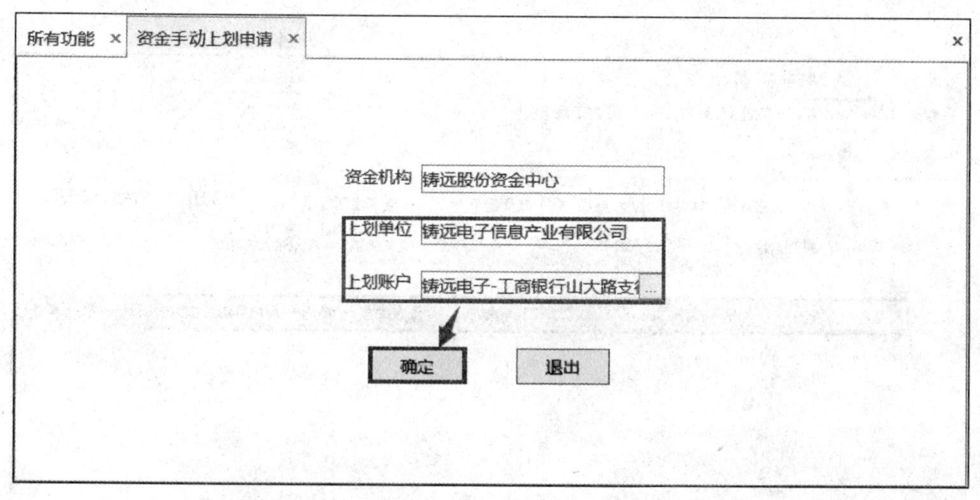

图　9-36

按图 9-36 操作后，在"上划申请"界面，检查设置"上划账户"为"铸远电子-工商银行山大路支行"，单击"查询"按钮，按实验描述中的内容依次设置：①结算方式；②业务类型，在下方勾选铸远电子-工商银行山大路支行的记录，设置"上划金额"。设置完成后，单击"保存"按钮并"直接上划"，上划处理完成即可，如图 9-37 所示。

第二步：2018 年 1 月 1 日，资金中心结算审核岗郑申(用户名：ZJ0002)登录系统，执行"资金管理—资金结算—划拨管理—上划到账审核"，打开"上划到账审核"功能，勾选铸远电子直接上划的资金到账记录，单击"审核"按钮，在打开的"记账日期选择"界面，单击"确定"按钮，如图 9-38 所示。

第三步：2018 年 1 月 1 日，资金中心财务核算岗朱鹤(用户名：ZJ0003)登录系统，执行

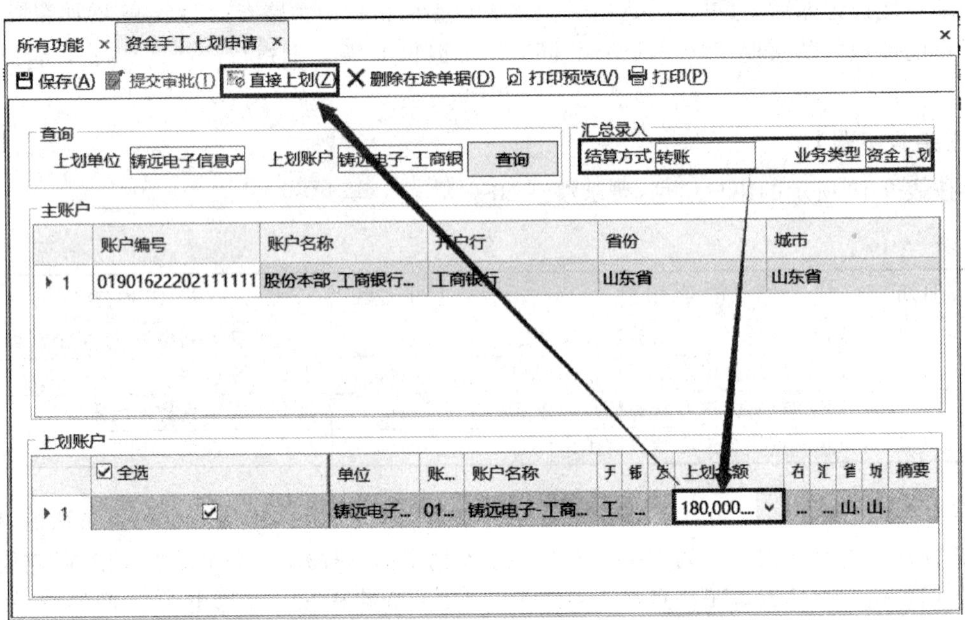

图 9-37

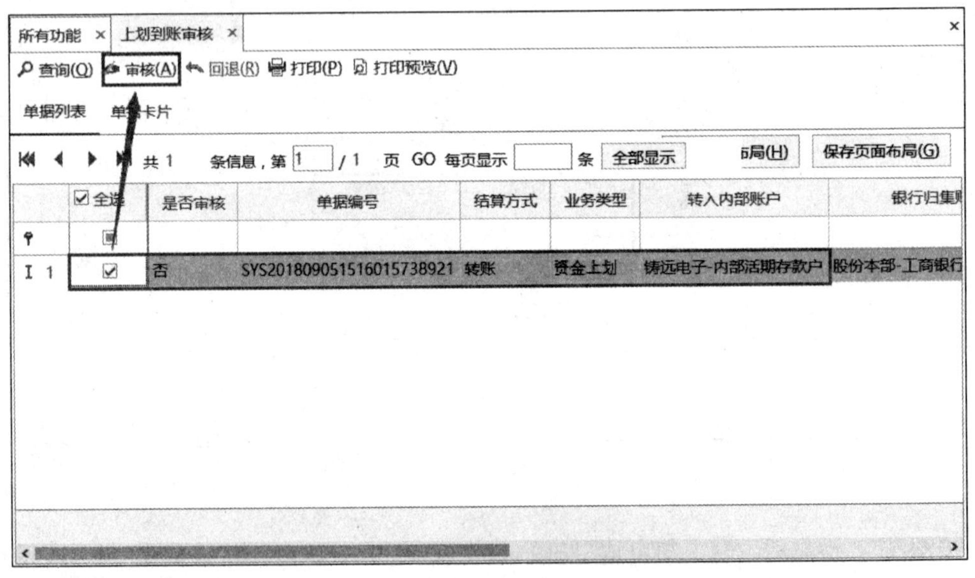

图 9-38

“资金管理—柜台核算—结账管理—结算凭证记账”，打开“结算凭证记账”功能，会显示一条“凭证类型”为“转收”，“业务说明”为“资金手工上划自动生成上划到账单”的结算凭证，核对无误后，勾选该结算凭证，单击“记账”按钮，如图 9-39 所示。

结算凭证记账后，可由资金中心结算制单岗周志(用户名：ZJ0001)登录系统，执行“资金管理—资金结算—统计查询—账户余额查询”，查询并了解资金上划业务涉及相关账户的金额变动情况。

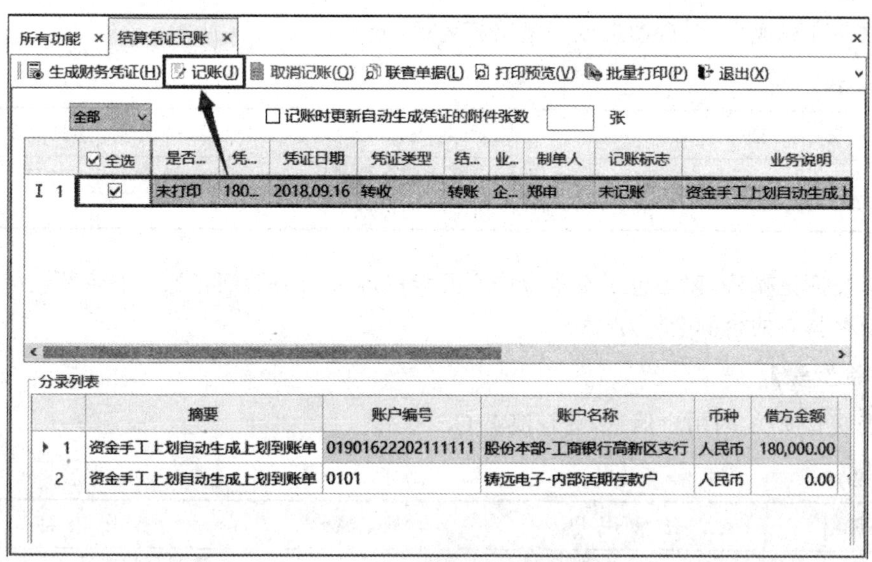

图　9-39

通过以上操作，铸远股份资金中心便可将子公司的闲置资金进行归集，在集团形成资金池，增加集团总账户的资金量。对于子公司在资金中心内部账户的金额，可由资金中心参考银行同期活期存款利率，与子公司结算内部活期存款户的利息。

第五节　教学任务三：内部资金调剂——定期存款业务

资金中心总账户将子公司定时上划的资金进行归集后，形成一定规模的资金池，子公司可要求资金中心参考银行同期利率结算其内部活期存款户资金的利息。另外，子公司还可结合未来一段时间内的资金收支计划，将上划至资金中心的闲置资金存为定期存款，由资金中心参考银行同期利率结算其内部定期存款户资金的利息。通过资金中心对子公司提供的活期或定期存款结算业务，可以使子公司低风险地实现资金价值。

实验一：定期存款申请处理

铸远电子根据未来的资金收支预算，预计近期几个月内都会留有 500 万元的闲置资金。铸远电子根据领导指示，现从资金中心开设的虚拟内部活期存款户中转出 500 万元，存为 3 月定期存款，到期时，参考银行同期利率结算本金与利息金额。定期存款申请信息如表 9-17 所示。

表　9-17

单　位	存出账户	存入账户	存款产品	到期办理方式
铸远电子信息产业有限公司	铸远电子-内部活期存款户	铸远电子-内部定期存款户	3 月存款产品	利息随本金转存
存期(月)	金额(元)	签订日期	存入日期	
3	5 000 000.00	2018.01.01	2018.01.01	

存款办理完成后，会自动生成一笔结算凭证，分录如表 9-18 所示。

表 9-18

凭证日期	摘要	账户名称	借方金额(元)	贷方金额(元)
2018.1.1	活期转定期	铸远电子-内部活期存款户	5 000 000.00	
		铸远电子-内部定期存款户		5 000 000.00

结算凭证记账后，铸远电子在资金中心开设的虚拟内部活期存款户的余额会减少，同时内部定期存款户的余额会增加。

【实验步骤】

按表 9-19 所示的用户信息，登录浪潮 GS。

表 9-19

登录日期	登录用户	登录密码	操作内容
2018.1.1	ZJ0006(铸远电子出纳岗陈楚)	aaaaaa	定期存款申请
2018.1.1	ZJ0007(铸远电子审批岗程绅)	aaaaaa	定期存款申请审批
2018.1.1	ZJ0002(资金中心结算审核岗郑申)	aaaaaa	定期存款办理
2018.1.1	ZJ0003(资金中心财务核算岗朱鹤)	aaaaaa	定期存款结算凭证记账
2018.1.1	ZJ0001(资金中心结算制单岗周志)	aaaaaa	账户余额查询

第一步：2018 年 1 月 1 日，铸远电子出纳岗陈楚(用户名：ZJ0006)登录系统，执行“资金管理—内部网银—存款业务—存款申请”，打开“存款申请”功能，设置“单位编号”为 00001002，“单位名称”为“铸远电子信息产业有限公司”，单击“确定”按钮，如图 9-40 所示。

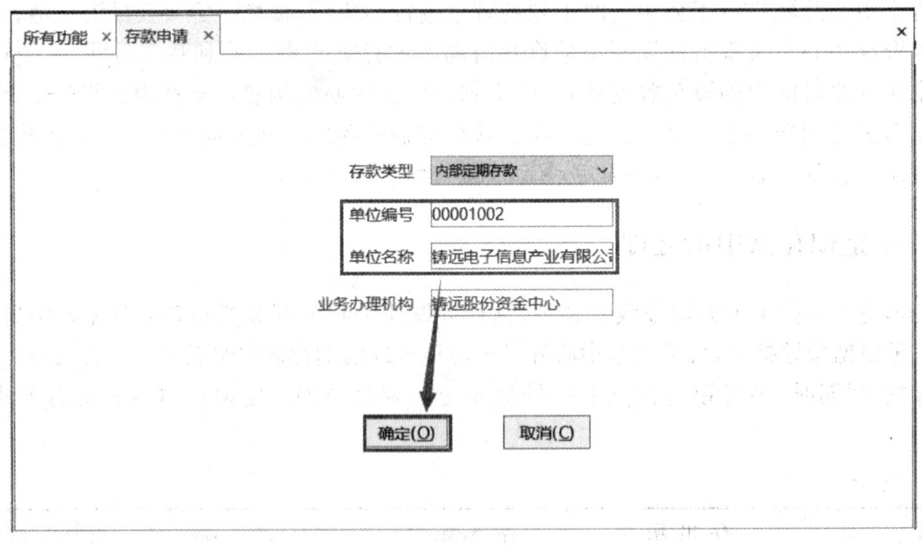

图 9-40

按图 9-40 操作后，在打开的“存款申请”界面中，按实验描述中的内容依次设置：①存出账户；②存入账户；③存款产品；④到期办理方式；⑤金额。设置完毕后，单击“保存”按钮并“提交审批”，如图 9-41 所示。

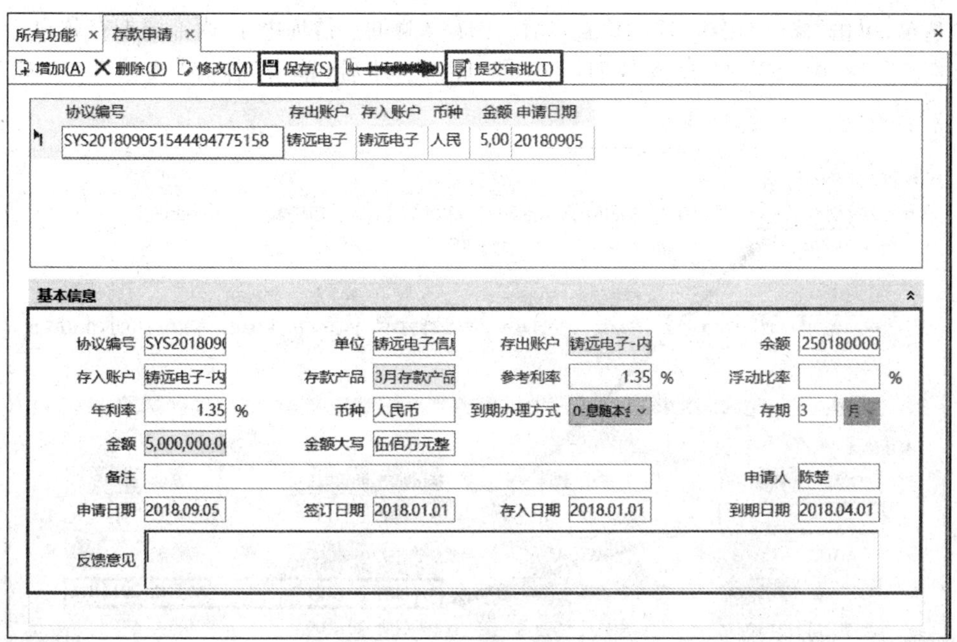

图　9-41

第二步：2018 年 1 月 1 日，铸远电子审批岗程绅(用户名：ZJ0007)登录系统，执行“系统公共—任务中心—待办任务”，打开“待办任务”功能，左侧选择“资金管理_内部网银业务—存款申请”，右侧勾选铸远电子定期存款申请的记录，单击“审批单据”按钮，如图 9-42 所示。

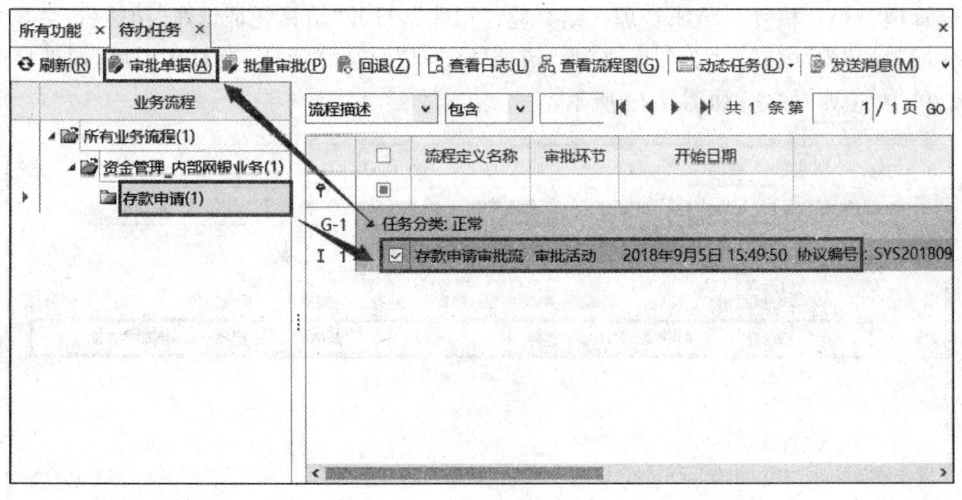

图　9-42

按图 9-42 操作后，在打开的“审批单据”界面，核对存款申请信息准确无误后，单击“审批通过”按钮即可。

第三步：2018 年 1 月 1 日，资金中心结算审核岗郑申(用户名：ZJ0002)登录系统，执行“资金管理—资金结算—存款管理—存款办理”，打开“存款办理”功能，选择已审批通过的存款申请单,单击“修改”按钮,依次检查设置:①存入账户:铸远电子-内部定期存款户;②签订日期:2018.01.01;③存入日期:2018.01.01。然后,单击“保存”按钮并“审核”,如图 9-43 所示。

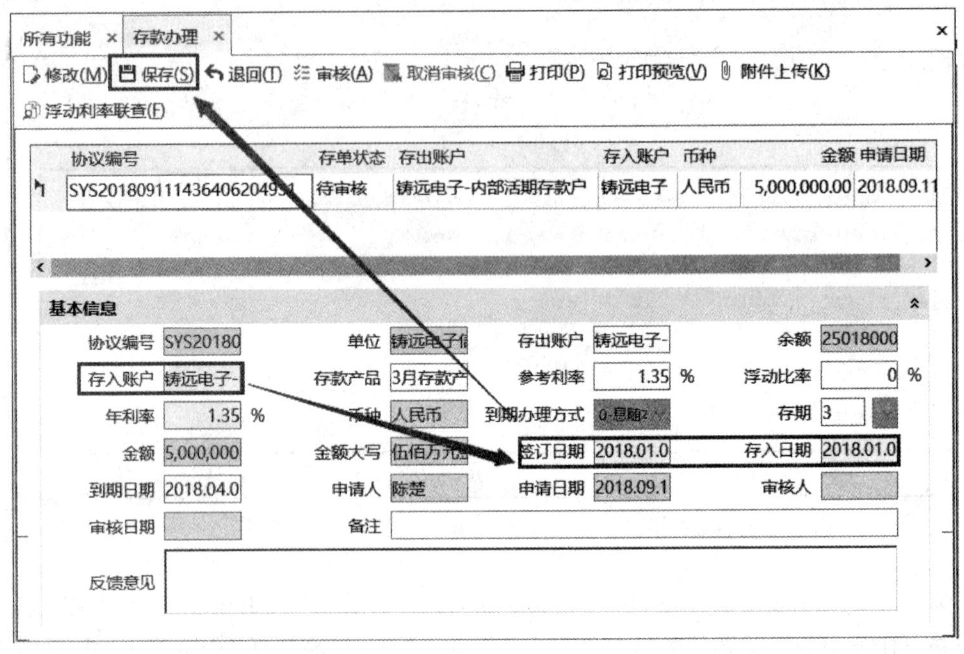

图 9-43

第四步:2018 年 1 月 1 日,资金中心财务核算岗朱鹤(用户名:ZJ0003)登录系统,执行“资金管理—柜台核算—结账管理—结算凭证记账”,打开“结算凭证记账”功能后,会显示一条“凭证类型”为“内转”,“业务说明”为“活期转定期”的结算凭证,核对无误后,勾选该结算凭证,单击“记账”按钮,如图 9-44 所示。

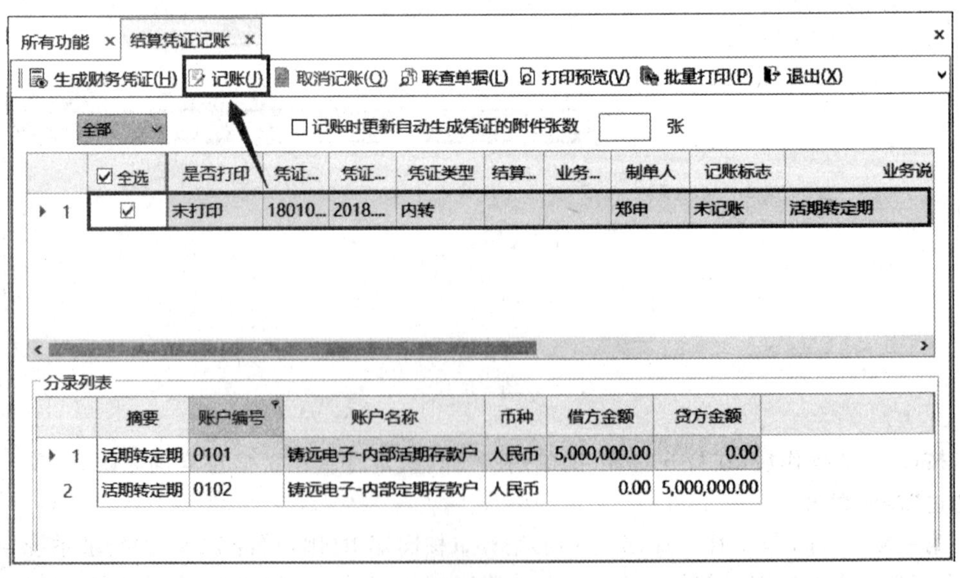

	摘要	账户编号	账户名称	币种	借方金额	贷方金额
1	活期转定期	0101	铸远电子-内部活期存款户	人民币	5,000,000.00	0.00
2	活期转定期	0102	铸远电子-内部定期存款户	人民币	0.00	5,000,000.00

图 9-44

结算凭证记账后,可由资金中心结算制单岗周志(用户名: ZJ0001)登录系统,执行“资金管理—资金结算—统计查询—账户余额查询”,查询并了解定期存款申请业务涉及相关账户的金额变动情况。

通过以上操作,铸远电子在资金中心的3个月定期存款业务办理完毕,到期后本金及利息会一并计算转存。

实验二: 定期存款到期办理

铸远电子在资金中心3个月的500万元定期存款,到期后另有他用,需要办理到期结算,将定期存款转为活期存款,并与资金中心结算对应的定期存款利息。到期结算完毕后,会自动生成两笔结算凭证,分别为: 定期转活期和利息转存凭证(利息金额是截至2018.4.1的计算数据),分录如表9-20所示。

表 9-20

凭证日期	摘 要	账户名称	借方金额(元)	贷方金额(元)
2018.4.1	定期转活期	铸远电子-内部定期存款户	5 000 000.00	
		铸远电子-内部活期存款户		5 000 000.00
2018.4.1	定期利息	股份本部-利息支出户	16 875.00	
		铸远电子-内部活期存款户		16 875.00

结算凭证记账后,铸远电子在资金中心开设的虚拟内部定期存款户的余额会减少,同时内部活期存款户的余额会增加,增加的金额包括定期存款本金及2018.1.1—2018.4.1期间的定期存款利息。

【实验步骤】

按表9-21所示的用户信息,登录浪潮GS。

表 9-21

登录日期	登录用户	登录密码	操作内容
2018.4.1	ZJ0006(铸远电子出纳岗陈楚)	aaaaaa	定期到期办理、账户余额查询
2018.4.1	ZJ0003(资金中心财务核算岗朱鹤)	aaaaaa	定期存款结算凭证记账
2018.4.1	ZJ0001(资金中心结算制单岗周志)	aaaaaa	账户余额查询

第一步: 2018年4月1日,铸远电子出纳岗陈楚(用户名: ZJ0006)登录系统,执行“资金管理—内部网银—存款业务—定期到期办理”,打开“定期到期办理”功能,勾选铸远电子2018.4.1到期的500万元定期存款记录,设置“记账日期”为2018.04.01,单击“到期办理”按钮,如图9-45所示。

按图9-45操作“定期到期办理”成功后,会将办理成功的存单展示出来,代表“定期存款终止”,本金由定期户转入活期户,该存单可供打印,如图9-46所示。

第二步: 2018年4月1日,资金中心财务核算岗朱鹤(用户名: ZJ0003)登录系统,执行“资金管理—柜台核算—结账管理—结算凭证记账”,打开“结算凭证记账”功能,会显示两条与定期存款到期办理相关的结算凭证: ①“凭证类型”为“内转”,“业务说明”为“定期转活期”的结算凭证; ②“凭证类型”为“内转”,“业务说明”为“定期利息”的结算凭证。核对无误

所有功能
定期到期办理
到期办理(D)
存款类别 内部定期存款
协议处理 息随本金转存 本金转存 终止 付息账户 股份本部-利息支出
记账日期 2018.04.01 记账日期取到期日期 转存时新存单备注
选... 协议编号 单位 存出账号 存入账号 币种 金额 年利率(%) 起始日期 到期日期
SYS2018... 铸远电子... 铸远电子-... 铸远电子-... 人民币 5,000,000... 1.35 2018.01.01 2018.04.01

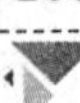

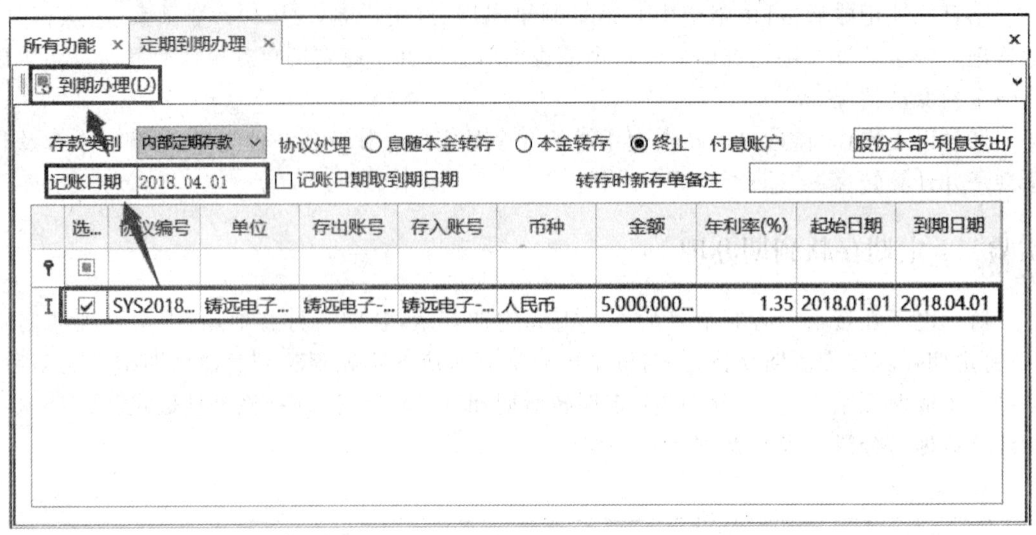

图 9-45

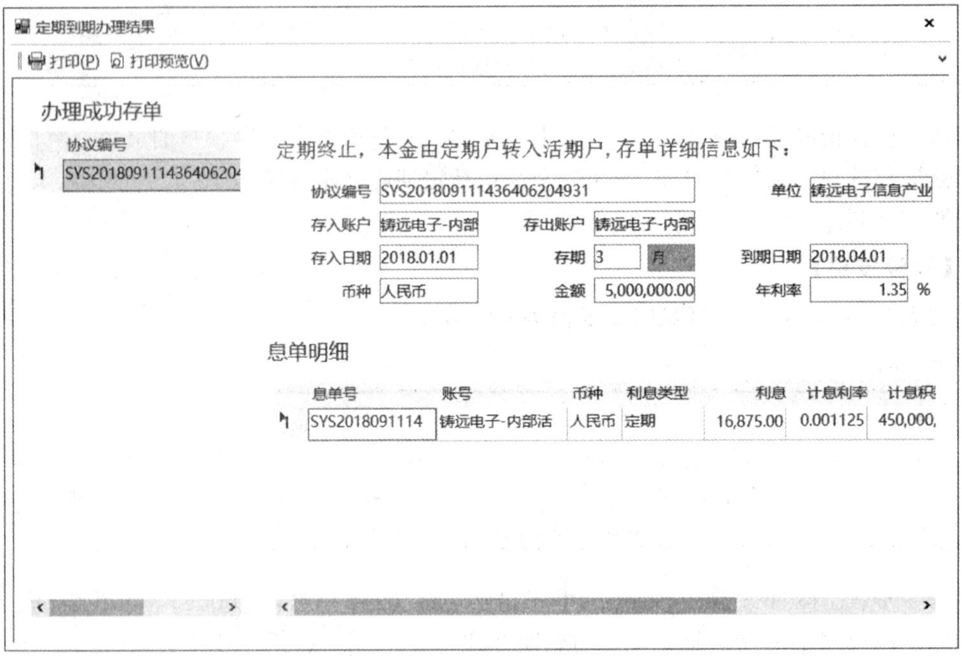

定期到期办理结果
打印(P) 打印预览(V)
办理成功存单
协议编号
SYS20180911143640620
定期终止，本金由定期户转入活期户，存单详细信息如下：
协议编号 SYS201809111436406204931
单位 铸远电子信息产业
存入账户 铸远电子-内部
存出账户 铸远电子-内部
存入日期 2018.01.01
存期 3 月
到期日期 2018.04.01
币种 人民币
金额 5,000,000.00
年利率 1.35 %
息单明细
息单号 账号 币种 利息类型 利息 计息利率 计息积
SYS2018091114 铸远电子-内部活 人民币 定期 16,875.00 0.001125 450,000,

图 9-46

后，勾选这两个结算凭证，单击“记账”按钮，如图 9-47 所示。

结算凭证记账后，由资金中心结算制单岗周志（用户名：ZJ0001）登录系统，执行“资金管理—资金结算—统计查询—账户余额查询”，查询并了解定期存款到期办理业务涉及相关账户的金额变动情况。

经过以上操作，铸远电子在资金中心的 3 个月定期存款到期办理完毕，本金及利息一并转存至活期存款户。

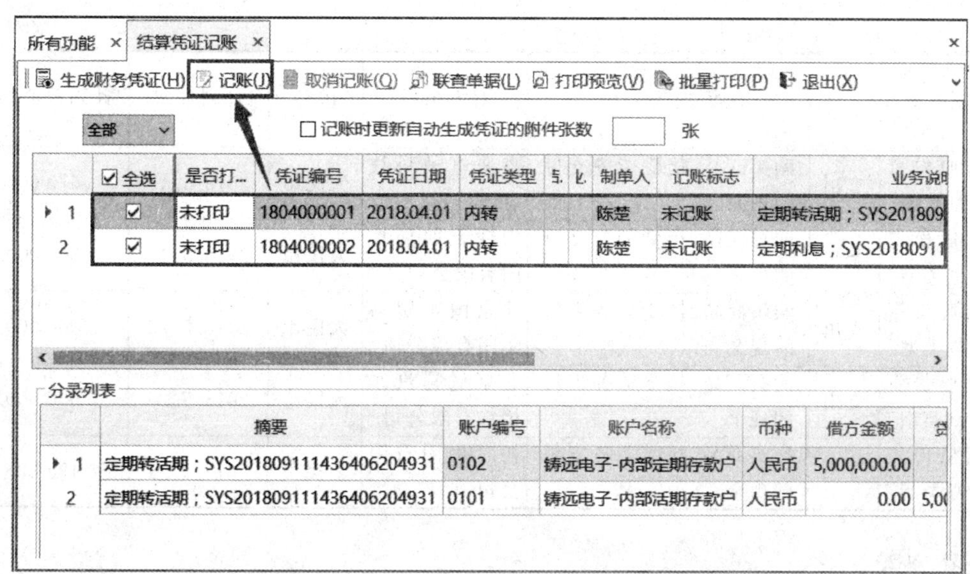

图　9-47

第六节　教学任务四：收支两条线模式下的企业付款

依据《铸远集团2018年集团资金集中战略部署》文件规定，资金中心对子公司上划的资金进行归集后，在子公司对外付款时，需提前向资金中心申请资金下拨，待资金划拨至其支出账户时，便可执行对外付款结算业务。

另外，为了加强资金计划管理，各子公司需按集团管控要求来编制资金收支计划，上报资金中心审批通过。根据收支两条线模式进行对外付款时，需做到按计划用款，对外付出的款项金额会占用资金计划执行额度。

实验一：资金计划编制

铸远电子根据集团对资金计划的管控要求，按月编制资金收支计划。以“月现金流量明细计划表”为例，需在该表中按月录入经营活动、投资活动以及筹资活动下预期发生的现金流入及现金流出明细情况。其中，5月现金流量明细计划表如表9-22所示，5月现金流量汇总计划表如表9-23所示。

表　9-22

计划类型	收支类型	收支项目	对方单位	币种	计划日期	计划现汇(元)
铸远股份资金计划类型	支出	购买商品、接受劳务支付的现金	华美电子信息产业有限公司	人民币	2018.5.8	400 000.00
铸远股份资金计划类型	支出	购买商品、接受劳务支付的现金	河州亚泰集团有限公司	人民币	2018.5.12	150 000.00

续表

计划类型	收支类型	收支项目	对方单位	币种	计划日期	计划现汇(元)
铸远股份资金计划类型	支出	购买商品、接受劳务支付的现金	高迪电子科技有限公司	人民币	2018.5.15	670 000.00
铸远股份资金计划类型	支出	购买商品、接受劳务支付的现金	中铁十四局集团有限公司	人民币	2018.5.16	1 800 000.00
铸远股份资金计划类型	支出	购买商品、接受劳务支付的现金	北京国惠贸易集团有限公司	人民币	2018.5.20	2 300 000.00
铸远股份资金计划类型	支出	购买商品、接受劳务支付的现金	北京亿腾汽车销售有限公司	人民币	2018.5.25	5 600 000.00
铸远股份资金计划类型	支出	购买商品、接受劳务支付的现金	初时集团有限公司	人民币	2018.5.31	150 193 626.55

表 9-23

预算指标	金额(元)
一、经营活动产生的现金流量:	
销售商品、提供劳务收到的现金	1 194 467 936.26
收到的税费返还	12 231 821.81
收到其他与经营活动有关的现金	18 875 275.65
经营活动现金流入小计	1 225 575 033.72
购买商品、接受劳务支付的现金	1 161 113 626.55
支付给职工以及为职工支付的现金	51 519 716.63
支付的各项税费	9 461 587.82
支付其他与经营活动有关的现金	69 154 068.13
经营活动现金流出小计	1 291 248 999.13
经营活动产生的现金流量净额	−65 673 965.41
二、投资活动产生的现金流量:	
收回投资收到的现金	900 783 693.60
取得投资收益收到的现金	1 157 211.10
处置固定资产、无形资产和其他长期资产收回的现金净额	301 589.94
收到其他与投资活动有关的现金	
投资活动现金流入小计	902 242 494.64
购建固定资产、无形资产和其他长期资产支付的现金	23 970 997.84
投资支付的现金	837 442 174.86
支付其他与投资活动有关的现金	
投资活动现金流出小计	861 413 172.70
投资活动产生的现金流量净额	40 829 321.94
三、筹资活动产生的现金流量:	
吸收投资收到的现金	

续表

预 算 指 标	金额(元)
取得借款收到的现金	363 636 363.64
收到其他与筹资活动有关的现金	
筹资活动现金流入小计	363 636 363.64
偿还债务支付的现金	257 977 079.94
分配股利、利润或偿付利息支付的现金	8 416 057.28
支付其他与筹资活动有关的现金	
筹资活动现金流出小计	266 393 137.22
筹资活动产生的现金流量净额	97 243 226.42

铸远电子资金计划编制完成后，生成汇总计划，分别提交给本单位相关领导进行审批；审批通过后计划数据生效，资金中心据此对计划执行情况进行查询监督。

【实验步骤】

按表 9-24 所示的用户信息，登录浪潮 GS。

表　9-24

登录日期	登 录 用 户	登录密码	操 作 内 容
2018.5.1	ZJ0009(铸远电子资金计划编制岗曹季)	aaaaaa	资金计划编制、资金计划查询
2018.5.1	ZJ0007(铸远电子审批岗程绅)	aaaaaa	资金计划编制审批

第一步：2018 年 5 月 1 日，铸远电子资金计划编制岗曹季(用户名：ZJ0009)登录系统，执行“资金管理—资金计划—资金计划编制—计划编制”，打开“计划编制”功能，设置“计划期间”为“2018 年 05 月”，左侧选择“铸远电子信息产业有限公司”，右侧勾选“月现金流量明细计划表”，单击“确定”按钮，准备编制 2018 年 5 月的资金计划数据，如图 9-48 所示。

注意：计划期间务必设置正确！

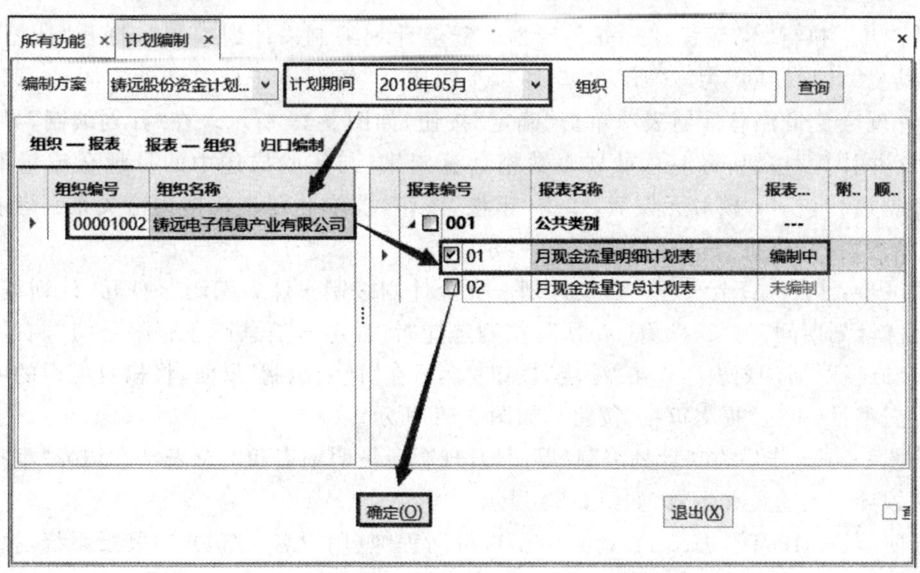

图　9-48

在月现金流量明细计划表编制界面，可以查看到已经存在 14 条计划数据，这是系统已预置的计划数据。在此基础上补充编制时，单击“新增”按钮，然后按实验描述中的资金计划编制内容，逐行新增录入资金计划编制的数据。录入完毕后，与实验描述中月现金流量明细计划表中的数据进行核对，并且资金计划中“收入合计”金额为 2 491 453 892.00，“支出合计”金额为 2 419 055 309.05，确认无误后，单击“保存”按钮，如图 9-49 所示。

图 9-49

第二步：执行“资金管理—资金计划—资金计划编制—计划编制”，打开“计划编制”功能，设置“计划期间”为“2018 年 05 月”，左侧选择“铸远电子信息产业有限公司”，右侧勾选“月现金流量汇总计划表”，单击“确定”按钮，如图 9-49 所示。在“计划编制”界面，单击“保存并计算”按钮，将汇总计划表数据计算出来，与实验描述中的月现金流量汇总计划表数据进行核对；核对无误后，单击“审核”按钮，校验计划表数据钩稽关系；待审核通过后，单击“提交审批”按钮，如图 9-50 所示。

第三步：执行“资金管理—资金计划—资金计划编制—计划编制”，打开“计划编制”功能，设置“计划期间”为“2018 年 05 月”，左侧选择“铸远电子信息产业有限公司”，右侧勾选“月现金流量明细计划表”，单击“确定”按钮；然后在“计划编制”界面，将核对无误的明细计划表提交审批(单击“提交审批”按钮)，如图 9-51 所示。

按图 9-51 操作后，在“计划编制”界面，月现金流量明细表和汇总表状态均为“审批中”，需相关领导审批通过并生效，如图 9-52 所示。

第四步：2018 年 5 月 1 日，铸远电子审批岗程绅(用户名：ZJ0007)登录系统，执行“系统公共—任务中心—待办任务”，打开“待办任务”功能，左侧分别选择“资金管理_计划业务

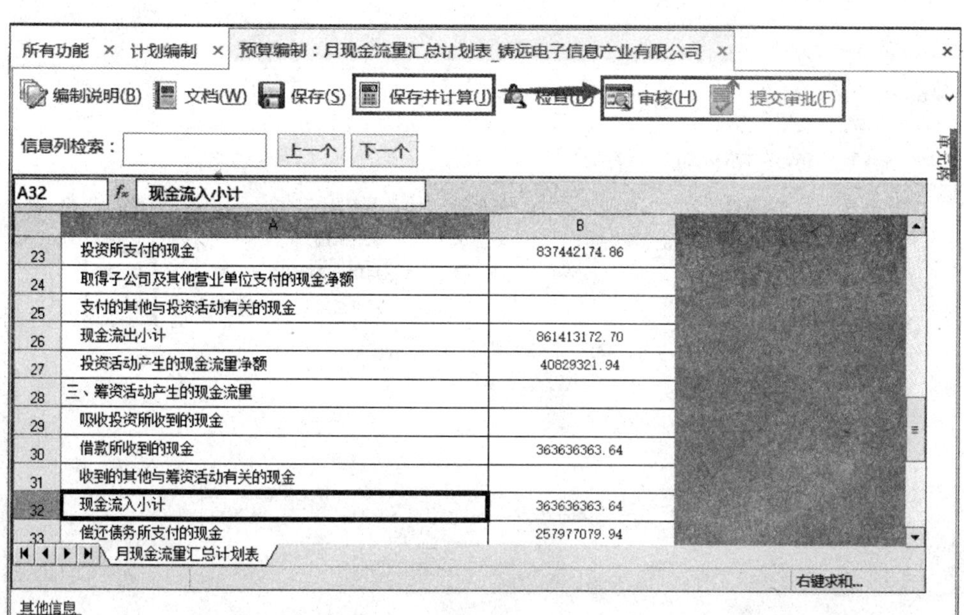

图　9-50

所有功能 × 计划编制 × 明细计划编制_铸远电子信息产业有限公司_月现金流量明细计划表 ×

新增(A) 删除(D) 保存(S) 导入上期(Y) 参照业务生成(W) 批量设置(B) 提交审批(T)

方案 系统默认 刷新(R)

月现金流量明细计划表(2018-05-01~2018-05-31)

编制单位 铸远电子信息产业有限公司　计划方案 铸远股份资金计划方案　计划周期 月

计划期间 2018年05月　开始日期 2018-05-01　终止日期 2018-05-31

收入合计 2,491,453,892.00　支出合计 2,419,055,309.05　收支差额 72,398,582.95

全部计划

	计划编号	计划类型	收支类型	收支项目
1	MXJHBZ201808140009	铸远集团通用资金计划类型	收入	收到的税费返还
2	MXJHBZ201808140010	铸远集团通用资金计划类型	收入	收到的其他与经营活动有关的现金

图　9-51

V2”中的“汇总计划审批”“明细计划编制审批”，右侧分别勾选铸远电子提交的明细计划和汇总计划编制记录，单击“审批单据”按钮，如图 9-53 所示。

按图 9-53 操作后，在打开的“审批单据”界面，核对资金计划编制数据准确无误后，单击“审批通过”按钮即可。

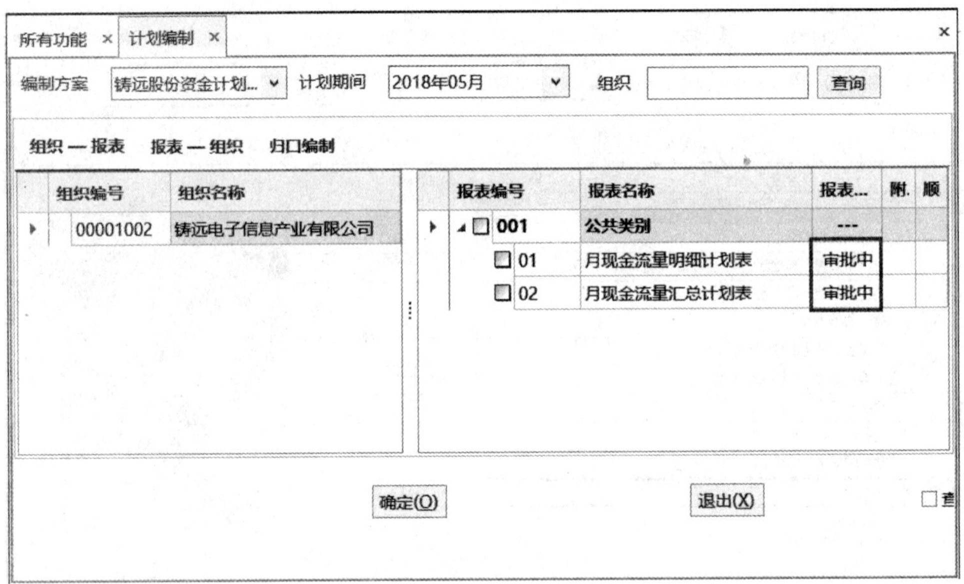

图 9-52

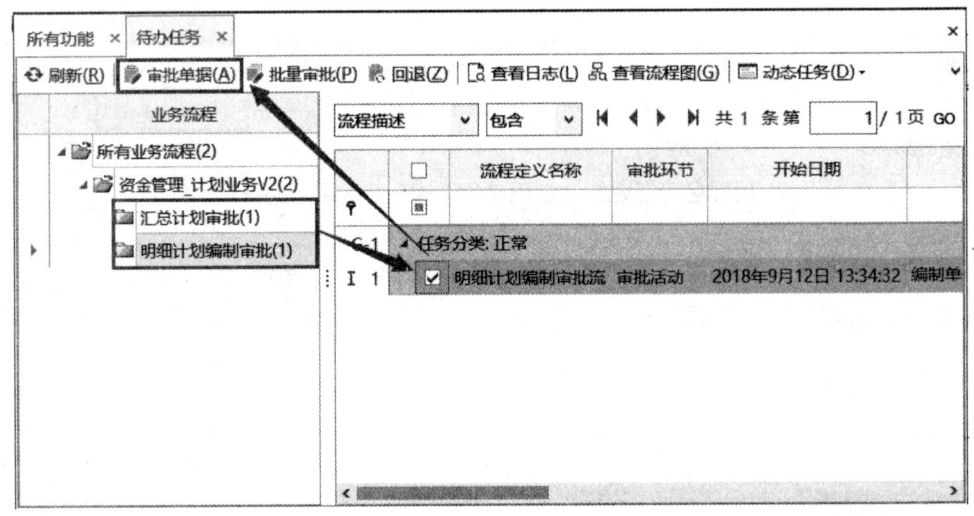

图 9-53

第五步：2018 年 5 月 1 日，铸远电子资金计划编制岗曹季(用户名：ZJ0009)登录系统，执行“资金管理—资金计划—计划查询分析—明细计划查询”，打开“明细计划查询”功能，依次设置：①编制方案：铸远股份资金计划方案；②计划期间：2018 年 05 月；③报表状态：选择全部。设置完毕后，在组织列表处选择“铸远电子信息产业有限公司”，右侧可以查看到铸远电子的月现金流量明细计划表处于生效状态，如图 9-54 所示。

第六步：执行“资金管理—资金计划—计划查询分析—汇总计划查询”，打开“汇总计划查询”功能，设置“计划期间”为“2018 年 05 月”，可以查看到铸远电子的月现金流量汇总计划表处于生效状态，如图 9-55 所示。

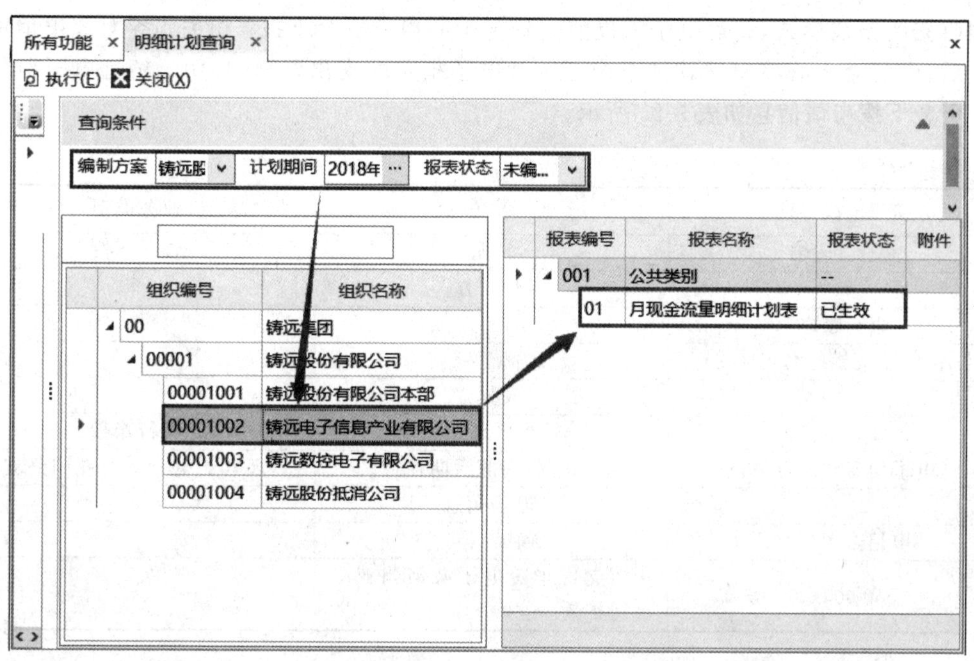

图 9-54

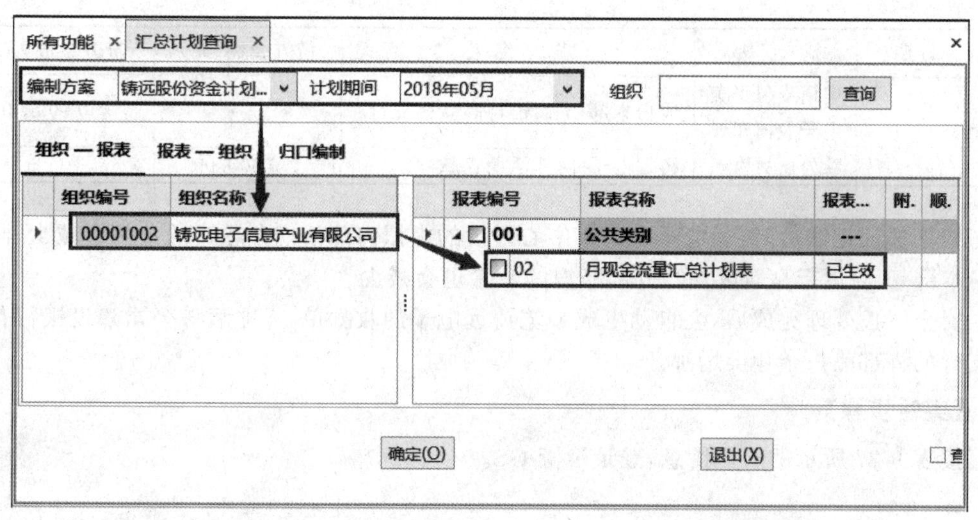

图 9-55

通过以上操作，铸远电子的资金计划编制完成，计划数据通过审批并达到生效状态。铸远电子可依据该计划数据进行后续的业务处理，占用对应的计划金额，而集团资金中心可以随时查看资金计划执行情况。

实验二：子公司资金下拨申请

铸远电子因生产台式机需要，已向华美电子信息产业有限公司和河州亚泰集团有限公司购入内存条等生产用材料，按付款计划在 5 月需向这两家单位支付货款 55 万元。按铸远集团收支两条线模式，铸远电子需提前向资金中心申请资金下拨；相关领导对该申请审批通过后，由资金中心将申请款项下拨至铸远电子指定的支出账户中，用于铸远电子对外付款。资金下拨申请信息如表 9-25 所示。

表 9-25

期望下拨日期	结算方式	业务类型
2018.05.01	转账	资金下拨
	付款方	
银行账户		
股份本部-工商银行高新区支行		
	收款方	
收款单位	转出内部账户	银行账号
铸远电子信息产业有限公司	铸远电子-内部活期存款户	铸远电子-建设银行花园路支行
	基本信息	
申请金额(元)	摘要	
550 000.00	申请支付华美电子及河州亚泰公司货款	

资金下拨处理完成后，会自动生成一笔结算凭证，分录如表 9-26 所示。

表 9-26

凭证日期	摘要	账户名称	借方金额(元)	贷方金额(元)
2018.5.1	申请支付华美电子及河州亚泰公司货款	股份本部-工商银行高新区支行		550 000.00
		铸远电子-内部活期存款户	550 000.00	

结算凭证记账后，铸远电子在资金中心开设的虚拟内部活期存款户的余额会减少，同时股份本部-工商银行高新区支行外部账户的余额也会减少。

资金下拨处理完成后，会自动生成一笔铸远电子的收款单，入账后该公司建设银行花园路支行的外部账户余额会增加。

【实验步骤】

按表 9-27 所示的用户信息，登录浪潮 GS。

表 9-27

登录日期	登录用户	登录密码	操作内容
2018.5.1	ZJ0006(铸远电子出纳岗陈楚)	aaaaaa	资金下拨申请、资金下拨到账单登记、下拨到账通知查看、账户余额查询
2018.5.1	ZJ0007(铸远电子审批岗程绅)	aaaaaa	资金下拨申请审批
2018.5.1	ZJ0002(资金中心结算审核岗郑申)	aaaaaa	资金下拨处理
2018.5.1	ZJ0003(资金中心财务核算岗朱鹤)	aaaaaa	资金下拨结算凭证记账
2018.5.1	ZJ0008(铸远电子审核岗常竹)	aaaaaa	资金下拨到账单审核
2018.5.1	ZJ0001(资金中心结算制单岗周志)	aaaaaa	账户余额查询

第一步：2018 年 5 月 1 日，铸远电子出纳岗陈楚(用户名：ZJ0006)登录系统，执行“资金管理—内部网银—上划下拨—资金下拨申请”，打开“资金下拨申请”功能，按实验描述中的资金下拨申请内容，准确录入相关信息，录入完毕后，单击“保存”按钮并“提交审批”，提交“审批流”成功即可，如图 9-56 所示。

所有功能 ×　资金下拨申请 ×

增加(A)　删除(D)　修改(M)　保存(S)　提交审批(T)　查询(Q)　自动下拨方案(F)　参照外部单据(I)

参照企业付款单(O)　预览(V)　上传附件(U)　成员单位预算(B)　计划(N)　打印(P)　支出预算(G)

单据列表　单据卡片

业务办理机构	铸远股份资金中	单据编号	SYS201808270	期望下拨日期	2018.05.01	结算方式	转账
业务类型	资金下拨	票据号		发送方式			

付款方

银行账户	019016222021	账户户名	股份本部-工商银	开户银行	工商银行		

收款方

收款单位	铸远电子信息产	转出内部账户	0101	转出内部户名	铸远电子-内部活	转出内部户余额	245,100,000.00
银行账号	019036217855	查询账户余额		账户名称	铸远电子-建设银	开户行	建设银行
国家	中国	省或直辖市	山东省	城市	济南市		

基本信息

币　种	人民币	汇率	1	申请金额	550,000.00	批准金额	550,000.00
本币金额	550,000.00	金额(大写)	伍拾伍万元整	支出项目		成员单位项目	
计划编号		计划金额		业务参照		参照单据编号	
摘要	申请支付华美电子及河州亚泰公司货款			反馈意见			
申请人	陈楚	申请日期	2018.08.27				
详细说明							

图　9-56

第二步：2018 年 5 月 1 日，铸远电了审批岗程绅(用户名：ZJ0007)登录系统，执行“系统公共—任务中心　待办任务”，打开“待小任务”功能，左侧选择“资金管理_内部网银业务—资金下拨申请”，右侧勾选资金下拨申请的记录，单击“审批单据”按钮，如图 9-57 所示。

按图 9-57 操作后，在打开的“审批单据”界面，核对资金下拨申请信息准确无误后，单击“审批通过”按钮即可。

第三步：2018 年 5 月 1 日，资金中心结算审核岗郑申(用户名：ZJ0002)登录系统，执行“资金管理—资金结算—划拨管理—资金下拨处理”，打开“资金下拨处理”功能，勾选铸远电子已审批通过的 55 万元资金下拨申请单，单击“处理”按钮，如图 9-58 所示。在打开的“选择下拨账户和记账日期”界面，单击“确定”按钮，提示下拨处理完毕。

第四步：2018 年 5 月 1 日，资金中心财务核算岗朱鹤(用户名：ZJ0003)登录系统，执行“资金管理—柜台核算—结账管理—结算凭证记账”，打开“结算凭证记账”功能，会显示一条“凭证类型”为“转付”，“业务说明”为“申请支付华美电子及河州亚泰公司货款”的结算凭证，核对无误后单击“记账”按钮，如图 9-59 所示。

第五步：2018 年 5 月 1 日，铸远电子出纳岗陈楚(用户名：ZJ0006)登录系统，执行“资

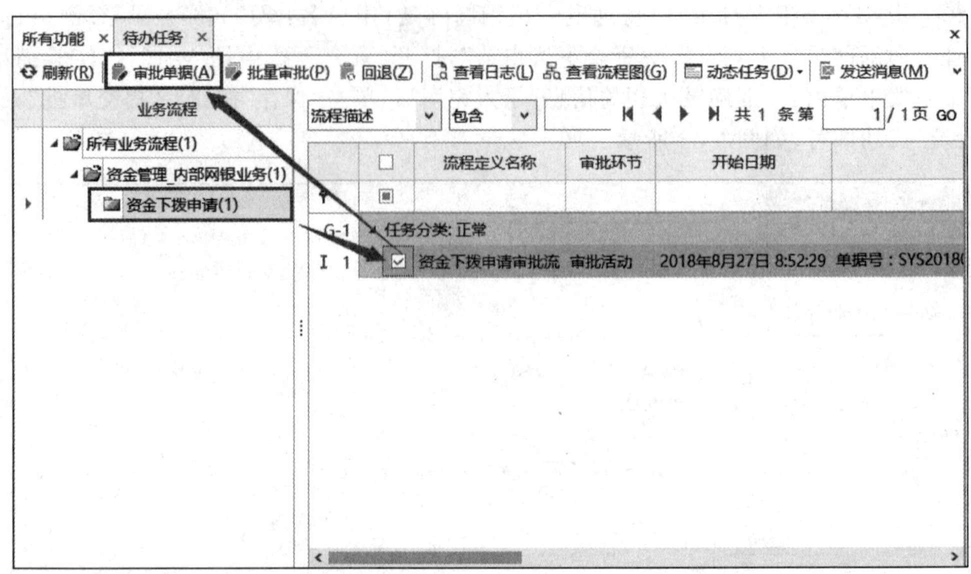

图 9-57

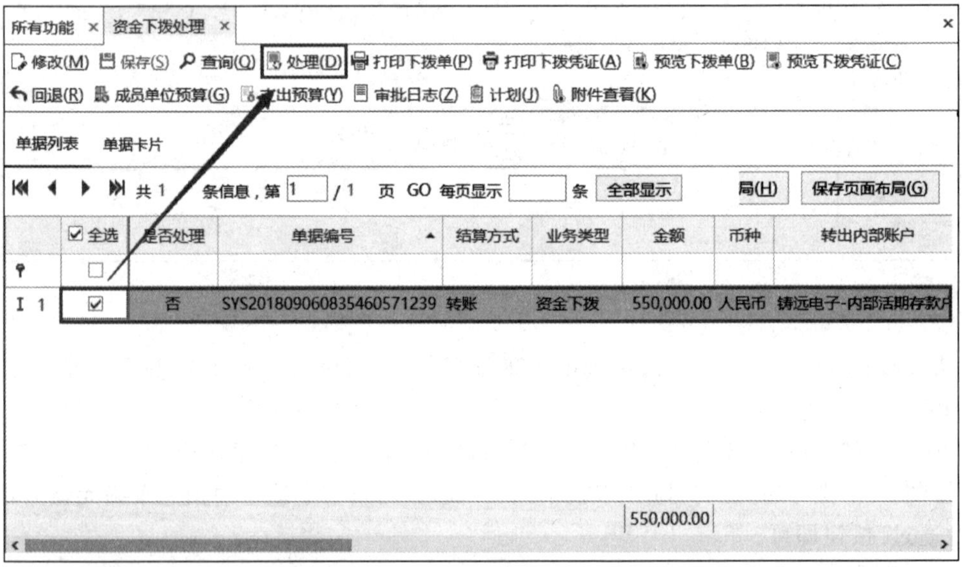

图 9-58

金管理—内部网银—结算业务—企业收款登记”，打开“企业收款登记”功能，自动显示一条由资金下拨申请单生成的55万元的收款单，勾选该收款单，单击“提交审核”按钮，如图 9-60 所示。

第六步：2018 年 5 月 1 日，铸远电子审核岗常竹（用户名：ZJ0008）登录系统，执行“资金管理—内部网银—结算业务—企业收款审核”，打开“企业收款审核”功能，选择第五步提交审核的55万元的收款记录，单击“审核”按钮，然后在打开的“记账日期选择”界面，单击“确定”按钮，提示“审核成功”即可，如图 9-61 所示。

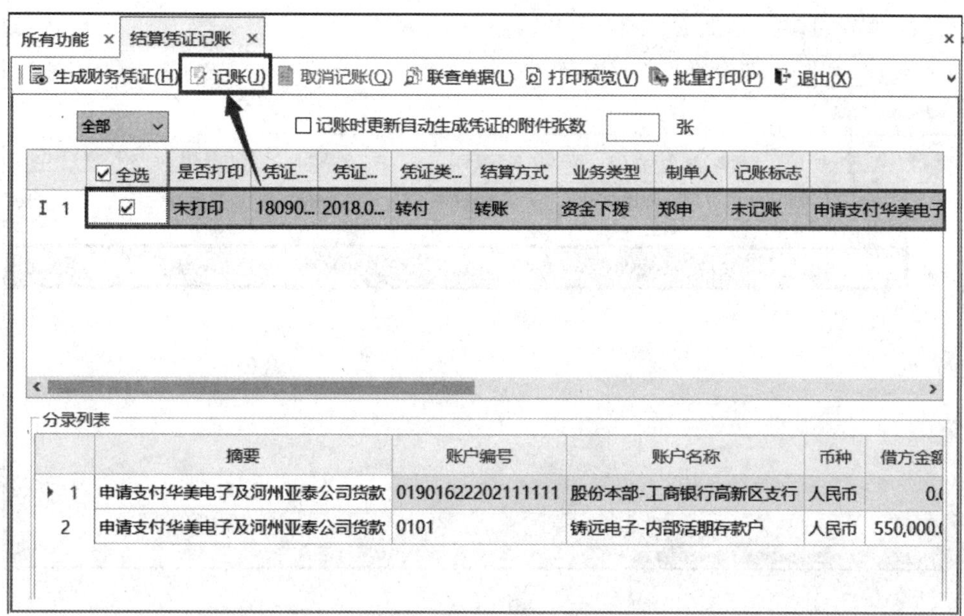

图　9-59

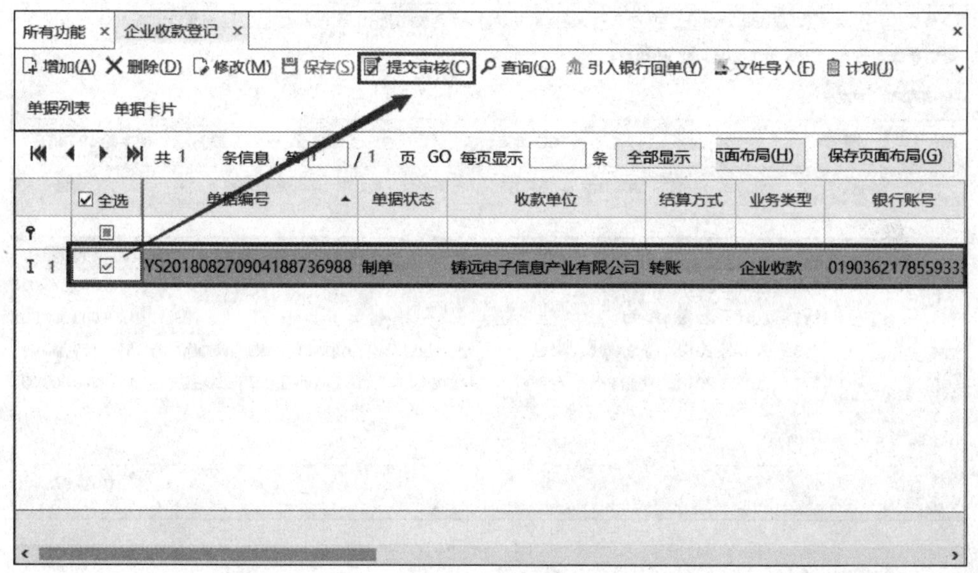

图　9-60

注意：若提交审核时提示“记账日期与银行到账日期不相同，是否急需审核?”，单击“是”按钮，继续审核即可。

第七步：2018 年 5 月 1 日，铸远电子出纳岗陈楚(用户名：ZJ0006)登录系统，执行“资金管理—内部网银—对账单—到账通知”，打开“到账通知”功能，查看收款到账通知单，如图 9-62 所示。

收到到账通知后，由资金中心结算制单岗周志(用户名：ZJ0001)登录系统，执行“资金

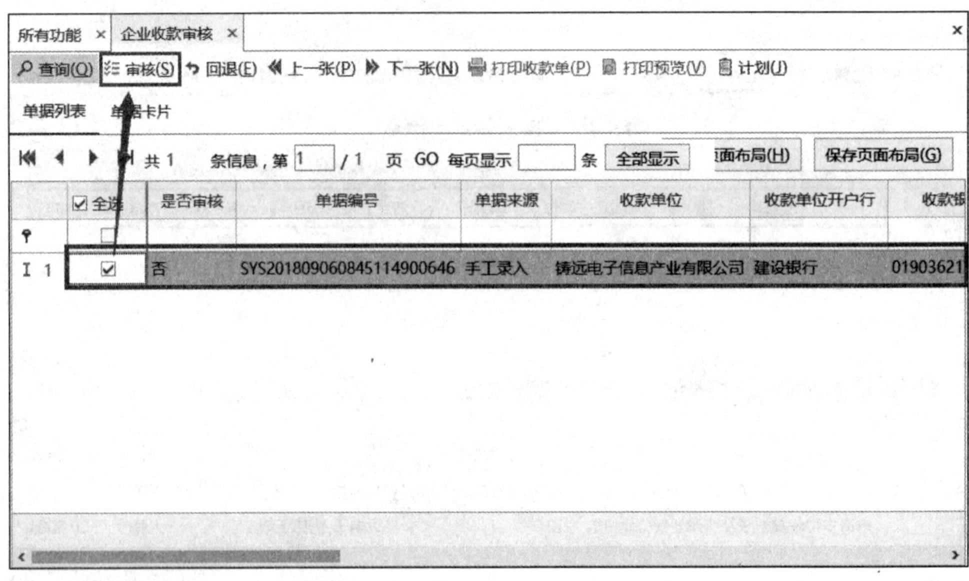

图 9-61

所有功能 × 到账通知 ×

修改(M) 保存(S) 导出Excel(E) 打印(P) 批量打印(L) 列表打印(R) 打印预览(V) 批量打印预览(K)

列表预览(T) 生成财务凭证(W) 退出(X)

单据列表 单据卡片

共 5 条信息，第 1 / 1 页 GO 每页显示 条 全部显示 局(H) 保存页面布局(G)

	全选	单...	业务...	制单...	通知类型	结算方式	业务类型	3.	银行账户	5.	金额
1	☑	SYS...	2018....	2018....	企业收款	转账	企业收款		铸远电子-建设银行花园路支行	人	550,000.00
2	☐	SYS...	2018....	2018....	利息收入			铸		人	16,875.00
3	☐	SYS...	2018....	2018....	内转			铸		人	5,000,000.00
4	☐	SYS...	2018....	2018....	上划收款	转账	企业收款	铸	股份本部-工商银行高新区支行	人	180,000.00
5	☐	SYS...	2018....	2018....	企业收款	转账	企业收款		铸远电子-工商银行山大路支行	人	200,000.00
											5,946,875.00

图 9-62

管理—资金结算—统计查询—账户余额查询”功能，查询并了解资金下拨业务涉及相关账户的金额变动情况。

通过以上操作，对铸远电子下拨申请到账的资金，便可按资金收支计划进行对外支付结算。

实验三：收支两条线——子公司超计划付款

铸远电子按付款计划，需向华美电子信息产业有限公司支付货款 42 万元(该金额超计划 2 万元)，按收支两条线模式，将通过建设银行花园路支行支出账户进行结算。由铸远电子出纳提交付款申请，相关领导审批通过后，执行付款结算并记账处理，如此完成付款流程。付款申请信息如表 9-28 所示。

表　9-28

期望付款日期	业 务 类 型	
2018.05.08	企业付款	
	付款方信息	
付 款 单 位	付 款 账 号	支 出 计 划
铸远电子信息产业有限公司	铸远电子-建设银行花园路支行	“对方单位”为“华美电子信息产业有限公司”，“计划金额”为 400 000.00 的计划数据
	收款方信息	
收 款 单 位	收 款 账 号	
华美电子信息产业有限公司	6264345387654647 农业银行工业路支行	
	付款信息	
结 算 方 式	金额(元)	用　　途
转账	420 000.00	支付华美电子信息产业有限公司内存条等货款

另外，铸远集团还规定各子公司若因资金计划不足，每月只允许在限定的范围内追加有限度的支出预算，追加预算应为突发性支出或应急性支出，对于日常开支如因计划考虑不周，一概不予追加，进而加强资金跟踪检查，对总体资金做到有限控制。

【实验步骤】

按表 9-29 所示的用户信息，登录浪潮 GS。

表　9-29

登录日期	登 录 用 户	登录密码	操 作 内 容
2018.5.8	ZJ0006(铸远电子出纳岗陈楚)	aaaaaa	付款申请

第一步：2018 年 5 月 8 日，铸远电子出纳岗陈楚(用户名：ZJ0006)登录系统，执行“资金管理—内部网银—结算业务—付款申请”，打开“付款申请”功能，单击“新增”按钮；按实验描述中的付款申请内容，准确录入相关信息后，单击“保存”按钮；提示“期望付款日期应晚于申请日期 是否继续?”，单击“确定”按钮，如图 9-63 所示。

注意 1：付款金额 420 000.00 务必录入正确，否则无法展示第二步超计划控制场景。

注意 2：“期望付款日期”务必设置正确！

第二步：付款申请单保存后，单击“提交”按钮，弹出按资金计划检查的结果——由于超计划 2 万元，禁止付款，如图 9-64 所示。

通过以上操作，铸远电子超资金计划的付款业务不能继续完成，需要根据实际业务情况，决定是否进行资金计划调整，并对资金计划金额进行追加。

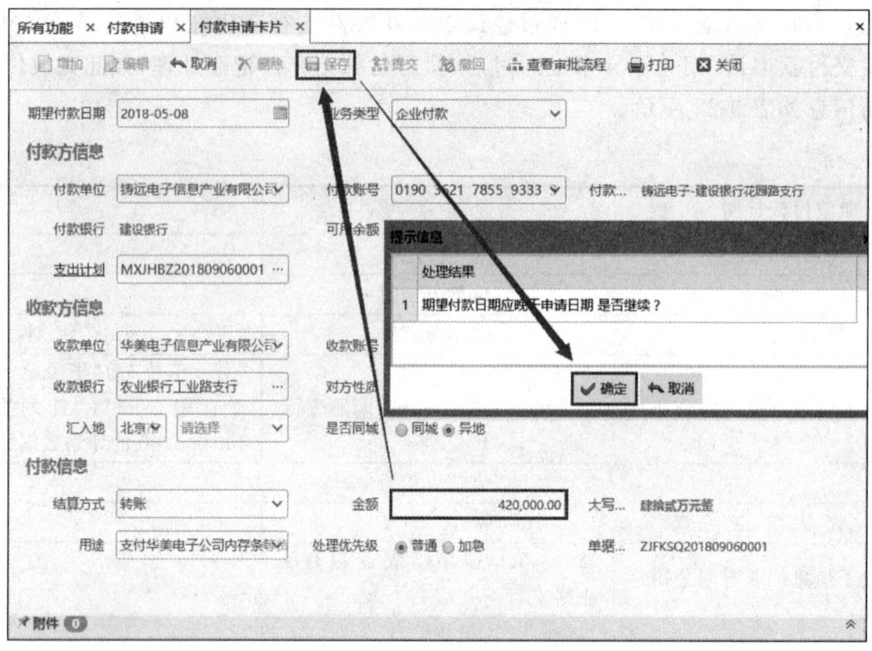

图 9-63

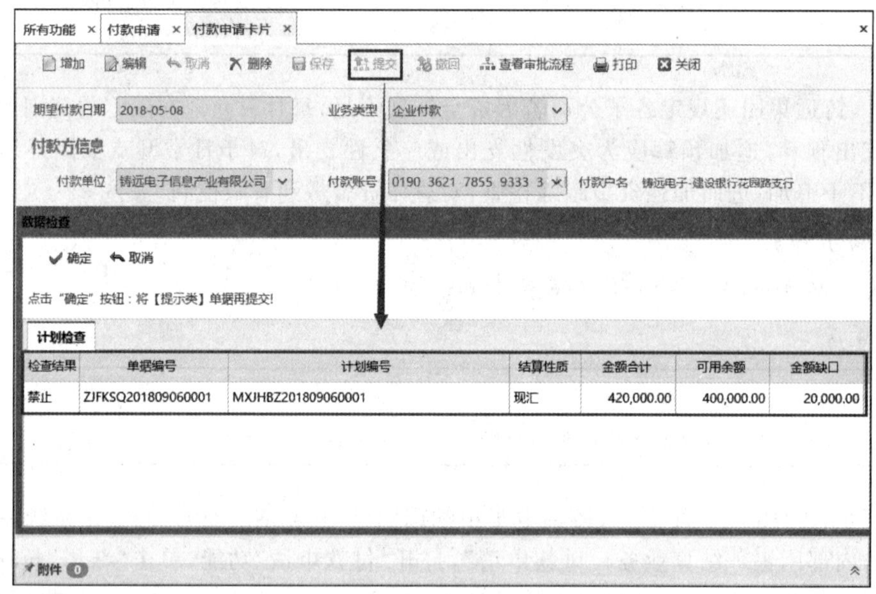

图 9-64

实验四：资金计划调整

铸远电子向华美电子信息产业有限公司超计划支付的 2 万元货款，经过了解属于该公司的突发性支出，未纳入计划金额中。按铸远集团资金计划管控规定，可以对此资金计划进行追加调整；但需经相关领导审批通过，方可按更新的计划进行付款。资金计划调整的具体内容如表 9-30 所示。

表　9-30

计划方案	计划期间	调整组织
铸远股份资金计划方案	2018 年 5 月	铸远电子信息产业有限公司
调整报表	调整说明	计划现汇(元)
月现金流量明细计划表	突发性支出计划调整	420 000.00

【实验步骤】

按表 9-31 所示的用户信息，登录浪潮 GS。

表　9-31

登录日期	登录用户	登录密码	操作内容
2018.5.8	ZJ0009(铸远电子资金计划编制岗曹季)	aaaaaa	资金计划调整、资金计划调整更新
2018.5.8	ZJ0007(铸远电子审批岗程绅)	aaaaaa	资金计划调整审批

第一步：2018 年 5 月 8 日，铸远电子资金计划编制岗曹季(用户名：ZJ0009)登录系统，执行“资金管理—资金计划—资金计划编制—明细计划调整”，打开“明细计划调整”功能，单击“新增”按钮，按实验描述中的内容依次设置：①计划方案；②计划期间；③调整组织；④调整报表；⑤调整说明。设置完毕后，单击“选择原计划”按钮，选择原“对方单位”为“华美电子信息产业有限公司”的 400 000.00 的计划记录，将“计划现汇”更改为 420 000.00，设置完毕后单击“保存”按钮并“提交审批”，如图 9-65 所示。

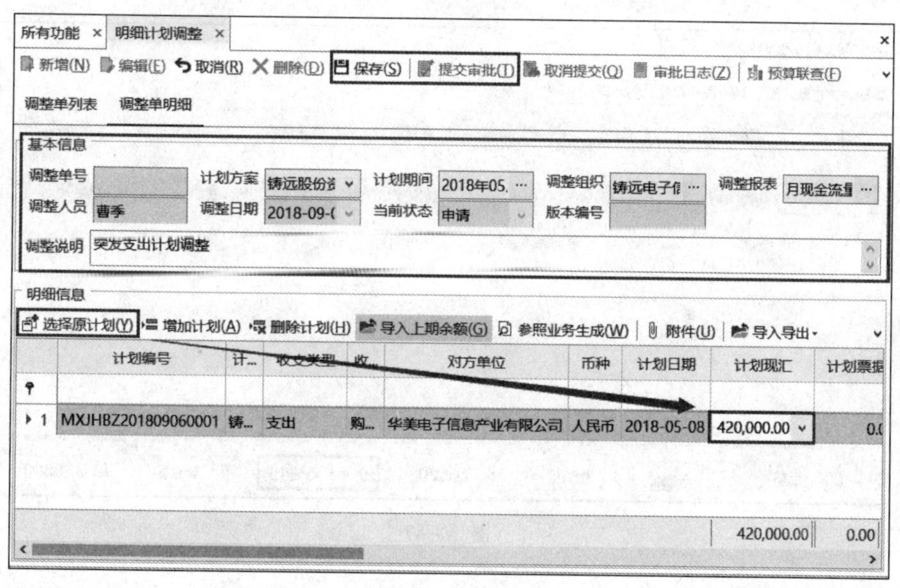

图　9-65

第二步：2018 年 5 月 8 日，铸远电子审批岗程绅(用户名：ZJ0007)登录系统，执行“系统公共—任务中心—待办任务”，打开“待办任务”功能，左侧选择“资金管理_计划业务 V2(1)—明细计划调整”，右侧勾选铸远电子计划调整的记录，单击“审批单据”按钮，如图 9-66 所示。

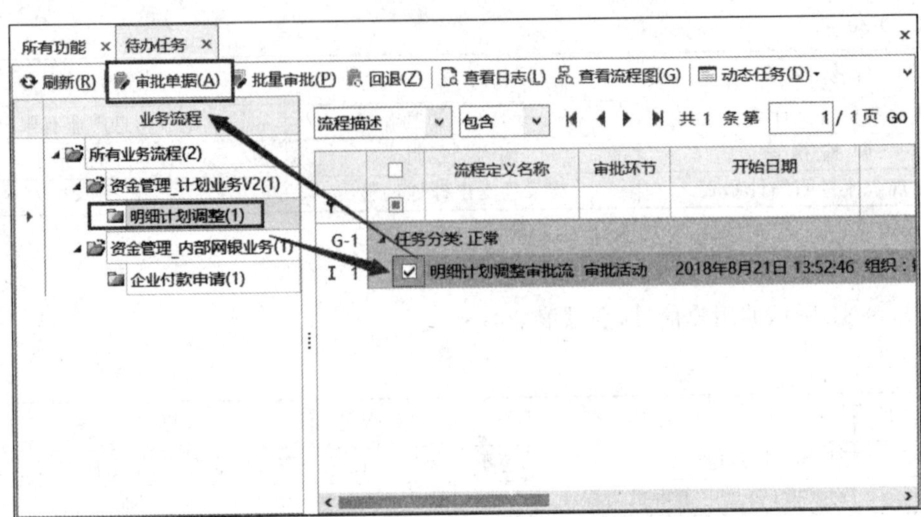

图 9-66

按图 9-66 操作后，在打开的“审批单据”界面，核对计划调整信息准确无误后，单击“审批通过”按钮即可。

第三步：2018 年 5 月 8 日，铸远电子资金计划编制岗曹季(用户名：ZJ0009)登录系统，执行“资金管理—资金计划—资金计划编制—计划调整更新”，打开“计划调整更新”功能，勾选明细计划调整记录，单击“更新调整”按钮，提示“更新成功”即可，如图 9-67 所示。

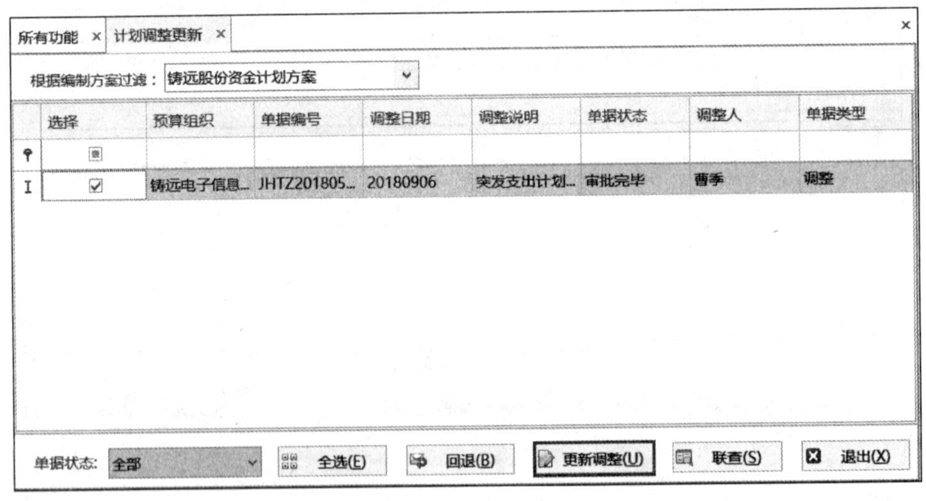

图 9-67

第四步：铸远电子资金计划编制岗曹季(用户名：ZJ0009)登录系统，执行“资金管理—资金计划—计划查询分析—明细计划查询”，打开“明细计划查询”功能，依次设置：①编制方案：铸远股份资金计划方案；②计划期间：2018 年 05 月；③报表状态：选择全部。设置完毕后，在组织列表处选择“铸远电子信息产业有限公司”，右侧选择“月现金流量明细计划表”。单击“执行”按钮后，可以查询到铸远电子向华美电子信息产业有限公司支付货款的计划数据已更新为 42 万元，如图 9-68 所示。

所有功能 × 明细计划查询 × 明细计划查询 ×

返回条件(B) 关闭(X) 格式设置(G) 格式 (公共)系统格式 刷新(R) 保存(S) 重新查询(L)

计划明细查询

	计划编号	计划类型	收支类型	收支项目	对方单位	币种	计划日期	计划现汇
1	MXJHBZ201...	铸远集...	支出	购买商...	河州亚泰集团有限...	人民币	2018-05-01	150,000.00
2	MXJHBZ201...	铸远集...	收入	处置固...		人民币	2018-05-01	301,589.94
3	MXJHBZ201...	铸远集...	支出	购买商...	华美电子信息产业...	人民币	2018-05-01	420,000.00
4	MXJHBZ201...	铸远集...	支出	购买商...	高迪电子科技有限...	人民币	2018-05-01	670,000.00
5	MXJHBZ201...	铸远集...	收入	取得投...		人民币	2018-05-01	1,157,211.10
6	MXJHBZ201...	铸远集...	支出	购买商...	中铁十四局集团有...	人民币	2018-05-01	1,800,000.00
7	MXJHBZ201...	铸远集...	支出	购买商...	北京国惠贸易集团...	人民币	2018-05-01	2,300,000.00
8	MXJHBZ201...	铸远集...	支出	购买商...	北京亿腾汽车销售...	人民币	2018-05-01	5,600,000.00
9	MXJHBZ201...	铸远集...	支出	分配股...		人民币	2018-05-01	8,416,057.28
10	MXJHBZ201...	铸远集...	支出	支付的...		人民币	2018-05-01	9,461,587.82
11	MXJHBZ201...	铸远集...	收入	收到的...		人民币	2018-05-01	12,231,82...

图　9-68

通过以上操作，资金计划调整完毕并审批通过，铸远电子可按该计划执行对华美电子信息产业有限公司的付款申请业务。

实验五：收支两条线——子公司按计划付款

铸远电子按铸远集团资金管控规定进行计划调整后，则可按照调整后的计划对华美电子信息产业有限公司进行支付，对资金管理系统中已登记完毕但未能提交审批的付款申请单继续执行付款流程。付款申请信息与计划调整前基本一致，不同的是需要修改“支出计划”为调整更新后的 420 000.00 元的明细计划，具体内容如表 9-32 所示。

表　9-32

期望付款日期	业务类型	
2018.05.08	企业付款	
	付款方信息	
付款单位	付款账号	支出计划
铸远电子信息产业有限公司	铸远电子-建设银行花园路支行	“对方单位”为“华美电子信息产业有限公司”，“计划金额”为 420 000.00 元的计划数据
	收款方信息	
收款单位	收款账号	
华美电子信息产业有限公司	6264345387654647 农业银行工业路支行	
	付款信息	
结算方式	金额(元)	用途
转账	420 000.00	支付华美电子信息产业有限公司内存条等货款

铸远电子按计划付款后，建设银行花园路支行外部账户的余额会减少，并且可对资金计划的执行情况进行查询。

【实验步骤】

按表 9-33 所示的用户信息，登录浪潮 GS。

表 9-33

登录日期	登录用户	登录密码	操作内容
2018.5.8	ZJ0006（铸远电子出纳岗陈楚）	aaaaaa	付款申请、账户余额查询
2018.5.8	ZJ0007（铸远电子审批岗程绅）	aaaaaa	付款申请审批
2018.5.8	ZJ0008（铸远电子审核岗常竹）	aaaaaa	付款申请复核
2018.5.8	ZJ0009（铸远电子资金计划编制岗曹季）	aaaaaa	明细计划执行分析
2018.5.8	ZJ0001（资金中心结算制单岗周志）	aaaaaa	账户余额查询

第一步：2018 年 5 月 8 日，铸远电子出纳岗陈楚（用户名：ZJ0006）登录系统，执行“资金管理—内部网银—结算业务—付款申请”，打开“付款申请”功能，勾选已录入保存的付款申请单，单击“编辑”按钮，将“支出计划”设置为支付华美电子信息产业有限公司 42 万元的明细计划，然后单击“保存”按钮并“提交”，如图 9-69 所示。

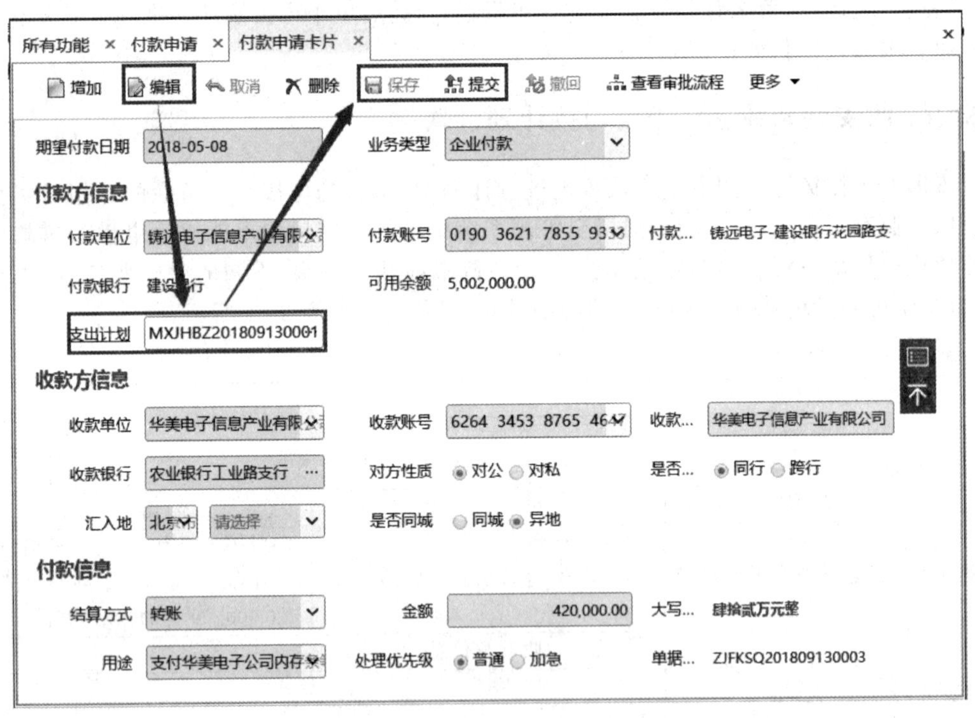

图 9-69

第二步：2018 年 5 月 8 日，铸远电子审批岗程绅（用户名：ZJ0007）登录系统，执行“系统公共—任务中心—待办任务”，打开“待办任务”功能，左侧选择“资金管理_内部网银业务—企业付款申请”，右侧勾选铸远电子的付款申请记录，单击“审批单据”按钮，如图 9-70 所示。

所有功能
待办任务
刷新(R)
审批单据(A)
批量审批(P)
回退(Z)
查看日志(L)
查看流程图(G)
动态任务(D)
业务流程
所有业务流程(1)
资金管理_内部网银业务(1)
企业付款申请(1)
流程描述
包含
共 1 条 第 1 / 1 页 GO
流程定义名称
审批环节
开始日期
流程描述
G-1
任务分类: 正常
付款申请审批流
审批活动
2018年8月21日 13:50:04

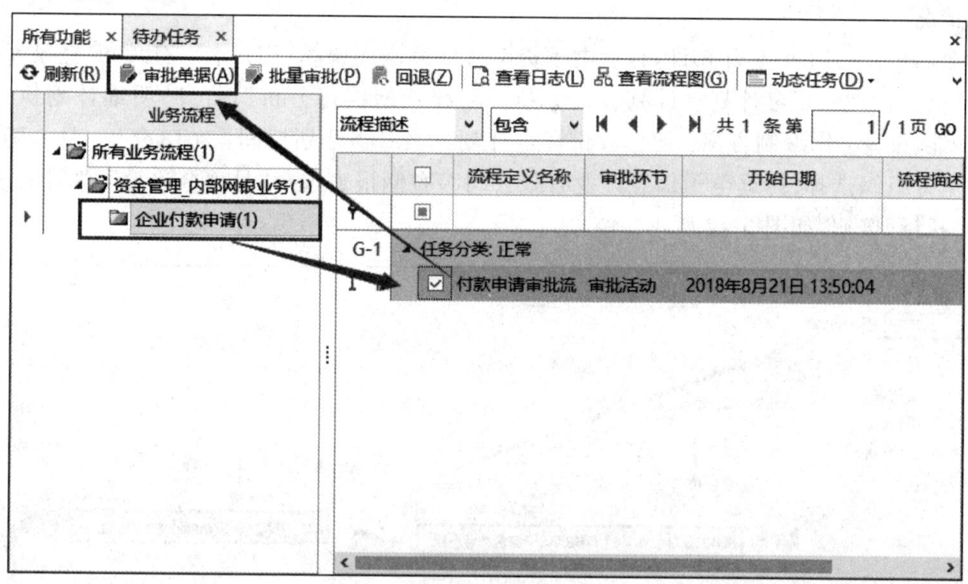

图　9-70

按图 9-70 操作后，在打开的“审批单据”界面，核对付款申请信息，确认无误后，单击“审批通过”按钮即可。

第三步：2018 年 5 月 8 日，铸远电子审核岗常竹(用户名：ZJ0008)登录系统，执行“资金管理—内部网银—结算业务—付款复核”，打开“付款复核”功能，勾选已审批通过的付款申请单，单击“复核”按钮，在打开的“记账日期选择”界面，单击“确定”按钮，如图 9-71 所示。

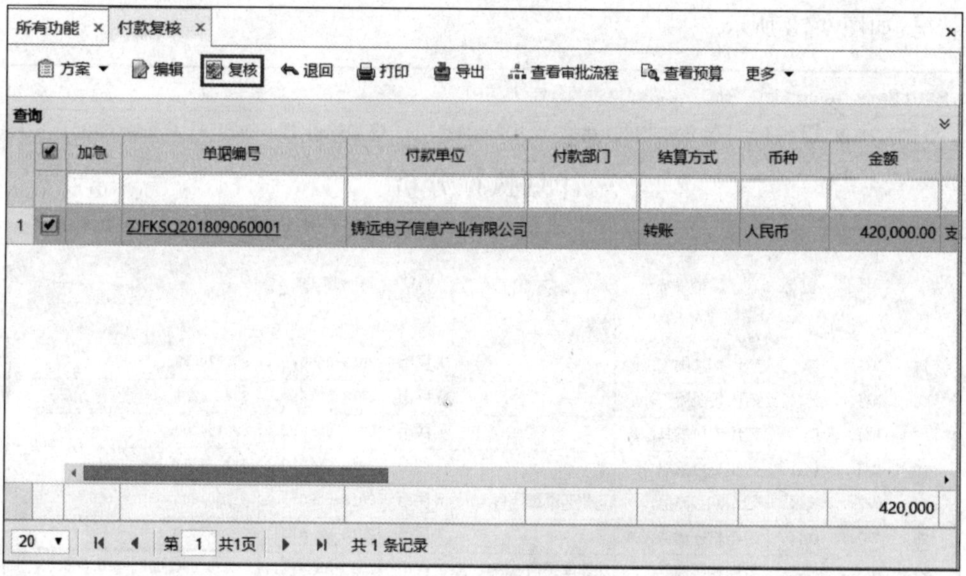

所有功能
付款复核
方案
编辑
复核
退回
打印
导出
查看审批流程
查看预算
更多
查询
加急
单据编号
付款单位
付款部门
结算方式
币种
金额
1
ZJFKSQ201809060001
铸远电子信息产业有限公司
转账
人民币
420,000.00
支
420,000
20
第 1 共1页
共 1 条记录

图　9-71

付款申请复核后，可由资金中心结算制单岗周志(用户名：ZJ0001)登录系统，执行“资金管理—资金结算—统计查询—账户余额查询”，查询并了解付款业务涉及相关账户的金额

变动情况。

第四步：2018 年 5 月 8 日，铸远电子资金计划编制岗曹季(用户名：ZJ0009)登录系统，执行“资金管理—资金计划—计划查询分析—明细计划执行分析”，打开“明细计划执行分析”功能，设置：①编制方案：铸远股份资金计划方案；②计划期间：2018 年 05 月。随后，在左下方组织选择“铸远电子信息产业有限公司”，右侧报表选择“月现金流量明细计划表”，单击“执行”按钮，如图 9-72 所示。

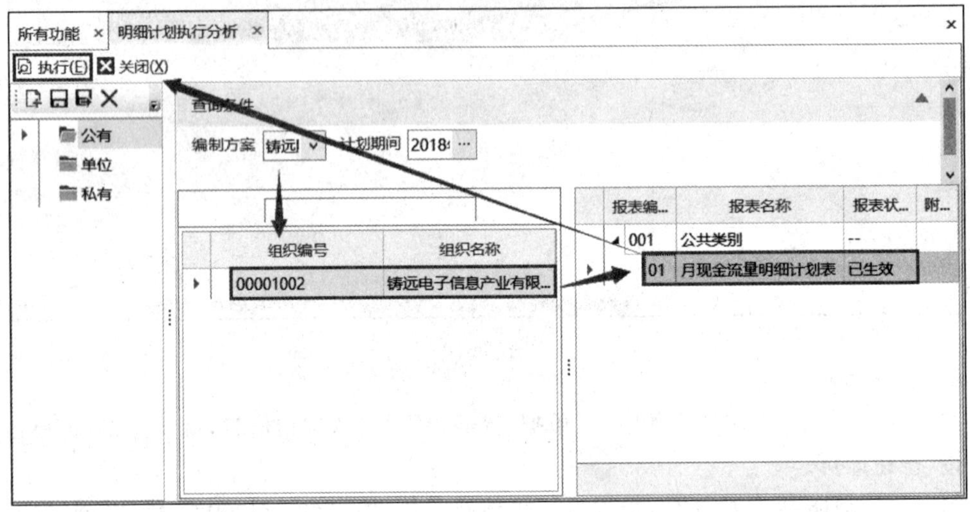

图 9-72

按图 9-72 操作后，可查看明细计划的执行情况，如华美电子信息产业有限公司的计划执行情况，如图 9-73 所示。

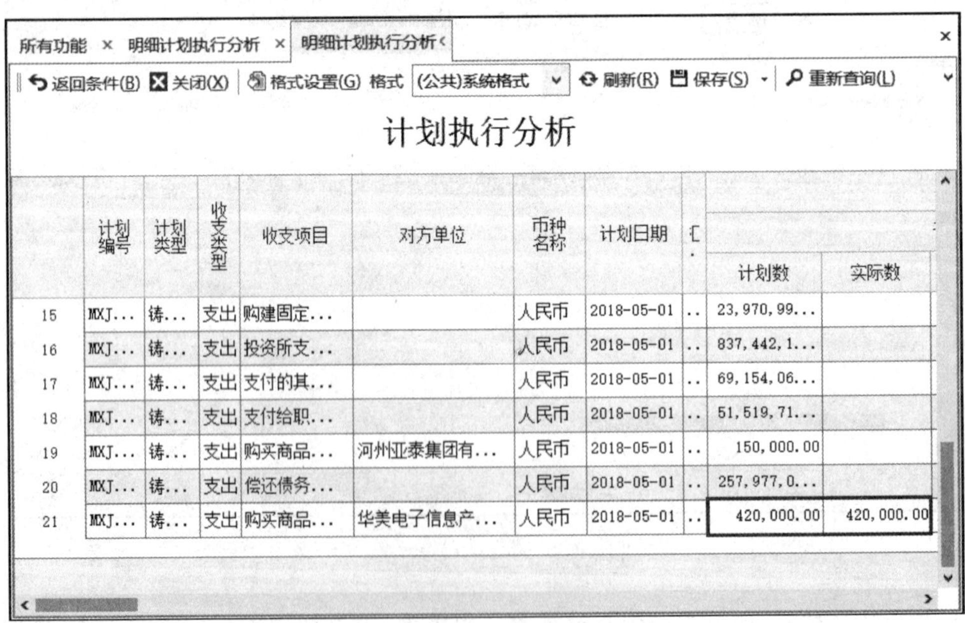

	计划编号	计划类型	收支类型	收支项目	对方单位	币种名称	计划日期		计划数	实际数
15	MXJ...	铸...	支出	购建固定...		人民币	2018-05-01	..	23,970,99...	
16	MXJ...	铸...	支出	投资所支...		人民币	2018-05-01	..	837,442,1...	
17	MXJ...	铸...	支出	支付的其...		人民币	2018-05-01	..	69,154,06...	
18	MXJ...	铸...	支出	支付给职...		人民币	2018-05-01	..	51,519,71...	
19	MXJ...	铸...	支出	购买商品...	河州亚泰集团有...	人民币	2018-05-01	..	150,000.00	
20	MXJ...	铸...	支出	偿还债务...		人民币	2018-05-01	..	257,977,0...	
21	MXJ...	铸...	支出	购买商品...	华美电子信息产...	人民币	2018-05-01	..	420,000.00	420,000.00

图 9-73

通过以上操作，子公司即可做到按计划用款，并且对外付出的款项金额低于资金计划执行额度，实现资金中心对各子公司资金收支情况的监督和控制。

第七节　教学任务五：内部资金调剂——内部贷款业务

资金中心总账户将子公司定时上划的资金进行归集后，形成一定规模的资金池，子公司可要求资金中心参考银行同期利率结算其内部活期存款户资金的利息。另外，子公司还可结合本单位未来一段时间内的资金收支计划，将上划至资金中心的闲置资金存为定期存款，由资金中心参考银行同期利率结算其内部定期存款户资金的利息。通过资金中心对子公司提供的活期及定期存款结算业务，可以使子公司低风险地实现其资金价值。

实验一：内部贷款申请

铸远电子由于业务发展需要，做出建设新厂房的决策，以供生产使用。根据对应的资金预算，存在约 1000 万元的资金缺口，公司领导最终决议：向资金中心申请内部贷款，贷款期限为 6 个月。经相关领导审批后，向资金中心提交申请，进行贷款。贷款明细信息如表 9-34 所示。

表　9-34

贷款用途	贷款单位	放还款结算户	贷款期限（月）	贷款金额（元）	贷款方式	用款日期
厂房建设	铸远电子信息产业有限公司	铸远电子-内部活期存款户	6	10 000 000.00	信用	2018.6.1

资金中心经办完成后，需要生成铸远电子的贷款合同，进行复核备案。合同需补充的信息如表 9-35 所示。

表　9-35

签订日期	贷款核算户	利息核算户	利率类型
2018.6.1	铸远电子-贷款户	股份本部-利息收入户	Y-年利率
还款方式	计息期间	利率档次	计息日
0-按期还息到期还本	M-月	内部贷款利率-半年	21

【实验步骤】

按表 9-36 所示的用户信息，登录浪潮 GS。

表　9-36

登录日期	登 录 用 户	登录密码	操 作 内 容
2018.6.1	ZJ0006（铸远电子出纳岗陈楚）	aaaaaa	内部贷款申请
2018.6.1	ZJ0007（铸远电子审批岗程绅）	aaaaaa	内部贷款申请审批
2018.6.1	ZJ0004（资金中心内贷管理岗赵岱）	aaaaaa	内部贷款经办、贷款合同生成

第一步：2018 年 6 月 1 日，铸远电子出纳岗陈楚(用户名：ZJ0006)登录系统，执行“资金管理—内部网银—内部贷款—贷款申请”，打开“贷款申请”功能，设置“贷款单位”为“铸远电子信息产业有限公司”，单击“确定”按钮，如图 9-74 所示。

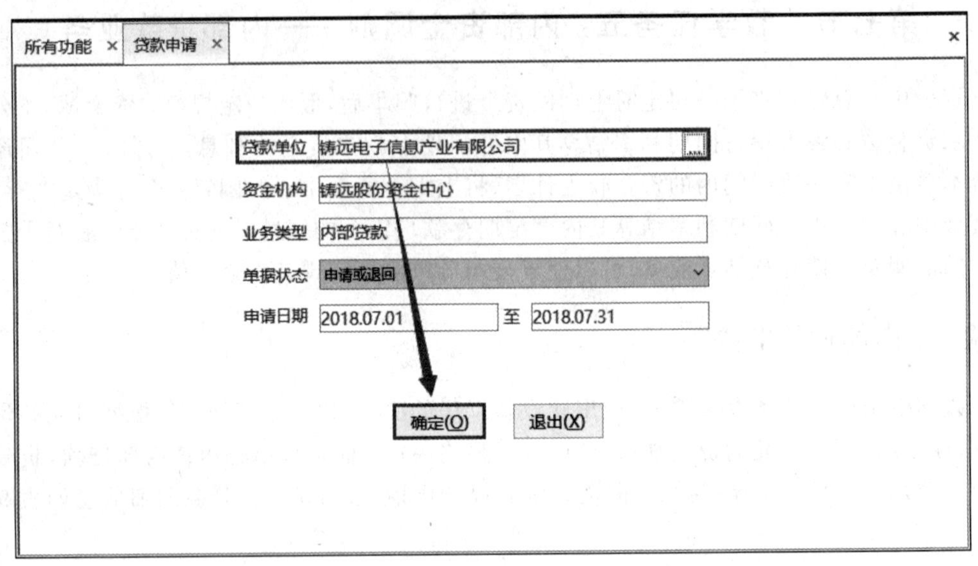

图 9-74

按图 9-74 操作后，在打开的“贷款申请”界面，按实验描述中的内容依次设置：①贷款用途；②贷款单位；③放还款结算户；④贷款期限；⑤贷款金额；⑥贷款方式；⑦用款日期。设置完毕后，单击“保存”按钮并“提交审批”，如图 9-75 所示。

所有功能 × 贷款申请 ×

增加(A) 删除(D) 修改(M) 保存(S) 提交审批(C) 审批日志(Q) 附件(U) 打印(P) 打印预览(V)

单据列表 单据卡片

业务类型	内部贷款	申请日期	2018.08.27	申请单号	SYS2018082709	贷款用途	厂房建设
贷款单位	铸远电子信息产业	委托单位		放还款结算户	铸远电子-内部活	预算项目	
资金机构	铸远股份资金中心	币种	人民币	贷款期限(月)	6	期限种类	短期
贷款金额	10,000,000.00	金额(大写)	壹仟万元整				
信用 □抵押 □质押 □保证	联授信	□银团贷款参与行		占用额度	0.00	用款日期	2018.06.01
信用类别		授信品种		授信协议		合同号	

备 注

批 注

制单人	陈楚	制单单位	铸远电子信息产业	经办人		单据状态	申请

图 9-75

第二步：2018 年 6 月 1 日，铸远电子审批岗程绅(用户名：ZJ0007)登录系统，执行“系统公共—任务中心—待办任务”，打开“待办任务”功能，在左侧业务流程选择“资金管理_信贷业务—信贷内部贷款申请”,右侧勾选已提交审批的贷款申请,单击“审批单据”按钮,如图 9-76 所示。

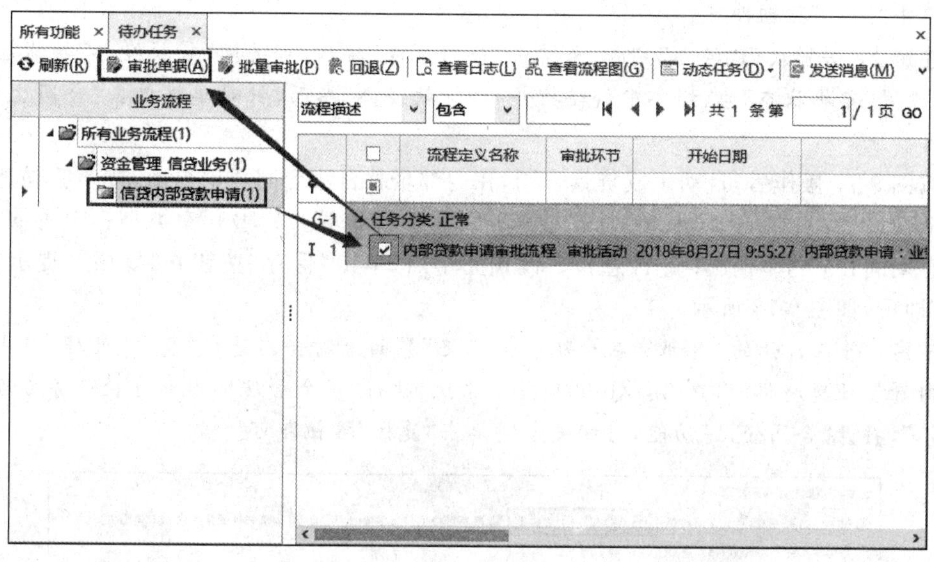

图　9-76

按图 9-76 操作后,在打开的“审批单据”界面,核对贷款申请信息准确无误后,单击“审批通过”按钮即可。

第三步:2018 年 6 月 1 日,资金中心内贷管理岗赵岱(用户名:ZJ0004)登录系统,执行“资金管理—内部贷款—内部贷款业务办理—贷款经办”,打开“贷款经办”功能,选择铸远电子 1000 万元的贷款申请记录,单击“经办”按钮,提示“经办成功”后单击“合同生成”按钮,如图 9-77 所示。

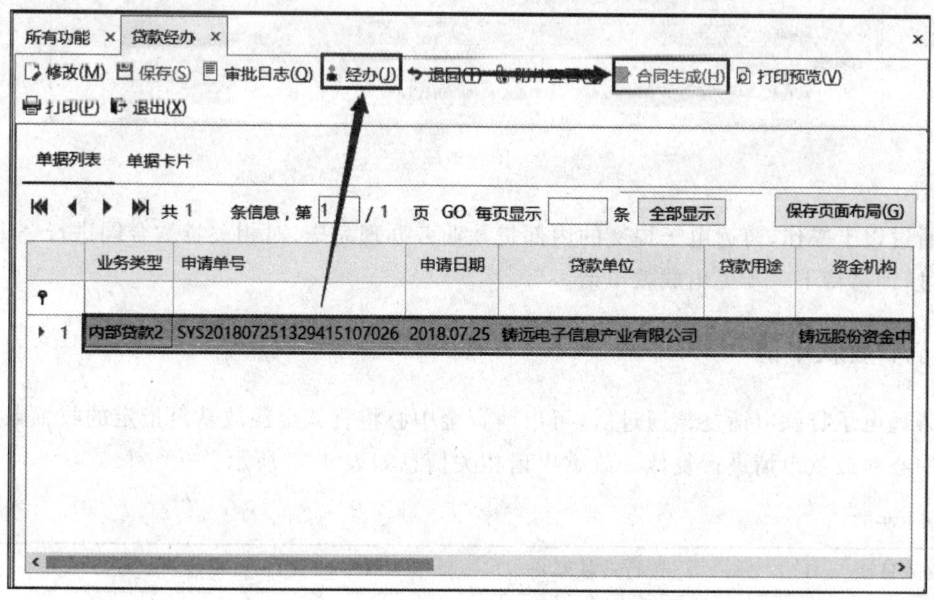

图　9-77

注意1：若经办时提示“放还款结算户不能为空，请先进行修改”，则单击“贷款经办”界面左上角的“修改”按钮，将“放还款结算户”设置为“铸远电子-贷款户”后，单击“保存”按钮，重新单击“经办”按钮即可。

注意2：若贷款已“经办”完成，未单击“合同生成”按钮，可关闭“贷款经办”功能后重新打开，设置“单据状态”为“经办中”，在打开的“贷款经办”界面，针对单据单击“合同生成”按钮即可。

按图9-77操作后，自动生成贷款合同，在内部贷款台账合同登记界面，按实验描述中的内容依次设置：①签订日期；②贷款核算户；③利息核算户；④利率类型；⑤还款方式；⑥计息期间；⑦利率档次；⑧计息日。设置完毕后，单击“保存”按钮并“复核”，提示“复核成功”即可，如图9-78所示。

注意：若在打开的“内部贷款台账合同登记”界面未对合同进行“复核”处理，可由资金中心内贷管理岗赵岱（用户名：ZJ0004）登录系统，执行“资金管理—内部贷款业务办理—合同登记”，打开“合同登记”功能，对相关合同单击“复核”按钮即可。

图　9-78

通过以上操作，铸远电子提交的内部贷款业务办理完毕，对相关贷款合同进行登记并复核通过，即可待下一步提出放款申请。

实验二：放款申请

铸远电子贷款申请复核通过后，可申请资金中心将贷款金额放款至指定的收款账户，由资金中心对放款申请进行复核。放款申请相关信息如表9-37所示。

表　9-37

放款日期	银行放款账户	银行收款账户
2018.06.01	股份本部-工商银行高新区支行	铸远电子-建设银行花园路支行

放款申请办理完成后，会自动生成一笔结算凭证，分录如表9-38所示。

表　9-38

凭证日期	摘　　要	账 户 名 称	借方金额(元)	贷方金额(元)
2018.6.1	铸远电子信息产业有限公司-放款	铸远电子-贷款户	10 000 000.00	
		铸远电子-内部活期存款户		10 000 000.00

结算凭证记账后，铸远电子在资金中心开设的虚拟内部贷款户和内部活期存款户的余额会增加，同时铸远电子收款账户建设银行花园路支行以及股份本部放款账户工商银行高新区支行外部账户的余额会增加。

【实验步骤】

按表9-39所示的用户信息，登录浪潮GS。

表　9-39

登录日期	登 录 用 户	登录密码	操 作 内 容
2018.6.1	ZJ0006(铸远电子出纳岗陈楚)	aaaaaa	放款申请、放款生成的收款单提交审核、账户余额查询
2018.6.1	ZJ0007(铸远电子审批岗程绅)	aaaaaa	放款申请审批
2018.6.1	ZJ0004(资金中心内贷管理岗赵岱)	aaaaaa	放还款经办
2018.6.1	ZJ0002(资金中心结算审核岗郑申)	aaaaaa	放款生成的资金下拨单处理
2018.6.1	ZJ0008(铸远电子审核岗常竹)	aaaaaa	放款生成的收款单审核
2018.6.1	ZJ0003(资金中心财务核算岗朱鹤)	aaaaaa	放款结算凭证记账
2018.6.1	ZJ0001(资金中心结算制单岗周志)	aaaaaa	账户余额查询

第一步：2018年6月1日，铸远电子出纳岗陈楚(用户名：ZJ0006)登录系统，执行"资金管理—内部网银—内部贷款—放款申请"，打开"放款申请"功能，设置"贷款单位"为"铸远电子信息产业有限公司"，单击"确定"按钮，如图9-79所示。

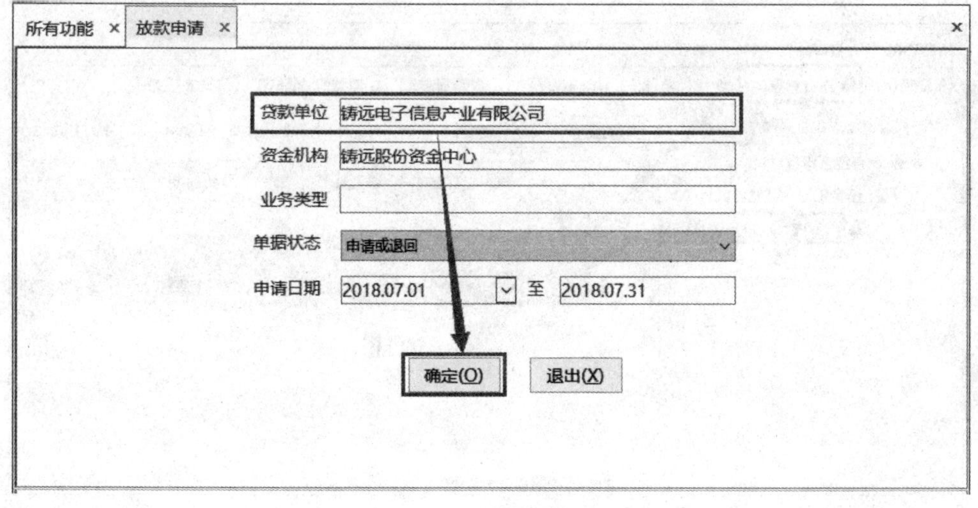

图　9-79

按图 9-79 操作后，在打开的“放款申请”界面，单击“新增”按钮，在“合同编号”处选择 SYS201807251 的贷款申请记录，按实验描述中的内容依次设置：①拟放款日期；②银行放款账户；③银行收款账户。设置完毕后，单击“保存”按钮并“提交审批”，如图 9-80 所示。

注意：若选择合同编号时为空，请检查在本教学任务之实验一：内部贷款申请业务中，贷款申请是否生成合同，合同是否已复核。

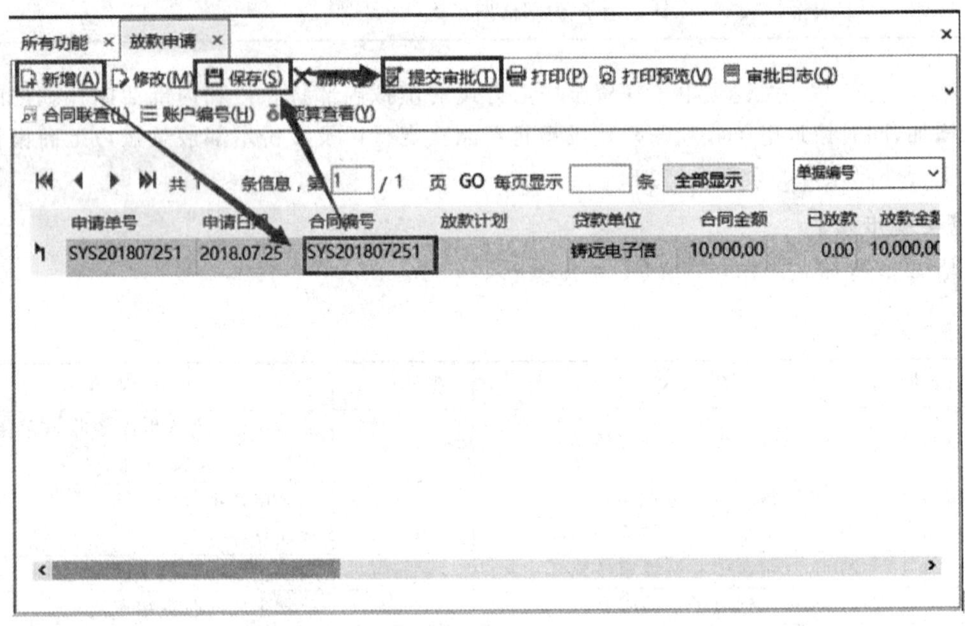

图 9-80

第二步：2018 年 6 月 1 日，铸远电子审批岗程绅(用户名：ZJ0007)登录系统，执行“系统公共—任务中心—待办任务”，打开“待办任务”功能，在左侧业务流程选择“资金管理_信贷业务—信贷内部放款申请”，右侧勾选铸远电子提交的放款申请记录，单击“审批单据”按钮，如图 9-81 所示。

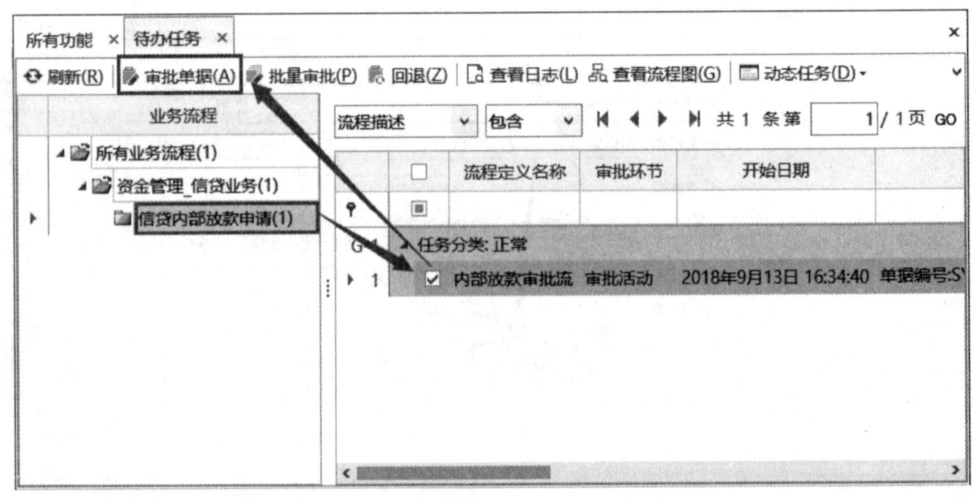

图 9-81

按图 9-81 操作后，在打开的“审批单据”界面，核对放款申请信息，确认无误后，单击“审批通过”按钮即可。

第三步：2018 年 6 月 1 日，资金中心内贷管理岗赵岱(用户名：ZJ0004)登录系统，执行“资金管理—内部贷款—内部贷款业务办理—放还款经办”，打开“放还款经办”功能，选择铸远电子 1 000 万元的放款申请记录，单击“修改”按钮，按实验描述中的内容依次设置：①放还款日期；②银行放款账户；③银行收款账户。设置完毕后，单击“保存”按钮，然后勾选单据，单击“经办”按钮并“结算”，提示“结算完成”即可，如图 9-82 所示。

注意：*若单击“结算”按钮时提示“放还款结算户和贷款核算户不能为空，并且不能相同，请检查!”，则检查放款申请中的“内部贷款核算户”是否正确设置为“铸远电子-贷款户”，“放款存入账户”是否正确设置为“铸远电子-内部活期存款户”。若设置错误，则在修改正确后重新操作。*

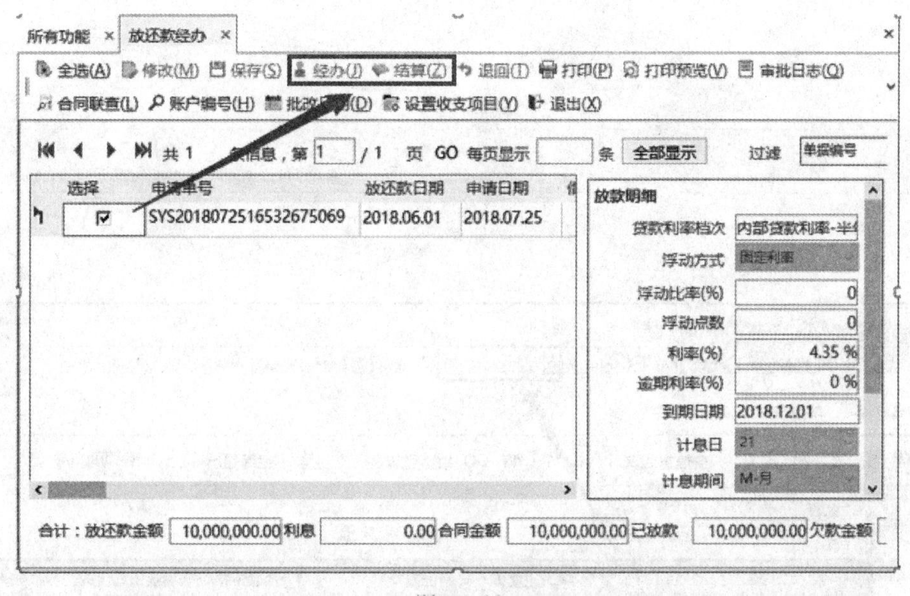

图 9-82

第四步：2018 年 6 月 1 日，资金中心结算审核岗郑申(用户名：ZJ0002)登录系统，执行“资金管理—资金结算—划拨管理—资金下拨处理”，打开“资金下拨处理”功能，勾选铸远电子因内部贷款自动生成的“摘要”为“内部贷款放款自动生成资金下拨单”的记录，单击“处理”按钮，如图 9-83 所示。然后，在打开的“选择下拨账户和记账日期”界面，单击“确定”按钮，提示“下拨处理完毕”。

第五步：2018 年 6 月 1 日，铸远电子出纳岗陈楚(用户名：ZJ0006)登录系统，执行“资金管理—内部网银—结算业务—企业收款登记”，打开“企业收款登记”功能，自动显示一条由内部贷款资金下拨单生成的 1 000 万元的收款单，选择该收款单，单击“提交审核”按钮，如图 9-84 所示。

第六步：2018 年 6 月 1 日，铸远电子审核岗常竹(用户名：ZJ0008)登录系统，执行“资金管理—内部网银—结算业务—企业收款审核”，打开“企业收款审核”功能，选择上一步提交审核的 1 000 万元的收款记录，单击“审核”按钮，如图 9-85 所示。然后，在打开的“记账日期选择”界面，单击“确定”按钮，提示“审核成功”即可。

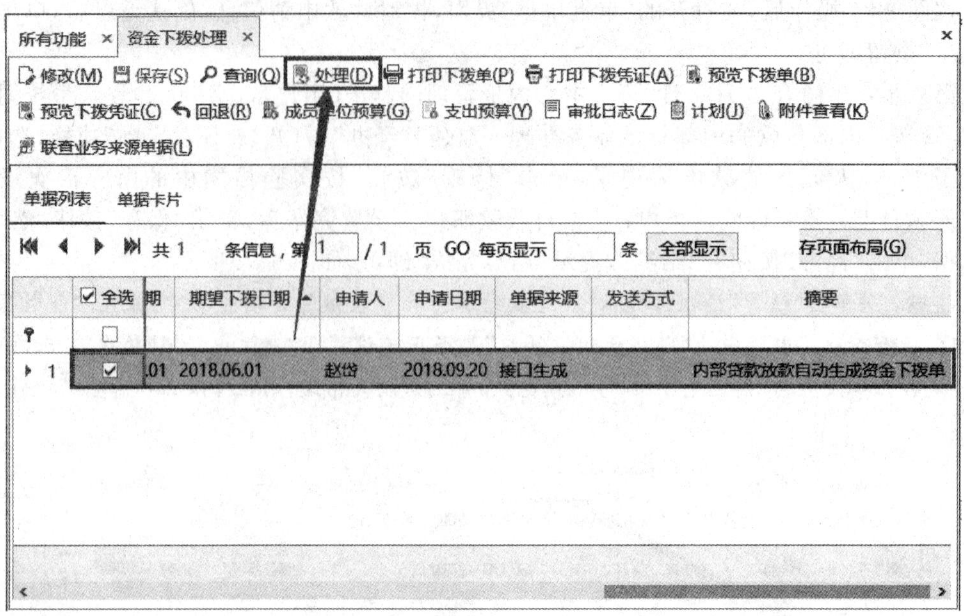

图 9-83

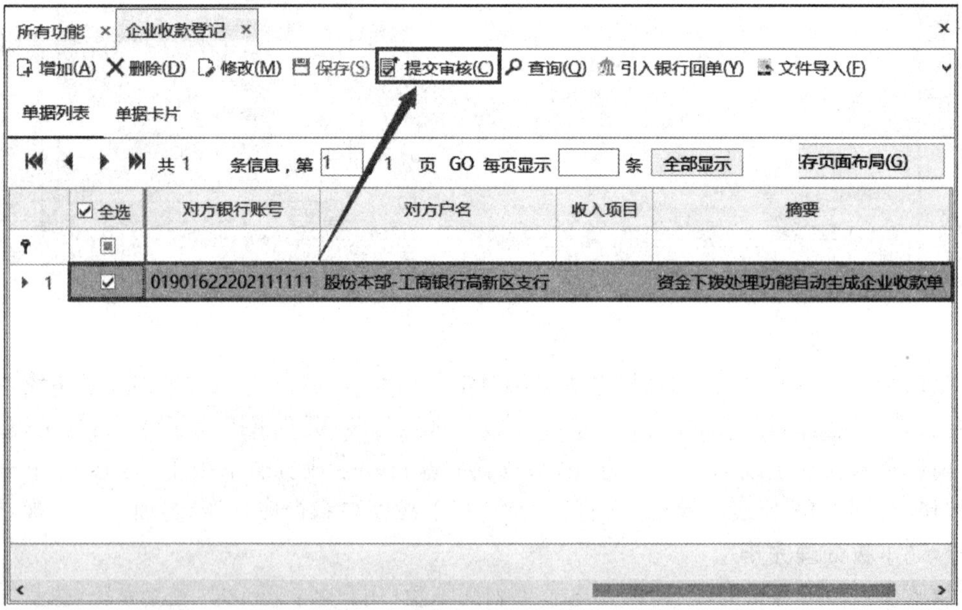

图 9-84

第七步：2018 年 6 月 1 日，资金中心财务核算岗朱鹤(用户名：ZJ0003)登录系统，执行“资金管理—柜台核算—结账管理—结算凭证记账”，打开“结算凭证记账”功能，会显示两条结算凭证：①“凭证类型”为“内转”，“业务说明”为“厂房建设—贷款单位：铸远电子信息产业有限公司-放款”；②“凭证类型”为“转付”，“业务说明”为“内部贷款放款自动生成资金下拨单”的结算凭证。核对无误后，单击“记账”按钮，如图 9-86 所示。

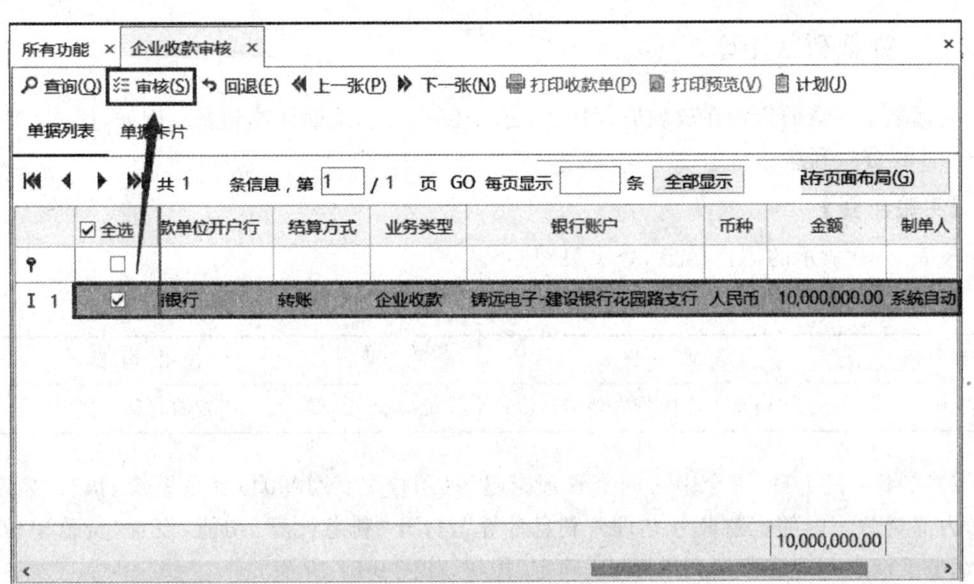

图 9-85

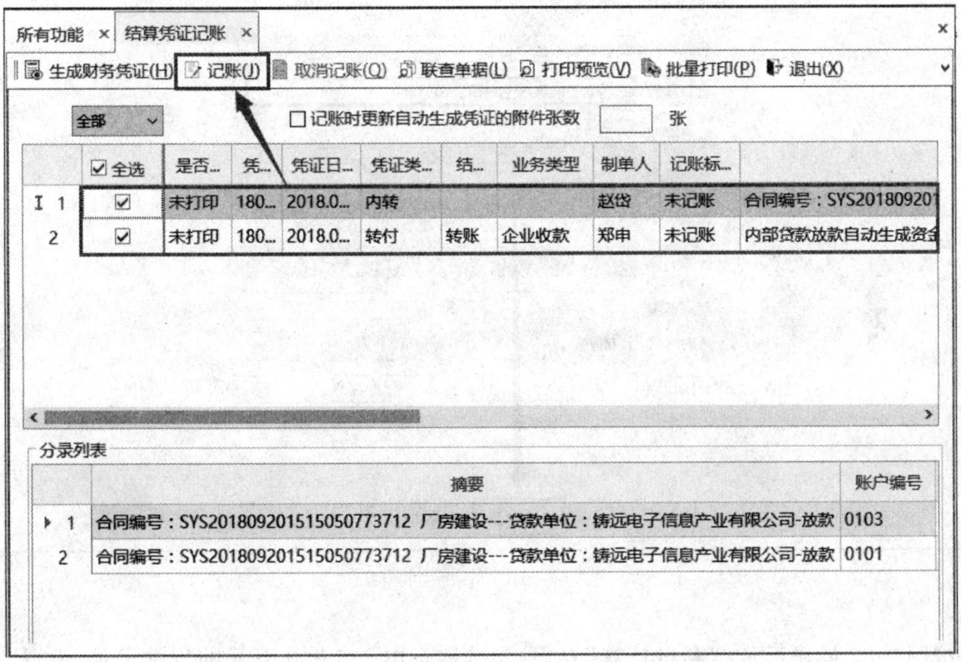

图 9-86

结算凭证记账后，可由资金中心结算制单岗周志（用户名：ZJ0001）登录系统，执行“资金管理—资金结算—统计查询—账户余额查询”，查询并了解放款申请业务涉及相关账户的金额变动情况。

通过以上操作，铸远电子申请的贷款即已到账，可对该资金用于厂房建设。资金中心可按照约定的计息日及贷款利率，按期结算利息，到期由铸远电子归还本金。

实验三：贷款利息计算

铸远电子申请的贷款在放款后，按照约定的还款方式，按期计算利息。例如，计算 2018 年 7 月 1 日的贷款利息。

【实验步骤】

按表 9-40 所示的用户信息，登录浪潮 GS。

表 9-40

登录日期	登 录 用 户	登录密码	操 作 内 容
2018.07.01	ZJ0004(资金中心内贷管理岗赵岱)	aaaaaa	贷款利息计算

2018 年 7 月 1 日，资金中心内贷管理岗赵岱(用户名：ZJ0004)登录系统，执行“资金管理—内部贷款—内部贷款业务办理—利息计算”，打开“利息计算”功能，设置“贷款单位”为“铸远电子信息产业有限公司”，单击“确定”按钮，如图 9-87 所示。

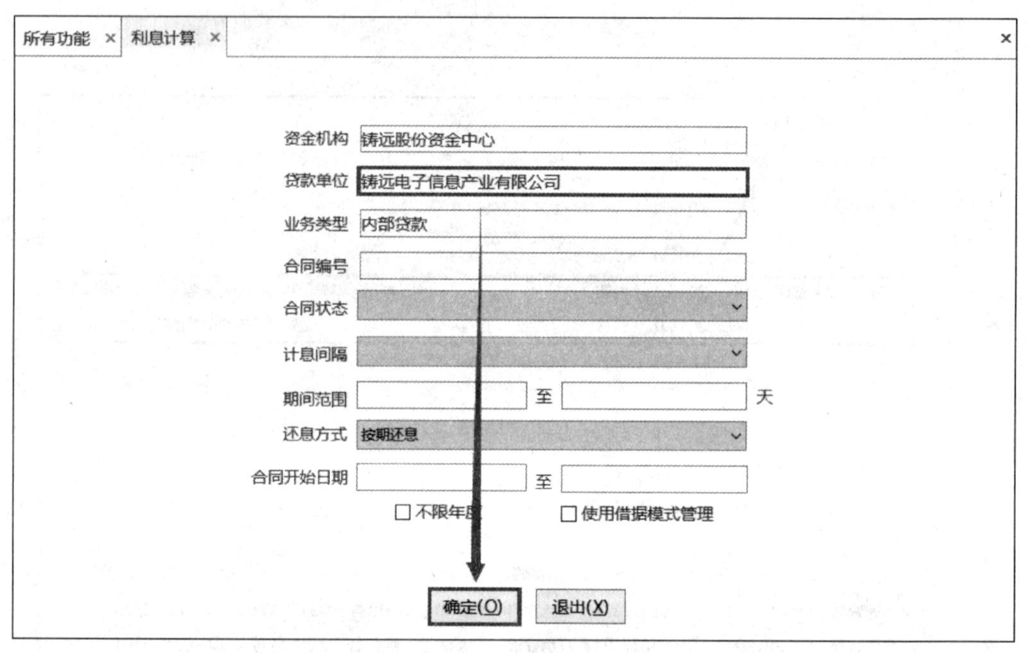

图 9-87

按图 9-87 操作后，在“利息计算”界面，勾选铸远电子 1 000 万元的贷款记录，设置“本次计息截止日”为 2018.07.01，设置“全部”显示待计息单据，单击“计息”按钮，如图 9-88 所示。

按图 9-87 计息后，在“利息单流水”和“利息记录”则会显示利息相关数据，如图 9-89 所示。

通过以上操作，子公司便完成了向资金中心内部贷款申请、放款及利息计算的常规业务处理，达到了对资金中心服务范围内各子公司的闲置或短缺资金进行资金调剂的目的。

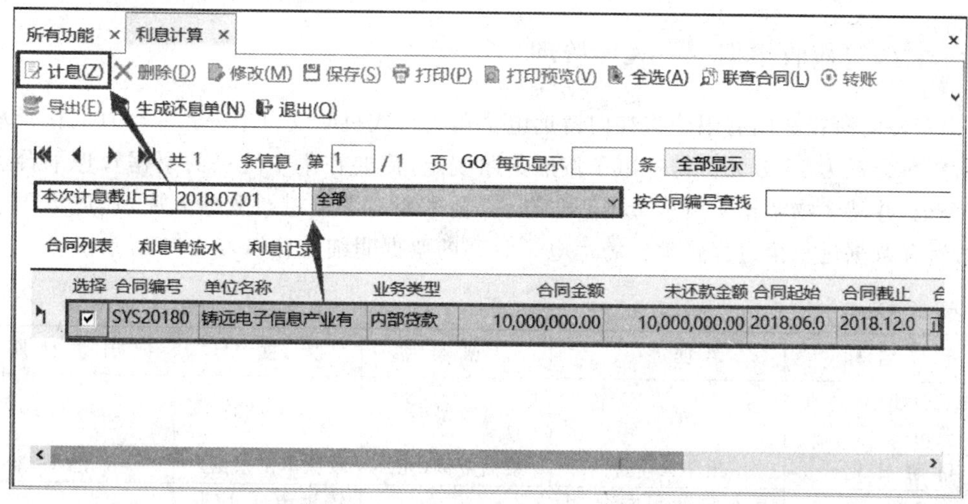

图　9-88

所有功能 ×　利息计算 ×
计息(Z)　删除(D)　修改(M)　保存(S)　打印(P)　打印预览(V)　全选(A)　联查合同(L)　转账
导出(E)　生成还息单(N)　退出(Q)
共 1　条信息，第 1 / 1 页　GO　每页显示　条　全部显示
本次计息截止日　2018.07.01　全部　按合同编号查找
合同列表　利息单流水　利息记录
本次计息金额　36,250.00　累计计息金额　36,250.00

单据编号	合同编号	单位名称	计息日期	起始日期	截止日期	积数
SYS20180	SYS20180	铸远电子信息产业有	2018.09.11	2018.06.01	2018.06.30	300,000,000.00

图　9-89

第八节　教学任务六：搭建集中统一的票据管理平台

依据《铸远集团 2018 年集团资金集中战略部署》文件规定，铸远集团各子公司均在集中统一的票据管理平台完成票据的全过程管理。其中，与铸远集团总部办公地址较近的子公司，原则上不再持有实物票据，而是由资金中心进行集中管理；若子公司有票据结算业务，可以提出用票申请，资金中心在集中管理的票据池中科学地分配票据，对票据的使用去向进行监管，提高集团内票据的周转效率。对于其他异地或本地不适合由资金中心统管票据的子公司，其实物票据无须交由资金中心管理，但是需要在统一的票据平台登记票据信息，由资金中心对其票据库存情况、背书、贴现、托收、开票等业务进行统一监管。

通过统一的票据管理平台，可以加强铸远集团对各子公司的管控力度，防范票据管理风险。

实验一：统管应收票据——入库管理

山东鲁商科技集团有限公司在向铸远电子购买台式机时支付了一张 6 个月的银行承兑汇票，票面金额为 15 万元。铸远电子按照集团规定，需要在集中统一的票据管理平台进行票据登记，并将实物票据交由资金中心管理，资金中心对票据进行验票入库，形成集团票据池，对所有票据进行全过程管理。铸远电子收到的票据明细信息如表 9-41 所示。

表 9-41

单位名称	票据形式	票据类型	票据号	出票日期
铸远电子信息产业有限公司	纸质	应收票据	33333333	2018.05.01
到期日期	出票人全称	票面金额（元）	收款单位票据户	登记日期
2018.11.01	山东鲁商科技集团有限公司	150 000.00	铸远电子-应收票据户	2018.06.02

资金中心票据管理员对票据收票记账后，会自动生成一笔结算凭证，分录如表 9-42 所示。

表 9-42

凭证日期	摘要	账户名称	借方金额（元）	贷方金额（元）
2018.6.2	票据收票记账	股份本部-应收票据户	150 000.00	
		铸远电子-应收票据户		150 000.00

结算凭证记账后，铸远电子和股份本部在资金中心开设的虚拟内部应收票据户的余额会同时增加。

【实验步骤】

按表 9-43 所示的用户信息，登录浪潮 GS。

表 9-43

登录日期	登录用户	登录密码	操作内容
2018.6.2	ZJ0006（铸远电子出纳岗陈楚）	aaaaaa	统管票据统收登记、账户余额查询、应收票据库存统计
2018.6.2	ZJ0005（资金中心票据管理岗周菊）	aaaaaa	验票入库、收票记账、应收票据库存统计
2018.6.2	ZJ0003（资金中心财务核算岗朱鹤）	aaaaaa	票据入库结算凭证记账
2018.6.2	ZJ0001（资金中心结算制单岗周志）	aaaaaa	账户余额查询

第一步：2018 年 6 月 2 日，铸远电子出纳岗陈楚（用户名：ZJ0006）登录系统，执行“资金管理—内部网银—统管票据—票据统收登记”，打开“票据统收登记”功能，按实验描述中的内容准确录入票据信息，单击“保存”按钮并“登记完毕”，如图 9-90 所示。

第二步：2018 年 6 月 2 日，资金中心票据管理岗周菊（用户名：ZJ0005）登录系统，执行“资金管理—票据管理—应收票据—验票入库”，打开“验票入库”功能，勾选已登记的应收票据，单击“入库”按钮，在打开的“入库日期选择”界面，单击“确定”按钮，如图 9-91 所示。

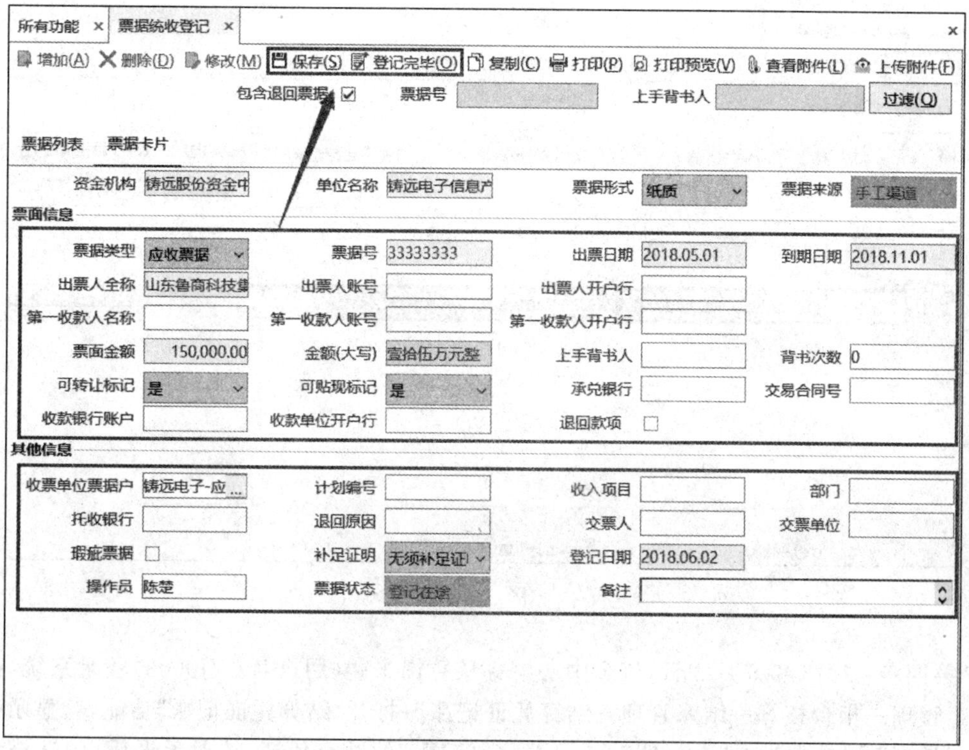

图　9-90

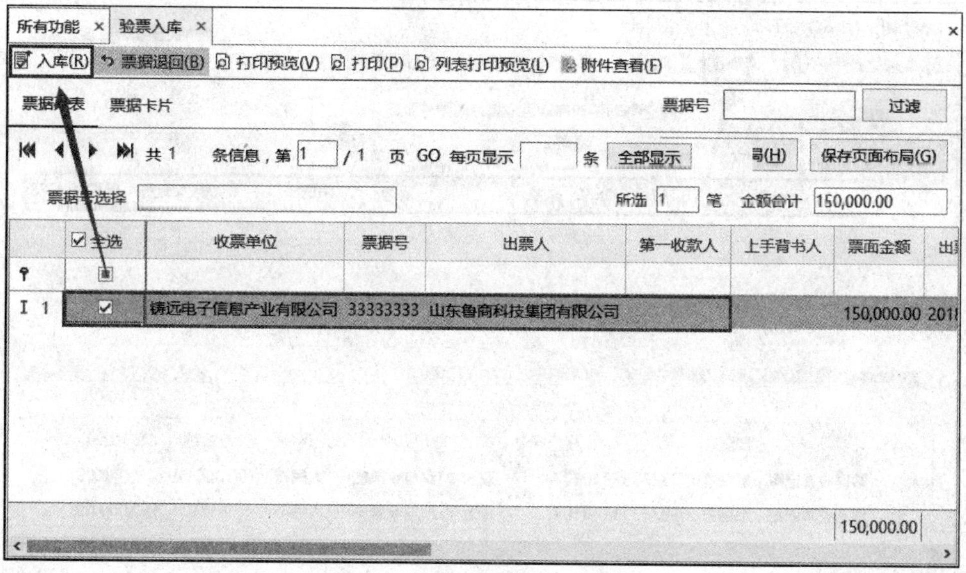

图　9-91

第三步：2018 年 6 月 2 日，资金中心票据管理岗周菊（用户名：ZJ0005）登录系统，执行“资金管理—票据管理—应收票据—收票记账”，打开“收票记账”功能，勾选已验票入库的应收票据，单击“记账”按钮，在打开的“记账日期选择”界面，单击“确定”按钮，如图 9-92 所示。

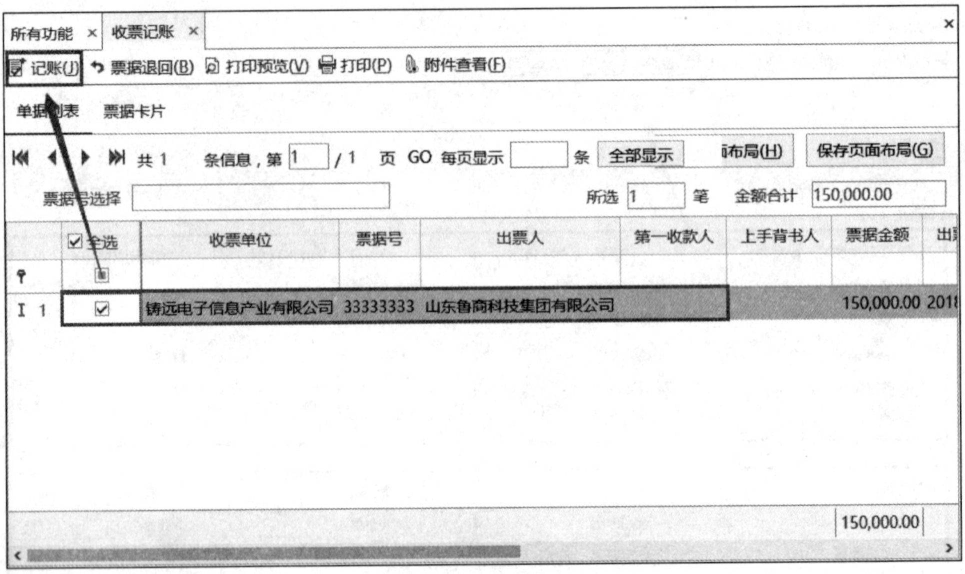

所有功能 × 收票记账 ×

记账(J) 票据退回(B) 打印预览(V) 打印(P) 附件查看(F)

单据列表 票据卡片

共 1 条信息，第 1 / 1 页 GO 每页显示 条 全部显示 布局(H) 保存页面布局(G)

票据号选择 所选 1 笔 金额合计 150,000.00

	全选	收票单位	票据号	出票人	第一收款人	上手背书人	票据金额	出
1	☑	铸远电子信息产业有限公司	33333333	山东鲁商科技集团有限公司			150,000.00	2018
							150,000.00	

图 9-92

第四步：2018 年 6 月 2 日，资金中心财务核算岗朱鹤(用户名：ZJ0003)登录系统，执行“资金管理—柜台核算—结账管理—结算凭证记账”，打开“结算凭证记账”功能，会显示一条“凭证类型”为“应收”，“业务说明”为“票据收票记账”的结算凭证，核对无误后，勾选该结算凭证，单击“记账”按钮，如图 9-93 所示。

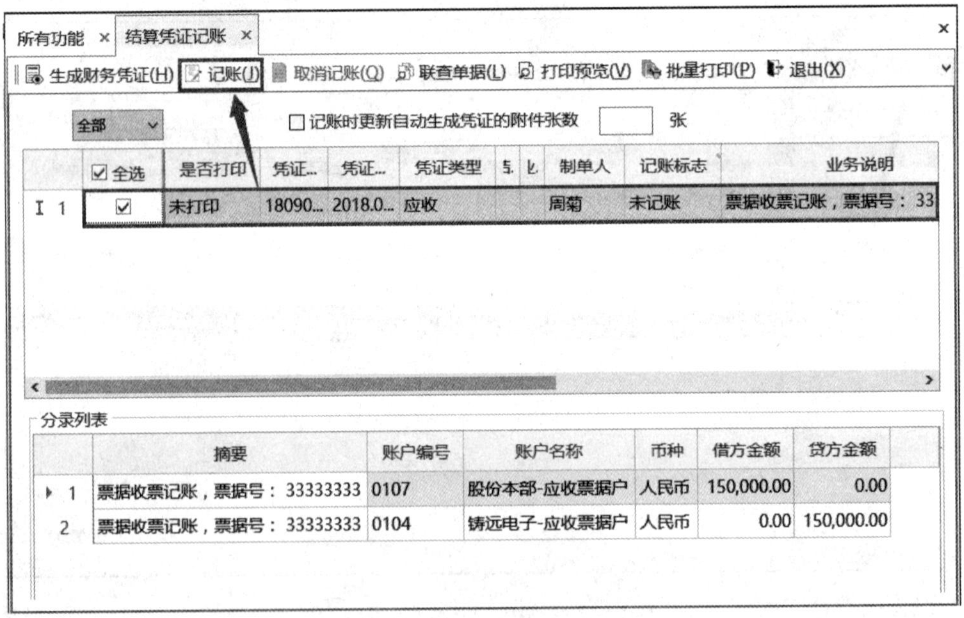

所有功能 × 结算凭证记账 ×

生成财务凭证(H) 记账(J) 取消记账(Q) 联查单据(L) 打印预览(V) 批量打印(P) 退出(X)

全部 ☐记账时更新自动生成凭证的附件张数 张

	全选	是否打印	凭证...	凭证...	凭证类型	制单人	记账标志	业务说明
1	☑	未打印	18090...	2018.0...	应收	周菊	未记账	票据收票记账，票据号：33

分录列表

	摘要	账户编号	账户名称	币种	借方金额	贷方金额
1	票据收票记账，票据号：33333333	0107	股份本部-应收票据户	人民币	150,000.00	0.00
2	票据收票记账，票据号：33333333	0104	铸远电子-应收票据户	人民币	0.00	150,000.00

图 9-93

结算凭证记账后，可由资金中心结算制单岗周志(用户名：ZJ0001)登录系统，执行“资金管理—资金结算—统计查询—账户余额查询”，查询并了解统管应收票据入库业务涉及相关账户的金额变动情况。

第五步：2018 年 6 月 2 日，资金中心票据管理岗周菊(用户名：ZJ0005)登录系统，执行“资金管理—票据管理—查询—应收票据库存统计”，打开“应收票据库存统计”功能，可以查询到：铸远电子收到的票据进行统收登记以后，持票单位是股份本部，即该票据已由资金中心统管，如图 9-94 所示。

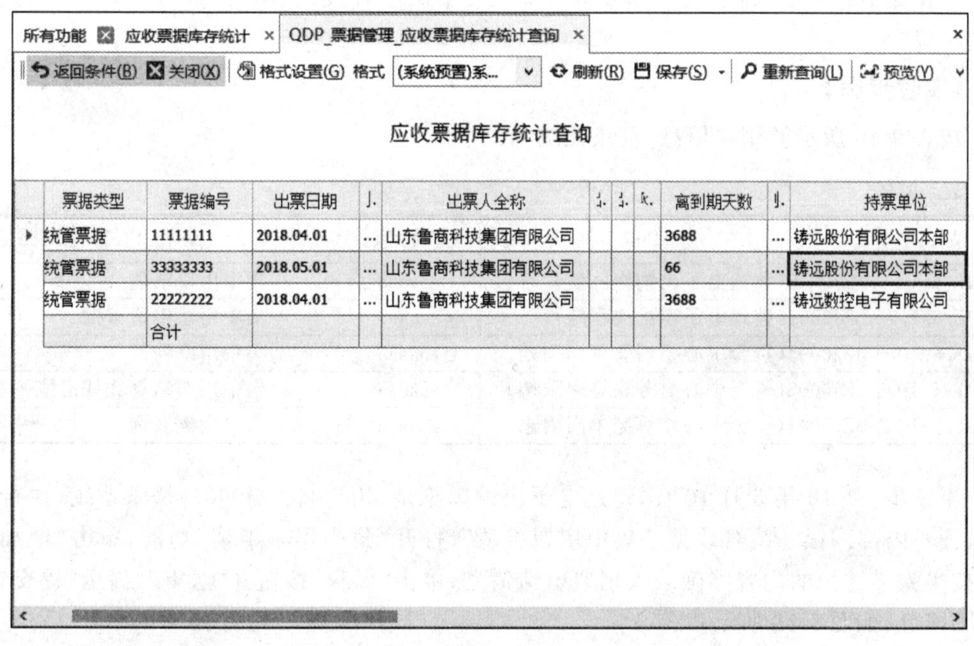

图　9-94

通过以上操作，铸远电子收到的票据在集中统一的票据管理平台上则登记完毕，并由资金中心进行统管。各子公司若有业务需要，可申请用票，由资金中心对票据池中的票据进行合理的调度使用。

实验二：统管应收票据——集中用票申请

铸远电子向北京亿腾汽车销售有限公司购买多功能车，按照合同约定，可使用汇票进行结算。由于铸远电子的票据是由资金中心统一管理，所以需要向集团申请用票，背书给北京亿腾汽车销售有限公司。用票申请信息如表 9-44 所示。

表　9-44

申请日期	申请单位	票据类型	用途类别
2018.06.10	铸远电子信息产业有限公司	应收票据	背书
用票单位账户	收款单位类型	收款单位	申请金额(元)
铸远电子-应收票据户	外部往来	北京亿腾汽车销售有限公司	200 000.00

用票申请经相关领导审批通过，由资金中心票据管理员对票据进行用票记账以后，会自动生成一笔结算凭证，分录如表 9-45 所示。

表 9-45

凭证日期	摘 要	账户名称	借方金额(元)	贷方金额(元)
2018.6.10	用票处理记账	铸远电子-应收票据户	200 000.00	
		股份本部-应收票据户		200 000.00

结算凭证记账后，铸远电子和股份本部在资金中心开设的虚拟内部应收票据户的余额会同时减少。

【实验步骤】

按表 9-46 所示的用户信息，登录浪潮 GS。

表 9-46

登录日期	登录用户	登录密码	操作内容
2018.6.10	ZJ0006(铸远电子出纳岗陈楚)	aaaaaa	集中用票申请
2018.6.10	ZJ0007(铸远电子审批岗程绅)	aaaaaa	集中用票申请审批
2018.6.10	ZJ0005(资金中心票据管理岗周菊)	aaaaaa	集中用票处理
2018.6.10	ZJ0003(资金中心财务核算岗朱鹤)	aaaaaa	集中用票结算凭证记账
2018.6.10	ZJ0001(资金中心结算制单岗周志)	aaaaaa	账户余额查询

第一步：2018 年 6 月 10 日，铸远电子出纳岗陈楚(用户名：ZJ0006)登录系统，执行“资金管理—内部网银—统管票据—集中用票申请”，打开“集中用票申请”功能，单击“增加”按钮，按实验描述中的内容准确录入用票申请信息，单击“保存”按钮并“送审”，提示“提交审批成功”即可，如图 9-95 所示。

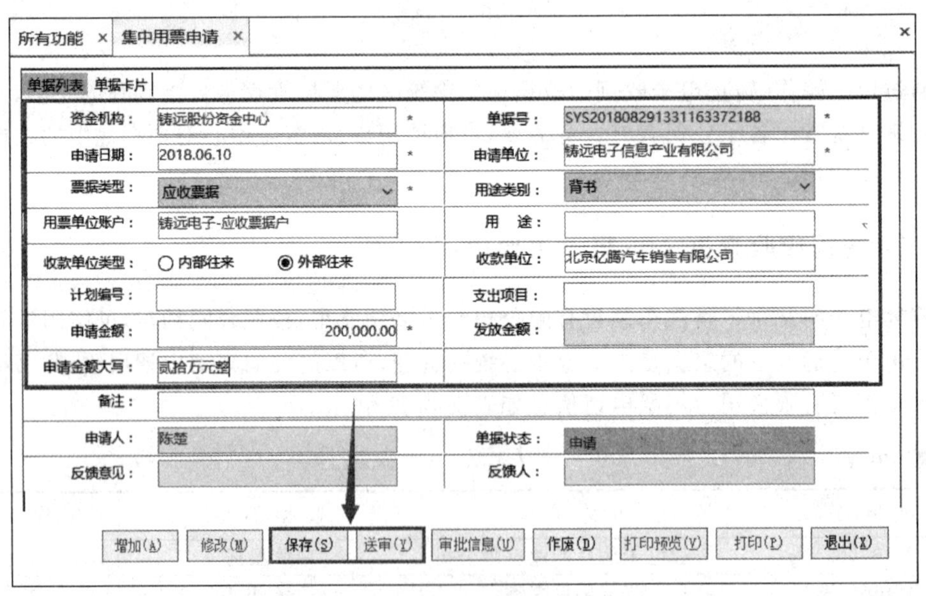
所有功能 × 集中用票申请 ×
单据列表 单据卡片
资金机构： 铸远股份资金中心 *
单据号： SYS20180829133116337218B *
申请日期： 2018.06.10 *
申请单位： 铸远电子信息产业有限公司 *
票据类型： 应收票据 *
用途类别： 背书
用票单位账户： 铸远电子-应收票据户
用 途：
收款单位类型： ○内部往来 ◉外部往来
收款单位： 北京亿腾汽车销售有限公司
计划编号：
支出项目：
申请金额： 200,000.00 *
发放金额：
申请金额大写： 贰拾万元整
备注：
申请人： 陈楚
单据状态： 申请
反馈意见：
反馈人：
增加(A) 修改(M) 保存(S) 送审(Y) 审批信息(U) 作废(D) 打印预览(V) 打印(P) 退出(X)

图 9-95

第二步：2018 年 6 月 10 日，铸远电子审批岗程绅(用户名：ZJ0007)登录系统，执行“系统公共—任务中心—待办任务”，打开“待办任务”功能，左侧选择“资金管理_内部网银业务—集中用票流程”，右侧勾选铸远电子提交的用票申请记录，单击“审批单据”按钮，如图 9-96 所示。

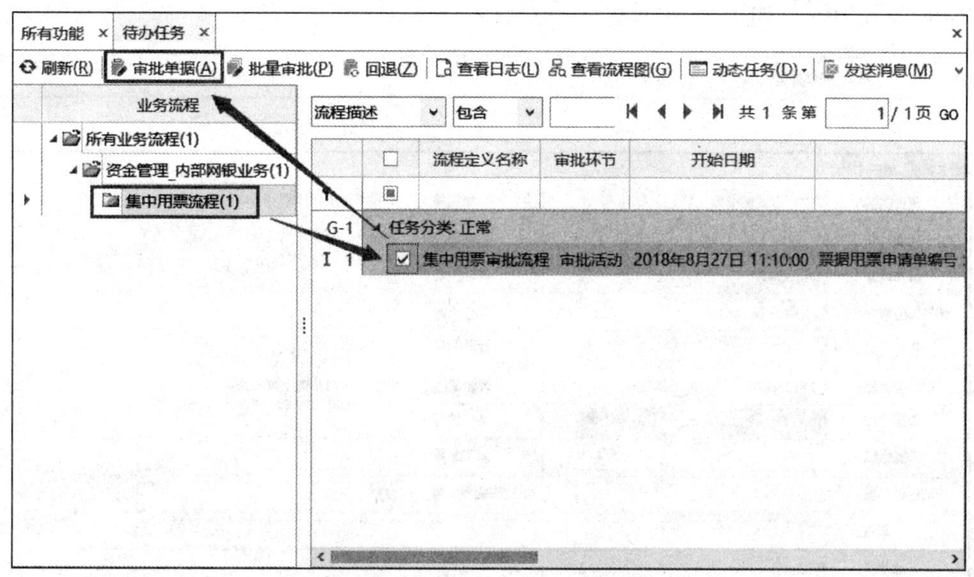

图　9-96

按图 9-96 操作后，在打开的“审批单据”界面，核对用票申请信息准确无误后，单击“审批通过”按钮即可。

第三步：2018 年 6 月 10 日，资金中心票据管理岗周菊（用户名：ZJ0005）登录系统，执行“资金管理—票据管理—应收票据—集中用票处理”，打开“集中用票处理”功能，选择铸远电子提交的 20 万元用票申请，单击“修改”按钮，如图 9-97 所示。

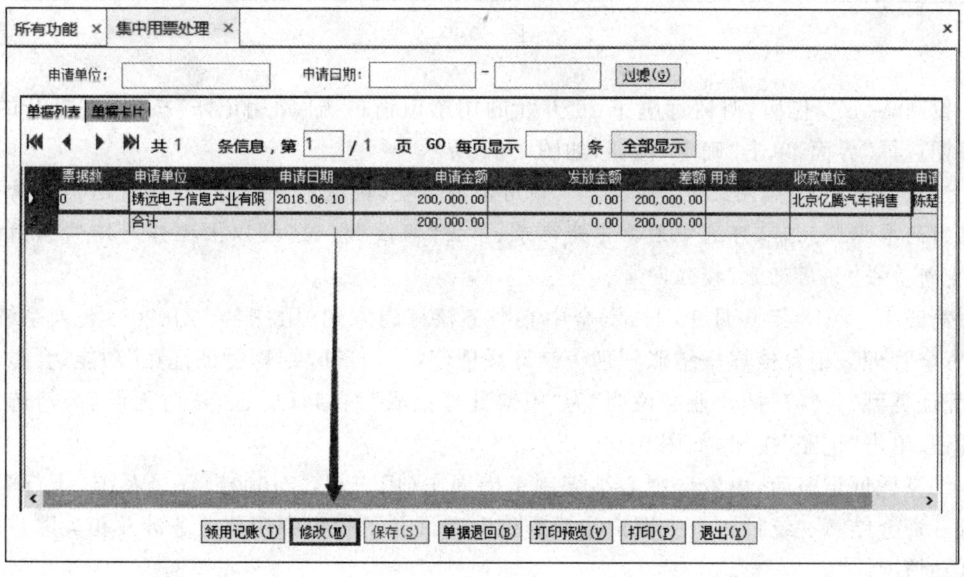

图　9-97

按图 9-97 操作后，在“集中用票申请修改”界面，需要选择待领用的票据，单击“增加”按钮，在打开的“库存票据选择”界面，勾选“票据号”为 11111111、“票据金额”为 200 000.00 的票据，单击“保存”按钮，如图 9-98 所示。

图 9-98

按图 9-98 操作后，对铸远电子 20 万元的用票申请单击“领用记账”按钮，在打开的“记账日期选择”界面，单击“确定”按钮，如图 9-99 所示。

注意：*若单击“领用记账”时，提示“领用票据为空，请增加并保存！”，代表用票申请未选择领用的票据。此时，可选中用票申请记录，单击“修改”按钮，按以上操作选择需领用的票据，重新单击“领用记账”按钮即可。*

第四步：2018 年 6 月 10 日，资金中心财务核算岗朱鹤（用户名：ZJ0003）登录系统，执行“资金管理—柜台核算—结账管理—结算凭证记账”，打开“结算凭证记账”功能，会显示一条“凭证类型”为“应付”，“业务说明”为“用票处理记账”的结算凭证，核对无误后，勾选该结算凭证，单击“记账”按钮，如图 9-100 所示。

结算凭证记账后，由资金中心结算制单岗周志（用户名：ZJ0001）登录系统，执行“资金管理—资金结算—统计查询—账户余额查询”，查询并了解集中用票业务涉及相关账户的金额变动情况。

通过以上操作，铸远电子在集团集中管控票据的情况下，完成集中用票业务处理。

所有功能 ×　集中用票处理 ×
申请单位：　申请日期：　过滤(G)
单据列表　单据卡片
资金机构：铸远股份资金中心　单据号：SYS201809061138041832738
申请日期：2018.06.10　申请单位：铸远电子信息产业有限公司
票据类型：应收票据　用途类别：背书
用票单位账户：0104　用　途：
预算项目：　计划编号：
收款单位类型：内部往来　外部往来　收款单位：北京亿腾汽车销售有限公司
单据状态：审批通过　银行：
申请金额：200,000.00　发放金额：200,000.00
申请金额大写：贰拾万元整　发放金额大写：贰拾万元整
备注：
申请人：陈楚
全选　票据号　出票人　出票人账户　票据金额　出票日期　到期日期　交票单位　用票奖励贴现率
11111111　山东鲁商科　200,000.00　2016.04.01　2026.10.01　铸远股份有
增加
删除
领用记账(T)　修改(M)　保存(S)　单据退回(B)　打印预览(V)　打印(P)　退出(X)

图　9-99

所有功能 ×　结算凭证记账 ×
生成财务凭证(H)　记账(J)　取消记账(Q)　联查单据(L)　打印预览(V)　批量打印(P)　退出(X)
全部　记账时更新自动生成凭证的附件张数　张
全选　是否打印　凭证...　凭证...　凭证类型　制单人　记账标志
1　未打印　1809...　2018.0...　应付　周菊　未记账　用票处理记账，用票单编号:SY
分录列表
摘要　账户编号　账户名称　币种　借方金额
1　用票处理记账，用票单编号:SYS201809111757543301396　0104　铸远电子-应收票据户　人民币　200,000.0
2　用票处理记账，用票单编号:SYS201809111757543301396　0107　股份本部-应收票据户　人民币　0.0

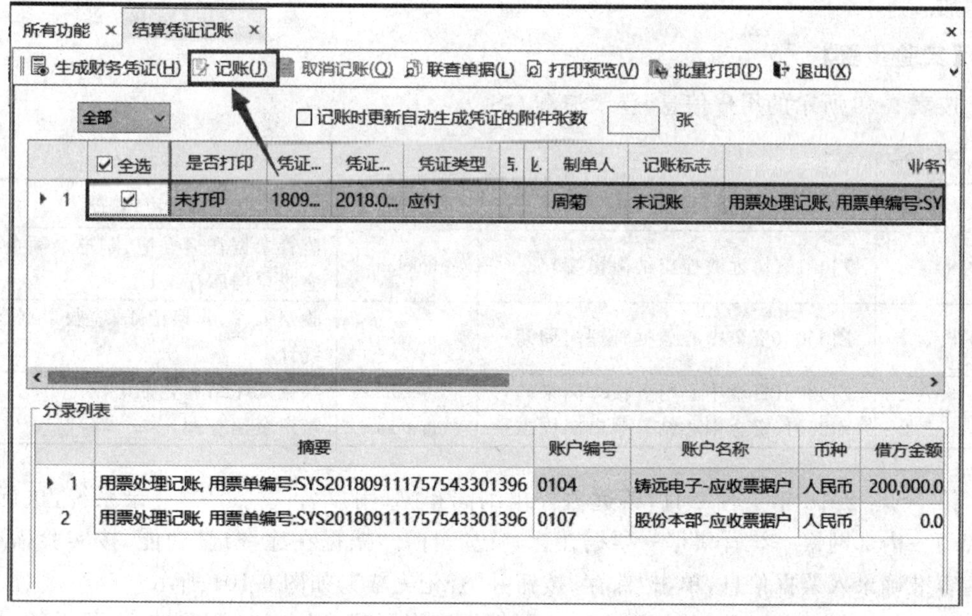

图　9-100

实验三：监管应收票据——入库管理

铸远数控电子有限公司(以下简称铸远数控)基于办公地址问题,无法将票据交由资金中心统一管理,但是按照集团票据管控要求,必须在集中统一的票据管理平台登记票据信息。河州亚泰集团有限公司向铸远数控购买服务器时支付了一张6个月的银行承兑汇票,票面金额为50万元。铸远数控需要在集中统一的票据管理平台进行票据登记,由资金中心管理员监控票据库存情况。铸远数控收到的票据明细信息如表9-47所示。

表 9-47

单位名称	票据形式	票据类型	票据号	出票日期
铸远数控电子有限公司	纸质	应收票据	44444444	2018.06.01
到期日期	出票人全称	票面金额(元)	收款单位票据户	登记日期
2018.12.01	河州亚泰集团有限公司	500 000.00	铸远数控-应收票据户	2018.07.02

资金中心票据管理员对票据收票记账后,会自动生成一笔结算凭证,分录如表9-48所示。

表 9-48

凭证日期	摘要	账户名称	借方金额(元)	贷方金额(元)
2018.07.02	票据收票记账	股份本部-应收票据户	500 000.00	
		铸远数控-应收票据户		500 000.00

结算凭证记账后,铸远电子和股份本部在资金中心开设的虚拟内部票据户的余额会同时增加。

【实验步骤】

按表9-49所示的用户信息,登录浪潮GS。

表 9-49

登录日期	登录用户	登录密码	操作内容
2018.7.2	ZJ0010(铸远数控出纳岗崔娜)	aaaaaa	监管票据在途登记、账户余额查询、应收票据库存统计
2018.7.2	ZJ0005(资金中心票据管理岗周菊)	aaaaaa	验票入库、收票记账、应收票据库存统计
2018.7.2	ZJ0003(资金中心财务核算岗朱鹤)	aaaaaa	票据入库结算凭证记账
2018.7.2	ZJ0001(资金中心结算制单岗周志)	aaaaaa	账户余额查询

第一步：2018年7月2日,铸远数控出纳岗崔娜(用户名：ZJ0010)登录系统,执行“资金管理—内部网银—统管票据—票据在途登记”,打开“票据在途登记”功能,按实验描述中的内容准确录入票据信息,单击“保存”按钮并“登记完毕”,如图9-101所示。

第二步：2018年7月2日,资金中心票据管理岗周菊(用户名：ZJ0005)登录系统,执行“资金管理—票据管理—应收票据—验票入库”,打开“验票入库”功能,勾选已登记的应收票据,单击“入库”按钮,在打开的“入库日期选择”界面,单击“确定”按钮,如图9-102所示。

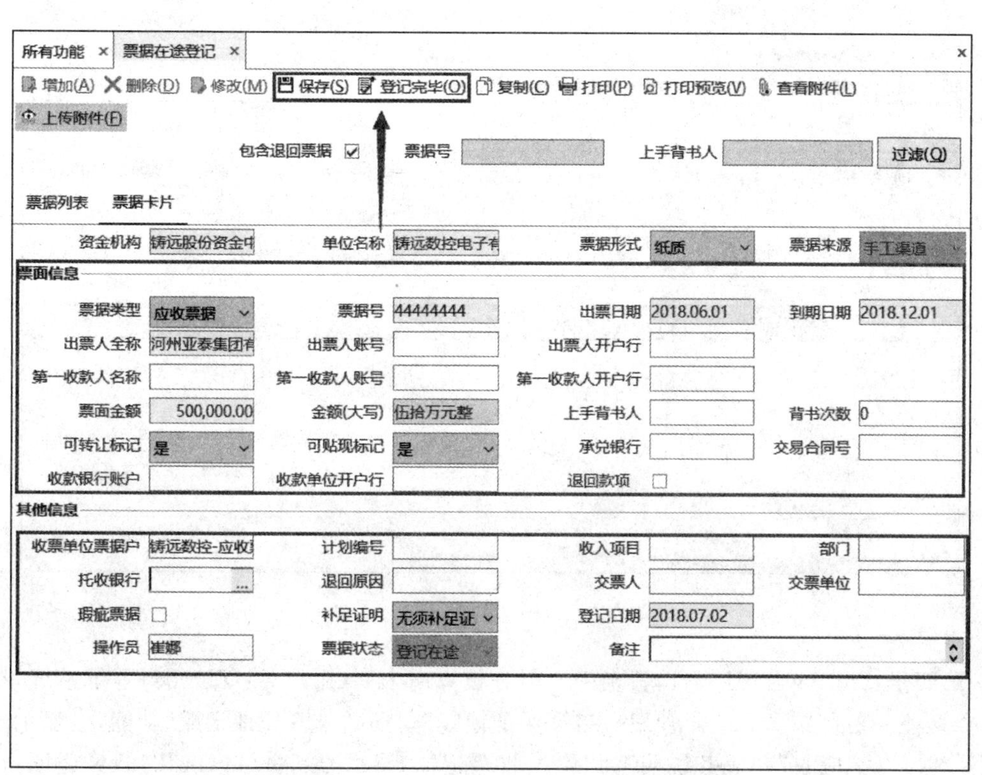

图　9-101

图　9-102

第三步：2018 年 7 月 2 日，资金中心票据管理岗周菊(用户名：ZJ0005)登录系统，执行“资金管理—票据管理—应收票据—收票记账”，打开“收票记账”功能，勾选已验票入库的应收票据，单击“记账”按钮，在打开的“记账日期选择”界面，单击“确定”按钮，如图 9-103 所示。

图 9-103

第四步：2018 年 7 月 2 日，资金中心财务核算岗朱鹤(用户名：ZJ0003)登录系统，执行“资金管理—柜台核算—结账管理—结算凭证记账”，打开“结算凭证记账”功能，会显示一条“凭证类型”为“应收”，“业务说明”为“票据收票记账，票据号：44444444”的结算凭证，核对无误后，勾选该结算凭证，单击“记账”按钮，如图 9-104 所示。

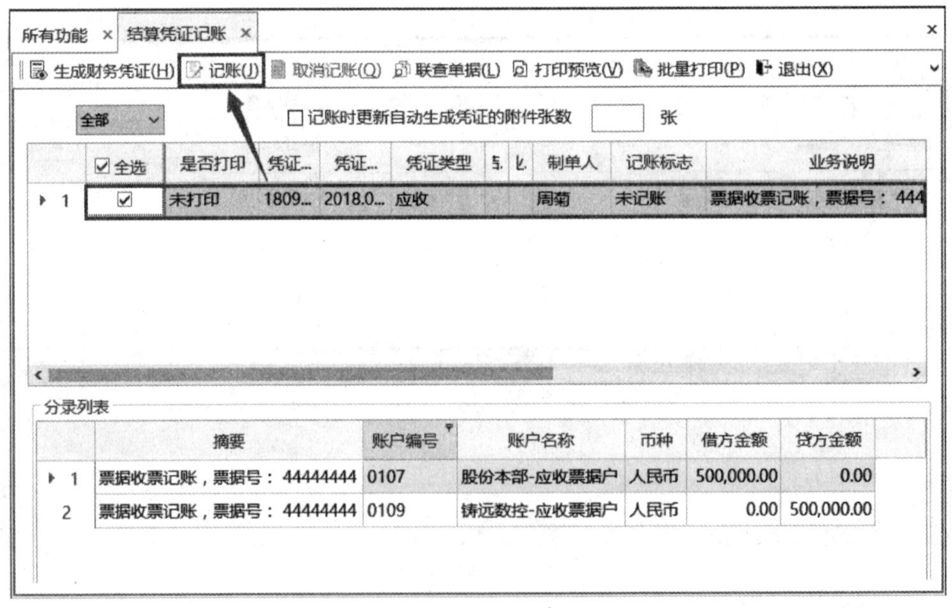

图 9-104

结算凭证记账后，由资金中心结算制单岗周志(用户名：ZJ0001)登录系统，执行“资金管理—资金结算—统计查询—账户余额查询”，查询并了解监管应收票据入库业务涉及相关账户的金额变动情况。

第五步：2018 年 7 月 2 日，资金中心票据管理岗周菊(用户名：ZJ0005)登录系统，执行“资金管理—票据管理—查询—应收票据库存统计”，打开“应收票据库存统计”功能，查询到：铸远数控收到的票据进行登记以后，持票单位不再是资金中心，而是铸远数控，资金中心只进行监控，不做实物票据统管，如图 9-105 所示。

所有功能 × 应收票据库存统计 × QDP_票据管理_应收票据库存统计查询 ×

返回条件(B) 关闭(X) 格式设置(G) 格式 (系统预置)系... 刷新(R) 保存(S) 重新查询(L)

应收票据库存统计查询

号	票据类型	票据编号	出票日期	到期日期	出票人全称						持票单位
	应收票据	22222222	2018.04.01	2028.10.01	山东鲁商科技集团有限公司				...	...	铸远数控电子有限公司
	应收票据	22223333	2018.04.01	2028.10.01	山东鲁商科技集团有限公司				...	...	铸远数控电子有限公司
	应收票据	22224444	2018.04.01	2028.10.01	山东鲁商科技集团有限公司				...	...	铸远数控电子有限公司
	应收票据	22225555	2018.04.01	2028.10.01	山东鲁商科技集团有限公司				...	...	铸远数控电子有限公司
	应收票据	33333333	2018.05.01	2018.11.01	山东鲁商科技集团有限公司				51	...	铸远股份有限公司本部
	应收票据	44444444	2018.06.01	2018.12.01	河州亚泰集团有限公司				81	...	铸远数控电子有限公司
		合计									

图 9-105

通过以上操作，铸远数控收到的票据在集中统一的票据管理平台上登记完毕，并由资金中心进行监管。

实验四：监管应收票据——背书申请

铸远数控向北京国惠贸易集团有限公司购买日用百货、家用电器等，按照合同约定，可使用汇票进行结算。铸远数控可提出申请，将票据背书给北京国惠贸易集团有限公司，由资金中心处理完成即可。背书申请信息如表 9-50 所示。

表 9-50

申请单位	单据类型	期望付款日期	付款金额(元)
铸远数控电子有限公司	外部背书	2018.07.10	500 000.00
内部票据户	收款单位	业务类型	申请日期
铸远数控-应收票据户	北京国惠贸易集团有限公司	企业付款	2018.07.10

资金中心票据管理员对票据背书申请记账以后，会自动生成一笔结算凭证，分录如表 9-51 所示。

表 9-51

凭证日期	摘要	账户名称	借方金额(元)	贷方金额(元)
2018.7.10	背书处理记账	铸远数控-应收票据户	500 000.00	
		股份本部-应收票据户		500 000.00

结算凭证记账后，铸远数控和股份本部在资金中心开设的虚拟内部应收票据户的余额会同时减少。

【实验步骤】

按表 9-52 所示的用户信息，登录浪潮 GS。

表 9-52

登录日期	登录用户	登录密码	操作内容
2018.7.10	ZJ0010(铸远数控出纳岗崔娜)	aaaaaa	背书申请、账户余额查询
2018.7.10	ZJ0011(铸远数控审批岗崔申)	aaaaaa	背书申请审批
2018.7.10	ZJ0005(资金中心票据管理岗周菊)	aaaaaa	背书处理
2018.7.10	ZJ0003(资金中心财务核算岗朱鹤)	aaaaaa	票据背书结算凭证记账
2018.7.10	ZJ0001(资金中心结算制单岗周志)	aaaaaa	账户余额查询

第一步：2018 年 7 月 10 日，铸远数控出纳岗崔娜(用户名：ZJ0010)登录系统，执行“资金管理—内部网银—统管票据—背书申请”，打开“背书申请”功能，按实验描述中的内容依次设置：①申请单位；②单据类型；③期望付款日期；④付款金额；⑤收款单位；⑥业务类型；⑦申请日期。设置完毕后，单击界面下方“票据信息”中的“增加”按钮，在打开的“票据信息”界面，勾选“票据编号”为 44444444，“票面金额”为 500 000.00 的票据记录，单击“确定”按钮，如图 9-106 所示。

图 9-106

按图 9-106 操作后，核对背书申请信息无误，单击“保存”按钮并“送审”，如图 9-107 所示，提示“提交审批成功”即可。

图　9-107

第二步：2018 年 7 月 10 日，铸远数控审批岗崔申(用户名：ZJ0011)登录系统，执行“系统公共—任务中心—待办任务”，打开“待办任务”功能，左侧选择“资金管理_内部网银业务—背书流程 Web”，右侧勾选铸远数控票据背书申请记录，单击“审批单据”按钮，如图 9-108 所示。

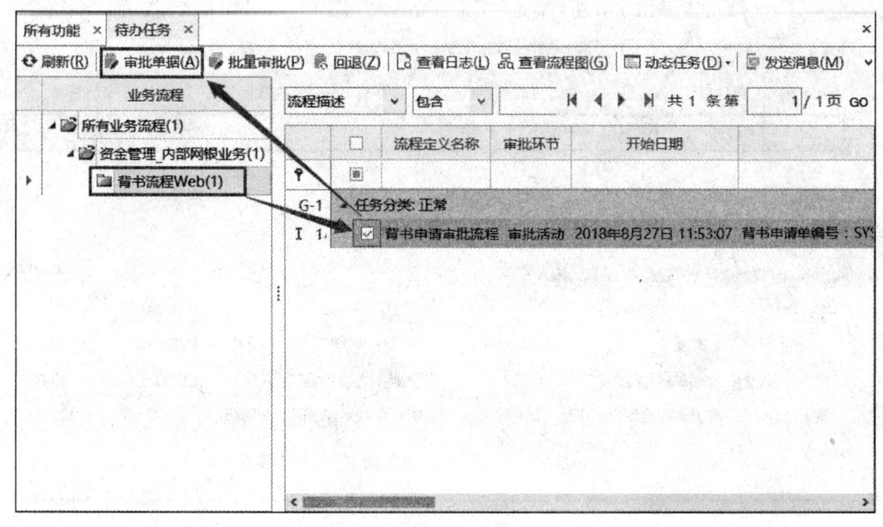

图　9-108

按图 9-108 操作后，在打开的"审批单据"界面，核对票据背书信息准确无误后，单击"审批通过"按钮即可。

第三步：2018 年 7 月 10 日，资金中心票据管理岗周菊（用户名：ZJ0005）登录系统，执行"资金管理—票据管理—应收票据—背书处理"，打开"背书处理"功能，选择铸远数控提交的 50 万元背书申请，单击"背书记账"按钮，如图 9-109 所示。然后，在打开的"记账日期选择"界面，单击"确定"按钮，提示"背书记账成功"即可。

图 9-109

第四步：2018 年 7 月 10 日，资金中心财务核算岗朱鹤（用户名：ZJ0003）登录系统，执行"资金管理—柜台核算—结账管理—结算凭证记账"，打开"结算凭证记账"功能，会显示一条"凭证类型"为"内转"，"业务说明"为"背书记账处理"的结算凭证，核对无误后，勾选该结算凭证，单击"记账"按钮，如图 9-110 所示。

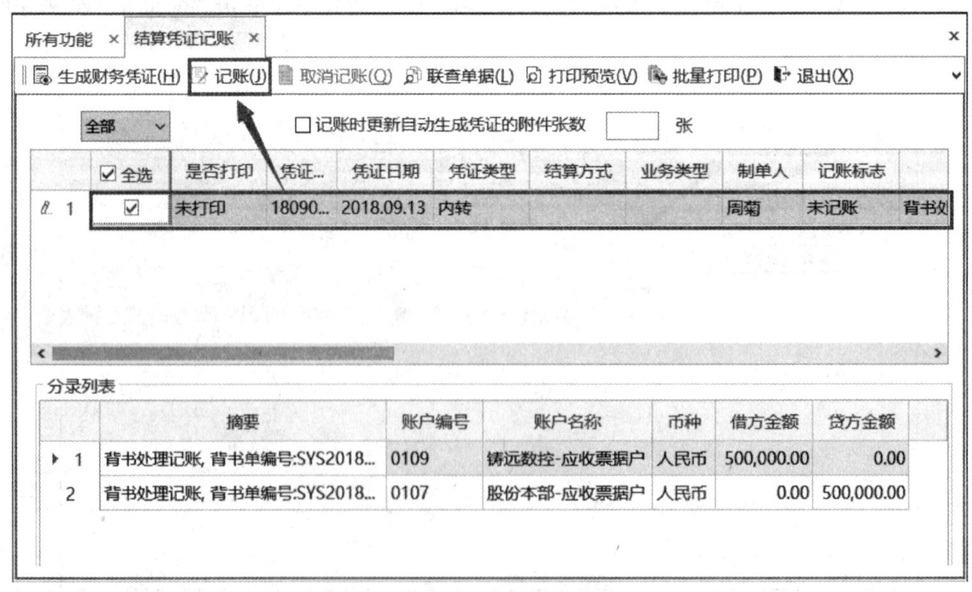

图 9-110

结算凭证记账后，由资金中心结算制单岗周志（用户名：ZJ0001）登录系统，执行“资金管理—资金结算—统计查询—账户余额查询”功能，查询并了解背书业务涉及相关账户的金额变动情况。

通过以上操作，铸远数控的背书业务处理完毕，资金中心可对其背书全流程进行监管。

实验五：应付票据开票管理

铸远数控向高迪电子科技有限公司购入生产服务器所使用的智能化仪器设备，按照合同约定，可使用汇票进行结算。铸远数控持有的票据中，有一张100万元的大额票据。由于大额支付业务相对较少，因此欲将该票据进行抵押，并申请拆票开票，开出一张25万元的应付票据，用于对高迪电子科技有限公司的结算。铸远数控票据质押信息如表9-53所示。

表　9-53

申请单位	申请日期	票据户	拆票户
铸远数控电子有限公司	2018.08.01	铸远数控-应收票据户	铸远数控-应收票据户
质押用途	质押票据-票据号	质押票据-票面金额	记账日期
质押开票	22222222	1 000 000.00	2018.08.01

票据质押经相关领导审批通过后，由出纳提交开票申请，资金中心票据管理员开票处理。铸远数控开票申请信息如表9-54所示。

表　9-54

申请单位	开票类型	期望开票日期	申请日期	内部开票户
铸远数控电子有限公司	质押开票	2018.08.01	2018.08.01	铸远数控-应付票据户
内部现汇户	内部保证金户	内部拆票户	开票金额(元)	收款人信息-单位名称
铸远数控-内部活期存款户	铸远数控-内部活期存款户	铸远数控-应收票据户	250 000.00	高迪电子科技有限公司
承兑银行	票据号码	开票日期	到期日期	机构承兑账户
工商银行	55555555	2018.08.01	2019.02.01	股份本部-应付票据户

资金中心票据管理员对票据开票记账以后，会自动生成一笔结算凭证，分录如表9-55所示。

表　9-55

凭证日期	摘　要	账户名称	借方金额(元)	贷方金额(元)
2018.8.1	票据开票记账	铸远数控-应付票据户	500 000.00	
		股份本部-应付票据户		500 000.00

结算凭证记账后，铸远数控和股份本部在资金中心开设的虚拟内部应付票据户的余额会同时增加。

【实验步骤】

按表9-56所示的用户信息，登录浪潮GS。

表 9-56

登录日期	登录用户	登录密码	操作内容
2018.8.1	ZJ0010(铸远数控出纳岗崔娜)	aaaaaa	票据质押申请、开票申请、应付票据库存统计
2018.8.1	ZJ0011(铸远数控审批岗崔申)	aaaaaa	票据质押申请审批、开票申请审批
2018.8.1	ZJ0005(资金中心票据管理岗周菊)	aaaaaa	票据质押处理、开票处理、开票记账、应付票据库存统计
2018.8.1	ZJ0003(资金中心财务核算岗朱鹤)	aaaaaa	应付票据开票结算凭证记账
2018.8.1	ZJ0001(资金中心结算制单岗周志)	aaaaaa	账户余额查询

第一步：2018 年 8 月 1 日，铸远数控出纳岗崔娜(用户名：ZJ0010)登录系统，执行“资金管理—内部网银—统管票据—票据质押申请”，打开“票据质押申请”功能，单击“增加”按钮，按实验描述中的内容依次设置：①申请单位；②申请日期；③票据户；④拆票户。设置完毕后，单击质押票据右侧的“增加”按钮，在打开的“库存票据选择”界面，勾选“票据号”为 22222222，“票据金额”为 1 000 000.00 的票据，单击“保存”按钮并“送审”，如图 9-111 所示。

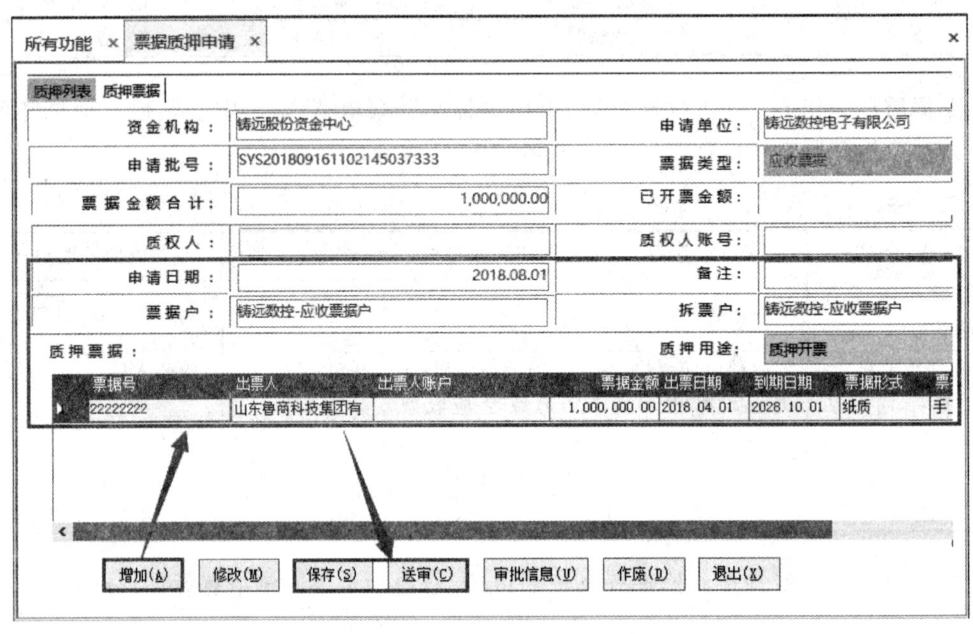

图 9-111

按图 9-111 操作后，在打开的“审批流选择”界面，左侧选择票据质押申请业务流程，右侧单击“确定”按钮即可。

第二步：2018 年 8 月 1 日，铸远数控审批岗崔申(用户名：ZJ0011)登录系统，执行“系统公共—任务中心—待办任务”，打开“待办任务”功能，左侧选择“资金管理_汇票业务—票据质押申请”，右侧勾选铸远数控票据质押申请记录，单击“审批单据”按钮，如图 9-112 所示。

按图 9-112 操作后，在打开的“审批单据”界面，核对票据质押申请信息准确无误后，单击“审批通过”按钮即可。

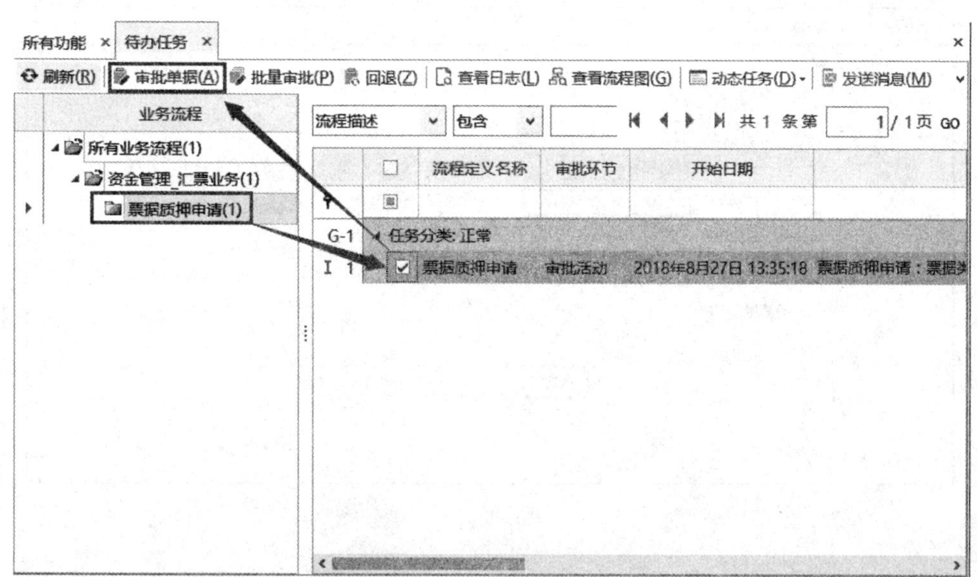

图　9-112

第三步：2018 年 8 月 1 日，资金中心票据管理岗周菊（用户名：ZJ0005）登录系统，执行“资金管理—票据管理—应付票据—票据质押处理”，打开“票据质押处理”功能，选中铸远数控 100 万元的质押票据记录，单击“处理”按钮，如图 9-113 所示。在打开的“记账日期选择”界面，单击“确定”按钮，提示“处理成功”即可。

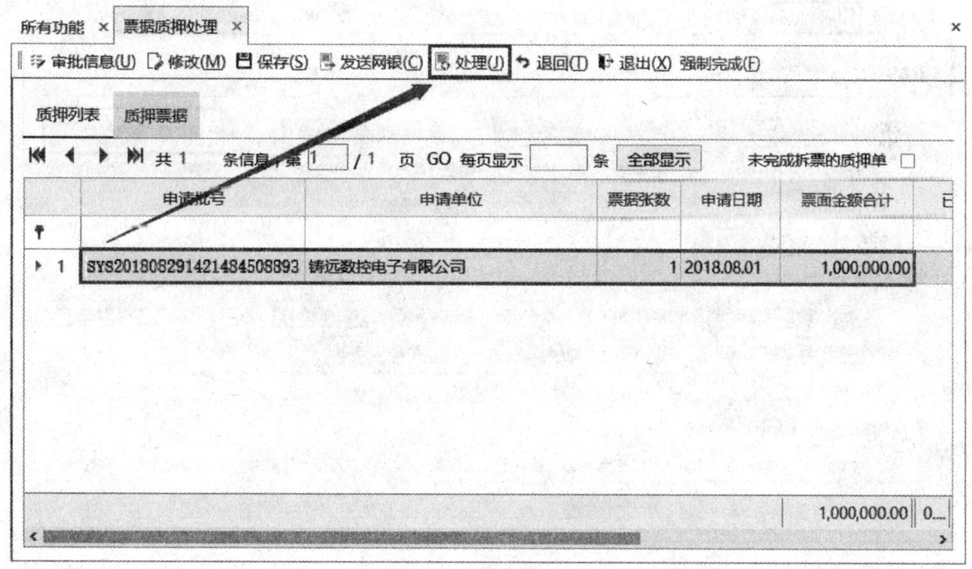

图　9-113

第四步：2018 年 8 月 1 日，铸远数控出纳岗崔娜（用户名：ZJ0010）登录系统，执行“资金管理—内部网银—统管票据—开票申请”，打开“开票申请”功能，设置“申请单位”为“铸远数控电子有限公司”，单击“确定”按钮，如图 9-114 所示。

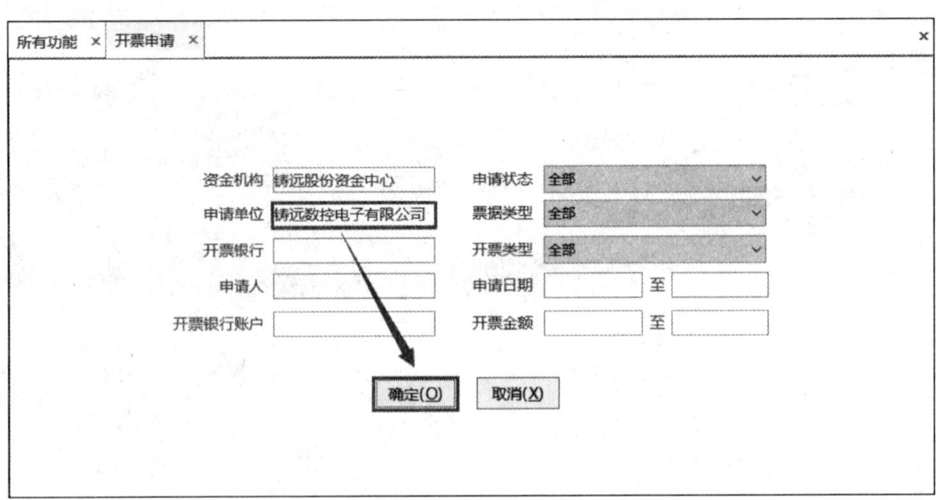

图 9-114

按图 9-114 操作进入“开票申请”界面，单击“增加”按钮，按实验描述中的内容依次设置：①申请单位；②开票类型；③期望开票日期；④申请日期；⑤内部开票户；⑥内部现汇户；⑦内部保证金户；⑧内部拆票户。设置完毕后，单击“保存”按钮，即可将开票基本信息保存完毕，如图 9-115 所示。

注意：“开票类型”务必设置正确！

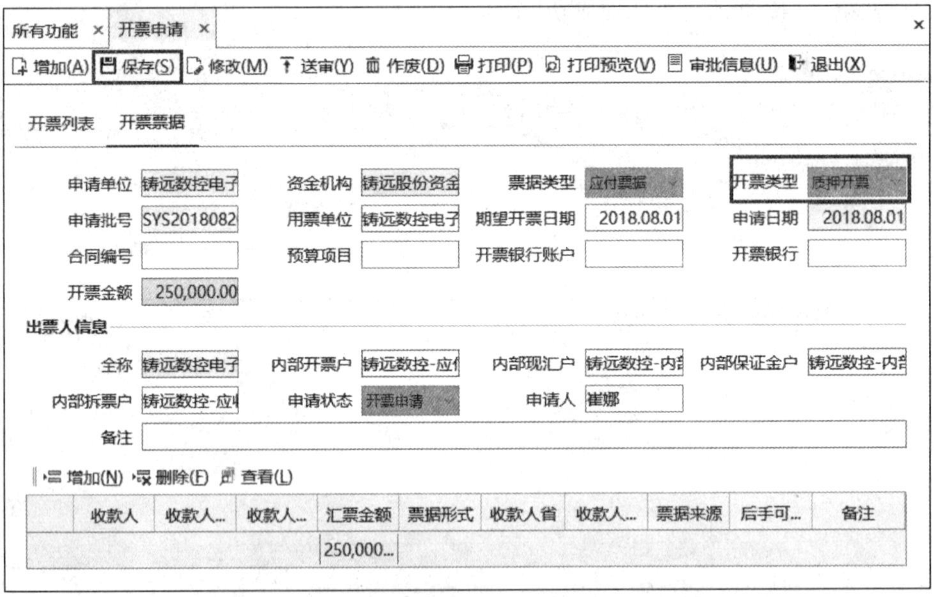

图 9-115

按图 9-115 保存开票基本信息后，需要设置开票对应的收款单位信息以及对应的质押应收票据，单击“增加”按钮，在打开的“票据卡片”界面，按实验描述中的内容依次设置：①开票金额；②收款人信息-单位名称。设置完毕后，在“应收票据列表”处单击“选择”按钮，在打开的“票据拆票选择”界面，选中“票面金额”为 1 000 000.00 的记录，单击“确定”按钮并“保存”，如图 9-116 所示。

注意：若保存时提示“开票类型是质押开票，但被拆应收票据为空，是否选择”，请单击“是”按钮，并单击下方应收票据列表的“选择”按钮，按实验要求选择被拆的应收票据即可。若按提示单击“否”按钮后，则需单击“修改”按钮，设置被拆应收票据。

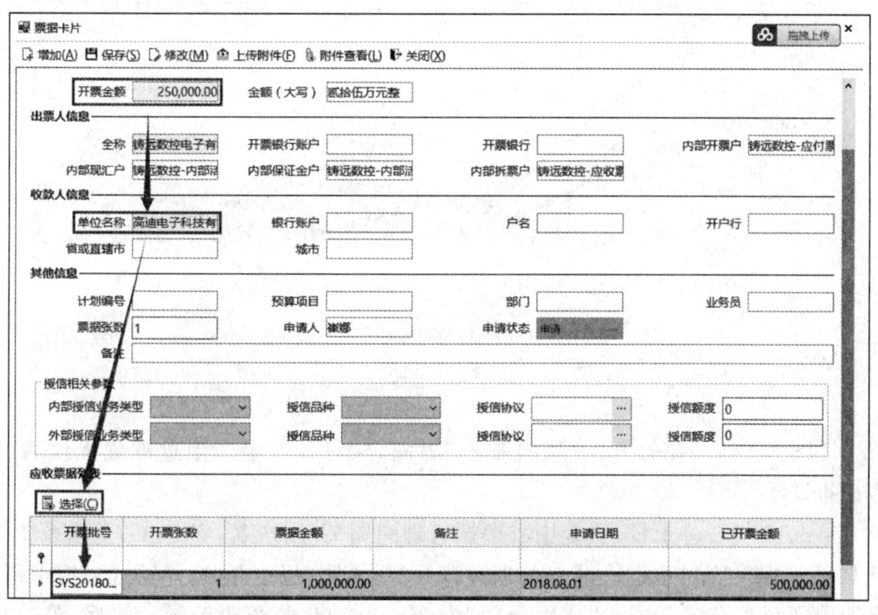

图　9-116

按图 9-116 操作后，返回“开票申请”界面，将已保存的开票申请信息核对无误后，单击“送审”按钮，提示“送审成功”即可，如图 9-117 所示。

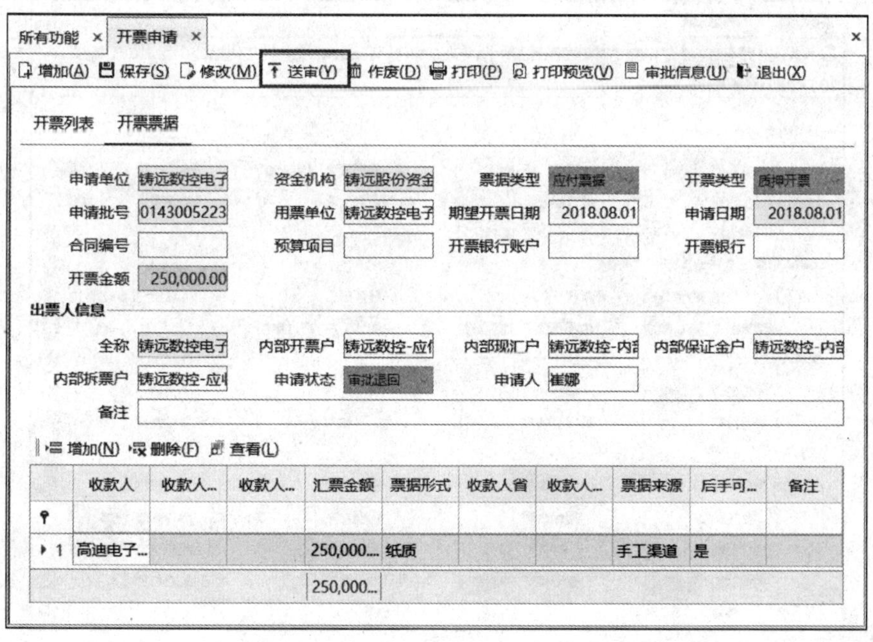

图　9-117

第五步：2018 年 8 月 1 日，铸远数控审批岗崔申（用户名：ZJ0011）登录系统，执行“系统公共—任务中心—待办任务”，打开“待办任务”功能，左侧选择“资金管理_内部网银业务—业务支付票据开票流程”，右侧勾选铸远数控 25 万元的票据开票申请记录，单击“审批单据”按钮，如图 9-118 所示。

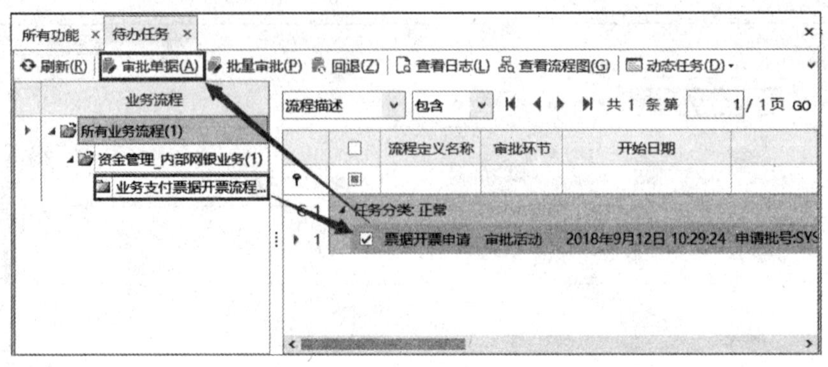

图 9-118

按图 9-118 操作后，在打开的“审批单据”界面，核对开票申请信息准确无误后，单击“审批通过”按钮即可。

第六步：2018 年 8 月 1 日，资金中心票据管理岗周菊（用户名：ZJ0005）登录系统，执行“资金管理—票据管理—应付票据—开票处理”，打开“开票处理”功能，选择铸远数控申请的“收款人”为“高迪电子科技有限公司”，“票面金额”为 250 000.00 的开票记录。然后，单击“修改”按钮，将票面信息补充完整，按实验描述中的内容依次设置：①承兑银行；②票据号码；③开票日期；④到期日期；⑤机构承兑账户。设置完毕后，单击“保存”按钮并“处理完毕”，如图 9-119 所示。

所有功能 开票处理

修改(M) 保存(S) 作废(D) 费用登记(E) 处理完毕(O) 发送网银(B) 附件查看(F) 打印预览(V) 打印(P) 退出(X)

开票列表 开票卡片

票据号码	5555555	开票日期	18.08.01	到期日期	19.02.01	期限	184
银行保证金比率	0 %	银行保证金	0.00	内部保证金比率	0 %	内部保证金	0.00
开票金额	250,000.	大写	贰拾伍万				
出票人信息							
全称	铸远数控	开票银行账户		开票银行		内部保证金户	铸远数控
内部拆票户	铸远数控	内部开票户	铸远数控	内部现汇户	铸远数控		
收款人信息							
单位名称	高迪电子	银行账户		户名		开户行	
开户行行号		省或直辖市		城市		应收票据类型	
其他信息							
机构承兑账户	股份本部	计划编号		预算项目		部门	
业务员		担保合同		担保金额	0	库存状态	出库状
申请日期	18.08.01	申请人	崔娜	提示承兑状态		提示收票状态	
申请状态	审批通	管理模式	代保管	收票是否单位发起	☐	买方付息	☐
备注							

图 9-119

第七步：2018 年 8 月 1 日，资金中心票据管理岗周菊(用户名：ZJ0005)登录系统，执行“资金管理—票据管理—应付票据—开票记账”，打开“开票记账”功能，选择铸远数控申请的“票据号码”为 55555555，“收款人”为“高迪电子科技有限公司”，“汇票金额”为 250 000.00 的开票记录，单击“开票记账”按钮，如图 9-120 所示。然后，在打开的“记账日期选择”界面，单击“确定”按钮，提示“开票记账成功”即可。

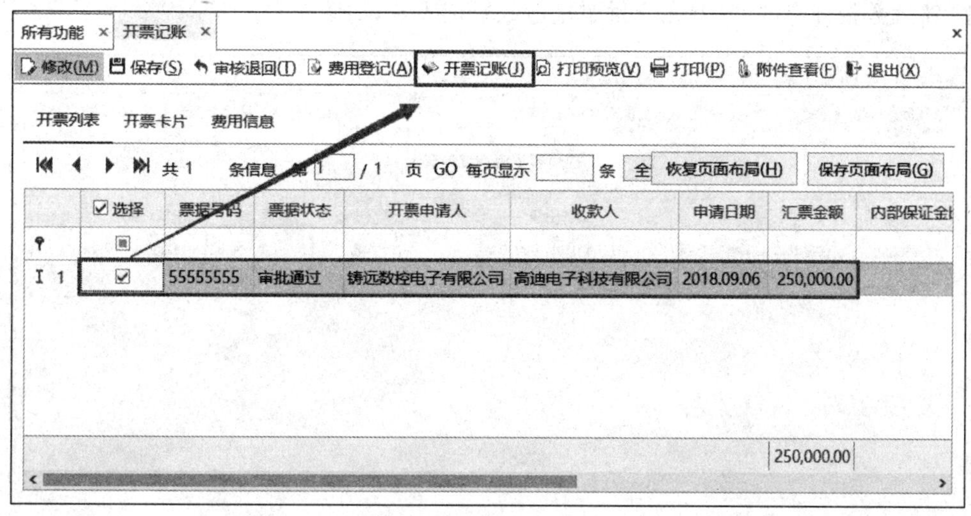

图　9-120

第八步：2018 年 8 月 1 日，资金中心财务核算岗朱鹤(用户名：ZJ0003)登录系统，执行“资金管理—柜台核算—结账管理—结算凭证记账”，打开“结算凭证记账”功能，会显示一条“凭证类型”为“应付”，“业务说明”为“票据开票记账，票据号：55555555”的结算凭证，核对无误后，勾选该结算凭证，单击“记账”按钮，如图 9-121 所示。

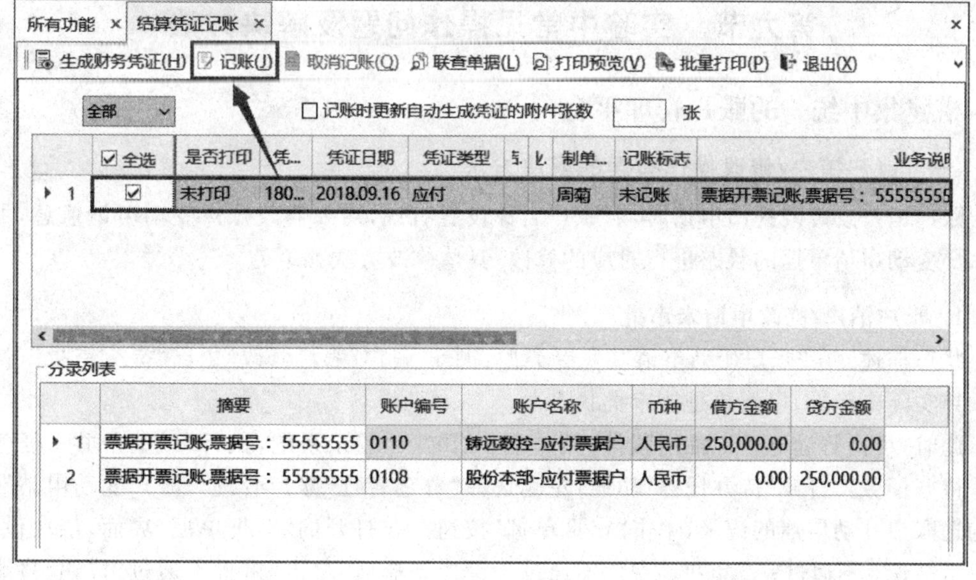

	摘要	账户编号	账户名称	币种	借方金额	贷方金额
1	票据开票记账,票据号：55555555	0110	铸远数控-应付票据户	人民币	250,000.00	0.00
2	票据开票记账,票据号：55555555	0108	股份本部-应付票据户	人民币	0.00	250,000.00

图　9-121

结算凭证记账后，由资金中心结算制单岗周志（用户名：ZJ0001）登录系统，执行“资金管理—资金结算—统计查询—账户余额查询”，查询并了解监管应付票据开票业务涉及相关账户的金额变动情况。

第九步：2018 年 8 月 1 日，资金中心票据管理岗周菊（用户名：ZJ0005）登录系统，执行“资金管理—票据管理—查询—应付票据库存统计”，打开“应付票据库存统计”功能，可以查询到：铸远数控开出的 25 万元应付票据已经登记入账，如图 9-122 所示。

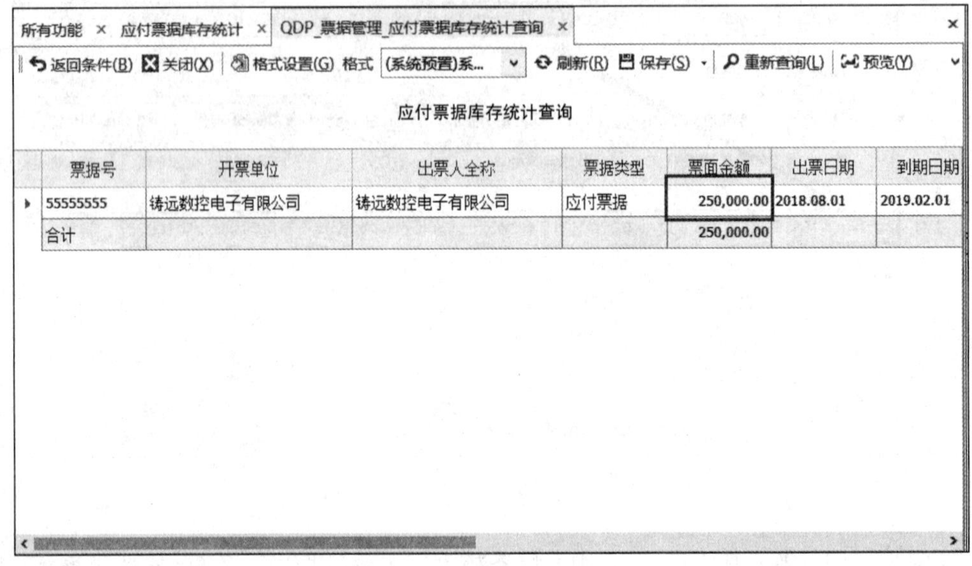

图 9-122

通过以上操作，资金中心可对子公司的应付票据开票过程进行监控及查询。

第九节 实验中常见操作问题及解决方法

一、搭建集中统一的账户管理平台

（一）账户销户/修改操作有误的解决方法

账户销户或修改提出申请时，若账户名称设置有误，需要修改账户变动申请信息，可根据账户变动申请单据的状态进行对应的修改，具体修改方法如下。

1. 账户销户/修改申请未审批

状态描述：在“账户变动申请”（变更类型：账户销户/账户修改）中已“提交审批”，但相关领导实际未审批，申请单是待审批状态。

此时，可由铸远电子审批岗程绅（用户名：ZJ0007）登录系统，执行“系统公共—任务中心—待办任务”，打开“待办任务”功能，左侧选择“资金管理_账户管理—账户变动申请”，右侧勾选账户变动申请的记录，单击“审批单据”按钮。在打开的“审批单据”界面，依次设置：①审批结论：不通过；②审批意见：不通过。设置完毕后，单击“审批不通过”按钮，将账户变动申请单据退回至申请状态，如图 9-123 所示。

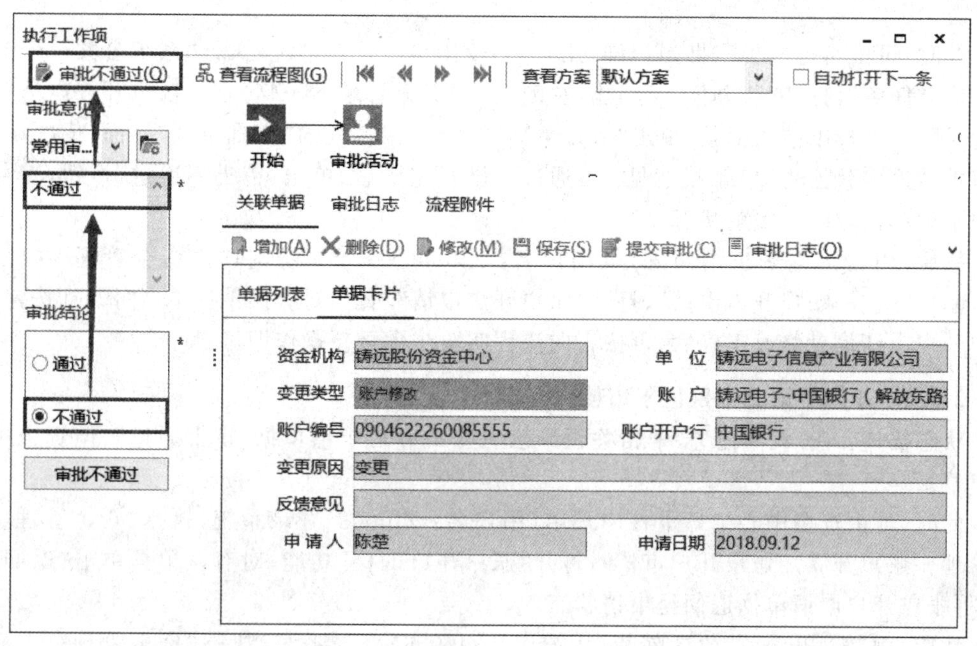

图　9-123

然后，由铸远电子出纳岗陈楚（用户名：ZJ0006）登录系统，执行“资金管理—内部网银—账户管理—账户变动申请”，打开“账户变动申请”功能，对有误单据单击“修改”按钮，将账户变动申请信息修改正确后，按正向流程实验步骤重新操作即可。

2. 账户销户/修改申请已审批

状态描述：在“代办任务”中相关领导已对账户销户/修改单据“审批通过”。

此时，对不同的变更类型（两种类型：账户销户、账户修改），采取不同的修改情况。

（1）变更类型为“账户销户”。由资金中心结算审核岗郑申（用户名：ZJ0002）登录系统，执行“资金管理—账户管理—账户变动—账户销户”，打开“账户销户”功能，依次设置账户类别和账户名称后，在打开的“账户销户”界面，对有误单据单击“退回”按钮，将账户变动申请单据（变更类型：账户销户）退回至申请状态。

然后，由铸远电子出纳岗陈楚（用户名：ZJ0006）登录系统，执行“资金管理—内部网银—账户管理—账户变动申请”，打开“账户变动申请”功能，对有误单据单击“修改”按钮，将账户变动申请信息修改正确后，再按正向流程实验步骤重新操作即可。

（2）变更类型为“账户修改”。账户修改单据审批通过后，即可对账户信息进行修改。若账户选择错误，可不对当前账户进行任何修改操作，只需按照实验中的账户修改流程，重新提交正确的账户修改申请即可。

（二）账户开户操作有误的修改方法

账户开户时，若账户开户信息填写有误，需要修改账户开户申请信息，可根据账户开户申请单据的状态进行对应的修改，具体修改方法如下。

1. 账户开户申请未审批

状态描述：在“账户开户申请”中已“提交审批”，但相关领导实际未审批，申请单是待审批状态。

此时,可由铸远电子审批岗程绅(用户名:ZJ0007)登录系统,执行"系统公共—任务中心—待办任务",打开"待办任务"功能,左侧选择"资金管理_账户管理—账户开户申请",右侧勾选账户开户申请的记录,单击"审批单据"按钮。在打开的"审批单据"界面,依次设置:①审批结论:不通过;②审批意见:不通过。设置完毕后,单击"审批不通过"按钮,将账户开户申请单据退回至申请状态。

然后,由铸远电子出纳岗陈楚(用户名:ZJ0006)登录系统,执行"资金管理—内部网银—账户管理—账户开户申请",打开"账户开户申请"功能,对有误单据单击"修改"按钮,将账户开户申请信息修改正确后,再按正向流程实验步骤重新操作即可。

2. 账户开户申请已审批但未审核

状态描述:在"代办任务"中相关领导已对账户开户申请单据"审批通过",但资金中心未审核。

此时,可由资金中心结算审核岗郑申(用户名:ZJ0002)登录系统,执行"资金管理—账户管理—账户开立—账户开户审核",打开"账户开户审核"功能,对有误单据单击"退回"按钮,将账户开户申请单据退回至申请状态。

然后,由铸远电子出纳岗陈楚(用户名:ZJ0006)登录系统,执行"资金管理—内部网银—账户管理—账户开户申请",打开"账户开户申请"功能,对有误单据单击"修改"按钮,将账户开户申请信息修改正确后,再按正向流程实验步骤重新操作即可。

3. 账户开户申请已审核但未启用

状态描述:在"账户开户审核"中已"审核",但未对账户进行启用。

此时,可由资金中心结算审核岗郑申(用户名:ZJ0002)登录系统,执行"资金管理—账户管理—账户开立—账户启用",打开"账户启用"功能,对有误单据单击"回退"按钮,将账户开户申请单据退回至待审核状态,在"账户开户审核"中进一步"回退",将账户开户申请单据退回至申请状态。

然后,由铸远电子出纳岗陈楚(用户名:ZJ0006)登录系统,执行"资金管理—内部网银—账户管理—账户开户申请",打开"账户开户申请"功能,对有误单据单击"修改"按钮,将账户开户申请信息修改正确后,再按正向流程实验步骤重新操作即可。

4. 账户开户已启用

状态描述:在"账户启用"中已"启用"。

这代表账户已真实存在,并可对该账户开展相关账务处理。在实验过程中,若账户开户申请信息录入有误,可重新录入,并由系统管理员处理有误单据。

二、收支两条线模式下的资金归集

(一)企业收款信息登记有误的修改方法

企业收款信息登记时,若收款金额等信息填写有误,需要修改收款登记信息,可根据收款单据的状态进行对应的修改,具体修改参考以下方法。

1. 收款单据未审核

状态描述:在"企业收款登记"中已"提交审核",但实际未审核,收款单是待审核状态。

此时，可由铸远电子审核岗常竹（用户名：ZJ0008）登录系统，执行“资金管理—内部网银—结算业务—企业收款审核”，打开“企业收款审核”功能，对有误单据单击“回退”按钮，输入“回退意见”，将收款单据退回至登记状态。

然后，由铸远电子出纳岗陈楚（用户名：ZJ0006）登录系统，执行“资金管理—内部网银—结算业务—企业收款登记”，打开“企业收款登记”功能，对有误单据单击“修改”按钮，将收款登记信息修改正确后，再按正向流程实验步骤重新操作即可。

2. 收款单据已审核

状态描述：在“企业收款审核”中已“审核”。

这代表收款信息正确并已到账，原则上无法取消审核。在实验过程中，若收款单据信息录入有误，可重新录入，并由系统管理员处理有误单据。

（二）资金手动上划操作有误的修改方法

状态描述：在“资金手动上划申请”中已“直接上划”。

这代表该款项已直接上划至集团总账户归集户，原则上无法对上划单据进行修改。在实验过程中，若上划申请单据信息录入有误，可重新录入，并由系统管理员处理有误单据。

（三）账户余额查询操作有误的修改方法

状态描述：在“账户余额查询”时，对于生成结算凭证的一类业务，查询不到相关账户准确的金额变动情况。

此时，可由资金中心财务核算岗朱鹤（用户名：ZJ0003）登录系统，执行“资金管理—柜台核算—结账管理—结算凭证记账”，打开“结算凭证记账”功能，设置“是否记账”为“已记账凭证”，查询相关已记账凭证的“凭证日期”，按此凭证日期在“账户余额查询”中重新查询即可。

所有教学任务涉及的账户余额查询操作均可参考此方法。

三、内部资金调剂——定期存款业务

存款申请信息录入时，若存出账户、存入账户、存期或金额等信息填写有误，需要修改单据相关信息，可根据存款申请单据的状态进行对应的修改，具体修改方法如下。

（一）存款申请未审批

状态描述：在“存款申请”中已“提交审批”，但相关领导实际未审批，申请单是待审批状态。

此时，可由铸远电子审批岗程绅（用户名：ZJ0007）登录系统，执行“系统公共—任务中心—待办任务”，打开“待办任务”功能，左侧选择“资金管理_内部网银业务—存款申请”，右侧勾选存款申请的记录，单击“审批单据”按钮。在打开的“审批单据”界面，依次设置：①审批结论：不通过；②审批意见：不通过。设置完毕后，单击“审批不通过”按钮，将存款申请单据退回至申请状态。

然后，由铸远电子出纳岗陈楚（用户名：ZJ0006）登录系统，执行“资金管理—内部网银—存款业务—存款申请”，打开“存款申请”功能，对有误单据单击“修改”按钮，将存款申请信息修改正确后，再按正向流程实验步骤重新操作即可。

（二）存款申请已审批但未办理审核

状态描述：在“代办任务”中相关领导已对存款申请单据“审批通过”，但资金中心未办理审核。

此时，可由资金中心结算审核岗郑申（用户名：ZJ0002）登录系统，执行“资金管理—资金结算—存款管理—存款办理”，打开“存款办理”功能，在有误单据基本信息中输入“反馈意见”，单击“退回”按钮，将存款申请单据退回至申请状态。

然后，由铸远电子出纳岗陈楚（用户名：ZJ0006）登录系统，执行“资金管理—内部网银—存款业务—存款申请”，打开“存款申请”功能，对有误单据单击“修改”按钮，将存款申请信息修改正确后，再按正向流程实验步骤重新操作即可。

（三）存款申请已审核

状态描述：在“存款办理”中已“审核”。

这代表存款申请已办理完成，相关账户金额已发生变动，并生成相应的内转单据和结算凭证，原则上不能取消审核。在实验过程中，若存款申请单据信息录入有误，可重新录入，并由系统管理员处理有误单据。

四、收支两条线模式下的企业付款

（一）资金计划编制操作有误的修改方法

资金计划编制时，若计划金额、收支项目等信息填写有误，需要修改计划相关信息，可根据资金计划的状态进行对应的修改，具体修改方法如下。

1. 明细/汇总资金计划未审批

状态描述：在“计划编制”中已“提交审批”，但相关领导实际未审批，计划是待审批状态。

此时，可由铸远电子资金计划编制岗曹季（用户名：ZJ0009）登录系统，执行“资金管理—资金计划—资金计划编制—计划编制”，打开“计划编制”功能，设置“计划期间”为“2018 年 05 月”。然后，打开月现金流量明细计划表，单击“取消提交”按钮，即可将计划表状态更改为“编制中”，将有误计划数据修改正确后，再按正向流程实验步骤重新操作即可。随后，打开月现金流量汇总计划表，单击“取消提交”按钮并“取消审核”，再次单击“保存并计算”按钮，更新为正确数据后，再按正向流程实验步骤重新操作即可。由于汇总表数据来源于明细表，所以需要明细表数据修改完毕后，才可更新汇总表数据。

2. 明细/汇总资金计划已审批

状态描述：在“代办任务”中相关领导已对资金计划“审批通过”。

这代表资金计划已生效，原则上不允许调整原始计划数据，只能提出计划调整申请。在实验过程中，若明细计划编制数据有误，可参考“教学任务四-实验四：资金计划调整”的操作方法，将资金计划数据调整正确。

（二）资金下拨申请操作有误的修改方法

在资金下拨申请信息录入时，若下拨付款账户、收款账户或金额等信息填写有误，需要修改下拨申请单据相关信息，可根据下拨申请单据的状态进行对应的修改，具体修改方法如下。

1. 下拨申请未审批

状态描述：在“资金下拨申请”中已“提交审批”，但相关领导实际未审批，申请单是待审批状态。

此时，可由铸远电子审批岗程绅（用户名：ZJ0007）登录系统，执行“系统公共—任务中心—待办任务”，打开“待办任务”功能，左侧选择“资金管理_内部网银业务—资金下拨申请”，右侧勾选资金下拨申请的记录，单击“审批单据”按钮。在打开的“审批单据”界面，依次设置：①审批结论：不通过；②审批意见：不通过。设置完毕后，单击“审批不通过”按钮，将资金下拨申请单据退回至申请状态。

然后，由铸远电子出纳岗陈楚（用户名：ZJ0006）登录系统，执行“资金管理—内部网银—上划下拨—资金下拨申请”，打开“资金下拨申请”功能，对有误单据单击“修改”按钮，将下拨申请信息修改正确后，再按正向流程实验步骤重新操作即可。

2. 下拨申请已审批但未处理

状态描述：在“代办任务”中相关领导已对资金下拨申请单据“审批通过”按钮，但资金中心未办理。

此时，可由资金中心结算审核岗郑申（用户名：ZJ0002）登录系统，执行“资金管理—资金结算—划拨管理—资金下拨处理”，打开“资金下拨处理”功能，对有误单据单击“回退”按钮，将资金下拨申请单据退回至申请状态。

然后，由铸远电子出纳岗陈楚（用户名：ZJ0006）登录系统，执行“资金管理—内部网银—上划下拨—资金下拨申请”，打开“资金下拨申请”功能，对有误单据单击“修改”按钮，将下拨申请信息修改正确后，再按正向流程实验步骤重新操作即可。

3. 下拨申请已处理

状态描述：在“资金下拨处理”中已“处理”。

这代表资金下拨申请已办理完成，相关账户金额已发生变动，并生成相应的内转单据和结算凭证，原则上不能取消处理。在实验过程中，若资金下拨申请单据信息录入有误，可重新录入，并由系统管理员处理有误单据。

（三）付款申请操作有误的修改方法

付款申请信息录入时，若付款账户、收款单位、支出计划或申请金额等信息填写有误，需要修改下拨申请单据相关信息，可根据下拨申请单据的状态进行对应的修改，具体修改方法如下。

1. 付款申请未审批

状态描述：在“付款申请”中已“提交”，但相关领导实际未审批，申请单是待审批状态。

此时，可由铸远电子审批岗程绅（用户名：ZJ0007）登录系统，执行“系统公共—任务中心—待办任务”，打开“待办任务”功能，左侧选择“资金管理_内部网银业务—企业付款申请”，右侧勾选铸远电子的付款申请记录，单击“审批单据”按钮。在打开的“审批单据”界面，依次设置：①审批结论：不通过；②审批意见：不通过。设置完毕后，单击“审批不通过”按钮，将付款申请单据退回至申请状态。

然后，由铸远电子出纳岗陈楚（用户名：ZJ0006）登录系统，执行“资金管理—内部网银—结算业务—付款申请”,打开“付款申请”功能,对有误单据单击“编辑”按钮,将付款申请信息修改正确后,再按正向流程实验步骤重新操作即可。

2. 付款申请已审批但未复核

状态描述:在“代办任务”中相关领导已对付款申请单据“审批通过”,但是未复核。

此时,可由铸远电子审核岗常竹(用户名:ZJ0008)登录系统,执行“资金管理—内部网银—结算业务—付款复核”,打开“付款复核”功能,对有误单据单击“退回”按钮,输入退回原因,将付款申请单据退回至申请状态。

然后,由铸远电子出纳岗陈楚(用户名:ZJ0006)登录系统,执行“资金管理—内部网银—结算业务—付款申请”,打开“付款申请”功能,对有误单据单击“编辑”按钮,将付款申请信息修改正确后,再按正向流程实验步骤重新操作即可。

3. 付款申请已复核

状态描述:在“付款复核”中已“复核”。

这代表付款业务已办理完成,相关账户金额已发生变动,原则上不能取消复核。在实验过程中,若付款申请单据信息录入有误,可重新录入,并由系统管理员处理有误单据。

(四)计划调整操作有误的修改方法

资金计划调整时,若计划金额、收支项目等信息填写有误,需要修改计划调整相关信息,可根据资金计划调整单据的状态进行对应的修改,具体修改方法参考如下。

1. 计划调整单未审批

状态描述:在“明细计划调整”中已“提交审批”,但相关领导实际未审批,计划调整单是待审批状态。

此时,可由铸远电子资金计划编制岗曹季(用户名:ZJ0009)登录系统,执行“资金管理—资金计划—资金计划编制—明细计划调整”,打开明细计划调整功能,单击“取消提交”,将计划调整单退回至可调整状态。然后,在“明细计划调整”界面,单击“编辑”,将有误计划数据修改正确后,再按正向流程实验步骤重新操作即可。

2. 计划调整单已审批但未更新

状态描述:在“代办任务”中相关领导已对资金计划调整“审批通过”,但计划数据未更新。

此时,可由铸远电子资金计划编制岗曹季(用户名:ZJ0009)登录系统,执行“资金管理—资金计划—资金计划编制—明细计划调整”,打开“明细计划调整”功能,对有误计划调整单单击“回退”按钮,将计划调整单退回至可调整状态。

然后,由铸远电子资金计划编制岗曹季(用户名:ZJ0009)登录系统,执行“资金管理—资金计划—资金计划编制—明细计划调整”,打开“明细计划调整”功能,对有误单据单击“编辑”按钮,将有误计划数据修改正确后,再按正向流程实验步骤重新操作即可。

3. 计划调整单已更新

状态描述:在“计划调整更新”中“更新调整”。

这代表资金计划调整已生效,原则上不允许对原始计划调整数据进行修改,只能再提出计划调整申请。在实验过程中,若明细计划调整数据有误,可参考“教学任务四-实验四:资金计划调整”的操作方法，再新增计划调整单，将资金计划数据调整正确。

五、内部资金调剂——内部贷款业务

（一）内部贷款申请操作有误的修改方法

内部贷款申请录入时，若贷款单位、放还款结算户、贷款金额等信息填写有误，需要修改贷款申请相关信息，可根据贷款申请单据的状态进行对应的修改，具体修改方法如下。

1. 贷款申请未审批

状态描述：在“贷款申请”中已“提交审批”，但相关领导实际未审批，申请单是待审批状态。

此时，可由铸远电子审批岗程绅（用户名：ZJ0007）登录系统，执行“系统公共—任务中心—待办任务”，打开“待办任务”功能，左侧选择“资金管理_信贷业务—信贷内部贷款申请”，右侧勾选内部贷款申请的记录，单击“审批单据”按钮。在打开的“审批单据”界面，依次设置：①审批结论：不通过；②审批意见：不通过。设置完毕后，单击“审批不通过”按钮，将内部贷款申请单据退回至申请状态。

然后，由铸远电子出纳岗陈楚（用户名：ZJ0006）登录系统，执行“资金管理—内部网银—内部贷款—贷款申请”，打开“贷款申请”功能，对有误单据单击“修改”按钮，将内部贷款申请信息修改正确后，再按正向流程实验步骤重新操作即可。

2. 贷款申请已审批但未经办

状态描述：在“代办任务”中相关领导已对贷款申请单据“审批通过”按钮，但资金中心未经办。

此时，可由资金中心内贷管理岗赵岱（用户名：ZJ0004）登录系统，执行“资金管理—内部贷款—内部贷款业务办理—贷款经办”，打开“贷款经办”功能，对有误贷款申请单据单击“退回”按钮，将贷款申请单据退回至申请状态。

然后，由铸远电子出纳岗陈楚（用户名：ZJ0006）登录系统，执行“资金管理—内部网银—内部贷款—贷款申请”，打开“贷款申请”功能，对有误单据单击“修改”按钮，将内部贷款申请信息修改正确后，再按正向流程实验步骤重新操作即可。

3. 贷款申请已经办但未生成合同

状态描述：在“贷款经办”中已“经办”，但未生成贷款合同。

此时，可参考“贷款申请已审批但未经办”状态下的操作方法对有误单据进行修改。

4. 贷款申请已生成但合同未复核

状态描述：在“贷款经办”中已“合同生成”，但是合同未复核。

此时，可由资金中心内贷管理岗赵岱（用户名：ZJ0004）登录系统，执行“资金管理—内部贷款—内部贷款业务办理—合同登记”，打开“合同登记”功能，对有误贷款申请单据生成的对应合同单击“删除”按钮，将生成的合同删除。

然后，再由资金中心内贷管理岗赵岱（用户名：ZJ0004）登录系统，执行“资金管理—内部网银—内部贷款—贷款申请”，打开“贷款申请”功能，设置“单据状态”为“经办中”。在打开的“贷款经办”界面，对有误贷款申请单据单击“退回”按钮，将贷款申请单据退回至申请

状态。

最后，由铸远电子出纳岗陈楚（用户名：ZJ0006）登录系统，执行“资金管理—内部网银—内部贷款—贷款申请”，打开“贷款申请”功能，对有误单据单击“修改”按钮，将内部贷款申请信息修改正确后，再按正向流程实验步骤重新操作即可。

5. 贷款申请已生成且合同已复核

状态描述：在“贷款经办”中生成合同并已“复核”，或在“合同登记”中已“复核”，但实际尚未放款。

此时，可由资金中心内贷管理岗赵岱（用户名：ZJ0004）登录系统，执行“资金管理—内部贷款—内部贷款业务办理—合同登记”，打开“合同登记”功能，对有误贷款申请单据生成的对应合同单击“取消复核”按钮并“删除”。

然后，由资金中心内贷管理岗赵岱（用户名：ZJ0004）登录系统，执行“资金管理—内部网银—内部贷款—贷款申请”，打开“贷款申请”功能，设置“单据状态”为“经办中”。在打开的“贷款经办”界面，对有误贷款申请单据单击“退回”按钮，将贷款申请单据退回至申请状态。

最后，由铸远电子出纳岗陈楚（用户名：ZJ0006）登录系统，执行“资金管理—内部网银—内部贷款—贷款申请”，打开“贷款申请”功能，对有误单据单击“修改”按钮，将内部贷款申请信息修改正确后，再按正向流程实验步骤重新操作即可。

（二）放款申请操作有误的修改方法

内部贷款办理放款申请，若集团的银行放款账号或子公司的银行收款账户等信息填写有误，需要修改放款申请单据中的相关信息，可根据放款申请单据的状态进行对应的修改，具体修改方法如下。

1. 放款申请未审批

状态描述：在“放款申请”中已“提交审批”，但相关领导实际未审批，申请单是待审批状态。

此时，可由铸远电子审批岗程绅（用户名：ZJ0007）登录系统，执行“系统公共—任务中心—待办任务”，打开“待办任务”功能，左侧选择“资金管理_信贷业务—信贷内部放款申请”，右侧勾选放款申请的记录，单击“审批单据”按钮。在打开的“审批单据”界面，依次设置：①审批结论：不通过；②审批意见：不通过。设置完毕后，单击“审批不通过”按钮，将放款申请单据退回至申请状态。

然后，由铸远电子出纳岗陈楚（用户名：ZJ0006）登录系统，执行“资金管理—内部网银—内部贷款—放款申请”，打开“放款申请”功能，对有误单据单击“修改”按钮，将放款申请信息修改正确后，再按正向流程实验步骤重新操作即可。

2. 放款申请已审批但未经办

状态描述：在“代办任务”中相关领导已对放款申请单据“审批通过”，但资金中心未经办。

此时，可由资金中心内贷管理岗赵岱（用户名：ZJ0004）登录系统，执行“资金管理—内部贷款—内部贷款业务办理—放还款经办”，打开“放还款经办”功能，对有误贷款申请单据单击“退回”按钮，输入退回意见，将贷款申请单据退回至申请状态。

然后，由铸远电子出纳岗陈楚（用户名：ZJ0006）登录系统，执行“资金管理—内部网银—内部贷款—放款申请”，打开“放款申请”功能，对有误单据单击“修改”按钮，将放款申请信息修改正确后，再按正向流程实验步骤重新操作即可。

3. 放款申请已经办但未结算

状态描述：在“放还款经办”中已“经办”但未结算。

此时，可直接参考“放款申请已审批但未经办”状态下的操作方法，对有误单据进行修改。

4. 放款申请已结算

状态描述：在“放还款经办”中已“结算”。

这代表放款申请已办理完成，相关账户金额已发生变动，并生成相应的内转单据和结算凭证，原则上不能取消结算。在实验过程中，若放款申请单据信息录入有误，由于放款申请需关联合同，并且合同是由贷款申请生成的，所以可从贷款申请开始重新录入，再新增放款申请单据，并由系统管理员处理有误单据。

六、搭建集中统一的票据管理平台

（一）统管票据登记有误的修改方法

统管应收票据录入时，若出票人、票面金额或收款单位票据户等信息填写有误，需要修改应收票据登记的相关信息，可根据应收票据的状态进行对应的修改，具体修改方法如下。

1. 票据已登记完毕但未验票入库

状态描述：在“票据统收登记”中已“登记完毕”，但未验票入库。

此时，可由资金中心票据管理岗周菊（用户名：ZJ0005）登录系统，执行“资金管理—票据管理—应收票据—验票入库”，打开验票入库功能，对有误票据单击“票据退回”按钮，输入退回意见，将票据退回至登记状态。

然后，由铸远电子出纳岗陈楚（用户名：ZJ0006）登录系统，执行“资金管理—内部网银—统管票据—票据统收登记”，打开票据统收登记功能，对有误票据单击“修改”按钮，将应收票据信息修改正确后，再按正向流程实验步骤重新操作即可。

2. 票据已验票入库但未记账

状态描述：在“验票入库”中已“入库”，但未收票记账。

此时，可由资金中心票据管理岗周菊（用户名：ZJ0005）登录系统，执行“资金管理—票据管理—应收票据—收票记账”，打开“收票记账”功能，对有误票据单击“票据退回”按钮，再将票据退回至登记状态。

然后，由铸远电子出纳岗陈楚（用户名：ZJ0006）登录系统，执行“资金管理—内部网银—统管票据—票据统收登记”，打开票据统收登记功能，对有误票据单击“修改”按钮，将应收票据信息修改正确后，再按正向流程实验步骤重新操作即可。

3. 票据已记账

状态描述：在“收票记账”中已“记账”。

这代表应收票据已登记完成，相关账户金额已发生变动，并生成相应的内转单据和结算凭证，原则上不能取消记账。在实验过程中，若应收票据信息录入有误，可重新录入，并由系统管理员处理有误单据。

（二）集中用票申请操作有误的修改方法

集中用票申请时，若用票单位账户、收款单位或申请金额等信息填写有误，需要修改集中用票申请单据的相关信息，可根据用票申请单据的状态进行对应的修改，具体修改方法如下。

1. 用票申请未审批

状态描述：在“集中用票申请”中已“送审”，但相关领导实际未审批，用票申请单据是待审批状态。

此时，可由铸远电子审批岗程绅（用户名：ZJ0007）登录系统，执行“系统公共—任务中心—待办任务”，打开“待办任务”功能，左侧选择“资金管理_内部网银业务—集中用票流程”，右侧勾选集中用票申请记录，单击“审批单据”按钮。在打开的“审批单据”界面，依次设置：①审批结论：不通过；②审批意见：不通过。设置完毕后，单击“审批不通过”按钮，将用票申请单据退回至申请状态。

然后，由铸远电子出纳岗陈楚（用户名：ZJ0006）登录系统，执行“资金管理—内部网银—统管票据—集中用票申请”，打开“集中用票申请”功能，对有误单据单击“修改”按钮，将用票申请单据信息修改正确后，再按正向流程实验步骤重新操作即可。

2. 用票申请已审批但未领用记账

状态描述：在“代办任务”中相关领导已对用票申请单据“审批通过”按钮，但资金中心未领用记账。

此时，可由资金中心票据管理岗周菊（用户名：ZJ0005）登录系统，执行“资金管理—票据管理—应收票据—集中用票处理”，打开“集中用票处理”功能，对有误单据单击“单据退回”按钮，输入退回意见，将用票申请单据退回至申请状态。

然后，由铸远电子出纳岗陈楚（用户名：ZJ0006）登录系统，执行“资金管理—内部网银—统管票据—集中用票申请”，打开“集中用票申请”功能，对有误单据单击“修改”按钮，将用票申请单据信息修改正确后，再按正向流程实验步骤重新操作即可。

3. 用票申请已领用记账

状态描述：在“集中用票处理”中已“领用记账”。

此时，集中用票业务已处理完成，即使用汇票对外结算完毕，票据库存中不再登记已被申请用票的票据，相关账户金额已发生变动，并生成相应的内转单据和结算凭证，原则上不能取消记账。在实验过程中，若集中用票申请单据信息录入有误，可重新录入，并由系统管理员处理有误单据。

（三）监管票据登记有误的修改方法

监管应收票据录入时，若出票人、票面金额或收款单位票据户等信息填写有误，需要修改应收票据登记的相关信息，可根据应收票据的状态进行对应的修改，具体修改方法如下。

1. 票据已登记完毕未验票入库

状态描述：在“票据在途登记”中已“登记完毕”，未验票入库。

此时，可由资金中心票据管理岗周菊（用户名：ZJ0005）登录系统，执行“资金管理—票据管理—应收票据—验票入库”，打开“验票入库”功能，对有误票据单击“票据退回”按钮，输入退回意见，将票据退回至登记状态。

然后，由铸远数控出纳岗崔娜（用户名：ZJ0010）登录系统，执行“资金管理—内部网银—统管票据—票据在途登记”，打开“票据在途登记”功能，对有误票据单击“修改”按钮，将应收票据信息修改正确后，再按正向流程实验步骤重新操作即可。

2. 票据已验票入库但未记账

状态描述：在“验票入库”中已“入库”，但未收票记账。

此时，可由资金中心票据管理岗周菊（用户名：ZJ0005）登录系统，执行“资金管理—票据管理—应收票据—收票记账”，打开“收票记账”功能，对有误票据单击“票据退回”按钮，将票据退回至登记状态。

然后，由铸远数控出纳岗崔娜（用户名：ZJ0010）登录系统，执行“资金管理—内部网银—统管票据—票据在途登记”，打开“票据在途登记”功能，对有误票据单击“修改”按钮，将应收票据信息修改正确后，再按正向流程实验步骤重新操作即可。

3. 票据已记账

状态描述：在“收票记账”中已“记账”。

此时，应收票据已登记完成，相关账户金额已发生变动，并生成相应的内转单据和结算凭证，原则上不能取消记账。在实验过程中，若应收票据信息录入有误，可重新录入，并由系统管理员处理有误单据。

（四）监管票据背书申请操作有误的修改方法

背书申请信息录入时，若付款金额、内部票据户或收款单位等信息填写有误，需要修改背书申请相关信息，可根据背书申请单据的状态进行对应的修改，具体修改方法如下。

1. 背书申请未审批

状态描述：在“背书申请”中已“送审”，但相关领导实际未审批，背书申请单据是待审批状态。

此时，可由铸远数控审批岗崔申（用户名：ZJ0011）登录系统，执行“系统公共—任务中心—待办任务”，打开“待办任务”功能，左侧选择“资金管理_内部网银业务—背书流程Web”，右侧勾选背书申请记录，单击“审批单据”按钮。在打开的“审批单据”界面，依次设置：①审批结论：不通过；②审批意见：不通过。设置完毕后，单击“审批不通过”按钮，将背书申请单据退回至申请状态。

然后，由铸远数控出纳岗崔娜（用户名：ZJ0010）登录系统，执行“资金管理—内部网银—统管票据—背书申请”，打开“背书申请”功能，对有误单据单击“修改”按钮，将背书申请单据信息修改正确后，再按正向流程实验步骤重新操作即可。

2. 背书申请已审批未记账

状态描述：在“代办任务”中相关领导已对背书申请单据“审批通过”，但资金中心未背书记账。

此时，可由资金中心票据管理岗周菊（用户名：ZJ0005）登录系统，执行“资金管理—票据管理—应收票据—背书处理”，打开“背书处理”功能，对有误单据单击“单据退回”按钮，输入退回意见，将背书申请单据退回至申请状态。

然后，由铸远数控出纳岗崔娜(用户名：ZJ0010)登录系统，执行“资金管理—内部网银—统管票据—背书申请”，打开“背书申请”功能，对有误单据单击“修改”按钮，将背书申请单据信息修改正确后，再按正向流程实验步骤重新操作即可。

3. 背书申请已记账

状态描述：在“背书处理”中已“背书记账”。

此时，应收票据已背书完成，票据库存中不再登记已背书的票据，相关账户金额已发生变动，并生成相应的内转单据和结算凭证，原则上不能取消记账。在实验过程中，若背书申请信息录入有误，可重新录入，并由系统管理员处理有误单据。

(五) 应付票据开票有误的修改方法

票据质押或开票申请信息录入时，若票据户、拆票户、开票类型或开票金额等信息填写有误，需要修改相关单据信息，可根据申请单据的状态进行对应的修改，具体修改方法如下。

1. 开票申请未审批

状态描述：在“开票申请”中已“送审”，但相关领导实际未审批，开票申请单据是待审批状态。

此时，可由铸远数控审批岗崔申(用户名：ZJ0011)登录系统，执行“系统公共—任务中心—待办任务”，打开“待办任务”功能，左侧选择“资金管理_内部网银业务—业务支付票据开票流程”，右侧勾选开票申请记录，单击“审批单据”按钮。在打开的“审批单据”界面，依次设置：①审批结论：不通过；②审批意见：不通过。设置完毕后，单击“审批不通过”按钮，将开票申请单据退回至申请状态。

然后，由铸远数控出纳岗崔娜(用户名：ZJ0010)登录系统，执行“资金管理—内部网银—统管票据—开票申请”，打开“开票申请”功能，对有误单据单击“修改”按钮，将开票申请单据信息修改正确后，再按正向流程实验步骤重新操作即可。

2. 开票申请已审批但未处理

状态描述：在“代办任务”中相关领导已对开票申请单据“审批通过”按钮，但资金中心未处理。

此时，可由资金中心票据管理岗周菊(用户名：ZJ0005)登录系统，执行“资金管理—票据管理—应付票据—开票处理”，打开“开票处理”功能，针对有误单据单击“修改”按钮，将开票申请单据信息修改正确后，按正向流程实验步骤重新操作即可。

3. 开票申请已处理但未记账

状态描述：在“开票处理”中已“处理完毕”，但未开票记账。

此时，可由资金中心票据管理岗周菊(用户名：ZJ0005)登录系统，执行“资金管理—票据管理—应付票据—开票记账”，打开“开票记账”功能，针对有误单据单击“审核退回”按钮，将开票申请单据退回至处理状态。

然后，由资金中心票据管理岗周菊(用户名：ZJ0005)登录系统，执行“资金管理—票据管理—应付票据—开票处理”，打开“开票处理”功能，对有误单据单击“修改”按钮，将开票申请单据信息修改正确后,再按正向流程实验步骤重新操作即可。

4. 开票申请已记账

状态描述:在"开票记账"中已"开票记账"。

这代表已开票成功,原则上不能取消记账。在实验过程中,若开票申请信息录入有误,可从票据质押申请开始重新录入开票相关信息,并由系统管理员处理有误单据。

第十节　铸远集团资金管理建设成效分析

本章所有教学任务都是从企业实际管理需求出发,基于管理现状及预期目标,搭建一套集中统一的资金管理系统,旨在提高集团资金管控力度,强化整个集团的资金基础数据、相关制度及业务处理的规范性和统一性,提高资金使用效率,降低整个集团的财务费用,防范资金风险,实现集团资源优化配置。

本章所有教学任务都是通过模拟案例场景与结合信息系统实验教学的方式,使读者了解提高集团资金管理的要点和意义,并掌握借助信息化工具可实现的集团资金管控内容和效果。

通过六大教学任务,可助力铸远集团高层领导实现预期管理目标,具体建设成效如下。

(1)账户管理统一化、集中化。铸远集团按资金管控规定,要求各子公司银行账户以四大银行为主开展相关业务,逐渐弱化其他银行账户的使用,并规范了账户开户、变动等申请流程,达到了集团统一管控账户信息的目标。

(2)资金使用效率提升。铸远集团各子公司按照收支两条线模式,每天定时将多余资金上划至集团总账户,形成集团资金池。上划的资金可以结合各子公司用款计划,将部分资金存为内部定期存款,到期时可收取存款利息。另外,资金中心还可对资金池的资金在集团内部做资金调剂使用,向有用款需要的单位提供内部贷款服务,收取贷款利息。通过资金归集及内部资金调剂,可以将集团资金盘活,使企业资金周转率和利用率大大提升,可帮助各子公司低风险地实现资金价值,并降低集团的整体财务费用。

(3)资金计划管控加强。铸远集团各子公司通过资金下拨的方式进行付款资金的下拨申请,并采用资金计划控制的方式,在付款申请时检查"是否超计划",使各子公司使用资金得到有效的控制和监控。对于超计划的付款申请,还可通过资金计划调整来解决不可预期的计划外支出问题,使得资金计划管控既严谨,又能灵活适应各种突发情况支出,使集团更加有效地监管资金流向,帮助企业防范资金风险。

(4)票据管理统一化、规范化。铸远集团要求各子公司将应收票据及应付票据在统一的管理平台进行登记,并对部分单位的票据在集团进行实物票据的统管,由此形成集团票据池。集团对票据池的票据进行科学合理的管理,对各子公司票据的业务处理规范加以统一,这大大提高了整个集团票据管理的规范化程度,并能帮助子公司更好地管理票据,防范票据风险,提高票据流转效率。

统一财务核算仿真实训

第一节 铸远集团财务管控现状与期望

一、铸远集团财务管控现状

铸远集团各子公司前期已在集团范围内统一部署了一套基础的财务管理信息系统平台,用于支撑所属单位的基础会计核算及查询相关工作,包括统一的岗位及职责规划、统一的一级会计科目规划、统一的凭证处理平台、统一的账表查询平台、统一的三大主表规划平台等。在遵循前期规划集中管控原则的前提下,铸远集团允许各子公司在信息系统中对其他内容进行灵活的系统配置及数据录入。例如,各子公司可以灵活设置各自二级及以下明细会计科目,独立管理各自的客户及供应商信息,固定资产相关业务对应的总账数据可独立于资产系统卡片数据独立录入,报表公式可灵活设置及调整等。

铸远集团已部署的基础财务管理信息系统包含的模块及管理工作内容如表 10-1 所示。

表 10-1

模　块	管理工作要点	管理工作内容概述
总账	凭证制单、审核、记账、凭证查询、账表查询	主要通过手动录入方式,对凭证进行管理
往来	往来账表查询	主要对外部个人、外部客户或供应商进行往来款项的查询管理
辅助	辅助账表查询	主要对科目进行自定义辅助信息的查询管理,如主营业务收入的存货项目查询
固定资产	资产卡片管理、计提折旧、资产新增、资产变更、资产减少	主要对固定资产卡片进行集中管理,包括新增、折旧、变更、减少等记录,固定资产系统运行独立于总账管理

续表

模　　块	管理工作要点	管理工作内容概述
报表	新建报表、报表计算、简单合并报表	主要对各单位的单体报表实现自动计算，各单位可灵活定义报表公式、灵活取数。对于铸远集团的合并报表仅仅实现了简单汇总及合并，内部单位间的往来、购销、现金流量等内部交易业务均通过手动 Excel 统计

通过实施上述基础信息系统，铸远集团实现了财务工作的部分集中管控。但在系统运行过程中，铸远集团高层领导逐渐发现，当前的财务管理信息系统应用对于将来加强集团管控和促进财务转型存在以下几方面的问题。

（一）未建立严格统一的财务制度和规范

由于缺乏集团统一的财务制度和规范的约束，铸远集团各子公司在满足集团基础管控要求的基础上，为了实现本单位实际业务需求，会在信息系统中灵活配置各种参数和基础数据框架，使得同质业务的配置和基础数据框架与集团内其他单位差异较大。整个信息系统内数据量大，但却杂乱无章，集团高层难以从该信息系统中各子公司的现有数据里，抽取较为精细、有意义的数据。对于一些必要的分析报告，还需手动处理。

（二）自动化程度较低

在铸远集团现有的财务管理信息系统中，数据处理的自动化主要集中于对数据结果的处理，而对于数据过程的计算和分析，自动化程度则较弱。例如，凭证数据大部分是通过手动录入完成的，合并报表数据则主要来源于手动编制的 Excel 表格数据。

（三）数据联动较弱

铸远集团在信息系统中已应用的各个模块各自独立运行，相互间数据钩稽关系较弱。例如，固定资产卡片数据在固定资产系统维护，而相关记账凭证却不依赖于卡片数据，在总账中单独记录，时而会出现资产账与总账不平的问题；报表无法获取固定资产系统的卡片数据。

（四）应用广度不够

铸远集团已应用的财务管理信息系统虽然能够满足部分核算业务的需求，但是对于一些业务量较大的日常业务，仍然需要手动处理。是否将这部分业务纳入信息系统进行自动化处理，在集团范围内始终未能达成共识。例如，银行对账业务量较大，而铸远集团内只有部分单位通过信息系统进行自动处理，大部分单位的业务处理人员仍然习惯使用 Excel 完成对账工作；铸远集团高层领导比较关注应收款项的账龄分析，但各子公司仍采用 Excel 手动处理，未使用信息系统中的账龄分析功能，但又无法保障手动分析数据的效率和质量。

二、铸远集团财务管控期望

2018 年年初，铸远集团以集团管控为出发点，期望在现有的财务管理信息系统基础上，进行规范整合，在集团范围内搭建高度统一的财务管理信息系统平台，提升系统使用广度、数据自动化处理程度,加强数据联动应用,用以支撑各子公司的会计核算与财务管理工作。对此,铸远集团高层明确提出以下几点管控要求。

(一)搭建集团范围内统一、集成、开放、安全的基础设置标准化平台

取消各子公司原有的私有基础数据设置,按集团财务管控要求统一整合,规划一套适合集团各单位使用的基础数据标准,统一下发并共享给各单位使用。待整合的基础数据内容包括但不限于:各模块系统参数配置、会计科目编号及名称、辅助核算编号及名称、往来客户或供应商编号及名称、固定资产基础数据(资产类别、折旧年限、折旧方法等)报表格式及公式等。

(二)统一使用信息系统自动处理银行对账工作

对所有重要银行存款科目,必须进行银行对账工作。通过信息系统,可实现自动化处理,生成余额调整表,并对历史调整表进行保存及查看。

(三)统一使用信息系统,按统一账龄区间自动完成应收款项账龄分析

对于应收款项,必须按照统一的账龄区间、按月出具账龄分析数据。通过信息系统,可实现自动化处理,实时生成账龄分析表。针对不同区间的应收款项,可设置不同的坏账比例,预估坏账金额。

(四)加强固定资产卡片数据与总账数据的联动应用

固定资产相关业务总账凭证必须依赖于固定资产卡片,固定资产卡片是唯一的数据来源。通过固定资产卡片,可自动生成记账凭证。为了确保资产账与总账的实时平衡,不允许在总账中手动修改相关凭证,固定资产对应的业务科目(如固定资产、累计折旧、减值准备)不允许在总账中手动录入。新的信息系统要能自动处理资产账与总账的平衡检查。

(五)统一使用信息系统自动处理各单位内部交易抵消业务

对于集团内各单位间的内部往来、内部购销、内部现金流量业务,必须通过信息系统自动归集、抵消,并出具抵消报表,以备合并报表及底稿分析使用。

(六)提高报表处理效率及自动化处理程度

按集团管控要求,由集团系统管理员统一配置报表格式及取数公式,并统一封存管理;每月限定日期统一出具各单位单体报表,并快速出具集团合并报表及底稿分析数据。

第二节 铸远集团财务管控体系设计

一、组织架构设计

铸远集团按法人组织架构,在系统中搭建了一套完整的核算组织架构体系。该组织架构定义了集团内各单位之间的上下级所属关系。例如,铸远股份的组织架构图如图 10-1 所示。

在铸远股份的组织架构中,设有一个上级——合并公司、三个平级的普通公司和一个股份抵消公司。在该组织架构中,有合并公司、普通公司、抵消公司三种性质的公司,其对应的业务含义如表 10-2 所示。

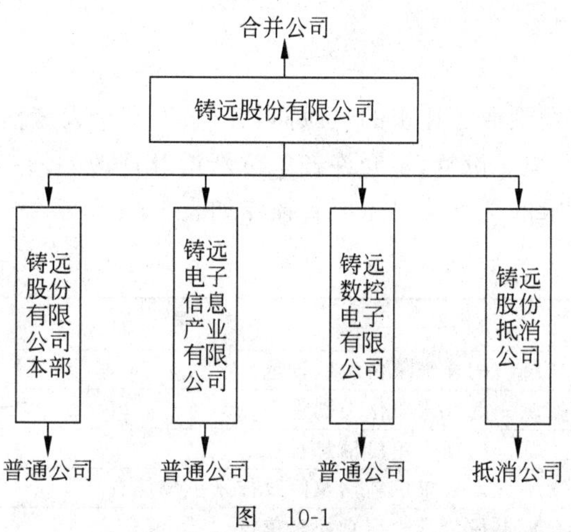

图　10-1

表　10-2

单位名称	公司性质	含　义
铸远股份有限公司	合并公司	不是法人实体，是一个虚拟公司，没有具体的会计业务，主要用于查询下属单位的账表数据、报表数据，以及汇总报表
铸远股份有限公司本部	普通公司	是法人实体，存在具体的会计业务，如录入凭证、银行对账等
铸远电子信息产业有限公司	普通公司	
铸远数控电子有限公司	普通公司	
铸远股份抵消公司	抵消公司	用于将股份本部与各子公司之间，以及子公司相互之间发生的内部交易进行抵消处理，并将相关的抵消凭证、抵消分录及抵消报表数据进行保存，为铸远股份合并报表提供数据来源

二、科目体系设计

集团采用集中统一的一套标准科目体系，并结合会计准则使用统一的科目编码标准，如表 10-3 所示。

表　10-3

一级科目	二级科目	三级科目	四级科目
4	2	2	2

如表 10-3 所示，会计科目的编码规则是 4-2-2-2 结构。例如，“银行存款”下的二级科目“工商银行”的科目编号为 100201。

铸远集团要求各级会计科目均为集团公共科目，由集团系统管理员统一设置，各单位不允许修改。各单位可结合实际业务需要，向集团提出科目新增或调整申请，经相关领导审批通过后，由系统管理员统一设置。

三、往来管理设计

与铸远集团各单位发生业务往来的供应商、客户、外部个人等信息，均为集团公共档案。对此，由集团系统管理员统一设置，不允许各单位新增及修改，各单位根据本单位实际使用需求引入。铸远集团要求的往来信息主要管控点如表 10-4 所示。

表 10-4

序　号	管　控　点
1	统一的往来单位地区管理
2	统一的往来单位类别管理
3	统一的往来单位信息管理
4	不允许各单位新增及修改往来单位信息
5	根据税号唯一识别往来单位
6	已使用往来单位的基本信息不允许修改
7	统一的往来单位信息编码
8	使用集团公共的往来单位信息，按统一的账龄区间进行账龄分析

各单位可结合实际业务需要，向集团提出往来单位新增或调整申请，经相关领导审批通过后，由系统管理员统一设置。

四、辅助核算管理设计

结合铸远集团各单位核算需求，由集团系统管理员统一设置辅助核算类别及对应的核算项目。另外，结合集团账表查询或出报要求，统一按科目设置对应的集团公共辅助核算类别。各单位在集团统一设置的辅助核算类别基础上，不允许减少辅助核算类别，可适当增加核算类别。铸远集团要求的辅助核算管理主要管控点如表 10-5 所示。

表 10-5

序　号	管　控　点
1	统一的辅助类别管理
2	按类别统一编码结构：2-2-2-2
3	统一的辅助核算项目管理
4	核算项目使用后不允许修改名称
5	不允许各单位新增及修改辅助核算项目信息

各单位可结合实际业务需要，向集团提出辅助核算项目新增或调整申请，经相关领导审批通过后，由系统管理员统一设置。

五、固定资产管理设计

铸远集团固定资产相关基础信息均由系统管理员统一设置，要求各单位按统一的资产类别、用途、来源、折旧方法等，编制管理固定资产卡片，按统一业务流程完成卡片新增、变更、减少等资产业务。所有资产业务必须依据对应的资产卡片自动生成记账凭证，不允许手

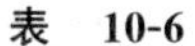

动录入等。铸远集团要求的固定资产管理主要管控点如表10-6所示。

表　10-6

序　号	管　控　点
1	统一的资产类别管理，按类别设置集团公共的资产年限及残值率，不允许各单位修改
2	统一的折旧方法管理
3	统一的资产编码结构，包括资产类别、资产卡片、资产项目等
4	统一的数量及精度管理
5	统一的资产新增、计提折旧、变更、减少等业务处理流程
6	统一的总账控制，包括月结平衡检查、月结检查凭证生成、生成凭证是否允许修改卡片等

六、内部交易设计

铸远集团要求各单位间发生的内部交易业务数据，必须通过统一的内部交易平台实时生成内部交易记录，及时对账，为合并报表提供抵消数据来源，并提高合并报表工作效率。

内部交易平台实时处理的内部交易业务至少要包括内部往来、内部购销、内部现金流量三类业务。

七、报表体系设计

铸远集团统一搭建一套公共的报表体系，至少包含资产负债表、利润表、现金流量表三大主表，各单位继承使用报表格式及公式，不允许修改，确保集团出报口径一致。

各单位在每月3日前必须将本单位上月单体报表数据计算正确并上报，由集团合并报表会计在5日前完成上月报表的合并工作。

第三节　教学任务一：搭建集中统一的基础设置标准化平台

铸远集团于2018年做出集团财务管控战略部署决议，要求搭建统一、集成、开放、安全的一体化信息平台，实现集团总部与下属企业资源共享与信息互通，杜绝“信息孤岛”现象。在这一平台上，集团从整体出发，规划会计科目体系、往来单位体系、集团报表体系、统一编码结构等。2018年年初，集团下发《铸远集团2018年集团财务管控战略部署》，要求集团财务部统一负责，带领各子公司业务骨干完成财务管理信息系统中系统参数及相关基础数据的规范化和统一化工作，在15个工作日内完工并评审通过。集团财务管控部署工作作为该年度各单位的一个考核指标，要求各单位积极配合，保质保量完成，整合完毕后方可开展2018年的业务处理。《铸远集团2018年集团财务管控战略部署》中的部分基础设置管控内容通过以下几个实验进行阐述，并在财务管理信息系统中予以实现。

实验一：会计科目规范化

铸远集团各单位所有会计科目必须完成统一化和标准化工作，对其中“1002　银行存款”科目，按银行统一增设二级公共科目，不允许各单位增设三级私有科目。铸远电子在此之前按银行账号增加了部分三级私有科目，原科目设置如表 10-7 所示。

表 10-7

一级科目	二级科目（公共）	三级科目（私有）	私有科目对应单位
1002 银行存款	100203 中国银行	10020301 621612340000447287 高新区支行	铸远电子信息产业有限公司
1002 银行存款	100203 中国银行	10020302 621698765432100000 重庆路支行	铸远电子信息产业有限公司

按集团财务管控要求，铸远电子需删除三级私有科目，并由集团管理员将银行存款所有二级科目设置为不允许各单位在下级增加私有科目。

【实验步骤】

按表 10-8 所示的用户信息，登录浪潮 GS。

表 10-8

登录日期	登录用户	登录密码	操作内容	登录核算组织
2018.1.1	CW0001（铸远电子财务系统管理岗管艳）	aaaaaa	私有会计科目清理	铸远电子信息产业有限公司

第一步：2018 年 1 月 1 日，铸远电子财务系统管理岗管艳（用户名：CW0001）登录系统，将核算单位切换为“铸远电子信息产业有限公司”。首先在左侧功能列表处选中“财务会计—总账”，然后在右侧核算组织处将核算组织展开至最末级，双击“铸远电子信息产业有限公司”，变为👤，即切换成功，如图 10-2 所示。

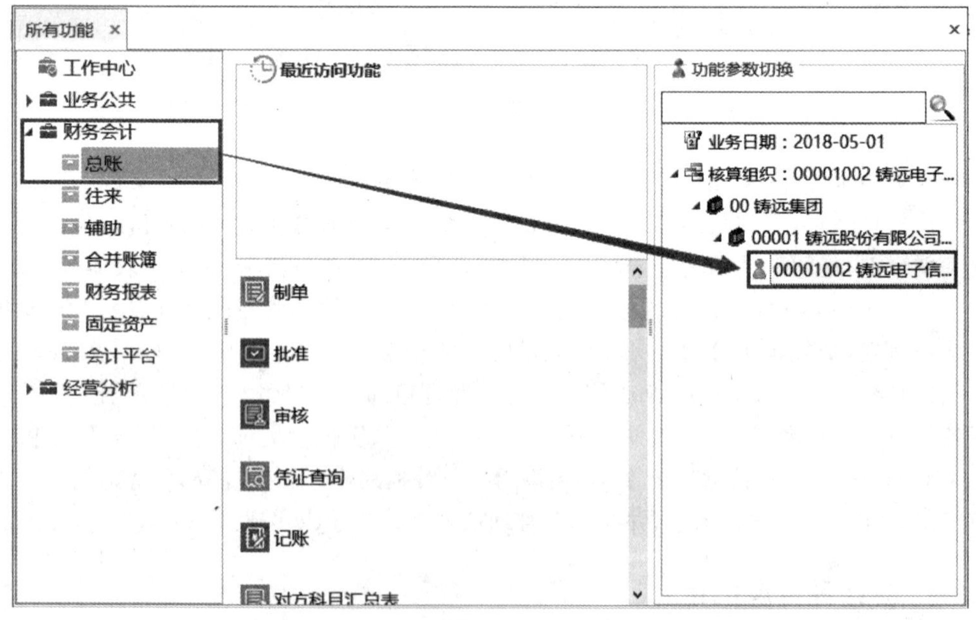

图 10-2

第二步：执行“财务会计—总账—基础数据—公司科目定义”，打开“公司科目定义”功能，在左侧科目列表中选中已经定义的“10020301-621612340000447287 高新区支行”私有科目，单击“删除”按钮，将铸远电子设置的三级私有银行存款科目清空，如图 10-3 所示。

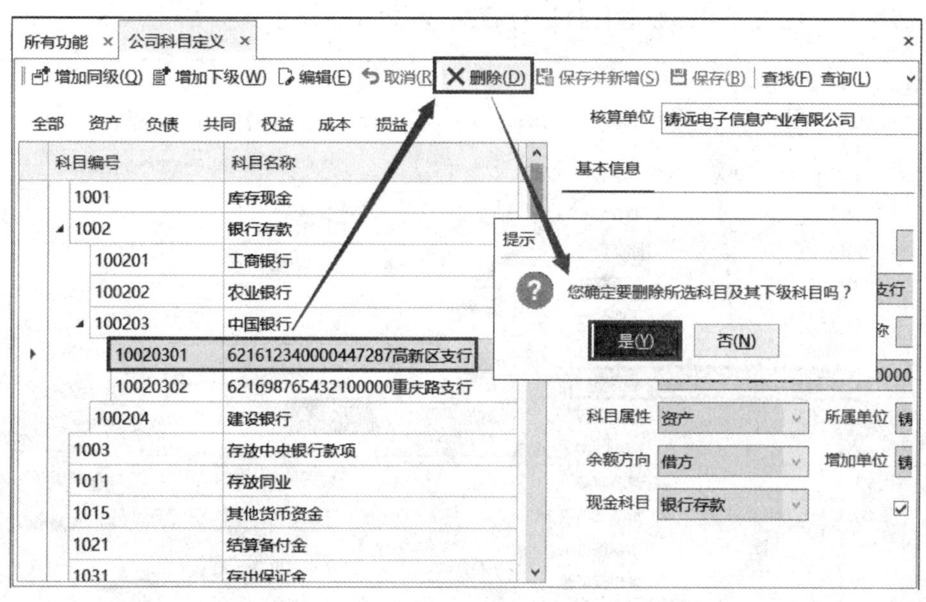

图　10-3

第三步：参照图 10-3 的操作，删除铸远电子设置的“10020302-621698765432100000 重庆路支行”私有科目。

注意：铸远电子及所有单位按照上述操作方法将所有私有科目清除完毕后，需由集团管理员进行集团层面的科目管控，不允许各单位随意增加私有科目，如图 10-4 所示。

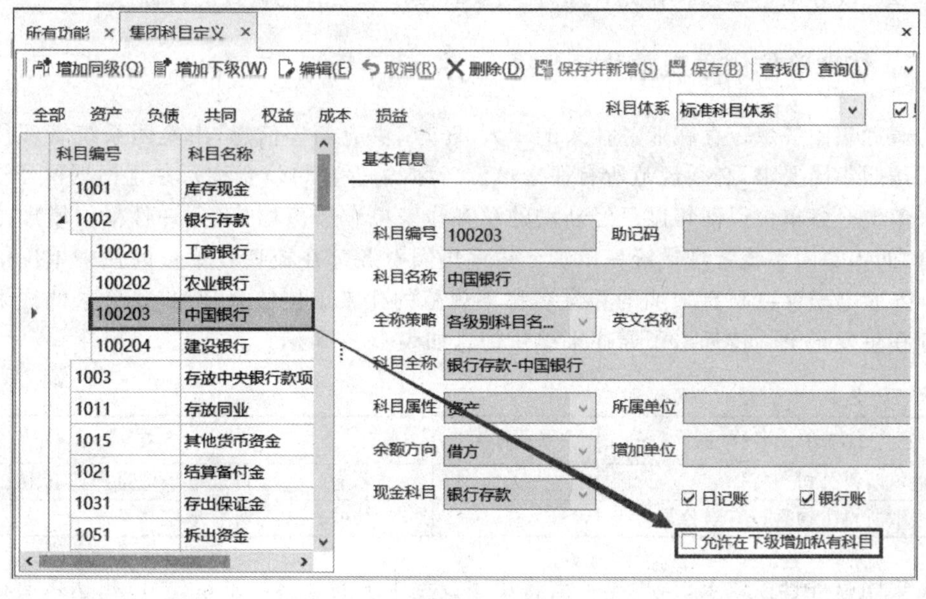

图　10-4

第四步：2018 年 1 月 1 日，铸远电子财务系统管理岗管艳(用户名：CW0001)登录系统，执行“财务会计—总账—基础数据—公司科目定义”，打开“公司科目定义”功能，在左侧科目列表中选中“100203-中国银行”科目，单击“增加下级”按钮，提示“上级科目不允许下级增加私有科目”，代表集团已经对科目进行管控，如图 10-5 所示。

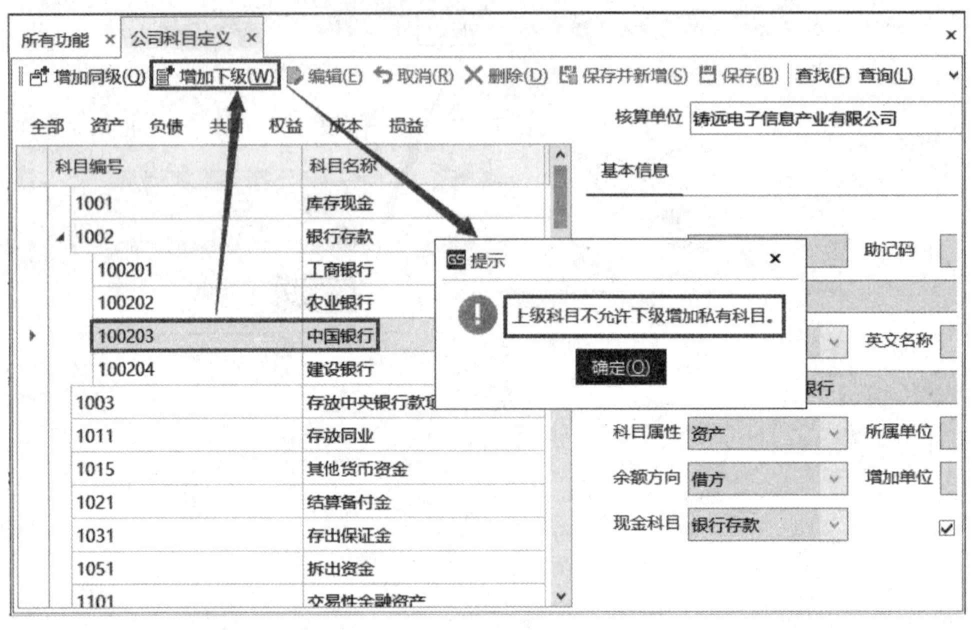

图 10-5

通过上述操作，各单位的私有科目已清除完毕，并在集团层面对科目进行统一管控，不允许各单位增加下级私有科目。基于各单位实际业务需要，由集团系统管理员统一对科目进行增、删、改等调整操作。如此管理，便可实现集团统一管控科目的目标。

实验二：往来单位信息规范化

与铸远集团各单位存在业务往来的个人、客户、供应商等信息，由集团系统管理员统一管理。按照集团要求，必须规范所有往来单位名称(需保存单位全称)，并且根据税号唯一识别往来单位。各单位以前年度已经新增的私有往来单位需停用，不允许各单位增加往来单位信息，而由集团系统管理员统一负责。铸远集团财务部在梳理各单位的往来单位信息时发现：铸远电子存在私有增加的并且名称不规范的往来单位信息，与集团公共的往来单位信息存在重复记录。铸远电子原往来单位信息如表 10-9 所示。

表 10-9

往来单位名称	税号有无	私有/公共	对应单位
广州达尔斯科公司	无	私有	铸远电子信息产业有限公司
广州达尔斯科生物科技有限公司	有	公共	所有单位共享

按集团财务管控要求，铸远电子需将集团设置正确的公共往来单位“广州达尔斯科生物科技有限公司”进行引入，然后将私有的“广州达尔斯科公司”往来单位信息进行清理。清理

时，若该往来单位无任何历史数据发生，则将其删除即可；若存在历史数据，则需要将该往来单位的数据调整至正确的往来单位上，然后将其停用，不允许再进行任何账务处理。另外，集团层面还需设置往来单位管理的相关参数，以达到管控要求。

【实验步骤】

按表 10-10 所示的用户信息，登录浪潮 GS。

表　10-10

登录日期	登录用户	登录密码	操作内容	登录核算组织
2018.1.1	CW0001（铸远电子财务系统管理岗管艳）	aaaaaa	私有往来单位清理	铸远电子信息产业有限公司

第一步：2018 年 1 月 1 日，铸远电子财务系统管理岗管艳（用户名：CW0001）登录系统，执行“业务公共—公共基础数据—往来信息—公司往来单位定义”，打开“公司往来单位定义”功能，在公司处选择“铸远电子信息产业有限公司”，在显示出来的往来单位信息中勾选“广州达尔斯科公司”，单击“删除”按钮，即可将该往来单位删除（无任何历史数据发生），如图 10-6 所示。

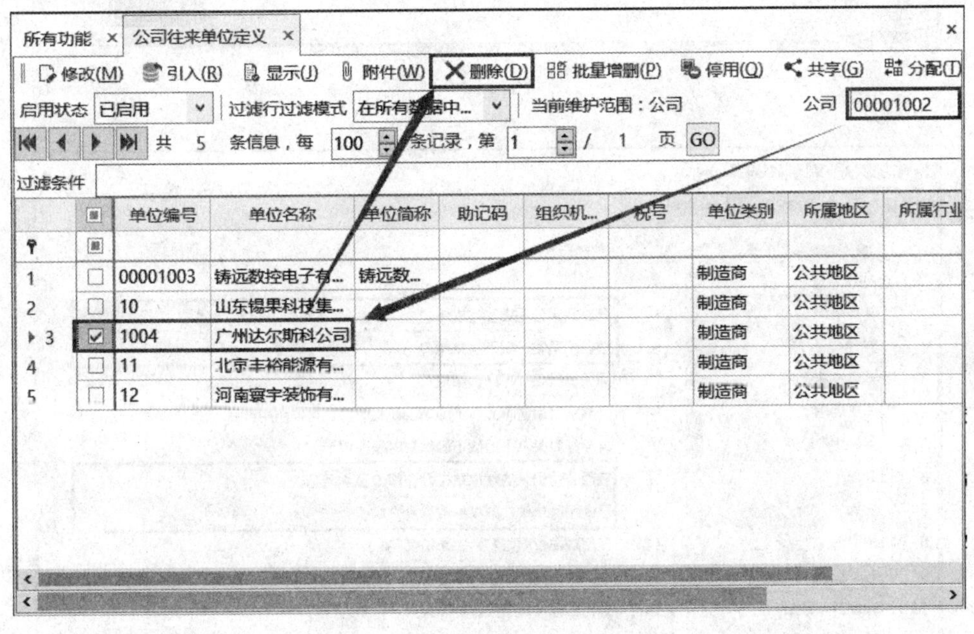

图　10-6

第二步：在“公司往来单位定义”界面，单击“引入”按钮，在打开的“往来单位字典帮助”窗口中选择“广州达尔斯科生物科技有限公司”，单击“确定”按钮，在打开的界面单击“保存”按钮即可将集团公共的正确的往来单位信息引入铸远电子。在往来业务处理时，使用该单位信息进行入账即可，如图 10-7 所示。

注意：铸远电子及所有单位按照上述操作方法将所有私有往来清理（删除或停用）完毕后，需由集团管理员进行集团层面的往来单位管控，不允许各单位随意增加私有往来单位等；同时，通过灵活的集团参数配置，达到管控目标，如图 10-8 所示。

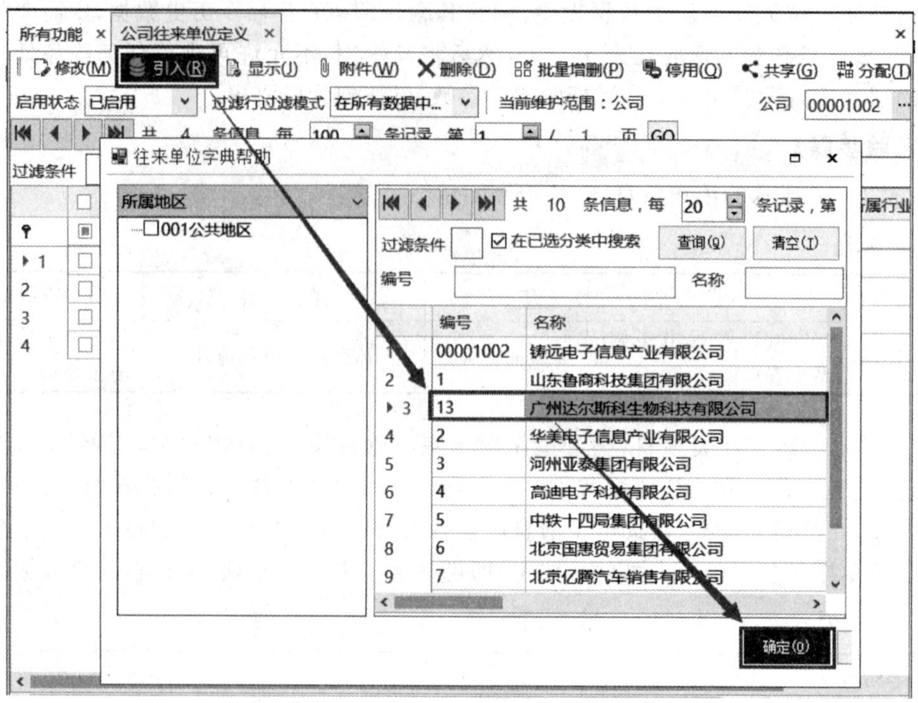

图 10-7

图 10-8

经过集团系统管理员对往来单位进行统一管控后，各单位不再拥有增加私有往来单位的权限，只能从集团层面进行往来单位的引入。

通过上述操作，各单位私有或不规范的往来单位信息已清理完毕，并在集团层面对往来单位信息进行统一管控，避免了往来单位私有化、往来单位重复记录、往来单位信息被随意修改等问题。基于各单位实际业务需要，由集团系统管理员统一对往来单位信息进行增、删、改等调整操作。如此管理，便可实现集团对往来单位信息进行统一管控的目标。

实验三：固定资产管理规范化

铸远集团要求各单位按以下原则管理固定资产卡片，以实现对资产的高度管控要求。

（1）使用集团统一的资产类别，并按固定资产类别统一折旧年限和残值率，据此计提折旧并分摊。

（2）对于批量入账的相同资产卡片，要求按一物一卡进行卡片管理。

（3）月末检查固定资产卡片的凭证生成情况，以及与总账的数据平衡关系。

（4）资产账与总账紧密衔接，不允许在总账中直接手动增加相关资产凭证，不允许在相关资产凭证已经生成的情况下修改卡片数据。

2018 年 1 月 20 日，铸远电子财务部按业务需要购入 4 台联想笔记本，规格型号等完全一致，单价 5 220 元/台，不考虑增值税，款项已支付。铸远电子需在财务管理信息系统中按一物一卡管理方式录入 4 张资产卡片，资产编号依次为 0040002、0040003、0040004、0040005。单张卡片信息如表 10-11 所示。

表　10-11

资产名称	资产类别	折旧方法	资产状态	资产来源	资产用途
联想笔记本	电子设备	平均年限法	在用	直接购入	非生产经营用
入账日期	所属部门	资产数量	资产原值(元)	使用年限	使用月份
2018.1.20	财务部	1	5 220.00	5	60

资产卡片录入完毕后，需生成资产购入凭证，如表 10-12 所示。

表　10-12

凭证日期	摘要	方向	科目编号	科目名称	金额(元)	
					借方	贷方
2018.1.20	联想笔记本购入	借：	1601	固定资产	20 880.00	
		贷：	100204	银行存款-建设银行(现金流量：购建固定资产、无形资产和其他长期资产所支付的现金)		20 880.00

2018 年 1 月 20 日，铸远电子办公室购入 2 台格力空调，规格型号等完全一致，单价 6 960 元/台，不考虑增值税，款项已支付。铸远电子需在财务管理信息系统中按一物一卡管理方式录入 2 张资产卡片，资产编号依次为 0040006、0040007。单张卡片信息如表 10-13 所示。

表　10-13

资产名称	资产类别	折旧方法	资产状态	资产来源	资产用途
格力空调	电子设备	平均年限法	在用	直接购入	非生产经营用
入账日期	所属部门	资产数量	资产原值(元)	使用年限	使用月份
2018.1.20	办公室	1	6 960.00	5	60

资产卡片录入完毕后，需生成资产购入凭证，如表 10-14 所示。

表 10-14

凭证日期	摘要	方向	科目编号	科目名称	金额(元)	
					借方	贷方
2018.1.20	空调购入	借：	1601	固定资产	13 920.00	
		贷：	100204	银行存款-建设银行(现金流量：购建固定资产、无形资产和其他长期资产所支付的现金)		13 920.00

【实验步骤】

按表 10-15 所示的用户信息，登录浪潮 GS。

表 10-15

登录日期	登录用户	登录密码	操作内容	登录核算组织
2018.1.1	CW0001(铸远电子财务系统管理岗管艳)	aaaaaa	总账与资产账平衡检查内容定义	铸远电子信息产业有限公司
2018.1.20	CW0002(铸远电子资产核算岗郑华)	aaaaaa	资产卡片新增	铸远电子信息产业有限公司

注意 1：集团管理员对集团内各单位的资产类别及使用年限等信息进行统一管控，不允许各单位随意变动，如图 10-9 所示。

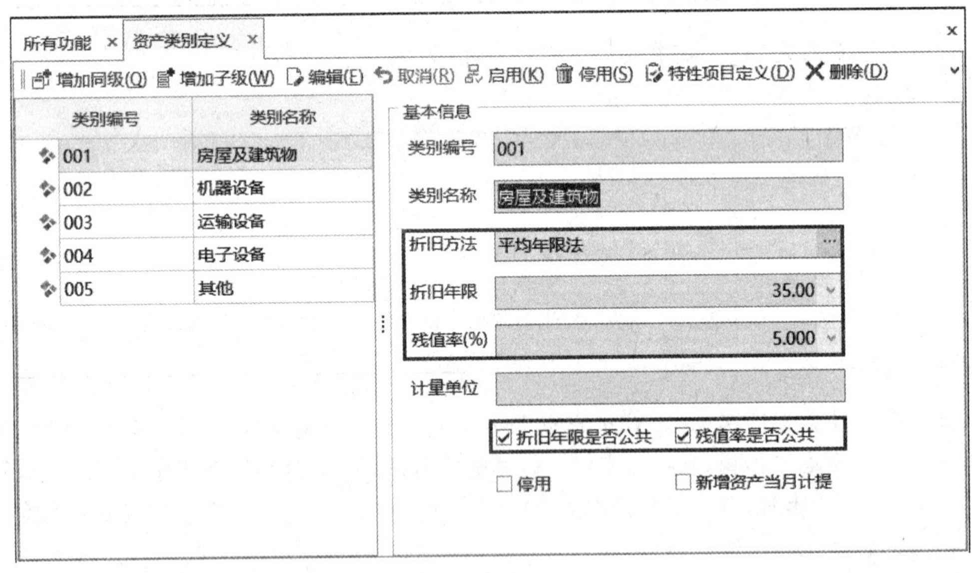

图 10-9

注意 2：集团管理员通过集团统一的参数配置，如对固定资产要求一物一卡管理，月结时检查与总账的数据是否一致，月结时检查资产卡片是否生成财务凭证，生成凭证后不允许修改资产，等等，如图 10-10 所示。

图　10-10

注意3：集团管理员对固定资产业务涉及的相关科目进行控制，不允许各单位手动录入与这些科目关联的固定资产财务凭证。通过将相关科目设置为业务科目的方式，实现此管控目标，如图10-11所示。

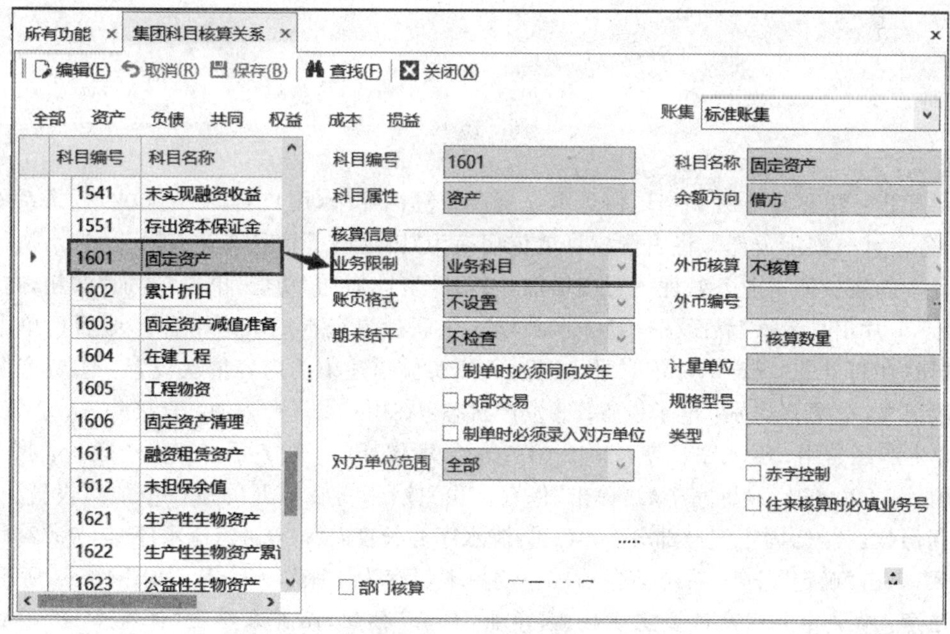

图　10-11

通过对上述管控点的配置，各单位即可在集团统一管控要求下开展各单位的固定资产业务处理。

第一步：2018 年 1 月 1 日，铸远电子财务系统管理岗管艳（用户名：CW0001）登录系统，将核算单位切换为“铸远电子信息产业有限公司”。首先在左侧功能列表处选中“财务会计—固定资产”，然后在右侧核算组织处将核算组织展开至最末级，双击“铸远电子信息产业有限公司”，变为，即切换成功。

第二步：执行“财务会计—固定资产—基础数据—平衡检查定义”，打开“平衡检查定义”功能，分别设置资产卡片的原值、累计折旧、减值准备总额与总账相关科目金额的对应检查关系。单击“新增”按钮，设置“固定资产”一列为“固定资产”（代表固定资产卡片的原值）、勾选“直接对应”（代表卡片金额直接对应总账科目）、设置“科目编号”为 1601，单击“保存”按钮即可。同理，单击“新增”按钮，依次设置“固定资产”一列为“累计折旧”和“减值准备”，均勾选“直接对应”，“科目编号”依次为 1602 和 1603，单击“保存”按钮即可。通过“平衡检查定义”，将所有资产卡片原值、累计折旧与减值准备的总额与总账对应科目的期末余额直接对应，平衡检查时则按照此规则检查资产账与总账的数据是否一致，如图 10-12 所示。

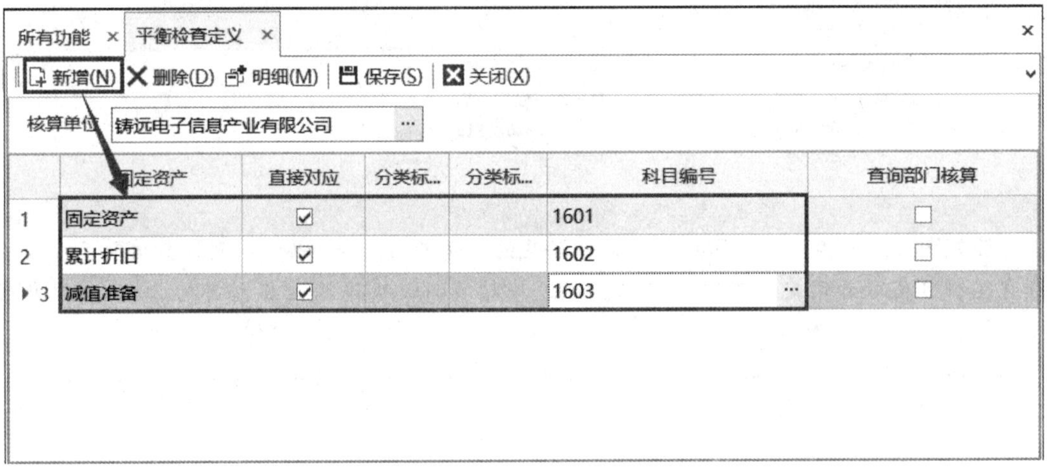

所有功能 × 平衡检查定义 ×

新增(N) 删除(D) 明细(M) 保存(S) 关闭(X)

核算单位 铸远电子信息产业有限公司

	固定资产	直接对应	分类标...	分类标...	科目编号	查询部门核算
1	固定资产	☑			1601	☐
2	累计折旧	☑			1602	☐
3	减值准备	☑			1603	☐

图 10-12

第三步：2018 年 1 月 20 日，铸远电子资产核算岗郑华（用户名：CW0002）登录系统，选中“财务会计—固定资产”，将右侧核算单位切换为“铸远电子信息产业有限公司”。执行“财务会计—固定资产—业务处理—资产增加”，打开“资产增加”功能，单击“增加”按钮，在打开的“资产卡片信息录入”界面按一物一卡新增 4 张联想笔记本的资产卡片。然后再单击“增加”按钮，在打开的“资产卡片信息录入”界面，按实验描述中的内容依次设置：①资产名称：联想笔记本；②资产类别：电子设备；③资产状态：在用；④资产来源：直接购入；⑤资产用途：非生产经营用；⑥入账日期：2018-01-20；⑦所属部门：财务部；⑧资产数量：1；⑨资产原值：5 220.00。设置完毕后，单击“保存多份”按钮，再在打开的窗口中依次设置：①输入保存份数：4；②固定编号部分：004；③流水序号长度：4；④初始流水序号：0002。设置完毕后，单击“确定”按钮，系统会自动按一物一卡保存为 4 张资产卡片，如图 10-13 所示。

注意：资产卡片信息设置完毕后，若单击“保存”按钮，而并未单击“保存多份”按钮，则不会同时生成多张相同的资产卡片。此时，可再单击“新增”按钮，按相同卡片信息设置完毕后，单击“保存多份”按钮，再生成3张卡片即可。

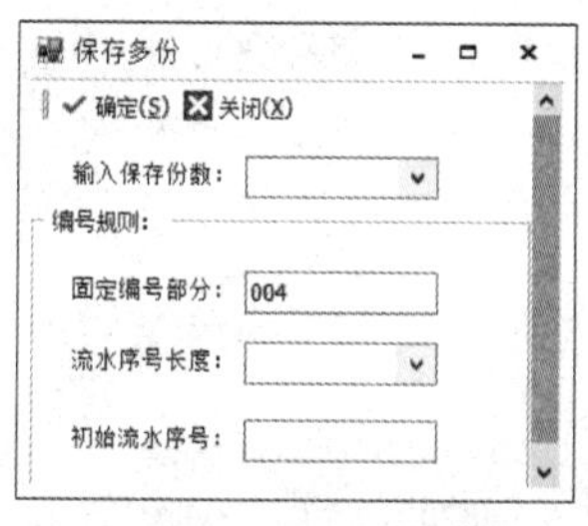

图　10-13

第四步：2018年1月20日，铸远电子资产核算岗郑华(用户名：CW0002)登录系统，执行“财务会计—固定资产—业务处理—资产增加”，打开“资产增加”功能，单击“增加”按钮，在打开的“资产卡片信息录入”界面，按一物一卡新增2张格力空调的资产卡片。然后，再单击“增加”按钮，在打开的“资产卡片信息录入”界面，按实验描述中的内容依次设置：①资产名称：格力空调；②资产类别：电子设备；③资产状态：在用；④资产来源：直接购入；⑤资产用途：非生产经营用；⑥入账日期：2018-01-20；⑦所属部门：办公室；⑧资产数量：1；⑨资产原值：6 960张。设置完毕后，单击“保存多份”按钮，再在打开的窗口中依次设置：①输入保存份数：2；②固定编号部分：004；③流水序号长度：4；④初始流水序号：0006，设置完毕后，单击“确定”按钮，则按一物一卡保存为2张资产卡片。

注意：资产卡片信息设置完毕后，若单击“保存”按钮，而并未单击“保存多份”按钮，则不会同时生成多张相同的资产卡片。此时，可再单击“新增”按钮，按相同卡片信息设置完毕后，单击“保存”按钮，再生成1张卡片即可。

按照以上操作,则将当月新增的资产按一物一卡方式列示出 4 条卡片记录,如图 10-14 所示。

所有功能 × 资产增加 ×

查看(Q) 增加(N) 编辑(E) 复制(C) 删除(D) 导入(I) 下载模版(M) 附属设备(B) 附件(J)

核算单位 铸远电子信息产业有限公司 … □全选

共 7 条 第 1 / 1 页 每页 1000 条 GO

	选择	资产编号	资产名称	资产数量	资产原值	入账日期	所属部门
1	□	0030001	小型轿车	1	116,000.00	2018/1/20	办公室
2	□	0040002	联想笔记本	1	5,220.00	2018/1/20	财务部
3	□	0040003	联想笔记本	1	5,220.00	2018/1/20	财务部
4	□	0040004	联想笔记本	1	5,220.00	2018/1/20	财务部
5	□	0040005	联想笔记本	1	5,220.00	2018/1/20	财务部
6	□	0040006	格力空调	1	6,960.00	2018/1/20	办公室
7	□	0040007	格力空调	1	6,960.00	2018/1/20	办公室
		当前期间：20...		7.00	150,800.00		

图 10-14

第五步：展示集团财务管控效果 1(系统设置“不允许在总账手工增加相关资产凭证”,但在不通过 4 张联想笔记本资产卡片自动生成凭证,直接手动增加总账凭证时,会出现怎样的管控效果)。2018 年 1 月 20 日,铸远电子资产核算岗郑华(用户名：CW0002)登录系统,执行“财务会计—总账—凭证—制单”,打开“制单”功能,准备录入资产购入凭证借方科目 1601,在“科目编号”右侧帮助按钮中选择“1601 固定资产”科目,直接提示“科目设置为业务科目,不能用来手工制单!”,如图 10-15 所示。此管控点可避免重复或错误录入与资产卡片不相符的财务凭证,进而避免资产账与总账数据不一致的现象发生。

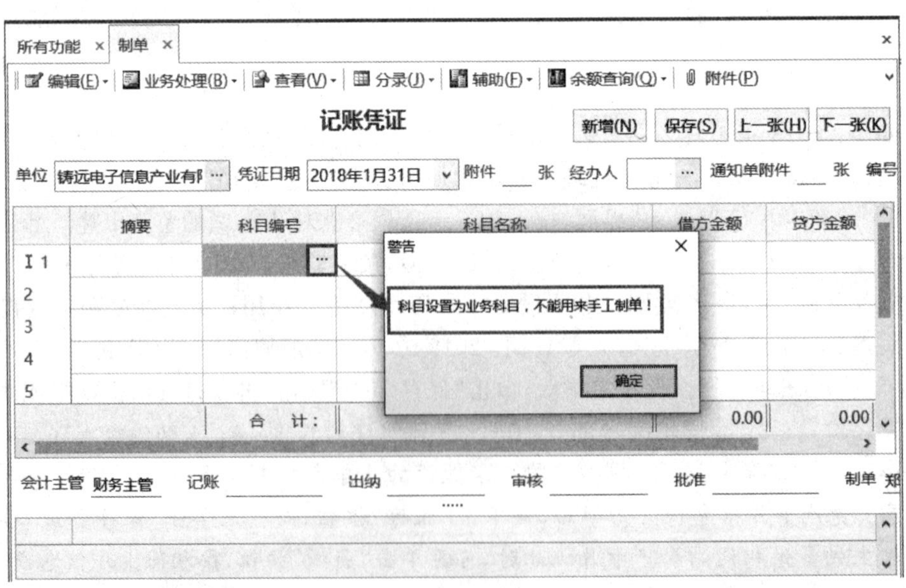

图 10-15

第六步：展示集团财务管控效果 2(系统设置“不允许在总账凭证已经生成的情况下修改原始卡片数据”,但在总账凭证已生成的情况下,修改资产卡片时,会出现怎样的管控效果)。2018 年 1 月 20 日,铸远电子资产核算岗郑华(用户名：CW0002)登录系统,执行“财务会计—固定资产—业务处理—资产增加”,打开“资产增加”功能,选择编号 0030001 资产卡片,单击“编辑”按钮,直接提示“编号为[0030001]的资产已生成凭证,不允许修改!”,如图 10-16 所示。此管控点可避免已生成的财务凭证与资产卡片数据不同步更新,进而避免资产账与总账数据不一致的现象发生。

图 10-16

第七步：展示集团财务管控效果 3(系统设置“在月末要求检查固定资产账与总账的数据平衡关系”,那么若资产账与总账数据不平衡,会有怎样的管控效果)。2018 年 1 月 20 日,铸远电子资产核算岗郑华(用户名：CW0002)登录系统,执行“财务会计—固定资产—期末处理—月结”,打开“月结”功能,单击“月结”按钮,提示“固定资产与总账科目余额平衡检查不通过,无法进行月结!”,如图 10-17 所示。此管控点是在月结时对资产账与总账数据是否一致进行自动检查,若不一致,则不允许月结。

第八步：对购入的 4 台联想笔记本和 2 台格力空调生成记账凭证。2018 年 1 月 20 日,铸远电子资产核算岗郑华(用户名：CW0002)登录系统,执行“财务会计—会计平台—单据生成”,打开“单据生成”功能,在左侧“数据源名称”列表中,选中“财务会计—固定资产—‘固定资产增加-列表型-包含调入资产’—固定资产增加”模板,在右侧单击“查询”按钮,勾选“资产名称”为“联想笔记本”的 4 条资产增加记录,再勾选“合并生成”复选框,单击“生成凭证”按钮,如图 10-18 所示。

注意：若单击“生成虚拟凭证”按钮,则不会生成真实的财务凭证。对此,可在“单据生成”界面,设置“生成状态”为“已生成”,勾选虚拟生成的资产卡片记录(“凭证编号”一列若为空白,则代表是虚拟生成的记录),单击“撤销生成”按钮,返回到“生成状态”为“未生成”的界面下,再勾选相关记录,单击“生成凭证”按钮重新生成即可。

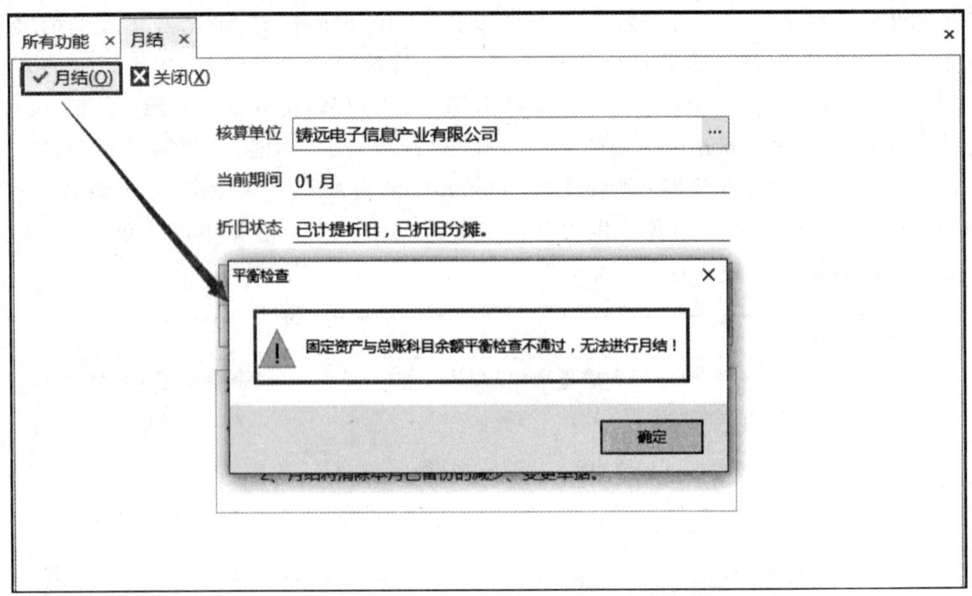

图 10-17

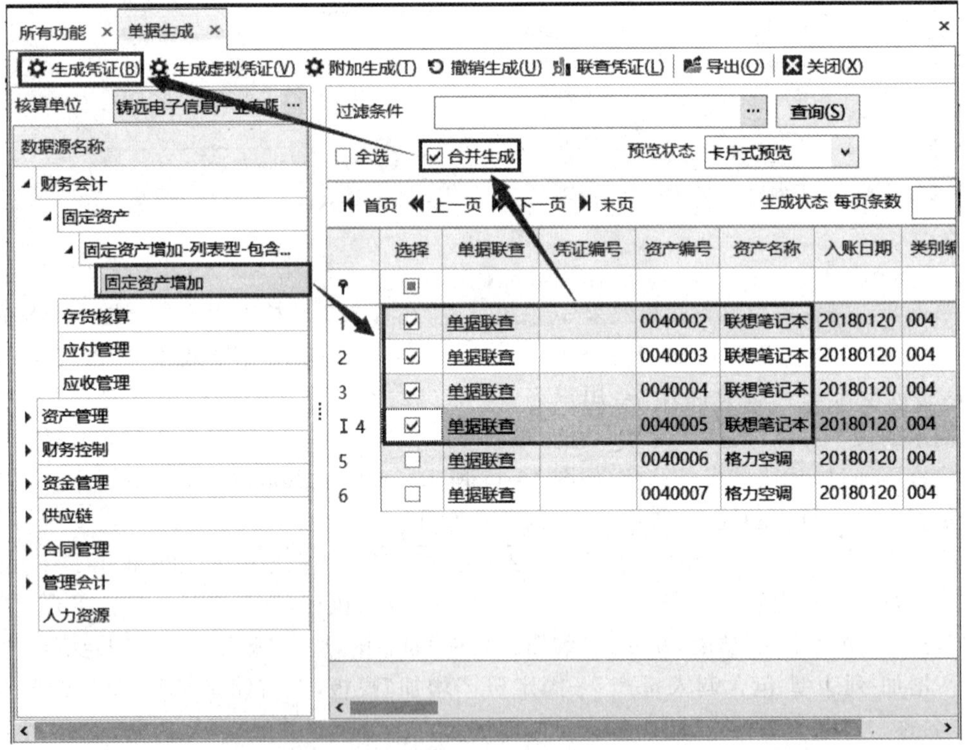

图 10-18

按图 10-18 操作后，在打开的“凭证保存”界面，与实验描述中的凭证分录核对准确无误后，单击“保存”按钮并关闭，即可将本月新购入的 4 台笔记本电脑通过资产卡片自动生成凭证，保存到总账管理，进一步保障资产账与总账数据平衡，如图 10-19 所示。

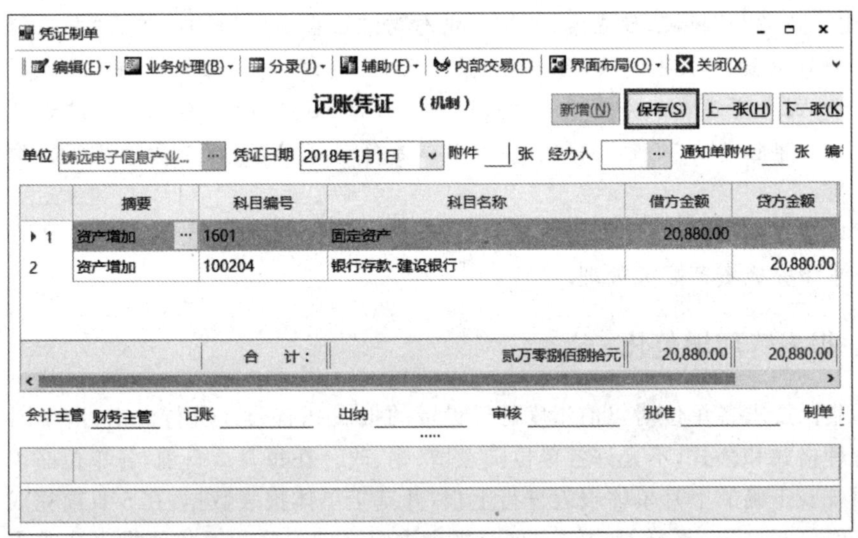

图　10-19

按图 10-19 操作后，在“单据生成”界面采用同样方法，勾选“资产名称”为“格力空调”的 2 条资产增加记录，勾选“合并生成”复选框，单击“生成凭证”按钮，在打开的“凭证保存”界面，与实验描述中的凭证分录核对准确无误后，单击“保存”按钮并关闭，如图 10-20 所示。

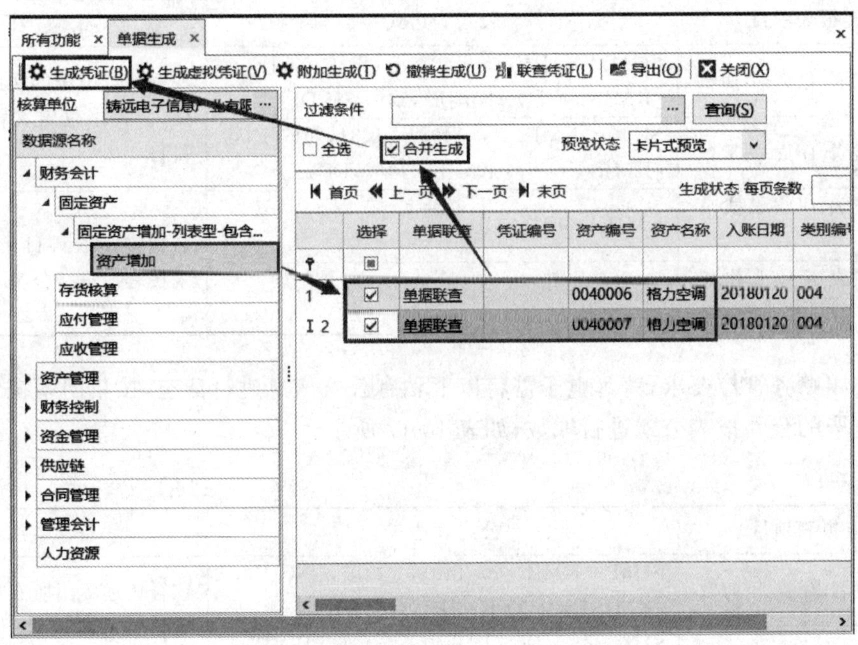

图　10-20

注意：凭证保存后若发现凭证数据错误，主要原因是资产卡片数据录入错误导致的。此时，由于集团管控不允许直接修改资产总账凭证，可由铸远电子资产核算岗郑华(用户名：CW0002)登录系统，执行“财务会计—会计平台—单据生成”，打开“单据生成”功能，在左侧“数据源名称”列表中，选中“财务会计—固定资产—‘固定资产增加-列表型-包含调入资产'—固定资产增加"模板，设置右侧"生成状态"为"已生成"。然后，单击"查询"按钮，勾选生成凭证错误的资产卡片记录，再单击"撤销生成"按钮，将已生成的凭证删除。随后执行"财务会计—固定资产—业务处理—资产增加"，打开"资产增加"功能，单击"编辑"按钮，对有误资产卡片单据单击"编辑"按钮。将卡片信息修改正确后，按正向流程实验步骤重新生成凭证即可。

通过以上操作，铸远集团即可对各单位固定资产进行集中管控，各单位必须在集团财务管控的要求下完成资产账务处理。

实验四：报表管理规范化

铸远集团要求各单位对以前年度已经设置的报表私有公式进行清空，由集团系统管理员统一管理格式和公式，不允许各单位随意增、删、改。在每月 3 日前，各单位必须将本单位钩稽关系校验正确的上月单体报表进行上报，并基于单体报表数据，在 5 日前完成上月报表的合并工作。2018 年前，铸远电子在部分报表中定义了一些相对集团报表公式而言较为简单的报表公式，以满足本单位的报表取数需要。但是，按照集团财务管控要求，需要将这些公式进行清空，由集团系统管理员统一管理，按集团公共的报表公式在统一的规则下进行取数并分析。铸远电子的部分私有公式设置如表 10-16 所示。

表 10-16

对应报表项目	公式表达式	备 注
资产负债表-存货-年初数	SUM（KMJE（，1402：1431，NCJF,,,[KMJS]='1'))-KMJE(,1461,NCDF)	根据铸远电子的实际业务需要，公式中仅定义部分存货科目
资产负债表-存货-期末数	SUM（KMJE（，1402：1431，JFYE,,,[KMJS]='1'))-KMJE(,1461,DFYE)	
资产负债表-应收账款-年初数	KMJE(,1122,NCJF)	公式定义取科目借方数据，未按客户进行分类
资产负债表-应收账款-期末数	KMJE(,1122,JFYE)	

按集团财务管控要求，铸远电子需将以上私有公式信息进行清空，按集团系统管理员已经定义完毕的公共报表公式进行取数，如表 10-17 所示。

表 10-17

对应报表项目	公式表达式	备 注
资产负债表-存货-年初数	SUM（KMJE（，1401：1451，NCJF,,,[KMJS]='1'))-KMJE(,1461,NCDF)	综合铸远集团所有单位的存货科目进行取数公式设置，科目范围全面
资产负债表-存货-期末数	SUM（KMJE（，1401：1451，JFYE,,,[KMJS]='1'))-KMJE(,1461,DFYE)	
资产负债表-应收账款-年初数	SUM（WLJE（，1122，0：Z，NCJF,,,[CNCJF]>0))	按客户进行重分类定义取数公式，只取客户的正数借方余额作为应收账款的报表数据
资产负债表-应收账款-期末数	SUM（WLJE（，1122，0：Z，JFYE,,,[CJFYE]>0))	

【实验步骤】

按表 10-18 所示的用户信息，登录浪潮 GS。

表　10-18

登录日期	登 录 用 户	登录密码	操 作 内 容	登录核算组织
2018.1.1	CW0001（铸远电子财务系统管理岗管艳）	aaaaaa	私有报表公式清理	铸远电子信息产业有限公司

第一步：2018 年 1 月 1 日，铸远电子财务系统管理岗管艳（用户名：CW0001）登录系统，将核算单位切换为“铸远电子信息产业有限公司”，首先在左侧功能列表处，选中“财务会计—总账”，然后在右侧核算组织处，将核算组织展开至最末级，双击“铸远电子信息产业有限公司”，变为👤，即切换成功。

第二步：执行“财务会计—财务报表—报表填制—打开报表”，在右侧报表列表中，选中“001 资产负债表”，单击“确定”按钮，打开资产负债表，如图 10-21 所示。

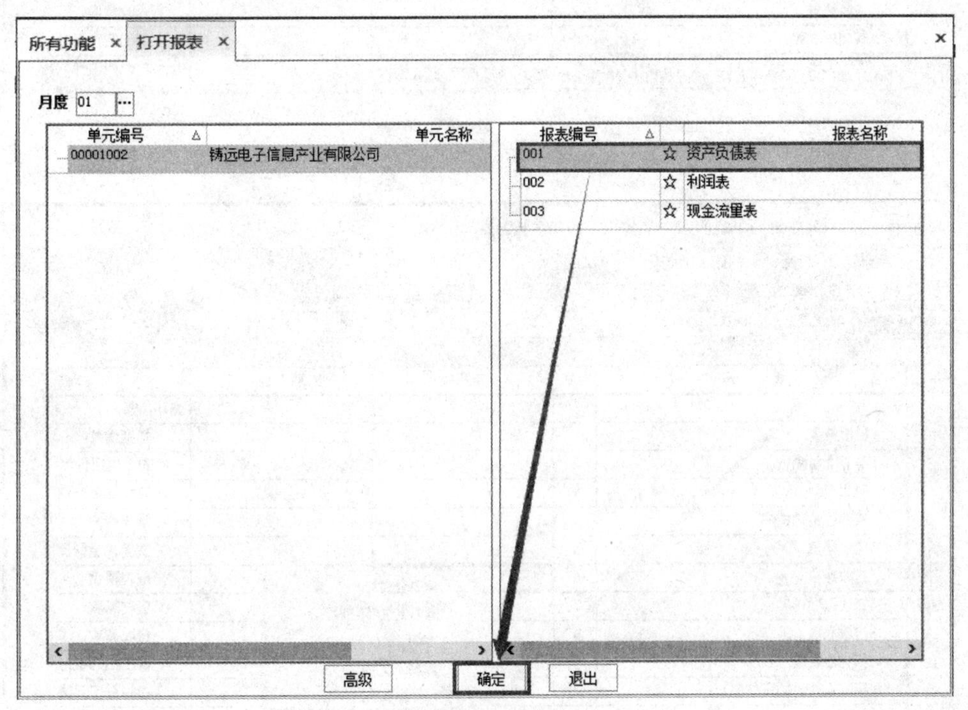

图　10-21

第三步：在打开的资产负债表界面，单击“视图”按钮，选择“单元公式状态”，将报表切换到铸远电子定义私有公式的界面，如图 10-22 所示。

第四步：选中资产负债表中“应收账款-年初数”单元格，右击“清除公式”，单击“是”按钮，并单击“保存”按钮，即可删除原定义的私有公式，如图 10-23 所示。

第五步：依次选中资产负债表中“应收账款-期末数”“存货-年初数”“存货-期末数”单元格，右击“清除公式”，单击“是”按钮，并单击“保存”按钮，即可删除铸远电子定义的私有公式。

图 10-22

图 10-23

集团财务管控知识点 1：铸远电子及所有单位按照以上的操作方法将所有私有报表公式清除完毕后，需由集团管理员进行集团层面的报表管控，不允许各单位随意修改报表；可通过灵活的集团参数配置，达到管控目标，如图 10-24 所示。

图　10-24

集团财务管控知识点 2：集团系统管理员需要对集团统一管控的报表格式及公式进行封存保护设置，不允许各单位随意修改报表格式及公式，只能由集团系统管理员进行维护，如图 10-25 所示。

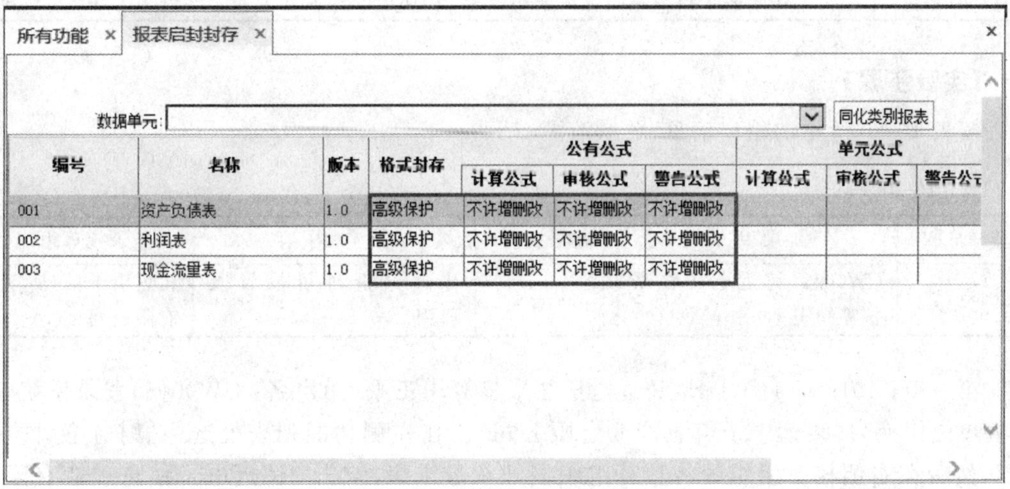

所有功能　报表启封封存

数据单元：　同化类别报表

编号	名称	版本	格式封存	公有公式			单元公式		
				计算公式	审核公式	警告公式	计算公式	审核公式	警告公
001	资产负债表	1.0	高级保护	不许增删改	不许增删改	不许增删改			
002	利润表	1.0	高级保护	不许增删改	不许增删改	不许增删改			
003	现金流量表	1.0	高级保护	不许增删改	不许增删改	不许增删改			

图　10-25

通过以上操作，各单位私有或不规范的报表公式信息已清理完毕，并在集团层面对报表格式及公式进行统一管控，不允许随意修改。基于各单位实际业务需要，由集团系统管理员统一对报表公式进行增、删、改等调整操作。如此管理，便可达到集团对报表进行统一管控的目标。

第四节 教学任务二：搭建集中统一的账龄分析平台

铸远集团在2018年前对各单位应收款项管理较为松散，各单位仅通过Excel统计重点客户的欠款时长及金额，存在数据不及时、不准确的情况，无法做到实时掌握欠款账龄、及时催缴回款。因此，在2018年《铸远集团2018年集团财务管控战略部署》文件中，明确要求各单位必须通过财务管理信息系统完成所有客户的应收款项账龄分析自动处理，可实时出具账龄分析数据，并根据不同的账龄区间设置不同的坏账比率，便于预估坏账金额，进行相关账务处理。

实验一：账龄分析基础数据规划

铸远集团各单位在2018年1月1日启用财务管理信息系统内的账龄分析功能，需要对“1122 应收账款”科目对应的所有客户进行账龄分析。以铸远电子“112201应收账款-产品销售”科目为例，要求以客户为维度进行账龄分析。示例启用分析的客户以及2018年1月1日零点按业务日期拆分的余额，如表10-19所示。

表 10-19

核销维度设置		往来单据初始				
核销科目	核销维度	往来单位	业务日期	摘要	记账方向	金额(元)
112201 产品销售	单位	北京丰裕能源有限公司	2017/7/3	销售业务	借	235 190.30
		山东锡果科技集团有限公司	2016/5/20	销售业务	借	505 965.00

【实验步骤】

按表10-20所示的用户信息，登录浪潮GS。

表 10-20

登录日期	登录用户	登录密码	操作内容	登录核算组织
2018.1.1	CW0003(铸远电子往来核算岗王平)	aaaaaa	账龄分析科目设置及启用	铸远电子信息产业有限公司

第一步：2018年1月1日，铸远电子往来核算岗王平(用户名：CW0003)登录系统，将核算单位切换为“铸远电子信息产业有限公司”。在左侧功能列表处选中“财务会计—总账”，然后在右侧核算组织处将核算组织展开至最末级，双击“铸远电子信息产业有限公司”，变为👤，即切换成功。

第二步：执行“财务会计—往来—核销—核销依据定义”，打开“核销依据定义”功能，单击“导入核销科目”按钮，选择“112201-产品销售”科目，单击“确定”按钮，即可将该科目设置为待账龄分析的科目，如图10-26所示。

第三步：执行“财务会计—往来—核销—往来单据初始”，打开“往来单据初始”功能，选择“112201应收账款-产品销售”科目，单击“确定”按钮。然后，单击“新增”按钮，按实验描

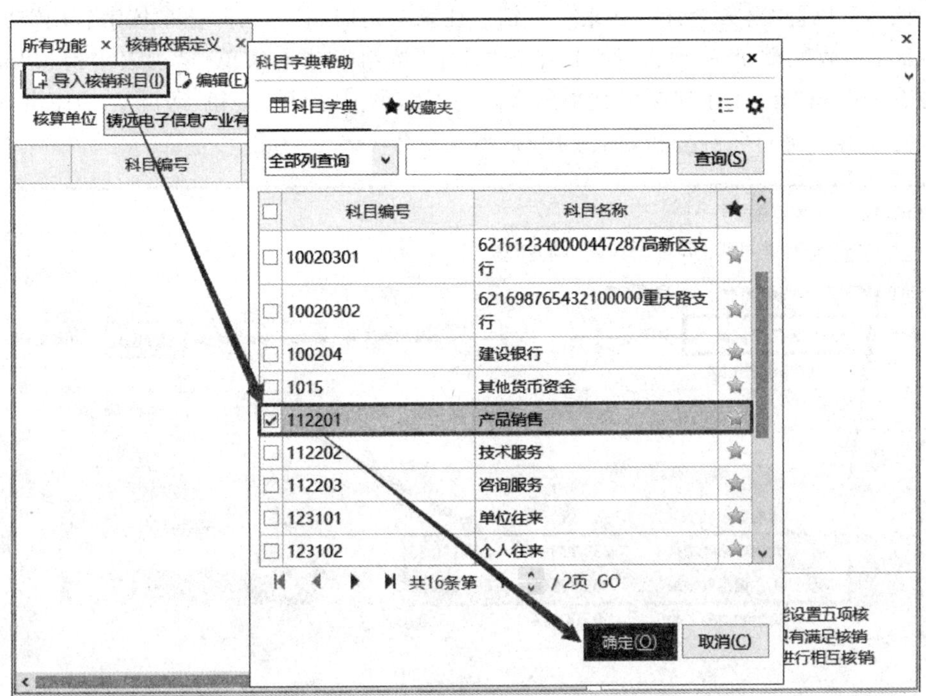

图　10-26

述中的内容分别录入“北京丰裕能源有限公司”和“山东锡果科技集团有限公司”两个客户在2017/7/3、2016/5/20时点的借方余额，单击“保存”按钮，即可将这两个客户的余额拆分成按业务日期显示的数据记录，便于后续进行准确账龄分析，如图10-27所示。

注意：“业务日期”务必设置正确，否则影响账龄分析结果！

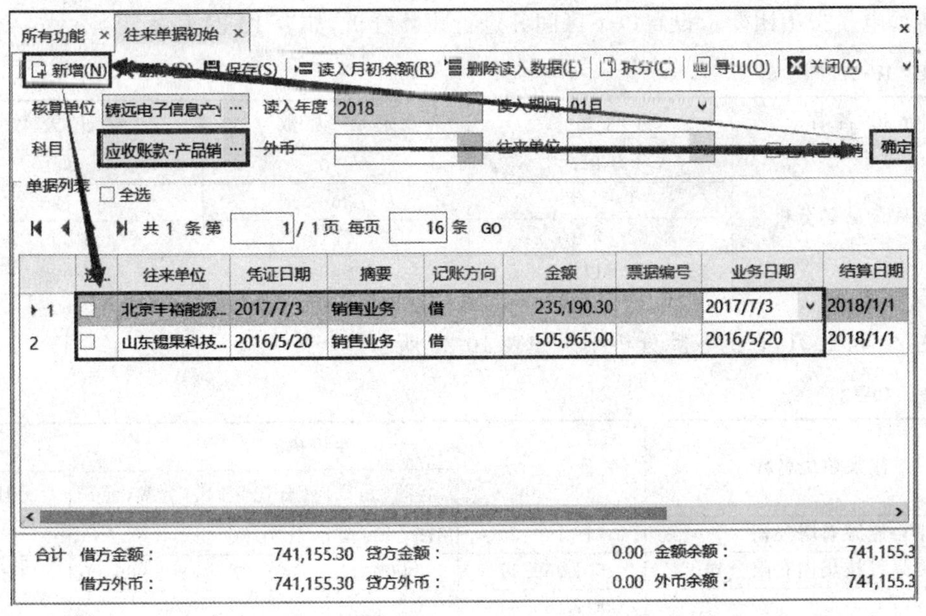

图　10-27

第四步：执行“财务会计—往来—核销—往来核销启用”，打开“往来核销启用”功能，选择“112201 应收账款-产品销售”科目，单击“确定”按钮，在“往来单位”列表中勾选“北京丰裕能源有限公司”和“山东锡果科技集团有限公司”，单击“启用”按钮，即可从 2018 年 1 月开始对这两个客户进行账龄分析，如图 10-28 所示。

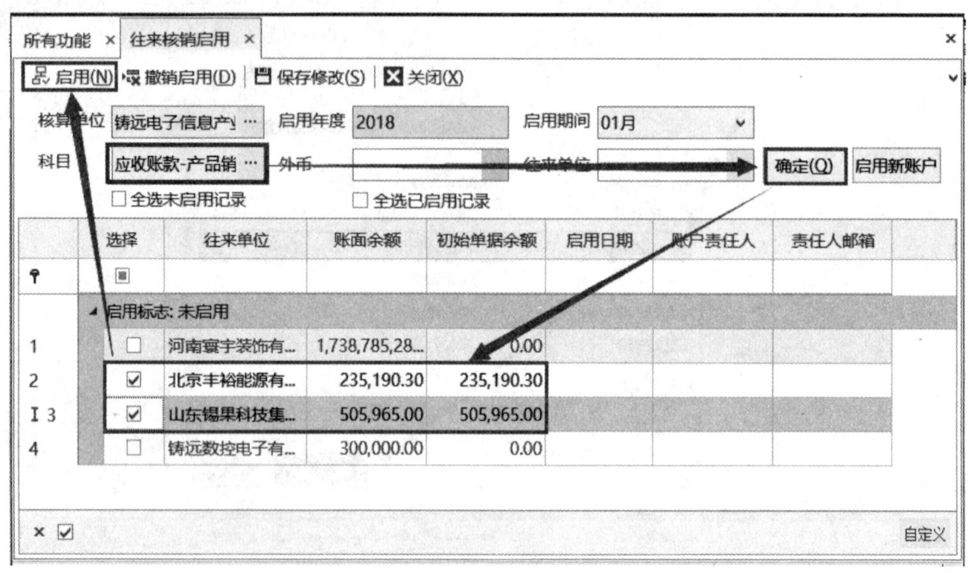

图 10-28

通过以上操作，即可完成对应收款项账龄分析基础数据的规划。

实验二：账龄分析

铸远电子按集团要求设置以下区间并进行账龄分析，如表 10-21 所示。

表 10-21

分析名称	期间名称	起始天数	终止天数
应收账款账龄分析	1 年以内	0	365
	1～2 年	366	730
	2～3 年	731	1 095
	3 年以上	1 096	99 999

在 2018.1.31，查询账龄分析结果如表 10-22 所示。

表 10-22

往来单位名称	欠款金额(元)	1 年以内		1～2 年	
		金额(元)	百分比(%)	金额(元)	百分比(%)
北京丰裕能源有限公司	215 190.30	215 190.30	100.00		
山东锡果科技集团有限公司	601 965.11	396 000.11	65.78	205 965.00	34.22
合计	817 155.41				

【实验步骤】

按表 10-23 所示的用户信息，登录浪潮 GS。

表　10-23

登录日期	登录用户	登录密码	操作内容	登录核算组织
2018.1.31	CW0003(铸远电子往来核算岗王平)	aaaaaa	往来业务核销、账龄区间定义及分析	铸远电子信息产业有限公司

第一步：2018 年 1 月 31 日，铸远电子往来核算岗王平(用户名：CW0003)登录系统，执行“财务会计—往来—核销—账龄分析”，确定右侧核算组织是“铸远电子信息产业有限公司”，打开“账龄分析”功能，单击“新增”按钮，在右侧“名称”设置为“应收账款账龄分析”，单击“新增行”按钮，如图 10-29 所示。然后，按实验描述内容，依次设置四个区间的期间名称、起始天数和终止天数。设置完毕后，单击“保存”按钮，即可按集团统一管控要求，进行分区间段的账龄分析。

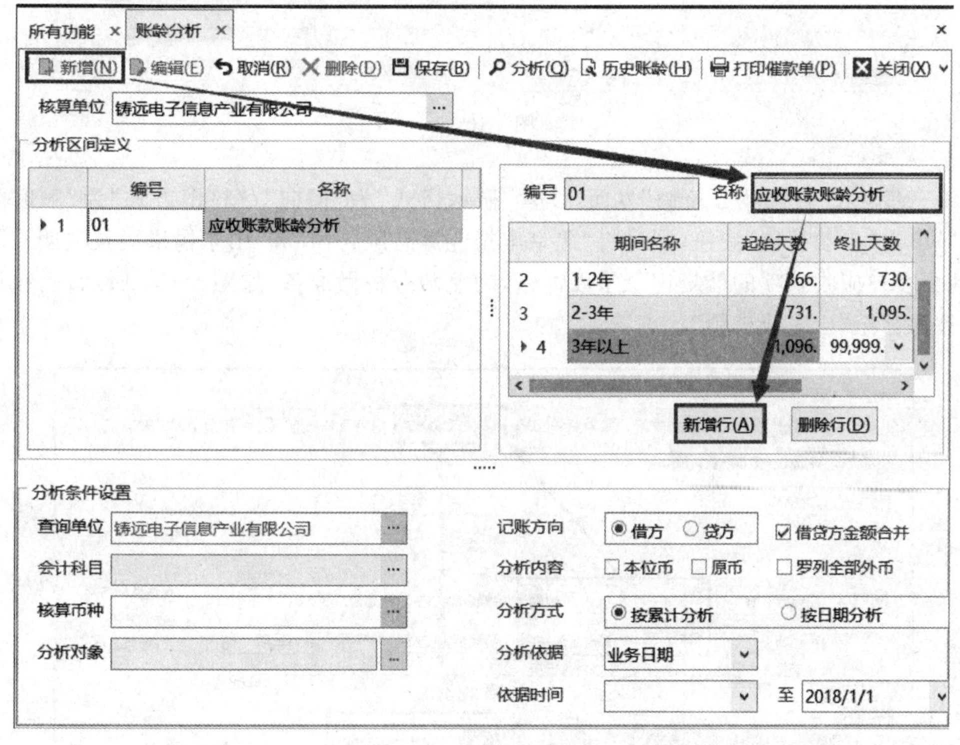

图　10-29

第二步：执行“财务会计—往来—核销—往来业务核销”，打开“往来业务核销”功能，选择“112201 应收账款-产品销售”科目，单击“确定”按钮。然后，单击“转入往来账”按钮，在弹出的窗口中设置“凭证日期”为“2018/1/1 至 2018/1/31”，单击“确定”按钮，则可将客户在 1 月发生的应收账款往来凭证读取出来，如图 10-30 所示。

注意：凭证日期截止日务必设置为 2018/1/31，否则会导致往来账记录读入不全面，继而影响账龄分析结果！

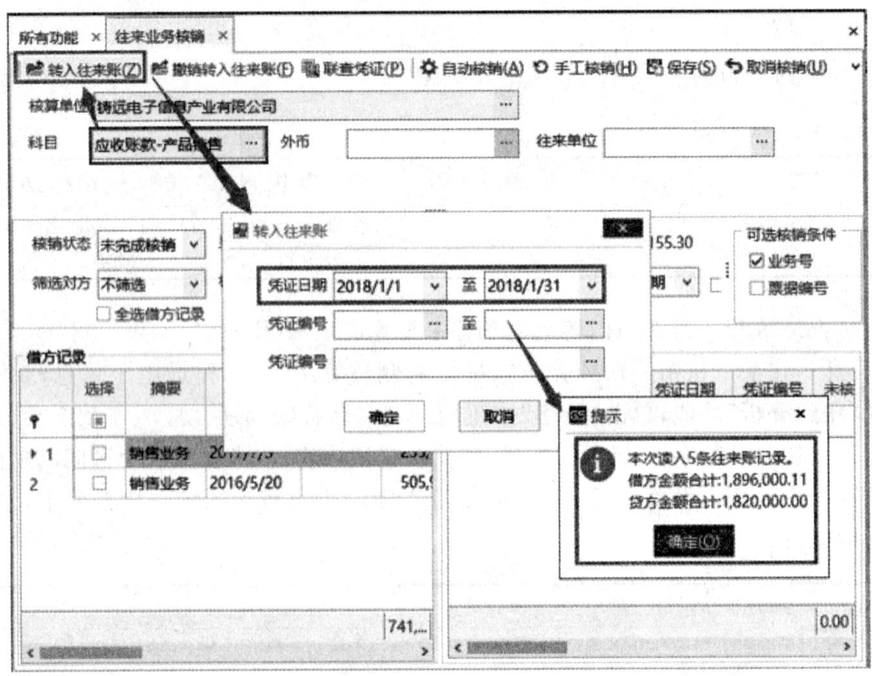

图 10-30

第三步：在“往来业务核销”界面，设置“显示格式”为“横向”，“核销方式”为“顺时全额核销”，单击“自动核销”按钮，则可将“北京丰裕能源有限公司”和“山东锡果科技集团有限公司”两个客户应收款项的借贷记录予以冲销，为账龄分析做准备，如图 10-31 所示，已核销的记录被保存至“已完成核销”状态下。

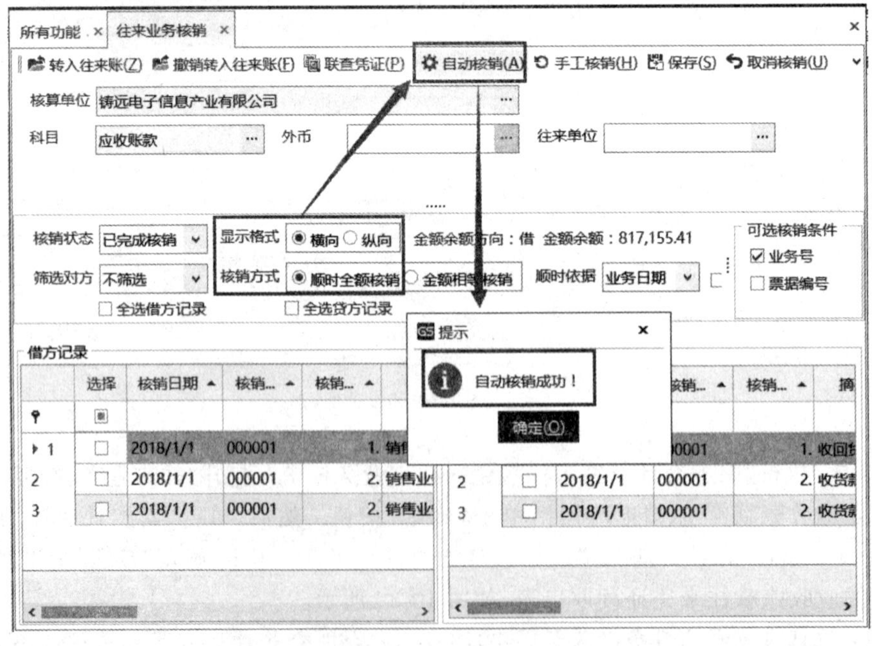

图 10-31

第四步：执行“财务会计—往来—核销—账龄分析”，打开“账龄分析”功能，单击已经定义的“应收账款账龄分析”，在“分析条件设置”处设置：①会计科目：应收账款-产品销售；②分析对象：往来单位；③分析方式：按日期分析；④依据时间-截止日：2018/1/31。设置完毕后，单击“分析”按钮，如图 10-32 所示。

注意：登录日期务必为 2018-01-31，否则影响账龄分析结果！

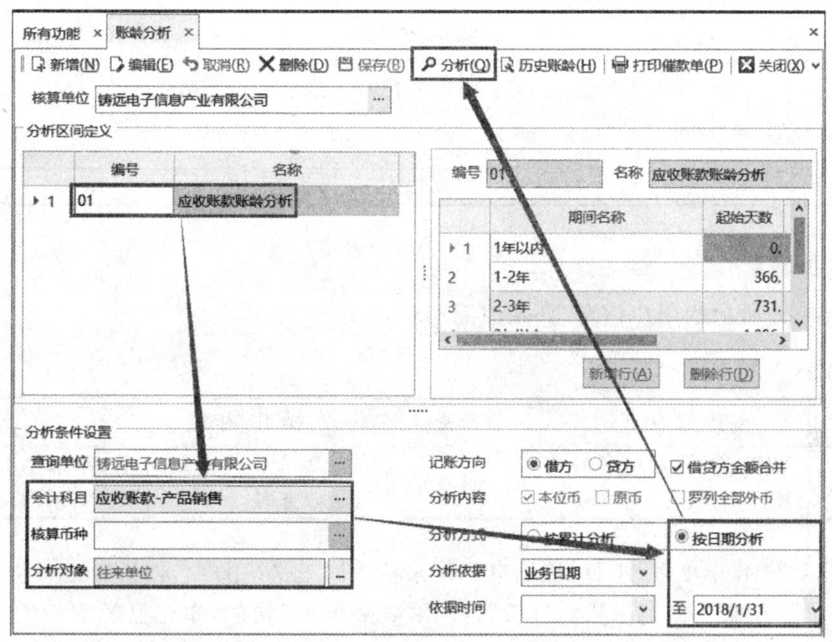

图　10-32

按图 10-32 操作后，即可将“山东锡果科技集团有限公司”和“北京丰裕能源有限公司”两个客户在 2018 年 1 月 31 日的账龄分析数据展示出来，如图 10-33 所示。

所有功能 × 账龄分析 × 账龄分析 ×

格式设置 页面设置 重新查询 增强模式

共 3 条 1/1 页 每页 30 条 GO

单位：00001002/铸远电子信息产业有限公司

分析时间：到2018-01-31　　科目：应收账款-产品销售

往来单位名称	内部往来	欠款余额	1年以内(0—365天)		1-2年(366—730天)	
			金额	百分比(%)	金额	百分比(%)
山东锡果科技集团有限公司	否	601,965.11	396,000.11	65.78	205,965.00	34.22
北京丰裕能源有限公司	否	215,190.30	215,190.30	100.00		
		817,155.41	611,190.41	74.79	205,965.00	25.21

图　10-33

通过以上操作，即可按集团统一要求的账龄区间，来实时分析所有客户的应收款项账龄数据了。

实验三：预提坏账

铸远集团要求各单位按应收款项余额，针对不同账龄区间，设置不同的坏账百分比，预提坏账金额，通过财务管理信息系统自动分析并查询。坏账预提比例设置，如表 10-24 所示。

表 10-24

分析名称	期间名称	预计坏账百分比(%)
应收账款账龄分析	1 年以内	0.5
	1～2 年	20
	2～3 年	60
	3 年以上	100

【实验步骤】

按表 10-25 所示的用户信息，登录浪潮 GS。

表 10-25

登录日期	登录用户	登录密码	操作内容	登录核算组织
2018.1.31	CW0003(铸远电子往来核算岗王平)	aaaaaa	预提坏账比例设置及坏账金额查询	铸远电子信息产业有限公司

第一步：2018 年 1 月 31 日，铸远电子往来核算岗王平(用户名：CW0003)登录系统，执行"财务会计—往来—核销—账龄分析"，打开"账龄分析"功能，单击已经定义的"应收账款账龄分析"，单击"编辑"按钮，按实验描述中的内容设置不同区间段的"预计坏账百分比"，设置完毕后，单击"保存"按钮，即可实现坏账计提分析，如图 10-34 所示。

图 10-34

第二步：执行“财务会计—往来—核销—账龄分析”，打开“账龄分析”功能，单击已经定义的“应收账款账龄分析”，在“分析条件设置”处设置：①会计科目：应收账款-产品销售；②分析对象：往来单位；③分析方式：按日期分析；④依据时间-截止日：2018/1/31。设置完毕后，单击“分析”按钮，即可将包含坏账预提金额的账龄分析数据展示出来，如图 10-35 所示。

注意：登录日期务必为 2018-01-31，否则影响账龄分析结果！

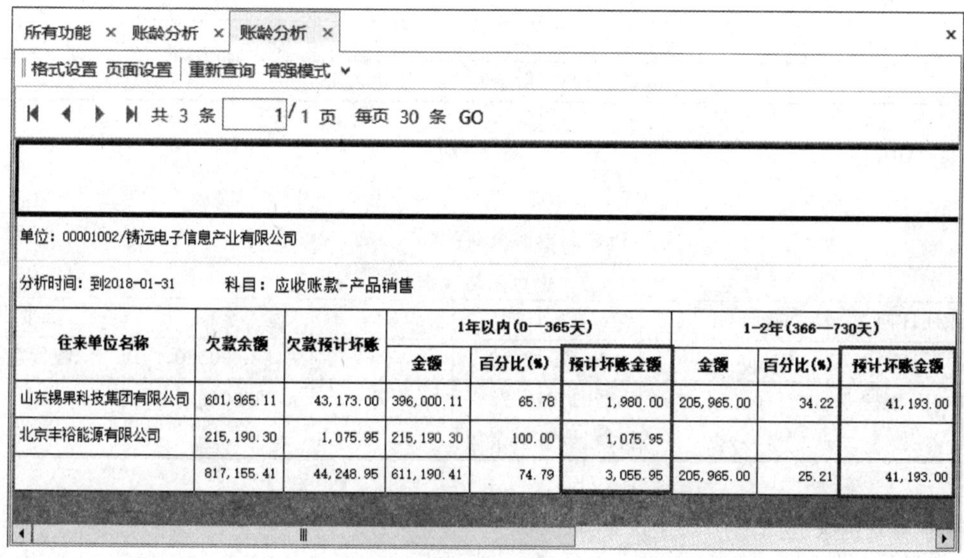

往来单位名称	欠款余额	欠款预计坏账	1年以内(0—365天)			1-2年(366—730天)		
			金额	百分比(%)	预计坏账金额	金额	百分比(%)	预计坏账金额
山东锡果科技集团有限公司	601,965.11	43,173.00	396,000.11	65.78	1,980.00	205,965.00	34.22	41,193.00
北京丰裕能源有限公司	215,190.30	1,075.95	215,190.30	100.00	1,075.95			
	817,155.41	44,248.95	611,190.41	74.79	3,055.95	205,965.00	25.21	41,193.00

图　10-35

通过以上操作，即可按集团统一要求的坏账百分比，来实时分析所有客户的坏账预提金额。

第五节　教学任务三：搭建集中统一的银行对账平台

铸远集团在 2018 年前对各单位银行对账工作是否采用信息系统自动化处理管理较为松散，只有部分单位通过财务管理信息系统完成自动对账，大多数均是通过 Excel 手动对账，自动化处理程度较低。因此，在 2018 年《铸远集团 2018 年集团财务管控战略部署》文件中明确要求，各单位必须通过财务管理信息系统完成银行对账自动处理，可生成余额调整表，对历史调整表进行保存查询。

实验一：银行对账基础数据规划

铸远集团各单位在 2018 年 1 月 1 日启用财务管理信息系统内的银行对账功能，需要对“1002　银行存款”所有科目进行银行对账。以铸远电子“100202　银行存款-农业银行”科目为例，从 2018 年 1 月 1 日开始在财务管理信息系统中开始自动对账工作。在 2018 年 1 月 1 日时点，该科目的账面余额为 2 107 469.52 元，需要将该时点的单位未达账项以及银行未达账项初始完成，如表 10-26 和表 10-27 所示。

表 10-26

单元：元

单位账调整前余额：2 107 469.52		
单位未达账项		
业务日期	贷(付)方金额	借(收)方金额
2017.12.15	10 099.99	
2017.12.22		300 000.00
2017.12.28		20 000.00
单位账调整后余额：2 417 369.53		

表 10-27

单位：元

银行账调整前余额：2 617 469.52					
银行未达账项					
凭证日期	凭证编号	业务日期	方向	金额	摘要
2017.12.18	00005	2017.12.18	借	250 000.00	收货款
2017.12.25	00006	2017.12.25	贷	450 099.99	采购
银行账调整后余额：2 417 369.53					

【实验步骤】

按表 10-28 所示的用户信息，登录浪潮 GS。

表 10-28

登录日期	登录用户	登录密码	操作内容	登录核算组织
2018.1.1	CW0004(铸远电子出纳岗楚丽)	aaaaaa	银行对账科目设置及启用	铸远电子信息产业有限公司

第一步：2018 年 1 月 1 日，铸远电子出纳岗楚丽(用户名：CW0004)登录系统，将核算单位切换为“铸远电子信息产业有限公司”。首先，在左侧功能列表处，选中“财务会计—总账”，然后在右侧核算组织处将核算组织展开至最末级，双击“铸远电子信息产业有限公司”，变为👤，即切换成功。

第二步：执行“财务会计—总账—出纳—银行科目设置”，打开“银行科目设置”功能，单击“导入银行科目”按钮，选择“100202 农业银行”科目，单击“确定”，即可将该科目设置为需要银行对账的科目，如图 10-36 所示。

第三步：执行“财务会计—总账—出纳—银行对账初始”，打开“银行对账初始”功能，选择“100202 银行存款-农业银行”科目，单击“确定”按钮，在左侧单位账自动显示调整前余额为 2 107 469.52。然后，单击“单位未达账项”按钮，在打开的窗口中单击“新增”按钮，按实验描述中单位未达账项三条记录依次录入。录入完毕后，单击“保存”按钮并关闭。此时，在单位账处显示“银收企未收：320 000.00；银付企未付：10 099.99；调整后余额：2 417 369.53”即可，如图 10-37 所示。

所有功能
银行科目设置
导入银行科目(I)
删除(D)
关闭(X)
核算单位
铸远电子信息产业有限
科目编号
科目字典帮助
科目字典
全部列查询
查询(S)
科目编号
科目名称
100201
工商银行
100202
农业银行
100203
中国银行
100204
建设银行
1003
存放中央银行款项
1011
存放同业
共6条第 1 / 1页 GO
确定(O)
取消(C)

图　10-36

所有功能
银行对账初始
启用(E)
反启用(D)
关闭(X)
核算单位
铸远电子信息产业有限公司
过滤条件
科目编号
100202
核算项目
启用状态
未启用
单位账
调整前余额
2,107,4
加：银收企未收
320,0
减：银付企未付
10,0
单位未达账项
调整后余额
2,417,369.53
调整后余额
0.00
单位未达账项
新增(N)
取消(C)
删除(D)
保存(S)
关闭(X)
全选
共 3 条 第 1 / 1 页 GO
选择
业务日期*
贷（付）方金额
借（收）方金额
2017/12/15
10,099.99
0.00
2017/12/22
0.00
300,000.00
2017/12/28
0.00
20,000.00
10,099.99
320,000.00
注意事项
启用银行账户时，如果此账户存在历史余额调整表，那么启用日期必须晚于历史调整表日期。
做账户反启用时要根据实际情况，确定是否需要先删除余额调整表，然后再进行反启用。

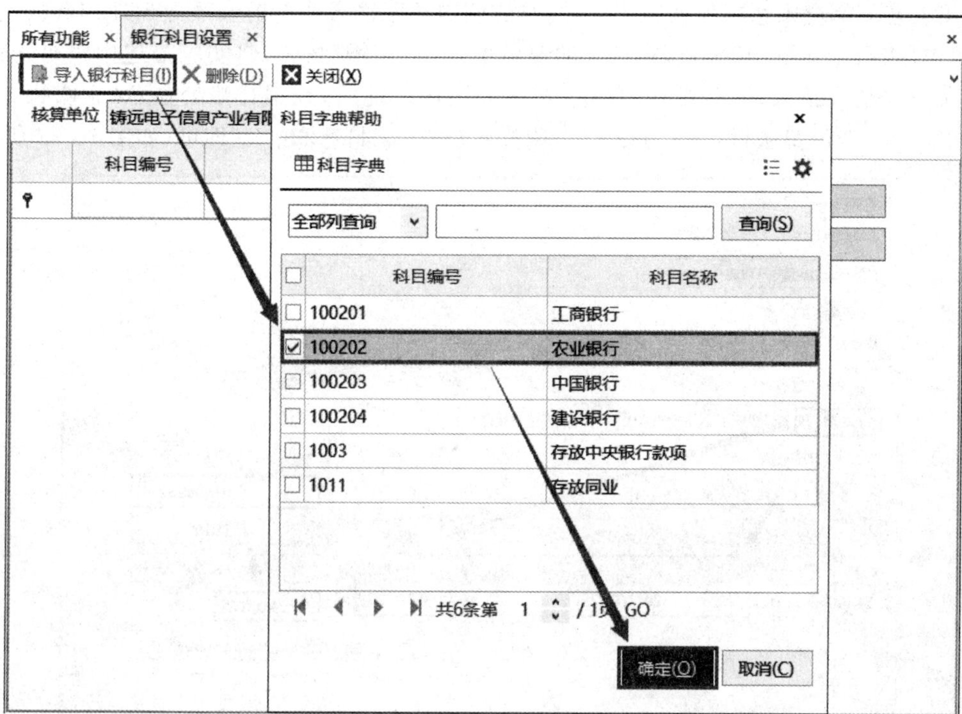

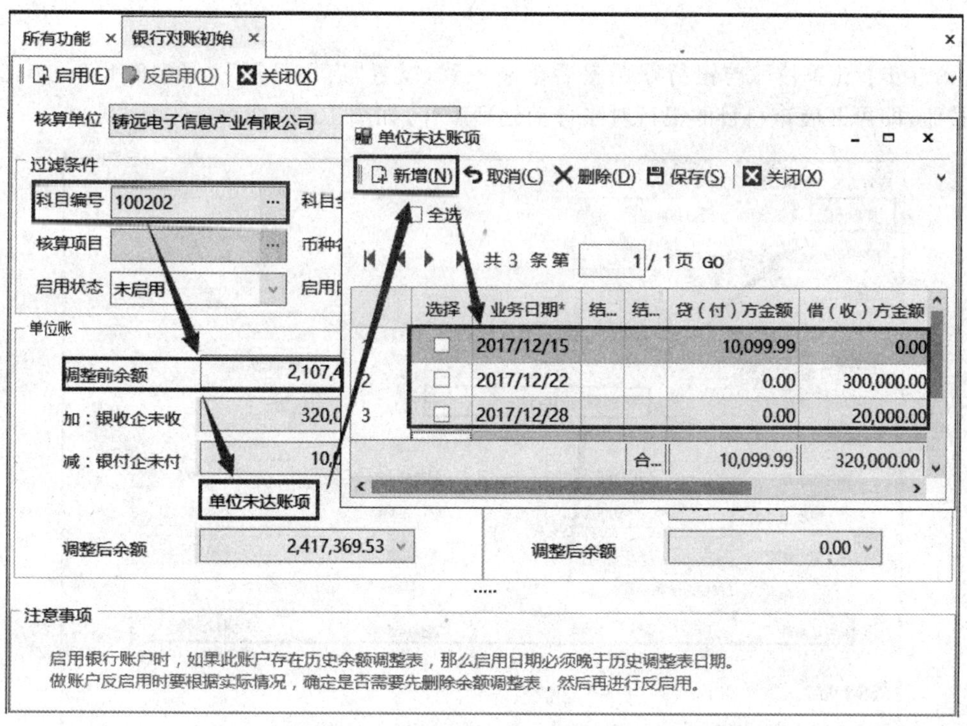

图　10-37

第四步：单位未达账项初始完毕后，在右侧银行账输入调整前余额为 2 617 469.52。然后，单击“银行未达账项”按钮，在打开的窗口中单击“新增”按钮，将实验描述中银行未达账项两条记录依次录入，而后单击“保存”按钮并关闭。此时，在银行账处显示“企收银未收：250 000.00；企付银未付：450 099.99；调整后余额：2 417 369.53”即可，如图 10-38 所示。

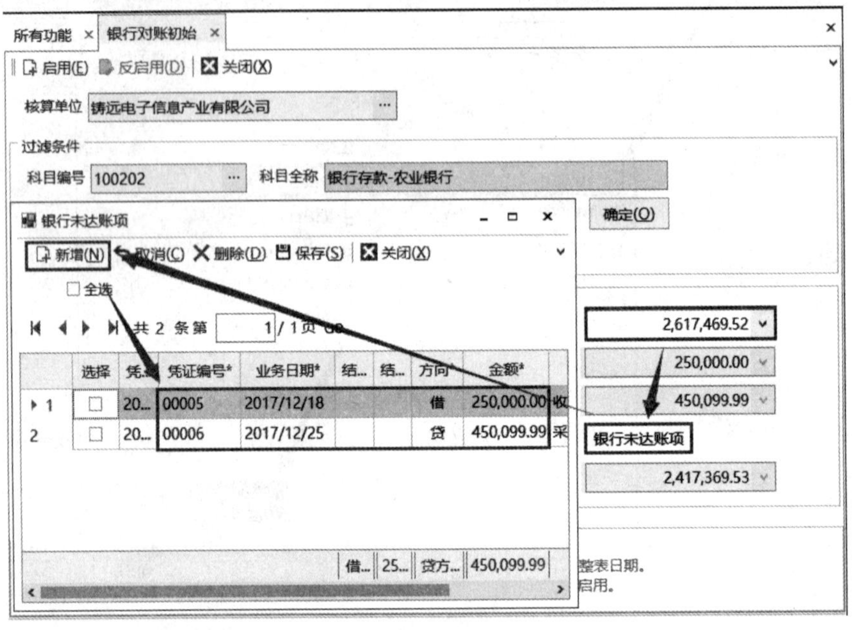

图 10-38

第五步：让单位账与银行账调整后金额一致，设置“启用日期”为 2018/1/1。单击“启用”按钮，即可开展该科目的银行对账自动处理工作，如图 10-39 所示。

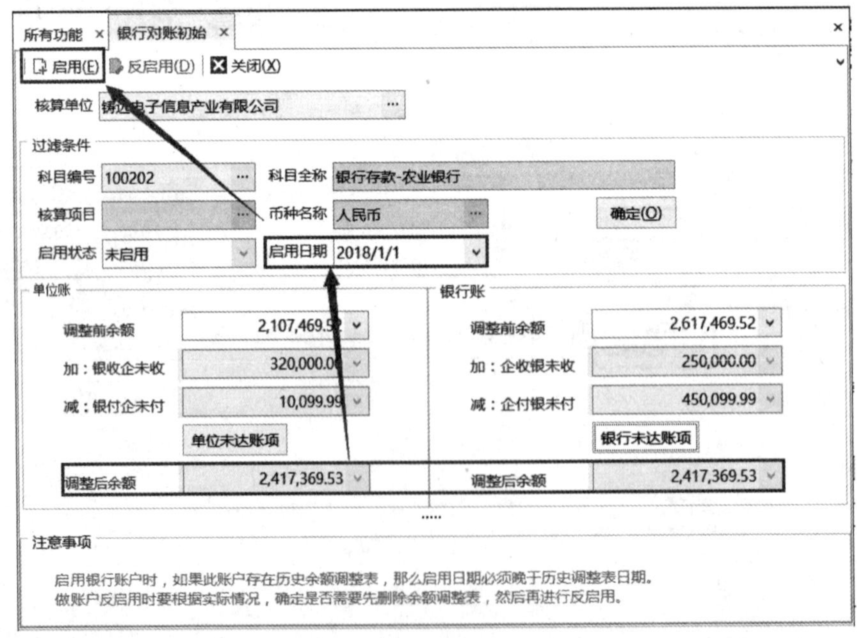

图 10-39

注意1：“启用日期”务必设置正确！

注意2：银行对账已启用，并已开展后续银行对账工作，若因未达账项初始错误和启用日期设置错误而需要反启用时，请务必按照“删除历史余额调整表—已对账记录取消对账—撤销读入日记账—银行对账反启用”的顺序进行反向操作。若反启用时提示“保留选项：上次生成余额调整表日期 2018/ ** / ** ”，请务必单击“取消”按钮，并严格按照反向操作五步进行反启用！

反启用时对应的操作路径及方法分别为：①删除历史余额调整表的操作路径为“财务会计—总账—出纳—调整表历史查询”，将所有调整表记录删除；②已对账记录取消对账的操作路径为“财务会计—总账—出纳—银行对账”，设置“状态”为“已对账”，单击“取消对账”按钮，将所有已对账记录取消对账，不再留有任何已对账的记录；③撤销读入日记账的操作路径为“财务会计—总账—出纳—撤销读入日记账”，将“凭证日期”在“2018/1/1 至 2018/1/31”之内所有的日记账记录撤销读入；④银行对账反启用的操作路径为“财务会计—总账—出纳—银行对账初始”，提示“该银行账户已经启用，是否继续进行初始化”，单击“是”按钮，再单击“反启用”按钮即可。

通过以上操作，即可完成对银行存款自动对账基础数据的规划。

实验二：银行对账

铸远电子将1月银行对账单中部分示例数据录入财务管理信息系统中，并自动转入本月发生的日记账，实现银行对账自动化处理，进而生成余额调整表。银行对账单需录入的部分数据，如表 10-29 所示。

表　10-29

单位：元

业 务 日 期	贷(付)方金额	借(收)方金额
20180103		250 000.00
20180110	450 099.99	

【实验步骤】

按表 10-30 所示的用户信息，登录浪潮 GS。

表　10-30

登录日期	登 录 用 户	登录密码	操 作 内 容	登录核算组织
2018.1.31	CW0004(铸远电子出纳岗楚丽)	aaaaaa	银行对账	铸远电子信息产业有限公司

第一步：2018 年 1 月 31 日，铸远电子出纳岗楚丽(用户名：CW0004)登录系统，执行“财务会计—总账—出纳—录入对账单”，打开“录入对账单”功能，选择“100202 银行存款-农业银行”科目，单击“确定”按钮。然后，单击“新增”按钮，按实验描述对银行对账单两条记录进行录入，录入完毕后单击“保存”按钮，即可将 100202 科目本月对应的银行对账单数据保存至信息系统中，以便后续银行对账操作，如图 10-40 所示。

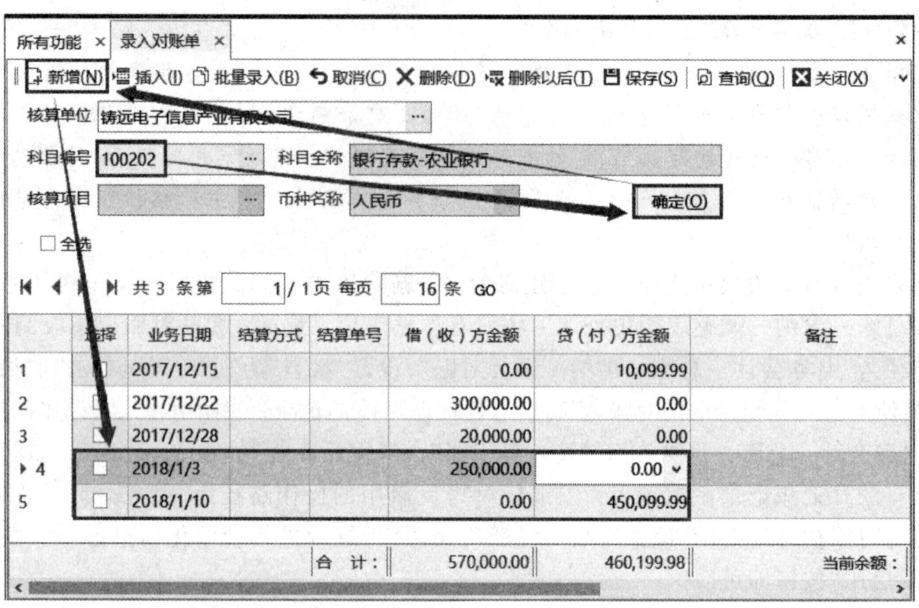

图 10-40

第二步：执行“财务会计—总账—出纳—银行对账”，打开“银行对账”功能，选择“100202 银行存款-农业银行”科目，设置“截止日期”为 2018/1/31，单击“确定”按钮，“显示格式”为“横向”。然后，单击“读入日记账”按钮，在打开的窗口中设置“凭证日期”为“2018/1/1 至 2018/1/31”，勾选“包含未记账凭证”复选框，单击“确定”按钮，则可将 100202 科目在 1 月发生的日记账读取出来，如图 10-41 所示。

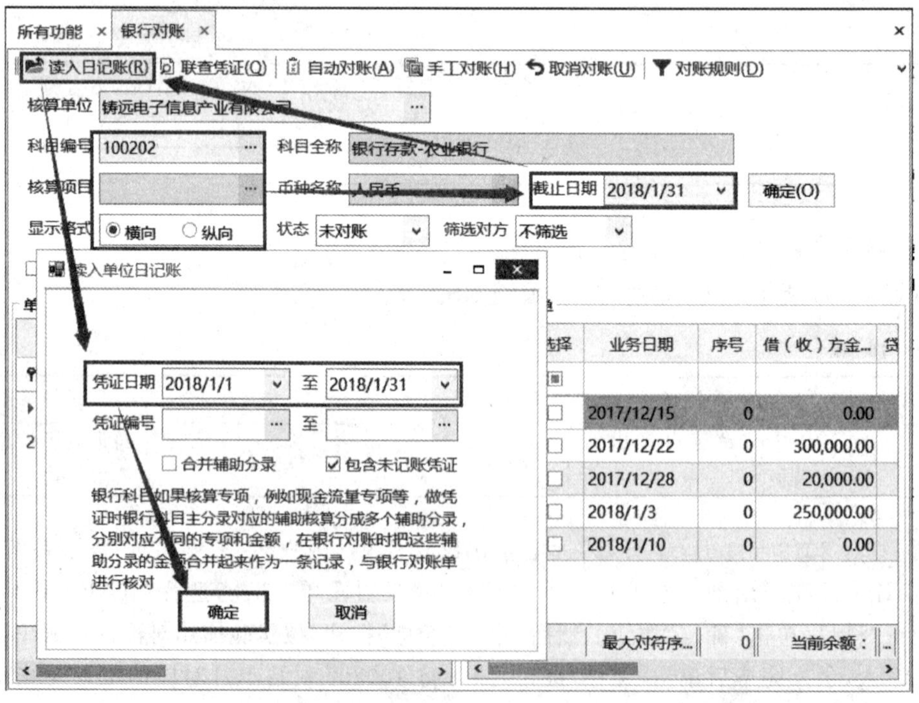

图 10-41

注意 1：凭证日期截止日期务必设置为 2018/1/31，否则日记账读入不全面！

注意 2：务必勾选“包含未记账凭证”复选框，否则读入日记账记录为零！

第三步：在“银行对账”界面，单击“自动对账”按钮，即可将 100202 科目的单位账和银行账相符的记录进行对账，已对账完成的记录将保存至“已对账”状态下，如图 10-42 所示。

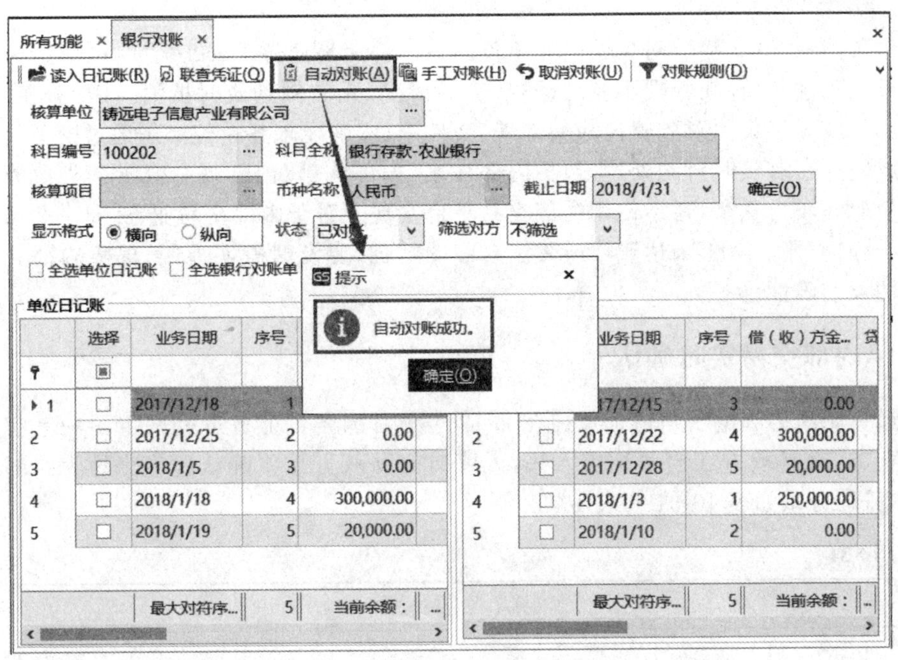

图　10-42

第四步：执行“财务会计—总账—出纳—生成余额调整表”，打开“生成余额调整表”功能，选择“100202 银行存款-农业银行”科目，选中“按日期生成”单选按钮，单击“生成”按钮，即可按日期实时查询并保存余额调整表，如图 10-43 所示。

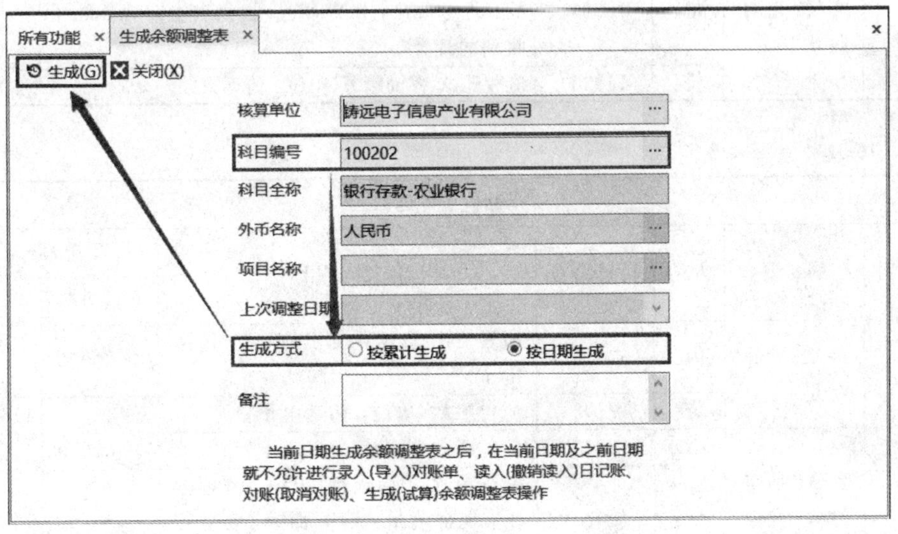

图　10-43

通过以上操作，即可完成对银行存款自动对账的操作。

第六节　教学任务四：搭建集中统一的内部交易处理平台

铸远集团在2018年前对集团内各单位间的内部交易通过Excel统计，抵消金额由交易双方进行人工确认，存在数据不及时、不准确的情况，无法做到及时抵消。因此，在2018年《铸远集团2018年集团财务管控战略部署》文件中，明确要求各单位必须通过财务管理信息系统完成内部交易实时自动处理，包括内部往来、内部购销、内部现金流量三类业务。由于股权抵消业务较为复杂，暂不使用内部交易平台实现。对于内部交易业务，要求交易双方及时入账、及时对账。对于未达账项或无法对账的数据，要及时查明原因，保障内部交易抵消的时效性及准确性。

实验一：内部交易实时确认

铸远集团内铸远电子与铸远数控在2018年1月因咨询业务分别发生了一笔应收挂账和收款业务，交易双方在当月均需入账，入账时交易双方需要确认这笔交易为内部交易业务，具体凭证分录如表10-31和表10-32所示。

表　10-31

核算单位：铸远电子						
凭证日期	摘　要	方向	科目编号	科 目 名 称	金额（元）	
					借方	贷方
2018.1.19	提供咨询业务	借：	112203	应收账款-咨询服务（单位：铸远数控）	116 000.00	
		贷：	600103	主营业务收入-咨询服务收入（单位：铸远数控）		116 000.00
2018.1.25	咨询业务收款	借：	100201	银行存款-工商银行（单位：铸远数控；现金流量：销售商品、提供劳务收到的现金）	50 000.00	
		贷：	112203	应收账款-咨询服务（单位：铸远数控）		50 000.00

表　10-32

核算单位：铸远数控						
凭证日期	摘　要	方向	科目编号	科 目 名 称	金额（元）	
					借方	贷方
2018.1.19	接受咨询业务	借：	530101	研发支出-资本化支出（单位：铸远电子）	116 000.00	
		贷：	2202	应付账款（单位：铸远电子）		116 000.00
2018.1.25	咨询业务付款	借：	2202	应付账款（单位：铸远电子）	50 000.00	
		贷：	100201	银行存款-工商银行（单位：铸远电子；现金流量：购买商品、接受劳务支付的现金）		50 000.00

【实验步骤】

按表 10-33 所示的用户信息，登录浪潮 GS。

表　10-33

登录日期	登录用户	登录密码	操作内容	登录核算组织
2018.1.19	CW0005(铸远电子财务记账岗蔡菲)	aaaaaa	内部交易凭证制单生成内部交易记录	铸远电子信息产业有限公司
2018.1.19	CW0006(铸远数控财务记账岗曹刚)	aaaaaa	内部交易凭证制单生成内部交易记录	铸远数控电子有限公司

第一步：2018 年 1 月 19 日，铸远电子财务记账岗蔡菲(用户名：CW0005)登录系统，将核算单位切换为“铸远电子信息产业有限公司”。首先在左侧功能列表处，选中“财务会计—总账”，然后在右侧核算组织处，将核算组织展开至最末级，双击“铸远电子信息产业有限公司”，变为👤，即切换成功。

第二步：执行“财务会计—总账—凭证—制单”，打开“制单”功能，按实验描述中铸远电子“提供咨询业务”应收挂账凭证录入，修改“凭证日期”，录入科目和辅助信息后，单击“保存”按钮。当提示“本凭证被匹配为业务类型：主营业务收入，请您确认是否为内部交易！”时，单击“是”按钮，即可实时将该笔业务保存为内部交易业务，便于后续进行抵消处理，如图 10-44 所示。

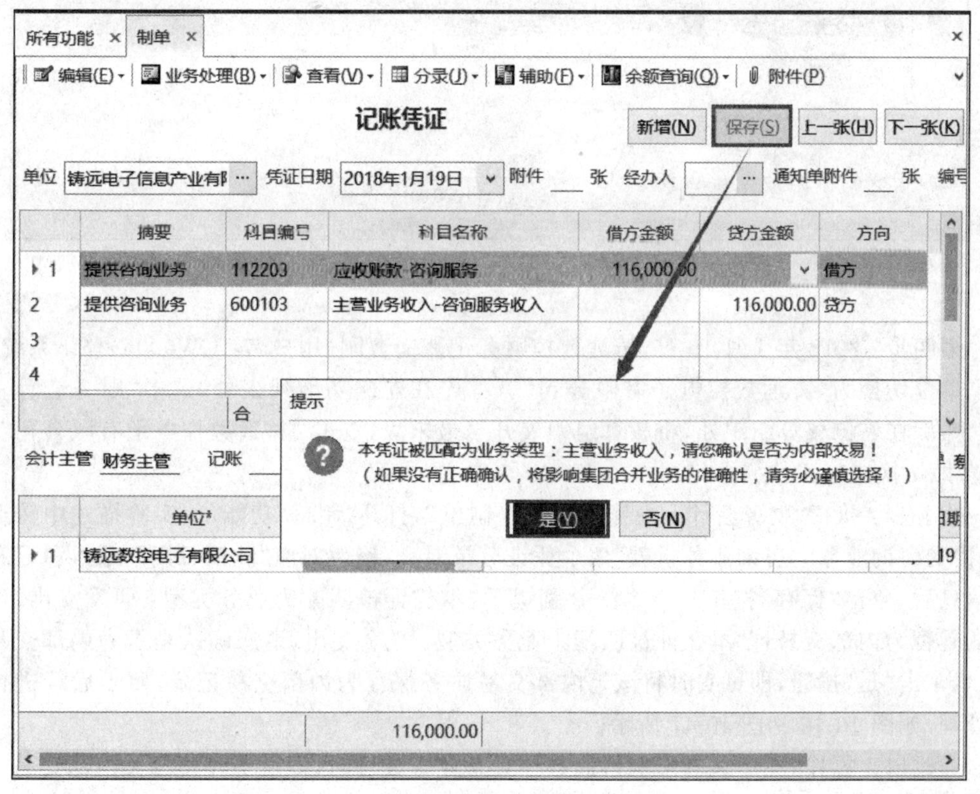

图　10-44

第三步：按图 10-44 操作将“提供咨询业务”应收挂账凭证保存为内部交易凭证后，单击“制单”界面“新增”按钮，按实验描述中铸远电子“咨询业务收款”凭证录入，修改“凭证日期”，录入科目和辅助信息后，单击“保存”按钮。当提示“本凭证被匹配为业务类型：现金流入，请您确认是否为内部交易！”时，单击“是”，即可实时将该笔内部交易业务保存为内部交易记录，便于后续进行抵消处理，如图 10-45 所示。

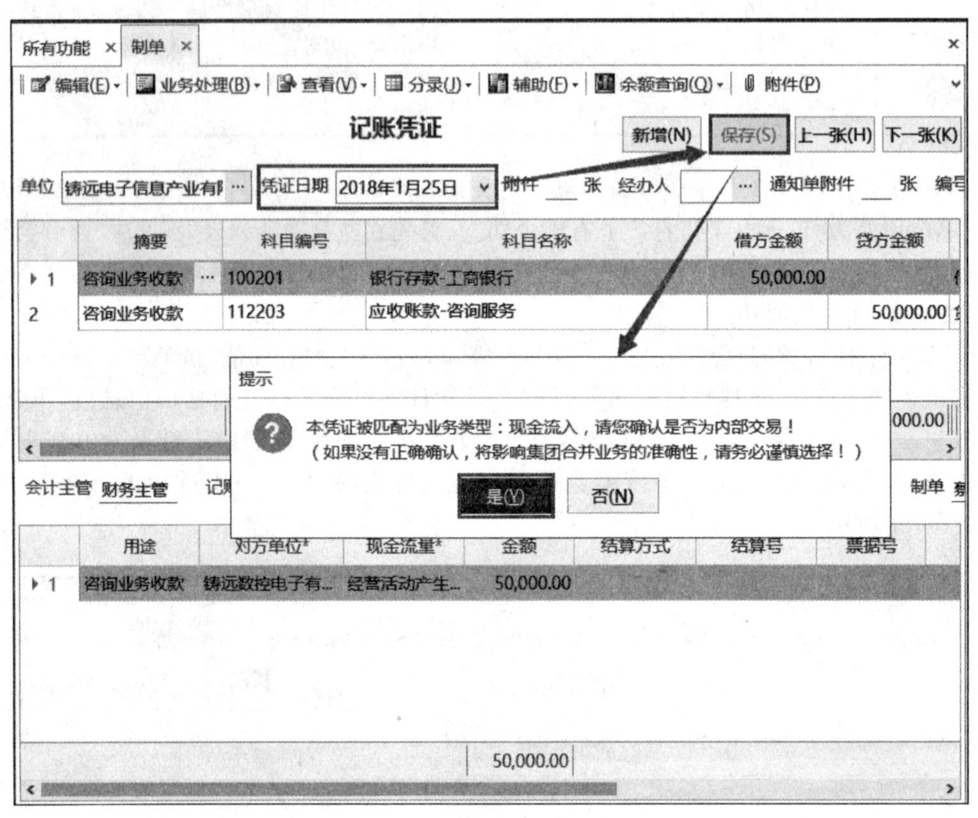

图 10-45

第四步：2018 年 1 月 19 日，铸远数控财务记账岗曹刚(用户名：CW0006)登录系统，将核算单位切换为“铸远数控电子有限公司”。首先在左侧功能列表处，选中“财务会计—总账”，然后在右侧核算组织处，将核算组织展开至最末级，双击“铸远数控电子有限公司”，变为👤，即切换成功。

第五步：执行“财务会计—总账—凭证—制单”，打开“制单”功能，按实验描述中铸远数控“接受咨询业务”“咨询业务付款”两个凭证分录录入，修改对应“凭证日期”，录入科目和辅助信息后，单击“保存”按钮。当系统分别提示“本凭证被匹配为业务类型：研发支出，请您确认是否为内部交易！”“本凭证被匹配为业务类型：现金支出，请您确认是否为内部交易！”时，均单击“是”按钮，即可实时将该笔内部交易业务保存为内部交易记录，便于后续进行抵消处理，如图 10-46 和图 10-47 所示。

通过以上操作，在铸远电子和铸远数控日常业务处理时，即可实时将相关内部交易业务保存为内部交易凭证，为后续抵消业务处理提供数据来源。

所有功能
制单
编辑(E)
业务处理(B)
查看(V)
分录(J)
辅助(F)
余额查询(Q)
附件(P)
记账凭证
新增(N)
保存(S)
上一张(H)
下一张(K)
单位
铸远数控电子有限公司
凭证日期
2018年1月19日
附件
张
经办人
通知单附件
摘要
科目编号
科目名称
借方金额
贷方金额
接受咨询业务
530101
研发支出-资本化支出
116,000.00
2202
应付账款
116,000.00
提示
本凭证被匹配为业务类型：研发支出，请您确认是否为内部交易！
（如果没有正确确认，将影响集团合并业务的准确性，请务必谨慎选择！）
是(Y)
否(N)
会计主管
财务主管
制单
业务日期
铸远电子信息产业有限公司
2018/1/19

图　10-46

所有功能
制单
编辑(E)
业务处理(B)
查看(V)
分录(J)
辅助(F)
余额查询(Q)
附件(P)
记账凭证
新增(N)
保存(S)
上一张(H)
下一张(K)
单位
铸远数控电子有限公司
凭证日期
2018年1月25日
附件
张
经办人
通知单附件
摘要
科目编号
科目名称
借方金额
贷方金额
咨询业务付款
2202
应付账款
50,000.00
100201
银行存款-工商银行
提示
本凭证被匹配为业务类型：现金支出，请您确认是否为内部交易！
（如果没有正确确认，将影响集团合并业务的准确性，请务必谨慎选择！）
是(Y)
否(N)
会计主管
财务主管
制单
业务日期
铸远电子信息产业有限公司
2018/1/25

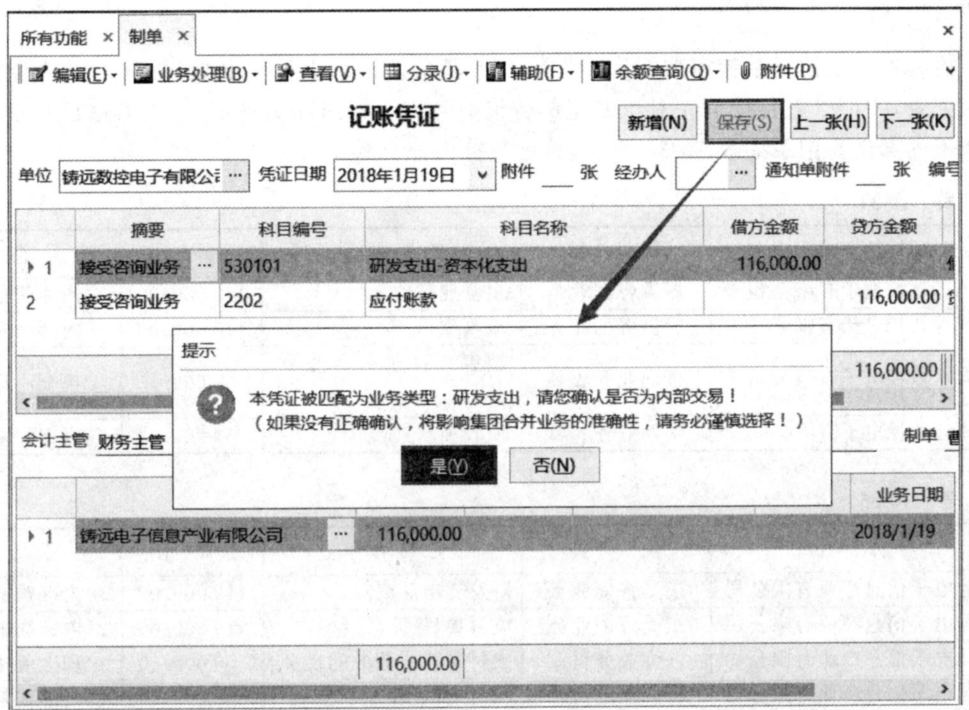

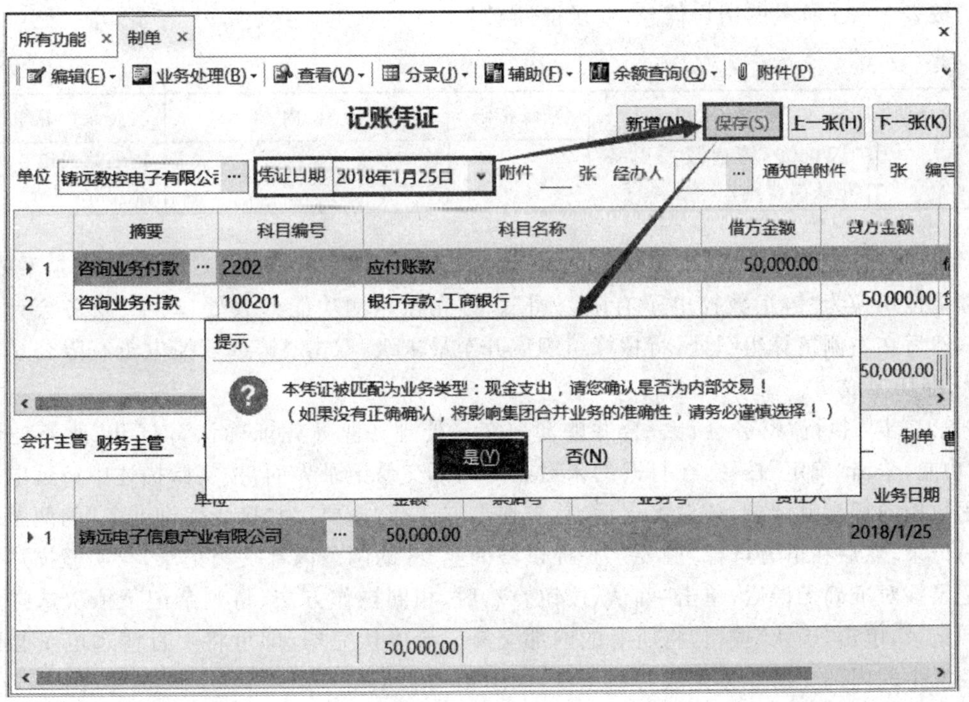

图　10-47

实验二：内部交易对账

铸远电子或铸远数控需要对实时发生的内部交易记录进行对账处理，只有对账金额无误的记录，才可以进行抵消。对于发生的咨询业务产生的内部交易记录，均需进行对账。铸远电子内部交易记录如表 10-34 所示，铸远数控内部交易记录如表 10-35 所示。

表 10-34

对方单位	摘要	交易项目	金额(元)	交易类型
铸远数控电子有限公司	提供咨询业务	主营业务收入	116 000.00	内部购销
铸远数控电子有限公司	提供咨询业务	应收项目-借	116 000.00	内部往来
铸远数控电子有限公司	咨询业务收款	销售或提供劳务收到现金	50 000.00	现金流量
铸远数控电子有限公司	咨询业务收款	应收项目-贷	50 000.00	内部往来

表 10-35

对方单位	摘要	交易项目	金额(元)	交易类型
铸远电子信息产业有限公司	接受咨询业务	研发支出	116 000.00	内部购销
铸远电子信息产业有限公司	接受咨询业务	应付项目-贷	116 000.00	内部往来
铸远电子信息产业有限公司	咨询业务付款	支付采购或劳务的现金	50 000.00	现金流量
铸远电子信息产业有限公司	咨询业务付款	应付项目-借	50 000.00	内部往来

【实验步骤】

按表 10-36 所示的用户信息，登录浪潮 GS。

表 10-36

登录日期	登录用户	登录密码	操作内容	登录核算组织
2018.1.25	CW0006(铸远数控财务记账岗曹刚)	aaaaaa	内部交易对账	铸远数控电子有限公司

第一步：2018 年 1 月 25 日，铸远数控财务记账岗曹刚(用户名：CW0006)登录系统，将核算单位切换为“铸远数控电子有限公司”。首先在左侧功能列表处，选中“财务会计—总账”，然后在右侧核算组织处，将核算组织展开至最末级，双击“铸远数控电子有限公司”，变为👤，即切换成功。

第二步：执行“财务会计—合并账簿—交易处理—业务凭证确认”，打开“业务凭证确认”功能，单击“确定”按钮，在打开的未对账的内部交易记录界面，按实验描述中铸远电子和铸远数控内部交易记录，核对无误后，首先在上方选择“摘要”为“接受咨询业务”的两条内部交易记录，然后在下方选择“摘要”为“提供咨询业务”的两条内部交易记录，与实验描述中交易记录核对准确无误后，单击“确认”按钮。然后，相同操作方法，将剩余记录依次选择金额相同记录，单击“确认”按钮，将所有的内部交易记录确认完毕，即可将 1 月铸远电子与铸远数控发生的内部交易业务完成对账工作，如图 10-48 所示。

通过以上操作，可对铸远集团内部单位间的内部往来、内部购销、内部现金流量实现实时对账。

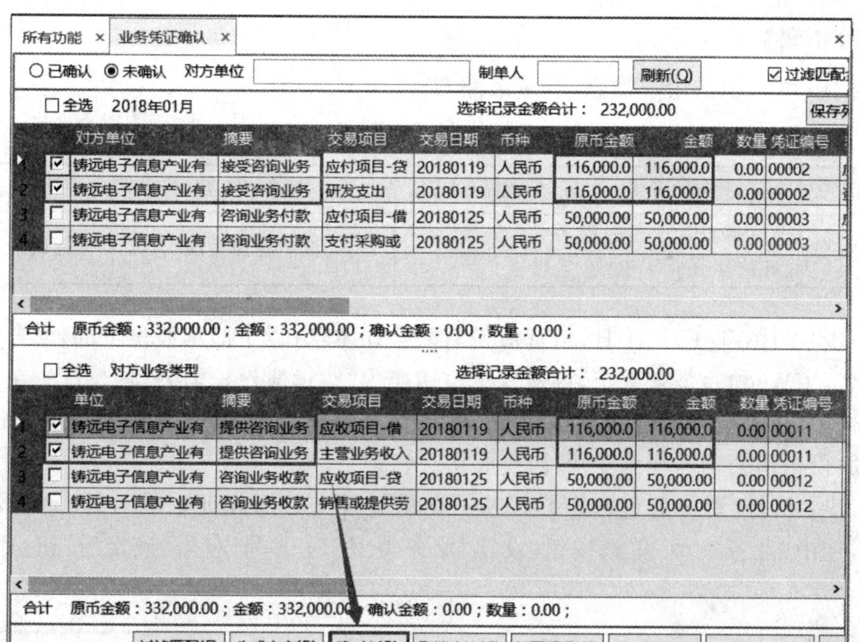

图　10-48

实验三：抵消凭证生成

2018 年 1 月铸远电子与铸远数控发生的已对账的内部交易业务，需要生成对应的抵消凭证，为出具抵消调整表数据做准备。抵消凭证如表 10-37 所示。

表　10-37

凭证日期	摘要	方向	科目编号	科目名称	金额(元)	
					借方	贷方
2018.1.31	提供咨询业务抵消	借：	112203	应收账款-咨询服务(单位：铸远数控)	−116 000.00	
		贷：	2202	应付账款(单位：铸远电子)		−116 000.00
		借：	640103	主营业务成本-咨询服务成本	−116 000.00	
		贷：	600103	主营业务收入-咨询服务收入(单位：铸远数控)		−116 000.00
2018.1.31	收付款抵消	借：	100201	银行存款-工商银行(单位：铸远数控；现金流量：销售商品、提供劳务收到的现金)	−50 000.00	
		贷：	100201	银行存款-工商银行(单位：铸远电子；现金流量：购买商品、接受劳务支付的现金)		−50 000.00
		借：	2202	应付账款(单位：铸远电子)	−50 000.00	
		贷：	112203	应收账款-咨询服务(单位：铸远数控)		−50 000.00

【实验步骤】

按表 10-38 所示的用户信息，登录浪潮 GS。

表 10-38

登录日期	登 录 用 户	登录密码	操 作 内 容	登录核算组织
2018.1.31	CW0009（股份本部财务记账岗毕强）	aaaaaa	抵消凭证生成	铸远股份抵消公司

第一步：2018 年 1 月 31 日，铸远股份有限公司本部(以下简称股份本部)财务记账岗毕强(用户名：CW0009)登录系统，将核算单位切换为“铸远股份抵消公司”。首先在左侧功能列表处，选中“财务会计—合并账簿”，然后在右侧核算组织处，将核算组织展开至最末级，双击“铸远股份抵消公司”，变为👤，即切换成功。

第二步：执行“财务会计—合并账簿—交易处理—抵消凭证生成”，打开“抵消凭证生成”功能，选中“业务类型”单选按钮，设置“业务类型”为 0005，单击“确定”按钮，如图 10-49 所示。

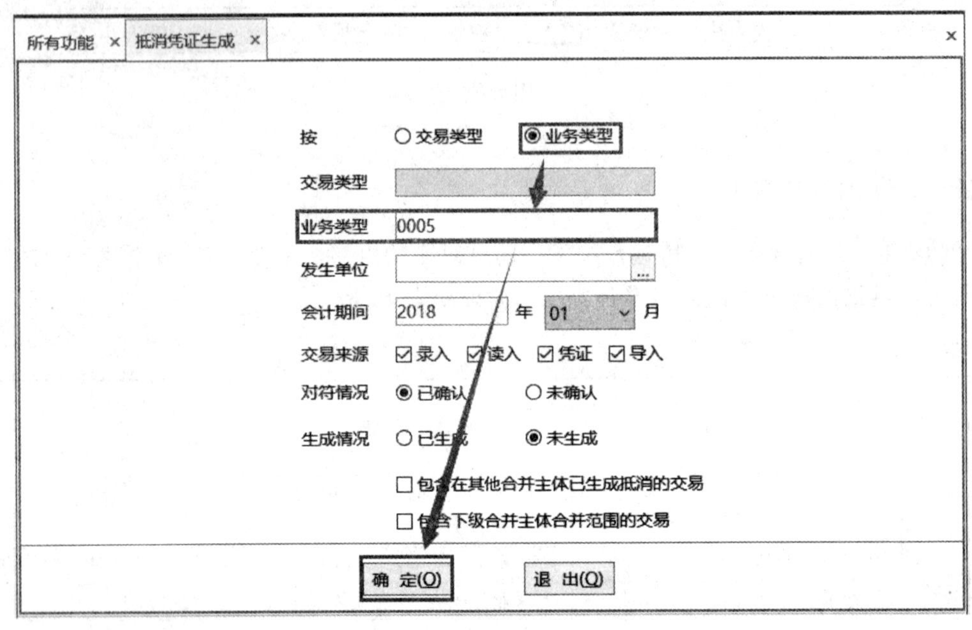

图 10-49

第三步：在打开的“抵消凭证生成”界面，勾选所有记录，并勾选“汇总生成”复选框，再单击“生成凭证”按钮，如图 10-50 所示。

第四步：在打开的“生成凭证”界面，与实验描述中抵消凭证分录核对科目与金额无误后，单击“保存”按钮，则可将抵消数据保存至总账，为出具“抵消调整表”提供数据来源，如图 10-51 所示。

第五步：同样执行“财务会计—合并账簿—交易处理—抵消凭证生成”，打开“抵消凭证生成”功能，选中“业务类型”单选按钮，设置“业务类型”为 0010，单击“确定”。在“抵消凭证

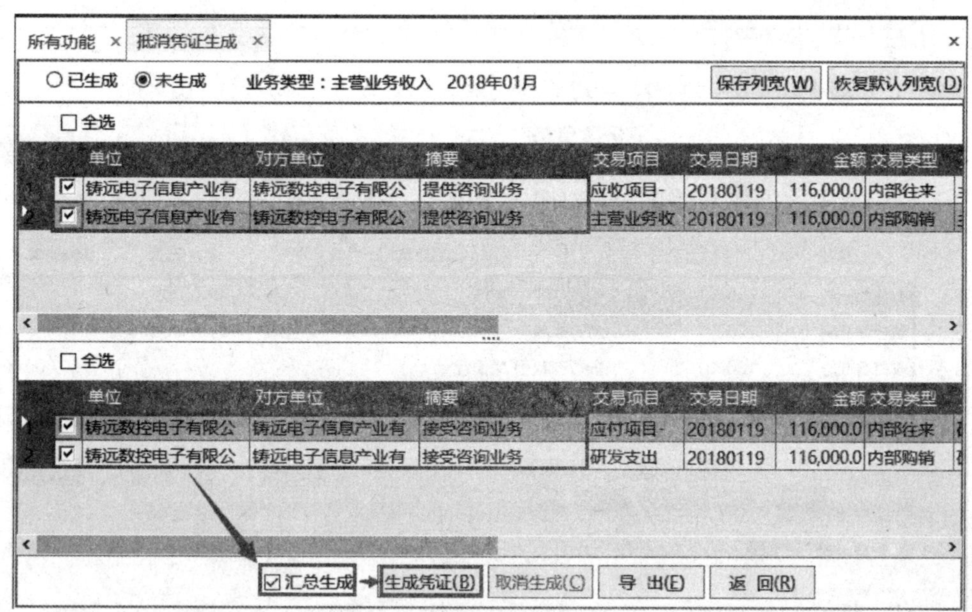

图　10-50

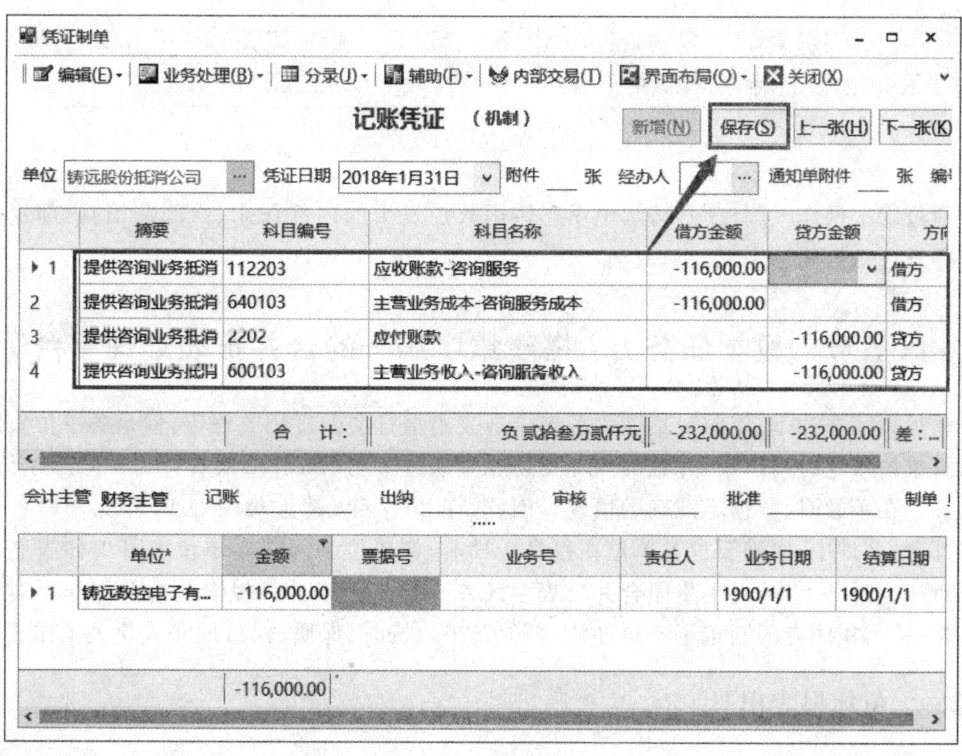

图　10-51

生成”界面，勾选所有内部交易记录，勾选“汇总生成”复选框，单击“生成凭证”按钮。在打开的“生成凭证”界面，与实验描述中抵消凭证分录核对科目与金额无误后，单击“保存”按钮，将抵消数据保存至总账，为出具“抵消调整表”提供数据来源，如图 10-52 所示。

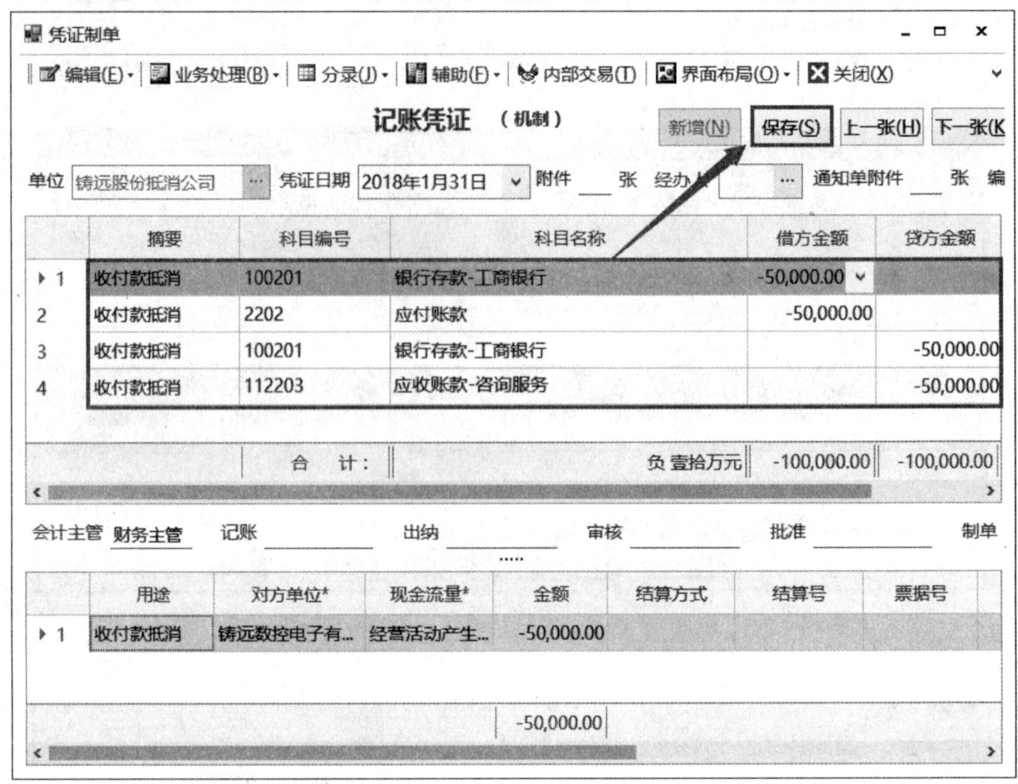

图 10-52

通过以上操作,可将 1 月铸远电子与铸远数控发生的内部往来、内部购销、内部现金流量业务进行抵消凭证生成。

第七节 教学任务五:搭建集中统一的合并报表处理平台

铸远集团在 2018 年前对集团内各单位报表出报日期做过相关规定,但是各单位实际执行时很难按规定时间出报,并且因内部交易业务通过手动 Excel 形式统计,最终导致合并报表出具存在不及时、数据不准确的情况。因此,在 2018 年《铸远集团 2018 年集团财务管控战略部署》文件中,明确要求各单位在每月 3 日前,各单位必须将本单位上月单体报表钩稽关系审核通过并上报,再由集团合并报表会计在 5 日前完成上月报表的合并工作。对于出报工作,铸远集团专门制定了考核办法,督促各单位按时、保质、保量地完成相关工作。

实验一:单体报表出具

按铸远集团要求,铸远电子和铸远数控在 2018 年 1 月 31 日提前完成资产负债表、利润表、现金流量表三大主表的出具工作,审核通过并进行锁定。铸远电子的资产负债表如表 10-39 所示,利润表如表 10-40 所示,现金流量表如表 10-41 所示。铸远数控的资产负债表如表 10-42 所示,利润表如表 10-43 所示,现金流量表如表 10-44 所示。

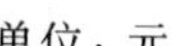

表　10-39

单位：元

资　　产	年初数	期末数	负债和股东权益	年初数	期末数
流动资产：			流动负债：		
货币资金	1 322 580 515.91	1 401 550 124.22	短期借款	2 376 374 567.06	2 497 583 044.71
结算备付金			向中央银行借款		
拆出资金			吸收存款及同业存放		
交易性金融资产			拆入资产		
应收票据	280 339 066.04	258 898 311.61	交易性金融负债		
应收账款	1 739 826 436.88	1 781 560 434.74	应付票据		
预付款项	131 507 036.55	170 634 894.06	应付账款	1 532 208 089.75	1 570 133 711.09
应收利息			预收款项	646 882 892.76	557 940 242.74
其他应收款	106 475 093.70	103 993 400.22	卖出回购金融资产款		
买入返售金融资产			应付职工薪酬	69 200 247.31	70 949 285.49
存货	2 757 309 192.19	2 745 131 943.65	应交税费	81 771 378.09	84 106 972.91
其中：产成品	783 614 358.44	771 437 109.90	应付利息	10 290 526.97	7 922 476.31
原材料	1 331 628 378.21	1 331 628 378.21	其他应付款	89 065 154.98	78 497 252.08
一年内到期的非流动资产			应付股利		
其他流动资产	937 734 553.27	875 637 807.11	保险合同准备金		
流动资产合计	7 275 771 894.54	7 337 406 915.61	代理承销证券款		
非流动资产：			一年内到期的非流动负债		
发放贷款及垫款			其他流动负债		
可供出售金融资产	31 456 666.54	31 456 666.54	流动负债合计	4 805 792 856.92	4 867 132 985.33
持有至到期投资			非流动负债：		
长期应收款			长期借款	300 000 000.00	300 000 000.00
长期股权投资	331 829 001.03	327 772 166.99	应付债券		
投资性房地产	109 006 829.23	108 727 832.10	长期应付款		
固定资产	608 811 256.92	616 357 989.40	专项应付款	1 098 646.00	1 098 646.00
减：累计折旧	206 777 016.67	206 777 016.67	保险责任准备金		
减值准备	11 011 302.40	11 011 302.40	预计负债		
固定资产净值	391 022 937.85	398 569 670.33	递延收益	22 208 610.98	19 829 773.93
在建工程	4 836 353.88	4 836 353.88	递延所得税负债		
工程物资			其他非流动负债		
固定资产清理			非流动负债合计	323 307 256.98	320 928 419.93
生产性生物资产			负债合计	5 129 100 113.90	5 188 061 405.26
无形资产	623 456 178.64	618 967 402.74	所有者权益(或股东权益)		
减：无形资产摊销			实收资本(或股本)	999 282 714.00	999 282 714.00
无形资产净值	623 456 178.64	618 967 402.74	资本公积	1 551 909 974.27	1 551 868 812.08
开发支出	253 763 307.41	274 541 588.07	减：库存股		
商誉	643 015.39	643 015.39	其他综合收益	37 132 224.85	35 501 751.67
长期待摊费用	19 579 593.79	20 116 573.97	盈余公积	170 570 358.56	170 570 358.56
递延所得税资产	24 719 865.40	25 926 091.34	一般风险准备		
其他非流动资产	13 055 524.79	11 157 313.03	未分配利润	1 191 145 782.91	1 214 836 548.42
非流动资产合计	1 803 369 273.95	1 822 714 674.38	所有者权益合计	3 950 041 054.59	3 972 060 184.73
资产总计	9 079 141 168.49	9 160 121 589.99	负债和所有者权益总计	9 079 141 168.49	9 160 121 589.99

表 10-40

单位：元

项　目	本　期　数	本年累计数
一、营业收入	1 290 918 590.56	1 290 918 590.56
其中：主营业务收入	1 272 477 081.59	1 272 477 081.59
其他业务收入	18 441 508.97	18 441 508.97
减：营业成本	1 146 343 732.76	1 146 343 732.76
其中：主营业务成本	1 133 555 081.93	1 133 555 081.93
其他业务成本	12 788 650.83	12 788 650.83
营业税费及附加	1 520 780.03	1 520 780.03
销售费用	47 667 364.81	47 667 364.81
管理费用	64 875 335.65	64 875 335.65
财务费用(收益以"－"号填列)	9 502 261.58	9 502 261.58
其中：利息支出	7 420 997.22	7 420 997.22
利息收入	668 078.73	668 078.73
资产减值损失	13 429 394.27	13 429 394.27
其他		
加：公允价值变动收益(损失以"－"号填列)		
投资收益(损失以"－"号填列)	13 702 305.63	13 702 305.63
资产处置收益		
其他收益		
二、营业利润(亏损以"－"号填列)	21 282 027.09	21 282 027.09
加：营业外收入	9 764 584.58	9 764 584.58
减：营业外支出	355.16	355.16
三、利润总额(亏损总额以"－"号填列)	31 046 256.51	31 046 256.51
减：所得税费用	7 355 491.00	7 355 491.00
四、净利润(净亏损以"－"号填列)	23 690 765.51	23 690 765.51

表 10-41

单位：元

项　目	本　月　数	本年累计数
一、经营活动产生的现金流量：		
销售商品、提供劳务收到的现金	1 313 914 729.89	1 313 914 729.89
收到的税费返还	13 455 003.99	13 455 003.99
收到其他与经营活动有关的现金	20 762 803.21	20 762 803.21
经营活动现金流入小计	1 348 132 537.09	1 348 132 537.09
购买商品、接收劳务支付的现金	1 277 224 989.21	1 277 224 989.21
支付给职工以及为职工支付的现金	56 671 688.29	56 671 688.29
支付的各项税费	10 407 746.60	10 407 746.60
支付其他与经营活动有关的现金	76 069 474.94	76 069 474.94
经营活动现金流出小计	1 420 373 899.04	1 420 373 899.04
经营活动产生的现金流量净额	－72 241 361.95	－72 241 361.95
二、投资活动产生的现金流量：		
收回投资收到的现金	990 862 062.96	990 862 062.96

续表

项　　目	本　月　数	本年累计数
处置固定资产、无形资产和其他长期资产所收回的现金净额	331 748.93	331 748.93
取得投资收益收到的现金	1 272 932.21	1 272 932.21
处置子公司及其他营业单位收回的现金净额		
收到其他与投资活动有关的现金		
投资活动现金流入小计	992 466 744.10	992 466 744.10
购建固定资产、无形资产和其他长期资产所支付的现金	26 368 097.62	26 368 097.62
投资支付的现金	921 186 392.35	921 186 392.35
取得子公司及其他营业单位支付的现金净额		
支付其他与投资活动有关的现金		
投资活动现金流出小计	947 554 489.97	947 554 489.97
投资活动产生的现金流量净额	44 912 254.13	44 912 254.13
三、筹资活动产生的现金流量：		
吸收投资收到的现金		
其中：子公司吸收少数股东投资收到的现金		
取得借款所收到的现金	400 000 000.00	400 000 000.00
收到其他与筹资活动有关的现金		
筹资活动现金流入小计	400 000 000.00	400 000 000.00
偿还债务所支付的现金	283 774 787.93	283 774 787.93
分配股利、利润或偿付利息所支付的现金	9 257 663.01	9 257 663.01
其中：子公司支付给少数股东的股利、利润		
支付其他与筹资活动有关的现金		
筹资活动现金流出小计	293 032 450.94	293 032 450.94
筹资活动产生的现金流量净额	106 967 549.06	106 967 549.06
四、汇率变动对现金及现金等价物的影响	－668 832.93	－668 832.93
五、现金及现金等价物净增加额	78 969 608.31	78 969 608.31
加：期初现金及现金等价物余额	1 322 580 515.91	1 322 580 515.91
六、期末现金及现金等价物余额	1 401 550 124.22	1 401 550 124.22

表　10-42

单位：元

资　　产	年初数	期末数	负债和股东权益	年初数	期末数
流动资产：			流动负债：		
货币资金	264 432 807.92	211 457 353.14	短期借款		
结算备付金			向中央银行借款		
拆出资金			吸收存款及同业存放		
交易性金融资产			拆入资产		
应收票据	1 650 984.51	1 222 878.01	交易性金融负债		
应收账款	258 690 125.65	268 296 052.43	应付票据	300 000.00	1 066 444.93
预付款项	8 047 044.88	11 353 114.62	应付账款	104 325 495.20	92 578 286.73
应收利息			预收款项	86 422 711.08	77 299 949.14
其他应收款	43 325 434.32	46 993 294.16	卖出回购金融资产款		
买入返售金融资产			应付职工薪酬	12 536 778.36	8 766 850.10

续表

资　　产	年初数	期末数	负债和股东权益	年初数	期末数
存货	30 596 911.22	36 352 355.00	应交税费	17 579 320.62	14 227 270.14
其中：产成品	30 596 911.22	36 352 355.00	应付利息		
原材料			其他应付款	107 199 311.24	112 131 470.51
一年内到期的非流动资产			应付股利	309 750.01	309 750.01
其他流动资产	50 000 000.00	53 333 333.33	保险合同准备金		
流动资产合计	656 743 308.50	629 008 380.69	代理承销证券款		
非流动资产：			一年内到期的非流动负债		
发放贷款及垫款			其他流动负债		
可供出售金融资产	13 500 000.00	13 500 000.00	流动负债合计	328 673 366.51	306 380 021.56
持有至到期投资			非流动负债：		
长期应收款	15 000 000.00	15 000 000.00	长期借款		
长期股权投资	160 281 346.49	577 976 955.26	应付债券		
投资性房地产			长期应付款		
固定资产	198 404 725.35	197 838 576.14	专项应付款		
减：累计折旧			保险责任准备金		
减值准备			预计负债		
固定资产净值	198 404 725.35	197 838 576.14	递延收益	20 461 000.00	20 461 000.00
在建工程	6 876 738.40	8 392 645.60	递延所得税负债		
工程物资			其他非流动负债		
固定资产清理			非流动负债合计	20 461 000.00	20 461 000.00
生产性生物资产			负债合计	349 134 366.51	326 841 021.56
无形资产	6 536 749.02	6 435 290.84	所有者权益(或股东权益)		
减：无形资产摊销			实收资本(或股本)	210 996 000.00	221 647 087.67
无形资产净值	6 536 749.02	6 435 290.84	资本公积	273 735 706.94	677 775 174.35
开发支出			减：库存股	97 747 403.04	97 747 403.04
商誉			其他综合收益		
长期待摊费用			盈余公积	35 711 283.22	35 711 283.22
递延所得税资产	4 450 365.68	4 549 106.15	一般风险准备		
其他非流动资产	10 728 519.00	12 119 356.67	未分配利润	300 691 798.81	300 593 147.59
非流动资产合计	415 778 443.94	835 811 930.66	所有者权益合计	723 387 385.93	1 137 979 289.79
资产总计	1 072 521 752.44	1 464 820 311.35	负债和所有者权益总计	1 072 521 752.44	1 464 820 311.35

表　10-43

单位：元

项　　目	本　期　数	本年累计数
一、营业收入	35 954 804.26	35 954 804.26
其中：主营业务收入	35 941 351.11	35 941 351.11
其他业务收入	13 453.15	13 453.15
减：营业成本	18 103 653.55	18 103 653.55
其中：主营业务成本	18 094 376.40	18 094 376.40
其他业务成本	9 277.15	9 277.15
营业税费及附加	378 528.92	378 528.92
销售费用	4 209 095.30	4 209 095.30
管理费用	14 834 399.88	14 834 399.88
财务费用(收益以“－”号填列)	－479 396.73	－479 396.73

续表

项　　目	本　期　数	本年累计数
其中：利息支出		
利息收入		
资产减值损失	987 404.67	987 404.67
其他		
加：公允价值变动收益(损失以“－”号填列)		
投资收益(损失以“－”号填列)	－147 426.16	－147 426.16
资产处置收益		
其他收益		
二、营业利润(亏损以“－”号填列)	－2 226 307.49	－2 226 307.49
加：营业外收入	2 029 206.93	2 029 206.93
减：营业外支出	291.13	291.13
三、利润总额(亏损总额以“－”号填列)	－197 391.69	－197 391.69
减：所得税费用	－98 740.47	－98 740.47
四、净利润(净亏损以“－”号填列)	－98 651.22	－98 651.22

表　10-44

单位：元

项　　目	本　月　数	本年累计数
一、经营活动产生的现金流量：		
销售商品、提供劳务收到的现金	20 984 636.73	20 984 636.73
收到的税费返还	2 025 182.27	2 025 182.27
收到其他与经营活动有关的现金	9 284 969.62	9 284 969.62
经营活动现金流入小计	32 294 788.62	32 294 788.62
购买商品、接收劳务支付的现金	27 639 288.18	27 639 288.18
支付给职工以及为职工支付的现金	25 241 105.35	25 241 105.35
支付的各项税费	5 761 604.30	5 761 604.30
支付其他与经营活动有关的现金	14 576 197.57	14 576 197.57
经营活动现金流出小计	73 218 195.40	73 218 195.40
经营活动产生的现金流量净额	－40 923 406.78	－40 923 406.78
二、投资活动产生的现金流量：		
收回投资收到的现金		
处置固定资产、无形资产和其他长期资产所收回的现金净额		
取得投资收益收到的现金		
处置子公司及其他营业单位收回的现金净额		
收到其他与投资活动有关的现金	404 562.27	404 562.27
投资活动现金流入小计	404 562.27	404 562.27
购建固定资产、无形资产和其他长期资产所支付的现金	6 046 908.67	6 046 908.67
投资支付的现金		
取得子公司及其他营业单位支付的现金净额	25 809 701.60	25 809 701.60
支付其他与投资活动有关的现金	3 333 333.33	3 333 333.33

续表

项　　目	本　月　数	本年累计数
投资活动现金流出小计	35 189 943.60	35 189 943.60
投资活动产生的现金流量净额	−34 785 381.33	−34 785 381.33
三、筹资活动产生的现金流量：		
吸收投资收到的现金	22 733 333.33	22 733 333.33
其中：子公司吸收少数股东投资收到的现金		
取得借款所收到的现金		
收到其他与筹资活动有关的现金		
筹资活动现金流入小计	22 733 333.33	22 733 333.33
偿还债务所支付的现金		
分配股利、利润或偿付利息所支付的现金		
其中：子公司支付给少数股东的股利、利润		
支付其他与筹资活动有关的现金		
筹资活动现金流出小计		
筹资活动产生的现金流量净额	22 733 333.33	22 733 333.33
四、汇率变动对现金及现金等价物的影响		
五、现金及现金等价物净增加额	−52 975 454.78	−52 975 454.78
加：期初现金及现金等价物余额	264 432 807.92	264 432 807.92
六、期末现金及现金等价物余额	211 457 353.14	457 353.14

【实验步骤】

按表 10-45 所示的用户信息，登录浪潮 GS。

表　10-45

登录日期	登 录 用 户	登录密码	操 作 内 容	登录核算组织
2018.1.31	CW0007（铸远电子报表核算岗包林）	aaaaaa	单体报表出具	铸远电子信息产业有限公司
2018.1.31	CW0008（铸远数控报表核算岗白峰）	aaaaaa	单体报表出具	铸远数控电子有限公司

第一步：2018 年 1 月 31 日，铸远电子报表核算岗包林（用户名：CW0007）登录系统，将核算单位切换为“铸远电子信息产业有限公司”，首先在左侧功能列表处，选中“财务会计—财务报表”，然后在右侧核算组织处，将核算组织展开至最末级，双击“铸远电子信息产业有限公司”，变为，即切换成功。

第二步：执行“财务会计—财务报表—报表填制—打开报表”，在右侧报表列表，选中“资产负债表”，单击“确定”按钮。然后，打开资产负债表，单击“数据—计算本表”，提示“计算报表将丢失当前未保存数据，是否保存？”，单击“是”按钮，则可将铸远电子 1 月资产负债表的报表数据进行出具，如图 10-53 所示。

注意：同一个单位同一张报表可以多次打开，但是只有第一次打开的报表是可计算的，其他报表都是只读模式。

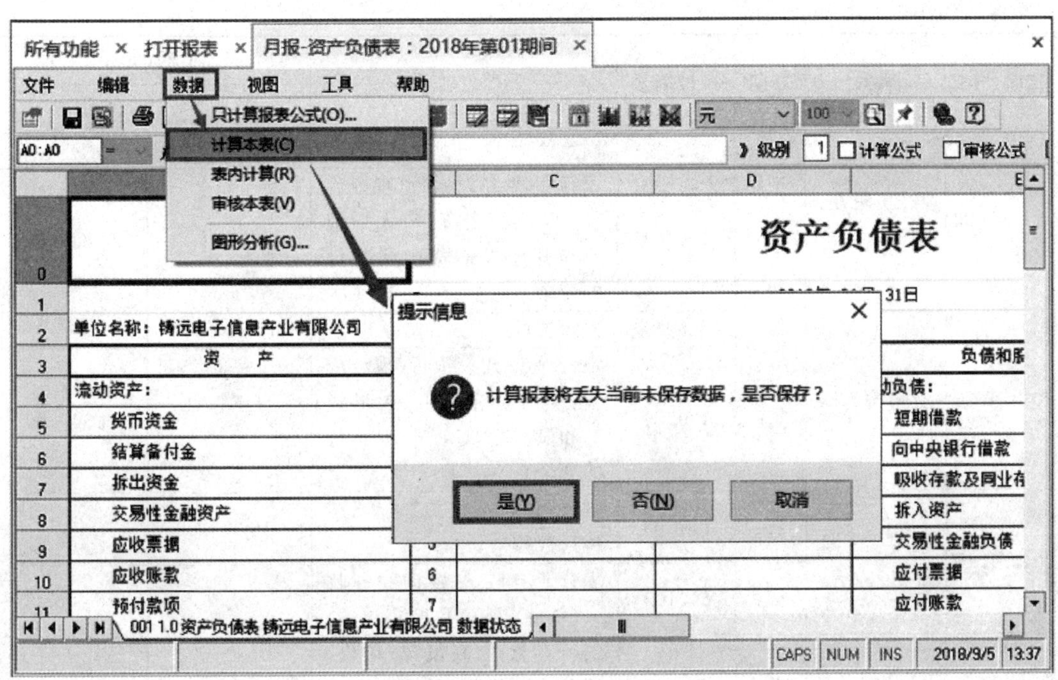

图　10-53

第三步：在“打开报表”界面，采用与第二步相同的步骤，依次将铸远电子利润表和现金流量表数据计算出来。

第四步：2018 年 1 月 31 日，铸远数控报表核算岗白峰(用户名：CW0008)登录系统，将核算单位切换为“铸远数控电子有限公司”，首先在左侧功能列表处，选中“财务会计—财务报表”，然后在右侧核算组织处，将核算组织展开至最末级，双击“铸远数控电子有限公司”，变为，即切换成功。

第五步：执行“财务会计—财务报表—报表填制—打开报表”，依次选择资产负债表、利润表、现金流量表，打开后单击“数据—计算本表”，提示“计算报表将丢失当前未保存数据，是否保存?”，单击“是”按钮，则可将铸远数控 1 月资产负债表、利润表、现金流量表三大表的报表数据进行出具。

注意：报表数据的正确与否，取决于已录入的凭证。若不考虑系统预置的凭证，铸远电子需要手动录入或自动生成的记账凭证如表 10-46 所示，铸远数控需要手动录入或自动生成的记账凭证如表 10-47 所示。若报表数据不正确，可查询凭证信息进行核对并修改。凭证修改方法为：2018 年 1 月 31 日，铸远电子登录用户为财务记账岗蔡菲(用户名：CW0005)登录系统；2018 年 1 月 31 日，铸远数控登录用户为财务记账岗曹刚(用户名：CW0006)登录系统。然后，执行“财务会计—总账—凭证—凭证查询”，在查询出来的凭证列表中，可右击“凭证”联查凭证信息，若凭证信息录入错误，单击“编辑—修改凭证”将其修改为正确的凭证后，再由铸远电子或铸远数控对应的报表核算岗人员执行“财务会计—财务报表—报表填制—打开报表”，单击“数据—计算本表”重新计算报表数据并核对。

表 10-46

凭证日期	摘要	方向	科目编号	科目名称	金额(元)	
					借方	贷方
2018.1.20	联想笔记本购入	借：	1601	固定资产	20 880.00	
		贷：	100204	银行存款-建设银行(现金流量：购建固定资产、无形资产和其他长期资产所支付的现金)		20 880.00
2018.1.20	空调购入	借：	1601	固定资产	13 920.00	
		贷：	100204	银行存款-建设银行(现金流量：购建固定资产、无形资产和其他长期资产所支付的现金)		13 920.00
2018.1.19	提供咨询业务	借：	112203	应收账款-咨询服务(单位：铸远数控)	116 000.00	
		贷：	600103	主营业务收入-咨询服务收入(单位：铸远数控)		116 000.00
2018.1.25	咨询业务收款	借：	100201	银行存款-工商银行(单位：铸远数控；现金流量：销售商品、提供劳务收到的现金)	50 000.00	
		贷：	112203	应收账款-咨询服务(单位：铸远数控)		50 000.00
2018.1.31	结转生产成本	借：	5001	生产成本	46 144 441.48	
		贷：	510101	制造费用-职工薪酬(部门：台式机生产车间)		848 000.00
			510102	制造费用-折旧费		428 695.90
			510103	制造费用-维修费		29 625.33
			510104	制造费用-水电费		84 630.85
			510105	制造费用-科研设计费		2 057 489.40
			1403	原材料		41 664 000.00
			221101	应付职工薪酬-工资		1 032 000.00

表 10-47

凭证日期	摘要	方向	科目编号	科目名称	金额(元)	
					借方	贷方
2018.1.19	接受咨询业务	借：	530101	研发支出-资本化支出(单位：铸远电子)	116 000.00	
		贷：	2202	应付账款(单位：铸远电子)		116 000.00
2018.1.25	咨询业务付款	借：	2202	应付账款(单位：铸远电子)	50 000.00	
		贷：	100201	银行存款-工商银行(单位：铸远电子；现金流量：购买商品、接受劳务支付的现金)		50 000.00

通过以上操作，可将1月铸远电子与铸远数控的三大主表数据计算出来，为合并报表出具做好数据基础。

实验二：抵消报表出具

2018年1月，铸远电子与铸远数控发生的已对账的内部交易业务，需要在当月出具“抵消调整表”数据。资产负债表项目抵消数据(只列示有数据的报表项目)如表10-48所示，利润表项目抵消数据如表10-49所示，现金流量表项目抵消数据如表10-50所示。

表　10-48

单位：元

资　　产	年初数	期末数	负债和所有者权益	年初数	期末数
流动资产：			流动负债：		
应收账款	−300 000.00	−366 000.00	应付账款	−300 000.00	−366 000.00
其他应收款	−130 000.00	−130 000.00	其他应付款	−130 000.00	−130 000.00
流动资产合计	−430 000.00	−496 000.00	流动负债合计	−430 000.00	−496 000.00
资产合计	−430 000.00	−496 000.00	负债和所有者权益总计	−430 000.00	−496 000.00

表　10-49

单位：元

项　　目	本　月　数	本年累计数
一、营业收入	−116 000.00	−116 000.00
其中：主营业务收入	−116 000.00	−116 000.00
减：营业成本	−116 000.00	−116 000.00
其中：主营业务成本	−116 000.00	−116 000.00

表　10-50

单位：元

项　　目	本　月　数	本年累计数
一、经营活动产生的现金流量		
销售商品、提供劳务收到的现金	−50 000.00	−50 000.00
经营活动现金流入小计	−50 000.00	−50 000.00
购买商品、接受劳务支付的现金	−50 000.00	−50 000.00
经营活动现金流出小计	−50 000.00	−50 000.00

【实验步骤】

按表10-51所示的用户信息，登录浪潮GS。

表　10-51

登录日期	登 录 用 户	登录密码	操 作 内 容	登录核算组织
2018.1.31	CW0009(股份本部报表核算岗毕强)	aaaaaa	抵消报表出具	铸远股份抵消公司

第一步：2018年1月31日，股份本部报表核算岗毕强(用户名：CW0009)登录系统，将

核算单位切换为“铸远股份抵消公司”。首先在左侧功能列表处，选中“财务会计—财务报表”，然后在右侧核算组织处，将核算组织展开至最末级，双击“铸远股份抵消公司”，变为👤，即切换成功。

第二步：执行“财务会计—财务报表—报表填制—打开报表”，在右侧报表列表，选中“资产负债表”，单击“确定”按钮。然后，打开资产负债表，单击“数据—计算本表”，提示“计算报表将丢失当前未保存数据，是否保存?”，单击“是”按钮，则可将铸远电子与铸远数控的1月抵消数据在报表中展示出来，与实验描述中资产负债表数据核对准确无误即可。

第三步：在“打开报表”界面，执行与上一步相同的步骤，依次将利润表和现金流量表抵消数据计算出来，与实验描述中利润表和现金流量表数据核对准确无误即可。

注意：若三大主表的抵消数据不正确，请仔细核对本章“教学任务四-实验三：抵消凭证生成”中实验描述要求的抵消凭证分录。若凭证错误，由股份本部报表核算岗毕强(用户名：CW0009)登录核算组织“铸远股份抵消公司”，执行“财务会计—总账—凭证—制单”，单击“编辑—修改凭证”将错误凭证修改为正确凭证即可。

通过以上操作，可将1月三大主表抵消数据计算出来，同样为合并报表出具做好数据基础。

实验三：合并报表出具

集团合并报表会计需在规定日期(5日)前完成上月报表的合并工作，1月包括铸远股份本部、铸远电子和铸远数控三个单位的资产负债表合并数据如表10-52所示，利润表合并数据如表10-53所示，现金流量表合并数据如表10-54所示。

表　10-52

单位：元

资　　产	年初数	期末数	负债和股东权益	年初数	期末数
流动资产：			流动负债：		
货币资金	1 933 126 784.88	1 914 105 815.43	短期借款	2 376 374 567.06	2 497 583 044.71
结算备付金			向中央银行借款		
拆出资金			吸收存款及同业存放		
交易性金融资产	203 920 279.56	209 910 679.93	拆入资产		
应收票据	283 667 506.55	261 256 160.29	交易性金融负债		
应收账款	2 541 676 930.57	2 574 794 901.53	应付票据	30 454 721.20	41 657 275.41
预付款项	156 527 867.84	199 528 096.31	应付账款	2 532 854 409.73	2 490 196 578.19
应收利息			预收款项	781 448 806.84	682 445 073.79
其他应收款	271 743 021.02	275 756 599.96	卖出回购金融资产款		
买入返售金融资产			应付职工薪酬	119 206 088.97	117 698 890.87
存货	3 042 252 863.70	3 028 824 459.21	应交税费	132 782 105.92	126 167 888.79
其中：产成品	1 068 558 029.95	1 055 129 625.46	应付利息	10 290 526.97	7 922 476.31
原材料	1 331 628 378.21	1 331 628 378.21	其他应付款	553 528 810.27	546 716 232.20
一年内到期的非流动资产			应付股利	429 247.03	389 414.69
其他流动资产	1 707 734 553.27	1 634 637 807.11	保险合同准备金		
流动资产合计	10 140 649 807.39	10 098 814 519.77	代理承销证券款		
非流动资产：			一年内到期的非流动负债		

续表

资　　产	年初数	期末数	负债和股东权益	年初数	期末数
发放贷款及垫款			其他流动负债		
可供出售金融资产	171 989 584.12	171 989 584.12	流动负债合计	6 537 369 283.99	6 510 776 874.96
持有至到期投资			非流动负债：		
长期应收款	15 000 000.00	15 000 000.00	长期借款	300 000 000.00	300 000 000.00
长期股权投资	1 171 795 292.17	1 584 414 917.45	应付债券		
投资性房地产	109 006 829.23	108 727 832.10	长期应付款		
固定资产	853 381 531.60	866 385 050.45	专项应付款	1 098 646.00	1 098 646.00
减：累计折旧	206 777 016.67	206 777 016.67	保险责任准备金		
减值准备	11 011 302.40	11 011 302.40	预计负债		
固定资产净值	635 593 212.53	648 596 731.38	递延收益	70 994 406.86	68 973 835.51
在建工程	11 713 092.28	13 228 999.48	递延所得税负债	12 027.96	11 068.00
工程物资			其他非流动负债		
固定资产清理			非流动负债合计	372 105 080.82	370 083 549.51
生产性生物资产			负债合计	6 909 474 364.81	6 880 860 424.47
无形资产	727 789 952.24	720 398 443.68	所有者权益(或股东权益)		
减：无形资产摊销			实收资本(或股本)	1 534 377 467.00	1 545 028 554.67
无形资产净值	727 789 952.24	720 398 443.68	资本公积	2 860 354 879.68	3 265 519 226.57
开发支出	276 915 602.15	302 243 733.67	减：库存股	97 747 403.04	97 747 403.04
商誉	643 015.39	643 015.39	其他综合收益	37 132 224.85	35 501 751.67
长期待摊费用	22 323 262.81	22 823 441.43	盈余公积	290 943 269.86	290 943 269.86
递延所得税资产	46 152 750.62	47 502 362.01	一般风险准备		
其他非流动资产	23 784 043.79	23 276 669.70	未分配利润	1 818 821 641.56	1 837 554 425.98
非流动资产合计	3 212 706 637.33	3 658 845 730.41	所有者权益合计	6 443 882 079.91	6 876 799 825.71
资产总计	13 353 356 444.72	13 757 660 250.18	负债和所有者权益总计	13 353 356 444.72	13 757 660 250.18

表　10-53

单位：元

项　　目	本　期　数	本年累计数
一、营业收入	1 414 965 505.63	1 414 965 505.63
其中：主营业务收入	1 396 510 543.51	1 396 510 543.51
其他业务收入	18 454 962.12	18 454 962.12
减：营业成本	1 218 892 136.09	1 218 892 136.09
其中：主营业务成本	1 206 094 208.11	1 206 094 208.11
其他业务成本	12 797 927.98	12 797 927.98
营业税费及附加	2 096 488.11	2 096 488.11
销售费用	66 407 579.88	66 407 579.88
管理费用	105 387 132.93	105 387 132.93
财务费用(收益以“－”号填列)	8 926 758.00	8 926 758.00
其中：利息支出	7 324 890.37	7 324 890.37
利息收入	668 078.73	668 078.73
资产减值损失	13 384 529.26	13 384 529.26
其他		
加：公允价值变动收益(损失以“－”号填列)	－9 599.63	－9 599.63
投资收益(损失以“－”号填列)	14 185 013.92	14 185 013.92
资产处置收益		

续表

项　　目	本　期　数	本年累计数
其他收益		
二、营业利润(亏损以“－”号填列)	14 046 295.65	14 046 295.65
加：营业外收入	12 202 205.85	12 202 205.85
减：营业外支出	1 267.94	1 267.94
三、利润总额(亏损总额以“－”号填列)	26 247 233.56	26 247 233.56
减：所得税费用	7 514 449.14	7 514 449.14
四、净利润(净亏损以“－”号填列)	18 732 784.42	18 732 784.42

表　10-54

单位：元

项　　目	本　月　数	本年累计数
一、经营活动产生的现金流量：		
销售商品、提供劳务收到的现金	1 447 796 947.52	1 447 796 947.52
收到的税费返还	15 886 355.92	15 886 355.92
收到其他与经营活动有关的现金	30 564 480.51	30 564 480.51
经营活动现金流入小计	1 494 247 783.95	1 494 247 783.95
购买商品、接收劳务支付的现金	1 416 682 502.29	1 416 682 502.29
支付给职工以及为职工支付的现金	102 496 720.54	102 496 720.54
支付的各项税费	21 814 758.83	21 814 758.83
支付其他与经营活动有关的现金	108 726 891.43	108 726 891.43
经营活动现金流出小计	1 649 720 873.09	1 649 720 873.09
经营活动产生的现金流量净额	－155 473 089.14	－155 473 089.14
二、投资活动产生的现金流量：		
收回投资收到的现金	1 005 195 396.29	1 005 195 396.29
处置固定资产、无形资产和其他长期资产所收回的现金净额	349 428.01	349 428.01
取得投资收益收到的现金	4 588 882.78	4 588 882.78
处置子公司及其他营业单位收回的现金净额		
收到其他与投资活动有关的现金	404 562.27	404 562.27
投资活动现金流入小计	1 010 538 269.35	1 010 538 269.35
购建固定资产、无形资产和其他长期资产所支付的现金	45 082 272.83	45 082 272.83
投资支付的现金	928 853 059.02	928 853 059.02
取得子公司及其他营业单位支付的现金净额	25 809 701.60	25 809 701.60
支付其他与投资活动有关的现金	3 333 333.33	3 333 333.33
投资活动现金流出小计	1 003 078 366.78	1 003 078 366.78
投资活动产生的现金流量净额	7 459 902.57	7 459 902.57
三、筹资活动产生的现金流量：		
吸收投资收到的现金	22 733 333.33	22 733 333.33
其中：子公司吸收少数股东投资收到的现金		
取得借款所收到的现金	400 000 000.00	400 000 000.00
收到其他与筹资活动有关的现金		
筹资活动现金流入小计	422 733 333.33	422 733 333.33
偿还债务所支付的现金	283 774 787.93	283 774 787.93

续表

项　　目	本　月　数	本年累计数
分配股利、利润或偿付利息所支付的现金	9 297 495.35	9 297 495.35
其中：子公司支付给少数股东的股利、利润		
支付其他与筹资活动有关的现金		
筹资活动现金流出小计	293 072 283.28	293 072 283.28
筹资活动产生的现金流量净额	129 661 050.05	129 661 050.05
四、汇率变动对现金及现金等价物的影响	−668 832.93	−668 832.93
五、现金及现金等价物净增加额	−19 020 969.45	−19 020 969.45
加：期初现金及现金等价物余额	1 933 126 784.88	1 933 126 784.88
六、期末现金及现金等价物余额	1 914 105 815.43	1 914 105 815.43

【实验步骤】

按表 10-55 所示的用户信息，登录浪潮 GS。

表　10-55

登录日期	登录用户	登录密码	操作内容	登录核算组织
2018.1.31	CW0009(股份本部报表核算岗毕强)	aaaaaa	合并报表出具、报表数据分析	铸远股份有限公司

第一步：2018 年 1 月 31 日，股份本部报表核算岗毕强(用户名：CW0009)登录系统，将核算单位切换为上级合并公司"铸远股份有限公司"，首先在左侧功能列表处，选中"财务会计—财务报表"，然后在右侧核算组织处，双击"铸远股份有限公司"，变为👤，即切换成功，如图 10-54 所示。

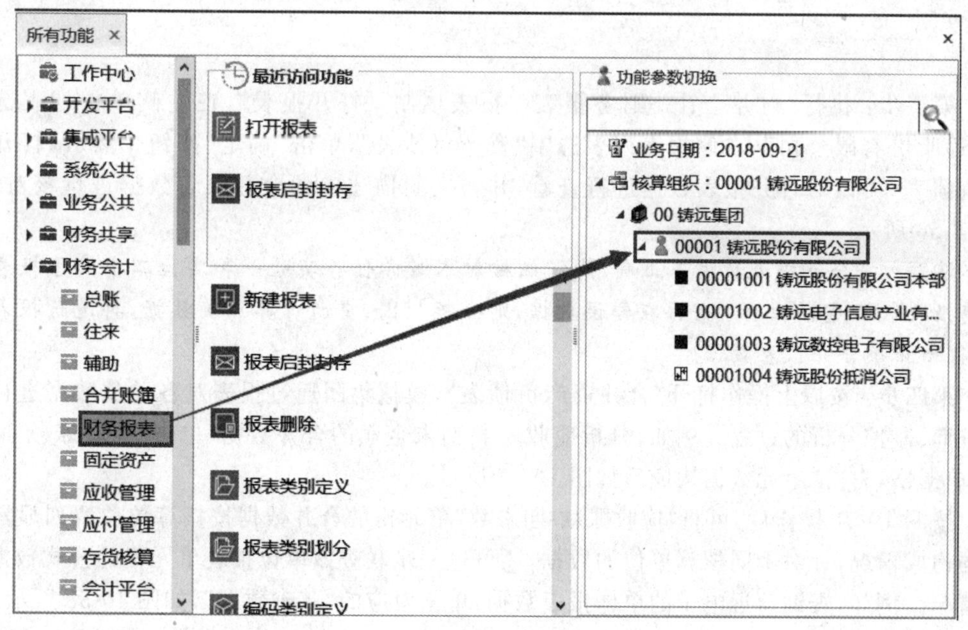

图　10-54

第二步：执行“财务会计—财务报表—报表填制—报表汇总”，在左侧单位列表勾选“铸远股份有限公司”，右侧报表列表勾选“资产负债表”“利润表”和“现金流量表”，单击“确定”按钮，提示“汇总完毕”，则可将铸远股份本部、铸远电子、铸远数控、抵消公司的三大主表数据进行汇总，生成合并报表数据，如图 10-55 所示。

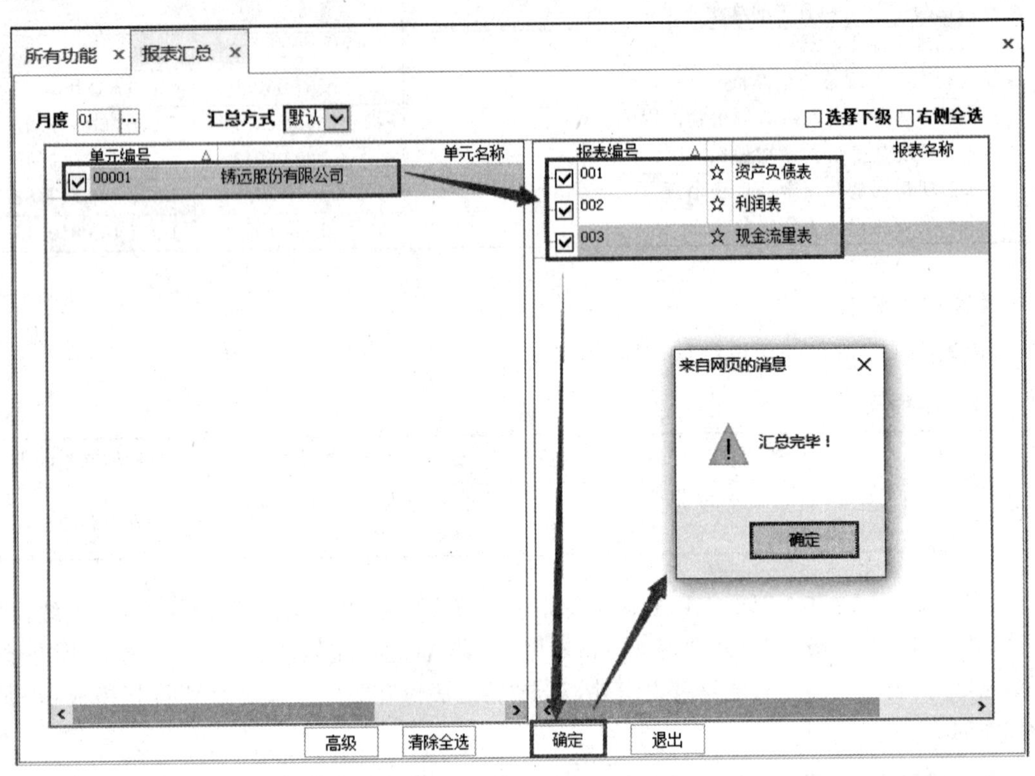

图 10-55

第三步：执行“财务会计—财务报表—报表填制—打开报表”，在左侧单位列表选中“铸远股份有限公司”，右侧报表列表选中“资产负债表”，单击“确定”按钮。然后，打开资产负债表，可以对合并报表数据进行查看，并与实验描述中的合并报表数据进行核对，如图 10-56 所示。

注意：若合并报表数据不正确，请仔细核对本教学任务实验一和实验二中单体报表与抵消报表数据是否正确。若存在错误数据，则分析原因，重新计算正确数据，再进行报表汇总，得出正确合并报表数据。

第四步：按以上操作打开“合并资产负债表”，模拟集团通过报表对各单位数据进行穿透查询、监控分析的过程。例如，分析应收账款期末金额的合并数据，单击“应收账款-期末数”单据格，右击“单元数据构成”，如图 10-57 所示。

按图 10-57 操作后，可将“应收账款-期末数”单元格的合并数据按核算单位罗列显示其数据构成情况，针对不同核算单位的数据，还可进一步联查该单位报表单元格的公式数据构成情况。例如，查询铸远电子的单体报表数据，单击对应的“基础数据”，如图 10-58 所示。

按图 10-58 操作后，则可将铸远电子资产负债表中“应收账款-期末数”单元格公式数据构成情况展示出来。若继续查询公式数据来源，单击“详情”，如图 10-59 所示。

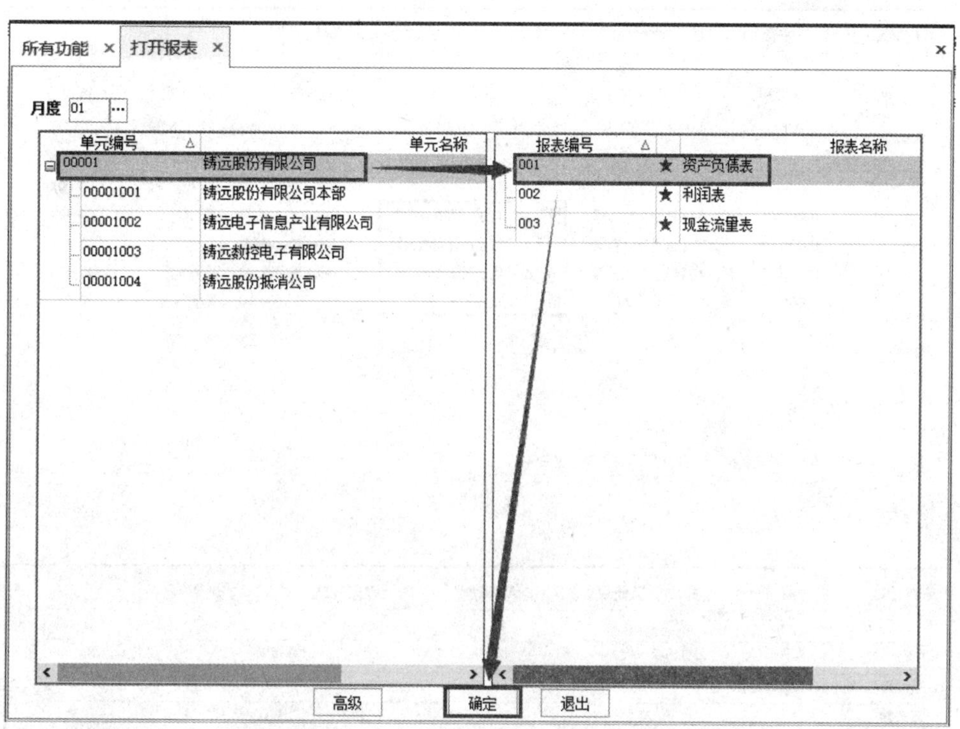

图　10-56

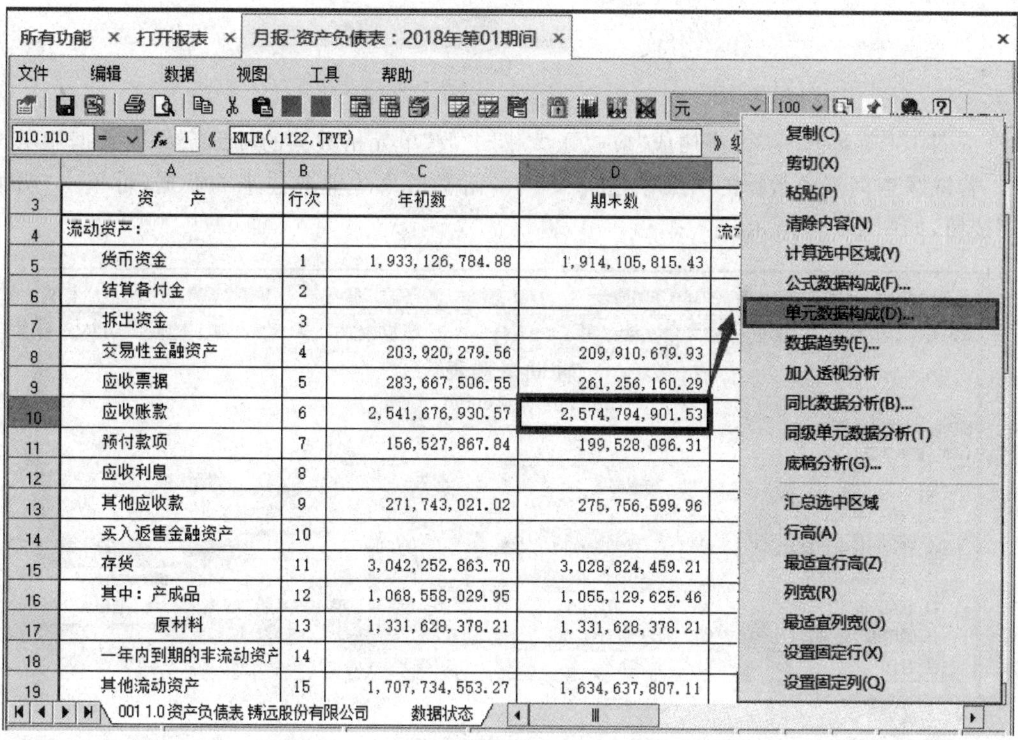

资　　产	行次	年初数	期末数
流动资产：			
货币资金	1	1,933,126,784.88	1,914,105,815.43
结算备付金	2		
拆出资金	3		
交易性金融资产	4	203,920,279.56	209,910,679.93
应收票据	5	283,667,506.55	261,256,160.29
应收账款	6	2,541,676,930.57	2,574,794,901.53
预付款项	7	156,527,867.84	199,528,096.31
应收利息	8		
其他应收款	9	271,743,021.02	275,756,599.96
买入返售金融资产	10		
存货	11	3,042,252,863.70	3,028,824,459.21
其中：产成品	12	1,068,558,029.95	1,055,129,625.46
原材料	13	1,331,628,378.21	1,331,628,378.21
一年内到期的非流动资产	14		
其他流动资产	15	1,707,734,553.27	1,634,637,807.11

图　10-57

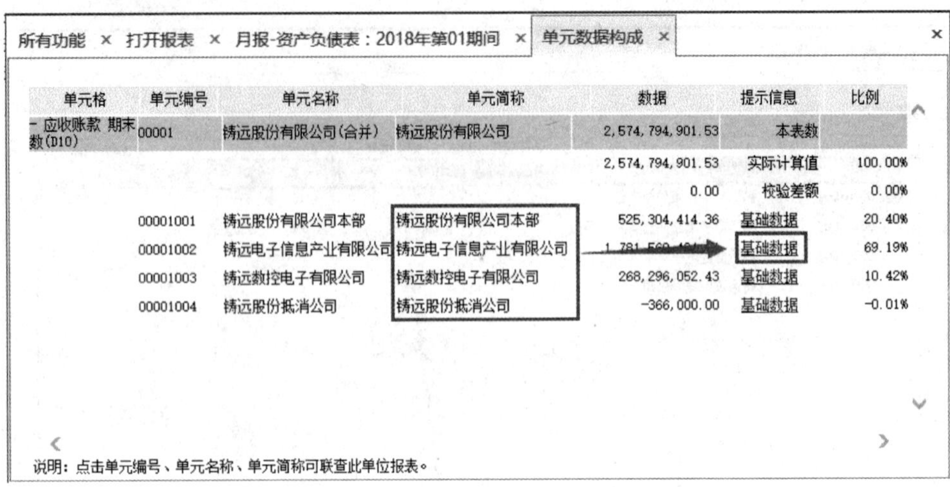

图 10-58

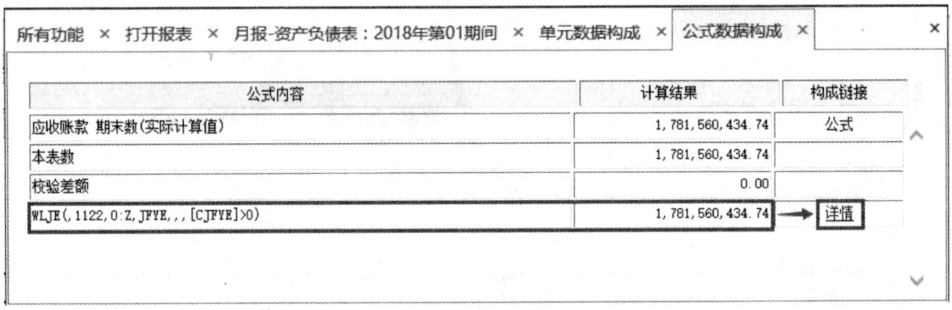

图 10-59

按图 10-59 操作后，可将构成“应收账款-期末数”单元格数据的辅助余额表数据展示出来。若继续查询某条数据的明细账，如查询与铸远数控发生业务往来的数据，可单击“明细账”按钮，如图 10-60 所示。

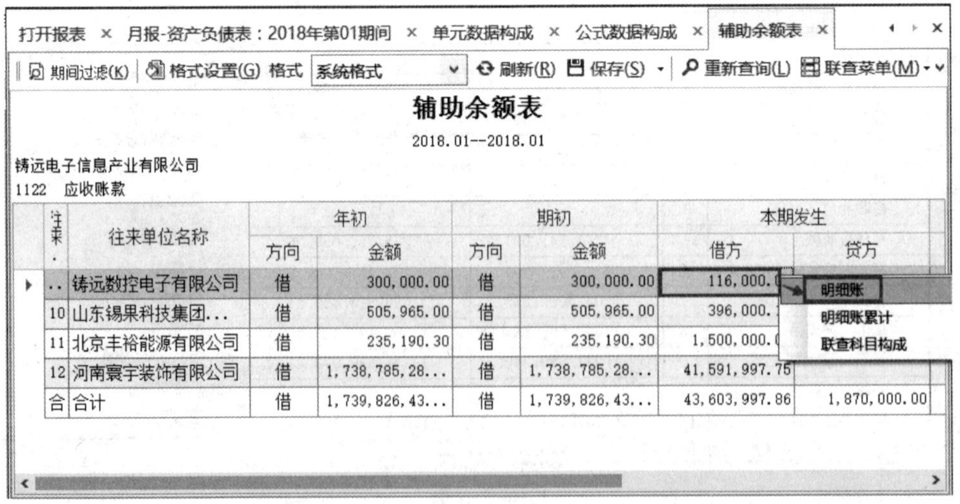

图 10-60

按图 10-60 操作后，可将与铸远数控发生业务往来的所有明细账展示出来。若继续查询某条明细账的凭证数据，可单击“凭证”按钮，如图 10-61 所示。

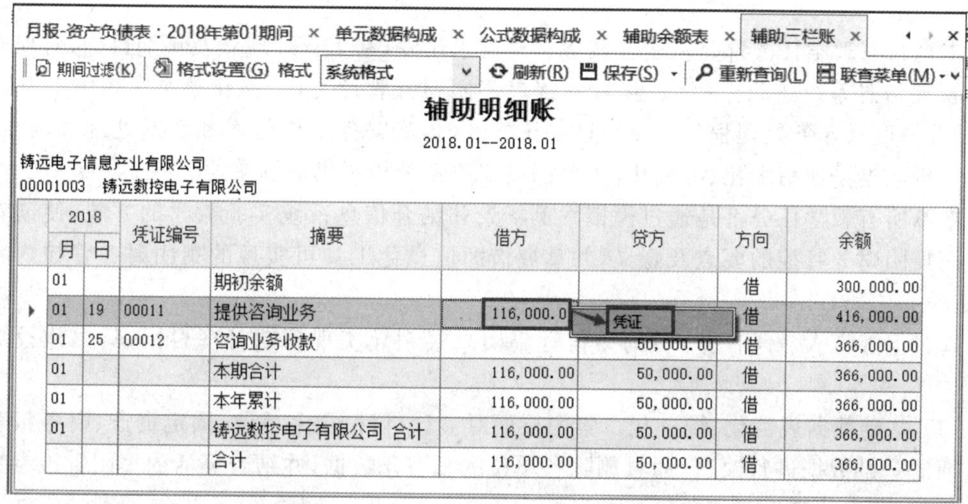

2018 月	日	凭证编号	摘要	借方	贷方	方向	余额
01			期初余额			借	300,000.00
01	19	00011	提供咨询业务	116,000.0		借	416,000.00
01	25	00012	咨询业务收款		50,000.00	借	366,000.00
01			本期合计	116,000.00	50,000.00	借	366,000.00
01			本年累计	116,000.00	50,000.00	借	366,000.00
01			铸远数控电子有限公司 合计	116,000.00	50,000.00	借	366,000.00
			合计	116,000.00	50,000.00	借	366,000.00

图 10-61

按图 10-61 操作后，则可将明细账对应的凭证联查出来，如图 10-62 所示。

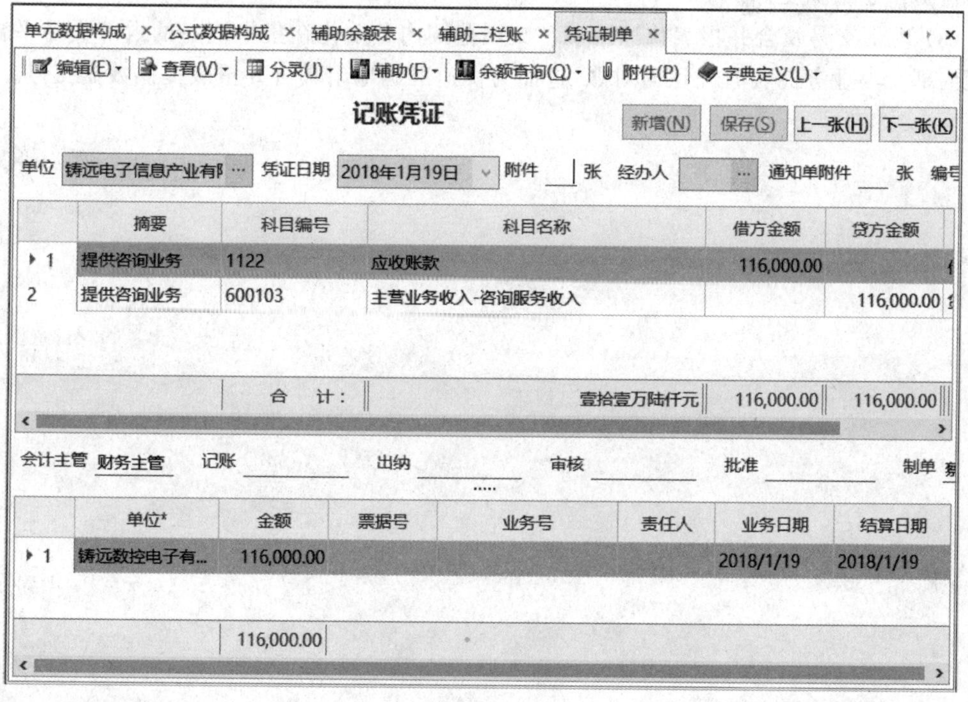

	摘要	科目编号	科目名称	借方金额	贷方金额
1	提供咨询业务	1122	应收账款	116,000.00	
2	提供咨询业务	600103	主营业务收入-咨询服务收入		116,000.00
	合　计：		壹拾壹万陆仟元	116,000.00	116,000.00

	单位*	金额	票据号	业务号	责任人	业务日期	结算日期
1	铸远数控电子有...	116,000.00				2018/1/19	2018/1/19
		116,000.00					

图 10-62

通过以上操作，可将 1 月三大主表合并数据快速计算出来，并且可实现从“合并报表数据—单体报表数据—公式数据—余额表—明细账—凭证”的自上而下的逐级穿透查询分析，实现集团对各单位财务数据的集中归集与监控。

第八节 铸远集团财务管控建设成效分析

本章所有教学任务都是从企业实际管理需求出发,基于管理现状及预期目标,对现有的财务管理信息系统进行升级改造,旨在提高集团财务管控力度,强化整个集团财务基础数据、相关制度及业务处理程序的规范性和统一性,提高财务工作效率和数据处理准确性,使财务分析数据更加精细化、准确化,为集团高层决策分析提供数据来源。

本章所有教学任务都是通过模拟案例场景并结合信息系统实验教学的方式,使读者了解提高集团财务管控的要点及意义,并掌握借助信息化工具可实现的集团财务管控内容和效果。

通过上述五大教学任务,可助力铸远集团高层领导实现预期管理目标,具体建设成效如下。

(1) 基础数据规范化、统一化。集团层面对会计科目、往来单位、固定资产、财务报表四个方面的基础数据进行改造,通过删除各单位的私有化数据,并结合灵活的集团管控参数配置和流程控制,达到集团统一管控的目标。

(2) 账龄分析及银行对账自动化。集团范围内各单位按集团统一要求通过信息系统实现账龄分析及银行对账工作自动化处理,提高了工作效率及数据准确性,为集团层面相关决策分析提供了数据支撑。

(3) 内部交易及合并报表快速准确。集团范围内各单位在集中统一的内部交易平台上实现内部交易业务的实时确认与对账,进而为快速准确地出具合并报表提供数据支撑。

成本核算仿真实训

第一节　铸远集团成本核算现状与期望

一、铸远集团成本核算现状

铸远集团下属各单位虽然按照集团成本管控要求进行成本管理，但现状并不乐观。目前，铸远电子信息产业有限公司主要生产台式计算机、笔记本电脑等商品，主要存在的问题如下。

(1) 原有的成本核算混乱，不适应集团内部管理需要，希望借助 ERP 系统加强成本管理和进行科学管理分析。

(2) 不能及时了解成本的波动情况，不能为制定销售价格、降低生产成本、提高产品质量提供分析依据，没有实现成本精细化管理。

二、铸远集团成本核算期望

建立集研发、制造、管理及过程控制于一体的数字化企业运营模式，利用信息技术实现企业管理创新，而提升产品成本管理是制造业信息化的核心问题。故铸远集团高层希望通过本次信息化项目实施实现以下几个目的。

(1) 实现精细化管理。原始数据来自业务系统，包括供应链系统、财务系统和生产系统。物料消耗价格由供应链系统计算得出，相关制造费用和其他期间费用等从总账系统中归集，在每个成本中心或产品上进行费用分配。实施信息化项目后，需从科学管理的角度规范集团内部的成本数据，以便进行实时的、多维度的数据分析。

(2) 实现成本的各种对比分析，能够分析产品成本的构成、不同月份的成本波动、成本差异和差异构成，满足财务和各车间控制、考核的需要。

(3) 成本数据适应内部管理需要，易于对比分析，产品成本数据精细化、可分解、具有计算的灵活性，且通过成本分析可以使预算编制、资金计划编制过程有理有据。

(4) 以整体信息化系统实现预算、管控费用，以费用形成成本分析，以成本分析指导预

算编制与企业决策。

(5) 帮助企业利用成本信息进行战略选择，评价不同产品的成本情况，为不同竞争战略的选择提供依据，并保证集团战略目标的实现。

第二节　教学任务一：铸远电子成本体系建设

成本管理是指企业在营运过程中实施成本预测、成本决策、成本计划、成本控制、成本核算、成本分析和成本考核等一系列管理活动的总称。本节着重于事中与事后的成本管理，即成本核算、成本分析。事前成本管理已在全面预算部分介绍过。

铸远集团为了提高成本管理水平，形成分工负责、有机协调的成本管理体系，决定在铸远电子试点运行成本管理模式，实现成本管理责任到人、控制到位、考核严格、目标落实。成本管理应重点关注对成本具有重大影响的项目，对于不具有重要性的项目可以适当简化处理，综合运用工具方法，实现效益最大化。

铸远电子按照集团成本管控要求建立的成本核算体系如下。

(1) 标准成本管理的组织架构如图 11-1 和表 11-1 所示。

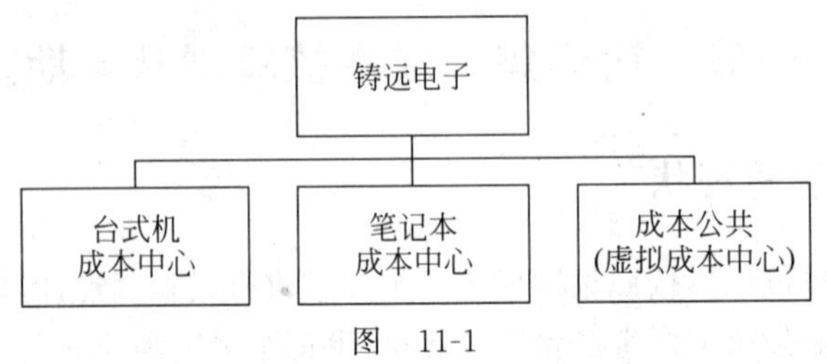

图　11-1

表　11-1

标准成本项目	直接材料、直接人工、制造费用等
责任部门	台式机成本中心、笔记本成本中心、成本公共
工作职责	台式机成本中心归集台式机组装车间成本，笔记本成本中心归集笔记本组装车间成本，成本公共负责统计共摊费用后分配到台式机成本中心及笔记本成本中心

(2) 成本对象。铸远电子根据自身业务、管理需求确定以产品为计算对象，按照编号规则进行设定。台式机型号分为 EAK1、EAK2、EAK3；笔记本型号分为 TAK 1、TAK 2、TAK 3。

台式机 BOM 如图 11-2 所示。

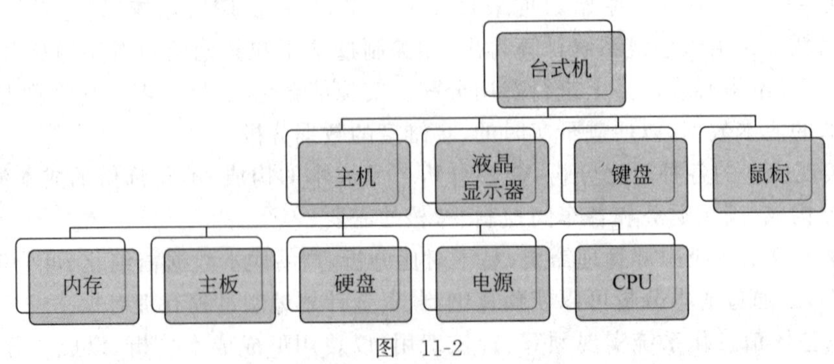

图　11-2

笔记本 BOM 如图 11-3 所示。

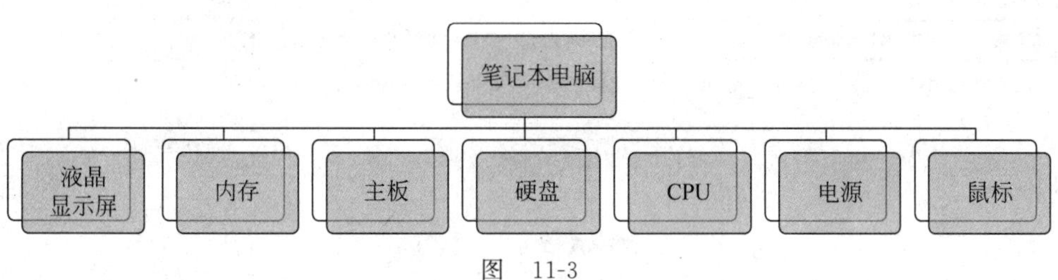

图　11-3

(3) 成本核算方法。铸远电子采用品种法核算产品成本。在计算产品成本和存货成本时,把一定期间内在生产过程中所消耗的直接材料、直接人工、制造费用的全部成本都归纳到产品成本和存货成本中。

(4) 成本费用要素。材料费、工资及劳务费、固定资产折旧费、修理费、设计费等。

(5) 成本计算步骤。①台式机成本中心与笔记本成本中心分别归集材料费;②台式机成本中心与笔记本成本中心分别归集工资及劳务费;③成本公共归集共摊费用,即制造费用,其中包括水电费、维修费、固定资产折旧费等;④所有成本项目按产量分配到各产品,进行汇总计算。

实验一:设置成本期间

铸远电子成本管理系统软件已预置的计算范围如表 11-2 所示。

表　11-2

组织编号	成本组织	范围编号	计算范围名称	成本对象
01	铸远成本组织	0001	铸远电子计算范围	产品

需定义成本管理系统使用的期间,与会计期间相对应。

【实验步骤】

按表 11-3 所示的用户信息,登录浪潮 GS。

表　11-3

登录日期	登录用户	登录密码
2018.1.1	CB0001(成本会计陈佳)	aaaaaa

第一步:2018 年 1 月 1 日,铸远电子成本会计陈佳(用户名:CB0001)登录系统,执行“管理会计—成本数据—成本期间—期间定义”,结合集团公司业务实际,成本期间与财务期间设置一致。单击“修改”按钮,然后单击“增加年度”按钮,系统默认设置“成本年度”为 2018,“期间个数”为 12,“起始日期”为 2018.01.01。单击“确定”按钮,然后单击“保存”按钮,成本期间定义完成,如图 11-4 所示。

第二步:执行“管理会计—成本数据—成本期间—期间状态管理”,选择 2018.01 的期间,选择菜单栏“设置成启用期间”,如图 11-5 所示。

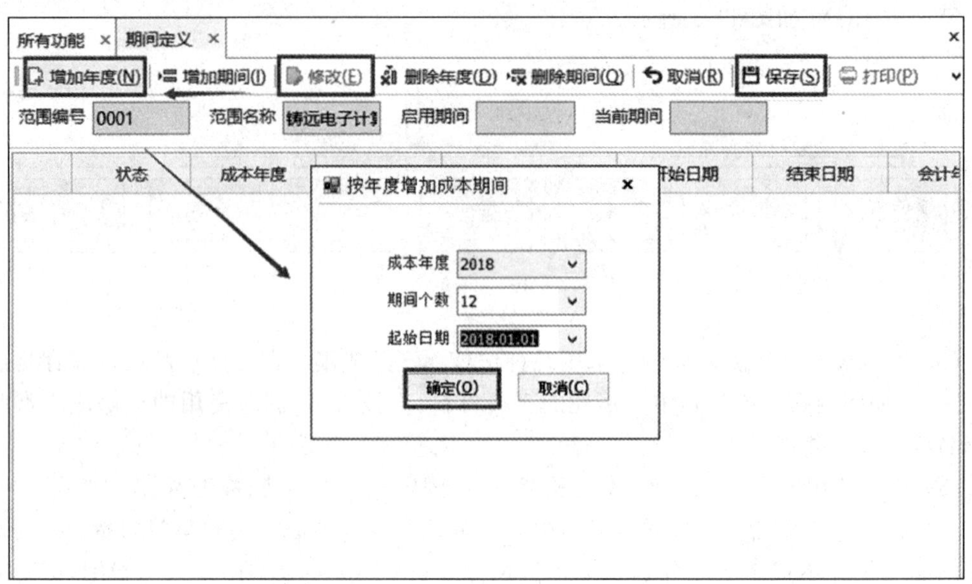

图 11-4

所有功能 × 期间状态管理 ×

期间关闭(S) 取消期间关闭(R) 期间打开(O) 取消期间打开(D) 设置成启用期间(N) 强制期间关闭(Q)

范围编号 0001 范围名称 铸远电子计算 启用期间 2018.01 当前期间 2018.01

	状态	成本年度	成本期间	期间...	开始日期	结束日期	会计年度	会计期间
1	打开		01		2018.01.01	2018.01.31		01
2	不可用	2018	02		2018.02.01	2018.02.28	2018	02
3			03		2018.03.01	2018.03.31		03
4			04		2018.04.01	2018.04.30		04
5			05		2018.05.01	2018.05.31		05
6			06		2018.06.01	2018.06.30		06
7			07		2018.07.01	2018.07.31		07
8			08		2018.08.01	2018.08.31		08
9			09		2018.09.01	2018.09.30		09
10			10		2018.10.01	2018.10.31		10
11			11		2018.11.01	2018.11.30		11
12			12		2018.12.01	2018.12.31		12

图 11-5

实验二：定义成本项目和费用要素

成本项目是费用按经济用途分类的结果，是成本构成分析的重要分析项目。成本项目一般分为材料费用、直接人工、制造费用等，部分成本项目还可以再进行细分，例如，制造费用下面再细分折旧费、维修费等。

费用要素是费用按经济内容进行分类的结果，主要用于费用归集。

成本项目如表 11-4 所示。

表　11-4

成本项目编号	成本项目名称	项 目 类 别
0001	材料费用	材料费用
0002	工资及劳务费	人工
0003	制造费用	制造费用

费用要素如表 11-5 所示。

表　11-5

费用要素编号	费 用 要 素	成 本 项 目	成 本 动 因
CLF	材料费	材料费用	产量(系统)
GZJLWF	工资及劳务费	工资及劳务费	产量(系统)
SDF	水电费	制造费用	产量(系统)
GDZCZJF	固定资产折旧费	制造费用	产量(系统)
WXF	维修费	制造费用	产量(系统)
KYSJF	科研设计费	制造费用	产量(系统)
RGF	人工费	制造费用	产量(系统)

费用要素取数来源如表 11-6 所示。

表　11-6

<table>
<tr><th>成本中心</th><th>成本要素编号</th><th>成 本 要 素</th><th>来源方式</th><th>来源科目编号</th><th>来源科目名称</th><th>来源内容</th></tr>
<tr><td>台式机成本中心</td><td>RGF</td><td>人工费</td><td>总账</td><td>510101</td><td>制造费用-职工薪酬</td><td>借方发生额</td></tr>
<tr><td>笔记本成本中心</td><td>RGF</td><td>人工费</td><td>总账</td><td>510101</td><td>制造费用-职工薪酬</td><td>借方发生额</td></tr>
<tr><td rowspan="4">成本公共</td><td>GDZCZJF</td><td>固定资产折旧费</td><td>总账</td><td>510102</td><td>制造费用-折旧费</td><td>借方发生额</td></tr>
<tr><td>WXF</td><td>维修费</td><td>总账</td><td>510103</td><td>制造费用-维修费</td><td>借方发生额</td></tr>
<tr><td>SDF</td><td>水电费</td><td>总账</td><td>510104</td><td>制造费用-水电费</td><td>借方发生额</td></tr>
<tr><td>KYSJF</td><td>科研设计费</td><td>总账</td><td>510105</td><td>制造费用-科研设计费</td><td>借方发生额</td></tr>
</table>

【实验步骤】

按表 11-7 所示的用户信息，登录浪潮 GS。

表　11-7

登录日期	登录用户	登录密码
2018.1.1	CB0001(成本会计陈佳)	aaaaaa

第一步：执行“业务公共—业务基础数据—管理会计—成本项目引用”，选择核算单位为“铸远电子信息产业有限公司”，单击“引用”按钮，将所有集团成本项目引用到公司，如图 11-6 所示。

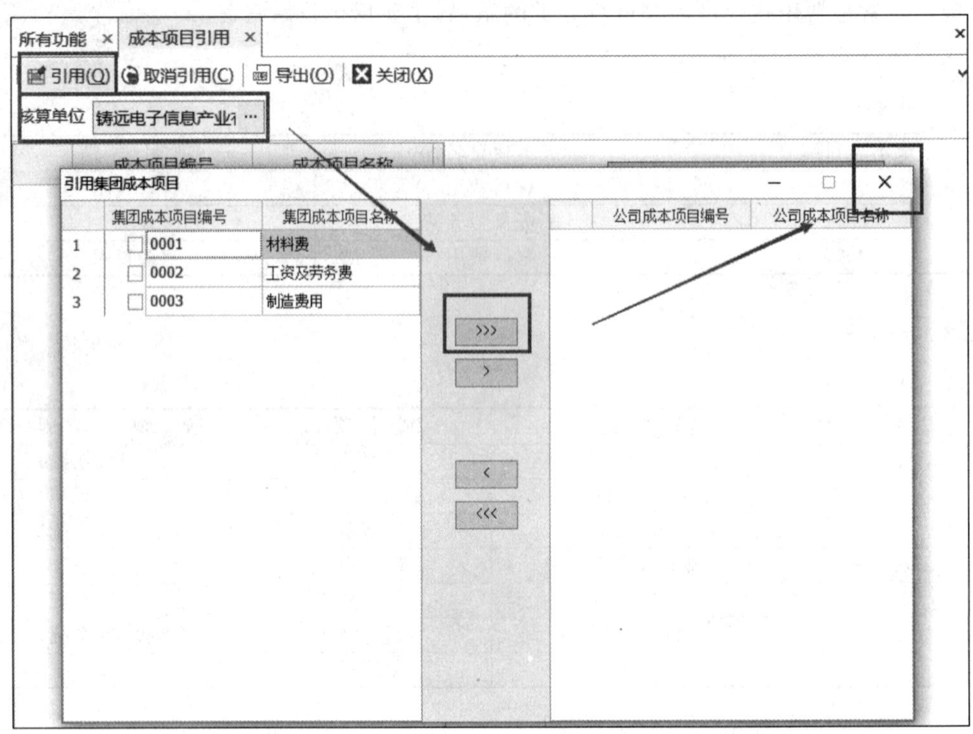

图 11-6

第二步：执行“业务公共—业务基础数据—管理会计—费用要素”，选择核算单位为“铸远电子信息产业有限公司”，单击“增加”按钮，按照实验描述中的要求增加费用要素，如图 11-7 所示。

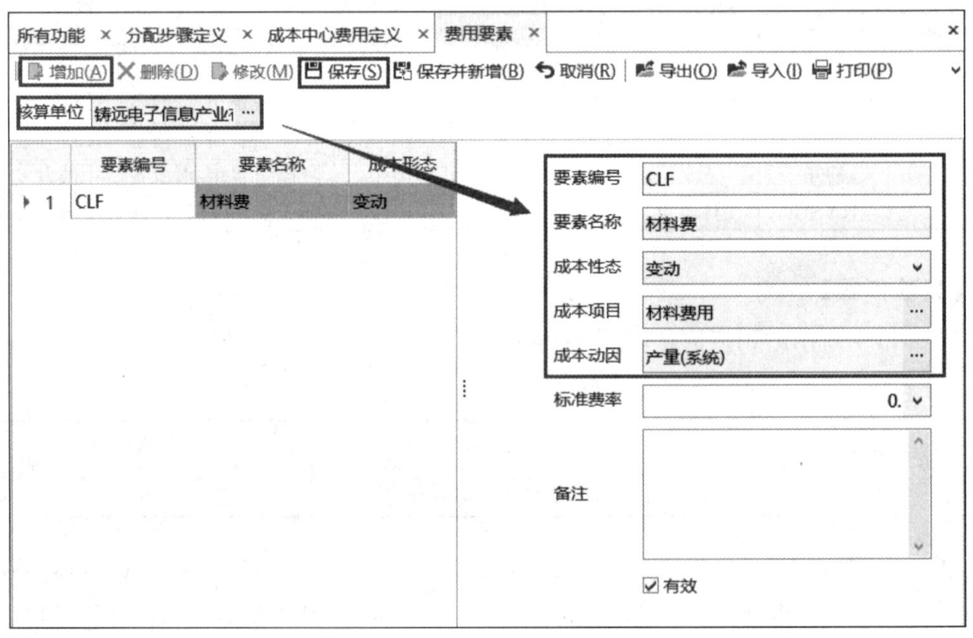

图 11-7

第三步：执行“管理会计—成本中心会计—初始—成本中心费用定义”，选择“台式机成本中心”，单击“增加”按钮，选择费用“人工费”，“来源”设为“总账”，科目选择“510101 职工薪酬”。然后，以相同步骤增加“笔记本成本中心”“成本公共”表中要素的取数规则，如图 11-8 所示。

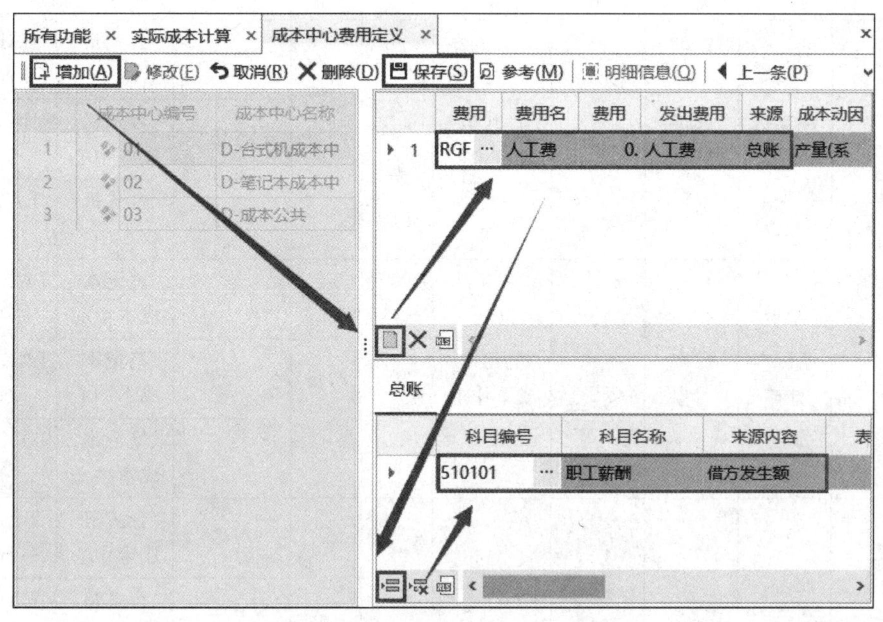

图　11-8

实验三：定义费用分配和成本计算步骤

定义铸远电子生产过程中共摊费用的费用分配步骤和产品实际成本计算步骤。

费用分配步骤如表 11-8 所示。

表　11-8

顺序号	步骤名称	分配活动	接收方对象类型	是否包含在制量	发出方			接收方		
					成本中心	费用要素	分配方法	分配对象类型	成本中心	产品
10	工资及劳务费分摊	台式机分摊	成本对象	否	台式机成本中心	工资及劳务费	产量	产品	台式机成本中心	EAK1 台式计算机
								产品	台式机成本中心	EAK2 台式计算机
								产品	台式机成本中心	EAK3 台式计算机
		笔记本分摊	成本对象	否	笔记本成本中心	工资及劳务费	产量	产品	笔记本成本中心	TAK1 笔记本电脑
								产品	笔记本成本中心	TAK2 笔记本电脑
								产品	笔记本成本中心	TAK3 笔记本电脑

续表

顺序号	步骤名称	分配活动	接收方对象类型	是否包含在制量	发出方			接收方		
					成本中心	费用要素	分配方法	分配对象类型	成本中心	产品
20	人工费分摊	台式机分摊	成本对象	是	台式机成本中心	人工费	产量	产品	台式机成本中心	EAK1 台式计算机
								产品	台式机成本中心	EAK2 台式计算机
								产品	台式机成本中心	EAK3 台式计算机
		笔记本分摊	成本对象	是	笔记本成本中心	人工费	产量	产品	笔记本成本中心	TAK1 笔记本电脑
								产品	笔记本成本中心	TAK2 笔记本电脑
								产品	笔记本成本中心	TAK3 笔记本电脑
30	制造费用分摊	折旧费分摊	成本对象	是	成本公共	固定资产折旧费	产量	产品	台式机成本中心	EAK1 台式计算机
								产品	台式机成本中心	EAK2 台式计算机
								产品	台式机成本中心	EAK3 台式计算机
								产品	笔记本成本中心	TAK1 笔记本电脑
								产品	笔记本成本中心	TAK2 笔记本电脑
								产品	笔记本成本中心	TAK3 笔记本电脑
		维修费分摊	成本对象	是	成本公共	维修费	产量	产品	台式机成本中心	EAK1 台式计算机
								产品	台式机成本中心	EAK2 台式计算机
								产品	台式机成本中心	EAK3 台式计算机
								产品	笔记本成本中心	TAK1 笔记本电脑
								产品	笔记本成本中心	TAK2 笔记本电脑
								产品	笔记本成本中心	TAK3 笔记本电脑

续表

顺序号	步骤名称	分配活动	接收方对象类型	是否包含在制量	发出方			接收方		
					成本中心	费用要素	分配方法	分配对象类型	成本中心	产品
30	制造费用分摊	水电费分摊	成本对象	是	成本公共	水电费	产量	产品	台式机成本中心	EAK1 台式计算机
								产品	台式机成本中心	EAK2 台式计算机
								产品	台式机成本中心	EAK3 台式计算机
								产品	笔记本成本中心	TAK1 笔记本电脑
								产品	笔记本成本中心	TAK2 笔记本电脑
								产品	笔记本成本中心	TAK3 笔记本电脑
		科研设计费分摊	成本对象	是	成本公共	科研设计费	产量	产品	台式机成本中心	EAK1 台式计算机
								产品	台式机成本中心	EAK2 台式计算机
								产品	台式机成本中心	EAK3 台式计算机
								产品	笔记本成本中心	TAK1 笔记本电脑
								产品	笔记本成本中心	TAK2 笔记本电脑
								产品	笔记本成本中心	TAK3 笔记本电脑

成本计算步骤如表 11-9 所示。

表　11-9

步骤编号	步骤名称	步骤顺序	参数选项	成本中心名称
0001	成本计算步骤	10	按成本数据源更新存货；取消计算时先取消存货	台式机成本中心
				笔记本成本中心

【实验步骤】

按表 11-10 所示的用户信息，登录浪潮 GS。

表　11-10

登录日期	登录用户	登录密码
2018.1.1	CB0001(成本会计陈佳)	aaaaaa

第一步：执行“管理会计—成本中心会计—初始—分配步骤定义”，计算范围为“铸远电子计算范围”，单击“新增”按钮，按表 11-8 填写步骤名称为“工资及劳务费”（步骤编号系统自动生成）。单击“增行”图标，新增分配活动为“台式机分摊”，不勾选“包含在制量”，设置发出方为“台式机成本中心”、费用要素为“工资及劳务费”，接收方为“EAK1 台式计算机”“EAK2 台式计算机”“EAK3 台式计算机”；单击“增行”图标，新增分配活动为“笔记本分摊”，不勾选“包含在制量”，设置发出方为“笔记本成本中心”、费用要素为“工资及劳务费”，接收方为“TAK1 笔记本电脑”“TAK2 笔记本电脑”“TAK3 笔记本电脑”；单击“保存”按钮。按表 11-8 完成剩余分配步骤的定义，如图 11-9 所示。

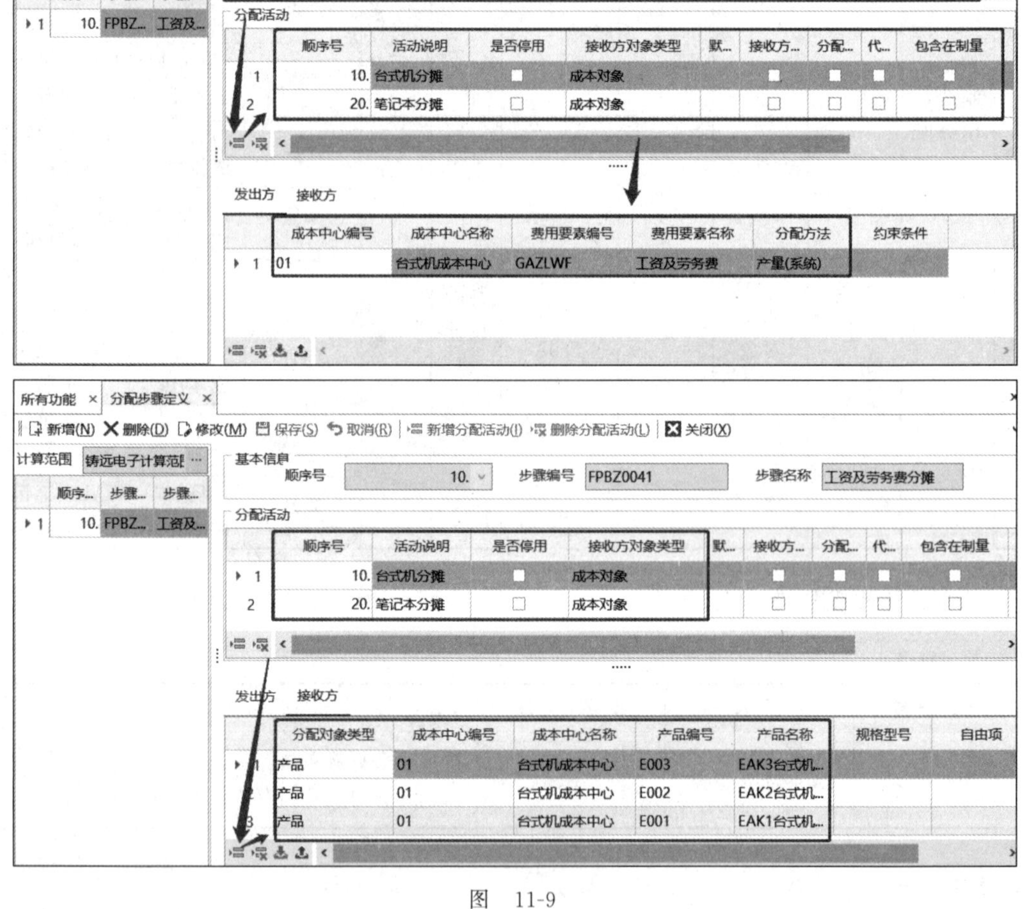

图 11-9

第二步：执行“管理会计—产品成本核算—初始—计算步骤定义”，单击“增加”按钮，填写“步骤名称”为“成本计算步骤”，勾选“按成本数据源更新存货”“取消计算时先取消存货”复选框，然后单击“增行”图标，添加“台式机成本中心”“笔记本成本中心”，单击“保存”按钮。成本计算步骤定义完成，如图 11-10 所示。

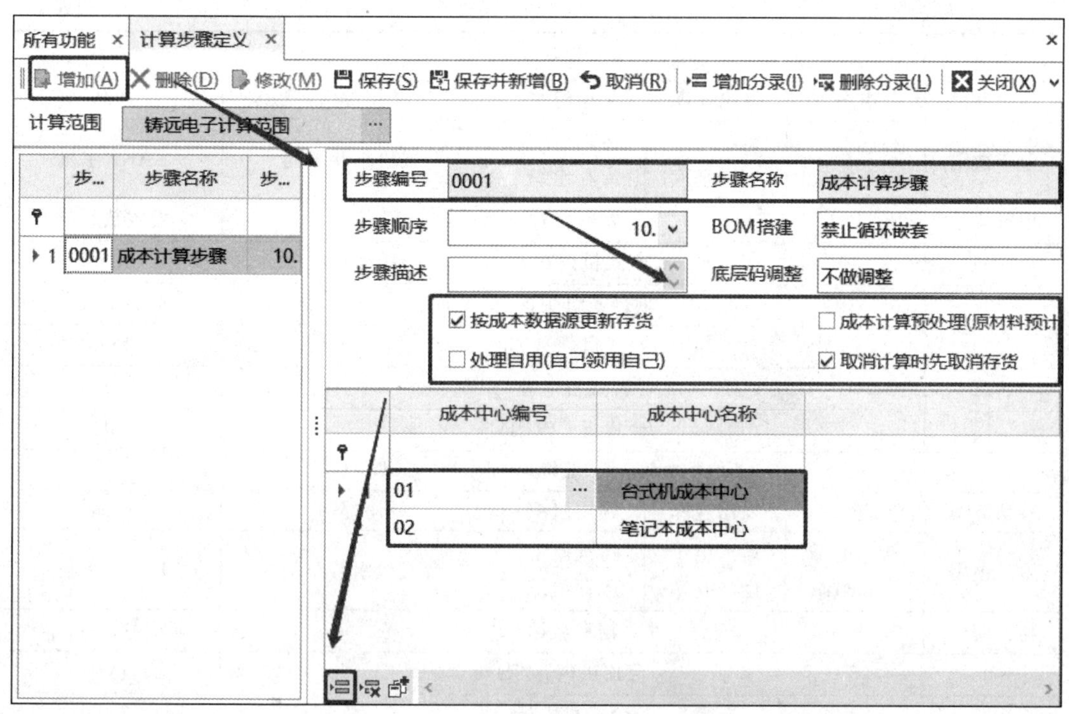

图　11-10

第三节　教学任务二：车间投料生产及产品完工入库

铸远电子台式机组装车间和笔记本组装车间按生产计划对相关物料进行领用，相关人员需要登记发货单(即出库单)。发货单需结合生产情况登记对应领用部门及生产产品，便于成本核算时对物料消耗进行归集。需录入的发货单如表 11-11 所示。

表　11-11

发货单 01					
移动类型	组织	发出仓库	领用组织	领用部门	产品
生产领用	铸远电子库存组织	铸远电子生产仓库	铸远电子库存组织	台式机组装车间	EAK1 主机
物料编号	物料名称				应发主数量(个)
1006	台式机内存 4G				12 000
1007	台式机主板				12 000
1008	台式机硬盘 1T				12 000
1011	台式机电源				12 000
1012	台式机 CPU I3				12 000

续表

<table>
<tr><td colspan="6">发货单 02</td></tr>
<tr><td>移动类型</td><td>组织</td><td>发出仓库</td><td>领用组织</td><td>领用部门</td><td>产品</td></tr>
<tr><td>生产领用</td><td>铸远电子库存组织</td><td>铸远电子生产仓库</td><td>铸远电子库存组织</td><td>台式机组装车间</td><td>EAK2 主机</td></tr>
<tr><td>物料编号</td><td colspan="4">物料名称</td><td>应发主数量(个)</td></tr>
<tr><td>1005</td><td colspan="4">台式机内存 8G</td><td>11 000</td></tr>
<tr><td>1007</td><td colspan="4">台式机主板</td><td>11 000</td></tr>
<tr><td>1009</td><td colspan="4">台式机硬盘 2T</td><td>11 000</td></tr>
<tr><td>1011</td><td colspan="4">台式机电源</td><td>11 000</td></tr>
<tr><td>1013</td><td colspan="4">台式机 CPU I5</td><td>11 000</td></tr>
<tr><td colspan="6">发货单 03</td></tr>
<tr><td>移动类型</td><td>组织</td><td>发出仓库</td><td>领用组织</td><td>领用部门</td><td>产品</td></tr>
<tr><td>生产领用</td><td>铸远电子库存组织</td><td>铸远电子生产仓库</td><td>铸远电子库存组织</td><td>台式机组装车间</td><td>EAK3 主机</td></tr>
<tr><td>物料编号</td><td colspan="4">物料名称</td><td>应发主数量(个)</td></tr>
<tr><td>1005</td><td colspan="4">台式机内存 8G</td><td>14 000</td></tr>
<tr><td>1007</td><td colspan="4">台式机主板</td><td>7 000</td></tr>
<tr><td>1010</td><td colspan="4">台式机硬盘 4T</td><td>7 000</td></tr>
<tr><td>1011</td><td colspan="4">台式机电源</td><td>7 000</td></tr>
<tr><td>1014</td><td colspan="4">台式机 CPU I7</td><td>7 000</td></tr>
<tr><td colspan="6">发货单 04</td></tr>
<tr><td>移动类型</td><td>组织</td><td>发出仓库</td><td>领用组织</td><td>领用部门</td><td>产品</td></tr>
<tr><td>生产领用</td><td>铸远电子库存组织</td><td>铸远电子生产仓库</td><td>铸远电子库存组织</td><td>台式机组装车间</td><td>EAK1 台式计算机</td></tr>
<tr><td>物料编号</td><td colspan="4">物料名称</td><td>应发主数量(个)</td></tr>
<tr><td>1001</td><td colspan="4">17 寸液晶显示器</td><td>12 000</td></tr>
<tr><td>1004-1</td><td colspan="4">EAK1 主机</td><td>12 000</td></tr>
<tr><td>1015</td><td colspan="4">鼠标</td><td>12 000</td></tr>
<tr><td>1016</td><td colspan="4">台式机键盘</td><td>12 000</td></tr>
<tr><td colspan="6">发货单 05</td></tr>
<tr><td>移动类型</td><td>组织</td><td>发出仓库</td><td>领用组织</td><td>领用部门</td><td>产品</td></tr>
<tr><td>生产领用</td><td>铸远电子库存组织</td><td>铸远电子生产仓库</td><td>铸远电子库存组织</td><td>台式机组装车间</td><td>EAK2 台式计算机</td></tr>
<tr><td>物料编号</td><td colspan="4">物料名称</td><td>应发主数量(个)</td></tr>
<tr><td>1002</td><td colspan="4">19 寸液晶显示器</td><td>11 000</td></tr>
<tr><td>1004-2</td><td colspan="4">EAK2 主机</td><td>11 000</td></tr>
<tr><td>1015</td><td colspan="4">鼠标</td><td>11 000</td></tr>
<tr><td>1016</td><td colspan="4">台式机键盘</td><td>11 000</td></tr>
</table>

续表

<table>
<tr><td colspan="6">发货单 06</td></tr>
<tr><td>移动类型</td><td>组织</td><td>发出仓库</td><td>领用组织</td><td>领用部门</td><td>产品</td></tr>
<tr><td>生产领用</td><td>铸远电子库存组织</td><td>铸远电子生产仓库</td><td>铸远电子库存组织</td><td>台式机组装车间</td><td>EAK3 台式计算机</td></tr>
<tr><td>物料编号</td><td colspan="4">物料名称</td><td>应发主数量(个)</td></tr>
<tr><td>1003</td><td colspan="4">21 寸液晶显示器</td><td>7 000</td></tr>
<tr><td>1004-3</td><td colspan="4">EAK3 主机</td><td>7 000</td></tr>
<tr><td>1015</td><td colspan="4">鼠标</td><td>7 000</td></tr>
<tr><td>1016</td><td colspan="4">台式机键盘</td><td>7 000</td></tr>
<tr><td colspan="6">发货单 07</td></tr>
<tr><td>移动类型</td><td>组织</td><td>发出仓库</td><td>领用组织</td><td>领用部门</td><td>产品</td></tr>
<tr><td>生产领用</td><td>铸远电子库存组织</td><td>铸远电子生产仓库</td><td>铸远电子库存组织</td><td>笔记本组装车间</td><td>TAK1 笔记本电脑</td></tr>
<tr><td>物料编号</td><td colspan="4">物料名称</td><td>应发主数量(个)</td></tr>
<tr><td>2001</td><td colspan="4">12.2 寸液晶屏</td><td>17 000</td></tr>
<tr><td>2005</td><td colspan="4">笔记本内存 4G</td><td>17 000</td></tr>
<tr><td>2006</td><td colspan="4">笔记本主板</td><td>17 000</td></tr>
<tr><td>2007</td><td colspan="4">笔记本硬盘 1T</td><td>17 000</td></tr>
<tr><td>2010</td><td colspan="4">笔记本电源</td><td>17 000</td></tr>
<tr><td>2011</td><td colspan="4">笔记本 CPU I3</td><td>17 000</td></tr>
<tr><td>1015</td><td colspan="4">鼠标</td><td>17 000</td></tr>
<tr><td colspan="6">发货单 08</td></tr>
<tr><td>移动类型</td><td>组织</td><td>发出仓库</td><td>领用组织</td><td>领用部门</td><td>产品</td></tr>
<tr><td>生产领用</td><td>铸远电子库存组织</td><td>铸远电子生产仓库</td><td>铸远电子库存组织</td><td>笔记本组装车间</td><td>TAK2 笔记本电脑</td></tr>
<tr><td>物料编号</td><td colspan="4">物料名称</td><td>应发主数量(个)</td></tr>
<tr><td>2002</td><td colspan="4">14.1 寸液晶屏</td><td>12 100</td></tr>
<tr><td>2004</td><td colspan="4">笔记本内存 8G</td><td>12 100</td></tr>
<tr><td>2006</td><td colspan="4">笔记本主板</td><td>12 100</td></tr>
<tr><td>2008</td><td colspan="4">笔记本硬盘 2T</td><td>12 100</td></tr>
<tr><td>2010</td><td colspan="4">笔记本电源</td><td>12 100</td></tr>
<tr><td>2012</td><td colspan="4">笔记本 CPU I5</td><td>12 100</td></tr>
<tr><td>1015</td><td colspan="4">鼠标</td><td>12 100</td></tr>
<tr><td colspan="6">发货单 09</td></tr>
<tr><td>移动类型</td><td>组织</td><td>发出仓库</td><td>领用组织</td><td>领用部门</td><td>产品</td></tr>
<tr><td>生产领用</td><td>铸远电子库存组织</td><td>铸远电子生产仓库</td><td>铸远电子库存组织</td><td>笔记本组装车间</td><td>TAK3 笔记本电脑</td></tr>
<tr><td>物料编号</td><td colspan="4">物料名称</td><td>应发主数量(个)</td></tr>
<tr><td>2003</td><td colspan="4">15.5 寸液晶屏</td><td>11 000</td></tr>
<tr><td>2004</td><td colspan="4">笔记本内存 8G</td><td>22 000</td></tr>
<tr><td>2006</td><td colspan="4">笔记本主板</td><td>11 000</td></tr>
<tr><td>2009</td><td colspan="4">笔记本硬盘 4T</td><td>11 000</td></tr>
<tr><td>2010</td><td colspan="4">笔记本电源</td><td>11 000</td></tr>
<tr><td>2013</td><td colspan="4">笔记本 CPU I7</td><td>11 000</td></tr>
<tr><td>1015</td><td colspan="4">鼠标</td><td>11 000</td></tr>
</table>

对于生产完工的产品，需要进行入库处理，登记入库单并进行库存记账。2018 年 1 月入库的产品如表 11-12 所示。依据完工产品信息，在库存管理系统中登记收货单（即入库单）。需录入的收货单如表 11-13 所示。

表 11-12

车间	物料编号	产品	完工量(台)
台式机组装车间	1004-1	EAK1 主机	12 000
	1004-2	EAK2 主机	11 000
	1004-3	EAK3 主机	7 000
	E001	EAK1 台式计算机	12 000
	E002	EAK2 台式计算机	11 000
	E003	EAK3 台式计算机	7 000
笔记本组装车间	T001	TAK1 笔记本电脑	16 000
	T002	TAK2 笔记本电脑	11 000
	T003	TAK3 笔记本电脑	10 000

表 11-13

收货单 01			
移动类型	组织	接收仓库	生产部门
生产收货	铸远电子库存组织	铸远电子生产仓库	台式机组装车间
物料编号	物料名称		应收主数量(个)
1004-1	EAK1 主机		12 000
1004-2	EAK2 主机		11 000
1004-3	EAK3 主机		7 000
收货单 02			
移动类型	组织	接收仓库	生产部门
生产收货	铸远电子库存组织	铸远电子生产仓库	台式机组装车间
物料编号	物料名称		应收主数量(个)
E001	EAK1 台式计算机		12 000
E002	EAK2 台式计算机		11 000
E003	EAK3 台式计算机		7 000
收货单 03			
移动类型	组织	接收仓库	生产部门
生产收货	铸远电子库存组织	铸远电子生产仓库	笔记本组装车间
物料编号	物料名称		应收主数量(个)
T001	TAK1 笔记本电脑		16 000
T002	TAK2 笔记本电脑		11 000
T003	TAK3 笔记本电脑		10 000

【实验步骤】

按表 11-14 所示的用户信息，登录浪潮 GS。

表　11-14

登录日期	登录用户	登录密码
2018.1.1	GY0001(材料会计李国)	aaaaaa

第一步：2018 年 1 月 1 日，材料会计李国(用户名：GY0001)登录系统，执行“供应链—库存管理—货物移动—出库—发货”，单击“新增”按钮，按发货单内容选择“移动类型”“组织”“发出仓库”“领用组织”“领用部门”“产品”，填写物料基本信息后，单击“保存”按钮，然后以相同步骤生成其他发货单，如图 11-11 所示。

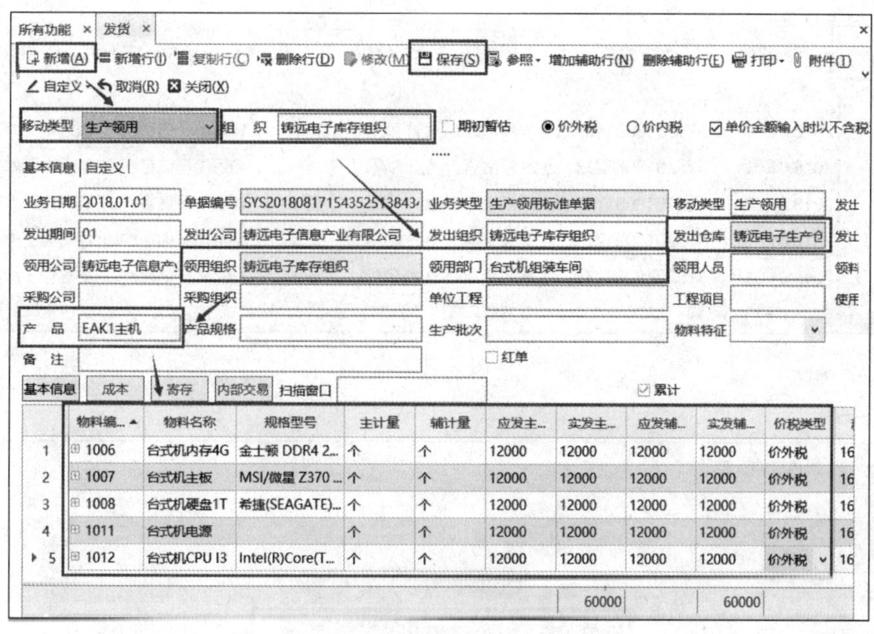

图　11-11

第二步：执行“供应链—库存管理—账务处理—库存记账”，选择“单据状态”为“未记账”的库存单据，选择“业务类型”为“发货”按钮，“发出组织”为“铸远电子库存组织”，单击“GO”按钮，然后勾选“全选”，单击“记账”按钮，完成库存单据记账，如图 11-12 所示。

第三步：单击“财务会计—存货核算”，在右侧核算组织中，双击“00001002　铸远电子信息产业有限公司”至图标变成。然后，执行“财务会计—存货核算—存货成本处理—出库成本计算”，选择“核算方式”为“全月一次加权平均”，单击“确定”按钮。打开后勾选“选择全部”复选框，然后单击“计算”按钮，完成当前页面的物料出库成本计算，如图 11-13 和图 11-14 所示。

第四步：单击“下页”图标，完成剩余所有物料出库成本计算，如图 11-15 所示。

第五步：执行“财务会计—存货核算—存货成本处理—出库成本记账”，将全部单据进行记账，如图 11-16 和图 11-17 所示。

所有功能 库存记账
记账(N) 取消记账(T) 显示(L) 关闭(X)
单据状态 未记账
业务类型 发货
移动类型 全部
会计期间 2018年01月
发出组织 铸远电子库存组织
发出公司 铸远电子信息产业有限公司
日期范围 2018.01.01 — 2018.01.31
单据编号
发出仓库
仓库保管
物料分类
物料
制单人
表头过滤
表体过滤
共 7 条信息，每页 20 条记录，1 / 1 页 GO
表头 明细
单据日期 单据编号 业务类型 移动类型 是否... 公司 组织
1 2018.01.01 SYS2018081409... 生产领用标... 生产领用 蓝单 铸远电子信息产... 铸远电子库存组织
2 2018.01.01 SYS2018081713... 生产领用标... 生产领用 蓝单 铸远电子信息产... 铸远电子库存组织
3 2018.01.01 SYS2018081713... 生产领用标... 生产领用 蓝单 铸远电子信息产... 铸远电子库存组织
4 2018.01.01 SYS2018081713... 生产领用标... 生产领用 蓝单 铸远电子信息产... 铸远电子库存组织
5 2018.01.01 SYS2018081713... 生产领用标... 生产领用 蓝单 铸远电子信息产... 铸远电子库存组织

图 11-12

所有功能 出库成本计算
会计期间 2018年01月
核算方式 全月一次加权平均
公 司 铸远电子信息产业有限公司
特殊库存 正常库存
相关对象
分类标准 核算分类 物料分类
核算分类
物 料
查询(F) 确定(O) 退出(X)

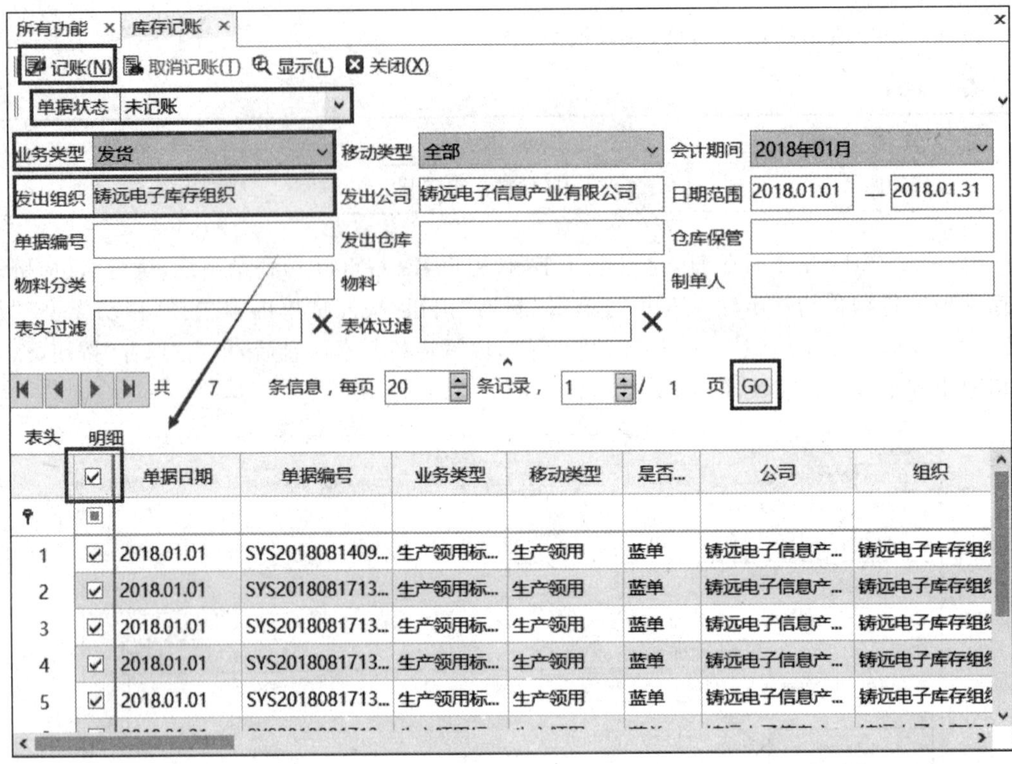

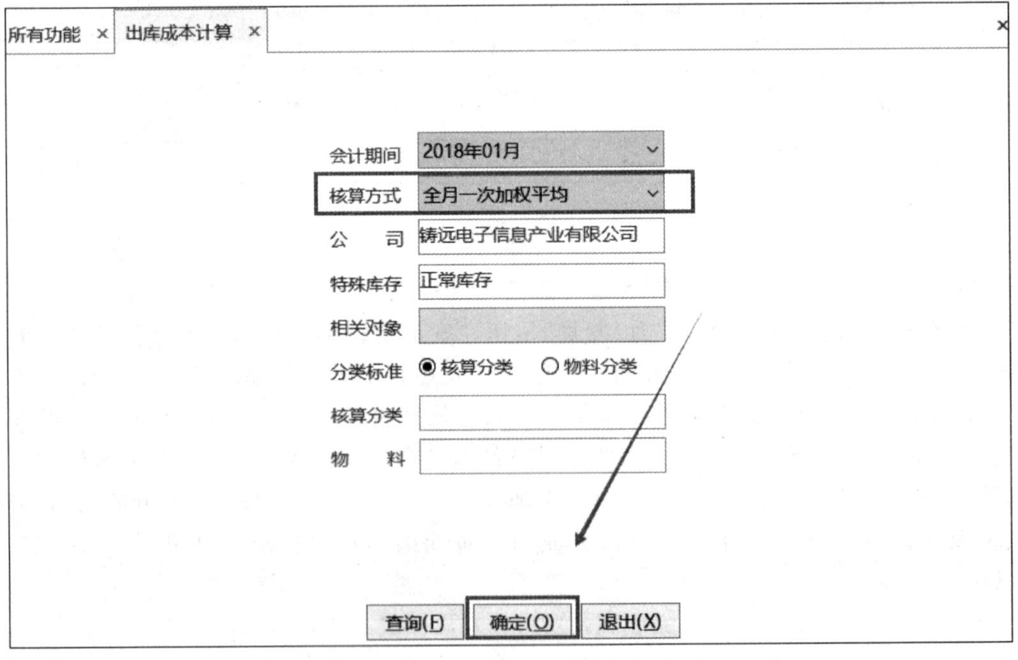

图 11-13

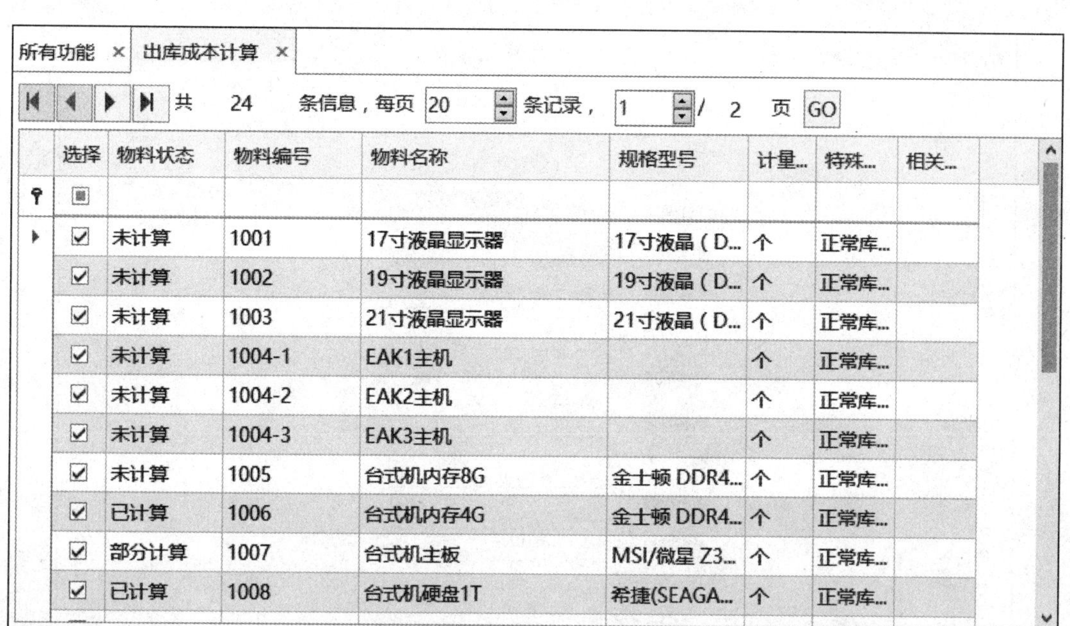

所有功能 ×　出库成本计算 ×

共 24 条信息，每页 20 条记录，1 / 2 页 GO

选择	物料状态	物料编号	物料名称	规格型号	计量...	特殊...	相关...
☑	未计算	1001	17寸液晶显示器	17寸液晶（D...	个	正常库...	
☑	未计算	1002	19寸液晶显示器	19寸液晶（D...	个	正常库...	
☑	未计算	1003	21寸液晶显示器	21寸液晶（D...	个	正常库...	
☑	未计算	1004-1	EAK1主机		个	正常库...	
☑	未计算	1004-2	EAK2主机		个	正常库...	
☑	未计算	1004-3	EAK3主机		个	正常库...	
☑	未计算	1005	台式机内存8G	金士顿 DDR4...	个	正常库...	
☑	已计算	1006	台式机内存4G	金士顿 DDR4...	个	正常库...	
☑	部分计算	1007	台式机主板	MSI/微星 Z3...	个	正常库...	
☑	已计算	1008	台式机硬盘1T	希捷(SEAGA...	个	正常库...	

☑选择全部　计算(C)　取消计算(U)　显示(S)　退出(X)

图　11-14

所有功能 ×　出库成本计算 ×

共 24 条信息，每页 20 条记录，1 / 2 页 GO

选择	物料状态	物料编号	物料名称	规格型号	计量...	特殊...	相关...
☑	未计算	1001	17寸液晶显示器	17寸液晶（D...	个	正常库...	
☑	未计算	1002	19寸液晶显示器	19寸液晶（D...	个	正常库...	
☑	未计算	1003	21寸液晶显示器	21寸液晶（D...	个	正常库...	
☑	未计算	1004-1	EAK1主机		个	正常库...	
☑	未计算	1004-2	EAK2主机		个	正常库...	
☑	未计算	1004-3	EAK3主机		个	正常库...	
☑	未计算	1005	台式机内存8G	金士顿 DDR4...	个	正常库...	
☑	已计算	1006	台式机内存4G	金士顿 DDR4...	个	正常库...	
☑	部分计算	1007	台式机主板	MSI/微星 Z3...	个	正常库...	
☑	已计算	1008	台式机硬盘1T	希捷(SEAGA...	个	正常库...	

图　11-15

第六步：执行“供应链—库存管理—‘货物移动—入库’—收货”，选择“移动类型”为“生产收货”，选择对应的“生产部门”，按产品产量明细填写收货单，然后单击“保存”按钮，如图 11-18 所示。

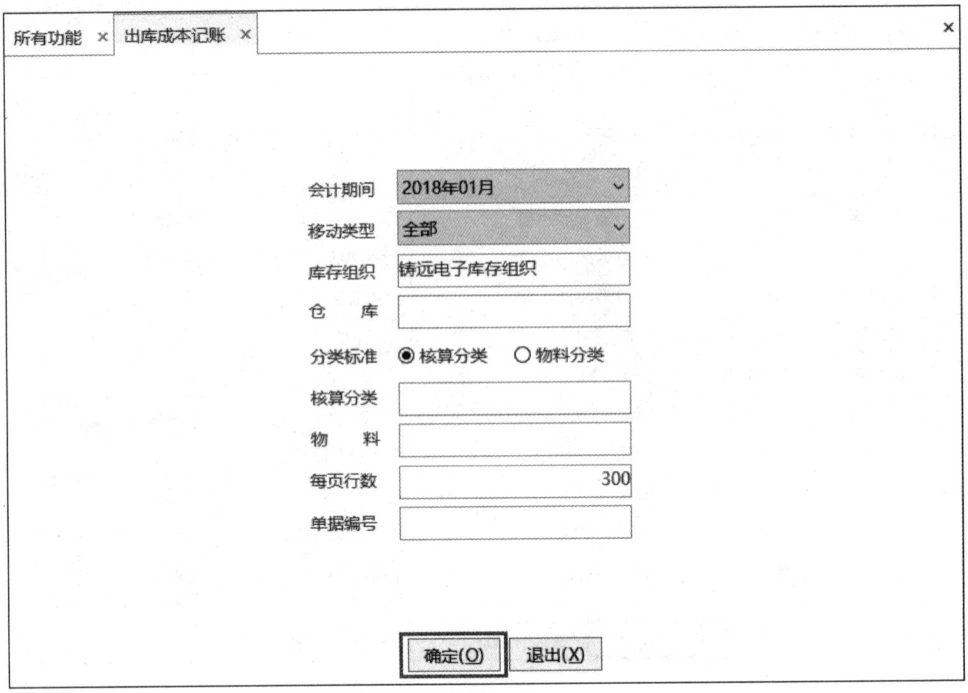

所有功能 × 出库成本记账 ×

会计期间 2018年01月

移动类型 全部

库存组织 铸远电子库存组织

仓　库

分类标准 ◉核算分类 ○物料分类

核算分类

物　料

每页行数 300

单据编号

确定(O) 退出(X)

图 11-16

所有功能 × 出库成本记账 ×

共 9 条信息，每页 300 条记录，1 / 1 页 GO 未记账

过滤条件： 查询(Q)

	业务日期	单据编号	移动类型...	移动类型...	业务类别	库存组织	仓库	制
□	2018.01....	SYS2018081409...	207	生产领用	生产领用...	铸远电子库存组织	铸远电子...	陈佳
□	2018.01....	SYS2018081713...	207	生产领用	生产领用...	铸远电子库存组织	铸远电子...	陈佳
□	2018.01....	SYS2018081713...	207	生产领用	生产领用...	铸远电子库存组织	铸远电子...	陈佳
□	2018.01....	SYS2018081713...	207	生产领用	生产领用...	铸远电子库存组织	铸远电子...	陈佳
□	2018.01....	SYS2018081713...	207	生产领用	生产领用...	铸远电子库存组织	铸远电子...	陈佳
□	2018.01....	SYS2018081713...	207	生产领用	生产领用...	铸远电子库存组织	铸远电子...	陈佳
□	2018.01....	SYS2018081713...	207	生产领用	生产领用...	铸远电子库存组织	铸远电子...	陈佳
□	2018.01....	SYS2018081716...	207	生产领用	生产领用...	铸远电子库存组织	铸远电子...	李国
□	2018.01....	SYS2018081716...	207	生产领用	生产领用...	铸远电子库存组织	铸远电子...	李国

□选择全部　联查(L)　记账(T)　制证(Z)　退出(X)

图 11-17

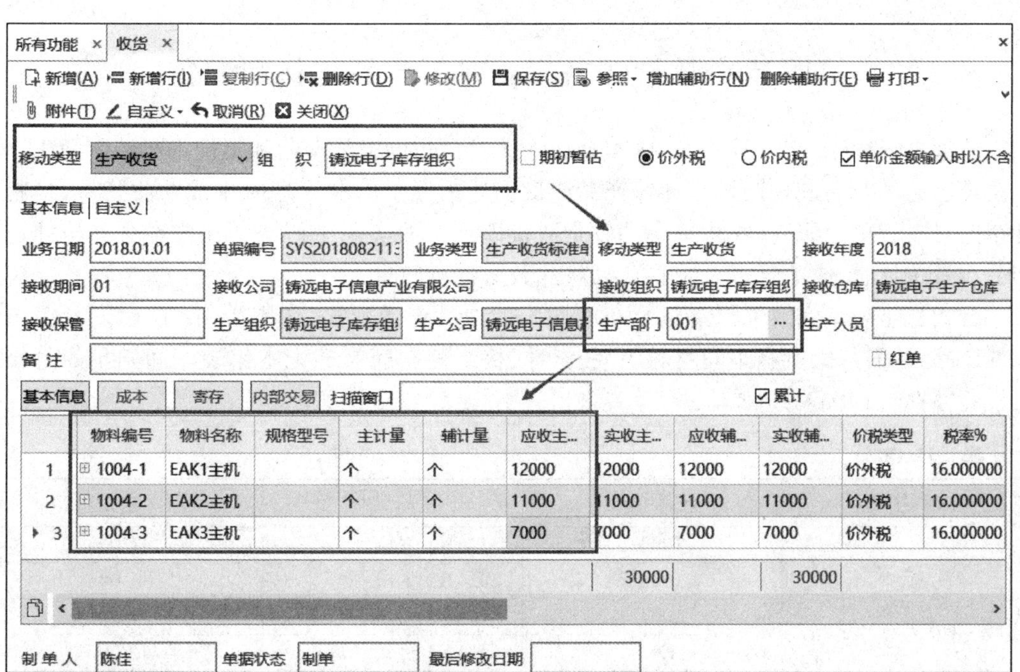

图　11-18

第七步：执行"供应链—库存管理—账务处理—库存记账"，选择"单据状态"为"未记账"的库存单据，选择"业务类型"为"收货"，"接收组织"为"铸远电子库存组织"，勾选"全选"，单击"记账"按钮，完成库存单据记账，如图 11-19 所示。

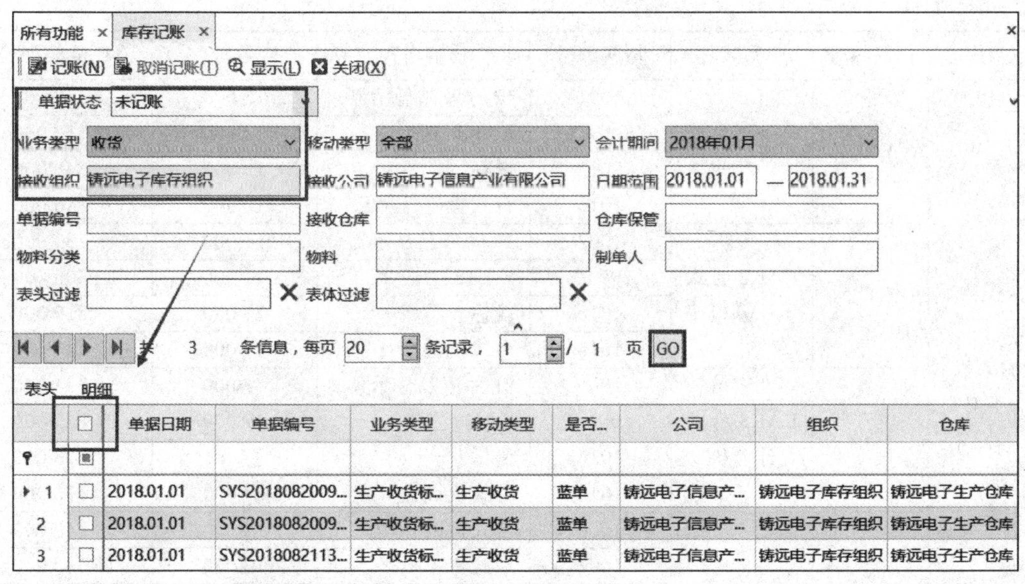

图　11-19

注意：*若发货单或收货单数据录入错误，执行"供应链—库存管理—货物移动—单据处理—库存单据管理"进行修改。*

第四节　教学任务三：完工产品与材料归集

铸远电子 2018 年 1 月月末，成本会计陈佳对台式机组装车间和笔记本组装车间生产的各型号已完工产品进行产量统计。产品产量统计来源于库存管理时生成的收货单，材料会计李国对收货单记账后，收货单中的收货数量即产品的实际生产数。在成本会计陈佳进行产品产量统计时，成本管理系统将自动将此数据进行归集。

台式机组装车间及笔记本组装车间归集的产品产量数据，如表 11-15 所示。已完工入库的产品，还需归集所有车间材料消耗。台式机组装车间及笔记本组装车间归集的直接材料消耗数据，如表 11-16 所示。

表　11-15

成本中心	产品编号	产品名称	入库数量(台)
台式机成本中心	1004-1	EAK1 主机	12 000
	1004-2	EAK2 主机	11 000
	1004-3	EAK3 主机	7 000
	E001	EAK1 台式计算机	12 000
	E002	EAK2 台式计算机	11 000
	E003	EAK3 台式计算机	7 000
笔记本成本中心	T001	TAK1 笔记本电脑	16 000
	T002	TAK2 笔记本电脑	11 000
	T003	TAK3 笔记本电脑	10 000

表　11-16

成本中心	产品编号	产品名称	物料编号	物料名称	消耗数量(个)	消耗金额(元)
台式机成本中心	E001	EAK1 台式计算机	1001	17 寸液晶显示器	12 000	7 188 000
			1004-1	EAK1 主机	12 000	33 312 000
			1015	鼠标	12 000	348 000
			1016	台式机键盘	12 000	816 000
	E002	EAK2 台式计算机	1002	19 寸液晶显示器	11 000	6 589 000
			1004-2	EAK2 主机	11 000	36 806 000
			1015	鼠标	11 000	319 000
			1016	台式机键盘	11 000	748 000
	E003	EAK3 台式计算机	1003	21 寸液晶显示器	7 000	5 593 000
			1004-3	EAK3 主机	7 000	34 825 000
			1015	鼠标	7 000	203 000
			1016	台式机键盘	7 000	476 000
	1004-1	EAK1 主机	1006	台式机内存 4G	12 000	4 548 000
			1007	台式机主板	12 000	15 588 000
			1008	台式机硬盘 1T	12 000	3 948 000
			1011	台式机电源	12 000	708 000
			1012	台式机 CPU I3	12 000	9 000 000

续表

成本中心	产品编号	产品名称	物料编号	物料名称	消耗数量(个)	消耗金额(元)
台式机成本中心	1004-2	EAK2 主机	1005	台式机内存 8G	11 000	6 369 000
			1007	台式机主板	11 000	14 289 000
			1009	台式机硬盘 2T	11 000	4 389 000
			1011	台式机电源	11 000	649 000
			1013	台式机 CPU I5	11 000	11 550 000
	1004-3	EAK3 主机	1005	台式机内存 8G	14 000	8 106 000
			1007	台式机主板	7 000	9 093 000
			1010	台式机硬盘 4T	7 000	4 893 000
			1011	台式机电源	7 000	413 000
			1014	台式机 CPU I7	7 000	12 600 000
笔记本成本中心	T001	TAK1 笔记本电脑	2001	12.2 寸液晶屏	17 000	4 063 000
			2005	笔记本内存 4G	17 000	4 573 000
			2006	笔记本主板	17 000	13 583 000
			2007	笔记本硬盘 1T	17 000	5 933 000
			2010	笔记本电源	17 000	833 000
			2011	笔记本 CPU I3	17 000	11 900 000
			1015	鼠标	17 000	493 000
	T002	TAK2 笔记本电脑	2002	14.1 寸液晶屏	12 100	3 472 700
			2004	笔记本内存 8G	12 100	5 916 900
			2006	笔记本主板	12 100	9 667 900
			2008	笔记本硬盘 2T	12 100	8 457 900
			2010	笔记本电源	12 100	592 900
			2012	笔记本 CPU I5	12 100	13 310 000
			1015	鼠标	12 100	350 900
	T003	TAK3 笔记本电脑	2003	15.5 寸液晶屏	11 000	3 652 000
			2004	笔记本内存 8G	22 000	10 758 000
			2006	笔记本主板	11 000	8 789 000
			2009	笔记本硬盘 4T	11 000	13 849 000
			2010	笔记本电源	11 000	539 000
			2013	笔记本 CPU I7	11 000	17 600 000
			1015	鼠标	11 000	319 000

【实验步骤】

按表 11-17 所示的用户信息，登录浪潮 GS。

表　11-17

登录日期	登录用户	登录密码
2018.1.30	CB0001(成本会计陈佳)	aaaaaa

第一步：执行“管理会计—成本中心会计—成本资料—产品产量统计”，选择“台式机成本中心”，单击“查询”按钮，然后单击“归集”按钮。在归集时会提示“归集需要先删除已经归

集过的数据，是否确认”，选择“是”。当前成本中心产品产量归集完成后，切换“笔记本成本中心”进行产品产量归集，如图 11-20 所示。归集的产品数量数据要与表 11-15 进行核对。

所有功能 × 产品产量统计 ×

增加(A) 删除(D) 修改(M) 保存(S) 取消(R) 导入(I) 导出(O) 归集(G) 联查生产入库单(W)

成本期间 2018.01(当前)01.01-... 成本中心 台式机成本中心 … 查询(Q) 显示期间：2018.01(当前)01.01-01.31，

共 6 条 第 1 / 1 页 每页 30 条 GO

	计算状态	产品编号	产品名称	规格型号	计量单位	产品特征	生产批次
1	未计算	E002	EAK2台式计算机		个		
2	未计算	E003	EAK3台式计算机		个		
3	未计算	1004-3	EAK3主机		个		
4	未计算	E001	EAK1台式计算机		个		
5	未计算	1004-2	EAK2主机		个		
6	未计算	1004-1	EAK1主机		个		

图 11-20

第二步：执行“管理会计—成本中心会计—成本资料—材料消耗归集”，选择“台式机成本中心”，单击“查询”按钮，然后单击“归集”按钮。在归集时会提示“归集需要先删除已经归集过的数据，是否确认”，选择“是”。当前成本中心材料消耗归集完成后，切换至“笔记本成本中心”进行材料消耗归集，如图 11-21 所示。归集的材料消耗数据要与表 11-16 进行核对。

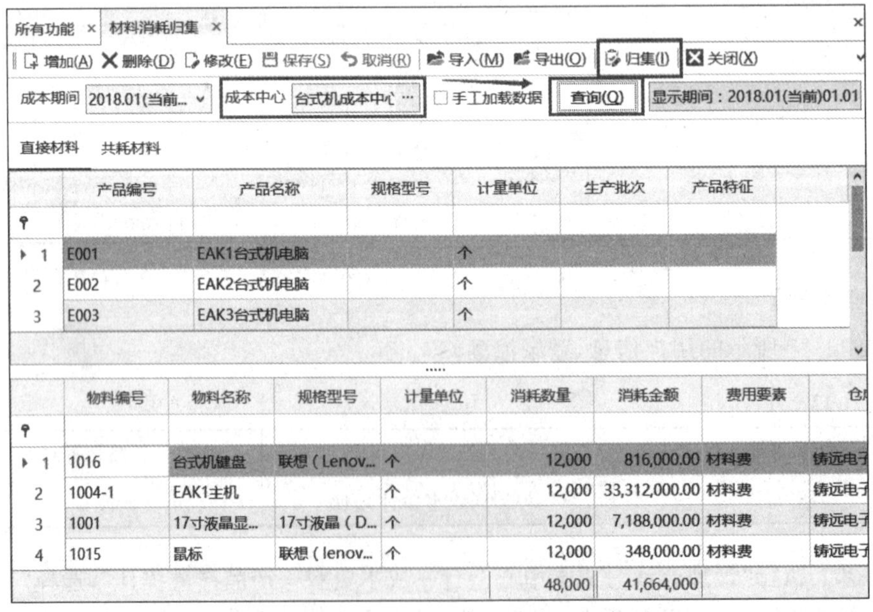

所有功能 × 材料消耗归集 ×

增加(A) 删除(D) 修改(E) 保存(S) 取消(R) 导入(M) 导出(O) 归集(I) 关闭(X)

成本期间 2018.01(当前... 成本中心 台式机成本中心 … 手工加载数据 查询(Q) 显示期间：2018.01(当前)01.01

直接材料 共耗材料

	产品编号	产品名称	规格型号	计量单位	生产批次	产品特征
1	E001	EAK1台式机电脑		个		
2	E002	EAK2台式机电脑		个		
3	E003	EAK3台式机电脑		个		

	物料编号	物料名称	规格型号	计量单位	消耗数量	消耗金额	费用要素	仓
1	1016	台式机键盘	联想（Lenov...	个	12,000	816,000.00	材料费	铸远电子
2	1004-1	EAK1主机		个	12,000	33,312,000.00	材料费	铸远电子
3	1001	17寸液晶显...	17寸液晶（D...	个	12,000	7,188,000.00	材料费	铸远电子
4	1015	鼠标	联想（lenov...	个	12,000	348,000.00	材料费	铸远电子
					48,000	41,664,000		

图 11-21

第五节　教学任务四：在制品月末统计

2018 年 1 月月末，铸远电子车间提交的记录显示，笔记本组装车间的 TAK1、TAK2、TAK3 笔记本电脑各有一定数量的产品未入库，即车间仍存在未完工产品，成本会计陈佳需对此部分在制品做数量统计。

TAK1、TAK2、TAK3 笔记本电脑投产数量分别为 17 000 台、12 100 台、11 000 台，实际完工入库数量为 16 000 台、11 000 台、10 000 台，在产品完工程度 60%。原材料是在生产开始时一次投入，材料费按照完工产品和月末在制品数量进行分配，人工费及制造费用按照完工产品数量和月末在制品约当产量的比例分配。

成本会计陈佳在月末进行在制品数量维护及在制品分配相关参数设置，如表 11-18 所示。

表　11-18

产品型号	投产数量(台)	完工数量(台)	在制数量(台)	约当系数(%)
TAK1	17 000	16 000	1 000	60
TAK2	12 100	11 000	1 100	60
TAK3	11 000	10 000	1 000	60

【实验步骤】

按表 11-19 所示的用户信息，登录浪潮 GS。

表　11-19

登录日期	登录用户	登录密码
2018.1.30	CB0001(成本会计陈佳)	aaaaaa

执行"管理会计—产品成本核算—成本资料—在制品维护"，选择"成本中心"为"笔记本成本中心"，单击"增加"按钮，按照表 11-18 维护各产品在制品数量及约当系数，单击"保存"按钮，如图 11-22 所示。

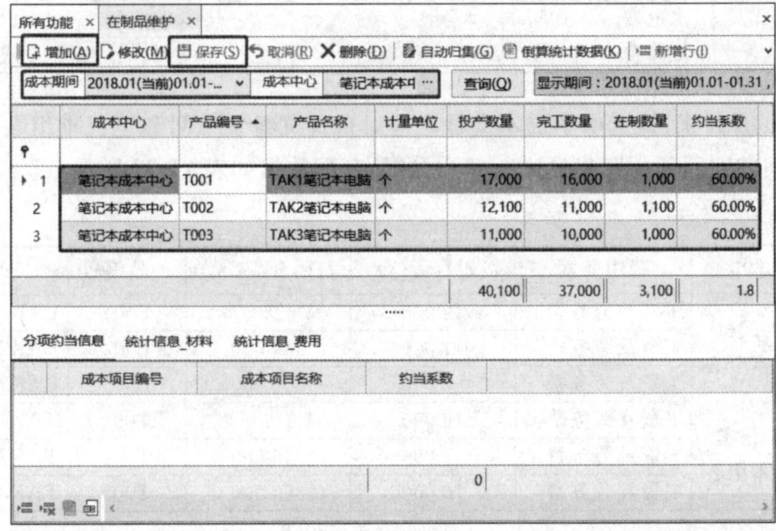

图　11-22

第六节 教学任务五：费用归集与费用分配

2018 年 1 月月末，铸远电子成本会计陈佳按照人力资源及车间管理统计信息，得出各产品所耗用的直接人工工资费用，如表 11-20 所示。

表 11-20

车间	产品名称	费用要素	费用数量（台）	费用金额（元）
台式机组装车间	EAK1 台式计算机	工资及劳务费	12 000	1 032 000
	EAK2 台式计算机	工资及劳务费	11 000	946 000
	EAK3 台式计算机	工资及劳务费	7 000	602 000
笔记本组装车间	TAK1 笔记本电脑	工资及劳务费	16 000	1 376 000
	TAK2 笔记本电脑	工资及劳务费	11 000	946 000
	TAK3 笔记本电脑	工资及劳务费	10 000	860 000

铸远电子车间各生产线按规定的办法计提车间固定资产折旧费共 2 460 000 元，管理部门支付车间水电费 485 640 元，维修费 170 000 元，科研设计费 11 806 560 元，台式机组装车间人工费 2 120 000 元，笔记本组装车间人工费 3 480 000 元。铸远电子 2018 年 1 月月末，成本会计陈佳对台式机组装车间和笔记本组装车间及生产管理相关车间的期间费用进行归集，归集数据如表 11-21 所示。

表 11-21

成本中心	费用要素	费用数量（台）	费用金额（元）	对象类别
台式机成本中心	工资及劳务费	30 000	2 580 000	产品
	人工费	0	2 120 000	成本中心
笔记本成本中心	工资及劳务费	37 000	3 182 000	产品
	人工费	0	3 480 000	成本中心
成本公共	固定资产折旧费	0	2 460 000	成本中心
	科研设计费	0	11 806 560	成本中心
	水电费	0	485 640	成本中心
	维修费	0	170 000	成本中心

2018 年 1 月月末，铸远电子成本会计陈佳对台式机组装车间和笔记本组装车间及生产管理相关车间的期间费用归集后进行费用分配，分配数据如表 11-22 所示。

表 11-22

分配步骤	成本中心	费用要素	费用数量（台）	费用金额（元）	产品编号	产品名称
工资及劳务费分摊	台式机成本中心	工资及劳务费	12 000	1 032 000	E001	EAK1 台式计算机
		工资及劳务费	11 000	946 000	E002	EAK2 台式计算机
		工资及劳务费	7 000	602 000	E003	EAK3 台式计算机
	笔记本成本中心	工资及劳务费	16 000	1 376 000	T001	TAK1 笔记本电脑
		工资及劳务费	11 000	946 000	T002	TAK2 笔记本电脑
		工资及劳务费	10 000	860 000	T003	TAK3 笔记本电脑

续表

分配步骤	成本中心	费用要素	费用数量(台)	费用金额(元)	产品编号	产品名称
人工费分摊	台式机成本中心	人工费	12 000	848 000	E001	EAK1 台式计算机
		人工费	11 000	777 333.33	E002	EAK2 台式计算机
		人工费	7 000	494 666.67	E003	EAK3 台式计算机
	笔记本成本中心	人工费	16 600	1 486 567.17	T001	TAK1 笔记本电脑
		人工费	11 660	1 044 179.1	T002	TAK2 笔记本电脑
		人工费	10 600	949 253.73	T003	TAK3 笔记本电脑
制造费用分摊	台式机成本中心	固定资产折旧费	12 000	42 8695.90	E001	EAK1 台式计算机
		固定资产折旧费	11 000	392 971.25	E002	EAK2 台式计算机
		固定资产折旧费	7 000	250 072.61	E003	EAK3 台式计算机
		科研设计费	12 000	2 057 489.40	E001	EAK1 台式计算机
		科研设计费	11 000	1 886 031.95	E002	EAK2 台式计算机
		科研设计费	7 000	1 200 202.15	E003	EAK3 台式计算机
		水电费	12 000	84 630.85	E001	EAK1 台式计算机
		水电费	11 000	77 578.27	E002	EAK2 台式计算机
		水电费	7 000	49 367.99	E003	EAK3 台式计算机
		维修费	12 000	29 625.33	E001	EAK1 台式计算机
		维修费	11 000	27 156.55	E002	EAK2 台式计算机
		维修费	7 000	17 281.44	E003	EAK3 台式计算机
	笔记本成本中心	固定资产折旧费	16 600	593 029.34	T001	TAK1 笔记本电脑
		固定资产折旧费	11 660	416 549.52	T002	TAK2 笔记本电脑
		固定资产折旧费	10 600	378 681.38	T003	TAK3 笔记本电脑
		科研设计费	16 600	2 846 193.66	T001	TAK1 笔记本电脑
		科研设计费	11 660	1 999 193.87	T002	TAK2 笔记本电脑
		科研设计费	10 600	1 817 448.97	T003	TAK3 笔记本电脑
		水电费	16 600	117 072.67	T001	TAK1 笔记本电脑
		水电费	11 660	82 232.97	T002	TAK2 笔记本电脑
		水电费	10 600	74 757.25	T003	TAK3 笔记本电脑
		维修费	16 600	40 981.70	T001	TAK1 笔记本电脑
		维修费	11 660	28 785.94	T002	TAK2 笔记本电脑
		维修费	10 600	26 169.04	T003	TAK3 笔记本电脑

【实验步骤】

按表 11-23 所示的用户信息,登录浪潮 GS。

表　11-23

登录日期	登录用户	登录密码
2018.1.30	CB0001(成本会计陈佳)	aaaaaa

第一步：执行“管理会计—成本中心会计—费用单——般费用单编制”，单击页面左下角 进行新增，按照表 11-20 内容选择“费用要素”为“工资及劳务费”，将各成本中心对应的费用数量、费用金额填写完成后，单击“保存”按钮，然后单击“提交”按钮，如图 11-23 所示。

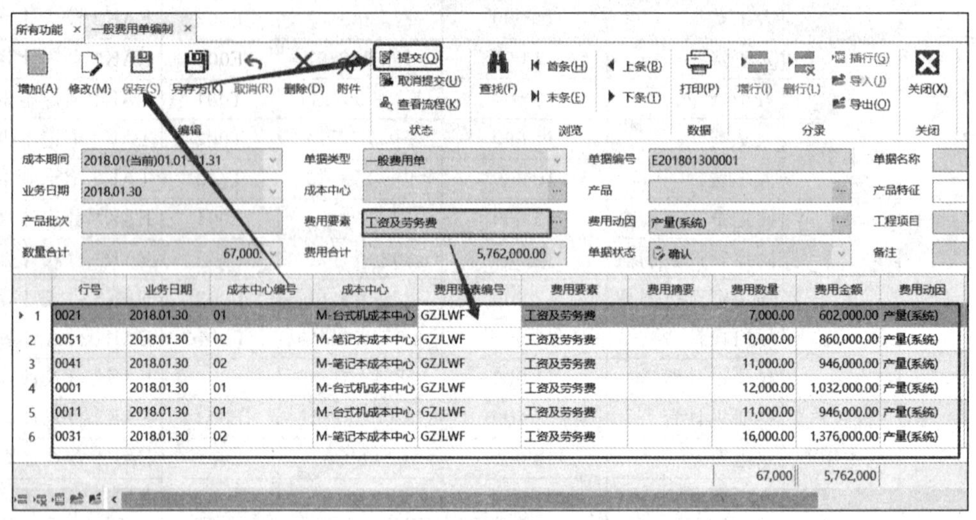

图 11-23

第二步：执行“管理会计—成本中心会计—成本资料—费用归集”，选择“台式机成本中心”，单击“查询”按钮，单击“费用归集”按钮。在归集时会提示“归集需要先删除已经归集过的数据，是否确认”，选择“是”。然后，归集“笔记本成本中心”和“成本公共”的费用。至此，成本会计陈佳手动填写的费用和总账中凭证涉及的费用归集完毕，与表 11-21 进行核对，如图 11-24 所示。

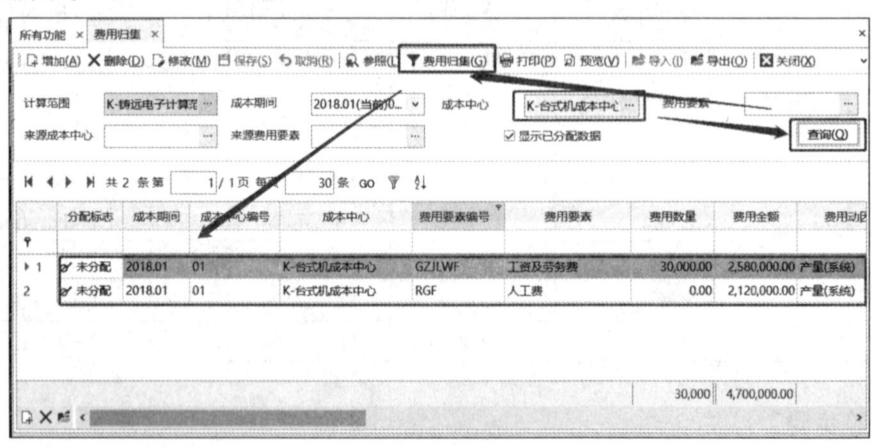

图 11-24

第三步：所有车间费用归集完毕，执行“管理会计—成本中心会计—业务处理—费用分配”，选择全部的分配步骤，单击“分配”按钮，将费用分配至各产品，勾选对应的分配步骤，单击“查看分配结果”按钮，与表 11-22 进行核对，如图 11-25 所示。

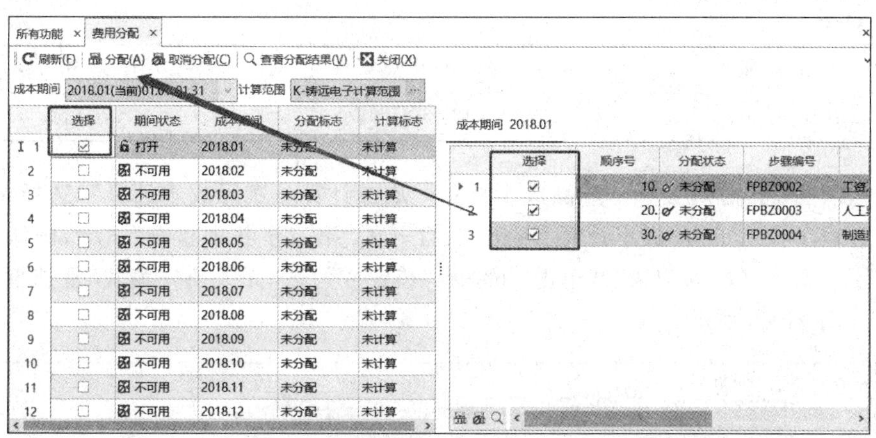

图　11-25

第七节　教学任务六：产品实际成本便捷计算

一个企业发生的费用种类繁多，制造某个对象的过程需由各个部门、各项生产要素密切配合。通过准确地计算成本，可以掌握成本构成情况，考核成本计划的完成情况，反映和监督企业费用的支出水平，并且为企业未来进行成本预测和战略规划提供必要的参考数据，进而能够了解生产经营活动的成果，促使企业加强核算管理，节约支出，提高经济效益。

成本会计陈佳还需生成结转生产成本的记账凭证，凭证分录如表 11-24 所示。

表　11-24

序号	摘要	凭证分录			
		方向	科目	借方金额	贷方金额
1	结转生产成本	借	生产成本	46 144 441.48	
		贷	应付职工薪酬-工资		1 032 000
			制造费用-职工薪酬		848 000
			制造费用-维修费		29 625.33
			制造费用-水电费		84 630.85
			制造费用-折旧费		428 695.9
			制造费用-科研设计费		2 057 489.4
			原材料		41 664 000

对于 2018 年 1 月生产入库的收货单，需要在 2018 年 1 月月末，由材料会计李国对所有生产入库的产品进行入库成本记账处理。

实验一：成本计算

【实验步骤】

按表 11-25 所示的用户信息，登录浪潮 GS。

表 11-25

登 录 日 期	登 录 用 户	登 录 密 码
2018.1.30	CB0001(成本会计陈佳)	aaaaaa

第一步：执行“管理会计—产品成本核算—成本计算—实际成本计算”，选择“未计算”的“成本计算步骤”，单击“成本计算”按钮，在打开的“第二步数据检查”页面，确认“检查结果”一列不存在“失败”的记录时，单击“下一步”按钮或勾选“无人值守模式”复选框，完成成本计算，如图 11-26 所示。

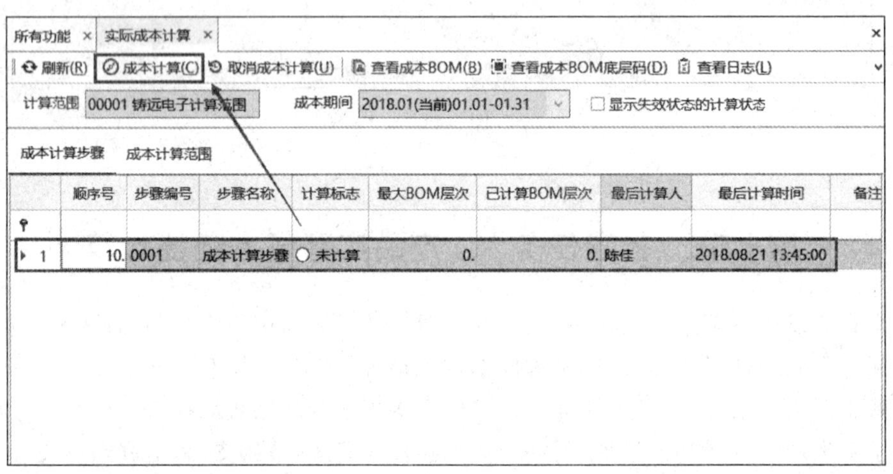

图 11-26

第二步：执行“管理会计—产品成本核算—成本查询—产品成本计算单查询”，选择“产品分类”为“产成品”，分别选择“台式机成本中心”“笔记本成本中心”查看成本构成，如图 11-27 所示。

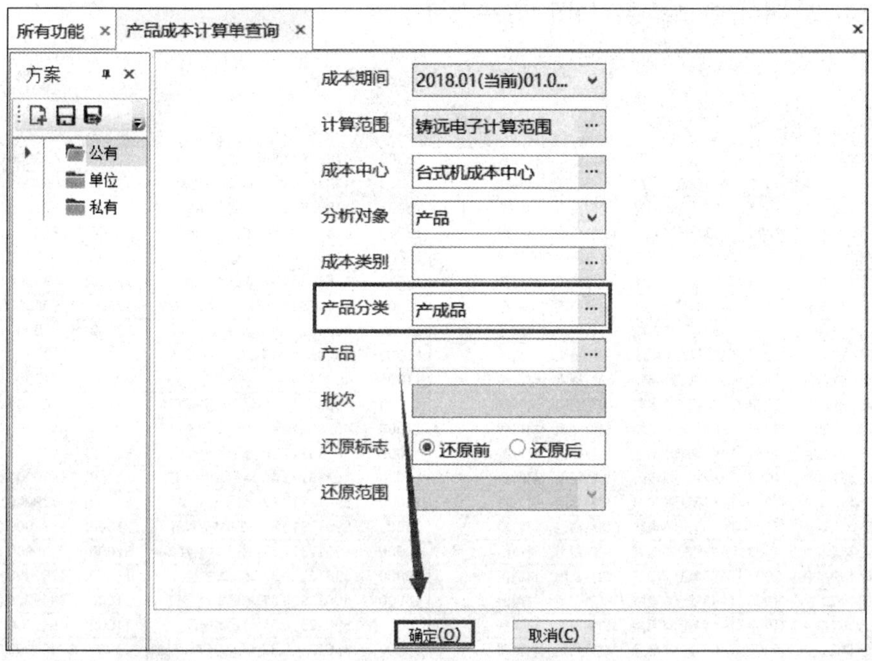

图 11-27

台式机成本中心查询结果,如图 11-28 所示。

产品成本计算单查询

成本期间：2018.01　分析对象：产品

成本中心	产品编号	产品	成本项目	费用项目	产品入库数量	产品入库成本	物料	消耗数量	消耗金额
台式机成本中心	E001	EAK1台式机电脑	材料费用	材料费	12000	46144441.48	17寸液晶显示器	12000	7188000.00
台式机成本中心	E001	EAK1台式机电脑	材料费用	材料费	12000	46144441.48	EAK1主机	12000	33312000.00
台式机成本中心	E001	EAK1台式机电脑	材料费用	材料费	12000	46144441.48	鼠标	12000	348000.00
台式机成本中心	E001	EAK1台式机电脑	材料费用	材料费	12000	46144441.48	台式机键盘	12000	816000.00
台式机成本中心	E001	EAK1台式机电脑	工资及劳务费	工资及劳务费	12000	46144441.48		12000	1032000.00
台式机成本中心	E001	EAK1台式机电脑	制造费用	水电费	12000	46144441.48		12000	84630.85
台式机成本中心	E001	EAK1台式机电脑	制造费用	人工费	12000	46144441.48		12000	848000.00
台式机成本中心	E001	EAK1台式机电脑	制造费用	科研设计费	12000	46144441.48		12000	2057489.40
台式机成本中心	E001	EAK1台式机电脑	制造费用	维修费	12000	46144441.48		12000	29625.33
台式机成本中心	E001	EAK1台式机电脑	制造费用	固定资产折旧费	12000	46144441.48		12000	428695.90
台式机成本中心	E002	EAK2台式机电脑	材料费用	材料费	11000	48569071.35	19寸液晶显示器	11000	6589000.00
台式机成本中心	E002	EAK2台式机电脑	材料费用	材料费	11000	48569071.35	EAK2主机	11000	36806000.00
台式机成本中心	E002	EAK2台式机电脑	材料费用	材料费	11000	48569071.35	鼠标	11000	319000.00
台式机成本中心	E002	EAK2台式机电脑	材料费用	材料费	11000	48569071.35	台式机键盘	11000	748000.00
台式机成本中心	E002	EAK2台式机电脑	工资及劳务费	工资及劳务费	11000	48569071.35		11000	946000.00
台式机成本中心	E002	EAK2台式机电脑	制造费用	水电费	11000	48569071.35		11000	77578.27
台式机成本中心	E002	EAK2台式机电脑	制造费用	人工费	11000	48569071.35		11000	777333.33
台式机成本中心	E002	EAK2台式机电脑	制造费用	科研设计费	11000	48569071.35		11000	1886031.95
台式机成本中心	E002	EAK2台式机电脑	制造费用	维修费	11000	48569071.35		11000	27156.55
台式机成本中心	E002	EAK2台式机电脑	制造费用	固定资产折旧费	11000	48569071.35		11000	392971.25
台式机成本中心	E003	EAK3台式机电脑	材料费用	材料费	7000	43710590.86	21寸液晶显示器	7000	5593000.00
台式机成本中心	E003	EAK3台式机电脑	材料费用	材料费	7000	43710590.86	EAK3主机	7000	34825000.00
台式机成本中心	E003	EAK3台式机电脑	材料费用	材料费	7000	43710590.86	鼠标	7000	203000.00
台式机成本中心	E003	EAK3台式机电脑	材料费用	材料费	7000	43710590.86	台式机键盘	7000	476000.00
台式机成本中心	E003	EAK3台式机电脑	工资及劳务费	工资及劳务费	7000	43710590.86		7000	602000.00
台式机成本中心	E003	EAK3台式机电脑	制造费用	水电费	7000	43710590.86		7000	49367.99
台式机成本中心	E003	EAK3台式机电脑	制造费用	人工费	7000	43710590.86		7000	494666.67
台式机成本中心	E003	EAK3台式机电脑	制造费用	科研设计费	7000	43710590.86		7000	1200202.15
台式机成本中心	E003	EAK3台式机电脑	制造费用	维修费	7000	43710590.86		7000	17281.44
台式机成本中心	E003	EAK3台式机电脑	制造费用	固定资产折旧费	7000	43710590.86		7000	250072.61

图 11-28

笔记本成本中心查询结果,如图 11-29 所示。

产品成本计算单查询

成本期间：2018.01　分析对象：产品

成本中心	产品编号	产品	成本项目	费用项目	产品入库数量	产品入库成本	物料	消耗数量	消耗金额
笔记本成本中心	T001	TAK1笔记本电脑	材料费用	材料费	16000	47837844.54	鼠标	17000	493000.00
笔记本成本中心	T001	TAK1笔记本电脑	材料费用	材料费	16000	47837844.54	12.2寸液晶屏	17000	4063000.00
笔记本成本中心	T001	TAK1笔记本电脑	材料费用	材料费	16000	47837844.54	笔记本内存4G	17000	4573000.00
笔记本成本中心	T001	TAK1笔记本电脑	材料费用	材料费	16000	47837844.54	笔记本主板	17000	13583000.00
笔记本成本中心	T001	TAK1笔记本电脑	材料费用	材料费	16000	47837844.54	笔记本硬盘1T	17000	5933000.00
笔记本成本中心	T001	TAK1笔记本电脑	材料费用	材料费	16000	47837844.54	笔记本电源	17000	833000.00
笔记本成本中心	T001	TAK1笔记本电脑	材料费用	材料费	16000	47837844.54	笔记本CPU I3	17000	11900000.00
笔记本成本中心	T002	TAK2笔记本电脑	材料费用	材料费	11000	46286141.40	鼠标	12100	350900.00
笔记本成本中心	T002	TAK2笔记本电脑	材料费用	材料费	11000	46286141.40	14.1寸液晶屏	12100	3472700.00
笔记本成本中心	T002	TAK2笔记本电脑	材料费用	材料费	11000	46286141.40	笔记本内存8G	12100	5916900.00
笔记本成本中心	T002	TAK2笔记本电脑	材料费用	材料费	11000	46286141.40	笔记本主板	12100	9667900.00
笔记本成本中心	T002	TAK2笔记本电脑	材料费用	材料费	11000	46286141.40	笔记本硬盘2T	12100	8457900.00
笔记本成本中心	T002	TAK2笔记本电脑	材料费用	材料费	11000	46286141.40	笔记本电源	12100	592900.00
笔记本成本中心	T002	TAK2笔记本电脑	材料费用	材料费	11000	46286141.40	笔记本CPU I5	12100	13310000.00
笔记本成本中心	T003	TAK3笔记本电脑	材料费用	材料费	10000	59612310.37	鼠标	11000	319000.00
笔记本成本中心	T003	TAK3笔记本电脑	材料费用	材料费	10000	59612310.37	15.5寸液晶屏	11000	3652000.00
笔记本成本中心	T003	TAK3笔记本电脑	材料费用	材料费	10000	59612310.37	笔记本内存8G	22000	10758000.00
笔记本成本中心	T003	TAK3笔记本电脑	材料费用	材料费	10000	59612310.37	笔记本主板	11000	8789000.00
笔记本成本中心	T003	TAK3笔记本电脑	材料费用	材料费	10000	59612310.37	笔记本硬盘4T	11000	13849000.00
笔记本成本中心	T003	TAK3笔记本电脑	材料费用	材料费	10000	59612310.37	笔记本电源	11000	539000.00
笔记本成本中心	T003	TAK3笔记本电脑	材料费用	材料费	10000	59612310.37	笔记本CPU I7	11000	17600000.00
笔记本成本中心	T001	TAK1笔记本电脑	工资及劳务费	工资及劳务费	16000	47837844.54		16000	1376000.00
笔记本成本中心	T001	TAK1笔记本电脑	制造费用	水电费	16000	47837844.54		16600	117072.67
笔记本成本中心	T001	TAK1笔记本电脑	制造费用	人工费	16000	47837844.54		16600	1486567.17
笔记本成本中心	T001	TAK1笔记本电脑	制造费用	科研设计费	16000	47837844.54		16600	2846193.66
笔记本成本中心	T001	TAK1笔记本电脑	制造费用	维修费	16000	47837844.54		16600	40981.70
笔记本成本中心	T001	TAK1笔记本电脑	制造费用	固定资产折旧费	16000	47837844.54		16600	593029.34
笔记本成本中心	T002	TAK2笔记本电脑	工资及劳务费	工资及劳务费	11000	46286141.40		11000	946000.00
笔记本成本中心	T002	TAK2笔记本电脑	制造费用	水电费	11000	46286141.40		11660	82232.97
笔记本成本中心	T002	TAK2笔记本电脑	制造费用	人工费	11000	46286141.40		11660	1044179.10
笔记本成本中心	T002	TAK2笔记本电脑	制造费用	科研设计费	11000	46286141.40		11660	1999193.87
笔记本成本中心	T002	TAK2笔记本电脑	制造费用	维修费	11000	46286141.40		11660	28785.94
笔记本成本中心	T002	TAK2笔记本电脑	制造费用	固定资产折旧费	11000	46286141.40		11660	416549.52
笔记本成本中心	T003	TAK3笔记本电脑	工资及劳务费	工资及劳务费	10000	59612310.37		10000	860000.00
笔记本成本中心	T003	TAK3笔记本电脑	制造费用	水电费	10000	59612310.37		10600	74757.25
笔记本成本中心	T003	TAK3笔记本电脑	制造费用	人工费	10000	59612310.37		10600	949253.73
笔记本成本中心	T003	TAK3笔记本电脑	制造费用	科研设计费	10000	59612310.37		10600	1817448.97
笔记本成本中心	T003	TAK3笔记本电脑	制造费用	维修费	10000	59612310.37		10600	26169.04
笔记本成本中心	T003	TAK3笔记本电脑	制造费用	固定资产折旧费	10000	59612310.37		10600	378681.38

图　11-29

实验二：生成凭证

【实验步骤】

按表 11-26 所示的用户信息,登录浪潮 GS。

表　11-26

登录日期	登录用户	登录密码
2018.1.30	CB0001(成本会计陈佳)	aaaaaa

注意：此步骤只要求生成“EAK1 台式计算机”生产成本凭证。

第一步：执行“管理会计—产品成本核算—成本计算—成本计算单”，选择“成本中心”为“台式机成本中心”，“产品”为“EAK1 台式计算机”，单击“刷新”按钮，然后单击“生成凭证”按钮，如图 11-30 所示。

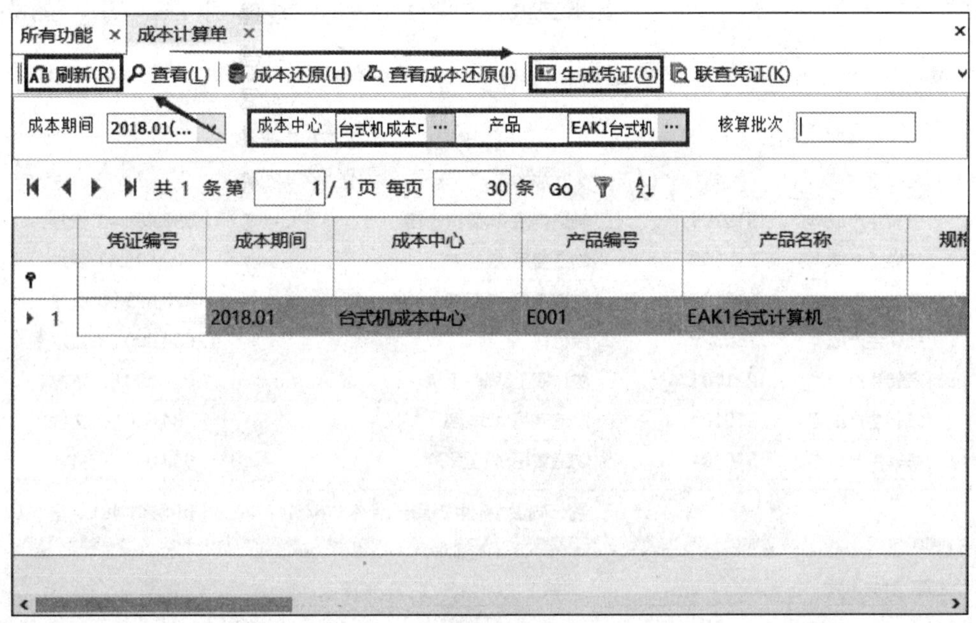

图　11-30

第二步：选择“凭证模板”为“结转生产成本”，单击“确定”按钮，如图 11-31 所示。

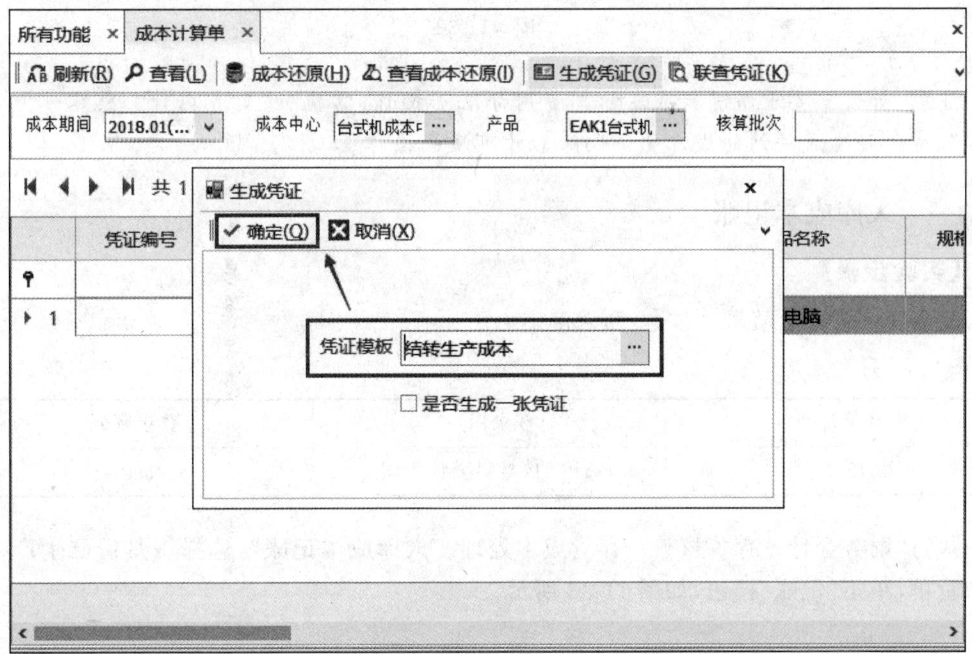

图　11-31

第三步：打开“凭证制单”界面后，单击“保存”按钮，凭证保存完毕，如图 11-32 所示。

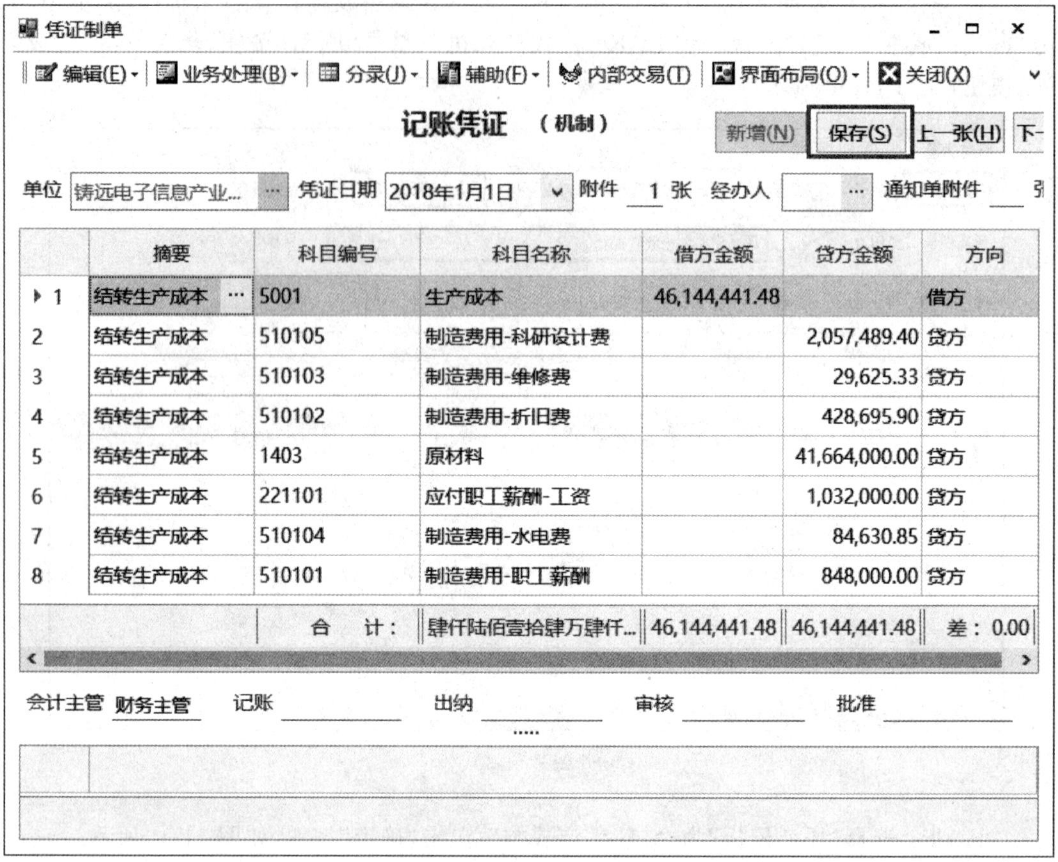

凭证制单

编辑(E) 业务处理(B) 分录(J) 辅助(F) 内部交易(T) 界面布局(O) 关闭(X)

记账凭证 （机制）　新增(N) 保存(S) 上一张(H) 下-

单位 铸远电子信息产业... 凭证日期 2018年1月1日 附件 1 张 经办人 通知单附件

	摘要	科目编号	科目名称	借方金额	贷方金额	方向
1	结转生产成本	5001	生产成本	46,144,441.48		借方
2	结转生产成本	510105	制造费用-科研设计费		2,057,489.40	贷方
3	结转生产成本	510103	制造费用-维修费		29,625.33	贷方
4	结转生产成本	510102	制造费用-折旧费		428,695.90	贷方
5	结转生产成本	1403	原材料		41,664,000.00	贷方
6	结转生产成本	221101	应付职工薪酬-工资		1,032,000.00	贷方
7	结转生产成本	510104	制造费用-水电费		84,630.85	贷方
8	结转生产成本	510101	制造费用-职工薪酬		848,000.00	贷方
		合　计：	肆仟陆佰壹拾肆万肆仟...	46,144,441.48	46,144,441.48	差：0.00

会计主管 财务主管　记账　出纳　审核　批准

图　11-32

注意：如果需要重新进行成本计算费用分配等操作，需执行“财务会计—总账—凭证—制单”，将已经生成的结转成本凭证删除后才可反向操作。

实验三：入库成本记账

【实验步骤】

按表 11-27 所示的用户信息，登录浪潮 GS。

表　11-27

登录日期	登录用户	登录密码
2018.1.30	GY0001(材料会计李国)	aaaaaa

执行“财务会计—存货核算—存货成本处理—入库成本记账”，选择 1 月份已生产入库的收货单，单击“记账”按钮，如图 11-33 所示。

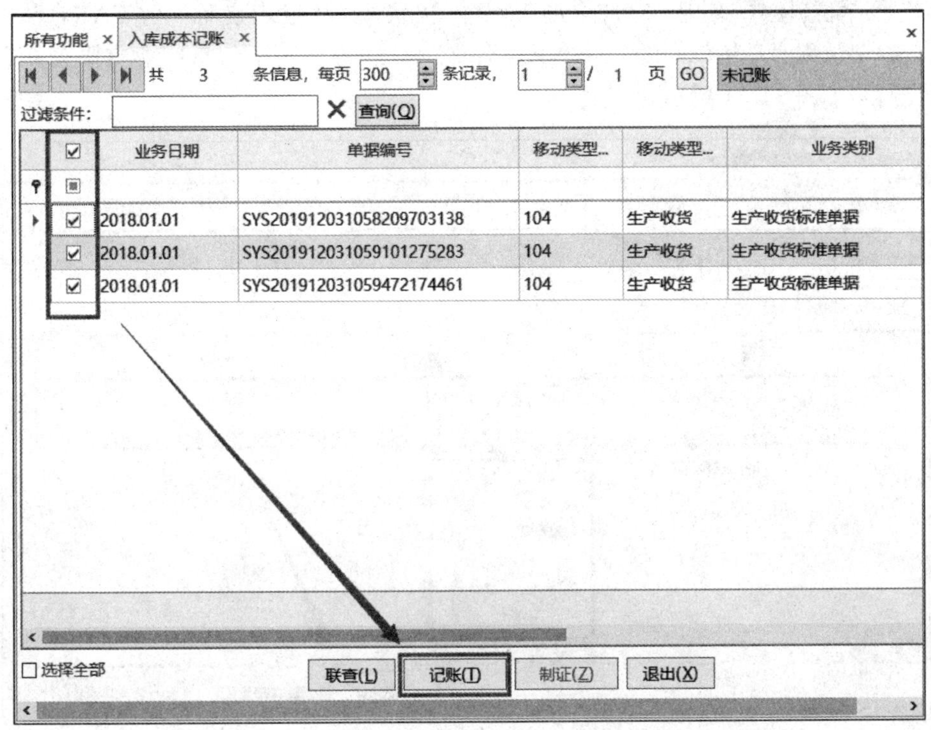

图 11-33

第八节 教学任务七：基于EAK1生产成本预算表的智能化取数与预算偏差分析

实验一：EAK1生产成本预算表执行数归集

铸远电子根据2018年1月EAK1生产经营成果的实际发生情况，于月末在EAK1生产成本预算表中智能化归集执行数，为后续执行分析做准备。

【实验步骤】

按表11-28所示的用户信息，登录浪潮GS。

表 11-28

登录日期	登录用户	登录密码	操作内容
2018.1.30	YS0002(铸远电子预算部部长沈溪)	aaaaaa	EAK1生产成本预算表执行数归集

2018年1月30日，铸远电子预算部部长沈溪(用户名：YS0002)登录系统，执行"全面预算—执行分析—预算执行—执行数归集"，打开"执行数归集"功能，选择"开始日期"为2018.01.29，"终止日期"为2018.01.31，勾选"归集后是否计算"复选框，"编制方案"选择"2018年预算编制方案"，"编制活动"选择"一上一下编制"，"业务模块"选择"总账"，选择

“业务单元-单位”模式，勾选“对应名称”为“制单-成本”，“报表名称”为“EAK1 台式计算机”，勾选“单位编号”为 D00001002、“单位名称”为“D-铸远电子信息产业有限公司”，单击“归集”按钮，如图 11-34 所示。

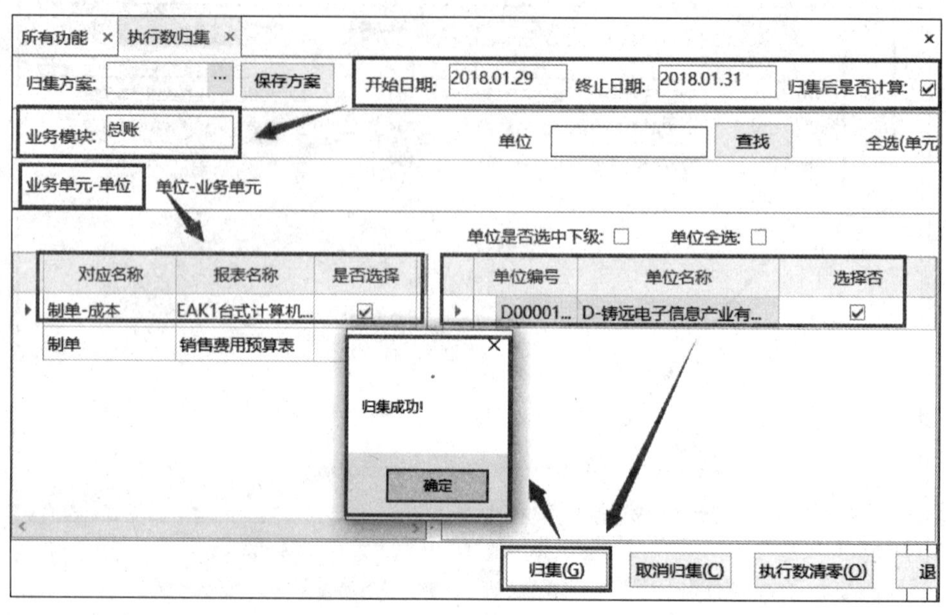

图 11-34

注意：如果提示“此范围内存在已归集的数据，请先取消归集后再重新归集或重新定义归集范围！”，如图 11-35 所示。此时，需先单击“取消归集”按钮，再单击“归集”按钮，重新进行归集操作，如图 11-36 所示。

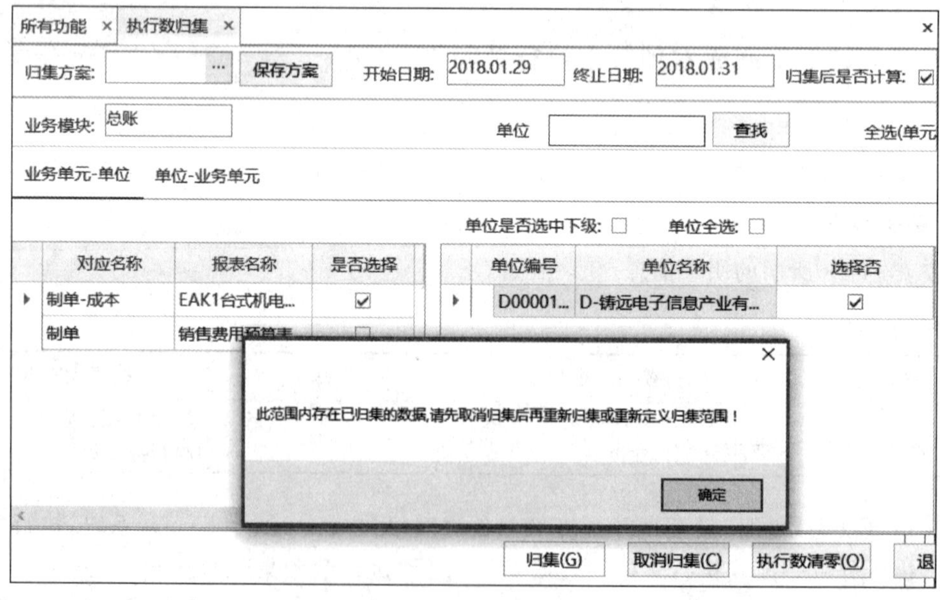

图 11-35

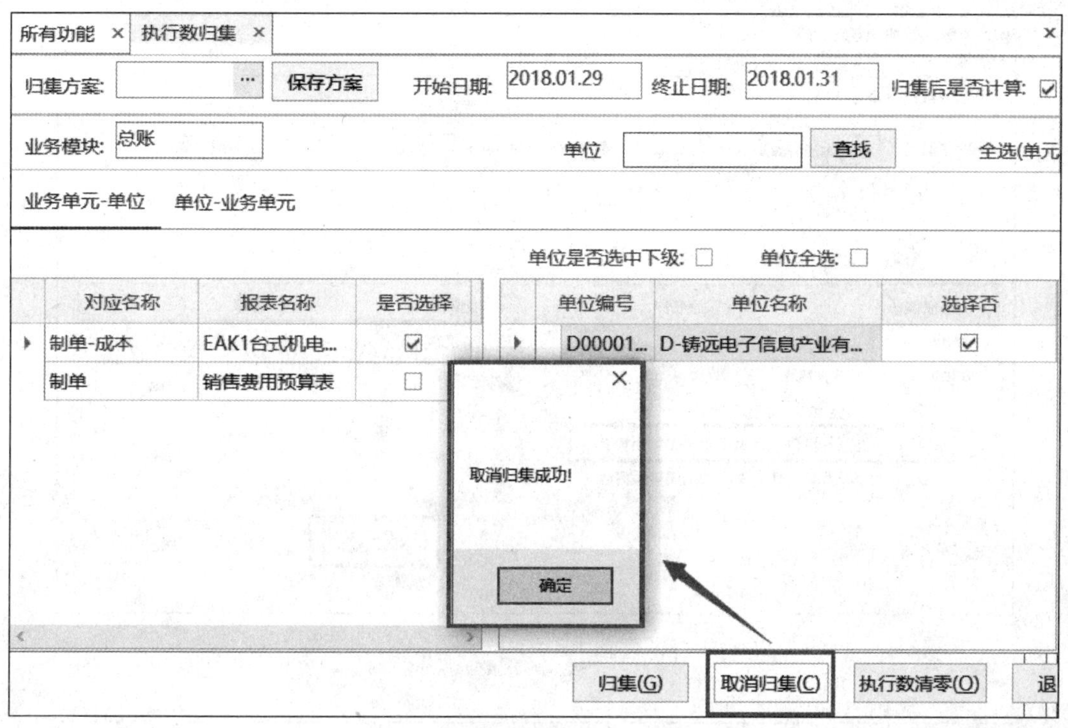

图 11-36

实验二：EAK1 生产成本预算表执行数分析

月末由预算部部长沈溪，组织分析 EAK1 生产成本预算表执行情况，纠正财务预算的执行偏差。

【实验步骤】

按表 11-29 所示的用户信息，登录浪潮 GS。

表 11-29

登录日期	登录用户	登录密码	操作内容
2018.1.30	YS0002(铸远电子预算部部长沈溪)	aaaaaa	EAK1 生产成本预算表执行数分析

2018 年 1 月 30 日，铸远电子预算部部长沈溪(用户名：YS0002)登录系统，执行“全面预算—执行分析—预算分析—完成分析”，选择“报表—组织”展示模式，报表选择“SC02 EAK1 台式计算机生产成本预算表”，组织选择“D-铸远电子信息产业有限公司”，单击“确定”按钮打开预算表，打开“完成分析”功能，如图 11-37 所示。

在打开的“完成分析”功能页面，可查看预算数、完成数(已执行)、差额、完成率等信息，也可单击“图形分析”按钮，如图 11-38 所示。

在打开的“全面预算图形分析”功能页面，选择“数据源”，横坐标拖曳“预算数”“执行数”“预算期间”，纵坐标拖曳“预算指标”，单击“01 月”部分，“图表类型”选择“柱状图”，如

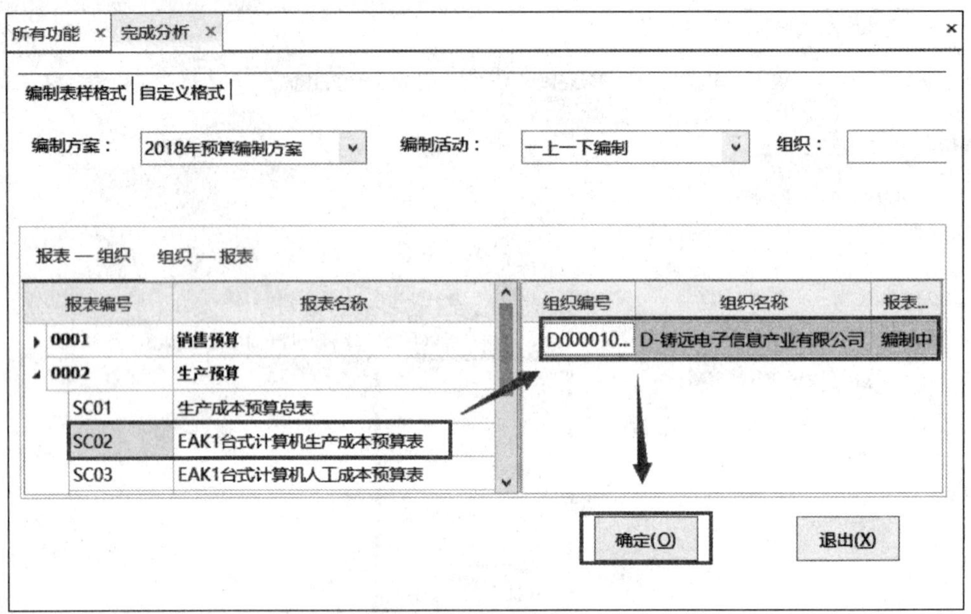

图 11-37

图 11-38

图 11-39 所示。

注意：由于拖曳项的顺序不同，完成分析的柱状图也会有所差异。

通过图 11-38 比较预算数和实际数，生产部门需要找出“亏损原因是预算较低，还是实际消耗太高”。如果是实际消耗问题，需查找计划、采购、加工、领用各环节产生数是否偏高。如果某一环节存在问题，应责令相应人员进行整改；如果是预算过低，则应重新审核预算，与预算部协商处理。

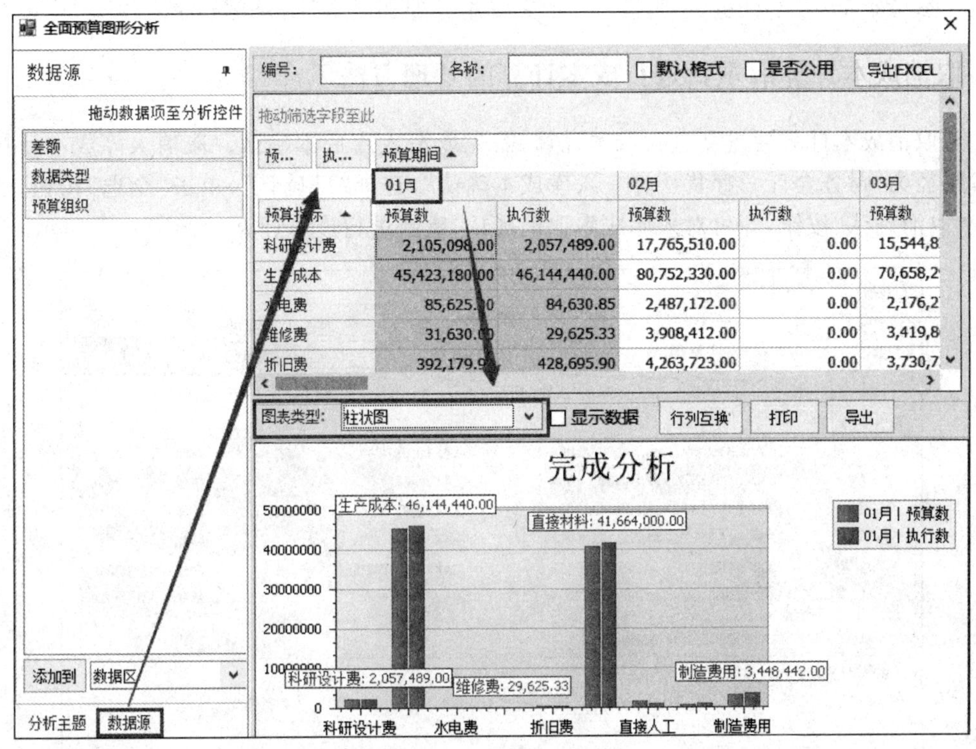

图　11-39

在分析的时候,要遵循由粗到细、由表及里的分析方法。

(1) 汇总成本预算分析表,从费用构成角度看整个项目预算收入和实际成本各项费用金额差异。

(2) 关注亏损费用项,重点关注大额成本项目,逐一排查盈亏原因。

正确编制成本预算,可为企业预算期成本管理工作指明奋斗目标,并为成本管理提供直接依据;而且,成本预算能动员和组织全体职工精打细算、挖掘潜力、控制成本耗费,促使企业有效地利用人力、物力、财力改善经营管理,以尽可能少的劳动耗费获得较好的经济效益。此外,成本预算还可作为企业经营业绩的考评标准。

第九节　实验中常见操作问题及解决方法

一、成本计算结果有误的处理方法

若成本计算结果有误,需返回检查成本中心的费用定义、取数规则、费用分配步骤定义是否设置正确,材料发货单发货量、收货单完工量是否输入错误。负责人员应严格按照教学任务所给出的数据检查,并倒序返回进行修改,修改步骤参照各实验步骤。

二、费用分配后需修改费用分配步骤的处理方法

若费用分配后,需修改费用分配步骤。此时,需先取消费用分配,再修改费用分配步骤

定义。参考本章“教学任务一-实验三：定义费用分配和成本计算步骤。”

三、取消成本计算后重新进行成本计算的处理方法

若取消成本计算后重新进行成本计算，需先取消入库成本确认。取消入库成本计算的参考路径为“财务会计—存货核算—入库成本确认”，选择“已确认”，单击“全选”按钮，然后单击“取消确认”按钮，即可对入库成本取消确认，重新进行成本计算，如图 11-40 所示。

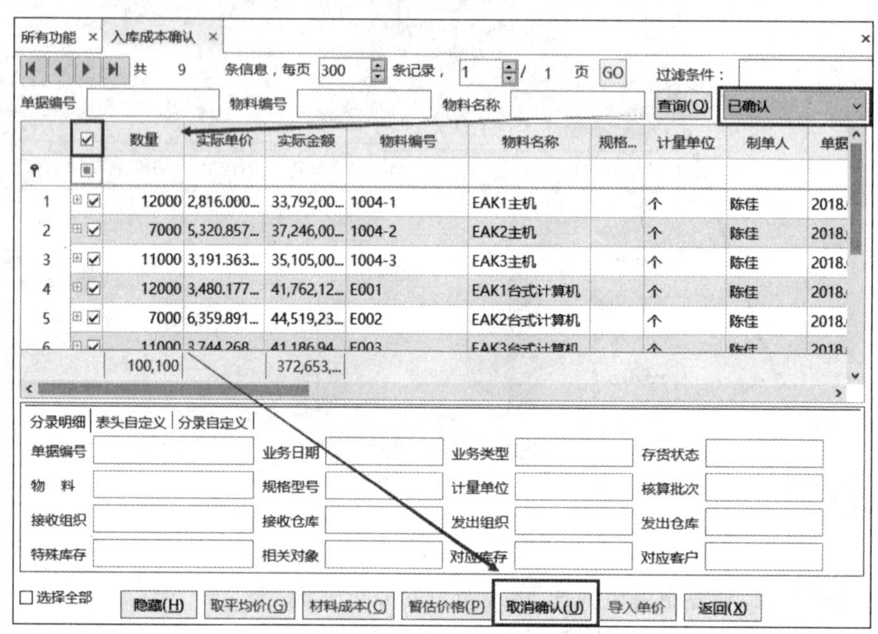

图 11-40

第十节 铸远电子成本管理建设成效分析

铸远电子的现有成本管理体系有以下几大优点：一是能够提供更加准确的各维度成本信息，提高决策的准确性；二是有助于作业与工序流程的持续优化，有利于提高产品定价；三是有助于改善和强化成本控制，提高价值链管理能力。

在成本管理体系运营时，以企业的业务模式为基础，将成本管理嵌入业务的各领域、各层次、各环节，更有助于实现成本管理责任到人、控制到位、考核严格、目标落实。

铸远电子结合自身的成本管理目标和实际情况，在保证产品功能和质量的前提下，选择应用了适合自身的成本管理工具，以具体目标的兼容性、资源的共享性、适用对象的差异性、方法的协调性和公布性为前提，通过综合运用成本管理的工具方法，实现了效益最大化。

财务分析仿真实训

第一节 教学任务一：资产负债分析

资产负债表反映了企业在特定时点的财务状况，是企业经营管理活动结果的集中体现。通过分析企业的资产负债表，能够揭示出企业偿还债务的能力、企业经营稳健与否或经营风险的大小，以及企业经营管理总体水平的高低等。

铸远电子需要进行资产负债分析。

【实验步骤】

2018 年 12 月 31 日，铸远电子财务分析岗毕强(用户名：CW0009)登录系统，执行“资金管理—账户管理—信息查询—账户信息查询”，打开“账户信息查询”功能；执行“经营分析—财务分析—报表分析—资产负债分析”，打开“资产负债分析”功能，在左侧单位列表处选择“铸远电子信息产业有限公司”，右侧会自动将 2018 年 12 月的资产负债情况展示出来。

第二节 教学任务二：利润分析

利润分析是分析企业创造组织收入、控制成本费用支出、实现盈利的能力，评价企业经营成果的行为。通过利润分析，可以评价企业的可持续发展能力。利润分析所反映的盈利水平是资本市场的“晴雨表”，上市公司的投资者对此更为关注。

铸远电子需要进行利润分析。

【实验步骤】

2018 年 12 月 31 日，铸远电子财务分析岗毕强(用户名：CW0009)登录系统，执行“经营分析—财务分析—报表分析—利润分析”，打开“利润分析”功能，在左侧单位列表处选择“铸远电子信息产业有限公司”，右侧会自动将 2018 年 12 月的利润情况展示出来。

第三节　教学任务三：现金流量分析

现金净流量是指现金流入与现金流出的差额。现金净流量可能是正数，也可能是负数。如果是正数，则为净流入；如果是负数，则为净流出。现金净流量反映了企业各类活动形成的现金流量的最终结果，即企业在一定时期内现金流入大于现金流出，还是现金流出大于现金流入。现金净流量是现金流量表要反映的一个重要指标，也是现金流量分析的主要内容。

铸远电子需要进行现金流量分析。

【实验步骤】

2018 年 12 月 31 日，铸远电子财务分析岗毕强（用户名：CW0009）登录系统，执行“经营分析—财务分析—报表分析—现金流量分析”，打开“现金流量分析”功能，在左侧单位列表处选择“铸远电子信息产业有限公司”，右侧会自动将 2018 年 12 月的现金流量情况展示出来。

第四节　教学任务四：盈利能力分析

盈利能力是指企业获取利润的能力，也称为企业的资金或资本增值能力，通常表现为一定时期内企业收益数额的多少及收益水平的高低。通过对盈利能力的分析，可以发现经营管理环节中出现的问题。对企业盈利能力的分析，是对企业利润率的深层次分析。企业需要对主营业务利润率、总资产净利率、产权比率、销售净利率、销售毛利率、净值报酬率等关键指标的本年累计、上年同期、增减百分比分别进行分析。

（1）主营业务利润率。主营业务利润率是指企业在一定时期内的主营业务利润与主营业务收入净额的比率。它表明企业每单位主营业务收入能带来多少主营业务利润，反映了企业主营业务的获利能力，是评价企业经营效益的主要指标。

（2）总资产净利率。总资产净利率是指企业净利润与平均资产总额的百分比。它反映的是企业运用全部资产所获得利润的水平，即企业每占用 1 元的资产平均能获得多少元的利润。该指标越高，表明企业投入产出水平越高，资产运营越有效，成本费用的控制水平越高。

（3）产权比率。产权比率是负债总额与所有者权益总额的比率，是评估资金结构合理性的一种指标。一般来说，产权比率可反映股东所持股权是否过多（或者是否不够充分）等情况，从侧面表明企业借款经营的程度。这一比率是衡量企业长期偿债能力的指标之一，是企业财务结构稳健与否的重要标志。该指标表明由债权人提供的和由投资者提供的资金来源的相对关系，反映企业基本财务结构是否稳定。产权比率越低，表明企业自有资本占总资产的比重越大，长期偿债能力越强。该指标的作用与有形资产净值债务率相似。一般来说，产权比率高对应的是高风险、高报酬的财务结构，产权比率低对应的是低风险、低报酬的财务结构。一般认为，这一比率低于 1∶1（即 100%）时，企业是有偿债能力的，但还应该结合企业的具体情况加以分析。

（4）销售净利率。销售净利率是指企业实现净利润与销售收入的对比关系，用于衡量企业在一定时期销售收入的获利能力。该指标反映了每 1 元销售收入带来的净利润。企业

在扩大销售的同时，由于销售费用、财务费用、管理费用的大幅增加，其净利润并不一定会同比例增长，甚至还可能负增长。由此可见，盲目扩大生产和销售规模未必会给企业带来正收益。因此，分析者应关注企业每增加1元销售收入时的净利润增减程度，借此考察销售收入增长带来的效益变化。

(5) 销售毛利率。销售毛利率是毛利占销售净值的百分比，通常称为毛利率。销售毛利是销售净额与销售成本的差额。如果销售毛利率很低，表明企业没有足够多的毛利额，补偿期间费用后的盈利水平就不会高，甚至可能无法弥补期间费用而出现亏损局面。通过分析本指标，可预测企业的盈利能力。

(6) 净值报酬率。净值报酬率又称净资产收益率、股东净资产收益率、净资产收益率、权益利润率、净资产利润率，是净利润与平均股东权益的百分比，是企业税后利润除以净资产得到的百分比率。该指标反映股东权益的收益水平，主要用于衡量企业运用自有资本的效率。该指标值越高，说明投资带来的收益越高。该指标体现了自有资本获得净收益的能力。

一般来说，负债增加会导致净资产收益率的上升。企业资产包括两部分：一部分是股东的投资(即所有者权益)；另一部分是企业借入和暂时占用的资金。企业适当地运用财务杠杆，可以提高资金的使用效率。借入资金过多，会增大企业的财务风险，但一般可以提高盈利；借入资金过少，会降低资金的使用效率。净资产收益率是衡量股东资金使用效率的重要财务指标。

铸远电子需要进行盈利能力分析。

【实验步骤】

2018年12月31日，铸远电子财务分析岗毕强(用户名：CW0009)登录系统，执行“经营分析—财务分析—指标分析—盈利能力查询”，打开“盈利能力查询”功能，在左侧单位列表处选择“铸远电子信息产业有限公司”，右侧会自动将2018年12月与盈利能力相关的指标数据展示出来。

第五节　教学任务五：偿债能力分析

企业的偿债能力是指企业用其资产偿还长期债务与短期债务的能力，是企业偿还到期债务的承受能力或保证程度，包括偿还短期债务的能力和偿还长期债务的能力。企业有无支付现金的能力和偿还债务能力，是企业能否生存和健康发展的关键。企业需要对速动比率、流动比率、现金比率、现金周期、已获利息倍数、资产负债率、经营现金净流量对到期债务总额比、自有资本比率等关键指标进行分析。

(1) 速动比率。速动比率是指企业速动资产与流动负债的比率。速动资产是企业的流动资产减去存货和预付费用后的余额，主要包括现金、短期投资、应收票据、应收账款等项目。它可以用于衡量企业流动资产中可以立即变现、用于偿还流动负债的能力。计算速动比率时，流动资产中要扣除存货，这是因为存货变现速度较慢，而且有些存货可能滞销、无法变现。至于预付账款和待摊费用，则根本不具有变现能力，所以理论上也应加以剔除。然而在实务中，由于预付账款和待摊费用占流动资产的比重较小，所以在计算速动资产时也可以不扣除。此外，流动比率、速动比率的分析不能独立于流动资产周转能力的分析之外，如存

货、应收账款的周转效率低下也会影响流动比率分析的实用性。例如,有些企业虽然速动比率大于1,但速动资产中大部分是应收账款,这并不代表企业的偿债能力强,因为应收账款能否收回具有很大的不确定性。所以,在评价速动比率时,还应分析应收账款的质量。

(2) 流动比率。流动比率是流动资产对流动负债的比率,用于衡量企业流动资产在短期债务到期以前可以变为现金、用于偿还负债的能力。一般来说,流动比率越高,说明企业资产的变现能力越强,短期偿债能力越强;反之,则越弱。一般认为,流动比率应在2∶1以上。流动比率2∶1表示流动资产是流动负债的两倍,即使流动资产有一半在短期内不能变现,也能保证全部流动负债得到偿还。流动比率高的企业并不意味着其偿还短期债务的能力也强。因为在流动资产中,现金、有价证券、应收账款的变现能力很强,而存货、待摊费用等虽然也属于流动资产的项目,但其变现时间较长,特别是存货还很可能发生积压、滞销、残次等情况,流动性较差。所以,应综合运用速动比率和流动比率进行分析。

(3) 现金比率。现金比率是现金及现金等价资产的总量与当前流动负债的比率,用于衡量企业资产的流动性。现金比率能够反映出企业在不依靠存货销售及应收账款的情况下,支付当前债务的能力。现金比率是速动资产扣除应收账款后的余额与流动负债的比率,最能反映企业直接偿付流动负债的能力。一般认为,现金比率在20%以上为好。但这一比率过高,则意味着企业流动资产未能得到合理运用。现金类资产的获利能力低,如果这类资产过多,将导致企业机会成本增加。

(4) 现金周期。现金周期又叫现金循环周期,是指企业在经营中从付出现金到收到现金所需的平均时间。其计算公式为

现金周期 = 存货转换期间(周转天数) + 应收账款转换期间(周转天数) − 应付账款递延期间(周转天数)

= 生产经营周期(营业周期) − 应付账款平均付款期(周转天数)

现金周期的变化会直接影响所需营运资金的数额。一般来说,存货周转期和应收账款周转期越长,应付账款周转期越短,营运资金数额就越大;相反,存货周转期和应收账款周转期越短,应付账款周转期越长,营运资金数额就越小。此外,营运资金周转的数额还受到偿债风险、收益要求和成本约束等因素的制约。

(5) 已获利息倍数。已获利息倍数是指上市公司息税前利润相对于所需支付债务利息的倍数,可用于分析企业在一定盈利水平下支付债务利息的能力。一般情况下,已获利息倍数越高,企业长期偿债能力越强。国际上通常认为,该指标为3时较为适当。从长期来看,至少应大于1。

(6) 资产负债率。资产负债率又称举债经营比率,它是用以衡量企业利用债权人提供资金进行经营活动的能力,以及反映债权人发放贷款的安全程度的指标,通过将企业的负债总额与资产总额相比较得出,反映在企业全部资产中属于负债的比率。如果资产负债率达到100%或超过100%,说明公司已经没有净资产或资不抵债。从债权人的角度看,资产负债率越低越好。对投资人或股东来说,资产负债率较高可能带来一定的好处,如利息税前扣除、以较少的资本(或股本)投入获得企业的控制权。一般认为,资产负债率的适宜水平是40%~60%。

(7) 经营现金净流量对到期债务总额比。经营现金净流量对到期债务总额比是企业经营现金净流入与本期到期的当期长期债务和应付票据总额的比率。它反映了企业可用现金

流量偿付到期债务的能力。该比率越高，企业资金流动性越好，企业到期偿还债务的能力就越强。通常来说，企业到期的长期负债和本期应付票据是不能延期的，到期必须如数偿还。企业一般将该指标的标准值设为1.5。该比率越高，企业资金流动性越好，企业到期偿还债务的能力就越强。

(8) 自有资本比率。自有资本比率是指企业营运资金中自有资本所占的比率。自有资本比例越高，企业体质越健康。自有资本比率因行业不同而异，但最低不宜低于30%。

铸远电子需要进行偿债能力分析。

【实验步骤】

2018年12月31日，铸远电子财务分析岗毕强(用户名：CW0009)登录系统，执行"经营分析—财务分析—指标分析—偿债能力查询"，打开"偿债能力查询"功能，在左侧单位列表处选择"铸远电子信息产业有限公司"，右侧会自动将2018年12月与偿债能力相关的指标数据展示出来。

第六节　教学任务六：营运能力分析

营运能力是指企业的经营运行能力，即企业运用各项资产赚取利润的能力。企业需要对资产周转率、固定资产周转率、流动资产周转率、营业周期、存货周转率、存货周转天数、应收账款周转率、应收账款周转天数等关键指标进行分析。这些比率揭示了企业资金运营周转的情况，反映了企业对经济资源管理、运用的效率高低。一般来说，企业资产周转越快，流动性越高，企业的偿债能力越强，资产获取利润的速度就越快。

(1) 资产周转率。资产周转率是总营业额和总资产的比率，是评价企业资产运营效率的一项重要指标。它体现了企业经营期间全部资产从投入到产出的流转速度，反映了企业全部资产的管理质量和利用效率。如果企业的总资产周转率突然上升，而企业的销售收入却无多大变化，这可能是由企业本期报废了大量固定资产造成的，而不是企业的资产利用效率提高。如果企业的总资产周转率较低，且长期处于较低的状态，企业应采取措施提高各项资产的利用效率，处置多余、闲置不用的资产，提高销售收入，从而提高总资产周转率。

(2) 固定资产周转率。固定资产周转率是指企业销售收入与固定资产净值的比率。固定资产周转率表示一个会计年度内固定资产的周转次数，或表示每1元固定资产支持的销售收入。固定资产周转率主要用于分析对厂房、设备等固定资产的利用效率，其比率越高，说明利用率越高，管理水平越好。如果固定资产周转率与同行业平均水平相比偏低，则说明企业对固定资产的利用率较低，可能会影响企业的获利能力。固定资产周转率反映了企业资产的利用程度。

(3) 流动资产周转率。流动资产周转率是指企业一定时期内主营业务收入净额同平均流动资产总额的比率，是评价企业资产利用率的一个重要指标。它反映了企业流动资产的周转速度，是从企业全部资产中流动性最强的流动资产角度，对企业资产的利用效率进行分析，以进一步揭示影响企业资产质量的主要因素。一般情况下，该指标越高，表明企业流动资产周转速度越快，利用得越好。在较快的周转速度下，流动资产会相对节约，相当于流动资产投入的增加，在一定程度上增强了企业的盈利能力；而周转速度慢，则需要补充流动资金参加周转，会形成资金浪费，降低企业盈利能力。

(4) 营业周期。营业周期是指从开始外购、承担付款义务，到收回因销售商品或提供劳务而产生应收账款的时间。其计算公式为

$$营业周期=存货周转天数+应收账款周转天数$$

营业周期的长短是决定企业流动资产需要量的重要因素。较短的营业周期表明对应收账款和存货的有效管理。一般情况下，营业周期短，说明资金周转速度快；营业周期长，说明资金周转速度慢。

(5) 存货周转率。存货周转率是对流动资产周转率的补充说明，是衡量企业销售能力及存货管理水平的综合性指标。它是销售成本与平均存货的比率，用于反映存货的周转速度，即存货的流动性及存货资金占用量是否合理，促使企业在保证生产经营连续性的同时，提高资金的使用效率，增强企业的短期偿债能力。一般来讲，存货周转速度越快，存货的占用水平越低，流动性越强，存货转换为现金或应收账款的速度越快。因此，提高存货周转率可以提高企业的变现能力。

(6) 存货周转天数。存货周转天数是指企业从取得存货开始，至消耗、销售为止所经历的天数。其计算公式为

$$存货周转天数=\frac{360}{存货周转次数}$$

存货周转天数越少，表明存货变现的速度越快。存货周转天数越少，表明存货周转次数越多，平均存货越少。但是，存货过少便不能满足流转需要，所以存货周转天数不是越少越好。但也不是说存货周转天数越多越好，因为存货过多又会占用过多的资金，造成资源浪费。

(7) 应收账款周转率。应收账款周转率是企业在一定时期内赊销净收入与平均应收账款余额之比，是衡量企业应收账款周转速度及管理效率的指标。企业的应收账款在流动资产中占据着举足轻重的地位。企业的应收账款如能及时收回，资金使用效率便能大幅提高。应收账款周转率就是反映企业应收账款周转速度的比率。它说明在一定期间内企业应收账款转为现金的平均次数。用时间表示的应收账款周转速度为应收账款周转天数，也称平均应收账款回收期或平均收现期。它表示企业从获得应收账款的权利到收回款项、变成现金所需要的时间。一般情况下，应收账款周转率越高越好，周转率高，表明收账迅速，账龄较短；资产流动性强，短期偿债能力强；可以减少坏账损失等。

(8) 应收账款周转天数。应收账款周转天数是指企业从取得应收账款的权利到收回款项、转换为现金所需要的时间，是衡量应收账款周转率的一个辅助性指标。周转天数越短，说明流动资金使用效率越高。由于大多数行业都存在信用销售，会形成大量的应收账款，所以如何更快地将这些应收账款收回变为真金白银，对企业持续运转至关重要。如果周转天数延长，回款速度变慢，企业将不得不通过借债等方式来补充营运资金，这会造成成本上涨和经营被动。在相同行业内，应收账款周转天数越短的企业通常有较强的竞争力。企业一般将该指标的标准值设为 100。

铸远电子需要进行营运能力分析。

【实验步骤】

2018 年 12 月 31 日，铸远电子财务分析岗毕强(用户名：CW0009)登录系统，执行“经营分析—财务分析—指标分析—营运能力查询”，打开“营运能力查询”功能，在左侧单位列表处选择“铸远电子信息产业有限公司”，右侧会自动将 2018 年 12 月与营运能力相关的指

标数据展示出来。

第七节　教学任务七：成长能力分析

企业的发展能力也称企业的成长性，是企业通过自身的生产经营活动，不断扩大积累而形成的发展潜能。衡量企业发展能力的核心指标是企业价值增长率。企业能否健康发展，取决于多种因素，包括外部经营环境、企业内在素质及资源条件等。企业需要对销售增长率、净利润增长率、人均净利润增长率、净资产增长率、总资产增长率等关键指标进行分析。

（1）销售增长率。销售增长率是企业本年销售收入增长额同上年销售收入总额之比。销售增长率是衡量企业经营状况和市场占有能力、预测企业经营业务拓展趋势的重要指标，也是企业扩张增量资本和存量资本的重要前提。该指标越大，表明企业增长速度越快，企业市场前景越好。

（2）净利润增长率。净利润增长率代表企业当期净利润比上期净利润的增长幅度，指标值越大，代表企业成长能力越强。如果基期的净利润为负数，有两种处理办法：一是只谈扭亏为盈×××元；二是用"（当期－基期）÷基期"的绝对值表示。

（3）人均净利润增长率。其计算公式为

$$人均净利润增长率=\frac{本年人均净利润-上年人均净利润}{上年人均净利润}\times 100\%$$

该指标与销售增长率、总资产增长率、净利润增长率一起反映企业的成长能力。

（4）净资产增长率。净资产增长率是指企业本期净资产增加额与上期净资产总额的比率。净资产增长率反映企业资本规模的扩张速度，是衡量企业总量规模变动和成长状况的重要指标。在企业经营中，净资产收益率较高，代表较强的生命力。如果能在净资产收益率较高的情况下，同时保持较高的净资产增长率，则表示企业未来发展势头强劲。

（5）总资产增长率。总资产增长率是企业年末总资产的增长额同年初资产总额之比，反映企业本期资产规模的增长情况。资产增长是企业发展的一个重要方面，发展性高的企业一般能保持资产的稳定增长。总资产增长率越高，表明企业一定时期内资产经营规模扩张的速度越快。但在分析时，需要关注资产规模扩张的质和量的关系，以及企业的后续发展能力，避免盲目扩张。

铸远电子需要进行成长能力分析。

【实验步骤】

2018 年 12 月 31 日，铸远电子财务分析岗毕强（用户名：CW0009）登录系统，执行"经营分析—财务分析—指标分析—成长能力查询"，打开"成长能力查询"功能，在左侧单位列表处选择"铸远电子信息产业有限公司"，右侧会自动将 2018 年 12 月与成长能力相关的指标数据展示出来。

第八节　教学任务八：杜邦分析

杜邦分析是以净资产收益率为核心财务指标，通过财务指标的内在联系，系统、综合地分析企业的盈利水平，具有很鲜明的层次结构，是利用财务指标之间的关系对企业财务进行综合分析的典型方法。这种分析方法最早由美国杜邦公司使用，故名“杜邦分析法”。杜邦分析是一种用来评价企业盈利能力和股东权益回报水平，从财务角度评价企业绩效的一种经典方法。其基本思想是将企业净资产收益率逐级分解为多项财务比率乘积，这样有助于深入分析比较企业经营业绩。

杜邦分析有助于企业管理层更加清晰地看到权益资本收益率的决定因素，以及销售净利率与总资产周转率、债务比率之间的相互关系，给管理层提供一张明晰的考察企业资产管理效率和是否实现股东投资回报最大化的路线图。

杜邦分析的基本思路是：第一，权益净利率是一个综合性最强的财务分析指标，是杜邦分析的核心指标；第二，资产净利率是影响权益净利率的最重要指标，具有很强的综合性，而资产净利率又取决于和总资产周转率的高低。总资产周转率是反映总资产的周转速度。对资产周转率的分析，需要对影响资产周转的各因素进行分析，以判明影响公司资产周转的主要问题在哪里。销售净利率反映销售收入的收益水平。扩大销售收入，降低成本费用是提高企业销售利润率的根本途径，而扩大销售同时也是提高资产周转率的必要条件和途径；第三，权益乘数表示企业的负债程度，反映了公司利用财务杠杆进行经营活动的程度。资产负债率高，权益乘数就大，这说明企业负债程度高，会有较多的杠杆利益，但相应承担的风险也高；反之，资产负债率低，权益乘数就小，这说明企业负债程度低，会有较少的杠杆利益，但相应承担的风险也低。

杜邦分析中的几个主要财务指标的关系为

$$\text{净资产收益率(ROE)} = \text{资产净利率(净利润} \div \text{总资产)} \times \text{权益乘数(总资产} \div \text{总权益资本)}$$

$$\text{资产净利率(净利润} \div \text{总资产)} = \text{销售净利率(净利润} \div \text{营业总收入)} \times \text{资产周转率(营业总收入} \div \text{总资产)}$$

即

$$\text{净资产收益率(ROE)} = \text{销售净利率(NPM)} \times \text{资产周转率(AU,资产利用率)} \times \text{权益乘数(EM)}$$

从企业绩效评价的角度来看，杜邦分析只包括财务方面的信息，不能全面反映企业的实力，有很大的局限性。这主要表现在：第一，对短期财务结果过分重视，有可能助长企业管理层的短期行为，忽略企业长期的价值创造。第二，财务指标反映的是企业过去的经营业绩，能够衡量工业时代的企业；但在信息时代，顾客、供应商、雇员、技术创新等因素对企业经营业绩的影响越来越大，而杜邦分析在这些方面是无能为力的。第三，在目前的市场环境中，企业的无形资产对提高企业的长期竞争力至关重要，杜邦分析不能解决无形资产的估值问题。在实际运用中需要加以注意，必须结合企业的其他信息加以分析。

铸远电子需要进行杜邦分析。

【实验步骤】

2018 年 12 月 31 日，铸远电子财务分析岗毕强（用户名：CW0009）登录系统，执行“经营分析—财务分析—绩效评价—杜邦体系分析”，打开“杜邦体系分析”功能，在左侧单位列表处选择“铸远电子信息产业有限公司”，右侧会自动将 2018 年 12 月与杜邦分析相关的指标数据展示出来。